D1721985

Galileo
BUCH UPDATE

Personalabrechnung mit SAP®

PRESS

Jörg Edinger, Christian Krämer, Christian Lübke, Sven Ringling
Personalwirtschaft mit SAP ERP HCM
647 S., 3., aktualisierte und erweiterte Auflage 2008, geb.
ISBN 978-3-89842-865-1

Hans-Jürgen Figaj, Richard Haßmann, Anja Junold
HR-Reporting mit SAP
431 S., 2007, geb.
ISBN 978-3-89842-878-1

Martin Esch, Anja Junold
Berechtigungen in SAP ERP HCM
352 S., 2008, geb.
ISBN 978-3-8362-1081-2

Stefan Kauf, Viktoria Papadopoulou
Formulargestaltung in SAP ERP HCM
231 S., 2009, geb.
ISBN 978-3-8362-1220-5

Jörg Edinger, Anja Junold, Klaus-Peter Renneberg
Praxishandbuch SAP-Personalwirtschaft
565 S., 2., aktualisierte und erweiterte Auflage 2009, geb.
ISBN 978-3-8362-1312-7

Aktuelle Angaben zum gesamten SAP PRESS-Programm finden Sie unter *www.sap-press.de.*

Jörg Edinger, Richard Haßmann, Gerold Heitz

Personalabrechnung mit SAP®

Galileo Press

Bonn • Boston

Liebe Leserin, lieber Leser,

vielen Dank, dass Sie sich für ein Buch von SAP PRESS entschieden haben.

Die Lohntüte ist weitestgehend verschwunden; Abrechnungen werden üblicherweise mit dem Computer gemacht, der Datentransfer läuft elektronisch, das Gehalt wird bargeldlos überwiesen.

Für die meisten Menschen ist es glücklicherweise selbstverständlich, dass das Gehalt am Monatsende pünktlich und korrekt auf dem Girokonto eingezahlt wird. Für den Empfänger unsichtbar, steht dahinter ein komplexer Ablauf mit einer komplexen Software: Die Stammdaten müssen gut gepflegt werden, bevor überhaupt per Bruttofindung und Nettoberechnung die Personalabrechnung erfolgen kann. Im Anschluss wollen z. B. Finanzbehörden informiert werden. Das deutsche Recht wartet zudem mit einer Reihe von Besonderheiten auf, sei es der Mutterschaftsgeldzuschuss, die Altersversorgung oder das Kurzarbeitergeld, die in SAP ERP HCM alle entsprechend gepflegt werden müssen. Nicht zuletzt verändern sich Gesetze und Regelungen, Gehälter und persönliche Lebensumstände der Mitarbeiter – das SAP-System muss also für eine korrekte Abrechnung regelmäßig angepasst werden.

Jörg Edinger, Richard Haßman und Gerold Heitz kennen die Personalabrechnung mit SAP ERP HCM und die entsprechenden deutschen Rechte und Gesetze wie ihre Westentaschen. Mit dem vorliegenden Buch führen sie Sie kompetent durch den Dschungel der Abrechnung und statten Sie mit umfangreichem Wissen für die kleinen und größeren Herausforderungen im täglichen Umgang mit SAP ERP HCM aus.

Ihr Frank Paschen
Lektorat SAP PRESS

Galileo Press
Rheinwerkallee 4
53227 Bonn

frank.paschen@galileo-press.de
www.sap-press.de

Auf einen Blick

Der Name Galileo Press geht auf den italienischen Mathematiker und Philosophen Galileo Galilei (1564–1642) zurück. Er gilt als Gründungsfigur der neuzeitlichen Wissenschaft und wurde berühmt als Verfechter des modernen, heliozentrischen Weltbilds. Legendär ist sein Ausspruch *Eppur se muove* (Und sie bewegt sich doch). Das Emblem von Galileo Press ist der Jupiter, umkreist von den vier Galileischen Monden. Galilei entdeckte die nach ihm benannten Monde 1610.

Gerne stehen wir Ihnen mit Rat und Tat zur Seite:
frank.paschen@galileo-press.de bei Fragen und Anmerkungen zum Inhalt des Buches
service@galileo-press.de für versandkostenfreie Bestellungen und Reklamationen
thomas.losch@galileo-press.de für Rezensionsexemplare

Lektorat Frank Paschen
Korrektorat Marlis Appel, Troisdorf
Einbandgestaltung Silke Braun
Titelbild Fotolia
Typografie und Layout Vera Brauner
Herstellung Lissy Hamann
Satz Typographie & Computer, Krefeld
Druck und Bindung Bercker Graphischer Betrieb, Kevelaer

Bibliografische Information der Deutschen Bibliothek
Die Deutsche Bibliothek verzeichnet diese Publikation in der Deutschen Nationalbibliografie; detaillierte bibliografische Daten sind im Internet über http://dnb.ddb.de abrufbar.

ISBN   978-3-8362-1154-3

© Galileo Press, Bonn 2009
1. Auflage 2009

Inhalt

20   Customizing des Abrechnungsschemas 485

*Was ist das Ziel dieses Buches? Wer kann von der Lektüre
profitieren? Wie ist das Buch aufgebaut, und wie können Sie
es optimal nutzen? Diese Fragen wollen wir hier beantworten.*

Einleitung

Die deutsche Entgeltabrechnung ist eine der kompliziertesten und **Ziel des Buches**
umfangreichsten weltweit. Das allein ist schon ein Grund, diesem
Teilthema der Personalwirtschaft ein ganzes Buch zu widmen. Um einerseits alle gesetzlichen Vorgaben erfüllen zu können und andererseits kundenspezifischen Anforderungen genügend Raum zu lassen,
ist eine gewisse Programmkomplexität unabdingbar. Dennoch sollte
ein Entgeltabrechnungssystem möglichst flexibel und komfortabel zu
bedienen sein.

Die Entgeltabrechnung in SAP ERP HCM bietet sehr große Flexibilität, die Sie in diesem Buch kennenlernen werden. Schon mit dem
Standard-Customizing können Sie einen großen Teil Ihrer Anforderungen umsetzen. Durch das Konzept der Schemen und Regeln können Sie in die meisten Abläufe der Entgeltabrechnung eingreifen,
und auch die Realisierung komplexer Regelungen aus Tarifverträgen
und Betriebsvereinbarungen stellt Sie vor keine größeren Probleme.
Sollten Sie dennoch an Grenzen stoßen, kommen die Vorteile einer
offenen Software zum Tragen. In zahlreichen User Exits und mit der
Möglichkeit, eigene Operationen und Funktionen für das Abrechnungsschema zu entwickeln, können Sie in die Standardverarbeitung
eingreifen und ohne Modifikationen am Coding von SAP eigene Erweiterungen einfügen.

Unser Ziel ist es, Ihnen nicht nur einen Überblick über den Gesamt-
ablauf der Entgeltabrechnung mit SAP inklusive der betriebsinternen
und -externen Datenkommunikation zu verschaffen, sondern Ihnen
auch das einfache wie das tiefere Know-how des Customizings zu
vermitteln. Außerdem werden wir in einem eigenen Teil auf Son-
derthemen der deutschen Entgeltabrechnung eingehen. Abgerundet
wird das Werk durch reichlich Tipps und Anregungen aus der Praxis

inklusive der Warnung vor Stolperfallen – unterstützt und verdeutlicht durch zahlreiche Bildschirmabgriffe auf dem Releasestand SAP ERP 6.0.

Zielgruppen des Buches Dieses Buch wendet sich an folgende Zielgruppen:

▶ *Anwender, Key User und Customizing-Verantwortliche,* die sich in dieses komplexe Thema einarbeiten wollen, erhalten einen Überblick über den Ablauf, die Prozesse und die Funktionalität mit vielen praktischen Hinweisen. Außerdem können sich Mitarbeiter, die über die reine Anwendung hinaus mehr Wissen benötigen, diese Kenntnisse schrittweise aneignen.

▶ *Projektleiter und -teammitglieder* erhalten einen Überblick über die Abläufe und die Möglichkeiten der Umsetzung von individuellen Anforderungen in SAP ERP HCM.

▶ *Programmierer,* die kundenspezifische Anforderungen umsetzen müssen, werden in diesem Buch sowohl die dafür notwendigen Voraussetzungen als auch die Werkzeuge kennenlernen, die SAP ERP HCM von den anderen SAP-Komponenten unterscheidet.

▶ *Entscheider* in Personal-, IT- und Organisationsabteilungen können sich einen Überblick über den Umfang und die Prozesse der Entgeltabrechnung mit SAP verschaffen.

▶ *Studierende und andere Interessierte,* die sich in das Thema Personalabrechnung mit SAP ERP HCM einarbeiten wollen, erhalten einen Einblick in die Praxis der Personalabrechnung.

▶ Außerdem hilft dieses Buch all denjenigen, die bisher mit anderen Softwarepaketen arbeiten und die Leistungsfähigkeit der SAP-Software im Bereich der Personalabrechnung kennenlernen wollen.

Kostenfreier HR-Newsletter

Das AdManus-Netzwerk bietet einen kostenfreien Newsletter mit dem Schwerpunkt SAP ERP HCM an. Registrieren Sie sich unter *http://www.admanus.de/index.php?site=newsletter2* und profitieren Sie von den Tipps der Experten.

Aufbau des Buches Dieses Buch ist in fünf Teile gegliedert, in denen wir Ihnen die Anwendung und das Customizing der Entgeltabrechnung mit SAP ERP HCM erläutern.

In Teil I, »Grundlagen«, beschreiben wir den Ablauf und die Steuerung einer Entgeltabrechnung sowie die Pflege der Personalstammdaten für die Personalabrechnung. Kapitel 1, »Ablauf und Steuerung«, erklärt die grundlegenden Steuerelemente der Personalabrechnung in SAP ERP HCM. Außerdem erläutern wir, wie die Personalabrechnung gestartet und gesteuert werden kann. In Kapitel 2, »Infotypen der Personalabrechnung«, stellen wir Ihnen die Infotypen der Personalabrechnung vor. Im ersten Schritt lernen Sie die zwingend erforderlichen Infotypen kennen, und im Anschluss daran beschreiben wir zusätzliche Infotypen, die je nach Thema erforderlich sein können.

Teil I – Grundlagen

Teil II, »Vom Brutto zum Netto, ein Überblick über das Abrechnungsschema D000«, gibt einen Überblick über den Ablauf der Abrechnung, der durch das Abrechnungsschema bestimmt wird. Dabei geht Kapitel 3 auf die Ermittlung des Bruttobetrages ein. Kapitel 4 beschreibt die Nettoberechnung und Kapitel 5 die Abschlussberechnungen bis zur Abstellung des Entgeltergebnisses. Dies ist einerseits hilfreich, um im Protokoll der Abrechnung bestimmte Berechnungen, wie z. B. die Berechnung der Sozialversicherung, finden und nachvollziehen zu können. Zudem ist ein Überblick notwendig, um die richtigen Stellen für das Einfügen eigener Verarbeitungen ermitteln zu können.

Teil II – Überblick über das Abrechnungsschema D000

In Teil III, »Folgeaktivitäten«, beschreiben wir die Tätigkeiten, die Sie nach der Berechnung des Entgeltes durchführen müssen: die Überweisung, Behördenkommunikation, Statistiken und Auswertungen.

Teil III – Folgeaktivitäten

In Teil IV, »Spezielle Themen der deutschen Personalabrechnung«, behandeln wir Themen, die nicht notwendiger Bestandteil einer Entgeltabrechnung sind – im Gegensatz zu den meisten der in Teil I bis III behandelten Themen –, jedoch unserer Erfahrung nach aktuell in der Mehrzahl der Unternehmen zum Einsatz kommen.

Teil IV – Spezielle Themen der deutschen Personalabrechnung

Teil V bietet eine Einführung in die allgemeinen »Customizing-Werkzeuge«, die beim firmenindividuellen Customizing der Personalabrechnung intensiv zum Einsatz kommen. Hierzu gehören der Editor, mit dem das Abrechnungsschema angepasst werden kann, der Editor für Merkmale und die Editoren zum Anpassen von Formularen. Außerdem widmen wir ein Kapitel der laufenden Wartung der Personalabrechnung beim Einspielen von Support Packages.

Teil V – Customizing-Werkzeuge

Anhang Im Anhang finden Sie eine Auflistung der wichtigsten Funktionen, Operationen und Merkmale sowie Literaturempfehlungen – und, nicht zu vergessen natürlich, auch etwas über uns, die Autoren.

Arbeiten mit dem Buch Die einzelnen Teile und Kapitel unseres Buches können Sie durchaus in beliebiger Reihenfolge durcharbeiten. An vielen Stellen finden Sie Verweise auf andere Abschnitte, die das Thema weiter erläutern oder Zusammenhänge deutlich machen. Für das Verständnis von Kapitel 4 und 5 dieses Buches sind fachliche Vorkenntnisse zu den jeweiligen Themen nötig; Lesern ohne Kenntnisse in SAP ERP HCM empfehlen wir, sich mit Kapitel 4 und eventuell Kapitel 8 des SAP PRESS-Buches »Personalwirtschaft mit SAP ERP HCM« einen Überblick über die Grundlagen der Personaladministration zu verschaffen. Genauso wird ein Durcharbeiten von Kapitel 3 unseres Buches *vor* der Beschäftigung mit dem Teil III u. U. das Verständnis erleichtern.

Leser, die sich gerne eingehender mit einigen Bereichen beschäftigen möchten, möchten wir auf unsere Literaturempfehlungen im Anhang hinweisen. Selbstverständlich geben wir Ihnen an den erforderlichen Stellen, wenn möglich, detaillierte Hinweise zu vertiefender Lektüre. Wenn Sie Informationen zu konkreten Fragestellungen suchen, können Sie den Index nutzen und so direkt zu der entsprechenden Stelle gelangen.

Begriffsdefinitionen Um Ihnen das Textverständnis zu erleichtern, möchten wir zu Beginn einige wichtige Begriffe definieren:

▶ **HR oder HCM**
Der Begriff HR (*Human Resources*) ist immer noch gängig, auch wenn das Softwareprodukt von SAP mittlerweile den Namen *SAP ERP Human Capital Management (HCM)* trägt. In diesem Buch werden Sie beide Abkürzungen finden: Wir verwenden die Bezeichnung HCM, wenn wir uns auf das Produkt von SAP und systemrelevante Prozesse beziehen. An anderen Stellen, an denen wir allgemein über Personalwirtschaftsprozesse sprechen, verwenden wir die Abkürzung HR.

▶ **Abrechnung**
Diese Bezeichnung verwenden wir synonym zu den Begriffen *Personalabrechnung* oder *Entgeltabrechnung*. Wir bezeichnen damit die Ermittlung der Bruttobezüge und die Nettoberechnung bis zum Auszahlungsbetrag.

▶ **Folgeaktivitäten**
Unter Folgeaktivitäten verstehen wir Prozesse, die sich auf die Abrechnungsdaten einer Abrechnungsperiode beziehen, z. B. die Kommunikation mit Behörden (Sozialversicherung, Steuer, DEÜV, Statistiken) oder mit internen Stellen wie beispielsweise der Finanzbuchhaltung und dem Controlling.

▶ **Report**
Ein Report ist ein Programm zur Datenauswertung und -bereitstellung, das i. d. R. das Ergebnis als Liste ausgibt. Synonym wird auch der Begriff *Auswertung* gebraucht, vereinzelt auch ABAP, wobei Letzteres die Programmiersprache ist, in der die meisten Reports geschrieben sind (*Advanced Business Application Programming*). Ein Report kann mit dem Reportnamen und/oder mit einer Transaktion aufgerufen werden.

▶ **Transaktion**
Eine Transaktion wird zur Ausführung eines in sich abgeschlossenen Prozesses oder Teilprozesses in SAP verwendet. Hinter Transaktionen stehen Programme zur Pflege von Daten oder Auswertungen. Transaktionen verbergen sich hinter den ausführbaren Menüpunkten im SAP Easy-Access-Menü oder können direkt über das dafür vorgesehene Feld links oben im SAP-GUI aufgerufen werden.

Um Ihnen das Arbeiten mit diesem Buch zu erleichtern, haben wir bestimmte Stellen mit den folgenden Symbolen versehen.

Spezielle Symbole

Achtung   [!]
Mit diesem Symbol warnen wir Sie vor häufig gemachten Fehlern oder Problemen, die auftreten können.

Tipp/Hinweis   [+]
Dieses Symbol steht für Tipps, die Ihnen die Arbeit erleichtern werden, und für Hinweise auf weiterführende Informationen zu dem besprochenen Thema.

Beispiel   [zB]
Hier finden Sie Beispiele, die das besprochene Thema erläutern und vertiefen. Sie stammen häufig aus unserer Beratungspraxis.

Jörg Edinger, **Richard Haßmann** und **Gerold Heitz**

23

Teil I
Grundlagen

Dieser Teil des Buches führt Sie in grundlegende Themen der Personalabrechnung ein. In Kapitel 1 erhalten Sie einen Überblick über den Prozess und die Steuerung der Personalberechnung mit SAP ERP HCM. Im zweiten Kapitel geht es um die Personalstammdaten, die in die Personalabrechnung oder die Folgeaktivitäten einfließen.

Die Personalabrechnung ist ein komplexer Prozess, bei dem ein ordnungsgemäßer Ablauf sichergestellt werden muss. In diesem Kapitel lernen Sie den Prozess der Abrechnung und die Steuerungsmechanismen in SAP ERP HCM kennen.

1 Ablauf und Steuerung der Personalabrechnung in SAP ERP HCM

Die Personalabrechnung besteht aus sich monatlich wiederholenden Aktivitäten, die in jeder Firma durchgeführt werden. Diese Aktivitäten ergeben sich aus den Anforderungen, die an eine Personalabrechnung gestellt werden: Die Mitarbeiter erwarten die verlässliche Überweisung ihrer Entlohnung mit einem Entgeltnachweis, der die Berechnung nachvollziehbar macht. Aus der Entgeltzahlung ergeben sich dann gesetzliche Anforderungen im Bereich Steuer und Sozialversicherung, denen der Arbeitgeber verpflichtet ist.

Nachdem wir den Prozess der Personalabrechnung betrachtet haben, gehen wir in den weiteren Abschnitten dieses Kapitels auf die Steuerung der Personalabrechnung in SAP ERP HCM ein. Dazu gehört z. B. die Zusammenfassung von Mitarbeitern in Abrechnungskreisen, die gemeinsam abgerechnet werden. Der Personalverwaltungssatz übernimmt dabei die Steuerung der Abrechnung. Zum Abschluss lernen Sie den Prozessmanager kennen, mit dem die Steuerung der Abrechnung automatisiert werden kann. Der Einsatz dieses Werkzeugs ist optional, kann Ihnen aber die Arbeit erleichtern.

1.1 Prozess der Personalabrechnung

Abbildung 1.1 gibt einen Überblick über den Prozess der Personalabrechnung. Die Daten des Mitarbeiters, die in den Infotypen der Personaladministration bereitgestellt werden, werden von der Abrechnung verarbeitet und im Abrechnungsergebnis gespeichert. Die Folgeaktivitäten werten diese Daten aus und stellen Auswertungen,

Anforderungen an den Prozess der Personalabrechnung

Steuerung in SAP ERP HCM

Mitarbeiterdaten aus den Infotypen

Datenträger und Dateien zur elektronischen Übertragung zur Verfügung.

Die Personalabrechnung ermittelt das Entgelt des Mitarbeiters und berechnet die sich daraus ergebenden gesetzlichen Abzüge. Das Entgelt des Mitarbeiters besteht im einfachsten Fall aus einem monatlich fixen Bezug, der den Basisbezügen in den Stammdaten des Mitarbeiters zu entnehmen ist. Weitere Bezüge können sich aus den Stammdaten oder Zeitdaten ermitteln. Einen Überblick über die verfügbaren Infotypen erhalten Sie in Kapitel 2, »Infotypen der Personalabrechnung«.

Abrechnungs-treiber

Der Abrechnungstreiber führt die eigentliche Abrechnung durch. Er ermittelt die Bruttobezüge und aus diesen die gesetzlichen Abzüge, die zum Nettobezug führen, der dem Mitarbeiter auszuzahlen ist. Das Ergebnis der Berechnungen wird im Abrechnungsergebnis gespeichert. Der Abrechnungstreiber ist kein starres Programm, sondern interpretiert ein Abrechnungsschema, in welchem der eigentliche Ablauf der Berechnungen festgelegt ist. Die einzelnen Schritte dieses Ablaufs beschreiben wir in Teil II des Buchs, »Vom Brutto zum Netto – ein Überblick über das Abrechnungsschema D000«.

Folgeaktivitäten

Basierend auf dem erstellten Abrechnungsergebnis gibt es zahlreiche sogenannte Folgeaktivitäten. Diese werden im Anschluss an eine erfolgreich durchgeführte Abrechnung ausgeführt und bedienen verschiedene Empfänger. Dazu gehört der Mitarbeiter, der einen Nachweis für die Berechnung seines Entgeltes erhalten und außerdem den Verdienst auf sein Konto überwiesen haben möchte. Das Rechnungswesen muss mit Informationen aus dem Abrechnungslauf versorgt werden, um Buchungen in der Finanzbuchhaltung und im Controlling durchführen zu können. Außerdem gibt es Anforderungen der Behörden, vor allem des Finanzamts und der Krankenkassen, die firmenbezogene und mitarbeiterbezogene Meldungen über die ermittelten Steuern und Beiträge benötigen.

Darüber hinaus existieren weitere Anforderungen, die in diesem Buch erklärt werden. An dieser Stelle beschränken wir uns jedoch auf die Aktivitäten, die in jedem Fall monatlich durchgeführt werden müssen.

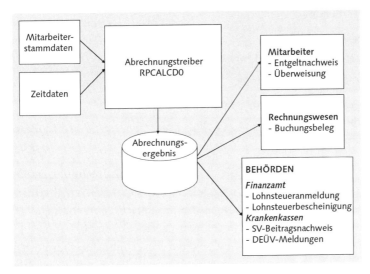

Abbildung 1.1 Der Prozess der Personalabrechnung

1.2 Abrechnungstreiber RPCALCD0

Der Abrechnungstreiber in SAP ERP HCM ist kein statisches Programm, das fest programmierte Schritte abarbeitet, sondern interpretiert ein Abrechnungsschema, das die Schritte der Abrechnung vorgibt. Das Programm liest das Abrechnungsschema und arbeitet die hier vorgegebenen Schritte der Reihe nach ab. Dies ermöglicht eine flexible Anpassung an kundenindividuelle Bedürfnisse.

Die im Abrechnungsschema vorgegebenen Schritte müssen einem logischen Aufbau folgen, der eine sinnvolle Abrechnung ermöglicht. Beispielsweise müssen zuerst die Daten eingelesen werden, bevor diese in der Abrechnung weiterverarbeitet werden können, oder es muss zunächst der Bruttobetrag fertig berechnet worden sein, bevor der Nettobetrag ermittelt werden kann. Daher ist es wichtig, den Aufbau des Abrechnungsschemas zu kennen, bevor man daran Anpassungen vornimmt.

Der grobe Aufbau des Abrechnungsschemas enthält folgende Schritte:

Aufbau des Abrechnungsschemas

1. Initialisierung
2. Einlesen der Grunddaten
3. Bruttoermittlung

4. Aliquotierung

5. Nettoberechnung

6. Verarbeitung von Rückrechnungen

7. Abstellen des Ergebnisses

Weitere Details zum Abrechnungsschema erhalten Sie in Teil II, »Vom Brutto zum Netto – ein Überblick über das Abrechnungsschema D000«.

Der Abrechnungstreiber für die deutsche Personalabrechnung ist das Programm RPCALCD0, das dazugehörende Standard-Abrechnungsschema D000. Die Anforderungen an die Personalabrechnung sind stark von den Gesetzen des jeweiligen Landes abhängig, weshalb in SAP ERP HCM für jedes Land ein eigener Abrechnungstreiber mit eigenem Abrechnungsschema existiert. Das »D« im Namen des Programms und im Namen des Abrechnungsschemas steht hierbei für die deutsche Länderversion, auf die wir uns im Rahmen dieses Buchs konzentrieren.

1.3 Personalabrechnungskreis

Einem Personalabrechnungskreis (nachfolgend kurz *Abrechnungskreis*) gehören alle Mitarbeiter eines Unternehmens an, die zum gleichen Zeitpunkt abgerechnet werden sollen, unabhängig von den anderen organisatorischen Zuordnungen.

Die Verknüpfung eines Mitarbeiters mit einem Abrechnungskreis erfolgt im Infotyp 0001 (Organisatorische Zuordnung) – siehe Abbildung 1.2. Die Zuordnung eines Mitarbeiters zu einem Abrechnungskreis nehmen Sie im Feld ABRKREIS vor.

[+] Das Feld ABRKREIS ist im Standard manuell pflegbar und kann durch das Merkmal ABKRS mit einem Vorschlagswert belegt werden. Wenn Sie zusätzlich die Pflege des Feldes verhindern wollen, sollten Sie es über das Customizing sperren, d. h. in der Infotyp-Steuerung auf *nur Anzeige* umstellen. Damit können Sie eine falsche Zuordnung verhindern.

Abbildung 1.2 Infotyp 0001 (Organisatorische Zuordnung)

Durch die Zuordnung des Mitarbeiters zu einem Abrechnungskreis wird der Mitarbeiter den Steuerungen des Abrechnungskreises mit dem *Abrechnungsverwaltungssatz* (siehe Abschnitt 1.7.1, »Abrechnungsverwaltungssatz«) unterworfen.

Abrechnungsverwaltungssatz

Der Abrechnungskreis steuert für alle Mitarbeiter, die ihm zugeordnet sind, folgende Funktionen:

Steuerungsfunktionen des Abrechnungskreises

▶ Festlegung des frühestmöglichen Änderungsdatums im Personalstamm

▶ Rückrechnungssteuerung bei Änderungen im Personalstamm (zu Rückrechnung siehe Abschnitt 2.3, »Rückrechnungsanstoß«)

▶ Festlegung der abzurechnenden Abrechnungsperiode für die Echtabrechnung

▶ Festlegung der tiefsten rückrechenbaren Abrechnungsperiode

▶ Sperrung des Personalstammes

▶ Selektionskriterium für Auswertungen

Der Wechsel eines Mitarbeiters in einen anderen Abrechnungskreis ist nur zum Ende einer Abrechnungsperiode (siehe Abschnitt 1.4) möglich.

[!]

1.4   Abrechnungsperiode

Eine Abrechnungsperiode ist der Zeitraum, für den eine Abrechnung regelmäßig mit einem konkreten Beginn- und Endedatum durchgeführt wird. Die Abrechnungsperioden werden in der Tabelle V_ T549Q gespeichert, die auch die Festlegung des *Zahltages* enthält. Zur Bearbeitung der Tabelle steht Ihnen der Report RPUCTP00 im Einführungsleitfaden über den Pfad PERSONALABRECHNUNG • ABRECHNUNG DEUTSCHLAND • GRUNDEINSTELLUNGEN • ABRECHNUNGSORGANISATION • ABRECHNUNGSPERIODEN GENERIEREN mit ausführlicher Dokumentation zur Verfügung.

In der deutschen Personalabrechnung ist die Abrechnung auf monatlicher Basis üblich. Das heißt, die Abrechnungsperiode beginnt am Ersten des jeweiligen Monats und endet am Letzten des Monats.

Kalender für Kumulation
Für die Berechnung von Kumulationen muss außerdem mit dem Report RPUCTP10 der Kalender für die Kumulationen generiert werden. Hier wird festgelegt, dass von Januar bis Dezember Kumulationen durchgeführt werden und zu Beginn des Folgejahres ein neuer Zeitraum für die Kumulation beginnt.

1.5   Abrechnungsmenü

Wenn Sie im Easy-Access-Menü den Ordner ABRECHNUNG aufklappen, werden Ihnen eine Reihe von Transaktionen angezeigt, mit denen Sie eine Abrechnung durchführen können (siehe Abbildung 1.3). Mit den Transaktionen werden Standardreports aufgerufen, deren Selektionsbilder Sie bearbeiten müssen.

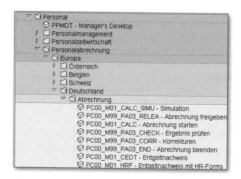

Abbildung 1.3 Aufruf der Abrechnung

Ausführliche Informationen zu Standardreports in SAP ERP HCM finden **[+]**
Sie im SAP PRESS-Buch »HR-Reporting mit SAP«, Kapitel 3. Vollständige
Literaturangaben und weitere Literaturhinweise finden Sie im Anhang.

Die Abrechnung lässt sich in zwei grundsätzliche Arten einteilen:

▸ **Test- oder Simulationsabrechnung (nachfolgend kurz »Simulation«)**
Sie erfolgt als vollständige Abrechnung inklusive eventueller Rückrechnungen. Die Abrechnungsdaten entstehen jedoch nur temporär, es werden keine Daten in der Datenbank gespeichert, und es gibt keine Abhängigkeit von Abrechnungszeiträumen. Es können auch keine Folgeaktivitäten durchgeführt werden, da kein physisches Abrechnungsergebnis existiert.

▸ **Produktiv- oder Echtabrechnung (nachfolgend kurz »Echtabrechnung«)**
Diese können Sie in einem Produktivsystem nur im Zusammenhang mit dem *Abrechnungsverwaltungssatz* (siehe Abschnitt 1.7.1) durchführen und sind dadurch auf eine Abrechnungsperiode festgelegt. Die Daten werden in der Datenbank gespeichert und stehen damit für die Folgeaktivitäten und für nachfolgende Auswertungen (siehe Teil III, »Folgeaktivitäten«) zur Verfügung.

1.6 Simulation

Die Simulation ist für einzelne Personalnummern oder für ganze Abrechnungskreise möglich. Ob vor der Durchführung der Echtabrechnung zu Kontrollzwecken Simulationen für einzelne oder mehrere Personalnummern oder ganze Abrechnungskreise durchgeführt werden sollen, hängt von Ihren Prozessen ab und davon, wie viel Zeit für die Echtabrechnung inklusive der Folgeaktivitäten zur Verfügung steht. Bedenken Sie dabei, dass die Simulation eine vollständige Abrechnung darstellt und dementsprechend genauso viel Zeit benötigt wie eine Echtabrechnung.

Mit den Transaktionen der Abrechnung rufen Sie Reports auf. Die Selektionsbilder bestehen aus *Datengruppen* mit z. T. vorbelegten Eingabefeldern, die Sie pflegen müssen oder können.

Nach der Auswahl der Transaktion SIMULATION erscheint das Selektionsbild des Reports RPCALCD0 (siehe Abbildung 1.4).

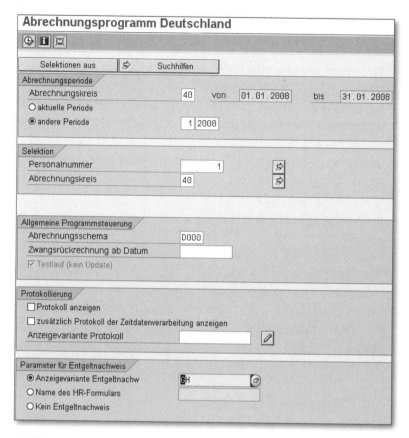

Abbildung 1.4 Selektionsbild der Transaktion »Simulation«

Auf diesem Selektionsbild sind folgende Eingaben sind möglich:

Datengruppe »Abrechnungsperiode«

Der ABRECHNUNGSKREIS dient an dieser Stelle zur Bestimmung des Abrechnungszeitraums bei Auswahl des Radiobuttons AKTUELLE PERIODE und ist ein Mussfeld.

Beim Start des Programms ist der Radiobutton AKTUELLE PERIODE vorbelegt, die Datumsfelder werden nach Betätigung von ↵ gemäß der Abrechnungsperiode aus dem Abrechnungsverwaltungssatz (siehe Abschnitt 1.7.1) automatisch neben dem Feld ABRECHNUNGSKREIS eingeblendet und können nicht geändert werden.

Wollen Sie eine andere Periode als die Abrechnungsperiode aus dem Abrechnungsverwaltungssatz simulieren, müssen Sie den Radiobutton ANDERE PERIODE auswählen und die Periode erfassen. Die Datumsfelder werden nach Betätigung von ⏎ neben dem Feld ABRECHNUNGSKREIS eingeblendet. Sie können deren Inhalt nur über das Feld ANDERE PERIODE verändern.

Datengruppe »Selektion«

Wenn Sie die Abrechnung einzelner Mitarbeiter simulieren wollen, benutzen Sie das Feld PERSONALNUMMER. Wollen Sie mehrere Personalnummern abrechnen, erhalten Sie über den Button MEHRFACHSELEKTION neben dem Feld ein Dialogfenster, in dem weitere Selektionsmöglichkeiten angeboten werden. Sollen alle Mitarbeiter eines oder mehrerer Abrechnungskreise simuliert werden, erfolgt kein Eintrag.

Der ABRECHNUNGSKREIS stellt an dieser Stelle die Verbindung zu der(den) ausgewählten Personalnummer(n) dar. Wollen Sie mehrere Personalnummern simulieren, die unterschiedlichen Abrechnungskreisen angehören, müssen Sie diese Abrechnungskreise über den Button MEHRFACHSELEKTION neben dem Feld erfassen, da die Personalnummern sonst nicht selektiert werden.

Datengruppe »Allgemeine Programmsteuerung«

Im Feld ABRECHNUNGSSCHEMA müssen Sie das in Ihrem Unternehmen gültige Abrechnungsschema erfassen (zum Abrechnungsschema siehe Teil II dieses Buches) oder es wird vorgeschlagen (D000 = Standard-Abrechnungsschema für die deutsche Personalabrechnung).

Das Feld ZWANGSRÜCKRECHNUNG AB DATUM benutzen Sie, wenn Sie für die selektierten Personalnummern unabhängig von deren Steuerung im Personalstamm eine Rückrechnung durchführen wollen.

Das Feld TESTLAUF ist durch den Aufruf der Transaktion SIMULATION voreingestellt und kann nicht geändert werden.

Datengruppe »Protokollierung«

Bei Markierung des Feldes PROTOKOLL ANZEIGEN erhalten Sie ein ausführliches Protokoll für die Abrechnung, in dem die einzelnen Abrechnungsschritte nachvollzogen werden können.

Mit der Markierung des Feldes ZUSÄTZLICH PROTOKOLL DER ZEITDA-
TENVERARBEITUNG ANZEIGEN erzeugen Sie ein ausführliches Protokoll
für die Verarbeitung der Zeitdaten (siehe Abschnitt 3.7, »Integration
der Zeitwirtschaft«).

Über das Feld ANZEIGEVARIANTE PROTOKOLL besteht die Möglichkeit,
eine Protokollvariante anzulegen, die nicht das komplette Protokoll,
sondern nur einen Ausschnitt von diesem enthält, oder die bereits
bei der Anzeige bestimmte Bereiche expandiert darstellt.

Datengruppe »Parameter für Entgeltnachweis« (siehe Abschnitt 6.1)

Sie können das Selektionsbild eines Reports mit voreingestellten
Daten als sogenannte *Variante* abspeichern. Um nach einer Simula-
tion einen Entgeltnachweis in Listform zu erhalten, müssen Sie zuvor
eine Variante des Entgeltnachweises angelegt haben, die Sie nach der
Auswahl des Radiobuttons in das Feld ANZEIGEVARIANTE ENTGELT-
NACHW (Anzeigevariante Entgeltnachweis) eintragen.

Sollen in Ihrem Unternehmen Entgeltformulare verwendet werden,
die mit dem *HR-Formular-Workplace* (HRFORMS) erstellt wurden,
wählen Sie den Radiobutton NAME DES HR-FORMULARS und wählen
ein Formular aus der Wertehilfe.

Wollen Sie kein Formular erstellen, lassen Sie entweder die Felder
ANZEIGEVARIANTE ENTGELTNACHW oder NAME DES HR-FORMULARS
leer oder wählen den Radiobutton KEIN ENTGELTNACHWEIS.

[+]   Über das Merkmal PBCH0 kann gesteuert werden, ob das Formular mit
       HRFORMS oder Tabellensteuerung verwendet wird, und eines der beiden
       Felder für die Selektion ausgeblendet wird.

Das (Kurz-) Protokoll   Nach der Ausführung des Reports RPCALCD0 mit dem Button ⊕
wird entweder je nach Voreinstellung ein Entgeltformular oder ein
sogenanntes *Kurzprotokoll* (im Gegensatz zu dem sehr umfangreichen
Abrechnungsprotokoll nach Selektion des Radiobuttons PROTOKOLL
ANZEIGEN) mit der Anzahl der selektierten, der erfolgreich abgerechneten und/oder abgelehnten Personalnummern, der Anzahl der abgerechneten Perioden, der erfolgreich abgerechneten Personalnummern und der Anzahl eventuell angezeigter Nachrichten und/oder
Fehlermeldungen angeboten (siehe Abbildung 1.5).

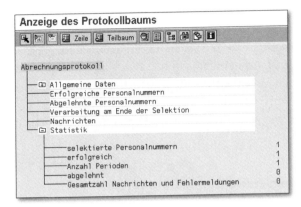

Abbildung 1.5 Kurzprotokoll der Abrechnung

[!]

Das Kurzprotokoll kann als sogenanntes *Nullprotokoll* angezeigt werden, d. h., alle Werte stehen auf Null. Dafür gibt es nur drei Gründe:

▶ Die zu simulierende Personalnummer existiert nicht.

▶ Die zu simulierende Personalnummer existiert nicht im Simulationszeitraum.

▶ Die zu simulierende Personalnummer gehört nicht dem selektierten Abrechnungskreis unter dem Feld der PERSONALNUMMER an.

Dieses Kurzprotokoll können Sie bei der Anzeige eines Entgeltnachweises über den entsprechenden Button PROTOKOLL auch separat aufrufen. Tritt bei einer Personalnummer ein Fehler auf, der zum Abbruch der Abrechnung führt, wird dies im Kurzprotokoll unabhängig von Ihren Einstellungen im Selektionsbild des Reports RPCALCD0 automatisch gemeldet (siehe Abbildung 1.6).

```
Abrechnungsprotokoll
 ├─ ⊞ Allgemeine Daten
 ├── Erfolgreiche Personalnummern
 ├─ ⊟ Abgelehnte Personalnummern
 │
 │    └─ ⊟ 00000001 Tester Heitztest
 │         │
 │         └─ ⊞ 01/2008 ( 01.01.2008 - 31.01.2008 )    Reguläre Abrechnung in 01/2008
 │              │
 │              └─ ⊟ GON                    Vollstaendige Daten?
 │                   │
 │                   └─ ⊟ Verarbeitung          ⚠
 │                        │
 │                        └─ ⚠ Kein Satz des Infotyps 0007 im Zeitraum von 01.01.2008 bis 31.01.2008
 ├── Verarbeitung am Ende der Selektion
 ├── Nachrichten
 └─ ⊟ Statistik
         ├── selektierte Personalnummern            1
         ├── erfolgreich                             0
         ├── Anzahl Perioden                         1
         ├── abgelehnt                               1
         └── Gesamtzahl Nachrichten und Fehlermeldungen  1
```

Abbildung 1.6 Fehlermeldung im Kurzprotokoll der Abrechnung

1.7 Echtabrechnung

In einem Produktivsystem ist der Start einer Echtabrechnung ohne den entsprechenden Status des Abrechnungsverwaltungssatzes nicht möglich, darüber hinaus haben die Steuerungen des Abrechnungsverwaltungssatzes Auswirkungen auf den Personalstamm. Aus diesem Grund wollen wir zuerst auf diese wichtigen Zusammenhänge eingehen.

1.7.1 Abrechnungsverwaltungssatz

Mit dem Abrechnungsverwaltungssatz werden die Steuerungen des Abrechnungskreises ausgeübt. Für jeden Abrechnungskreis muss ein Abrechnungsverwaltungssatz angelegt werden. Ohne Abrechnungsverwaltungssatz ist weder das Anlegen einer abrechnungsfähigen Personalnummer noch eine Abrechnung möglich.

Die Transaktion zum Aufruf des Abrechnungsverwaltungssatzes (PA03 – Verwaltungssatz) finden Sie im Easy-Access-Menü im Ordner WERKZEUGE (siehe Abbildung 1.7).

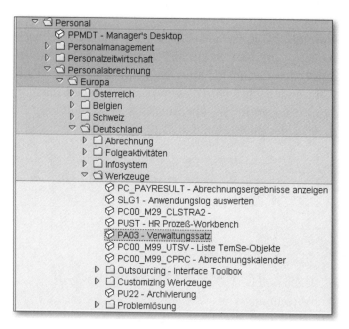

Abbildung 1.7 Aufruf des Abrechnungsverwaltungssatzes

Informationen und Steuerungen im Abrechnungsverwaltungssatz

Im Abrechnungsverwaltungssatz erhalten Sie eine Reihe von Informationen, die Sie beim Ablauf der Echtabrechnung unterstützen können:

- ▶ gesperrte Personalnummern
- ▶ Personen mit Korrekturkennzeichen
- ▶ alle Mitbeiter, die zu diesem Abrechnungskreis gehören
- ▶ Status der Abrechnung
- ▶ tiefste rückrechenbare Periode

Nachfolgend erläutern wir die Bedeutung der einzelnen Felder und die Auswirkungen der Buttons des Abrechnungsverwaltungssatzes (siehe Abbildung 1.8).

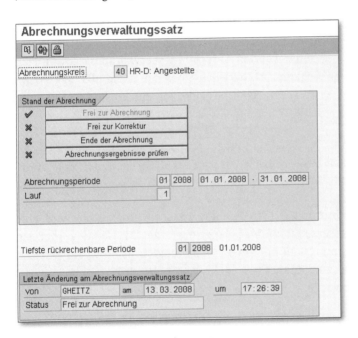

Abbildung 1.8 Abrechnungsverwaltungssatz

Durch das Anlegen und Bearbeiten des Abrechnungsverwaltungssatzes über den Abrechnungskreis wird die entsprechende Zuordnung getroffen; sie ist im Feld ABRECHNUNGSKREIS sichtbar. Damit gelten alle Steuerungen dieses Abrechnungsverwaltungssatzes für alle Personalnummern dieses Abrechnungskreises.

Datengruppe »Stand der Abrechnung«

Am grünen Haken neben dem entsprechenden Button erkennen Sie den aktuellen Status des Abrechnungskreises.

Ist der Wert im Feld LAUF größer 0, zeigen die Daten der Felder AB-RECHNUNGSPERIODE die aktuell abzurechnende Periode an. Ist der Wert des Feldes LAUF = 0, handelt es sich in den Feldern der ABRECH-NUNGSPERIODE immer um die zuletzt abgerechnete Periode. Das Feld LAUF zeigt die Anzahl der durchgeführten Abrechnungsläufe an.

Mit den Feldern TIEFSTE RÜCKRECHENBARE PERIODE (MMJJJJ) legen Sie fest, wie weit Rückrechnungen in der Abrechnung durchgeführt werden können und wie weit in die Vergangenheit Veränderungen im Personalstamm der Personalnummern des Abrechnungskreises möglich sind.

Datengruppe »Letzte Änderung am Abrechnungsverwaltungssatz«

Hier wird angezeigt, wer den Abrechnungsverwaltungssatz wann auf den sichtbaren Status geändert hat. Über den Menüpfad SPRINGEN • PROTOKOLL VERWALTUNGSSATZ erhalten Sie eine Historie der Veränderungen.

[!] Die Felder für die ABRECHNUNGSPERIODE und die TIEFSTE RÜCKRECHENBARE PERIODE können Sie nur beim Anlegen des Abrechnungsverwaltungssatzes direkt bearbeiten.

Über den Button ▦ (FEHLERHAFTE PERSONALNUMMERN) wird eine Liste aller Personalnummern angezeigt, die in einem vorherigen Echtabrechnungslauf mit einem Fehler abgebrochen wurde oder im Status FREI ZUR KORREKTUR (siehe Abschnitt 1.7.5, »Korrekturen«) korrigiert wurde.

Basis ist das Feld KORREKTUR DER ABRECHNUNG im Infotyp 0003 (Abrechnungsstatus) (siehe Abschnitt 1.7.3, »Abrechnung starten«); in der Statusleiste erscheint eine Meldung zur Anzahl der Treffer. Nach erneuter Echtabrechnung werden die erfolgreich abgerechneten Personalnummern aus der Liste gelöscht.

Über den Button ▦ (LISTE PERSONALNUMMERN) erhalten Sie eine Aufstellung aller diesem Abrechnungskreis zugeordneten Personalnummern. Basis sind das Eintrittsdatum des Mitarbeiters und die angezeigte Abrechnungsperiode. In der Statusleiste erscheint eine Meldung zur Anzahl der Treffer.

Der Button 🔒 (GESPERRTE PERSONALNUMMERN) erstellt eine Liste aller Personalnummern, die im Status FREI ZUR ABRECHNUNG (siehe Abschnitt 1.7.2, »Abrechnung freigeben«) im Personalstamm mit PFLEGEN bearbeitet werden und dadurch in der Echtabrechnung mit einer Fehlermeldung abbrechen (siehe Abbildung 1.9).

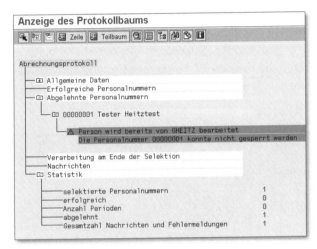

Abbildung 1.9 Fehlermeldung im Kurzprotokoll

[+]

Mit der Transaktion SM12 – SPERREINTRÄGE SELEKTIEREN können Sie sich sowohl die sperrenden Benutzer anzeigen lassen als auch die Sperre aufheben. Das Löschen eines Sperreintrags sollte allerdings nur durchgeführt werden, wenn sichergestellt ist, dass der aktuelle Bearbeiter keine Daten speichert, da dies zu Inkonsistenzen führen kann.

Prüfung des Abrechnungsverwaltungssatzes in der Abrechnung

In einem Produktivsystem können Sie die Echtabrechnung ohne die Steuerungen über die Status FREI ZUR ABRECHNUNG und ENDE DER ABRECHNUNG des Abrechnungsverwaltungssatzes nicht durchführen. Die entsprechende Prüfung findet im Unterschema DIN0 des Abrechnungsschemas D000 statt; Sie können sie jedoch in einem Testsystem ausschalten. Dazu rufen Sie das Abrechnungsschema im Easy-Access-Menü über den Menüpfad PERSONALABRECHNUNG • EUROPA • DEUTSCHLAND • WERKZEUGE • CUSTOMIZING WERKZEUGE • SCHEMA oder mit der Transaktion PE01 auf.

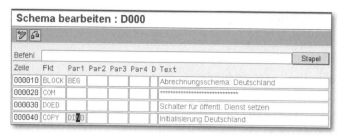

Zeile	Fkt	Par1	Par2	Par3	Par4	D	Text
000010	BLOCK	BEG					Abrechnungsschema: Deutschland
000020	COM						*************************
000030	DOED						Schalter für öffentl. Dienst setzen
000040	COPY	DIN0					Initialisierung Deutschland

Abbildung 1.10 Ausschnitt aus dem Abrechnungsschema D000

Mit einem Doppelklick auf das Unterschema DIN0 (siehe Abbildung 1.10) können Sie dort durch das Setzen des * in der Spalte D, Zeile 000040, die Steuerungen des Abrechnungsverwaltungssatzes für die Echtabrechnung ausschalten (siehe Abbildung 1.11).

Schema bearbeiten : DIN0

Zeile	Fkt	Par1	Par2	Par3	Par4	D	Text
000010	BLOCK	BEG					Initialisierung.: Deutschland
000020	PGM	ABR					Programmtyp.....: Abrechnung
000030	UPD	YES					Datenbankupdates durchfuehren (YES/NO)
000040	UPD	NO				*	Datenbankupdates durchfuehren (YES/NO)
000050	OPT	INFT					nur verwendete Infotypen lesen
000060	OPT	TIME					Zeitinfotypen alle einlesen
000070	CHECK		ABR			*	Pruefe gegen PA03
000080	BLOCK	END					

Abbildung 1.11 Unterschema DIN0

Zur Vertiefung des Themas *Bearbeitung von Schemen* lesen Sie bitte auch Kapitel 3, »Bruttofindung«.

[+] Wir empfehlen das Ausschalten der Prüfung des Abrechnungsverwaltungssatzes in einem Testsystem, wenn mehrere Benutzer zeitgleich für Personalnummern des gleichen Abrechnungskreises Echtabrechnungen durchführen wollen, da die Sperrfunktionen des Abrechnungsverwaltungssatzes sonst zu erheblichen Behinderungen führen können.

[!] Beachten Sie, dass das Ausschalten der Prüfung nur für die Durchführung der Echtabrechnung gilt. Wollen Sie z. B. Rückrechnungen für eine Personalnummer testen, müssen Sie sicherstellen, dass der entsprechende Abrechnungsverwaltungssatz die richtige Abrechnungsperiode und den richtigen Status aufweist, da das System sonst eine Abrechnungsvergangenheit für die zu testende Personalnummer nicht erkennen kann.

1.7.2 Abrechnung freigeben

Wollen Sie die Echtabrechnung für die Personalnummern eines Abrechnungskreises durchführen, müssen Sie den Abrechnungskreis im Abrechnungsverwaltungssatz für die Abrechnung freigeben. Dazu benutzen Sie entweder die Transaktion ABRECHNUNG FREIGEBEN im SAP Easy-Access-Menü (siehe Abbildung 1.3) oder die direkte Auswahl des Buttons FREI ZUR ABRECHNUNG im Abrechnungsverwaltungssatz. Den jeweils aktiven Status erkennen Sie am grünen Haken neben dem Button (siehe Abbildung 1.8).

Wenn Sie mehrere Abrechnungskreise freigeben wollen, empfehlen wir die Freigabe über den Abrechnungsverwaltungssatz, da die Freigabe über das SAP Easy-Access-Menü nur einmal pro Anmeldung im Mandanten möglich ist. **[+]**

Mit der Aktivierung des Status FREI ZUR ABRECHNUNG lösen Sie folgende Steuerungen aus:

Steuerungen des Status »Frei zur Abrechnung«

- Prüfung, ob eine Echtabrechnung für den entsprechenden Abrechnungskreis möglich ist

- Setzen der ABRECHNUNGSPERIODE auf +1 zum vorherigen Eintrag

- Setzen der Information des Feldes LAUF auf +1 zum vorherigen Eintrag

- Aktualisierung der Informationen in der Datengruppe LETZTE ÄNDERUNG AM ABRECHNUNGSVERWALTUNGSSATZ

- Prüfung, ob Personalnummern dieses Abrechnungskreises durch die Transaktion PFLEGEN gesperrt sind; es erscheint eine entsprechende Meldung in der Statuszeile

- Sperrung aller Personalnummern dieses Abrechnungskreises für die Pflege in der freigegebenen Abrechnungsperiode und in der Abrechnungsvergangenheit; eine Pflege in der Abrechnungszukunft ist uneingeschränkt möglich

1.7.3 Abrechnung starten

Wollen Sie eine Echtabrechnung durchführen, ist dies ausschließlich mit der Transaktion ABRECHNUNG STARTEN möglich, unabhängig davon, ob Sie sie in einem Produktivsystem mit der Prüfung durch den Abrechnungsverwaltungssatz oder in einem Testsystem eventuell ohne Prüfung durch den Abrechnungsverwaltungssatz durchführen (siehe Abschnitt 1.7.1). Das Selektionsbild der Transaktion ABRECHNUNG STARTEN unterscheidet sich von dem der Transaktion SIMULATION nur durch die Eingabebereitschaft des Feldes TESTLAUF (KEIN UPDATE).

Auswirkungen der Transaktion »Abrechnung starten«

Wenn Sie die Abrechnung mit der Transaktion ABRECHNUNG STARTEN durchführen, werden folgende Aktionen ausgeführt:

1. Erzeugen der Daten in den entsprechenden Clustern der Datenbank

2. Aktualisierung des Infotyps 0003 (Abrechnungsstatus)

Infotyp 0003 (Abrechnungsstatus)

Der Infotyp 0003 wird bei Durchführung der Standardmaßnahme *Einstellung* vom System im Hintergrund angelegt, besitzt keine Historie und wird bei jeder Echtabrechnung sowie bei Änderungen im Personalstamm aktualisiert. Die volle Pflege erreichen Sie über den Menüpfad HILFSMITTEL • ABRECHNUNGSSTATUS ÄNDERN in der Transaktion PERSONALSTAMMDATEN PFLEGEN oder über den Menüpfad PERSONAL • PERSONALABRECHNUNG • EUROPA • DEUTSCHLAND • WERKZEUGE • PROBLEMLÖSUNG • ABRSTATUS PFLEGEN. Diese Aufrufe repräsentieren eine eigene Transaktion (PU03), die Sie zusätzlich zur Transaktion PERSONALSTAMMDATEN PFLEGEN in Ihrer Berechtigungsrolle benötigen, um sie ausführen zu können.

Wenn Sie den Infotyp 0003 in der Transaktion PFLEGEN wie die anderen Infotypen aufrufen, sind die Felder ABGERECHNET BIS und FRÜH. ÄND.STAMM. nicht eingabebereit.

Informationen und Steuerungen des Infotyps 0003

Im Folgenden zeigen wir, wie Sie den Infotyp 0003 bearbeiten können, und erklären Ihnen die Auswirkungen Ihrer Eingaben (siehe Abbildung 1.12).

Datengruppe »Abrechnung/Rückrechnung«

Mit den Feldern PERS.TIEFSTE RÜCKR (Persönliche tiefste Rückrechnung), ABRECHNEN BIS und NICHT MEHR ABRECHNEN steuern Sie zulässige Pflege- und Abrechnungszeiträume in die Vergangenheit und in die Zukunft des Mitarbeiters. In dem Feld PERS.TIEFSTE RÜCKR kön-

nen Sie kein Datum erfassen, das vor dem Datum der tiefsten rückrechenbaren Periode des Abrechnungsverwaltungssatzes liegt (siehe
Abschnitt 1.7.1).

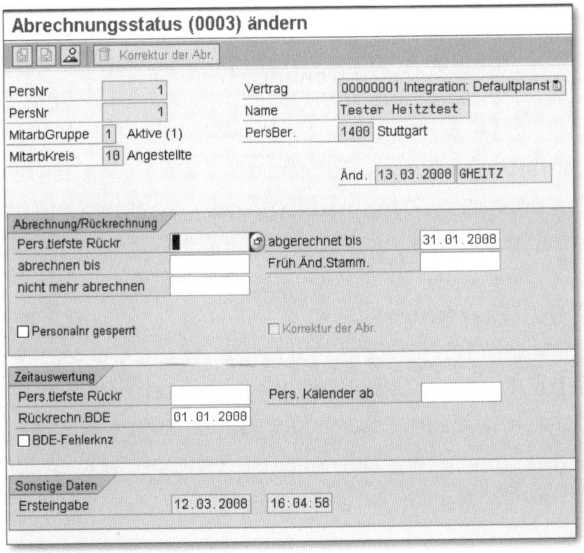

Abbildung 1.12 Infotyp 0003 (Abrechnungsstatus)

Im Feld ABGERECHNET BIS wird das Periodenendedatum der letzten
Echtabrechnung für diesen Mitarbeiter angezeigt. Eine Echtabrechnung *vor* diesem Datum ist nicht möglich, einen Abrechnungskreis-
wechsel können Sie nur *nach* diesem Datum durchführen. Dieses
Feld wird bei jeder Echtabrechnung aktualisiert.

Im Feld FRÜH.ÄND.STAMM. (Früheste Änderung Stammdaten) wird
bei einer Änderung abrechnungsrelevanter Daten eines Infotyps dessen Beginndatum gesetzt. Der Abrechnungstreiber erkennt anhand
dieses Datums, ob und, wenn ja, ab wann eine Abrechnung erneut
durchgeführt werden muss, um die Stammdatenänderung zu berücksichtigen. Je nach Stand des Abrechnungsverwaltungssatzes wird
entweder eine Rückrechnung oder eine Wiederholung der Abrechnung automatisch angestoßen.

Durch die Auswahl des Feldes PERSONALNR GESPERRT (Personalnummer gesperrt) wird der Mitarbeiter in der Echtabrechnung nicht selektiert. Es erscheint ein Hinweis im Kurzprotokoll (siehe Abschnitt
1.6, »Simulation«).

In das Feld KORREKTUR DER ABR. (Korrektur der Abrechnung) wird automatisch ein Haken gesetzt, wenn die Personalnummer in der Echtabrechnung abgelehnt oder in der Korrekturphase (siehe Abschnitt 1.7.5) eine abrechnungsrelevante Veränderung der Stammdaten vorgenommen wurde. Es bildet die Grundlage für die Liste der fehlerhaften Personalnummern im Abrechnungsverwaltungssatz (siehe Abschnitt 1.7.1) und für den Korrekturlauf der Abrechnung (siehe Abschnitt 1.7.5). Dieses Feld wird mit jeder Echtabrechnung gelöscht bzw. kann mit dem Button KORREKTUR DER ABR. (siehe Abbildung 1.12) oder über den Menüpfad ZUSÄTZE • KORREKTURLAUF SETZEN direkt bearbeitet werden.

Datengruppe »Zeitauswertung«

Mit dem Feld PERS.TIEFSTE RÜCKR (Persönliche tiefste Rückrechnung) können Sie das tiefste Rückrechnungsdatum für die Zeitauswertung und analog zum gleichnamigen Feld in der Datengruppe ABRECHNUNG/RÜCKRECHNUNG den Pflegezeitraum abrechnungsrelevanter Daten im Personalstamm steuern.

Das Feld RÜCKRECHN.BDE (Rückrechnung BDE = Betriebsdatenerfassung) wird für die Rückrechnungserkennung in der Zeitwirtschaft verwendet, und es wird das Datum hinterlegt, zu dem die nächste Zeitauswertung rückrechnet. Nach erfolgter Zeitauswertung setzt das System das Datum auf den ersten noch nicht in der Zeitauswertung abgerechneten Tag.

In das Feld PERS. KALENDER AB (Persönlicher Kalender ab) setzt das System den frühesten Tag einer An-/Abwesenheit in einer Abrechnungsperiode. Dieses Feld wird aktuell nur in der Abrechnung für Österreich verwendet.

Datengruppe »Sonstige Daten«

In der Datengruppe SONSTIGE DATEN wird der Erstellungszeitpunkt der Personalnummer dokumentiert.

1.7.4 Ergebnis prüfen

Sie können den Status ABRECHNUNGSERGEBNISSE PRÜFEN im Abrechnungsverwaltungssatz (siehe Abbildung 1.8) durch direkte Auswahl des Buttons oder durch den Aufruf der Transaktion ERGEBNIS PRÜFEN im Easy-Access-Menü (siehe Abbildung 1.3) auf aktiv setzen. Dieser Status ist optional, d. h., er ist für den korrekten Ablauf einer Echtabrechnung nicht notwendig.

Im Folgenden erklären wir die Steuerungen des Status ABRECHNUNGSERGEBNISSE PRÜFEN und beschreiben den Aufruf sowie den Inhalt der Abrechnungsergebnisse.

Steuerungen des Status »Abrechnungsergebnisse prüfen«

Der Status kann verwendet werden, wenn die Abrechnung beendet ist, aber noch nicht abgeschlossen werden soll. Für die Personalnummern des jeweiligen Abrechnungskreises ist eine Echtabrechnung nicht möglich. Die Personalnummern dieses Abrechnungskreises sind für die Pflege des Personalstammes in der angezeigten Abrechnungsperiode und der Abrechnungsvergangenheit gesperrt; eine Pflege in der Abrechnungszukunft ist uneingeschränkt möglich.

Dieser Status muss aber nicht verwendet werden; nach letztmaliger Freigabe der Abrechnung und Durchführung eines Abrechnungslaufs kann die Abrechnung beendet werden.

Abrechnungsergebnisse anzeigen

Mit der Transaktion ABRECHNUNGSERGEBNISSE ANZEIGEN über den Menüpfad PERSONAL • PERSONALABRECHNUNG • EUROPA • DEUTSCHLAND • WERKZEUGE • ABRECHNUNGSERGEBNISSE ANZEIGEN können Sie sich *unabhängig* vom Status des Abrechnungsverwaltungssatzes die durch eine Echtabrechnung in den Clustern gespeicherten Daten in Tabellenform anzeigen lassen.

Nachfolgend erläutern wir den Aufruf und die Informationen in den Abrechnungsergebnissen (siehe Abbildung 1.13)

Die Rubrik AUSGEWÄHLTE PERSONALNUMMERN füllen Sie durch die Eingabe oder durch die Auswahl der Personalnummer im Feld PERSNR (Personalnummer) und anschließende Bestätigung mit ⏎. Die Rubrik ABRECHNUNGSERGEBNISSE wird durch die Auswahl der entsprechenden Personalnummer in der Rubrik AUSGEWÄHLTE PERSONALNUMMERN gefüllt und bietet einen Überblick über die vorhandenen Abrechnungsperioden.

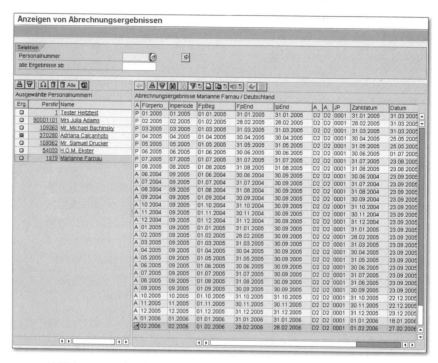

Abbildung 1.13 Abrechnungsergebnisse eines Mitarbeiters

Informationen in den Abrechnungsergebnissen

Spalte A

Spalte A (siehe Abbildung 1.13) enthält das Aktualitätskennzeichen, das drei Ausprägungen annehmen kann:

▶ A (actual) = aktueller Satz

▶ P (previous) = Vorgänger eines A-Satzes; erste Rückrechnung einer Abrechnungsperiode

▶ O (old) = Vorgänger eines P-Satzes; 2. und jede weitere Rückrechnung einer Abrechnungsperiode

[+]

Durch die aufsteigende Sortierung der Spalte FÜRPERIODE können Sie die Abrechnungsperioden mit allen Ausprägungen gruppieren.

Die weiteren Bearbeitungsmöglichkeiten entsprechen denen der ALV-Liste eines Reports (siehe SAP PRESS-Buch »HR-Reporting mit SAP«, Abschnitt 3.4).

Tabellen

Durch Doppelklick oder Markierung einer Abrechnungsperiode (Einfachklick) und Betätigung des Buttons [&r] werden alle in dieser Abrechnungsperiode entstandenen Daten in Tabellenform aufgelistet. Bei der Auswahl einer Tabelle per Doppelklick wird Ihnen deren Inhalt angezeigt.

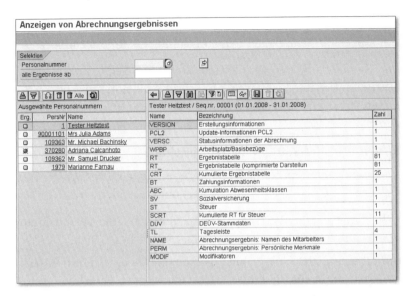

Abbildung 1.14 Abrechnungsergebnisse einer Abrechnungsperiode

Alle Programme der Folgeaktivitäten (siehe Teil III, »Folgeaktivitäten«) greifen auf die Daten der Abrechnungsergebnisse zu. Die Kontrolle mit der Transaktion ABRECHNUNGSERGEBNISSE ANZEIGEN stellt bei Bedarf die Existenz der Daten sicher. Selbstverständlich können Sie auch durch die Anzeige des Entgeltnachweises oder Lohnkontos die Abrechnung eines Mitarbeiters prüfen. Bedenken Sie jedoch, dass die Ergebnisse dieser Reports mit Formularen dargestellt werden, die entweder grundsätzlich nicht alle Daten anzeigen und eventuell fehlerhaft sind oder die unvollständig sein können. **[!]**

Wollen Sie Daten *vor* der Echtabrechnung in ähnlichem Umfang prüfen, verwenden Sie das Abrechnungsprotokoll (siehe Abschnitt 1.4, »Simulation«), **[+]**

1.7.5 Korrekturen

Wenn Sie fehlerhafte Abrechnungen während der Echtabrechnung korrigieren wollen, müssen Sie die Sperre der Personalstammdaten durch die Status FREI ZUR ABRECHNUNG bzw. ABRECHNUNGSERGEBNISSE PRÜFEN des Abrechnungsverwaltungssatzes mit dem Status FREI ZUR KORREKTUR wieder aufheben. Sie können den Status entweder durch den Aufruf der Transaktion KORREKTUREN im Easy-Access-Menü (siehe Abbildung 1.3) oder durch direkte Auswahl des Buttons FREI ZUR KORREKTUR im Abrechnungsverwaltungssatz (siehe Abbildung 1.8) auf aktiv setzen. Dieser Status ist optional, d. h., er ist für den korrekten Ablauf einer Echtabrechnung nicht notwendig.

Im Folgenden erklären wir die Steuerungen des Status FREI ZUR KORREKTUR und erläutern die weiteren Schritte, die nötig sind, wenn Sie diesen Status einsetzen wollen.

Steuerungen des Status »Frei zur Korrektur«

Nach erfolgter Abrechnung kann die Stammdatenpflege wieder freigegeben werden, ohne dass die Abrechnung beendet wird.

▸ In diesem Status ist eine Echtabrechnung für die Personalnummern des jeweiligen Abrechnungskreises nicht möglich.

▸ Aufhebung der Sperre aller Personalnummern dieses Abrechnungskreises für die Pflege in der angezeigten Abrechnungsperiode und in der Abrechnungsvergangenheit

▸ Aktualisierung der Informationen in der Datengruppe LETZTE ÄNDERUNG AM ABRECHNUNGSVERWALTUNGSSATZ

▸ Bei Änderungen im Personalstamm wird bei der jeweiligen Personalnummer im Infotyp 0003 das Feld KORREKTUR DER ABR. (Korrektur der Abrechnung) bestückt (siehe Abbildung 1.15). Eine Liste dieser Personalnummern erhalten Sie über den Button 🔲 des Abrechnungsverwaltungssatzes (siehe Abschnitt 1.7.1).

Nachdem Sie die fehlerhaften Personalnummern korrigiert haben, müssen diese erneut abgerechnet werden. Dazu wiederholen Sie analog zum ersten Abrechnungslauf folgende Schritte:

1. Setzen des Status FREI ZUR ABRECHNUNG im Abrechnungsverwaltungssatz (siehe Abschnitt 1.7.2)

2. Aufruf der Transaktion ABRECHNUNG STARTEN (siehe Abschnitt 1.7.3)

Matchcode

Zur Echtabrechnung nur der korrigierten Personalnummern eines Abrechnungskreises steht Ihnen im Selektionsbild der Abrechnung unter dem Button SUCHHILFEN die Auswahl KORREKTURLAUF ABRECHNUNG zur Verfügung, die die abzurechnenden Personalnummern anhand des Feldes KORREKTUR DER ABRECHNUNG des Infotyps 0003 selektiert. Diese Suchhilfe wird aufgrund ihrer Kurzbezeichnung oft auch als »Matchcode W« bezeichnet (siehe Abbildung 1.15).

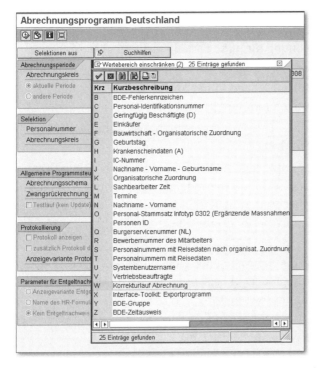

Abbildung 1.15 Suchhilfe »Korrekturlauf Abrechnung« (Matchcode W)

Diesen Zyklus müssen Sie vom Grundsatz her so oft wiederholen, bis alle Personalnummern eines Abrechnungskreises ohne Ablehnung abgerechnet werden konnten.

1.7.6 Abrechnung beenden

Wenn Sie alle Korrekturen durchgeführt haben und im Abrechnungsverwaltungssatz keine Personalnummern mehr in der Liste der fehlerhaften Personalnummern (siehe Abschnitt 1.7.1) vorhanden sind, müssen Sie durch den Aufruf der Transaktion ABRECHNUNG BEENDEN im Easy-Access-Menü oder durch direkte Auswahl des Buttons ENDE DER ABRECHNUNG im Abrechnungsverwaltungssatz den Status auf aktiv setzen und damit die Abrechnungsperiode schließen.

> **[!]** Der Status ENDE DER ABRECHNUNG kann ausschließlich nach dem Status FREI ZUR ABRECHNUNG gesetzt werden und ist zwingend notwendig.

Steuerungen des Status »Ende der Abrechnung«

Folgende Steuerungen werden durch den Status ENDE DER ABRECH-
NUNG ausgelöst:

▸ Für die Personalnummern des jeweiligen Abrechnungskreises ist
eine Echtabrechnung für diese Periode nicht möglich.

▸ Aufhebung der Sperre aller Personalnummern dieses Abrechnungskreises für die Pflege in der angezeigten Abrechnungsperiode und der Abrechnungsvergangenheit

▸ Setzen des Feldes LAUF im Abrechnungsverwaltungssatz auf 0
(siehe Abbildung 1.8)

▸ Schließung der angezeigten Abrechnungsperiode. Dadurch wird
die angezeigte Abrechnungsperiode zur Abrechnungsvergangenheit und bei einer Änderung der Stammdaten in einem Zeitraum
dieser Abrechnungsperiode eine Rückrechnung in der Abrechnung ausgelöst.

▸ Voraussetzung für die Erstellung eines Produktivbelegs mit der
Transaktion BUCHUNGSLAUF ERZEUGEN (siehe Abschnitt 6.6, »Buchung ins Rechnungswesen«)

▸ Aktualisierung der Informationen in der Datengruppe LETZTE
ÄNDERUNG AM ABRECHNUNGSVERWALTUNGSSATZ

[+] Bevor die Abrechnung beendet wird, sollten bestimmte Folgeaktivitäten
simuliert werden. Fehler in diesen Folgeaktivitäten können bewirken, dass
im Abrechnungsergebnis Lohnarten korrigiert werden müssen, was nicht
mehr möglich ist, wenn die Abrechnung beendet wird. Diese Folgeaktivitäten sind die Buchung ins Rechnungswesen, der Zahllauf und die Erstellung von DEÜV-Meldungen (siehe Teil III, »Folgeaktivitäten«).

1.8 Steuerung der Abrechnung mit der HR-Prozess-Workbench

Mit der HR-Prozess-Workbench kann der Ablauf der Personalabrechnung und der Folgeaktivitäten automatisiert werden. In einem Prozessmodell werden die Reihenfolge der Programme festgelegt und
Bedingungen für deren Ausführung definiert. Der Ablauf der Programme kann kontrolliert und bei Bedarf einfach wiederholt werden. Eine Aufteilung der Personalnummern in Pakete, die parallel ablaufen, ist möglich, z. B. um mit zwei parallelen Abrechnungsläufen
die Laufzeit zu verkürzen.

Als Voraussetzung zur Nutzung der Prozess-Workbench muss das Grund-Customizing des SAP Business Workflows durchgeführt worden sein. Außerdem muss im Customizing der Personalabrechnung unter dem Menüpunkt HINTERGRUNDVERARBEITUNG mit der HR-Prozess-Workbench die Ereigniskopplung für den Workflow aktiviert werden.

Notwendiges Customizing

1.8.1 Prozessmodell

Das Prozessmodell legt eine Reihenfolge von Programmen zur Steuerung der Personalabrechnung fest. In einem von SAP ausgelieferten Mustermodell ist beispielhaft ein Abrechnungsablauf definiert (siehe Abbildung 1.16). Dieses Modell kann in den Kundennamensraum kopiert und an eigene Bedürfnisse angepasst werden.

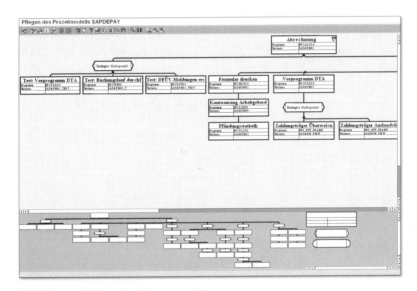

Abbildung 1.16 Pflege des Prozessmodells

Das Prozessmodell besteht aus folgenden Elementen:

Elemente des Prozessmodells

▶ **Selektionsprogramm**
Das Selektionsprogramm ermittelt die Personen, die verarbeitet werden sollen, und steht immer am Anfang des Prozessmodells.

▶ **Prozessschritte**
Die Prozessschritte enthalten die auszuführenden Programme mit Variante, Druckparameter und weiteren Einstellungen.

▶ **Haltepunkte**

Haltepunkte stellen sicher, dass der Ablauf des Prozessmodells an dieser Stelle immer oder unter bestimmten Bedingungen unterbrochen wird. So kann z.B. der Funktionsbaustein HRPY_PROCESS_STOP_CNTRL_REC verwendet werden, der bewirkt, dass eine Unterbrechung erfolgt, wenn der Verwaltungssatz nicht den richtigen Status besitzt.

▶ **Wartepunkte**

Wartepunkte stellen sicher, dass Prozessschritte erst ausgeführt werden, wenn ein definierter Zustand erreicht wird. Dabei kann auf ein externes Ereignis, z.B. ein Hintergrund- oder Workflow-Ereignis, oder einen anderen Schritt gewartet werden.

1.8.2 Pflege des Prozessmodells

Die Pflege des Prozessmodells erfolgt mit der Transaktion PEST, die im SAP Easy-Access-Menü unter den Werkzeugen zur Personalabrechnung zu finden ist. Hier können Sie in einer grafischen Oberfläche einzelne Prozessschritte, Haltepunkte und Wartepunkte zu einem Modell zusammenstellen (siehe Abbildung 1.17).

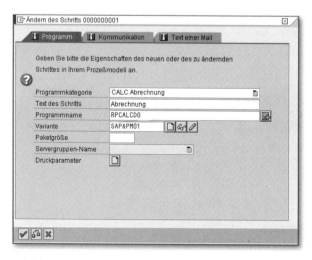

Abbildung 1.17 Auszuführendes Programm festlegen

In diesem Prozessschritt wird in der Registerkarte PROGRAMM (siehe Abbildung 1.18) das auszuführende Programm mit Variante und Druckparameter festgelegt. Für das parallele Ausführen von Paketen von Personalnummern können die Paketgröße und eine Servergruppe, auf der dieser Prozess laufen soll, eingegeben werden.

In der Registerkarte KOMMUNIKATION definieren Sie, wann bei welchem Zustand des aktuellen Prozesses eine Mail generiert werden soll. Die mögliche Auswahl ist in Abbildung 1.18 dargestellt.

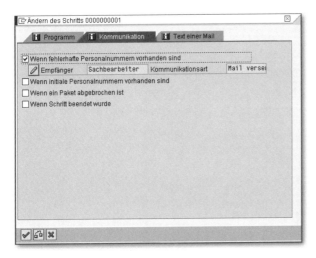

Abbildung 1.18 Kommunikation festlegen

In der dritten Registerkarte, TEXT EINER MAIL, werden die Texte für die zu versendenden Mails festgelegt.

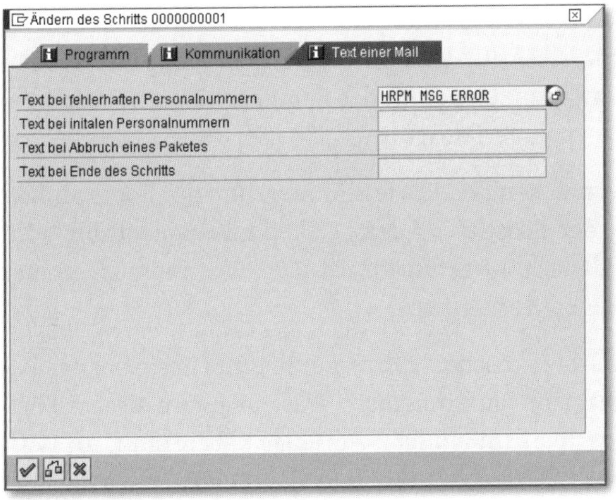

Abbildung 1.19 Text für das Versenden von Mails festlegen

1.8.3 Ausführen von Prozessen

In der Prozess-Workbench wird ein neuer Prozess angelegt und im ersten Schritt das Selektionsprogramm zur Auswahl der relevanten Personalnummern ausgeführt. Gewöhnlich startet die Personalabrechnung automatisch mit einem produktiven Lauf als erstem Schritt. Ob der Verwaltungssatz vorher freigegeben wurde oder die Freigabe per Report RPUPRC00 erfolgen soll, muss im Prozessmodell festgelegt werden.

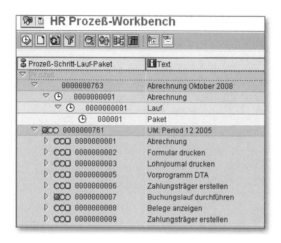

Abbildung 1.20 Steuerung der Abrechnung mit der HR-Prozess-Workbench

Wie in Abbildung 1.20 zu sehen, wird der Status des Pakets mit dem aktuellen Status dargestellt. Fehlerhafte Personalnummern können angezeigt und Prozessschritte wiederholt werden. Stoppt der Ablauf an Halte- oder Wartepunkten, kann der Benutzer eingreifen und bestimmen, wie weiter zu verfahren ist.

Reaktion bei Halte- und Wartepunkten
Haltepunkte unterbrechen den Prozess immer, und der Benutzer legt manuell fest, ob der Schritt vor dem Haltepunkt wiederholt wird oder der Schritt danach ausgeführt wird. Der Prozess muss immer vom Benutzer fortgesetzt werden.

Wartepunkte unterbrechen den Prozess nur unter festgelegten Bedingungen und reagieren auf Ereignisse, was ein automatisches Fortführen bei veränderten Bedingungen zur Folge haben kann. An Wartepunkten läuft der Prozess weiter, und der Benutzer hat auf die Reihenfolge der Schritte keinen Einfluss.

1.8.4 Kundeneigene Programme

Um kundeneigene Programme in das Prozessmodell einbinden zu können, müssen diese mit dem Prozessmodell kommunizieren können. Bei Programmen, welche die logische Datenbank PNP verwenden, setzen folgende Funktionsbausteine den Status:

- HRPY_PROCESS_SET_PERNR_STATUS setzt den Status für einzelne Personalnummern
- HRPY_PROCESS_SET_ALL_PERNR_ST für alle Personalnummern

Diese Funktionsbausteine geben den Status an die Statusverwaltung weiter, z. B. ob eine Personalnummer das Programm erfolgreich durchlaufen hat.

1.9 Fazit

Die Steuerung der Personalabrechnung in SAP ERP HCM bietet verschiedenen Alternativen, die je nach Unternehmensgröße zum Einsatz kommen. Kleinere Unternehmen steuern die Personalabrechnung durch manuelles Ausführen der Transaktionen im SAP Easy-Access-Menü oder durch die Verwendung des HR-Prozess-Managers. Bei größeren Unternehmen liegt die Steuerung der Abrechnung häufig im Bereich der IT-Abteilung, welche die Programme in einen Job-Ablauf einbindet.

Beide Alternativen lassen sich mit SAP ERP HCM realisieren.

Die meisten Informationen zur Ermittlung des Entgelts und der Abzüge eines Mitarbeiters sind in den Infotypen der Personaladministration enthalten. In diesem Kapitel geben wir Ihnen einen Überblick darüber, welche Infotypen für die erfolgreiche Durchführung einer Abrechnung zwingend erforderlich sind und welche weiteren Infotypen zusätzlich relevante Informationen enthalten können.

2 Infotypen der Personalabrechnung

Die personenbezogenen Daten der Personaladministration, die auch für die Personalabrechnung verwendet werden, sind in sogenannten *Infotypen* enthalten. Infotypen bestehen in SAP ERP HCM aus einer Bildschirmmaske, die mit Programmlogik hinterlegt ist. Diese Programmlogik umfasst z. B. Prüfungen der Dateneingabe oder die Ermittlung von Vorschlagswerten.

Zuerst geben wir Ihnen einen Überblick über die Infotypen, die zwingend für eine erfolgreiche Personalabrechnung benötigt werden. Dabei gehen wir nur auf die für die Personalabrechnung relevanten Informationen ein, die in diesen Infotypen enthalten sind.

Erforderliche Infotypen

Im Anschluss daran beschreiben wir weitere Infotypen, die nicht für jede Person vorhanden sein müssen, sondern bei Bedarf gepflegt werden. Auch hier werden nur Infotypen vorgestellt, die für die Personalabrechnung relevant sind.

Weitere Infotypen

Jeder Infotyp wird durch einen eindeutigen vierstelligen numerischen Schlüssel identifiziert. Die beschriebenen Infotypen sind nach diesem Schlüssel sortiert dargestellt. Für die Personalabrechnung sind folgende Bereiche interessant:

Nummernkreise für Infotypen

- ▸ 0000–0999: Infotypen der Personaladministration und Personalabrechnung
- ▸ 2000–2999: Infotypen der Zeitwirtschaft
- ▸ 9000–9999: kundeneigene Infotypen

Im Bereich kundeneigener Infotypen können auch individuelle Infotypen entwickelt werden, die in die Personalabrechnung einfließen. Darauf gehen wir in Abschnitt 2.5, »Kundeneigene Infotypen«, ein.

2.1 Erforderliche Infotypen des Personalstamms

Ohne die in diesem Abschnitt beschriebenen Infotypen ist eine Personalabrechnung nicht möglich. Wir beschreiben die Infotypen in der Reihenfolge der eindeutigen vierstelligen Nummer, die dem Infotyp als Schlüssel zugeordnet ist.

[!] Durch die falsche Bearbeitung eines Infotyps können Lücken in der Historie entstehen, die zu einem Abbruch der Abrechnung führen. Sollte die Lücke in der Abrechnungsvergangenheit auftreten, führt dies zum Abbruch der aktuellen Abrechnung, wenn hier eine Rückrechnung für diesen Zeitraum angestoßen wird.

Wichtig ist auch, dass bei Austritt eines Mitarbeiters diese erforderlichen Infotypen nicht abgegrenzt werden. Der Status *ausgetreten* im Infotyp 0000 (Maßnahmen) reicht aus, damit keine weiteren Zahlungen erfolgen.

2.1.1 Infotyp 0000 (Maßnahmen)

Der Infotyp 0000 (Maßnahmen) enthält drei Status-Felder (siehe Abbildung 2.1), die ausschließlich mit der Durchführung einer Maßnahme gepflegt werden können. Diese Status werden im Customizing beim Anlegen der Maßnahme in der Tabelle T529A festgelegt und können bei der Pflege des Infotyps nicht geändert werden.

Status der Beschäftigung · Der wichtigste Status, der immer genutzt werden muss, ist der Status der *Beschäftigung*. Dieser Status kann folgende Werte annehmen:

▶ 0 – ausgetreten

▶ 2 – Rentner

▶ 3 – aktiv

Es gibt Maßnahmen, die den Status eines Mitarbeiters beeinflussen, wie der Eintritt und der Austritt des Mitarbeiters, und Maßnahmen, die den Status nicht verändern, wie z. B. eine Versetzung oder Gehaltserhöhung.

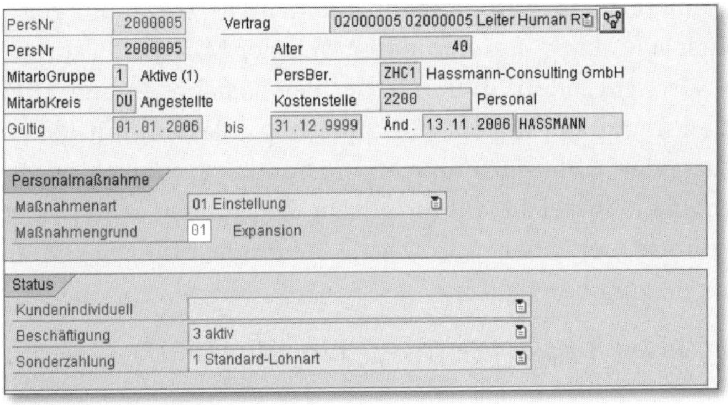

Abbildung 2.1 Infotyp 0000 (Maßnahmen)

Die Informationen des Infotyps werden beim Einlesen der Grunddaten (siehe Abschnitt 3.3, »Einlesen der Grunddaten«) in die interne Tabelle WPBP geschrieben und können damit in der Abrechnung verwendet werden. Ein wichtiges Kennzeichen, das in der internen Tabelle WPBP aus diesem Infotyp generiert wird, ist das Kennzeichen, ob der Mitarbeiter *aktiv* ist.

Der kundenindividuelle Status wird im Standard nicht verwendet. Der Status für die Sonderzahlungsautomatik steuert den Anspruch des Mitarbeiters auf Sonderzahlung. Dieser wird in der Privatwirtschaft normalerweise nicht verwendet.

2.1.2 Infotyp 0001 (Organisatorische Zuordnung)

Der Infotyp 0001 (Organisatorische Zuordnung) enthält zentrale Informationen zum Mitarbeiter. Die meisten dieser Informationen haben steuernden Einfluss auf die Personalabrechnung.

Mit der Pflege des Abrechnungskreises wird der Mitarbeiter dem Steuerelement der Personalabrechnung zugeordnet (siehe auch Kapitel 1, »Ablauf und Steuerung der Personalabrechnung in SAP ERP HCM«). Der Abrechnungskreis lässt sich nur für Zeiträume in der Zukunft ändern, in denen noch kein Abrechnungsergebnis vorliegt. Sobald eine Abrechnung durchgeführt wurde, kann der Abrechnungskreis für diesen Zeitraum nicht mehr geändert werden. Ein Abrechnungskreis kann als abrechnungsrelevant gekennzeichnet werden, und nur Mitarbeiter, die diesen Abrechnungskreisen zugeordnet sind, werden von der Personalabrechnung selektiert.

Abrechnungskreis

Modifikatoren

Der Personalbereich in Kombination mit dem Personalteilbereich und der Mitarbeiterkreis in Kombination mit der Mitarbeitergruppe haben zentrale steuernde Wirkung in der Personalabrechnung. Hier sind Tabellen hinterlegt, die eine Gruppierung zulassen, mit denen eine grundlegende Differenzierung im Customizing möglich ist. Es werden Personalteilbereiche, für die gleiche Regelungen gelten, oder Mitarbeiterkreise, bei denen eine gleiche Steuerung erfolgen soll, in Gruppierungen zusammengefasst.

Gruppierungen auf Basis des Personal-teilbereichs

Gruppierungen auf Basis des Personalteilbereichs (T001P):

▶ Ländergruppierung – Zuordnung zur Länderversion

▶ Vorschlagswerte für Tarifart und Tarifgebiet

▶ Gruppierung für Abwesenheiten

▶ Zuordnung zur juristischen Person

▶ Zulässigkeit von Primärlohnarten – siehe Kapitel 19, »Lohnarten in SAP ERP HCM«

▶ Modifikator für Statistiken

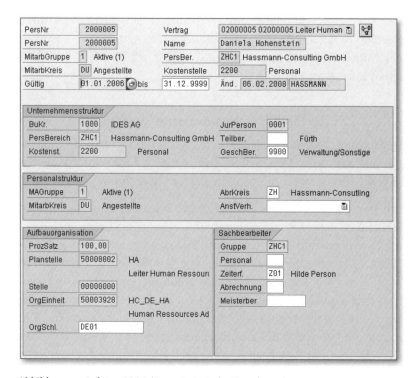

Abbildung 2.2 Infotyp 0001 (Organisatorische Zuordnung)

Gruppierungen auf Basis des Mitarbeiterkreises (T503):

▸ Gruppierung für Personalrechenregel – siehe Abschnitt 21.2, »Formulare«

▸ Zulässigkeit von Primärlohnarten – siehe Kapitel 19, »Lohnarten in SAP ERP HCM«

▸ Gruppierung von Tarifregelungen – siehe Abschnitt 2.1.6, »Infotyp 0008 (Basisbezüge)«

▸ Teilnahme am Leistungslohn

An der *juristischen Person* erkennt die Personalabrechnung, ob bei einer Versetzung ein Firmenwechsel vorliegt oder nur eine Versetzung. Wechselt die juristische Person, so wird alles Notwendige veranlasst, was bei einem Firmenwechsel notwendig ist, wie z. B. eine Abmeldung und Anmeldung in der DEÜV. Der Inhalt des Feldes kann frei gepflegt werden und sollte so gewählt werden, dass alle Personalteilbereiche, zwischen denen gewechselt werden kann, ohne dass eine Ab- und Anmeldung erfolgen soll, die gleiche juristische Person erhalten.

Die juristische Person kann im laufenden Betrieb nicht mehr geändert werden, da diese an zentraler Stelle im Abrechnungsergebnis gespeichert wird. Würde man den Eintrag der Tabelle T001P ändern, würde sich beim nächsten Ändern eines Infotyp-0001-Satzes hier auch die juristische Person ändern und die Personalabrechnung beim nächsten Lauf eine Ab- und Anmeldung erzeugen.

Daher ist eine Änderung der juristischen Person nur möglich, wenn auf Datenbankebene die komplette Historie geändert wird.

[!]

Der Sachbearbeiter »Personalabrechnung« kann auf dem Entgeltnachweis als Ansprechpartner angedruckt werden. Außerdem kann das Feld SACHBEARBEITER berechtigungsrelevant gesetzt werden, wenn der Berechtigungshauptschalter für die Prüfung auf Sachbearbeiterebene markiert wird. Damit kann z. B. gesteuert werden, dass der Sachbearbeiter »Personalabrechnung« nur die Mitarbeiter pflegen kann, für die er zuständig ist.

2.1.3 Infotyp 0002 (Daten zur Person)

Der Infotyp 0002 (Daten zur Person) enthält die Daten, die den Mitarbeiter identifizieren. Diese Daten sind für alle Auswertungen und

Folgeaktivitäten mit personenbezogenem Inhalt relevant, weshalb die Daten von der Personalabrechnung in den Abrechnungsergebnissen gespeichert werden. Das Einlesen der Daten erfolgt im Abrechnungsschema mit der Funktion P0002, die in dem Teilschema DGD0 (Grunddaten Deutschland) diese Daten in die internen Tabellen NAME (Namen des Mitarbeiters) und PERM (Persönliche Merkmale) stellt, die am Ende der Abrechnung im Cluster RD gespeichert werden.

DEÜV

Besondere Bedeutung haben diese Daten für das Erzeugen von DEÜV-Meldungen. Im Customizing können Sie die Prüfung eines DEÜV-konformen Inhalts bei der Eingabe pro Personalteilbereich aktivieren. Dies sollte für alle Personalteilbereiche aktiv sein, in denen eine deutsche Personalabrechnung durchgeführt wird. So wird verhindert, dass die Meldungen versendet und von der Annahmestelle abgelehnt werden und im Nachhinein korrigiert werden müssen. Eine besondere Bedeutung hat der Geburtsort, der bei DEÜV-Anmeldungen zwingend erforderlich ist, wenn keine Sozialversicherungsnummer vorliegt.

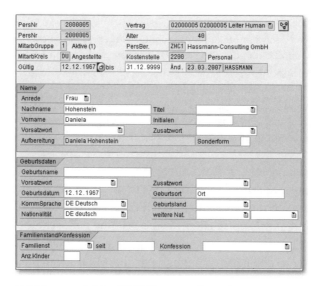

Abbildung 2.3 Infotyp 0002 (Daten zur Person)

Familienstand/ Konfession

Die Informationen zu Familienstand und Konfession haben für die Berechnung der Steuer keine Relevanz; die für die Personalabrechnung relevanten Daten werden im Infotyp 0012 (Steuerdaten) – siehe Abschnitt 2.1.8, »Infotyp 0012 (Steuerdaten D)« – gepflegt. Insofern steht es dem Kunden frei, hier Daten zu pflegen oder die Felder gegebenenfalls auszublenden.

2.1.4 Infotyp 0003 (Abrechnungsstatus)

Der Infotyp 0003 (Abrechnungsstatus) – siehe Abbildung 2.4 – wird im Hintergrund automatisch gepflegt. Werden abrechnungsrelevante Stammdaten in der Abrechnungsvergangenheit gepflegt, wird das Rückrechnungsdatum gesetzt, das beim Abrechnungslauf für eine Rückrechnung in den angegebenen Monat sorgt. Wurde versehentlich eine Rückrechnung ausgelöst, kann durch das Löschen des Datums die Rückrechnung verhindert werden, solange noch kein Abrechnungslauf erfolgt ist. Dieses Datum sollte allerdings nur gelöscht werden, wenn man sicher ist, dass keine Rückrechnung erforderlich ist. In der Infotyp-Pflege ist dieses Datum nicht änderbar. Dazu muss die Transaktion PU03 (ABRECHNUNGSSTATUS PFLEGEN) ausgeführt werden.

Rückrechnung

Das Korrekturkennzeichen wird bei den Personen gesetzt, die nach dem ersten Abrechnungslauf bei der Freigabe zur Korrektur noch geändert werden. Das Kennzeichen kann auch nur über die Transaktion PU03 gelöscht werden. So können über die Suchhilfe W, die dieses Feld auswertet, nur Personen abgerechnet werden, bei denen Korrekturen durchgeführt wurden. Dies beschleunigt bei großen Firmen den Korrekturlauf. Bei kleineren Firmen ist die Zeitersparnis gegenüber einer Abrechnung aller Personen unerheblich, weshalb hier meist die komplette Abrechnung aller Mitarbeiter durchgeführt wird.

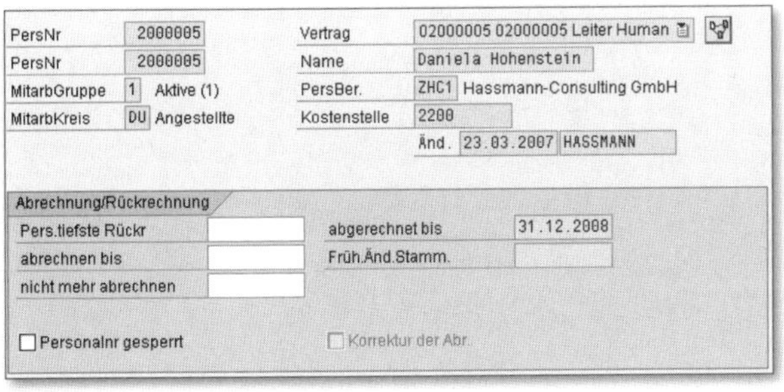

Korrektur

Abbildung 2.4 Infotyp 0003 (Abrechnungsstatus)

Die persönlich tiefste Rückrechnungsperiode verhindert eine Rückrechnung und Stammdatenpflege von abrechnungsrelevanten Daten

Persönlich tiefste Rückrechnung

vor dem festgelegten Datum. Dieses Datum und das Datum im Verwaltungssatz (siehe Abschnitt 1.7.1, »Abrechnungsverwaltungssatz«) sind die beiden Möglichkeiten, um entweder individuell oder pauschal für alle Mitarbeiter eine Rückrechnung zu verhindern.

Das Datum ABRECHNEN BIS löst eine Abrechnung auch nach dem Austritt des Mitarbeiters aus. Normalerweise werden nicht aktive Mitarbeiter nicht mehr abgerechnet.

Sperren von Personalnummern

Das Sperren von Personalnummern kann im Notfall verwendet werden, um zu verhindern, dass eine Personalnummer abgerechnet wird. Gesperrte Personalnummern werden im Abrechnungsprotokoll angezeigt. Wird die Sperre aufgehoben, werden bei der nächsten Personalabrechnung alle Perioden abgerechnet, in denen die Personalnummer gesperrt war. Somit ist dies nur eine Möglichkeit zur Sperre von Personalnummern, die in einer der nächsten Periode richtiggestellt werden sollen.

2.1.5   Infotyp 0007 (Sollarbeitszeit)

Schichtplan für die Abrechnungsperiode

Die Informationen im Infotyp 0007 (Sollarbeitszeit) – siehe Abbildung 2.5 – sind primär Informationen der Zeitwirtschaft. Sie finden jedoch auch in der Personalabrechnung Verwendung. Die Personalabrechnung baut intern in der Tabelle PSP den Schichtplan für die Abrechnungsperiode auf, um damit Teilmonatsberechnungen durchzuführen (siehe Abschnitt 3.13, »Aliquotierung«). So kann das Entgelt bei unbezahlten Abwesenheiten und Ein- oder Austritt während des Monats gekürzt werden.

Abbildung 2.5 Infotyp 0007 (Sollarbeitszeit)

Ohne einen vollständig angelegten Schichtplan ist eine Abrechnung nicht möglich.

2.1.6 Infotyp 0008 (Basisbezüge)

Der Infotyp 0008 (Basisbezüge) – siehe Abbildung 2.6 – enthält die grundlegenden regelmäßigen Entgeltbestandteile des Mitarbeiters. Das Entgelt kann in bis zu 40 Lohnarten gepflegt werden. Im Customizing einer Lohnart kann in den Lohnarteneigenschaften in Tabelle T511 gesteuert werden, ob die Lohnart in die angezeigte Summe einfließt.

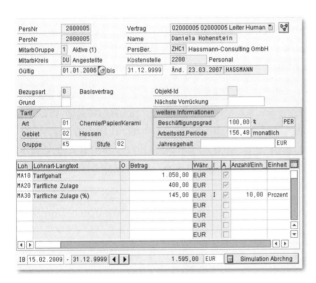

Abbildung 2.6 Infotyp 0008 (Basisbezüge)

Die Arbeitsstunden pro Periode und der Beschäftigungsgrad können, je nachdem welche Customizing-Einstellungen durchgeführt worden sind, unterschiedliche Auswirkungen haben. Die Arbeitsstunden pro Periode werden gewöhnlich dafür verwendet, um einen Stundensatz zur Bewertung von Mehrarbeit oder Zeitzuschlägen zu berechnen. Außerdem kann dieser zur Berechnung von Kürzungen in der Aliquotierung verwendet werden, wenn die Formel zur Aliquotierung mit durchschnittlichen Stunden rechnet. Der Beschäftigungsgrad kann zur Reduzierung des indirekt bewerteten Entgelts herangezogen werden. `Arbeitszeit`

Die Datengruppe TARIF enthält grundlegende Informationen zum Tarif. Diese Felder müssen gefüllt sein, auch wenn der Mitarbeiter `Tarif` keine Tarifbezahlung erhält. Für diese Fälle müssen Pseudo-Einträge angelegt werden, die dann Verwendung finden. Für Tarifmitarbeiter wird über die indirekte Bewertung der Betrag aus der Tariftabelle (siehe Abbildung 2.7) in das Betragsfeld der Lohnart übernommen. Als Kennzeichen, dass eine Lohnart indirekt bewertet wird, wird ein »I« in der Spalte hinter Betrag und Währung angezeigt. Ist das Überschreiben der Lohnart im Customizing zugelassen (siehe Kapitel 19, »Lohnarten in SAP ERP HCM«), kann der berechnete Betrag überschrieben werden. Damit wird das Kennzeichen »I« gelöscht und der manuell vorgegebene Betrag im Infotyp gespeichert. Der Betrag wird bei einer Anpassung der Tariftabelle dadurch nicht mehr automatisch angepasst. Die indirekte Bewertung kann aber in den Lohnarten-Eigenschaften in der Tabelle T511 als nicht überschreibbar definiert werden. Dann bleibt der Betrag grau hinterlegt und kann nicht manuell geändert werden.

Die Vorschlagswerte für Tarifart und Tarifgebiet stammen aus der Tabelle T001P, die pro Personalteilbereich Vorschlagswerte enthält. Über das Merkmal *Tarif* kann dieser Wert noch differenzierter gesteuert werden, wenn z. B. pro Mitarbeiterkreis unterschiedliche Werte vorgeschlagen werden sollen. Diese Vorschlagswerte können manuell überschrieben werden.

Tabellen für das Customizing der Tarifeinstellung

Für das Customizing der Tarifeinstellung gibt es mehrere Tabellen, die wichtigsten davon sind:

▸ **T510A (Tarifart)**
Festlegung der Tarifarten

▸ **T510G (Tarifgebiete)**
Festlegung der Gebiete, wie z. B. Bundesländer, in denen unterschiedliche Tarifbedingungen gelten

▸ **T510 (Tarifgruppen/-stufen)**
Festlegung der Gruppen/Stufen mit dem Betrag für das Tarifgrundentgelt

▸ **T510I (Tarifliche Arbeitszeit pro Woche sowie die wöchentlichen Arbeitstage)**
Die tarifliche Arbeitszeit kann im Abrechnungsschema in Operationen abgefragt werden oder für die Kürzung des Tarifgrundentgelts bei Teilzeitmitarbeitern in der indirekten Bewertung verwendet werden.

▶ **T510_PSRCL (Tarifliche Umstufung)**
Hier werden die Regeln für das Vorrücken in eine Folgetarif-gruppe/-stufe festgelegt. Das Vorrücken wird mit dem Report RPIPSR00 durchgeführt, der sich im SAP Easy-Access-Menü im Bereich Vergütungsmanagement befindet.

▶ **T510D (Tariferhöhung)**
Hier können Regeln für eine Tariferhöhung hinterlegt und Anpassungsregeln für Lohnarten definiert werden. Folgende Varianten der Erhöhung sind möglich:

▶ Lohnart um einen festen Betrag erhöhen

▶ Lohnart um eine Differenz erhöhen

▶ Gesamtbasisbezug um einen absoluten Betrag erhöhen

▶ Lohnart um den Betrag der Erhöhung für andere Lohnarten verringern (Anrechnung von Lohnbestandteilen)

▶ neue Lohnarten einfügen

▶ vorhandene Lohnarten zeitlich abgrenzen

▶ Lohnarten durch andere Lohnarten ersetzen

▶ nach einer anderen Tarifgruppe bewerten

Die Tariferhöhung wird mit dem Report RPITRF00 durchgeführt.

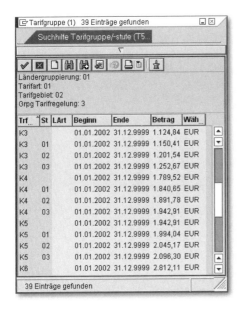

Abbildung 2.7 Tariftabelle

Tarifliche Umstufung

In vielen Tarifen gibt es eine automatische Vorrückung, bei der nach einer bestimmten Zeit der Zugehörigkeit zu einer Tarifstufe/-gruppe eine automatische Vorrückung in eine Folgetarifgruppe/-stufe stattfindet. Die Ermittlung des Zeitraums der Umstufung wird normalerweise an der Historie des Infotyps 0008 (Basisbezüge) abgelesen. Ist dies nicht möglich, weil z. B. SAP ERP HCM neu eingeführt wurde, kann durch die Vorgabe des Datums zur nächsten Vorrückung (siehe Abbildung 2.6) der Zeitraum für das Vorrücken manuell vorgegeben werden.

Vorschlags-lohnarten

Es können abhängig von organisatorischen Kriterien Vorschlagslohnarten vorgegeben werden. Dazu werden in der Tabelle T539A Lohnarten definiert, und der Schlüssel der Tabelle wird mit dem Merkmal LGMST angesteuert. So können für verschiedene Mitarbeiterkreise unterschiedliche Lohnarten vorgeschlagen werden.

Mit dem Merkmal DFINF kann außerdem gesteuert werden, ob beim Kopieren des Infotyps die Vorschlagswerte neu ermittelt werden oder die vorhandenen Werte in der Kopie erhalten bleiben.

Simulation der Abrechnung

Der Infotyp enthält einen Button, mit dem eine Simulation der Personalabrechnung durchgeführt werden kann. Dieser Button wird im Infotyp rechts unten eingeblendet, wenn im Merkmal PM004 eine Variante des Abrechnungstreibers gepflegt wird.

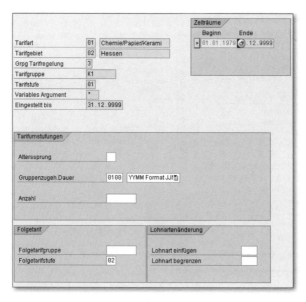

Abbildung 2.8 Tarifumstufungen

Das Customizing zum Infotyp 0008 und zu den Tarifeinstellungen befindet sich im Menüpfad PERSONALMANAGEMENT • PERSONALADMINISTRATION • ABRECHNUNGSDATEN • BASISBEZÜGE.

Customizing

Bei Austritt darf der Infotyp 0008 nicht abgegrenzt werden, da die Abrechnung auch bei einer gegebenenfalls notwendigen Rückrechnung im Monat nach dem Austritt noch Informationen aus dem Infotyp benötigt. Beispielsweise kommt es zu Abbrüchen in der Abrechnung, wenn das Feld ARBEITSSTD.PERIODE (Arbeitsstunden pro Periode) nicht gefüllt ist oder fehlt, weil der Infotyp nicht vorhanden ist.

Achtung

Dass nach dem Austritt die Basisbezüge nicht zur Auszahlung kommen, verhindert die Aliquotierung (siehe Abschnitt 3.13, »Aliquotierung«). Hier werden die Bezüge bei unbezahlten oder inaktiven Zeiträumen reduziert.

Das Einlesen des Infotyps in die Personalabrechnung erfolgt im Menüpfad EINLESEN GRUNDDATEN DGD0 mit der Funktion WPBP, die Werte des Infotyps in die interne Tabelle WPBP stellt und außerdem die Lohnarten in die Tabelle IT übernimmt.

2.1.7   Infotyp 0009 (Bankverbindung)

Die Überweisungsinformationen des Mitarbeiters für die Überweisung der Bezüge sind im Infotyp 0009 (Bankverbindung) – siehe Abbildung 2.9 – gespeichert. Es können Bankverbindungen im Inland und Ausland verwendet werden.

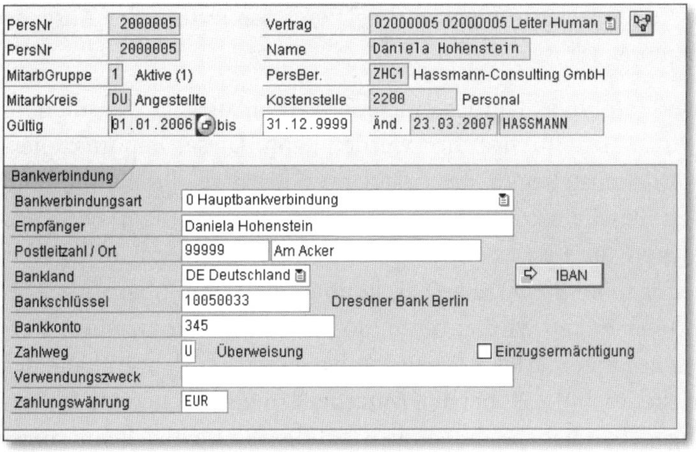

Abbildung 2.9 Infotyp 0009 (Bankverbindung)

Zahlwege

Sie können folgende Zahlwege auswählen:

- **U – Überweisung**
  dies ist der Zahlweg, der für Inlandsüberweisungen verwendet wird

- **L – Auslandsüberweisung**
  dieser Zahlweg wird für alle Auslandsüberweisungen verwendet. Die Zahlungen werden in den Folgeaktivitäten der Personalabrechnung getrennt behandelt.

- **S – Scheckdruck**
  der Scheckdruck kommt in der Praxis selten vor

[!] Die Möglichkeit, die IBAN-Nummer für Bankverbindungen einzugeben, muss in der Tabelle T77S0 mit dem Schalter IBAN aktiviert werden.

Ist keine Bankverbindung vorhanden, wird der auszuzahlende Betrag als Guthaben in die Folgeperiode übertragen.

2.1.8 Infotyp 0012 (Steuerdaten D)

Die Daten der Steuerkarte werden im Infotyp 0012 (Steuerdaten D) – siehe Abbildung 2.10 – hinterlegt. Dieser Infotyp regelt die Versteuerung der Bezüge und verwaltet die Abgabe der Steuerkarte, solange dies gesetzlich noch notwendig ist. Ist das Kennzeichen für STEUERKARTE LIEGT NICHT VOR gesetzt, können zudem ein Grund, warum die Steuerkarte nicht vorliegt, und das Datum der Ausgabe eingetragen werden.

Steuerdaten anlegen

Für diesen Infotyp ist jährlich ein neuer Satz anzulegen, was mit dem Report RPIJSTD0 durchgeführt werden kann. Dieser Report kopiert die Steuerdaten zu Beginn des Folgejahres, löscht die Freibeträge und setzt den Bescheinigungszeitraum auf »01«. Außerdem wird das Kennzeichen für STEUERKARTE LIEGT NICHT VOR gesetzt. Bringt der Mitarbeiter seine Steuerkarte bei, können die Daten überprüft werden, und der Haken wird entfernt. So kann immer kontrolliert werden, welche Steuerkarten noch nicht abgegeben wurden. Anhand des Kennzeichens kann z. B. bei den Mitarbeitern, die noch keine Steuerkarte abgegeben haben, ein Hinweis auf dem Entgeltnachweis angedruckt werden, der zur Abgabe der Steuerkarte auffordert.

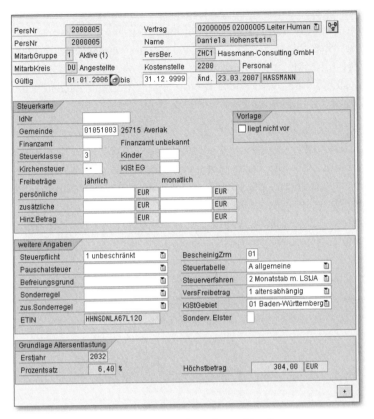

Abbildung 2.10 Infotyp 0012 (Steuerdaten Deutschland)

Wechselt der Mitarbeiter innerhalb des gleichen Abrechnungssystems in eine andere rechtlich selbständige Einheit, dann ist es erforderlich, dass ein neuer Satz des Infotyps mit eigenem Bescheinigungszeitraum angelegt wird. Im Abrechnungsergebnis der Tabelle SCRT werden so die richtigen Steuerbeträge den Bescheinigungszeiträumen zugeordnet. Das Anlegen sollte automatisch über eine dynamische Maßnahme, die in der Tabelle T588Z definiert ist, erfolgen. Wenn die dynamische Maßnahme nicht vorhanden ist, muss diese durch Abgleich mit dem Mandanten 000 angelegt werden.

Bescheinigungszeitraum

Es ist wichtig zu prüfen, ob bei einem Wechsel der juristischen Person die Anpassung des Steuerzeitraums erfolgt, da sonst keine korrekte Lohnsteuerbescheinigung erstellt werden kann. Bei einer nachträglichen Anpassung müssen vergangene Perioden zurückgerechnet werden, da auch die Tabelle SCRT im Abrechnungsergebnis korrigiert werden muss.

[!]

Ausgabemonat
der Lohnsteuer-
bescheinigung

Der Ausgabemonat der Lohnsteuerbescheinigung steuert den Zeitpunkt, zu dem die Lohnsteuerbescheinigung an das Finanzamt übermittelt wird. Erfolgen nach diesem Monat, der im Merkmal DSTLB festgelegt wird, Rückrechnungen ins alte Jahr, werden die Differenzen, die sich bei der Steuerberechnung ergeben, in der nächsten Bescheinigung im folgenden Jahr berücksichtigt.

Der Ausgabemonat kann pro Personalnummer übersteuert werden, indem dieser über den Button AUSGABEMONAT LStB gepflegt wird (siehe Abbildung 2.11). Damit kann erzwungen werden, dass die Bescheinigung zu einem späteren Zeitpunkt übertragen wird und alle bis dahin durchgeführten Rückrechnungen noch in der Bescheinigung enthalten sind. Dies ist vor allem bei Austritten von Mitarbeitern immer wieder erforderlich.

Abbildung 2.11 Pop-up »Ausgabemonat Lohnsteuerbescheinigung«

Der Infotyp 0012 wird mit der Funktion P0012 im Teilschema DGD0 (Grunddaten Deutschland) in die interne Tabelle ST eingelesen. Fehlt der Infotyp, bricht die Abrechnung bei der Funktion GON, die eine Vollständigkeitsprüfung durchführt, ab.

Weitere Informationen entnehmen Sie bitte den Abschnitten 4.1, »Steuerberechnung« und 6.5, »Elektronischer Datenaustausch mit der Finanzverwaltung (Lohnsteueranmeldung und -bescheinigung)«.

2.1.9 Infotyp 0013 (Sozialversicherung)

Der Infotyp 0013 (Sozialversicherung) – siehe Abbildung 2.12 – enthält die relevanten Daten für die Beitragsberechnung und die Abführung der Beiträge zur gesetzlichen Sozialversicherung (SV).

Die Sozialversicherungsschlüssel steuern die Beitragsberechnung in den verschiedenen Sparten der Sozialversicherung. Mit der Pflege dieser Felder wird die Berechnung der SV-Beiträge gesteuert. Die Eingabe in diesen Feldern wird durch die Eingabe von zusätzlichen SV-Attributen ergänzt.

SV-Schlüssel

Die Attribute sind nach Primärattributen und Sekundärattributen zu unterscheiden. Primärattribute sind:

Primärattribute

- ▶ **01 – Aktiver**
  kennzeichnet alle aktiven Mitarbeiter, die nicht in eine der folgenden Kategorien fallen

- ▶ **02 – Rentner**
  kennzeichnet Rentner

- ▶ **03 – Vorruhestand**
  kennzeichnet Mitarbeiter, die Vorruhestandsgeld beziehen

- ▶ **04 – Altersteilzeit**
  kennzeichnet Mitarbeiter, die sich in Altersteilzeit befinden

- ▶ **05 – Geringfügig Beschäftigte**
  kennzeichnet geringfügig Beschäftigte und kurzfristig Entlohnte, die in allen Sozialversicherungszweigen versicherungsfrei sind

- ▶ **06 – Unständig Beschäftigte**
  kennzeichnet Mitarbeiter, die nach § 179 Abs. 2 SGB V unständig beschäftigt sind. Für diese Mitarbeiter bietet der SAP-Standard keine SV-Berechnung an. Die Meldungen in der Sozialversicherung sind manuell durchzuführen.

- ▶ **07 – Behinderte Menschen/Rehabilitanten**
  kennzeichnet Mitarbeiter, die an einer berufsfördernden Maßnahme zur Rehabilitation teilnehmen

- ▶ **08 – Freiwilliges soziales Jahr**
  kennzeichnet Mitarbeiter, die an einem freiwilligen sozialen Jahr oder freiwilligen ökologischen Jahr teilnehmen

Jeder Mitarbeiter muss einem dieser Primärattribute zugeordnet werden.

In Sonderfällen müssen dazu außerdem folgende Sekundärattribute gepflegt werden:

▶ **20 – Private KV**
kennzeichnet Mitarbeiter mit privater Krankenversicherung

▶ **21 – Knappschaft**
kennzeichnet Mitarbeiter mit knappschaftlicher Versicherung

▶ **22 – Mehrfachbezug**
kennzeichnet Mitarbeiter, die in mehreren Beschäftigungsverhältnissen stehen. Das Entgelt des anderen Arbeitgebers wird im Infotyp 0014 vorgegeben, als Musterlohnart kann MU50 (Gehalt anderer Arbeitgeber) verwendet werden. Bei Einmalzahlungen des anderen Arbeitgebers kann MU60 (Einmalzahlung anderer Arbeitgeber) verwendet werden.

Dieses Kennzeichen wird auch bei Rentnern verwendet, die von mehreren Arbeitgebern Rentenbezüge erhalten und in Summe die Geringfügigkeitsgrenze für Rentner übersteigen.

▶ **23 – SV-Umlage U1**
Dieses Kennzeichen löst seit 2005 nur noch die Berechnung der Umlage U1 in der Personalabrechnung aus. Die Berechnung der Umlage muss im Customizing zur Sozialversicherung eingerichtet werden. Zur Berechnung der Umlage 1 muss dann zusätzlich das Attribut beim Mitarbeiter angelegt werden.

▶ **24 – Geringverdiener**
Seit der Neuregelung 1999 darf dieses Kennzeichen nur noch für Mitarbeiter verwendet werden, bei denen trotz geringfügiger Beschäftigung eine Versicherungspflicht eintritt. Dies ist bei Mitarbeitern in der Berufsausbildung der Fall.

▶ **25 – Befreit und unterhalb der Jahresentgeltgrenze**
Dieses Kennzeichen ist für Mitarbeiter, die im einzelnen Monat unter der Beitragsbemessungsgrenze der Krankenversicherung liegen, in der Jahresbetrachtung jedoch darüber. In der Kranken- und Pflegeversicherung wird eine Permanenzberechnung durchgeführt.

▶ **26 – PV befreit und unterhalb der Jahresentgeltgrenze**
Dieses Kennzeichen funktioniert analog zum Kennzeichen 25, berücksichtigt jedoch nur die Pflegeversicherung. Für die Pflegeversicherung wird eine Permanenzberechnung durchgeführt.

▶ **27 – Kennzeichen Mehrfachbezieher**
Dieses Kennzeichen ist für Rentner gedacht, die auch von anderen Unternehmen Rente beziehen und dabei die Geringfügigkeitsgrenze nicht überschreiten. In der Abrechnung wird die Geringfügigkeitsgrenze für Rentner als Beitragsbemessungsgrenze herangezogen.

▶ **28 – Nicht relevant für Prüfung der Jahresentgeltgrenze/Anpassung Maximales KV-Brutto (bei Rentnern)**
Dieses Kennzeichen ist bei Aktiven (Primärattribut = 01) zu setzen, die endgültig von der KV-Pflicht befreit sind. Dadurch werden diese Mitarbeiter nicht mehr im Report RPLSVED2 (Prüfung der Jahresentgeltgrenze KV) ausgewertet.

Bei Rentnern hat das Attribut eine andere Bedeutung. Hier wird die Person nicht mehr im Report RPISVRD0 (Batch-Input) für die Änderung des maximalen KV-Brutto berücksichtigt. Dieser Report passt bei Rentnern das Feld MAX.BRUTTO RENTE (siehe Abbildung 2.12) an.

▶ **29 – RV 20 % Bezugsgröße**
Dieses Kennzeichen kann nur in Verbindung mit dem Primärattribut 07 gesetzt werden. Dadurch wird für Teilnehmer an einer berufsfördernden Maßnahme zur Rehabilitation sowie an Berufsfindung oder Arbeitserprobung 20 % der monatlichen Bezugsgröße als Grundlage zur RV-Berechnung herangezogen.

▶ **30 – Gleitzone**
Dieses Kennzeichen ist bei Mitarbeitern einzutragen, die aufgrund ihres niedrigen Entgelts in die Gleitzone fallen.

▶ **31 – Kein PV-Zuschlag**
Seit 2005 gibt es den Beitragszuschlag in der gesetzlichen Pflegeversicherung. Das System ermittelt dies normalerweise automatisch. Wenn aufgrund der Daten ein Zuschlag zu zahlen wäre, der Mitarbeiter jedoch keinen Zuschlag zu zahlen hat, dann kann dies mit dem Kennzeichen übersteuert werden. Die automatische Ermittlung kann an dem Kennzeichen PV-BEITRAGSZUSCHLAG im Infotyp 0013 (siehe Abbildung 2.12) erkannt werden.

▶ **32 – PV-Zuschlag**
Dieses Kennzeichen bewirkt das Gegenteil von Kennzeichen 31. Der Mitarbeiter muss einen Beitragszuschlag zahlen, obwohl das System automatisch ermittelt hat, dass keiner zu zahlen sei.

▶ **33 – Keine Umlage 2**
Ab 2006 wird für alle Mitarbeiter die Umlage U2 berechnet. Dieses Kennzeichen muss gesetzt werden, wenn die Umlage U2 nicht berechnet werden soll.

▶ **34 – Behinderte Menschen in Integrationsprojekten**
kennzeichnet schwerbehinderte Menschen, die gemäß § 132 Abs. 1 SGB IX beschäftigt sind. Die Beiträge werden hälftig vom Arbeitnehmer und dem Träger des Integrationsprojektes getragen.

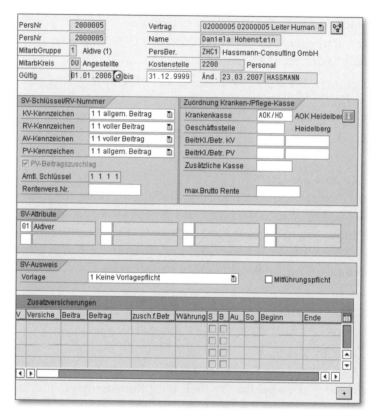

Abbildung 2.12 Infotyp 0013 (Sozialversicherung Deutschland)

Die zusätzlichen Daten (siehe Abbildung 2.13) enthalten Befreiungsgründe für Mitarbeiter, die in einer oder mehreren Sparten beitragsfrei sind. Außerdem können eine abweichende Beitragsaufteilung und ein Kennzeichen für Selbstzahler eingestellt werden.

Infotyp 0013 wird mit der Funktion P0013 im Teilschema DGD0 (Grunddaten Deutschland) in die interne Tabelle SV eingelesen.

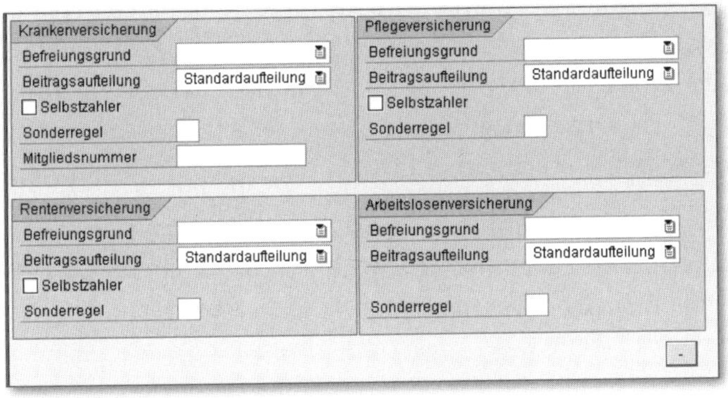

Abbildung 2.13 Weitere Daten zur Sozialversicherung

2.2 Weitere Infotypen der Personalabrechnung

Die folgenden Infotypen können bei Bedarf die Informationen ergänzen, die in die Personalabrechnung einfließen.

2.2.1 Infotyp 0006 (Anschrift)

Der Infotyp 0006 (Anschrift) – siehe Abbildung 2.14 – enthält Informationen, die für verschiedene Folgeaktivitäten der Personalabrechnung relevant sind. Dies betrifft den Entgeltnachweis, die Lohnsteuererbescheinigung, die DEÜV und weitere Aktivitäten. In der DEÜV werden Änderungen der Anschrift zu dem Zeitpunkt gemeldet, zu dem eine neue Anschrift eingetragen wird. Deshalb ist hier eine korrekte Abgrenzung der Historie wichtig, und die Anschrift darf auf keinen Fall einfach geändert werden. Der Satz muss kopiert und ein neuer Satz mit dem Umzugsdatum als Beginndatum angelegt werden.

Abbildung 2.14 Infotyp 0006 (Anschrift)

79

Das Feld ENTFERNUNGSKILOMETER wird zur Berechnung der Versteuerung bei Mitarbeitern mit Firmen-PKW verwendet. Hier kommt es in der Praxis immer wieder vor, dass die Anschrift bei Umzug geändert wird, jedoch vergessen wird, die Kilometer anzupassen, was zu einer falschen Steuerberechnung führt.

Der Infotyp wird beim Einlesen der Grunddaten im Teilschema DGD0 in die interne Tabelle ADR eingelesen, die auch im Abrechnungsergebnis gespeichert wird.

2.2.2 Infotyp 0010 (Vermögensbildung)

Die Vermögensbildung wird in Kapitel 9, »Vermögensbildung«, ausführlich behandelt. Dort finden Sie auch die Beschreibung des Infotyps 0010.

2.2.3 Infotyp 0011 (Externe Überweisungen)

Der Infotyp 0011 (Externe Überweisung) – siehe Abbildung 2.15 – kann verwendet werden, wenn Lohnarten in die Personalabrechnung einfließen, die eine Überweisung auslösen sollen. In den meisten Fällen handelt es sich dabei um Nettoabzüge. Diese Überweisungen werden in den Folgeaktivitäten (siehe Abschnitt 6.2, »Überweisung«) der Personalabrechnung mit verarbeitet. Es kann ein Empfängerschlüssel verwendet werden – wenn Empfänger häufig verwendet werden –, oder es können alternativ individuelle Daten eingegeben werden, wenn der Empfängerschlüssel leer bleibt.

Die Überweisung kann regelmäßig oder in vorgegebenen Abständen ausgeführt werden.

2.2.4 Infotyp 0014 (Wiederkehrende Be-/Abzüge)

Der Infotyp 0014 (Wiederkehrende Be-/Abzüge) – siehe Abbildung 2.16 – wird für die Eingabe von Zahlungen oder Abzügen verwendet, die regelmäßig ausgeführt werden müssen. Dies kann in jeder Periode sein oder mit Abständen erfolgen, wenn die erste Zahlungsperiode und ein Abstand eingegeben werden.

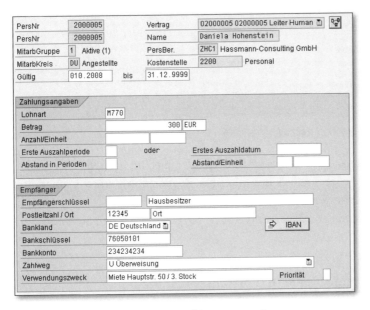

Abbildung 2.15 Infotyp 0011 (Externe Überweisungen)

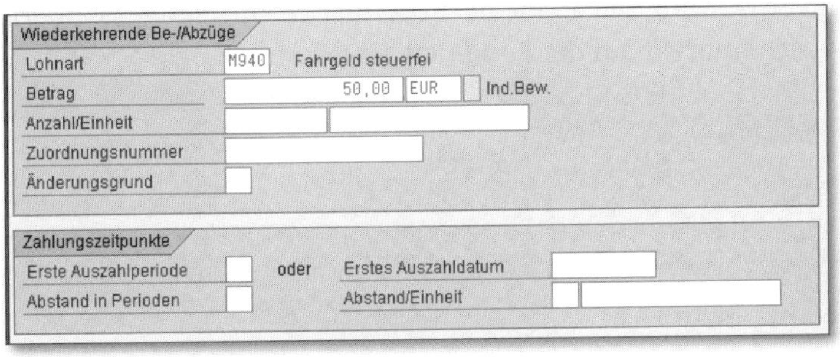

Abbildung 2.16 Infotyp 0014 (Wiederkehrende Be-/Abzüge)

2.2.5 Infotyp 0015 (Ergänzende Zahlung)

Der Infotyp 0015 (Ergänzende Zahlungen) – siehe Abbildung 2.17 – kann analog dem Infotyp 0014 verwendet werden, nur dass hier die Zahlung oder der Abzug lediglich einmalig in dem Monat des Entstehungsdatums ausgeführt wird. Die Lohnart wird in der Abrechnung dem Teilmonat zugeordnet, in dem das Datum liegt. Wechselt ein Mitarbeiter mitten im Monat von einer Kostenstelle zu einer anderen, kann mit dem Datum gesteuert werden, ob die Zahlung der Kostenstelle zugeordnet wird, die in der ersten oder die in der zweiten Monatshälfte gilt.

Abbildung 2.17 Infotyp 0015 (Ergänzende Zahlung)

Kostenverteilung Die Lohnart, die in diesem Infotyp oder auch im Infotyp 0014 gespeichert werden kann, kann mit einer Kostenzuordnung versehen und auf ein Kontierungsobjekt gebucht werden, welches von der Stammkostenstelle aus dem Infotyp 0001 (Organisatorische Zuordnung) abweicht.

2.2.6 Infotyp 0016 (Vertragsbestandteile)

Der Infotyp 0016 (Vertragsbestandteile) – siehe Abbildung 2.18 – enthält die vertraglichen Regelungen eines Mitarbeiters. Diese Daten werden nicht unmittelbar in die Abrechnung eingelesen, sondern wirken sich indirekt auf die Bezahlung aus.

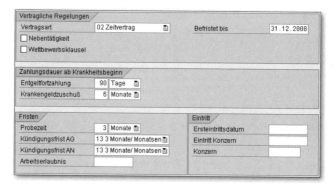

Abbildung 2.18 Infotyp 0016 (Vertragsbestandteile)

So ist die Dauer für Entgeltfortzahlung und Krankengeld abhängig vom Anlegen der Abwesenheit KRANKHEIT, die in der Abrechnung verarbeitet wird (siehe Abschnitt 3.7, »Integration der Zeitwirtschaft«) und dann zur Zahlung von Krankengeld oder der Kürzung des Entgelts nach Ende der Lohnfortzahlung führen kann.

Außerdem werden die Kündigungsfristen im Bescheinigungswesen für die Erstellung der Arbeitsbescheinigung verwendet.

2.2.7 Infotyp 0020 (DEÜV)

Der Infotyp 0020 (DEÜV) – siehe Abbildung 2.19 – enthält die grundlegenden Daten, die per DEÜV-Meldung an die Rentenversicherung übertragen werden (siehe Abschnitt 6.4, »DEÜV«).

DEÜV		
Tätigkeit	781	Buerofachkraefte
Stellung im Beruf	3	Meister,Polier
Ausbildung	4	Abi mit abg.Ausb.
Personengruppe	101	SV-Pflichtige

Weitere Angaben		
Rentner/Antrags.	00	kein Rentenbezug ☐ Mehrfachbeschäftigung
Europ. VSNR		
Statuskennzeichen	kein besonderer Status	

Abbildung 2.19 Infotyp 0020 (DEÜV)

Das Einlesen der Daten erfolgt im Abrechnungsschema mit der Funktion P0020, die im Teilschema DGD0 (Grunddaten Deutschland) diese Daten in die interne Tabelle DUV schreibt.

Der Infotyp 0341 (DEÜV-Start) – siehe Abbildung 2.20 – ist einmalig bei der Einführung von SAP ERP HCM erforderlich. Der Infotyp legt fest, zu welchem Zeitpunkt mit der Übertragung von Meldungen begonnen wird und in welchem versicherungsrechtlichen Status sich der Mitarbeiter zum Zeitpunkt des DEÜV-Starts befindet. Die Zeiträume vor dem DEÜV-Start werden nicht berücksichtigt und müssen bereits gemeldet sein. Die Sonderanmeldung bewirkt eine Meldung mit *Grund 13 – Anmeldung nach Wechsel Abrechnungssystem*. Dazu muss im bisherigen Abrechnungssystem eine Abmeldung mit *Grund 33 – Wechsel Abrechnungssystem* vorausgegangen sein. Bei der Einführung empfiehlt es sich, die Abmeldung mit Grund 33 und die Anmeldung in SAP ERP HCM mit Grund 13 durchzuführen. Das Anlegen des Infotyps für alle Mitarbeiter ist mit dem Report RPUDPBD0 möglich.

DEÜV-Start

Abbildung 2.20 Infotyp 0341 (DEÜV-Start)

Auch der Infotyp 0341 (DEÜV-Start) wird in der Funktion P0020 eingelesen; für den DEÜV-Start nimmt die interne Tabelle DUVST die Daten auf.

2.2.8 Infotyp 0026 (Direktversicherung)

Der Infotyp 0026 (Direktversicherung) war vor Einführung des Altersvermögensgesetzes für die Pflege von Direktversicherungen zuständig. Da mit dem Altersvermögensgesetz (AVmG) zahlreiche neue Anlageformen zur Direktversicherung hinzukamen, löste der Infotyp 0699 (Altersvermögensgesetz) diesen Infotyp ab (siehe Kapitel 10, »Altersversorgung«).

2.2.9 Infotyp 0027 (Kostenverteilung)

Mit dem Infotyp 0027 (Kostenverteilung) – siehe Abbildung 2.21 – können die Personalkosten eines Mitarbeiters auf mehrere Kontierungsobjekte verteilt werden. Werden sie nicht hundertprozentig verteilt, verbleibt der Rest auf der Stammkostenstelle, die im Infotyp 0001 (Organisatorische Zuordnung) gepflegt ist.

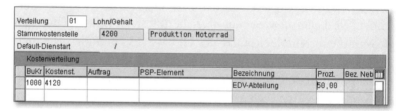

Abbildung 2.21 Infotyp 0027 (Kostenverteilung)

Bei der Kostenverteilung werden alle Kosten berücksichtigt, die in das Controlling (CO) gebucht werden. In diesem Infotyp kann nicht festgelegt werden, dass nur bestimmte Kosten verteilt werden.

2.2.10 Infotyp 0029 (Berufsgenossenschaft)

Der Infotyp 0029 (Berufsgenossenschaft) – siehe Abbildung 2.22 – nimmt die Informationen zur Berufsgenossenschaft und Gefahrenklasse des Mitarbeiters auf. Diese Informationen sind für die jährliche Berufsgenossenschaftsmeldung (Report RPLBGND0) relevant, die im SAP Easy-Access-Menü in den jährlichen Folgeaktivitäten angesiedelt ist. Im Customizing werden die Einstellungen im Menüpfad

SOZIALVERSICHERUNG bei der gesetzlichen Sozialversicherung vorgenommen. Hier werden die Berufsgenossenschaften mit Entgeltgrenze und die Gefahrenklassen angelegt.

Abbildung 2.22 Infotyp 0029 (Berufsgenossenschaft)

Bis 2008 war die Meldung auch Basis für die Zahlung des Insolvenzgeldes, was ab 2009 in den Bereich der Sozialversicherung übergegangen ist und mit dem SV-Beitragsnachweis und DEÜV gemeldet wird.

2.2.11 Infotyp 0033 (Statistik)

Der Infotyp 0033 (Statistik) – siehe Abbildung 2.23 – ist bei den Personen zu pflegen, die in Statistiken gesondert behandelt werden müssen und somit Ausnahmen bilden. Zu dem Infotyp existieren mehrere Subtypen, gesetzliche Statistiken, Branchenstatistiken und einen Kundenarbeitsbereich.

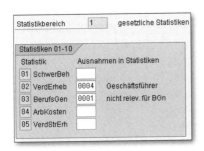

Abbildung 2.23 Infotyp 0033 (Statistik)

Der Infotyp beeinflusst nicht direkt die Abrechnung, sondern steuert die Folgeaktivitäten. Zu den Statistiken gehören:

▶ Schwerbehindertenverzeichnis und -anzeige – RPLEHAD0
▶ Verdiensterhebung für Industrie und Handel – RPLEHBD0

▶ Lohnnachweis für die Berufsgenossenschaft – RPLSVDD0

▶ Erhebung über die Arbeitskosten 1996 – RPLEHFD0

▶ Lohn- und Gehaltsstrukturerhebung 1995 – RPLEHCD0

▶ Entgeltstatistik für den Arbeitgeberverband Chemie – RPLEHDD0

▶ Entgeltstatistik für den Arbeitgeberverband Metall – RPLEHED0

2.2.12 Infotyp 0045 (Darlehen)

Die Infotypen zur Abwicklung eines Mitarbeiterdarlehens werden in Kapitel 18, »Darlehen«, beschrieben.

2.2.13 Infotyp 0049 (Kurzarbeit)

Der Infotyp 0049 (Kurzarbeit) wird mit der Funktion P0049 im Teilschema DGD0 (Grunddaten Deutschland) in die interne Tabelle KUG eingelesen.

2.2.14 Infotyp 0052 (Verdienstsicherung)

Der Infotyp 0052 (Verdienstsicherung) entspricht im Aufbau dem Infotyp 0008 (Basisbezüge). In diesem Infotyp werden Bezüge hinterlegt, die dem Mitarbeiter garantiert werden. In der Abrechnung wird eine Vergleichsrechnung durchgeführt und der Differenzbetrag als Verdienstsicherung ausgezahlt. Der Infotyp wird beim Einlesen der Grunddaten im Teilschema DGD0 mit eingelesen. Die Daten wiederum werden in die interne Tabelle VD eingelesen. Im Customizing können im Menüpfad PERSONALMANAGEMENT • PERSONALADMINISTRATION • ABRECHNUNGSDATEN • VERDIENSTSICHERUNG verschiedene Verdienstsicherungsarten mit verschiedenen Berechnungsarten eingerichtet werden.

2.2.15 Infotyp 0057 (Mitgliedschaften)

Im Infotyp 0057 (Mitgliedschaften) werden Beiträge z. B. zu Gewerkschaften gepflegt, die gleichzeitig mit dem Abzug vom Nettobetrag an den Empfänger überwiesen werden sollen. Dieser Infotyp wird in Deutschland selten verwendet, da Gewerkschaftsbeiträge meist nicht in der Abrechnung verwaltet werden und bei den meisten anderen Mitgliedschaften keine Einzelüberweisung erfolgt, sondern eine Sammelüberweisung im Rechnungswesen durchgeführt wird.

Die Verarbeitung des Infotyps erfolgt im Unterschema DGW0 (Ge-werkschaftsbeitrag). Dieses Teilschema ist im Standardschema D000 nicht enthalten, sondern muss bei Bedarf eingefügt werden.

2.2.16 Infotyp 0079 (SV-Zusatzversicherung)

Der Infotyp 0079 (SV-Zusatzversicherung) – siehe Abbildung 2.24 – nimmt die Daten für die Zusatzversicherung in den Sparten 1 – KRAN-KENVERSICHERUNG, 2 – RENTENVERSICHERUNG und 4 – PFLEGEVERSICHE-RUNG auf. Diese werden in der Personalabrechnung zusammen mit den Daten aus dem Infotyp 0013 (Sozialversicherung) verarbeitet. Jede Versicherungsart besitzt einen eigenen Subtyp.

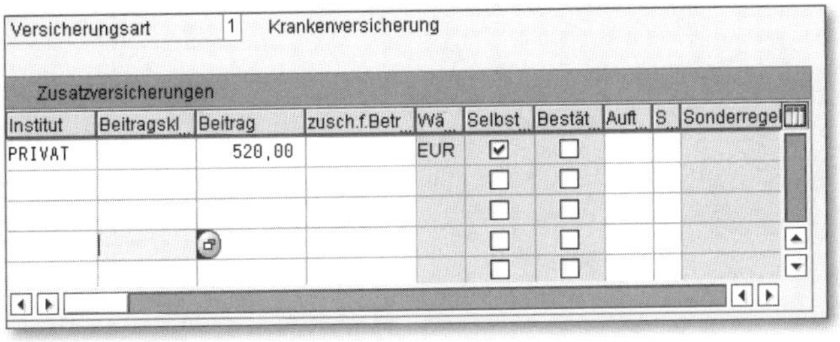

Abbildung 2.24 Infotyp 0079 (SV-Zusatzversicherung)

In den meisten Fällen werden die Beiträge vom Mitarbeiter selbst ab-geführt, und es muss das Kennzeichen SELBSTZAHLER gesetzt werden. In diesem Fall reicht es aus, eine Pseudo-Kasse anzulegen, bei der keine weiteren Daten zur Abführung der Beiträge hinterlegt sind. Nur wenn die Beiträge vom Arbeitgeber getragen werden, müssen die Daten des Instituts komplett gepflegt werden.

Der Infotyp 0079 wird mit der Funktion P0079 im Teilschema DGD0 (Grunddaten Deutschland) in die interne Tabelle SVZ eingelesen.

2.2.17 Infotyp 0093 (Vorarbeitgeberdaten D)

Der Infotyp 0093 (Vorarbeitgeberdaten D) kommt zum Einsatz, wenn ein Mitarbeiter mitten im Jahr ins Unternehmen eintritt und vorher bei einem anderen Arbeitgeber beschäftigt war. Der Infotyp enthält Lohnarten, die wie das Abrechnungsergebnis des Vormonats verar-beitet werden und eine Basis bilden, um die Steuer bei Einmalzahlun-gen richtig berechnen zu können. Auch kann ein Lohnsteuerjahres-ausgleich mit der Eingabe der Vorarbeitgeber berechnet werden.

Da durch die Veränderungen mit der Einführung von ELSTER keine Vorarbeitgeberdaten mehr abgegeben werden müssen, verliert der Infotyp an Bedeutung.

2.2.18   Infotyp 0123 (Störfall-SV-Luft)

Der Infotyp dient der Verwaltung der Störfall-SV-Luft (siehe Abbildung 2.25) bei Wertguthaben aufgrund von Altersteilzeit oder Zeitguthaben. Mit dem Infotyp kann die SV-Luft vorgegeben werden. Wird das Wertguthaben von Beginn an in SAP ERP HCM geführt, ist dies normalerweise nicht notwendig.

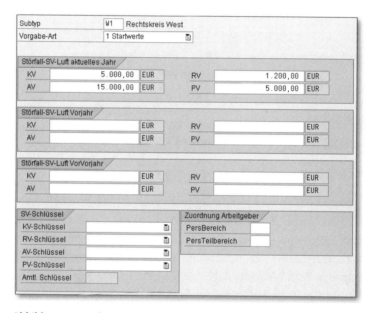

Abbildung 2.25 Infotyp 0123 (Störfall-SV-Luft)

Weitere Informationen zu diesem Thema enthält Kapitel 13, »Wertguthabenführung«.

2.2.19   Infotyp 0124 (Störfall)

Der Infotyp 0124 (Störfall) – siehe Abbildung 2.26 – dient der Verwaltung von Störfällen. Das Guthaben wird mit einer Lohnart im Infotyp 0015 (Ergänzende Zahlung) ausgezahlt. Dieser Infotyp enthält die dazugehörige SV-Luft zur Berechnung des SV-Beiträge des ausgezahlten Guthabens in der Sozialversicherung.

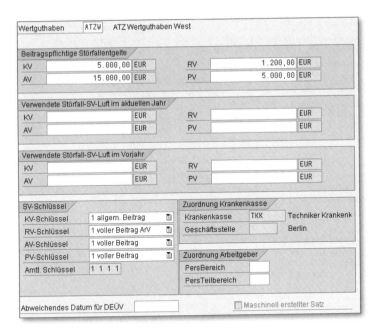

Abbildung 2.26 Infotyp 0124 (Störfall)

Weitere Informationen zu diesem Thema finden Sie in Kapitel 13, »Wertguthabenführung«.

2.2.20 Infotyp 0126 (Zusatzversorgung)

Der Infotyp 0126 (Zusatzversorgung) – siehe Abbildung 2.27 – enthält die Versicherungsdaten von Mitarbeitern, die bei einem berufsständischen Versorgungswerk versichert sind. Bisher musste nur für Firmenzahler der Subtyp 2001 gepflegt werden, für Selbstzahler war keine Meldung erforderlich.

Seit Januar 2009 müssen für alle Mitarbeiter, die Mitglied in einem berufsständischen Versorgungswerk sind, monatlich eine Meldung zur Beitragserhebung und Meldungen analog zur DEÜV an die Annahmestelle der berufsständischen Versorgungswerke übermittelt werden. In Infotyp 0126 wurde der Subtyp 2 Berufsständische Versorgung neu hinzugefügt. Hier wird die Mitgliedsnummer beim berufsständischen Versorgungswerk eingetragen.

89

Abbildung 2.27 Infotyp 0126 (Zusatzversorgung)

2.2.21 Infotyp 0128 (Mitteilungen)

Im Infotyp 0128 (Mitteilungen) können individuelle oder allgemeine Mitteilungen, die auf dem Entgeltnachweis angedruckt werden, verwaltet werden. In der Formularsteuerung (siehe Abschnitt 21.2, »Formulare«) wird die Mitteilung auf dem Formular positioniert. Bei allgemeinen Mitteilungen wird erst ein Standardtext angelegt, der dem Infotyp zugeordnet wird. Die Pflege des Infotyps für alle oder ausgewählte Mitarbeiter kann über die Schnellerfassung in der Personaladministration angelegt werden.

2.2.22 Infotyp 0416 (Zeitkontingentabgeltungen)

Der Infotyp dient der Abgeltung von Zeitguthaben, was meist für die Abgeltung eines Urlaubsanspruchs verwendet wird. Im Customizing wird eine Lohnart zur Auszahlung festgelegt. Beim Einlesen des Infotyps in die Personalabrechnung mit der Funktion P0416 kann eine Regel hinterlegt werden, mit der eine Bewertung des abgegoltenen Anspruchs vorgenommen werden kann.

2.2.23   Infotyp 0521 (Altersteilzeit D)

Der Infotyp 0521 (Altersteilzeit D) – siehe Abbildung 2.28 – wird für Mitarbeiter verwendet, die sich in Altersteilzeit befinden (siehe Kapitel 12, »Altersteilzeit«). Es wird der Wiederbesetzer gepflegt, der dazu berechtigt, die gezahlten Aufstockungen von der Bundesagentur für Arbeit erstattet zu bekommen. Außerdem wird das Altersteilzeitmodell gepflegt, nachdem die Berechnungen der Aufstockungsbeträge durchgeführt wurden.

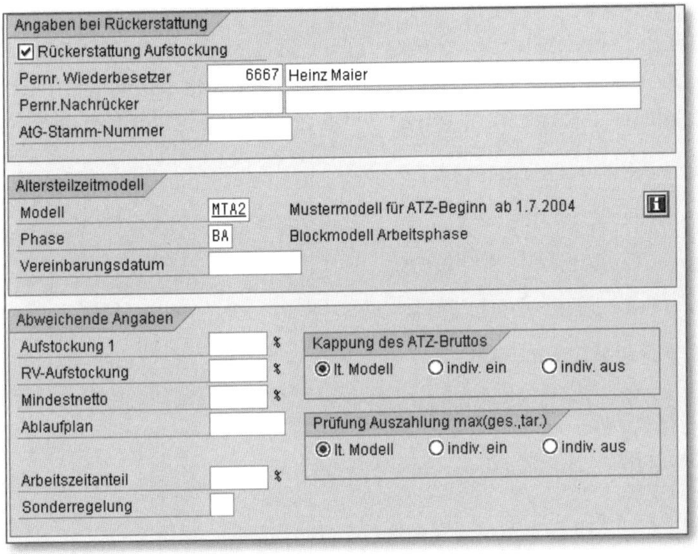

Abbildung 2.28 Infotyp 0521 (Altersteilzeit D)

2.2.24   Infotyp 0597 (Teilzeit während Elternzeit)

Der Infotyp 0597 (Teilzeit während Elternzeit) enthält Informationen über die Zeiträume, in denen ein Mitarbeiter in Elternzeit Teilzeit arbeitet. Der Infotyp kann nicht direkt, sondern nur indirekt über den Infotyp 0080 (Mutterschutz/Erziehungsurlaub) gepflegt werden.

2.2.25   Infotypen 0650, 0651, 0652, 0653 (Bescheinigungswesen)

Die Infotypen des Bescheinigungswesens werden in Abschnitt 7.2, »Bescheinigungswesen«, beschrieben. Sie nehmen Informationen auf, die auf Bescheinigungen angedruckt werden.

2.2.26 Infotyp 0655 (ESS-Gehaltsnachweis)

Der Infotyp 0655 (ESS-Gehaltsnachweis) kennzeichnet Mitarbeiter, die ihren Entgeltnachweis nur im Employee Self-Service angezeigt bekommen. Beim Druck des Entgeltnachweises (siehe Abschnitt 6.1, »Entgeltnachweis«) können diese Mitarbeiter in der Selektion ausgeschlossen werden, so dass nur die Mitarbeiter einen Entgeltnachweis erhalten, die diesen nicht selbst im ESS abrufen.

2.2.27 Infotyp 0699 (Altersvermögensgesetz)

Der Infotyp 0699 (Altersvermögensgesetz) – siehe Abbildung 2.29 – nimmt die Daten zu Altersversorgungsverträgen auf. Die verschiedenen Anlagearten können in folgenden Subtypen gepflegt werden:

► Subtyp PK: Pensionskasse

► Subtyp PF: Pensionsfonds

► Subtyp DV: Direktversicherung

► Subtyp UK: Unterstützungskasse

► Subtyp DZ: Direktzusage

► Subtyp BVV: Bankenversorgung

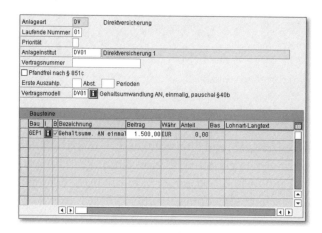

Abbildung 2.29 Infotyp 0699 (Altersvermögensgesetz)

Über den Button DETAILS BAUSTEIN können Informationen zum aktuell gewählten Baustein angezeigt werden, über den Button BANKVERBINDUNG kann in die Pflege der Bankverbindung gesprungen werden.

Weitere Informationen finden Sie in Kapitel 10, »Altersversorgung«.

2.2.28 Infotyp 2001 (Abwesenheiten)

Der Infotyp 2001 (Abwesenheiten) – siehe Abbildung 2.30 – hat direkten Einfluss auf die Abrechnung. Es gibt zwei Tabellen, die diesen Einfluss steuern.

Grundsätzlich muss in der Abrechnung gesteuert werden, ob eine Abwesenheit bezahlt wird oder unbezahlt bleibt. Außerdem können Abwesenheiten die Bezahlung von zusätzlichen Lohnarten auslösen, wie z. B. von Urlaubsgeld, das bei Urlaubsnahme gezahlt wird. Die Bewertung der Abwesenheit erfolgt in der Tabelle T554C.

Bezahlung

Verschiedene Abwesenheiten haben auch gesetzliche Auswirkungen, wie z. B. das Auslösen von DEÜV-Meldungen, die Kürzung von SV-Tagen oder das Erzeugen einer steuerlichen Unterbrechung. Die gesetzlichen Auswirkungen einer Abwesenheit werden in der Tabelle T5D0A gesteuert.

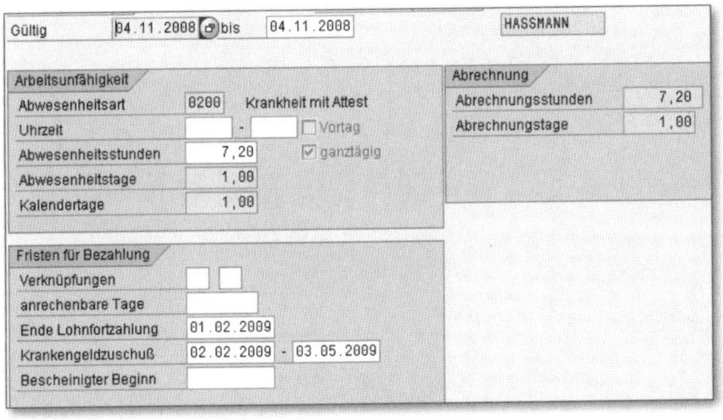

Gesetzliche Einordnung

Abbildung 2.30 Infotyp 2001 (Abwesenheiten)

Weitere Informationen zur Verarbeitung des Infotyps finden Sie in Abschnitt 3.7, »Integration der Zeitwirtschaft«.

Im Gegensatz zu den Abwesenheiten haben Anwesenheiten aus dem Infotyp 2002 keinen direkten Einfluss auf die Personalabrechnung; diese Informationen müssen erst in der Zeitauswertung verarbeitet werden, um gegebenenfalls Einfluss auf die Abrechnung zu haben.

2.2.29 Infotyp 2003 (Vertretungen)

Vertretungen (siehe Abbildung 2.31) können Auswirkungen auf die Personalabrechnung haben. Ob Vertretungstypen in der Personalabrechnung verarbeitet werden, steuern die Parameter, die bei der

Funktion P2003 im Teilschema DPWS gesetzt werden. Hier muss genau definiert werden, ob eine Vertretung in die Teilmonatsfaktoren zur Berechnung der Aliquotierung einfließt oder nicht. Eine besondere Bedeutung hat die Vertretung im Zusammenhang mit Kurzarbeit – siehe Kapitel 17, »Kurzarbeitergeld« – und bei der Berechnung eines Nachteilsausgleichs.

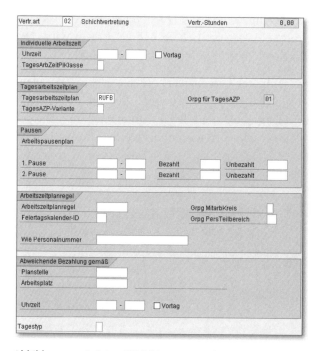

Abbildung 2.31 Infotyp 2003 (Vertretungen)

Nachteilsausgleich   Es können spezielle Vertretungen angelegt werden, die im Customizing als relevant für den Nachteilsausgleich gekennzeichnet werden. Die Abrechnung berechnet diese im Unterschema XCOM, das Teil des Schemas DTGZ (Zeitdaten) im Bruttoteil DT00 ist. Der Nachteilsausgleich wird berechnet, indem Zeitzuschläge ohne diese Vertretung und mit dieser Vertretung verglichen werden. Die Zeitzuschläge, die aufgrund der Vertretung nicht bezahlt wurden, werden als Nachteilsausgleich erstattet.

2.2.30 Infotyp 2010 (Entgeltbelege)

Entgeltbelege (siehe Abbildung 2.32) enthalten einmalig gezahltes Entgelt. Zur Abgrenzung gegenüber dem Infotyp 0015 (Ergänzende

Zahlungen) sollten in diesem Infotyp Lohnarten gepflegt werden, die mit der Zeitwirtschaft zu tun haben, z. B. Nachtzuschläge, die manuell erfasst werden und nicht direkt aus der Zeitwirtschaft kommen. In Tabelle T599Y kann ein Teil des Zuschlags steuerfrei berechnet werden. Die Tabelle enthält den Prozentsatz der Steuerfreiheit. Im Gegensatz zur automatischen Berechnung der Steuerfreiheit nach § 3b wird bei der Eingabe in diesem Infotyp immer ein fester steuerfreier Prozentsatz angenommen.

Datum	04.11.2008		
Entgeltbeleg			
Lohn- und Gehaltsart	MQ40 🔲 Zuschlag Sonntag 100%		
Stundenanzahl			
Anzahl / Einheit	20,00	/	Stunden
Betrag			
Währung		EUR	
Aufgeld / Bewertung		/	
Tarifgruppe / Stufe		/	
Planstelle / Arbeitsplatz		/	
MehrVerrechnungsart	Lohnart entscheidet	🔲	
Prämie			
Prämienkennzeichen			
Externe Belegnummer			

Abbildung 2.32 Infotyp 2010 (Entgeltbelege)

2.3 Rückrechnungsanstoß

Ob ein Infotyp eine Rückrechnung auslöst, wird in Tabelle T582A gesteuert. Die relevanten Felder der Tabelle sind in Abbildung 2.33 dargestellt.

Abbildung 2.33 Tabelle T582A – Infotyp-Eigenschaften

Alle Informationen, die Auswirkung auf die Berechnung des Entgelts haben, sollten so gekennzeichnet werden, dass durchgängig Rückrechnungen ausgelöst werden, wenn diese Informationen verändert werden.

2.4   Zeitbindung

Die Zeitbindung legt fest, ob ein Infotyp Lücken in der Historie aufweisen darf oder mehrere Sätze zeitgleich existieren dürfen. Dafür gibt es verschiedene Zeitbindungsklassen:

- ▶ 1 – Infotyp muss lückenlos vorhanden sein, keine Mehrfachbelegung
- ▶ 2 – Infotyp darf Lücken haben, keine Mehrfachbelegung
- ▶ 3 – Infotyp darf Lücken haben, Mehrfachbelegung möglich
- ▶ A – Infotyp genau einmal vorhanden von 01.01.1800 bis 31.12.9999
- ▶ B – Infotyp max. einmal vorhanden von 01.01.1800 bis 31.12.9999

Die Steuerung kann für einen kompletten Infotyp oder für einzelne Felder eines Infotyps eingestellt werden.

Wird ein neuer Satz für einen Infotyp angelegt, der keine Mehrfachbelegung zulässt, wird der vorhandene Satz abgegrenzt oder gelöscht.

2.5   Kundeneigene Infotypen

Eine einfache Möglichkeit, um Informationen in der Personalabrechnung zu ergänzen, ist die Entwicklung von kundenindividuellen Infotypen. Mit der Transaktion PM01 können eigene Infotypen erstellt werden. Im ersten Schritt wird eine Struktur angelegt, in der die Felder definiert werden, die in dem Infotyp enthalten sein sollen. Für das Anlegen eigener Infotypen sind die Nummern ab 9000 aufwärts für Kundenentwicklungen reserviert. Nachdem die Struktur angelegt ist, können die weiteren Bestandteile, ein Modulpool und Pflege-Dynpros generiert werden. Das reicht bereits, um einen Infotyp zu erstellen, der funktionsfähig ist. Der Rest sind – je nach Anforderungen – Anpassungen am Layout im Layout-Editor, zusätzliche Prüfungen oder das Erzeugen von Vorschlagswerten, was im Modulpool zu programmieren ist.

In Abbildung 2.34 ist Transaktion PM01 zum Anlegen eines Infotyps dargestellt. In der ersten Registerkarte INFOTYP, die zum Anlegen neuer Infotypen dient, muss die Nummer des neu anzulegenden Infotyps angegeben und der Button zum Generieren der Objekte gewählt werden.

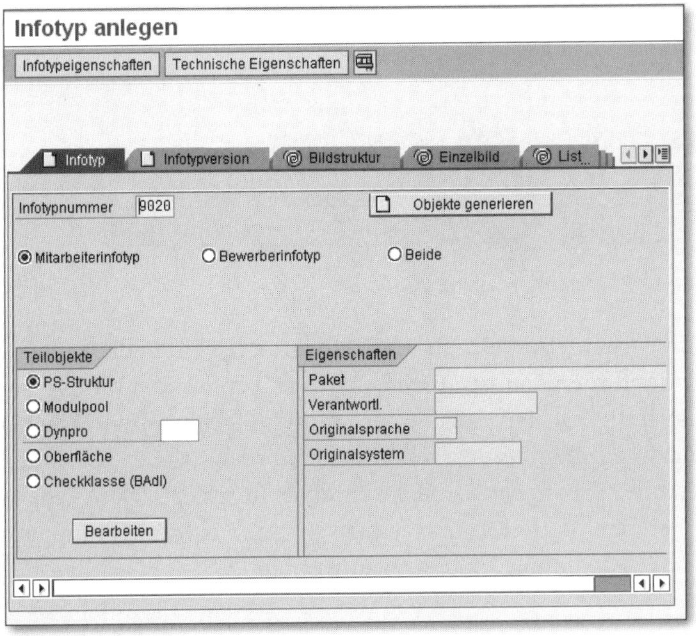

Abbildung 2.34 Infotyp anlegen (Transaktion PM01)

Im Anschluss daran (siehe Abbildung 2.35) erscheint das Fenster, in dem die Felder definiert werden müssen, die im Infotyp angezeigt werden sollen. In diesem Beispiel wird ein Feld zur Eingabe eines Betrags angelegt. Bei Beträgen muss stets ein Währungsfeld mitdefiniert werden.

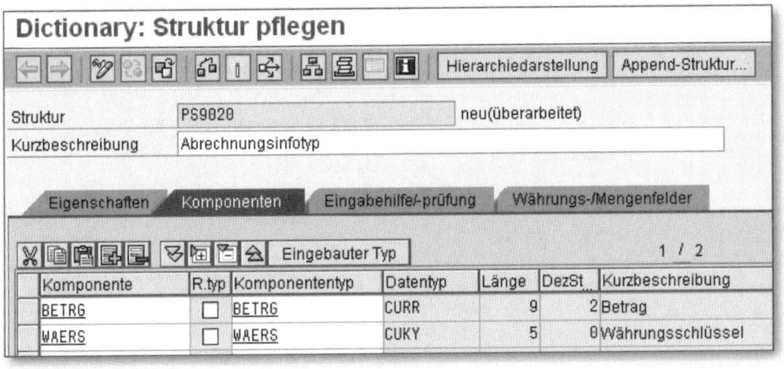

Abbildung 2.35 Struktur des Infotyps definieren

Dem Betragsfeld muss das Währungsfeld als Referenz zugeordnet werden (siehe Abbildung 2.36), was in der Registerkarte WÄHRUNGS-/MENGENFELDER durchgeführt werden kann.

Abbildung 2.36 Referenzfeld zuordnen

Wenn die Struktur gespeichert und aktiviert ist, werden die anderen Objekte des Infotyps automatisch generiert. Damit ist der Infotyp bereits fast fertig. In der Tabelle der Infotyp-Eigenschaften (T582A) muss noch ein Eintrag vorgenommen werden (siehe Abbildung 2.37). Hier wird auch der Name des Infotyps festgelegt. Diese Tabelle kann über den Button INFOTYPEIGENSCHAFTEN in der Transaktion PM01 (siehe Abbildung 2.34) erreicht werden.

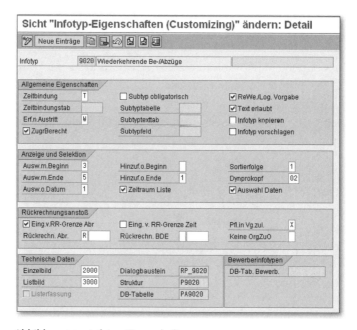

Abbildung 2.37 Infotyp-Eigenschaften

Damit ist der Infotyp fertig zur Verwendung. Der Rest ist Schönheit und zusätzliche Funktionalität. In Abbildung 2.38 sehen Sie das generierte Dynpro, das noch manuell mit dem Screen Painter bearbeitet und schöner gestaltet werden kann.

Abbildung 2.38 Screen Painter

Ein wichtiger Punkt bei der Erstellung von Infotypen ist die Pflege der Gruppen, die das Anzeigeverhalten der Felder im Infotyp steuert (siehe Abbildung 2.39). Wichtig ist hier der Wert »006« in der Gruppe 1, der das Eingabeverhalten eines Feldes sicherstellt, wie es bei den meisten Eingabefeldern der Fall ist.

Um den Infotyp in selbstentwickelten Funktionen oder Operationen der Personalabrechnung zu nutzen, muss er im Include für Datendefinitionen des Kunden PCFDCZDE0 mit dem Statement `Infotypes: 9xxx` deklariert werden. Im Include PCBURZDE0 steht der Infotyp bereits in der internen Tabelle P9xxx zur Verfügung und kann mit `PROVIDE * FROM P9xxx BETWEEN APER-BEGDA AND APER-ENDDA` verarbeitet werden.

Abbildung 2.39 Attribute des Ausgabefeldes

2.6 Fazit

SAP bietet in den ausgelieferten Infotypen eine umfangreiche Funktionalität an, die flexibel durch eigene Entwicklungen ergänzt werden kann. Dadurch können individuelle Regelungen und Prozesse effektiv abgebildet werden. Die Abbildung von festgelegten Regelungen in eigenen Infotypen hat sich in Projekten immer bewährt. Da diese Infotypen beim Einspielen von Support Packages und Updates ohne Aufwand erhalten bleiben und zur Auswertung auch einfach in das Ad-hoc Query eingebunden werden können, gibt es keine Probleme und keinen laufenden Aufwand für die Wartung.

Teil II
Vom Brutto zum Netto,
ein Überblick über das
Abrechnungsschema »D000«

Dieser Teil des Buches vermittelt Ihnen einen Überblick über das Abrechnungsschema »D000« und führt Sie von der Bruttofindung über die Nettoberechnung bis zum Abschluss.

In diesem Kapitel lernen Sie den Ablauf der Bruttofindung kennen. In diesem Schritt werden die Bruttolohnarten eingelesen oder generiert. Hierbei handelt es sich um den Teil der Abrechnung, der am meisten kundenindividuelle Anpassung benötigt.

3 Bruttofindung

Die Bruttofindung ist der Teil der Personalabrechnung, in dem die meisten kundenindividuellen Anpassungen erforderlich sind. Daher ist es notwendig, diesen Teil der Abrechnung gut zu kennen, um Anpassungen richtig platzieren zu können und bei der Fehlersuche die richtigen Stellen zu identifizieren.

3.1 Grundlagen

Zu Beginn des Überblicks über das Abrechnungsschema besprechen wir ein paar grundlegende Themen, wie z. B. den Ablauf der Personalabrechnung und den Umgang mit dem Abrechnungsprotokoll.

3.1.1 Ablauf der Personalabrechnung

Der Ablauf der Berechnungen in der Personalabrechnung ergibt sich aus einer logischen Abfolge von Teilschemen, die aufeinander aufbauen. Viele Berechnungen benötigen Informationen, die erst gebildet werden müssen, bevor weitere Berechnungen folgen. So muss die Bruttoberechnung abgeschlossen sein, bevor die Nettoberechnung durchgeführt werden kann. Es ergibt keinen Sinn, diese Teile zu vertauschen, denn nur in dieser Reihenfolge kann die Abrechnung ein vernünftiges Ergebnis liefern.

Aufeinander aufbauende Teilschemen

Der grobe Ablauf der Personalabrechnung enthält folgende Teilbereiche, die meist in eigenen Unterschemen realisiert sind:

Teilbereiche des Abrechnungsablaufs

1. Initialisierung
2. Einlesen der Grunddaten
3. Fiktivläufe
4. Einlesen des letzten Abrechnungsergebnisses
5. Bruttoberechnung
   ▸ Einlesen der Zeitdaten
   ▸ Einlesen von Leistungslohndaten
   ▸ Einlesen weiterer Be- und Abzüge
6. Aliquotierung
7. Bruttozusammenfassung
8. Nettoteil
   ▸ Berechnung der Sozialversicherung
   ▸ Steuerberechnung
9. Überweisung
10. Nettozusammenfassung

Das Abrechnungsschema folgt also einem logischen Aufbau, der auch beim Einfügen kundenindividueller Verarbeitungen zu berücksichtigen ist. Nur Lohnarten, die bereits gebildet sind, können weiterverarbeitet und zur Berechnung anderer Entgeltbestandteile verwendet werden.

3.1.2   Abrechnungsprotokoll

Protokoll der Verarbeitungsschritte

Wird die Personalabrechnung mit Protokoll simuliert – einen Ausschnitt sehen Sie in Abbildung 3.1 –, so wird jeder Verarbeitungsschritt protokolliert. Jeder einzelne Schritt des Abrechnungsschemas wird im Protokoll aufgelistet. Die durchgeführten Funktionen sind mit Eingabe, Verarbeitung und Ausgabe dargestellt.

In Abbildung 3.1 ist der Verarbeitungsschritt *Einlesen weiterer Be- und Abzüge* im Abrechnungsprotokoll dargestellt. Durch Doppelklick auf die Zeilen EINGABE und AUSGABE können Sie die Lohnartenwerte vor und nach dem Verarbeitungsschritt anzeigen; nach einem Doppelklick auf VERARBEITUNG können Sie die Operationen sehen, die durchgeführt wurden.

Abbildung 3.1 Einlesen weiterer Daten im Abrechnungsprotokoll

[+]
An manchen Stellen des Protokolls, wie z. B. der Berechnung der Steuer oder Sozialversicherung, verbirgt sich eine detaillierte Beschreibung der berechneten Ergebnisse. Somit ist das Protokoll auch für den Anwender interessant, da hier Berechnungen protokolliert sind, die häufig anders nicht nachvollzogen werden können.

In Abbildung 3.2 sind die gleichen Schritte im Schemeneditor dargestellt.

Schema bearbeiten : DWB0						
Befehl						Stapel
Zeile	Fkt	Par1	Par2	Par3	Par4 D	Text
000010	BLOCK	BEG				Einlesen weiterer Be-/Abzuege
000020	COM					*********************************
000030	P0014	D011	GEN	NOAB		Einlesen Wiederkehrende Be/Abzuege
000040	P0015	D011	GEN	NOAB		Einlesen Ergaenzende Zahlungen
000050	PIT	ZRC1		NOAB		IP. Restcentspendenaktion
000060	XLTI				*	Mitarbeiterbeteiligungen
000070	BLOCK	END				

Abbildung 3.2 Einlesen weiterer Daten im Schemeneditor

Die Personalabrechnung ist kein starres Programm, sondern interpretiert den im Abrechnungsschema festgelegten Ablauf von Funktionen und Operationen (siehe auch Kapitel 20, »Customizing des Abrechnungsschemas«).

Interpretation des Abrechnungsschemas

[+]
Die Darstellung des Protokolls sollte bei der Simulation der Personalabrechnung nicht für mehrere Personen verwendet werden, da sehr große Datenmengen im Speicher gehalten werden müssen, worunter die Performance leidet.

Es ist allerdings möglich, Protokollvarianten anzulegen, in denen die Protokollierung teilweise ausgeschaltet wird und nur an bestimmten Stellen aktiv ist, wodurch die Performance bei der Simulation mit Protokoll deutlich verbessert wird.

3.2 Initialisierung

Die Initialisierung enthält einige Funktionen, die den Ablauf der Personalabrechnung grundlegend beeinflussen. Sie ist im Teilschema DIN0 angesiedelt (siehe Abbildung 3.3) und legt mit der ersten Funktion PGM mit dem Parameter 1 ABR fest, dass es sich um ein Abrechnungsschema handelt, was für die interne Steuerung im Abrechnungstreiber relevant ist.

Mit der Funktion UPD wird festgelegt, ob mit dem Schema Updates, d. h. das Speichern des Abrechnungsergebnisses in der Datenbank, möglich sind. Mit dem Parameter NO könnte das Schema lediglich für Simulationen verwendet werden.

Schema bearbeiten : DIN0

Zeile	Fkt	Par1	Par2	Par3	Par4	D	Text
000010	BLOCK	BEG					Initialisierung. Deutschland
000020	PGM	ABR					Programmtyp..... Abrechnung
000030	UPD	YES					Datenbankupdates durchfuehren (YES/NO)
000040	UPD	NO				*	Datenbankupdates durchfuehren (YES/NO)
000050	OPT	INFT					nur verwendete Infotypen lesen
000060	OPT	TIME					Zeitinfotypen alle einlesen
000070	CHECK		ABR			*	Pruefe gegen PA03
000080	BLOCK	END					

Abbildung 3.3 Initialisierung

Die Funktion OPT optimiert die Performance beim Einlesen der Infotypen. Es werden nur die Infotypen im Programm bereitgestellt, die in Abrechnungsfunktionen (Transaktion PE04) als verwendete Infotypen angegeben wurden.

Verwaltungssatz Die Funktion CHECK mit dem Parameter ABR aktiviert die Prüfung des Verwaltungssatzes. Dies ist im Produktivsystem Pflicht, kann aber im Testsystem ausgeschaltet werden. Dadurch wird es möglich, eine produktive Abrechnung durchzuführen, ohne dass der Verwaltungssatz für die Abrechnung freigegeben werden muss. Dies erleichtert das Testen, da jede beliebige Periode produktiv abgerechnet werden kann.

Normalerweise muss in diesem Teilschema keine Änderung durchgeführt werden, außer dass gegebenenfalls im Testsystem die Prüfung des Abrechnungskreises zu deaktivieren ist.

3.3 Einlesen der Grunddaten

Das Einlesen der Grunddaten stellt die Informationen der wichtigsten Infotypen für die Personalabrechnung bereit. In Abbildung 3.4 ist ein auf die wichtigsten Funktionen reduziertes Schema DGD0 dargestellt.

Informationen aus den Infotypen

000010	BLOCK	BEG			Grunddaten Deutschland
000020	COM				********************
000030	P0002				Einlesen Name
000040	P0006				Einlesen Adresse
000050	WPBP				Einlesen Arbeitsplatz/Basisbezuege
000060	P0012				Einlesen Steuerdaten
000070	P0013				Einlesen Sozialversicherung
000080	P0079				Einlesen Sozialversicherung Zusatz
000090	P0020				Einlesen Duevodaten
000100	P0593				Einlesen Rehabilitationsmaßnahmen
000110	P0049				Einlesen Kurzarbeit/Winterausfall
000120	P0521				Einlesen Altersteilzeit
000130	P0263				Einlesen Gehaltsumwandlung
000140	P0052				Einlesen Verdienstsicherung
000150	DBG	IT29			Einlesen Berufsgenossenschaft (IT 29)
000160	GON				Vollstaendige Daten?
000170	PRINT	NP	NAM		Daten zur Person
000180	PRINT		WPBP		Arbeitsplatzdaten
000190	PRINT		C0		Kostenverteilung
000200	PRINT		ST		Steuerzuordnungstabelle
000210	PRINT		SV		Sozialversicherung
000220	PRINT		SVZ		Sozialversicherung Zusatz
000230	IF		KUS		KUG/SWG?
000240	PRINT		KUG		Kurzarbeitgeld
000250	ENDIF				Ende KUG/SWG
000260	BLOCK	END			

Abbildung 3.4 Einlesen der Grunddaten

Es werden unter anderem folgende Infotypen eingelesen (siehe auch Kapitel 2, »Infotypen der Personalabrechnung«):

- 0002 (Daten zur Person)
- 0006 (Anschrift)
- 0012 (Steuerdaten)
- 0013 (Sozialversicherung)
- 0079 (Sozialversicherung Zusatzversicherung)
- 0020 (DEÜV-Daten)
- 0029 (Berufsgenossenschaft)

Tabelle WPBP

Die Funktion WPBP liest die Infotypen 0000 (Maßnahmen), 0001 (Organisatorische Zuordnung), 0007 (Sollarbeitszeit), 0008 (Basisbezüge) und 0027 (Kostenverteilung) ein. Mit diesen Informationen wird die interne Tabelle WPBP gefüllt (siehe Abbildung 3.5). Alle Lohnarten im Bruttoteil der Personalabrechnung erhalten ein Kennzeichen, das auf einen Eintrag in dieser Tabelle verweist. Ändern sich Daten dieser Infotypen während einer Abrechnungsperiode, so entstehen mehrere Einträge in dieser Tabelle, und die Abrechnung rechnet im Bruttoteil mit mehreren Teilperioden.

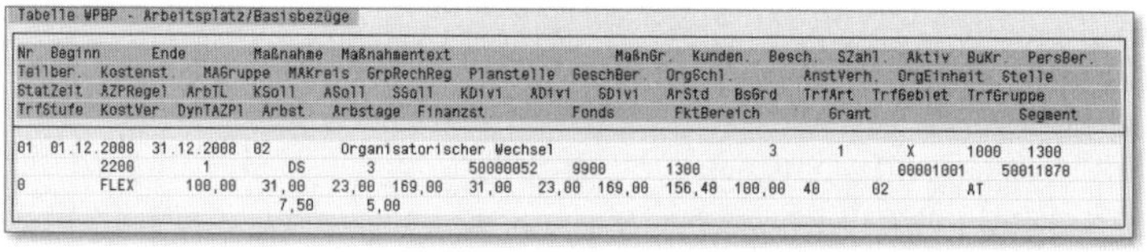

```
Tabelle WPBP - Arbeitsplatz/Basisbezüge

Nr  Beginn      Ende        Maßnahme  Maßnahmentext          MaßnGr.  Kunden.  Besch.  SZahl.  Aktiv  BuKr.  PersBer.
Teilber.  Kostenst.  MAGruppe  MAKreis  GrpRechReg  Planstelle  GeschBer.  OrgSchl.  AnstVerh.  OrgEinheit  Stelle
StatZeit  AZPRegel  ArbTL  KSoll  ASoll  SSoll  KDivi  ADivi  SDivi  ArStd  BsGrd  TrfArt  TrfGebiet  TrfGruppe
TrfStufe  KostVer  DynTAZPl  Arbst  Arbstage  Finanzst  Fonds  FktBereich  Grant  Segment

01  01.12.2008  31.12.2008  02        Organisatorischer Wechsel                 3        1       X       1000   1300
          2200         1        DS         3          50000052   9900    1300                     00001001   50011878
0         FLEX    100,00   31,00   23,00  169,00   31,00   23,00  169,00  156,48  100,00  40    02         AT
                            7,50        5,00
```

Abbildung 3.5 Interne Tabelle WPBP

Mehrere Einträge in Tabelle WPBP

Solange die Tabelle WPBP nur einen Eintrag enthält, ist die Berechnung im Bruttoteil einfach; sind aber mehrere Einträge enthalten, muss die Berechnung genau auf den Teilzeitraum bezogen werden. Die Basisbezugslohnarten werden mehrfach gebildet und der Betrag in der Aliquotierung reduziert. In Summe ergeben sich 100 %, der Betrag wird aber prozentual auf die Teilmonate der Tabelle WPBP aufgeteilt. So kann der Wechsel in den Bezügen eines Mitarbeiters von Ausbildungsvergütung zu Gehalt dargestellt werden, auch wenn diese Veränderung während eines Monats und nicht zu Beginn der Abrechnungsperiode passiert.

Prüfungen auf Vollständigkeit

Am Ende wird die Vollständigkeit der Daten mit der Funktion GON geprüft. Es erfolgt ein Abbruch, wenn die Infotypen 0007 (Sollarbeitszeit), 0012 (Steuerdaten) oder 0013 (Sozialversicherung) fehlen. Diese Prüfung reicht in der Praxis nicht aus und sollte durch eigene Prüfungen ergänzt werden, wie z. B. der Prüfung, ob eine Kostenstelle gepflegt ist. Dazu müssen kundenindividuelle Funktionen programmiert werden, was aber mit geringem Aufwand möglich ist (siehe Abschnitt 20.3, »Modifikationskonzept«).

3.4 Fiktivläufe

Hohe Komplexität durch Fiktivläufe

Aufgrund der hohen Regelungsdichte in Deutschland finden Fiktivläufe in den deutschen Abrechnungsschemen besonders häufig Verwendung. Fiktivläufe tragen besonders zur hohen Komplexität der Personalabrechnung bei, da ein grundsätzliches Verständnis der Funktionsweise Voraussetzung ist, um Fiktivläufe korrekt einzurichten und auch um sie – bei leider immer wieder vorkommenden Fehlern – zu analysieren.

3.4.1 Grundlagen

Fiktivläufe werden immer dann benötigt, wenn für die korrekte Abwicklung der Personalabrechnung die Kenntnis von in der Ist-Abrechnung nicht oder nur ungenau ermittelbaren Beträgen (in Form von technischen Lohnarten) erforderlich ist.

Bestes Beispiel dafür ist die Altersteilzeit in Deutschland. Um die korrekten Aufstockungsbeträge zu ermitteln, wird eine Reihe von Grundlagenbeträgen (z. B. Vollzeitbruttobetrag, Vollzeitnettobetrag etc.) im Rahmen von Fiktivläufen ermittelt. Sicher wären einige Beträge auch aus der tatsächlichen Abrechnung oder auf Umwegen zu ermitteln. Die Flexibilität einer Personalabrechnung mit SAP ERP HCM, die es ermöglicht, nahezu jeden Sonderfall abzubilden, erfordert aber gerade vor diesem Hintergrund ein schlüssiges Konzept.

Fiktivläufe können nach verschiedenen Kriterien differenziert werden. Um das zu verdeutlichen, soll nach dem Anwendungsbereich (also z. B. Altersteilzeit, Zuschuss zum Mutterschaftsgeld oder auch der § 23c SGB IV) sowie der Auslösung des Fiktivlaufs unterschieden werden. Anhand Tabelle 3.1 nehmen wir zunächst eine Systematisierung vor.

Auslöser/Anwendungsbereich	Altersteilzeit	Zuschuss zum MuSchG	Zuschuss zum Krankengeld	§ 23c SGB IV	BVV (Versicherungsverein des Bankgewerbes a.G.)
Fiktivlaufsteuerung	X		X	X	
Funktion/Rechenregel		X	X		X

Tabelle 3.1 Systematisierung der Fiktivlaufsteuerung

Wie aus Tabelle 3.1 zu erkennen ist, weist der Fiktivlauf zur Berechnung des Nettoentgelts, das für die Zuschussberechnung des Krankengeldzuschusses genutzt wird, die Besonderheit auf, dass er über beide Alternativen der Auslösung aufgerufen werden kann. Ursache sind die Regelungen des TVÖD (Tarifvertrag für den öffentlichen

Dienst), die eine gesonderte Variante der Nettourlaubslohnermittlung erforderlich machen (das Nettoentgelt zur Berechnung des Zuschusses zum Krankengeld wird auch als Nettourlaubslohn bezeichnet). Dies bedeutet also nicht, dass der gleiche Fiktivlauf über zwei Auslösealternativen verfügt, sondern, dass es verschiedene Varianten der Nettourlaubslohn-Ermittlung gibt, die unterschiedliche Auslöser haben.

Beispiel für einen Fiktivlauf

Die grundsätzliche Funktionsweise eines Fiktivlaufs soll anhand des folgenden Beispiels erläutert werden:

▸ Der Mitarbeiter ist arbeitsunfähig, und die Entgeltfortzahlung endet zufällig genau zum Ultimo des letzten Monats.

▸ Der Mitarbeiter hat Anspruch auf einen Zuschuss zum Krankengeld der Krankenkasse.

▸ Das Nettogehalt beträgt 3.000,–€ monatlich.

▸ Der Mitarbeiter erhält 2.100,–€ monatlich als Krankengeld von der Krankenkasse.

Im System wird das kalendertägliche Krankengeld von 70,–€ in Infotyp 0014 (Wiederkehr. Be-/Abzüge) erfasst. Mit Hilfe von Abbildung 3.6 wird der grundsätzliche Ablauf der Personalabrechnung deutlich.

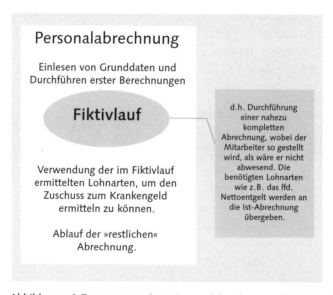

Abbildung 3.6 Zusammenspiel von Personalabrechnung und Fiktivlauf

Im vorgestellten Beispielfall ermittelt der Fiktivlauf nun das laufende Nettoentgelt von 3.000,– €. Im weiteren Verlauf der Abrechnung (genauer bei der Verarbeitung der Infotypen 0014 bzw. 0015 im Bruttoteil) erfolgt nun die Ermittlung des eigentlichen Zuschusses. Dazu wird vom ermittelten laufenden Nettoentgelt (auch Nettourlaubslohn genannt) der Betrag des Krankengeldes (ob hier das Brutto- oder Nettokrankengeld verwendet wird, ist zumeist in kollektivrechtlichen Verträgen wie Tarifverträgen oder Betriebsvereinbarungen festgelegt) subtrahiert, und die Differenz von 3.000,– € zu 2.100,– € = 900,– € bildet den auszuzahlenden Krankengeldzuschuss, den der Arbeitgeber gewährt.

Abbildung 3.7 zeigt ein Abrechnungsprotokoll mit fünf Fiktivläufen in einem Abrechnungsfall für einen Mitarbeiter in Altersteilzeit.

Fiktivläufe im Abrechnungs-protokoll

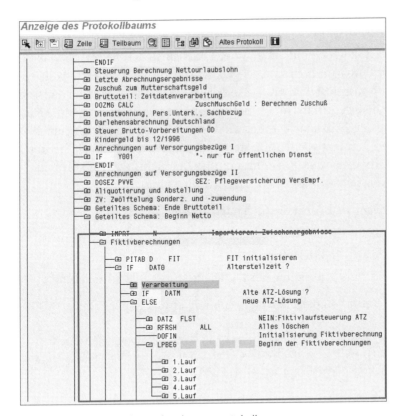

Abbildung 3.7 Fiktivläufe im Abrechnungsprotokoll

Alle Knoten oberhalb der Fiktivläufe gehören zur Ist-Abrechnung. Unterhalb der Fiktivläufe wird die Ist-Abrechnung fortgesetzt.

3.4.2 Konfiguration von Fiktivläufen

Bei der Konfiguration von Fiktivläufen ist zu unterscheiden zwischen dem Auslöser zur Aktivierung der Fiktivläufe und der Konfiguration des Fiktivlaufs selbst.

Auslösen von Fiktivläufen

Fiktivlaufsteuerung

Das Auslösen von Fiktivläufen kann über die Fiktivlaufsteuerung oder direkt in einer Funktion der Abrechnung erfolgen. Die Fiktivlaufsteuerung ist eine Gruppierung, unter der zumeist mehrere konkrete Fiktivläufe zusammengefasst sind. Die Fiktivlaufsteuerung selbst erhält eine Zuweisung über andere Wege, z. B. im Falle der Altersteilzeit über das Altersteilzeitmodell (siehe Kapitel 12, »Altersteilzeit«) oder im Falle des § 23c SGB IV über die Fiktivlaufsteuerungstabelle T5D4FL, die über das Kennzeichen *Art der Sozialleistung* einer Abwesenheit über die Tabelle T5D0A zugeordnet ist. Die Personalabrechnung erkennt anhand der Fiktivlaufsteuerung, welche Fiktivläufe durchzuführen sind. Die Fiktivläufe, die über die Fiktivlaufsteuerung ausgelöst werden, weisen dabei eine hohe Flexibilität auf, und wenn eigene Fiktivläufe benötigt werden, so empfehlen wir die Nutzung der Fiktivlaufsteuerung als Auslöser. Das Customizing zum Auslösen von Fiktivläufen mit der Fiktivlaufsteuerung finden Sie unter PERSONALABRECHNUNG • ABRECHNUNG DEUTSCHLAND • ALTERSTEILZEIT • FIKTIVABRECHNUNGEN MIT FIKTIVLAUFSTEUERUNG.

Relevante Tabellen

Relevant sind dabei die folgenden Tabellen:

▶ T5D0F – Fiktivlaufsteuerungen

▶ T5D0G – Fiktivläufe

▶ T5D0H – Zuordnung der Fiktivläufe zur Fiktivlaufsteuerung

Die Definition der Fiktivlaufsteuerung erfolgt in der Tabelle T5D0F.

[zB]

Zum Beispiel ATZ2 für die gesetzliche Fiktivlaufsteuerung für die Altersteilzeit nach dem 01.07.2004 oder SVMU für den Vollmonat Mutterschaftsgeld im Rahmen des § 23c SGB IV.

Die einzelnen Fiktivläufe werden in der Tabelle T5D0G definiert.

[zB]

Zum Beispiel Fiktivläufe ATZA – Fiktivbrutto Vollzeit und ATZC – fiktives Teilzeitnetto für die Altersteilzeit oder SVMU – Vollmonat Mutterschaftsgeld und SVNT – Vergleichsnetto für den § 23c SGB IV.

In der Tabelle T5D0H erfolgt dann die Zuweisung der Fiktivläufe zu den Fiktivlaufsteuerungen.

Die zentrale Funktion zur Konfiguration von Fiktivläufen ist die Funktion DFLST, die über verschiedene Parameterausprägungen für den 1. Parameter verfügt, die wir nachfolgend kurz erläutern:

Funktion DFLST

▸ SET – es wird der nächste Fiktivlauf anhand der abrechnungsinternen Fiktivlaufsteuerungstabelle gesetzt.

▸ ADD – der im Parameter 2 angegebene Fiktivlauf wird in die Fiktivlaufsteuerungstabelle eingefügt.

▸ PUT – Übergabe der Lohnarten aus der Tabelle RT oder IT des Fiktivlaufs in die Tabelle FIT. Diese Tabelle bleibt beim anschließenden Refresh (also beim vollständigen Löschen aller anderen internen Abrechnungstabellen) unberührt.

▸ GET – Verteilen der Lohnarten aus den Fiktivläufen in die Zieltabellen (RT und/oder IT), damit der Ist-Abrechnung die benötigten Werte aus den Fiktivläufen zur Verfügung stehen.

▸ SAVE – über diesen Parameter kann die Bezeichnung des aktuellen Fiktivlaufs gesichert werden.

▸ REST – Restaurierung der mit SAVE gesicherten Bezeichnung des Fiktivlaufs.

▸ FLTS – hiermit werden die Fiktivlauftabellen komplett gesichert und initialisiert für einen rekursiven Aufruf. Damit sind Schachtelungen von Fiktivläufen möglich. Diese sind derzeit allerdings auf eine Tiefe von zwei Ebenen begrenzt.

▸ FLTR – Restaurieren der Fiktivlauftabellen, die mit FLTS gesichert wurden. Damit wird es möglich, nach der Verarbeitung eines geschachtelten Fiktivlaufs die übergeordneten Fiktivläufe weiter in der vorgesehenen Reihenfolge zu durchlaufen.

Die Verteilung von Lohnarten mit Hilfe der Funktion DFLST mit Parameter 1 = GET basiert auf der Tabelle T5D0I, in der festgelegt wird, welche Lohnart des Fiktivlaufs in welche Lohnart des Ist-Abrechnungslaufs überführt wird. Dabei ist neben der Herkunfts- und Ziellohnart ebenso die Herkunfts- und Zieltabelle anzugeben. Darüber hinaus verfügt die Tabelle T5D0I über weitere Steuerungsmöglichkeiten:

Steuerungsmöglichkeiten mit Tabelle T5D0I

▸ Über einen Vorzeichenwechsel kann jeder Wert beliebig negativ oder positiv übernommen werden.

▸ Die Gruppierung des Mitarbeiterkreises kann verändert werden, was eine beliebige spätere spezielle Verarbeitung dieser Gruppierung ermöglicht.

▸ Es gibt eine Reihe von Lösch-Kennzeichen von Splits, die eine Lohnart enthalten können (z. B. WPBP-Split, SV-Split, Steuer-Split, Kostenzuordnungs-Split etc.).

Mit Hilfe von Abbildung 3.8 werden die zahlreichen Steuerungsmöglichkeiten der Tabelle T5D0I deutlich.

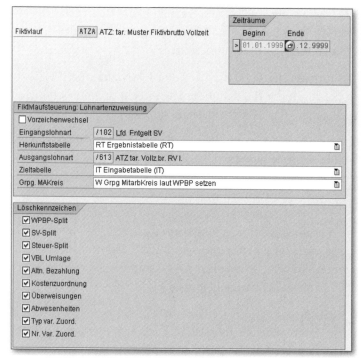

Abbildung 3.8 Lohnartenverteilung im Rahmen der Fiktivlaufsteuerung

Nutzung von
Funktionen bzw.
Rechenregeln

Die zweite Alternative zur Auslösung von Fiktivläufen, die im Abrechnungsschema Verwendung findet, ist die Nutzung von Funktionen (siehe Kapitel 20, »Customizing des Abrechnungsschemas«) bzw. Rechenregeln. Beispielsweise erfolgt die Auslösung der Fiktivläufe zur Berechnung des Nettoentgelts für die Berechnung des Zuschusses zum Mutterschaftsgeld über die Funktion IF mit dem Parameter DOZM. Innerhalb der Funktion wird geprüft, ob eine Personalnummer eine Abwesenheit »Mutterschutz« in Infotyp 2001 (Abwesenheiten) hat und ob die automatische Zuschussberechnung für den Zuschuss zum Mutterschaftsgeld aktiviert ist. Die Besonderheit beim Zuschuss zum Mutterschaftsgeld besteht darin, dass die Fiktivläufe für die Vergangenheit, nämlich für die letzten drei Monate vor Beginn der Mutterschutzfrist, durchzuführen sind. Das bedeutet, dass für diese drei Monate eine Abrechnung für die betroffenen Mitarbeiterinnen ausgelöst wird und die relevanten Ergebnislohnarten in die aktuelle Abrechnung übergeben werden.

Konfiguration von Fiktivlaufschemen

Fiktivläufe selbst sind nichts anderes als speziell zusammengestellte Personalrechenschemen. Folglich können sie auch mit dem Schemeneditor (siehe Abschnitt 20.1, »Aufbau des Personalrechenschemas«) wie jedes andere Schema bearbeitet werden. Innerhalb von Fiktivlaufschemen werden aber oft auch Schemen des Standards verwendet, so dass bei Eingriffen mit eigenen Personalrechenregeln entsprechende Vorsicht geboten ist. Denn einfach vorgenommene Änderungen, die sich eigentlich nur im Rahmen des Fiktivlaufs auswirken sollen, können so schnell auch Einfluss auf Abrechnungsfälle ohne Fiktivlauf erlangen.

Es existieren verschiedene Fiktivlaufschemen, wobei das Schema DA05 das sogenannte Universalschema für Fiktivläufe der deutschen Abrechnung darstellt. Dieses Schema wird für die Fälle genutzt, in denen die Fiktivlaufsteuerung angewendet wird. Für die weiteren Fiktivläufe, wie den Fiktivlauf zur Ermittlung des Nettoentgelts für den Zuschuss zum Mutterschaftsgeld, den Zuschuss zum Krankengeld mit den Varianten 1 und 2 sowie für die Ermittlung der Beiträge zum Bankenversorgungsverein (BVV), existieren gesonderte Fiktivlaufschemen.

»Universalschema« DA05

Eingriffe in die Fiktivlaufschemen sind immer dann notwendig, wenn kundeneigene Verarbeitungen während der Fiktivläufe erforderlich sind. Beispielsweise führt die Weitergewährung von vermögenswirksamen Leistungen während des Mutterschutzes dazu, dass die vermögenswirksamen Leistungen nicht mit in die Bemessungsgrundlage für die Berechnung des Nettoentgelts einfließen dürfen. Die entsprechende Lohnart ist zu filtern, d. h. an einer definierten Stelle zu eliminieren. Ein solcher Eingriff kann über eine Personal-

Eingriffe in die Fiktivlaufschemen

rechenregel im Fiktivlaufschema realisiert werden. Dabei muss allerdings sichergestellt sein, dass die Filterung nur im Fiktivlauf für die Berechnung des Nettoentgelts zur Berechnung des Zuschusses zum Mutterschaftsgeld greift und die Ist-Abrechnung davon unberührt bleibt.

Sofern es sich um Fiktivläufe der Altersteilzeit nach den Regelungen des § 23c SGB IV oder um die dritte Variante der Nettourlaubslohn-Ermittlung handelt, können fiktivlaufspezifische Anpassungen immer innerhalb einer IF-ENDIF-Schleife gekapselt werden. Dabei ist die Funktion IF um den Parameter 2 FLSW und den Parameter 3 = Fiktivlauf (z. B. IF FLSW ATZA) zu ergänzen. Der Parameter 2 enthält immer die in der Tabelle T5D0G definierte ID für diesen Fiktivlauf.

Alle in dieser IF-ENDIF-Schleife aufgeführten Funktionen werden nur dann ausgeführt, wenn der entsprechend abgefragte Fiktivlauf gerade durchlaufen wird. Abbildung 3.9 zeigt die IF-ENDIF-Schleife einer der Sonderverarbeitungen des Fiktivlaufs ATZA – Ermittlung des ATZ-Vollzeitbruttos.

```
┌─☐ IF          FLSW ATZA      ATZ: Behandlung Fiktivlauf ATZA
│ ┌─☐ ACTIO DAFM                ATZ: Schalter Hochrechnung setzen (§3b)
│ ├─☐ ACTIO DAH9 V              Allg. KV-Beitrag in Vollzeitrechnung
│ ├─☐ PIT    DAF2 P70  NOAB     ATZ: Fiktivbrutto bereitstellen
│ ├─☐ PRT    DAF5 P70  NOAB     ATZ: Kumulationen korrig.
│ ├─☐ PIT    DAFZ P68  NOAB     ATZ: geldwerte Vorteile ins Gesamtbrutto
│ ├─☐ IF          APPL ATZ4     Alternative Berechnung der Schätzbasis
│ └───ENDIF
├───ENDIF
├───IF          FLSW ATZB      ATZ: Behandlung Fiktivlauf ATZB
├───ENDIF
├───IF          FLSW ATZC      ATZ: Behandlung Fiktivlauf ATZC
├───ENDIF
├───IF          FLSW ATZR      ATZ: Behandlung Fiktivlauf ATZR
├───ENDIF
├───IF          FLSW ATZG      ATZ: Behandlung Fiktivlauf ATZG
├─☐ ELSE
└───ENDIF
```

Abbildung 3.9 IF-ENDIF-Schleife mit Parameter 3 = Fiktivlauf-ID

Die Personalrechenschemen der Fiktivläufe, die nicht über die Fiktivlaufsteuerung abgewickelt werden, verfügen zumeist über eigene untergeordnete Personalrechenschemen, um Sonderverarbeitungen abzubilden. Zum Beispiel hat der Fiktivlauf für die Ermittlung der

Grundlagen für die Berechnung des Krankengeldzuschusses ein eigenes untergeordnetes Personalrechenschema für den Bruttoteil. Anpassungen in diesen Schemen sind wie in jedem anderen Schema möglich. Allerdings ist die Gefahr von unerwünschten Nebenwirkungen tendenziell geringer, da eine gesonderte Abfrage, um welchen Fiktivlauf es sich handelt, obsolet ist.

3.5 Einlesen des letzten Abrechnungsergebnisses

Im Schema DLA0 (siehe Abbildung 3.10) wird das Abrechnungsergebnis der letzten Periode eingelesen und die relevanten Lohnarten in die interne Tabelle LRT eingelesen. Hier bleiben die Lohnarten erst einmal stehen und werden in späteren Schemen weiterverarbeitet.

000010	BLOCK	BEG			Letzte Abrechnungsergebnisse
000020	COM				*****************************
000030	IMPRT		L		Importiere das letzte Ergebnis
000040	PRINT	NP	ORT		Drucke ORT nach Import
000050	PORT	D006	P06		Uebernehme relevante Daten nach LRT
000060	PRINT	NP	LRT		Drucke LRT nach Import
000070	SETCU				Initialisierung Kumulation CRT/SCRT
000080	ACTIO	X402			Bearbeitet /A67
000090	DST	STZ		P1	Vergleich STZ mit Vormonat
000100	BLOCK	END			

Abbildung 3.10 Einlesen des letzten Abrechnungsergebnisses – Schema »DLA0«

Welche Lohnarten relevant sind, wird mit der Verarbeitungsklasse 06 der Tabelle T512W (siehe Kapitel 19, »Lohnarten in SAP ERP HCM«) gesteuert. Folgende Ausprägungen sind möglich:

Relevante Lohnarten steuern

▸ 0 – Die Lohnart wird nicht übernommen.

▸ 1 – Die Lohnart wird immer übernommen.

▸ 2 – Die Lohnart wird innerhalb eines Jahres übernommen.

Sollen eigene Verarbeitungsschritte zum Einlesen von Lohnarten aus dem Vormonat erstellt werden, muss die Funktion PLRT verwendet werden, welche die Tabelle PLRT verarbeitet und in einer Rechenregel definierte Operationen abarbeitet. In der Rechenregel legen Sie für die gewünschten Lohnarten Verarbeitungsschritte an.

Funktion PLRT

3.6 Integration der Reiseabrechnung

Im Schema DREI – siehe Abbildung 3.11 – werden die Daten der Reiseabrechnung eingelesen. Diese Integration kann aus mehreren Gründen aktiviert werden, wenn eine der folgenden Funktionen gewünscht ist:

▸ Auszahlung der Erstattungsbeträge über die Personalabrechnung

▸ Versteuerung von individuell zu versteuernden Erstattungen, die über den gesetzlichen Freibeträgen liegen

▸ Andruck auf der Lohnsteuerbescheinigung und Übertragung per ELSTER von steuerfrei bezahlten Erstattungsbeträgen

Die Reiseabrechnung kann auch ohne die Integration verwendet werden.

Abbildung 3.11 Einlesen der Reisedaten

Funktion ASREI Die Funktion ASREI übernimmt die Lohnarten aus den Reiseabrechnungsergebnissen, die im Cluster TE der Datenbank PCL1 gespeichert sind und mit dem Report RPCLSTTE angezeigt werden können. Die Lohnarten werden in der Tabelle T706B festgelegt.

Teilschema D000 deaktivieren Je nachdem, welche Lohnarten in die Abrechnung übernommen werden sollen, sollten alle nichtrelevanten Lohnarten mit einer Regel ausgeschlossen werden. Wenn Sie keine Integration der Reiseabrechnung in die Personalabrechnung benötigen, dann sollte das komplette Teilschema mit einem * im Schema D000 deaktiviert werden.

3.7 Integration der Zeitwirtschaft

Ohne Zeitwirtschaftsdaten ist eine Personalabrechnung nicht möglich. Bestimmte Informationen sind als Basis für die Abrechnung zwingend erforderlich, selbst, wenn Sie die SAP-Zeitwirtschaft nicht einsetzen sollten. Im Folgenden geben wir Ihnen einen Überblick über die Daten, die in der Personalabrechnung verwendet werden.

3.7.1 Verarbeitung des Schichtplans

Infotyp 0007 (Sollarbeitszeit), der den Schichtplan des Mitarbeiters enthält, ist Pflicht; ohne diesen bricht die Abrechnung bei der Funktion GON im Schema DGD0 (Einlesen der Grunddaten) ab. Jeder Mitarbeiter muss folglich einen Arbeitszeitplan haben. Dieser Arbeitszeitplan wird in die Personalabrechnung für den Zeitraum der Abrechnungsperiode eingelesen. Zusätzlich werden noch der letzte Tag der Vorperiode und der erste Tag der Folgeperiode eingelesen. Der Schichtplan wird von der Funktion GENPS in der Tabelle PSP (siehe Abbildung 3.12) aufgebaut.

Arbeitszeitplan

Tabelle PSP

Datum	Grpg TAZP	TagesAZP	Tagestyp	Feiertagkl	Variante	TAZPKlasse	PeriodAZP	Stunden	Act	Nat01	Nat02	Pausenplan
31.01.2009	01	FREI	0	0		0	GLZ	0,00	X			PAPK
01.02.2009	01	FREI	0	0		0	GLZ	0,00	X			PAPK
02.02.2009	01	GLZ	0	0		5	GLZ	8,00	X			GLZ
03.02.2009	01	GLZ	0	0		5	GLZ	8,00	X			GLZ
04.02.2009	01	GLZ	0	0		5	GLZ	8,00	X			GLZ
05.02.2009	01	GLZ	0	0		5	GLZ	8,00	X			GLZ
06.02.2009	01	GLZ	0	0	B	5	GLZ	4,00	X			GLZ
07.02.2009	01	FREI	0	0		0	GLZ	0,00	X			PAPK
08.02.2009	01	FREI	0	0		0	GLZ	0,00	X			PAPK
09.02.2009	01	GLZ	0	0		5	GLZ	8,00	X			GLZ
10.02.2009	01	GLZ	0	0		5	GLZ	8,00	X			GLZ
11.02.2009	01	GLZ	0	0		5	GLZ	8,00	X			GLZ
12.02.2009	01	GLZ	0	0		5	GLZ	8,00	X			GLZ
13.02.2009	01	GLZ	0	0	B	5	GLZ	4,00	X			GLZ
14.02.2009	01	FREI	0	0		0	GLZ	0,00	X			PAPK
15.02.2009	01	FREI	0	0		0	GLZ	0,00	X			PAPK
16.02.2009	01	GLZ	0	0		5	GLZ	8,00	X			GLZ
17.02.2009	01	GLZ	0	0		5	GLZ	8,00	X			GLZ
18.02.2009	01	GLZ	0	0		5	GLZ	8,00	X			GLZ
19.02.2009	01	GLZ	0	0		5	GLZ	8,00	X			GLZ
20.02.2009	01	GLZ	0	0	B	5	GLZ	4,00	X			GLZ
21.02.2009	01	FREI	0	0		0	GLZ	0,00	X			PAPK
22.02.2009	01	FREI	0	0		0	GLZ	0,00	X			PAPK
23.02.2009	01	GLZ	0	0		5	GLZ	8,00	X			GLZ
24.02.2009	01	GLZ	0	0		5	GLZ	8,00	X			GLZ
25.02.2009	01	GLZ	0	0		5	GLZ	8,00	X			GLZ
26.02.2009	01	GLZ	0	0		5	GLZ	8,00	X			GLZ
27.02.2009	01	GLZ	0	0	B	5	GLZ	4,00	X			GLZ
28.02.2009	01	FREI	0	0		0	GLZ	0,00	X			PAPK
01.03.2009	01	FREI	0	0		0	GLZ	0,00	X			PAPK

Abbildung 3.12 Tabelle PSP

Der Schichtplan wird für die Bewertung von Teilmonaten herangezogen. Dies ist notwendig, wenn ein Mitarbeiter während des Monats eintritt, austritt oder sich Arbeitsplatzdaten oder Basisbezüge während des Monats ändern. Die Personalabrechnung bildet mehrere Teilzeiträume mit Einträgen in der Tabelle WPBP. Zur Berechnung der Aliquotierung werden die Daten des Schichtplans verwendet.

Daraus abgeleitet werden die Teilmonatsfaktoren (siehe Abbildung 3.13).

Teilmonatsfaktoren

Tabelle PARTT

Typ PPar	Nr	Gültig von	Gültig bis	KSOLL	ASOLL	SSOLL	KDIVI	ADIVI	SDIVI	KDIVP	ADIVP	SDIVP
T	01	01.02.2009	28.02.2009	28,00	20,00	144,00	28,00	20,00	144,00	30,00	22,00	167,40
G	00	01.02.2009	28.02.2009	28,00	20,00	144,00	28,00	20,00	144,00	30,00	22,00	167,40

Abbildung 3.13 Teilmonatsfaktoren

In den Teilmonatsfaktoren sind enthalten: die Sollwerte gemäß Schichtplan, der individuelle Divisor und der pauschale Divisor.

Sollwerte gemäß Schichtplan

Die Sollwerte gemäß Schichtplan sind:

▶ KSOLL – Kalendertage

▶ ASOLL – Arbeitstage gemäß Schichtplan

▶ SSOLL – Arbeitsstunden gemäß Schichtplan

Sind mehrere Teilmonate in der Tabelle WPBP vorhanden, verweist die Nummer der Teilmonatseinträge (T) auf den entsprechenden Eintrag in der Tabelle WPBP, und die Sollwerte reduzieren sich entsprechend. Der Wert für den Gesamtmonat (G) enthält immer die vollständige Periode.

Individueller Divisor

Der individuelle Divisor enthält im Unterschied zum Sollwert immer einen vollen Monat, auch bei Teilmonatswerten. So kann mit der Division ASOLL/ADIVI ein Prozentsatz für einen Teilmonat auf Basis von Arbeitstagen berechnet werden:

▶ KDIVI – Kalendertage (individueller Divisor gemäß Schichtplan)

▶ ADIVI – Arbeitstage (individueller Divisor gemäß Schichtplan)

▶ SDIVI – Arbeitsstunden (individueller Divisor gemäß Schichtplan)

Pauschaler Divisor

Der pauschale Divisor basiert nicht auf dem Schichtplan, sondern enthält Durchschnittswerte. SDIVP enthält die durchschnittlichen Arbeitsstunden aus dem Infotyp 0008 (Basisbezüge); ADIVP und KDIVP enthalten die durchschnittlichen Arbeits- und Kalendertage, die in der Tabelle T510H festgelegt werden:

▶ KDIVP – Kalendertage (pauschaler Divisor)

▶ ADIVP – Arbeitstage (pauschaler Divisor)

▶ SDIVP – Arbeitsstunden (pauschaler Divisor)

Mit der Operation NUM=GSSOLL kann man z. B. das Anzahlfeld mit den Stunden gemäß dem Schichtplan des Gesamtmonats füllen. Wechselt der Schichtplan während des Monats, dann werden beide Pläne anteilig einbezogen. NUM=TASOLL füllt die Arbeitstage gemäß dem Schichtplan im Teilmonat in das Anzahlfeld.

Bestimmte Vertretungen aus Infotyp 2003 (Vertretungen) werden bei der Bildung der Teilmonatsfaktoren berücksichtigt. Mit den Parametern der Funktion P2003 ist zu steuern, welche Vertretungen einbezogen werden. Im Standard wird im Schema DPWS die normale Schichtvertretung (02) mitverarbeitet; die Kurzarbeitsvertretung (03) ist aber ausgeschlossen, diese darf nicht in die Bildung der Teilmonatsfaktoren einfließen. Passen Sie die Einstellungen an, wenn Sie andere Vertretungen verwenden.

3.7.2 Verarbeitung von Abwesenheiten

Die Verarbeitung von Abwesenheiten erfolgt mit zwei Funktionen. **Funktion PAB** Die Funktion PAB liest Abwesenheiten ein und bildet Einträge zu Abwesenheiten in der internen Tabelle PARX (siehe Abbildung 3.14). Die Personalabrechnung kennt keine einzelnen Abwesenheiten, sondern arbeitet mit kumulierten Zählklassen, die in der Bewertungsregel definiert werden. Abwesenheiten, die in der Personalabrechnung separat verarbeitet werden sollen, brauchen somit eigene Bewertungsregeln.

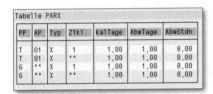

Abbildung 3.14 Abwesenheiten

Abwesenheiten werden in der Tabelle T554S definiert. Die eigentliche Bewertung, die für die Personalabrechnung relevant ist, wird hier nicht direkt eingetragen, sondern mit einer Bewertungsregel zugeordnet.

Die Bewertungsregel wird in der Tabelle T554C definiert und enthält **Einstellungen der** folgende Einstellungen: **Bewertungsregel**

▶ **Zählklasse**
Abwesenheiten werden in der Personalabrechnung zu Zählklassen zusammengefasst. In Abbildung 3.14 ist diese Zählklasse in der Spalte Zlkl. zu finden.

▶ **Bezahlung**
Es wird festgelegt, ob eine Abwesenheit bezahlt oder unbezahlt ist. In der Tabelle PARX erhalten die Zählkassen von unbezahlten Abwesenheiten den Typ U (unpaid), die von bezahlten Abwesenheiten den Typ P (paid).

▸ **Bildung von Lohnarten**
Für den Zeitraum einer Abwesenheit kann eine Lohnart erzeugt werden, die entweder die Anzahl der Abwesenheitstage oder der Abwesenheitsstunden enthält. So kann z. B. ein Urlaubsausgleich oder Urlaubsgeld für die Tage der Urlaubsnahme erzeugt werden.

▸ **Hätte-Prinzip**
Das Hätte-Prinzip dient der Generierung von Zeitlohnarten in Abwesenheitszeiten. Die Generierung muss für den Zeitraum der Abwesenheit aktiviert werden, sonst findet in Abwesenheitszeiten keine Zeitlohnartengenerierung statt.

▸ **Sonderverarbeitung**
In der Sonderverarbeitung kann eine Regel eingetragen werden, die nur für die Abwesenheit ausgeführt wird. Mit Hilfe einer Regel können auch Lohnarten bei Abwesenheiten gebildet werden. Mit einer Regel kann eine differenzierte Berechnung durchgeführt werden.

Funktion DAB Eine Spezialität der deutschen Abrechnung stellt die Funktion DAB dar: Diese verarbeitet die Eigenschaften einer Abwesenheit, die für das deutsche Recht im Bereich der Steuer, Sozialversicherung und in anderen Bereichen erforderlich sind. Diese Eigenschaften sind in der Tabelle T5D0A enthalten. Der Report RPDABWD0 (Dokumentation und Prüfung von Abwesenheiten), siehe Abbildung 3.15, zeigt die vollständigen Informationen aus allen relevanten Tabellen an, die zur Steuerung einer Abwesenheit im Verlauf der Abrechnung notwendig sind.

[+] Durch die verschiedenen gesetzlichen Eigenschaften einer Abwesenheit kam es in den letzten Jahren immer wieder zu Änderungen in dem Bereich, was einen Abgleich der Eigenschaften mit dem Auslieferungsmandanten 000 notwendig macht. Daher sollte bei der Einführung von SAP ERP HCM darauf geachtet werden, im Bereich der Abwesenheiten möglichst nahe an den Standardeinstellungen zu bleiben.

Die Sollarbeitszeit in Infotyp 0007 und Abwesenheiten in Infotyp 2001 werden in der Abrechnung verarbeitet, sobald diese in den Infotypen gepflegt sind. Hierfür ist der Einsatz der SAP-Zeitwirtschaft nicht notwendig. Ein Sollarbeitszeitplan und bestimmte Abwesenheiten, die gesetzlich relevant sind, oder unbezahlte Abwesenheiten, die das Entgelt kürzen, müssen in jedem Fall gepflegt werden, auch wenn die SAP-Zeitwirtschaft nicht im Einsatz ist.

```
0500 Mutterschutz                Gültig : 01.01.2009 31.12.9999  (T554S)

Bearbeitungsklasse... 10         Gültig : 01.01.2009 31.12.9999  (T5D0S)

Bewertungsklasse..... 05                                         (T554S)

Nationale Kennzeichen            Gültig : 01.01.2009 31.12.9999  (T5D0A)
  Bearbeitungsklasse... 10 Mutterschutz
  Bewertungsklasse..... 05 Mutterschutz

  DÜVO-Kennzeichen............ C
  KUG-Liste-Kennzeichen....... 0
  KUG-Verarbeitungkennzeichen.. S
  Steuerliche Unterbrechung....
  SV-Tage-Kürzung............. 00
  SV-Split....................
  Keine Zuschußtage für Privat.
  SV-beitragsfreie Abwesenheit. B
  Passive Berlinzulage.........
  Zusatzversorgung............ F
  ZVK Öffentlicher Dienst...... 21
  Auszählung BTage Baulohn.....

Bewertung der Abwesenheit        Gültig : 01.01.2009 31.12.9999  (T554C)
  Bewertungsklasse..... 05 Mutterschutz

  Zählklasse                     bezahlt  Prozentsatz Tagesregel
  06 Mutterschutz/Wehrübung               100,00

Dokumentation und Konsistenzprüfung von Abwesenheiten (D)
```

Abbildung 3.15 Dokumentation und Prüfung von Abwesenheiten

Anwesenheiten aus Infotyp 2002 finden in der Personalabrechnung keine Berücksichtigung.

3.7.3 Einlesen der Zeitauswertungsergebnisse

Für das Einlesen von Zeitwirtschaftsergebnissen ist eine erfolgreiche Zeitauswertung die Voraussetzung. Die Abrechnung liest die Tabelle ZL mit den darin enthaltenen Zeitlohnarten ein (siehe Abbildung 3.16). Für die Übergabe von Informationen aus der Zeitabrechnung in die Personalabrechnung müssen in der Zeitwirtschaft Zeitlohnarten gebildet werden.

Zeitlohnarten

Die Lohnarten der Tabelle ZL enthalten Datum und Uhrzeit der Entstehung, was für die Berechnung der Steuerfreiheit notwendig ist. Im Bruttoteil der Personalabrechnung im Schema DT00 wird mit der Funktion ZLIT die Tabelle ZL eingelesen und mit der Regel D090 verarbeitet. Die Lohnarten werden komprimiert in die Tabelle IT übergeben, und außerdem wird die Tabelle XIT für die Steuerberechnung gefüllt. Letztere enthält Datum und Uhrzeit, um die korrekte Steuerberechnung durchführen zu können.

Für die Steuerberechnung gemäß §3b StG ist es nicht notwendig, unterschiedliche Lohnarten für steuerpflichtige und steuerfreie Anteile

Datum	Beginn	Ende	ÄL	C1	AB	LArt	Lohnart-Langtext	I	Anzahl
18.12.2000	29:15	29:45	00	0000	00	MI10	Normalstunden	S	0,50
18.12.2000	22:30	26:30	00	0000	00	MQ30	Zuschlag Nacht 35%	S	4,00
18.12.2000	26:45	28:30	00	0000	00	MQ30	Zuschlag Nacht 35%	S	1,75
18.12.2000	29:15	29:45	00	0000	00	MQ30	Zuschlag Nacht 35%	S	0,50
19.12.2000	22:30	26:30	00	0000	00	MI10	Normalstunden	S	4,00
19.12.2000	26:45	28:30	00	0000	00	MI10	Normalstunden	S	1,75
19.12.2000	29:15	29:45	00	0000	00	MI10	Normalstunden	S	0,50
19.12.2000	22:30	26:30	00	0000	00	MQ30	Zuschlag Nacht 35%	S	4,00
19.12.2000	26:45	28:30	00	0000	00	MQ30	Zuschlag Nacht 35%	S	1,75
19.12.2000	29:15	29:45	00	0000	00	MQ30	Zuschlag Nacht 35%	S	0,50
20.12.2000	22:30	26:30	00	0000	00	MI10	Normalstunden	S	4,00
20.12.2000	26:45	28:30	00	0000	00	MI10	Normalstunden	S	1,75
20.12.2000	29:15	29:45	00	0000	00	MI10	Normalstunden	S	0,50
20.12.2000	22:30	26:30	00	0000	00	MQ30	Zuschlag Nacht 35%	S	4,00
20.12.2000	26:45	28:30	00	0000	00	MQ30	Zuschlag Nacht 35%	S	1,75
20.12.2000	29:15	29:45	00	0000	00	MQ30	Zuschlag Nacht 35%	S	0,50
21.12.2000	22:30	26:30	00	0000	00	MI10	Normalstunden	S	4,00
21.12.2000	26:45	28:30	00	0000	00	MI10	Normalstunden	S	1,75
21.12.2000	29:15	29:45	00	0000	00	MI10	Normalstunden	S	0,50
21.12.2000	22:30	26:30	00	0000	00	MQ30	Zuschlag Nacht 35%	S	4,00
21.12.2000	26:45	28:30	00	0000	00	MQ30	Zuschlag Nacht 35%	S	1,75
21.12.2000	29:15	29:45	00	0000	00	MQ30	Zuschlag Nacht 35%	S	0,50
22.12.2000	22:30	26:30	00	0000	00	MI10	Normalstunden	S	4,00
22.12.2000	26:45	28:30	00	0000	00	MI10	Normalstunden	S	1,75
22.12.2000	29:15	29:45	00	0000	00	MI10	Normalstunden	S	0,50
22.12.2000	22:30	26:30	00	0000	00	MQ30	Zuschlag Nacht 35%	S	4,00
22.12.2000	26:45	28:30	00	0000	00	MQ30	Zuschlag Nacht 35%	S	1,75
22.12.2000	29:15	29:45	00	0000	00	MQ30	Zuschlag Nacht 35%	S	0,50

Abbildung 3.16 Tabelle ZL

in der Zeitwirtschaft zu bilden, denn die Abrechnung ermittelt den steuerfreien Betrag abhängig von der Arbeitszeit. Es werden die Prozentsätze für die Steuerfreiheit ermittelt.

3.7.4 Fiktivhochrechnung

Fiktive Zeitauswertung

Für den Zeitraum einer Abrechnungsperiode, in dem noch keine Zeitauswertung gelaufen ist – z. B. wenn am 20. eines Monats die Personalabrechnung ausgeführt wird und für den 21. bis zum Monatsende noch keine Daten vorhanden sind –, führt die Personalabrechnung eine fiktive Zeitauswertung durch. Die Funktion DAYPR TC00 ruft die Zeitwirtschaft mit dem Schema TC00 auf. Dieses Schema wird für alle Tage der Abrechnungsperiode ausgeführt, für die noch keine echten Daten vorhanden sind. So können anhand des Schichtplans z. B. Nachtschichtzuschläge für den Rest des Monats geschätzt werden. Es wird eine Zeitabrechnung durchgeführt, in der die Zeiten des Schichtplans als Basis herangezogen werden.

Wichtig dafür ist, das Customizing des Schemas TC00 gemäß dem der Zeitabrechnung anzupassen. Häufig wird diese Schätzung nicht gewünscht, so dass sichergestellt werden muss, dass aus diesem

Schema keine generierten Lohnarten in die Abrechnung übergeben werden.

3.7.5 Praktische Probleme bei der Integration

Die Bezahlung von Zeitzuschlägen für noch nicht abgeschlossene Perioden ist für den Mitarbeiter schwer nachvollziehbar. Im kommenden Monat wird durch eine Rückrechnung der Vormonat richtiggestellt, Korrekturen für den geschätzten Zeitraum werden bezahlt, und außerdem wird der aktuelle Monat wieder teilweise geschätzt. Dies macht einen Vergleich mit dem Zeitnachweis schwierig. Deswegen wird häufig komplett darauf verzichtet, im aktuellen Monat Zeitzuschläge zu bezahlen, und erst mit der Rückrechnung kommen die Zuschläge des Vormonats zur Auszahlung. Dies kann z. B. erreicht werden, indem man mit einer Regel die Zuschläge im aktuellen Monat löscht. Bei einer Rückrechnung im darauffolgenden Monat werden die Zuschläge übergeben und ausbezahlt.

3.8 Bildung von Bewertungsgrundlagen

Bewertungsgrundlagen dienen der Bewertung von Lohnarten, bei denen nur das Anzahl-Feld gefüllt ist und die mit einem Betrag bewertet werden müssen, z. B. die Bewertung von Nachtzuschlägen mit einem Stundensatz. Die Zeitzuschläge werden mit einer Anzahl von Stunden aus der Zeitwirtschaft übergeben, und die Abrechnung muss eine Bewertung durchführen.

Für die Bildung von Bewertungsgrundlagen sind in SAP ERP HCM die Lohnarten /0xx reserviert. Diese Lohnarten werden in den Regeln D010 und D013 im Bruttoteil DT00 der Personalabrechnung gebildet. In der Regel D010 (siehe Abbildung 3.17) werden alle relevanten Lohnarten in die Bewertungsgrundlagen addiert, im zweiten Schritt erfolgt die Division, um von dem gesammelten Betrag zur Bewertungsgrundlage zu kommen, die einen Stunden- oder Tagessatz enthalten kann. Im Standard wird die Lohnart /001 mit einem Stundensatz befüllt, der durch die durchschnittlichen monatlichen Stunden aus Infotyp 0008 (Basisbezüge) dividiert wird. Außerdem wird ein Tagessatz in der Lohnart /003 gebildet, der ebenso durch die monatlichen Durchschnittsstunden dividiert wird und anschließend mit

Lohnarten /0xx

den Arbeitsstunden pro Tag aus dem Infotyp 0007 multipliziert wird, um einen Tageswert zu erhalten.

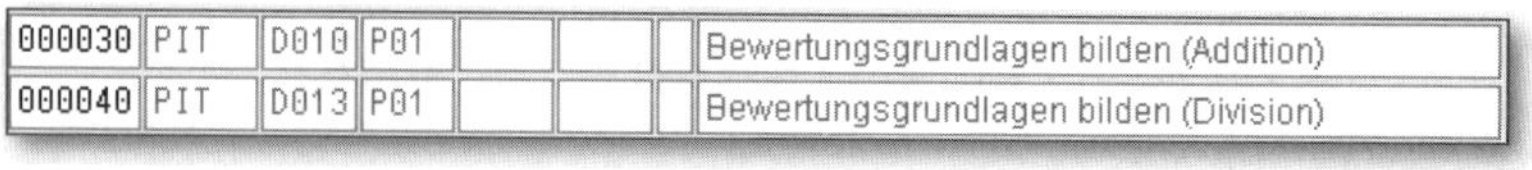

000030	PIT	D010	P01			Bewertungsgrundlagen bilden (Addition)
000040	PIT	D013	P01			Bewertungsgrundlagen bilden (Division)

Abbildung 3.17 Bildung von Bewertungsgrundlagen

Verarbeitungs- klasse 01

Welche Lohnarten in die Bewertungsgrundlagen einfließen, wird mit der Verarbeitungsklasse 01 gesteuert. Werden weitere Bewertungsgrundlagen benötigt, dann muss die Regel D010 und gegebenenfalls auch die Regel D013 durch eine eigene Regel ersetzt werden.

[!]

Zum Zeitpunkt der Bildung der Bewertungsgrundlagen sind nur die Lohnarten aus den Basisbezügen in der Tabelle IT vorhanden. Die Lohnarten aus Infotyp 0014 (Wiederk. Be-/Abzüge) werden erst später eingelesen. Es kann somit keine Lohnart aus Infotyp 0014 in eine Bewertungsgrundlage einfließen, außer wenn Änderungen am Schema durchgeführt werden.

In Abbildung 3.18 ist dargestellt, wie die Lohnart *Zuschlag Nacht* mit der Bewertungsgrundlage bewertet wird. Es werden die beiden letzten Stellen der relevanten Bewertungsgrundlage eingetragen, d. h., 01 löst eine Bewertung mit der Lohnart /001 aus. Außerdem werden die Ausgabelohnart und ein Prozentsatz eingetragen. Es können auch mehrere Lohnarten ausgegeben werden, was z. B. bei Mehrarbeit denkbar wäre, um den Grundlohn von 100 % und einen Zuschlag von 25 % in zwei Lohnarten zu bilden.

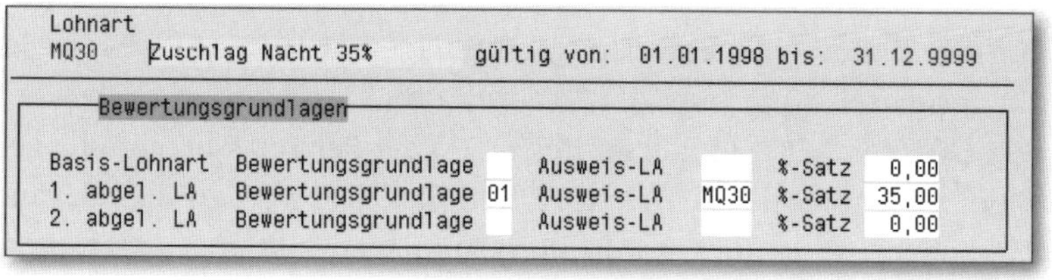

```
Lohnart
MQ30    Zuschlag Nacht 35%        gültig von:  01.01.1998 bis:  31.12.9999

   Bewertungsgrundlagen

Basis-Lohnart  Bewertungsgrundlage      Ausweis-LA         %-Satz   0,00
1. abgel. LA   Bewertungsgrundlage 01   Ausweis-LA   MQ30  %-Satz  35,00
2. abgel. LA   Bewertungsgrundlage      Ausweis-LA         %-Satz   0,00
```

Abbildung 3.18 Bewertung einer Lohnart mit Bewertungsgrundlage

Weitere Möglichkeiten, eine Lohnart zu bewerten, finden Sie im nächsten Abschnitt.

3.9   Bewertung von Lohnarten

Die Bewertung von Lohnarten, die noch keine Beträge enthalten, er-   Regel X015
folgt in der Regel X015 (siehe Abbildung 3.19).

```
000010              D AMT?0
000020 *              ADDWT *
000030 =            D NUM?0
000040 = *          D RTE?0
000050 = * *          MULTI NRA ADDWT *
000060 = * =        D VALBS?
000070 = * = *      Z GCY X016                        AVERAGES
000080 = * = X        VALBS0    ADDNA *   FILLF N   WGTYP=*   NEXTR
000090 = * = X 1      VALBS1    ADDNA *   FILLF N   WGTYP=*   NEXTR
000100 = * = X 2      VALBS2    ADDNA *
000110 = =            ADDWT *
```

Abbildung 3.19 Bewertung von Lohnarten

Die Regel prüft, ob in der Lohnart bereits ein Betrag vorhanden ist;
in diesem Fall wird die Lohnart lediglich mit ADDWT * abgestellt,
und die Verarbeitung ist beendet. Als Nächstes wird geprüft, ob eine
Anzahl vorhanden ist. Wenn nicht, dann ist auch hier wieder die Verarbeitung beendet, und die Lohnart wird abgestellt.

Im nächsten Schritt wird geprüft, ob das Feld BETRAG PRO EINHEIT
einen Wert enthält. In diesem Fall wird der Betrag pro Einheit mit
der Anzahl multipliziert und im Feld BETRAG abgestellt. Die Lohnart
ist bewertet und wird abgestellt.

Ist lediglich das Feld ANZAHL gefüllt, bleiben jetzt noch zwei Alternativen, eine Lohnart zu bewerten: Die Lohnart wird mit einer Bewertungsgrundlage oder mit einem berechneten Durchschnittswert
(siehe Abschnitt 3.10, »Durchschnitte«) bewertet. Die Operation
VALBS? prüft, ob eine Bewertungsgrundlage in der Lohnart gepflegt
ist. Sie gibt ein »X« für das variable Argument zurück. Die Operationen VALBS0 bis VALBS3 lesen die drei Bewertungsgrundlagen, bewerten damit die Lohnart und bilden gegebenenfalls abgeleitete
Lohnarten, falls hier Einträge vorhanden sind.

Das Customizing der Lohnartenbewertung (siehe Abbildung 3.20)
befindet sich im Bereich der Personalabrechnung Deutschland unter
dem Punkt ZEITLOHNARTENBEWERTUNG.

Außer der Bewertung der Lohnart mit einer Bewertungsgrundlage
kann die Lohnart auch mit einer lohnartenabhängigen Konstante

oder tarifabhängigen Konstante bewertet werden (siehe auch Abschnitt 19.1, »Verwendung von Lohnarten«).

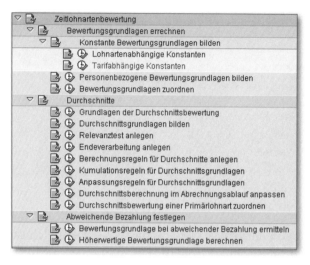

Abbildung 3.20 Customizing der Lohnartenbewertung

3.10 Durchschnitte

Durchschnitte dienen der Bewertung von Lohnarten mit Werten, die auf Basis mehrerer Monate berechnet werden. Sie können z. B. verwendet werden, um Ausgleichszahlungen für Zeitzuschläge bei Urlaub oder Krankheit zu berechnen. Bei der Berechnung werden die bezahlten Zuschläge einer relevanten Anzahl von Monaten durch die in diesen Monaten gearbeiteten Stunden dividiert.

Für die Berechnung von Durchschnitten wurde eine neue Funktion entwickelt, die im deutschen Abrechnungsschema noch nicht verwendet wird und auch im IMG zur deutschen Personalabrechnung nicht enthalten ist. Trotzdem kann die neue Durchschnittsbewertung eingesetzt werden. Daher beschreiben wir im Folgenden beide Möglichkeiten.

3.10.1 Bisherige Durchschnittsbewertung

Operation MEANV Die Durchschnittsbewertung wird mit der Operation MEANV in der Regel X016 aufgerufen (siehe Abbildung 3.21). Die Nummer der anzuwendenden Berechnungsart wird hierbei mitgegeben.

```
000010          D VWTCL 15
000020  *         ADDWT *
000030  1         MEANV 01  MULTI NRA ADDNA *
000040  2         MEANV 02  MULTI NRA ADDNA *
000050  A       D ABEVL?         FROZEN AVERAGES
000060  A 0       MEANV 10  MULTI NRA ADDNA *
000070  A 1       MEANV 10  MULTI NRA ADDNA *      ZERO= NA  ELIMI *   ADDNAE/02A
000080  A 2       RTE=L /02AMULTI NRA ADDNA *      ZERO= NA  ELIMI *   ADDNAE/02A
000090  A 3       RTE=L /02AMULTI NRA ADDNA *
```

Abbildung 3.21 Aufruf der Durchschnittsbewertung

Das Customizing der Durchschnittsbewertung finden Sie im Customizing im Abschnitt ZEITLOHNARTENBEWERTUNG im Bereich der Personalabrechnung Deutschland (siehe Abbildung 3.22). Die erste Aktivität enthält die Definition der Berechnungsregel (siehe Abbildung
3.23), deren zweistelliger Schlüssel als Parameter bei der Operation
MEANV mitzugeben ist.

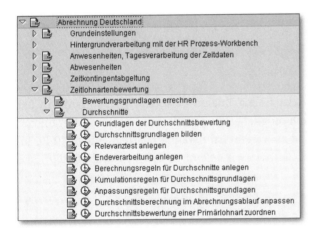

Abbildung 3.22 Customizing der Durchschnittsbewertung

In der Berechnungsregel (siehe Abbildung 3.23) sind zu definieren: Berechnungsregel

▶ Relevanztest

▶ Kumulationsregel

▶ Anzahl der Perioden maximal

▶ Anzahl relevanter Perioden

▶ Lohnart zur Übersteuerung der automatischen Berechnung

Die Anzahl der relevanten Perioden legt fest, über welche Anzahl von
Monaten der Durchschnitt gerechnet werden muss. Dabei kann es
vorkommen, dass nicht alle Perioden für die Berechnung relevant

sind – z. B. könnten Monate, in denen krankheitsbedingt die Anzahl der Arbeitstage zu niedrig war, aus der Berechnung ausgeschlossen werden. Im Relevanztest werden diese Monate als nichtrelevant gekennzeichnet (siehe Abbildung 3.24). Dafür kann mit der Anzahl maximaler Perioden festgelegt werden, dass im Fall von nichtrelevanten Perioden weiter in der Vergangenheit nach Perioden gesucht wird, die stattdessen in die Berechnung einbezogen werden können.

BerRegel	RelevTest	Kumulation	Endverar	AnzPerMax	AnzPerRel	Lohnart	Lohnart-La
01	X017	01	X018	3	3		
02	X017	01	X018	6	6		
03	X017	02	X018	3	3		
04	X019	01	X018	3	3		
07	D061	07	D062	1	1		
08	D067	08	D068	1	1		
09	XW01	09	XW02	4	2		
10	X017	01	X018	3	3		
20	D017	20	D018	10	10		
21	D017	21	D018	10	10		
23	DOH1	23	DOH2	3	3		
31	D032	31	D033	1	1		
32	D032	32	D033	1	1		
97	ZRLL	97	Z018	12	12		

Abbildung 3.23 Berechnungsregel anlegen

Bei 3 relevanten und 12 maximalen Perioden wird so lange in der Vergangenheit nach möglichen Perioden gesucht, bis die Anzahl von 3 relevanten Perioden erreicht ist; maximal werden jedoch 12 Perioden geprüft. Ob eine Periode relevant ist, hängt von dem Relevanztest ab, in dem z. B. Perioden, die zu wenige Arbeitstage enthalten, als nichtrelevant gekennzeichnet werden können.

Abbildung 3.24 Relevanztest

Kumulationsregel Die Kumulationsregel (siehe Abbildung 3.25) legt fest, welche Lohnarten in die Felder ANZAHL, BETRAG PRO EINHEIT und BETRAG addiert werden. Die Kumulationen (siehe Kapitel 19, »Lohnarten in SAP ERP HCM«) werden monatlich in der Abrechnung gebildet; wenn eine Lohnart abgestellt und kumuliert wird (siehe Abschnitt 3.14, »Abstellung«), wird diese in alle in der Tabelle T512W markierten Kumulationen addiert.

Außerdem kann eine Anpassungsregel definiert werden, die den Durchschnitt bei Lohnerhöhungen automatisch anpasst. Hier kann ein fixer Prozentsatz definiert werden, der zu einem bestimmten Zeitpunkt angewendet werden soll. Alternativ kann über den Vergleich von Lohnarten eine Erhöhung des Durchschnitts berechnet werden. So kann man z. B. den Stundensatz des aktuellen Monats mit dem des Vormonats vergleichen und bei einer Erhöhung den Durchschnittssatz im gleichen Verhältnis erhöhen.

Der Relevanztest besteht aus einer Regel, die bei relevanten Perioden mit der Operation MEANV REL eine Periode als relevant markiert. In Abbildung 3.24 ist ein einfacher Relevanztest zu sehen, der jede Periode als relevant markiert. Hier gibt es keine Entscheidungsoperationen, von denen abhängig ist, ob eine Periode relevant ist oder nicht. Dieses als relevant Markieren einer Periode ist entscheidend, damit die Periode in die Durchschnittsbewertung einbezogen wird.

Ku	Lohnart	Lohnart-Langtext	Beginn	Ende	Kum N	Kum	Kum A	Anpass
	01 /204	Durchschnitt Beträge	01.01.1901	31.12.9999		+		
	01 /207	Durchschnitt Tage	01.01.1901	31.12.9999	+	+		

Abbildung 3.25 Kumulationsregel

Nachdem in der Durchschnittsbewertung die Werte der Lohnarten der Vorperioden, die in der Kumulationsregel festgelegt wurden, in die Felder ANZAHL, BETRAG PRO EINHEIT und BETRAG addiert wurden, kann in der Endeverarbeitung (siehe Abbildung 3.26) der eigentliche Durchschnitt berechnet und übergeben werden. Mit der Operation NUM=M wird das Anzahlfeld aus dem Durchschnitt an die aktuelle Lohnart übergeben. In diesem Beispiel wird der Betrag durch die Anzahl gearbeiteter Stunden dividiert und in das Feld BETRAG PRO EINHEIT der Lohnart übergeben.

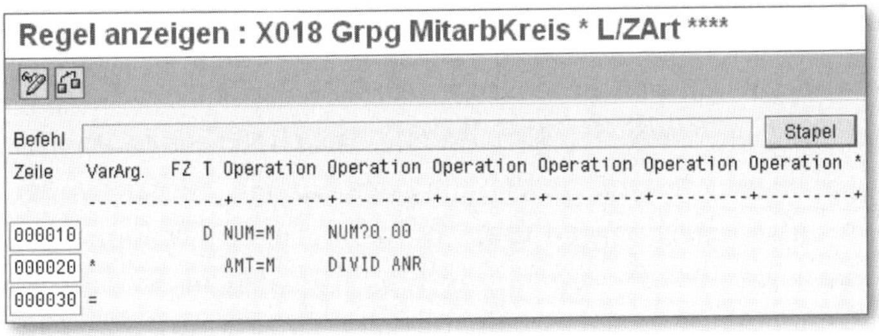

```
Regel anzeigen : X018 Grpg MitarbKreis * L/ZArt ****

Befehl [                                          ]  [ Stapel ]
Zeile   VarArg.  FZ T Operation Operation Operation Operation Operation Operation *
        ---------+---------+---------+---------+---------+---------+---------+
000010           D NUM=M       NUM?0.00
000020  *        AMT=M         DIVID ANR
000030  =
```

Abbildung 3.26 Endeverarbeitung

3.10.2 Neue Durchschnittsbewertung

Funktion AVERA

Die neue Durchschnittsbewertung, die im aktuellen Abrechnungs-schema und auch im Customizing (noch) nicht enthalten ist, kann einfach eingebaut werden. Die Berechnung wird mit der Funktion AVERA aufgerufen, die in das Abrechnungsschema eingefügt werden muss, am besten vor der Regel X015 mit der bisherigen Durch-schnittsbewertung.

Tabellen für das Customizing

Das Customizing erfolgt vollständig in den folgenden Tabellen:

- ▶ V_T51AV_A – Berechnungsregeln für Durchschnitte
- ▶ V_T51AV_B – Kumulationsregeln für Durchschnittsgrundlagen
- ▶ V_T51AV_C – Anpassungsregeln für Durchschnittsgrundlagen
- ▶ V_T51AV_E – Endeverarbeitungsregeln für Durchschnitte
- ▶ V_T51AV_P – Zuordnung von Lohnarten zu Durchschnittsbewer-tungsregeln
- ▶ V_T51AV_R – Relevanzregel für Durchschnittsbewertung
- ▶ V_T51AV_ROC – für die Durchschnittsbewertung nichtrelevante OC-Gründe
- ▶ V_T51AV_W – Vergleichsregeln für Durchschnittsbewertung

Viele Einstellungen sind vergleichbar zur bisherigen Durchschnitts-bewertung. Die Tabellen enthalten zusätzliche Parameter, die bisher in den Regeln zum Relevanztest und zur Kumulation definiert wer-den mussten. Außerdem wird die Durchschnittsbewertung der zu bewertenden Lohnart direkt zugeordnet, so dass die Anpassung von Regeln, wie das bisher erforderlich war, wenn viele Berechnungsva-rianten abgebildet werden mussten, entfällt.

3.11 Leistungslohn

Lohnscheintypen

Im Leistungslohn können Lohnscheine erfasst und in der Lohnab-rechnung verarbeitet werden. Es werden gearbeitete Zeiten und die vollbrachte Leistung bei der Berechnung des Entgelts berücksichtigt. Es können mitarbeiterbezogen und gruppenbezogen Ergebnisse er-rechnet werden. So ist die Berechnung von Einzelakkord oder Einzel-prämie, gruppenbezogenem Gruppenakkord oder Gruppenprämie möglich. Für die Erfassung gibt es verschiedene Lohnscheintypen:

▶ **01 – Prämienlohnschein**

Der Prämienlohnschein (siehe Abbildung 3.27) wird verwendet, wenn die Leistung auf den Mitarbeiter bezogen erbracht wird, wie z. B. im Einzelakkord. Der Lohnschein enthält die gearbeitete Zeit und produzierte Menge, aus der ein Ergebnis berechnet wird. Die gearbeitete Zeit kann mit dem erreichten Ergebnis multipliziert werden und so in die Entgeltabrechnung einfließen.

▶ **02 – Mengenlohnschein**

Der Mengenlohnschein enthält produzierte Mengen einer Gruppe; zusammen mit dem Personenlohnschein (03) wird das Ergebnis einer Gruppe berechnet. Das Gruppenergebnis bezieht immer alle Mengenlohnscheine und Personenlohnscheine eines Monats ein und berechnet daraus ein Gesamtergebnis.

▶ **03 – Personenlohnschein**

Der Personenlohnschein beinhaltet die in einer Gruppe gearbeiteten Zeiten.

▶ **04 – Zeitlohnschein**

Der Zeitlohnschein verzeichnet die gearbeiteten Zeiten, die kein Ergebnis enthalten. Dies sind meist keine produktiven Zeiten, sondern Zeiten, in denen z. B. die Produktion steht oder aus einem anderen Grund kein Ergebnis ermittelt werden kann. Meist werden diese Zeiten als Gemeinkosten verrechnet.

▶ **05 – Vorarbeiterlohnschein**

Der Vorarbeiterlohnschein kann für Mitglieder einer Gruppe verwendet werden, die nicht produktiv am Ergebnis dieser Gruppe beteiligt sind, aber am Gruppenergebnis teilhaben, was bei Vorarbeitern der Fall sein kann.

Die Daten des Leistungslohns werden in zwei Clustern in der Datenbank PCL1 gespeichert. Das Cluster L1 enthält alle personenbezogenen Lohnscheine mit den gearbeiteten Zeiten eines Mitarbeiters. Der Inhalt des Clusters kann einem Mitarbeiter zugeordnet werden. Der Cluster G1 umfasst die Daten der Gruppen. Für die Abrechnung sind die Daten des Clusters L1 relevant, die auch den Lohnscheintyp *03 – Personenlohnschein* enthalten, der bereits mit dem ermittelten Gruppenergebnis in die Abrechnung eingelesen wird.

Speicherung der Leistungslohnarten

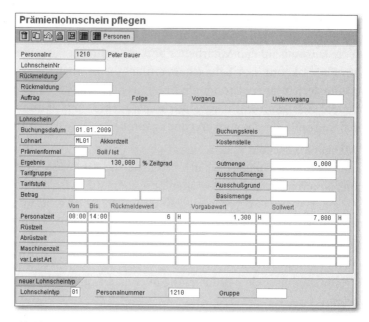

Abbildung 3.27 Lohnschein

Die Funktion IF mit dem Parameter XW4 (siehe Abbildung 3.28) bestimmt, ob ein Mitarbeiterkreis für den Leistungslohn als relevant markiert ist. Nur diese Mitarbeiter durchlaufen die Funktionen zum Einlesen und Berechnen des Leistungslohns.

000010	COM					Bearbeitung der Leistungslohndaten
000020	BLOCK	BEG				Leistungslohn
000030	ACTIO	XW3	A			Je nach Pers.kreis --> Var. INCW setzen
000040	IF	XW4				Var. INCW abfragen --> Leist.lohn aktiv
000050	ACTIO	DW0	AR			Bewertungsgrundlagen LLOHN
000060	PW1	DW1	GEN	3		Einzelleistungslohnscheine
000070	PW2	DW2	GEN	3		Gruppenleistungslohnscheine
000080	ACTIO	DWM	AR			Monatsabschluss LLOHN
000090	PRINT	NP	LS			Folgelohnscheine drucken
000100	ENDIF					Ende Leistungslohn
000110	BLOCK	END				Leistungslohn

Abbildung 3.28 Regel DIW0 – Bearbeitung der Leistungslohndaten

Die Regeln DW1 und DW2 enthalten ein paar Standardverarbeitungen zur Berechnung eines leistungsabhängigen Entgelts. In der Praxis reichen diese Regeln nicht aus, sondern müssen durch eigene Regeln ersetzt werden, da die Berechnungsformeln vielfältig sind.

3.12   Verarbeitung weiterer Be-/Abzüge

Im Unterschema DWB0 (Einlesen weiterer Be-/Abzüge) – siehe Abbildung 3.29 – werden die Daten des Infotyps 0014 (Wiederk. Be-/Abzüge) und 0015 (Ergänzende Zahlung) verarbeitet. Beide Infotypen können Lohnarten enthalten, die in der Abrechnung unterschiedlichen Sonderbearbeitungen unterworfen sein können. Der Unterschied zwischen diesen Infotypen ist lediglich, dass ein Satz des Infotyps 0015 immer mit einem *Stichtag* versehen ist und somit genau einmal bezahlt oder abgezogen werden kann. Der Infotyp 0014 enthält einen *Zeitraum*, die Eingabe kann damit über mehrere Monate hinweg in der Abrechnung verarbeitet werden. Die Regel D011 (siehe Abbildung 3.30) verarbeitet beide Infotypen identisch.

000010	BLOCK	BEG				Einlesen weiterer Be-/Abzuege
000020	COM					*******************************
000030	P0014	D011	GEN	NOAB		Einlesen Wiederkehrende Be/Abzuege
000040	P0015	D011	GEN	NOAB		Einlesen Ergaenzende Zahlungen
000050	XLTI				*	Mitarbeiterbeteiligungen
000060	BLOCK	END				

Abbildung 3.29 Regel DWB0 – Einlesen weiterer Be-/Abzüge

000010		AMT= BETRGNUM= ANZHLNEXTR
000020	1 P	PCYGD012 NEXTR
000030	2 D	VAKEYZEINH
000040	***	D VWTCL 47
000050	*** *	OPIND ADDWT *
000060	*** A	OPIND ADDWT *
000070	*** B	OPIND ADDWT /57A VB-ARBEITGEBERANTEIL
000080	*** C	AMT= /102AMT%1 SUBWT * GEWERKSCHAFTSBEITRAG
000090	*** D	OPIND ADDWT * ELIMI * RESET RA DST LA+C2ADDWT /425
000100	*** G	ADDWT /3UB SV-UMLAGEBRUTTO
000110	*** H	OPIND ADDWT * VALBS=0 ADDWT * ORI & 0.ABGELEITETE
000120	*** I	ADDWT * ADDWT /43A SONDERZAHLUNG AUFTEILEN NACH DBA/ATE
000130	*** J	ADDWT * ADDWT /610 BERGMANNSPRAEMIE
000140	*** K	P ADDWT * PCY DVS6 SUBWT * NEXTR
000150	*** K	1 D OUTWPITRFA
000160	*** K *	Z GCY D005 ALLE ANDEREN
000170	*** K **	Z GCY D005 ALLE ANDEREN
000180	*** K 1	Z GCY D052 BAT B&L
000190	*** K 10	Z GCY D052 TVV

Abbildung 3.30 Regel D011 – Verarbeitung weiterer Be-/Abzüge

Mit der Verarbeitungsklasse 47 werden Sonderverarbeitungen angestoßen, von denen in SAP ERP HCM bereits viele enthalten sind. Ist keine Sonderverarbeitung markiert, wird die Lohnart unverändert in die Tabelle IT gestellt, was bei allen Lohnarten sinnvoll ist, die bereits bei der Eingabe mit einem Betrag im Infotyp versehen werden.

Sonderverarbeitungen

3.13 Aliquotierung

Teilentgelt-
berechnung für
anteilige Monate

Unter Aliquotierung versteht man in SAP ERP HCM die Teilentgelt-
berechnung für anteilige Monate. Diese wird immer notwendig,
wenn der Mitarbeiter kein volles Monatsentgelt erhält. Dies ist bei
Ein- oder Austritt notwendig, wenn dieser während eines Monats erfolgt. Außerdem wird die Bruttoberechnung in mehrere Teilmonate
aufgeteilt, wenn sich Veränderungen im Monat ergeben. Dies kann
erfolgen bei:

- Änderung der Basisbezüge im Monat
- Wechsel der organisatorischen Zuordnung
- Änderung des Arbeitszeitplans
- Änderung der Kostenverteilung in Infotyp 0027 (Kostenvertei-
  lung)

Für die Berechnung der Bezüge werden sogenannte Teilmonatsfaktoren gebildet. Diese werden in den Lohnarten /801 – /816 bereitgestellt (siehe Abbildung 3.32). Zur Erhöhung der Rechengenauigkeit
werden die ermittelten Prozentsätze mit 100.000 multipliziert. Mit
der Verarbeitungsklasse 10 wird gesteuert, mit welchem Teilmonatsfaktor eine Lohnart multipliziert wird. Eine Lohnart, welche die Ausprägung 1 in der Verarbeitungsklasse 10 enthält, wird mit der Lohnart /801 multipliziert. Wie in Abbildung 3.32 dargestellt, würden
77,5 % der Lohnart nach der Aliquotierung übrigbleiben.

```
    RTE=TSSOLLRTE-TSAU**RTE-TSAP43RTE-TSAK**RTE-TSAL***
 1  RTE-TSAS**RTE-TSAT**RTE*KGENAURTE/TSDIVIADDWT *
```

Abbildung 3.31 Berechnung von Teilmonatsfaktoren

Daten des
Schichtplans

Für die Berechnung der bereitgestellten Teilmonatsfaktoren werden
Daten des Schichtplans verwendet – siehe Abschnitt 3.7.1, »Verarbei-
tung des Schichtplans«. In Abbildung 3.31 ist die Berechnung eines
Teilmonatsfaktors dargestellt. Die Operation RTE=TSSOLL entnimmt
dem Schichtplan die Sollstunden (SSOLL) des Teilmonats (T) und
zieht davon die unbezahlten Stunden (SAU**) mit der Operation RTE-
TSAU** ab. Die beiden letzten Stellen enthalten die Zählklasse der
Abwesenheit, die in der Bewertungsregel in der Tabelle T554C fest-
gelegt wird. Es kann entweder ein ** verwendet werden, womit alle
Abwesenheiten abgezogen werden, oder explizit eine Zählklasse.

RTE-TSAU** zieht somit alle unbezahlten Abwesenheiten ab. Soll eine Abwesenheit in der Abrechnung speziell verarbeitet werden, muss eine extra Zählklasse definiert werden, die nur in der Bewertungsregel dieser Abwesenheit enthalten ist.

```
3 /801 Teilmonats-01              77.500,00
3 /802 Teilmonats-01              77.272,73
3 /803 Teilmonats-01             100000,00
3 /804 Teilmonats-01              77.500,00
3 /805 Teilmonats-01             100000,00
3 /806 Teilmonats-01             100000,00
3 /807 Teilmonats-01             100000,00
3 /808 Teilmonats-01             100000,00
3 /809 Teilmonats-01             100000,00
3 /810 Teilmonats-01               4.420,55-
3 /816 Teilmonats-01              22.500,00
```

Abbildung 3.32 Teilmonatsfaktoren

3.14 Abstellung

Lohnarten, die in der Abrechnung bereits vollständig berechnet sind, werden an bestimmten Stellen im Verlauf der Personalabrechnung in Kumulationslohnarten addiert und anschließend in die Tabelle RT abgestellt. Diese sind damit von der gewöhnlichen Verarbeitung mit den Tabellen IT/OT in der Funktion PIT ausgeschlossen. Die Tabelle RT enthält alle fertig berechneten Lohnarten und wird am Ende der Personalabrechnung in der Datenbank gespeichert, wohingegen die Tabellen IT und OT verlorengehen. Deshalb müssen am Ende der Personalabrechnung alle Lohnarten in der Tabelle RT enthalten sein.

Im Verlauf der Abrechnung gibt es folgende Zeitpunkte für die Abstellung von Lohnarten:

▶ Abstellung von Zeitlohnarten im Schema DT00 (Verarbeitungsklasse 03)

▶ Abstellung von Bruttolohnarten im Schema DAL0 (Verarbeitungsklasse 20)

Wie in der Regel D020 (siehe Abbildung 3.33) zu sehen ist, wird – z. B. wenn die Ausprägung der Verarbeitungsklasse 03 den Wert 3 annimmt – die Operation ADDWTE* durchgeführt, welche die aktuelle Lohnart in die Tabelle RT abstellt; anschließend wird die Operation ADDCU zur Kumulation der Lohnart in alle markierten Kumulationen und Durchschnittsgrundlagen durchgeführt.

```
000010        D VWTCL 03
000020  *       ADDWT *
000030  0       ADDWT *
000040  1     Z ADDWTE*    ELIMI KTX ADDCU        GCYGD02A
000050  2       ELIMI *    RESET AR  ADDWTE*
000060  3     Z ADDWTE*    ELIMI KTX ADDCU        GCYGD02A
000070  4       ELIMI *    RESET AR  ADDWTE*
000080  5     P ADDWTE*    ELIMI KTX ADDCU        PCYGD02A NEXTR
000090  5   1   ELIMI *    RESET AR  ZERO= RA  ADDWTE/852DKUSW X    *
000100  5   2 D FILLF A    DKUG ZR?
000110  5 N     DKUG WZ Y ADDWT&SWMS
000120  5 Y     ADDWT&KUMS
000130  6     Z ELIMI *    RESET R   ADDWTE*   ADDCU    GCYGD02A
000140  7       ELIMI *    RESET AR  ADDNAE*
000150  8
```

Abbildung 3.33 Abstellung

Im Anschluss an diese Verarbeitung stehen nur noch die Kumulationslohnarten /1xx mit den summierten Beträgen und die Durchschnittsgrundlagen /2xx mit den summierten Beträgen für die weitere Verarbeitung zur Verfügung.

Der Nettoteil der Abrechnung arbeitet nur noch mit SAP-Lohnarten. Die Kundenlohnarten sind bereits abgestellt.

3.15   Fazit

Die Bruttofindung ist der Teil der Personalabrechnung, welcher der intensivsten Anpassung an betriebliche und tarifliche Anforderungen bedarf. Von der Bildung der Bewertungsgrundlagen über die Definition von Durchschnittsbewertungen bis zur Aliquotierung müssen alle Berechnungen an die definierten Anforderungen angepasst werden.

*Die wesentlichen Teile der Nettoberechnung sind die Ermitt-
lung der Lohnsteuer und der Sozialversicherungsbeiträge. Den
Ablauf der Berechnung und mögliche Customizing-Einstellungen lernen Sie in diesem Kapitel kennen.*

4   Nettoberechnung

Nachdem im Verlauf der Bruttoberechnung die Bezüge der Mitarbeiter ermittelt und im Rahmen der Aliquotierung die relevanten
Kürzungstatbestände berücksichtigt wurden, erfolgt im Nettoteil der
Personalabrechnung die Ermittlung der relevanten gesetzlichen Abzugsbeträge. Hierbei ist oft die Steuer allein schon betragsmäßig der
größte Posten.

4.1   Steuerberechnung

Das deutsche Steuersystem mit seinen zahlreichen Ausnahme- und
Sonderregeln gilt als eines der komplexesten der Welt. Das Verständ-
nis der fachlichen Regelungen ist die Grundlage, um das SAP ERP
HCM-System im Bereich der Steuerberechnung korrekt konfigurie-
ren zu können. Auch für die Analyse im Bereich der Steuern ist die
Kenntnis der fachlichen Grundlagen unerlässlich.

Die Ermittlung der relevanten Steuern für einen Personalabrech-
nungsfall besteht dabei aus vielen verschiedenen Einzelschritten, da
die Personalabrechnung in SAP ERP HCM nahezu alle denkbaren
Ausnahmefälle des deutschen Steuerrechts berücksichtigt (sofern
diese auch entsprechend konfiguriert sind).

Den grundsätzlichen Ablauf im Verlauf der Personalabrechnung veranschaulicht Abbildung 4.1 anhand des Abrechnungsprotokolls.

Kenntnis der fach-
lichen Grundlagen

Abbildung 4.1 Bearbeitungsschritte der Steuerberechnung im Abrechnungs-protokoll

Infotyp 0012 als Grundlage

Grundlage für alle Verarbeitungsschritte im Bereich der Steuern sind die dem Mitarbeiter über den Infotyp 0012 (Steuerdaten D) zugeordneten steuerlichen Merkmale (wie z. B. die Steuerklasse, die Religionszugehörigkeit und damit verbundene Kirchensteuerpflicht oder auch -befreiung, persönliche Frei- oder Hinzurechnungsbeträge oder auch Sonderregeln wie ein Doppelbesteuerungsabkommen etc.) sowie die relevanten steuerlichen Kumulationslohnarten (z. B. /106, /111, /113 etc.).

Das Thema Steuern wird zum besseren Verständnis zuerst anhand des Abrechnungsprotokolls und der sequentiell durchgeführten Bearbeitungsschritte der Personalabrechnung in SAP ERP HCM dargestellt. Im Anschluss daran erläutern wir die wesentlichen Customizing-Möglichkeiten.

4.1.1 Untergeordnete Personalrechenschemen für die Steuerberechnung

Schemen DST0, DSTI, DSTB

Speziell für die Steuerberechnung werden drei untergeordnete Personalrechenschemen im Standard verwendet. Dabei handelt es sich um die Schemen

- DST0 – Steuer Brutto-Vorbereitung

- DSTI – Steuer (D) Initialisierung

- DSTB – Steuer (D) Berechnung

Schema DST0 (Steuer Brutto-Vorbereitung)

Das Schema DST0 enthält vorwiegend Bearbeitungsschritte, die erforderlich sind, bevor die eigentliche Steuerberechnung erfolgen kann, und die u. a. Grundlage für andere Berechnungen der Nettoabrechnung sind. (Beispielsweise ist die Ermittlung der SV- und steuerrechtlichen Kontingente nach dem AVmG zwingend bereits für die SV-Berechnung, die vor der Steuerberechnung abläuft, Voraussetzung.)

Im Einzelnen finden im Schema DST0 folgende Verarbeitungen statt:

DST0 – Bearbeitungsschritte

- Bereitstellung der SV- und steuerrechtlich relevanten Kontingente für die Gewährung von steuerfreien, pauschalsteuerpflichtigen sowie SV-freien Beiträgen nach dem Altersvermögensgesetz (siehe dazu auch Kapitel 10, »Altersversorgung«)

- Durchführung der Beitragsberechnungen für Beiträge zum Bankenversorgungsverein (BVV)

- Ermittlung des geldwerten Vorteils bei Gewährung von Dienstwagen (sowohl individuelle wie auch pauschale Versteuerung)

- Ermittlung der steuerrechtlich relevanten Beträge für Sachbezüge (wie z. B. freie Kost und Logis)

- Aufteilung von Bruttobeträgen in steuerfreie, pauschalsteuerpflichtige und individualsteuerpflichtige Beträge (nicht AVmG, z. B. die Freigrenze nach § 8 Abs. 2 des EStG)

- Übernahme des geldwerten Vorteils für einen Dienstwagen in das KuG-Sollentgelt

- Durchführung der Beitragsermittlung für Verträge nach dem AVmG (sowohl Wandlungen wie auch Zusatzleistungen des Arbeitgebers)

- Ermittlung der beanspruchten SV- und steuerrechtlichen Kontingente sowie Abtragung derselben

- Durchführung von Sonderverarbeitungen für die korrekte Behandlung von Entgeltumwandlungen aus dem Arbeitgeberanteil zu den vermögenswirksamen Leistungen

- Ermittlung der Prämie sowie Berechnung der Pauschalsteuer und Generierung eines Überweisungsbetrages für Direktversicherungen aus dem Infotyp 0026 (Direktversicherung) – die Verwendung dieses Infotyps wird nicht mehr empfohlen, da die Anforderungen mit dem Infotyp 0699 (Altersvermögensgesetz) komplett abgedeckt sind

- Bildung der sogenannten »Schätzbasis« (Lohnart /462) für den Jahresarbeitslohn. Die Schätzbasis wird über die Kennzeichnung in der Verarbeitungsklasse 14 gebildet und bei der Steuerberechnung benötigt, um insbesondere bei Einmalzahlungen korrekte Steuerbeträge ermitteln zu können. Der ermittelte Wert wird für die noch in der Zukunft liegenden Abrechnungsperioden als zu versteuerndes Entgelt angenommen.

- Übernahme von relevanten Dialoglohnarten oder Lohnarten aus der integrierten Reisekostenabrechnung in die technischen Lohnarten /442 (steuerfreier Verpflegungszuschuss bei Auswärtstätigkeit) und/oder /443 (steuerfreie AG-Leistung bei doppelter Haushaltsführung), die im Rahmen der Folgeverarbeitung der Personalabrechnung auf der Lohnsteuerbescheinigung angedruckt werden und den Finanzämtern den Abgleich zwischen vom Arbeitgeber gezahlten und vom Arbeitnehmer abgesetzten Beträgen ermöglichen.

Schema DSTI (Steuer (D) Initialisierung)

Auch im Schema DSTI erfolgt eine Reihe von Bearbeitungsschritten, deren Ergebnis für die letztlich durchzuführende Steuerberechnung, aber auch für andere Berechnungen (z. B. die Nettohochrechnung) unbedingte Voraussetzung ist.

DSTI – Bearbeitungsschritte

Dies sind im Einzelnen:

- die Ermittlung der Steuertage des Abrechnungsmonats

- das Einlesen und Bearbeiten von Vorarbeitgeberdaten, Infotyp 0093 (bei unterjährigen Eintritten)

- die Bestimmung des Steuerprinzips (also ob nach Enstehungs- oder Zuflussprinzip im laufenden Monat abgerechnet wird)

- spezielle Auswertungen auf der Grundlage der Steuerpflicht (Auswertung der ermittelten Werte und Vergleich mit den Werten der Tabelle T5D2D)

▸ die Vorbereitung der Hochrechnung von Nettozusagen (siehe auch
Abschnitt 4.2, »Hochrechnung von Nettozusagen«)

▸ die Prüfung, ob der Lohnsteuerjahresausgleich durchgeführt werden darf, und wenn notwendig, die Sperrung desselben

▸ die Erstellung der Steuerzuordnungstabelle XST, die für die Steuerberechnung die Grundlage bildet und sich aus einer Reihe von
Besteuerungsmerkmalen zusammensetzt.

Nachdem das Schema DSTI durchlaufen wurde, stehen die wesentlichen Grundlagen für die Steuerberechnung, aber auch für die Hochrechnung von Nettozusagen zur Verfügung.

Schema DSTB (Steuer (D) Berechnung)

Im Schema DSTB erfolgt nun die eigentliche Ermittlung der anfallenden Arbeitnehmersteuern (inklusive einer eventuellen Kirchensteuer
und des Solidaritätszuschlages) sowie eine Reihe weiterer Berechnungen und Verarbeitungsschritte.

Im Einzelnen sind dies:

DSTB – Bearbei-
tungsschritte

▸ das Einlesen des Kindergeldes (sofern dies vom Arbeitgeber ausgezahlt wird)

▸ das Umleiten von pauschalsteuerpflichtigen Lohnarten, die auf der
Grundlage von Doppelbesteuerungsabkommen sowie Auslandstä-
tigkeitserlassen entstanden sind, in die technischen Lohnarten
/163 bzw. /143

▸ die Durchführung von Auswertungen für die pauschale Kirchen-
steuerberechnung

▸ die Durchführung der Pauschalsteuerberechnung für nahezu alle
Arten der Pauschalsteuer

▸ die Zuordnung von gezahlten Versorgungsbezügen zu einer sogenannten Versorgungsgrundlage. Dies ist erforderlich, um die im
Rahmen des Alterseinkünftegesetzes festgelegten Berechnungen
nach Kohorten durchführen zu können.

▸ die Prüfung, ob die Ermittlung und Abtragung der SV- und steuerrechtlichen Kontingente in zulässiger Weise erfolgt ist (so ist z. B.
seit Inkrafttreten des Alterseinkünftegesetzes nicht erlaubt, pauschalsteuerpflichtige Kontingente gleichzeitig mit zusätzlich steuerfreien (aber nicht SV-freien) Kontingenten bereitzustellen und

abzutragen (keine Anwendung von § 40b EStG a. F. neben § 3 Nr. 63 S. 3 EStG)

▸ die Berechnung der Arbeitskammerbeiträge (werden nur in den Bundesländern Bremen und Saarland erhoben)

▸ die Berechnung der Lohn- und gegebenenfalls Kirchensteuer sowie des Solidaritätszuschlages (es erfolgt hier regelmäßig eine getrennte Berechnung der Steuer auf laufendes und einmaliges Entgelt)

▸ eine Reihe von Sonderberechnungen und Umleitungen im Zusammenhang mit der Kirchensteuer

▸ die Abstellung der Steuerlohnarten, d. h. die Entscheidung, ob die Steuerlohnarten in die Ergebnistabelle RT abgestellt werden oder ob eine Übernahme in die Eingabetabelle IT für weitere Verarbeitungsschritte erfolgt

4.1.2 Customizing

Customizing-Einstellungen im Einführungsleitfaden

Um Ihnen eine effiziente und einfache Einarbeitung in die Thematik zu ermöglichen, erläutern wir im Folgenden die Customizing-Einstellungen für den Bereich Steuern im Einführungsleitfaden (IMG). Alle im weiteren Verlauf des Abschnitts genannten Customizing-Punkte sind unter PERSONALABRECHNUNG • ABRECHNUNG DEUTSCHLAND • STEUER zu finden. Andere Punkte im Einführungsleitfaden sind gesondert genannt.

Steuerlich relevante betriebliche Merkmale

Personalteilbereich

Der erste Schritt im Einführungsleitfaden ist die Zuordnung der steuerlich relevanten betrieblichen Merkmale. Diese werden zwar nicht für die Personalabrechnung selbst, wohl aber für die Abgabe der Lohnsteueranmeldung und der Lohnsteuerbescheinigung zwingend benötigt. Den Punkt finden Sie im IMG unter UMFELD • STEUERLICH RELEVANTE BETRIEBLICHE MERKMALE. Hierbei werden die folgenden Informationen einem Personalteilbereich zugeordnet (siehe Abbildung 4.2):

▸ das Bundesland

▸ das Kirchensteuergebiet

▸ die Finanzamtsnummer

▸ die Steuernummer (sowohl allgemein wie auch speziell für das ELSTER-Verfahren)

Damit wird auch deutlich, dass der kleinste betriebliche Bereich, der steuerlich gesondert behandelt werden kann, der Personalteilbereich ist.

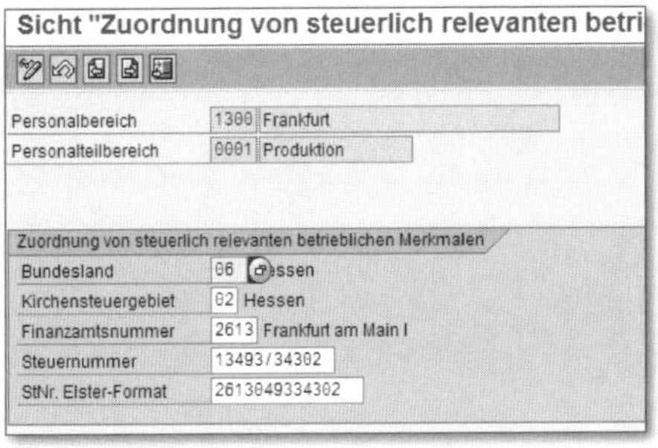

Abbildung 4.2 Zuordnung steuerlich relevanter betrieblicher Merkmale

Pauschale Kirchensteuer

Im Anschluss daran ist zu entscheiden, welches Verfahren bei der Erhebung von Kirchensteuer, die auf der Grundlage der pauschalen Lohnsteuer ermittelt wird, angewendet werden soll. Hierbei bestehen zwei Anwendungsalternativen:

1. die Erhebung der pauschalen Kirchensteuer ungeachtet der individuellen Kirchensteuerpflicht von allen steuerpflichtigen Mitarbeitern

2. die Erhebung der pauschalen Kirchensteuer nur von den kirchensteuerpflichtigen Mitarbeitern

Die Standardauslieferung von SAP folgt der letztgenannten Alternative.

Anschriften der Betriebsstättenfinanzämter

Die Anschriften der Betriebsstättenfinanzämter werden im Rahmen der Erstellung der Lohnsteueranmeldung benötigt. Die Tabellen können mit dem Report RPUSTGD0 (Einlesen Gemeinde- und Finanzamtsdaten) eingelesen werden. Die Daten werden in der Tabelle T5D2A abgelegt.

Die einzulesende Datei wird vom Bundeszentralamt für Steuern zur Verfügung gestellt und kann unter dem Link *http://www.bzst.de/000_ extern/01_behoerden/index.html* heruntergeladen werden. Dabei ist darauf zu achten, dass das Programm nur die Textdatei, nicht aber die ebenfalls auf der Website erhältliche Excel-Datei einlesen kann.

Vorschlagswerte für Steuerverfahren festlegen

Bei den Vorschlagswerten für Steuerverfahren handelt es sich um das Merkmal DST12 (siehe auch Abschnitt 21.1, »Merkmale in der Personalabrechnung«), mit dem die Vorschlagswerte für Infotyp 0012 (Steuerdaten D) erzeugt werden können. Konkret können folgende Felder mit Hilfe des Merkmals vorbelegt werden:

► das Steuerverfahren

► eine Sonderregel

► die anzuwendende Steuertabelle

Steuerverfahren anzeigen

Es handelt sich bei diesem IMG-Punkt um die Eingabemöglichkeiten des Feldes STEUERVERFAHREN in Infotyp 0012. Diese Daten werden im System bereits vorhanden sein. Sofern dies nicht der Fall sein sollte, empfiehlt sich der Abgleich mit dem Auslieferungsmandanten 000 der SAP AG.

Für Deutschland sind hierbei die derzeit verwendeten und zulässigen Steuerverfahrensmodelle hinterlegt. Diese legen beispielsweise fest,

► ob ein Lohnsteuerjahresausgleich durchgeführt werden soll

► ob ein permanenter Ausgleich durchgeführt werden soll

► wie der Jahresarbeitslohn berechnet werden soll

► welche Steuertabelle anzuwenden ist (allgemeine oder besondere)

Der Abrechnungstreiber prüft dann zur Laufzeit, ob das eingegebene Verfahren im konkreten Fall überhaupt zulässig ist, und stellt dieses dann bei Bedarf selbständig um. So z. B., wenn kein Lohnsteuerjahresausgleich im konkreten Fall zulässig ist, die Anwendung des Lohnsteuerjahresausgleichs aber im Infotyp 0012 vorgegeben wurde.

[!] Vom Eintragen und Verwenden eigener Einträge wird ausdrücklich abgeraten, da zumindest in Deutschland die anzuwendenden Steuerverfahren gesetzlich vorgeschrieben sind und von SAP ERP HCM vollständig unterstützt werden. Denkbar sind eigene Einträge, wenn das fragliche Steuerverfahren von SAP ERP HCM im Standard nicht unterstützt wird, wie z. B. die geltenden Regelungen bei verschiedenen Institutionen der Europäischen Gemeinschaft. Vorgenommene Einträge in dieser Tabelle erfordern dann aber auch die Realisierung des Steuerverfahrens im Abrechnungsschema über eine kundeneigene Funktion (siehe Abschnitt 20.8, »Entwicklung von eigenen Funktionen und Operationen«).

Sonderregeln anzeigen

Das für die Steuerverfahren Gesagte gilt in ähnlichem Maße für die Sonderregeln; d. h., die in Deutschland verwendbaren und unterstützten Sonderregeln werden vom Gesetzgeber festgelegt, und nur diese werden von SAP ERP HCM im Standard unterstützt. Insofern gibt es zwar eine Customizing-Tabelle zu den Sonderregeln, dort Änderungen vorzunehmen würde aber – wie bei den Steuerverfahren – einen Eingriff in die Nettoabrechnung bedeuten. Zumeist handelt es sich dabei um regional geltende Besonderheiten des Steuerrechts wie z. B. die Ermittlung und Abführung von Arbeitskammerbeiträgen für die Bundesländer Bremen und Saarland oder um die Berücksichtigung der Grenzgängereigenschaft für die Schweiz oder Belgien. Aber auch die Abwälzung einer vom Arbeitgeber grundsätzlich zu tragenden Pauschalsteuer (z. B. im Falle der geringfügig entlohnten Beschäftigung nach § 8 SGB IV) auf den Arbeitnehmer wird über eine Sonderregel abgebildet.

Überprüfung der Lohnarten für Pauschalsteuerbruttobeträge

Die §§ 40 und 40b des Einkommensteuergesetzes (EStG) enthalten spezielle Ausnahmeregelungen; d. h., ausgewählte Bezüge, welche die im Gesetz genannten Voraussetzungen erfüllen, dürfen mit einem pauschalen statt dem individuellen Steuersatz des Mitarbeiters besteuert werden. Der Einführungsleitfaden besteht hier aus zwei Teilaktivitäten: Zuerst wird geprüft, ob die erforderlichen Lohnarten in der richtigen Lohnartengruppe enthalten sind. Lohnartengruppen stellen eine Gruppierung für eine bessere Auswahl und Sicht im Customizing dar, die Ausführung dieser Aktivität ist nicht unbedingt erforderlich. Im Anschluss erfolgt die Prüfung und gegebenenfalls notwendige Zuordnung der Lohnarten zur passenden Kumulation. Darüber werden alle Beträge, die pauschalsteuermäßig gleich behandelt werden sollen, im Verlauf der Abrechnung eingesammelt. Über diesen speziellen View wird die Tabelle T512W, die einen Großteil der Lohnartensteuerung für den Abrechnungstreiber enthält, gepflegt (siehe auch Kapitel 19, »Lohnarten in SAP ERP HCM«).

Es handelt sich dabei um folgende Aktivitäten:

▶ Ermittlung und Erhebung des variablen Pauschalsteuersatzes nach § 40 Abs. 1 Nr. 1 EStG. Speziell für die Ermittlung des variablen Steuersatzes gibt es den Report RPCSTVD0 (Berechnung variabler Pauschalsteuersatz §40(1) Nr.1 EStG). Dieser ist in der Tabelle

T511K (Abrechnungskonstanten) mit der Konstanten P401X zu hinterlegen. Der Abrechnungstreiber wendet im Rahmen der Pauschalsteuerberechnung den so hinterlegten Steuersatz nun für alle Lohnarten an, die in der Kumulation 40 gekennzeichnet sind.

▸ Erhebung der 25 %igen Pauschalsteuer für Essenszuschüsse, Betriebsveranstaltungen, Erholungsbeihilfen, doppelte Verpflegungspauschalen sowie unentgeltlich oder verbilligt überlassene PCs inklusive Internetzugang nach § 40 Abs. 2 EStG.

▸ Erhebung der 15 %igen Pauschalsteuer für Jobtickets etc. nach § 40 Abs. 2 S. 2 EStG.

▸ Erhebung der 20 %igen Pauschalsteuer für Zukunftssicherungsleistungen wie beispielsweise eine Gruppenunfallversicherung. Nicht erfasst sind die Lohnarten für individuelle Direktversicherungsverträge, die nach § 40b des EStG besteuert werden.

Die Lohnarten sind abhängig vom Träger der Pauschalsteuer in den Kumulationen 41–43 (Pauschalsteuer wird vom Arbeitgeber getragen) bzw. 61–63 (Pauschalsteuer wird vom Arbeitnehmer getragen) zu kennzeichnen. Die Pauschalsteuer nach § 40 Abs. 1 S. 1 des EStG kann nur vom Arbeitgeber getragen werden.

Überprüfung der Lohnarten für Versorgungsbezüge

Versorgungsbezüge sind Betriebsrenten, die Unternehmen an ehemalige Arbeitnehmer auszahlen. Ähnlich wie Lohnarten für die relevanten Pauschalsteuerbruttobeträge zu kennzeichnen sind, muss dies auch für Versorgungsbezüge erfolgen. Die relevanten Kumulationen reichen dabei von 17–24. Es wird unterschieden zwischen

▸ laufenden, einmaligen, hälftigen sowie mehrjährigen Versorgungsbezügen

▸ Versorgungsbezügen, für die ein Versorgungsfreibetrag immer oder altersabhängig zu gewähren ist

Die Kennzeichnung als Versorgungsbezug, für den immer ein Versorgungsfreibetrag zu gewähren ist, kommt dann in Frage, wenn die entsprechende Lohnart nur bei solchen Mitarbeitern eingepflegt wird, die auch die Voraussetzungen für die Inanspruchnahme des Versorgungsfreibetrages (vollendetes 63. Lebensjahr oder schwerbehindert und vollendetes 60. Lebensjahr) erfüllen, also z. B. Lohnarten, die nur erfasst werden für Mitarbeiter, die eine Altersrente beziehen. Sofern hier Unsicherheiten bestehen, empfiehlt sich die Kennzeichnung als potenzieller Versorgungsbezug. Der Abrechnungstreiber ermittelt dann zur Laufzeit anhand der Stammdaten (Infotyp 0012, Feld VERSFREIBETRAG sowie Lebensalter), ob ein Versorgungsfreibetrag tatsächlich zu gewähren ist.

Seit dem Inkrafttreten des Alterseinkünftegesetzes ist es auch erforderlich, die Lohnarten, die Versorgungsbezüge darstellen, auch einer sogenannten Versorgungsgrundlage zuzuordnen. Hinter der Versorgungsgrundlage verbirgt sich die Summenlohnart VBEZ (Zuordnung Versorgungsbezüge) der Tabelle T596A, der über die Tabelle T596J Kundenlohnarten zugeordnet werden können. Erforderlich ist dies, weil die Gewährung des Versorgungsfreibetrages und des Zuschlags zum Versorgungsfreibetrag seit dem Inkrafttreten des Alterseinkünftegesetzes vom Beginn der erstmaligen Zahlung des Versorgungsbezuges abhängig ist. Je später die Zahlung beginnt, desto niedriger ist der Versorgungsfreibetrag.

Da ein ehemaliger Mitarbeiter durchaus mehrere Renten beziehen kann ist eine eindeutige Zuordnung der Lohnarten zu einer Summenlohnart (Versorgungsgrundlage) erforderlich, damit die Ermittlung des Versorgungsfreibetrages (der im Übrigen vollautomatisch erfolgt) korrekt erfolgt.

[zB] Zum Beispiel eine Rente aus eigener früherer Tätigkeit und eine Hinterbliebenenrente oder auch zwei verschiedene Renten von zwei Arbeitgebern, die im gleichen System geführt werden und zu unterschiedlichen Zeitpunkten beginnen.

Die Zuordnung, welche Versorgungsgrundlage für den einzelnen Mitarbeiter gilt, erfolgt dann über Infotyp 0012. Dort gibt es den Button GRUNDLAGE VERSORGUNGSBEZÜGE, über die das System dann in einen weiteren Teildialog verzweigt, in dem die Zuordnung durchgeführt wird (siehe Abbildung 4.3).

Für eine fehlerfreie Personalabrechnung ist es zwingend erforderlich, die vorgenannten Zuordnungen (sowohl im Customizing wie auch im Bereich der Datenpflege) durchzuführen, da es sonst zu Abbrüchen bei der Personalabrechnung und zu falsch erstellten Lohnsteuerbescheinigungen für die Versorgungsempfänger kommen kann.

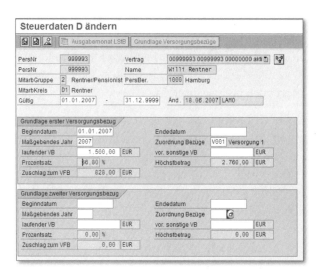

Abbildung 4.3 Zuordnung der Versorgungsgrundlage in Infotyp 0012 (Steuerdaten D)

Das Merkmal DTXVB (Steuer D Versorgungsgrundlagen) wird im Einführungsleitfaden unter dem Punkt VERARBEITUNG • STEUERLICHE ÜBERPRÜFUNG DER LOHNARTEN FÜR VERSORGUNGSBEZÜGE • VERSORGUNGSBEZÜGE ZU GRUNDLAGEN ZUORDNEN ebenfalls zur Pflege angeboten.

[!] Von einer Veränderung des Merkmals raten wir aber grundsätzlich ab, da es sich dabei um die Überführung der (in den Infotypen erfassten) Grundlagenlohnarten in technische Abrechnungslohnarten handelt und das Merkmal im Standard bereits alle relevanten Fälle abdeckt. Insbesondere nach der produktiven Durchführung einer ersten Personalabrechnung sollte das Merkmal nicht mehr verändert werden, da falsch ausgestellte Lohnsteuerbescheinigungen die Folge sein können.

Die Verarbeitung der Versorgungsbezüge erfolgt im Schema der Personalabrechnung mit der Funktion DST und dem Parameter 1 = VBEZ. Über den Parameter 4, der im Standard den Wert P1 enthält, kann die Protokollausgabe auf einen höheren Detaillierungsgrad eingestellt werden. Die Werte für den Parameter 4 reichen von P1 bis P4.

Lohnarten in steuerfreie/-pflichtige Anteile aufteilen

Das deutsche Steuerrecht enthält Ausnahmeregelungen, die bei bestimmten Entgeltbestandteilen (wie z. B. der Erholungsbeihilfe nach § 40 Abs. 2 S. 1 Nr. 3 EStG) eine Steuerfreiheit oder Pauschalbesteuerung bis zu einer bestimmten Höhe vorsehen. Um zu vermeiden, dass Auszahlungsbeträge, welche die Grenzbeträge übersteigen, mit zwei verschiedenen Lohnarten aufgegeben werden müssen, besteht die Möglichkeit, Lohnarten so zu steuern, dass nur ein definierter Anteil steuerfrei- bzw. pauschalsteuerpflichtig bleibt und die darüber hinausgehenden Anteile dem individuell steuerpflichtigen Entgelt des Mitarbeiters zugerechnet werden.

Die Aufteilung findet über eine Konfiguration in zwei Schritten statt:

Aufteilung in zwei Schritten

1. Im ersten Schritt erfolgt die Zuordnung, dass eine Lohnart grundsätzlich aufzuteilen ist. Dies geschieht über die Tabelle T512W in der Verarbeitungsklasse 8. Für alle Lohnarten, die in dieser Verarbeitungsklasse mit 1 gekennzeichnet sind, wird in der Tabelle T512C ein passender Eintrag gesucht (dieser sollte auch vorhanden sein, da es sonst zu einem Abbruch im Verlauf der Personalabrechnung kommt).

2. Die Tabelle 512C enthält dann die konkrete Aufteilung. Aus Abbildung 4.4 wird ersichtlich, dass die Aufteilung über verschiedene Wege realisiert werden kann, d. h., Sie können vorgeben:

   ▷ einen direkten Wert

   ▷ eine Konstante aus der Tabelle T511K

   ▷ eine andere Lohnart, die den steuerfreien bzw. pauschalsteuerpflichtigen Betrag enthält

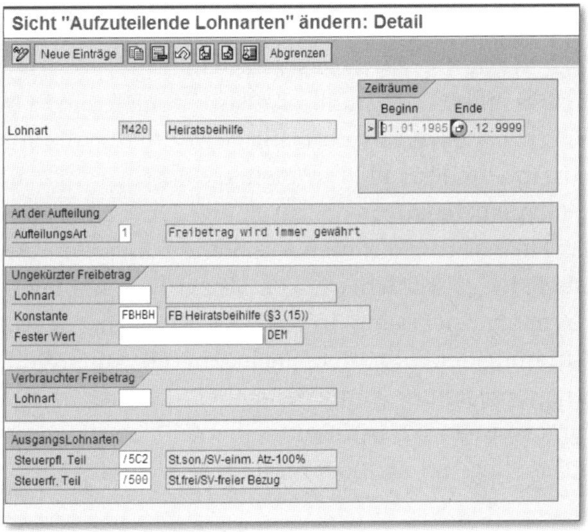

Abbildung 4.4 Tabelle T512C – Steuerungsmöglichkeiten für die Aufteilung von Lohnarten in steuerfreie bzw. pauschalsteuerpflichtige Anteile

Darüber hinaus können Sie Lohnarten angegeben, in welche die steuerfreien bzw. pauschalsteuerpflichtigen und individuell steuerpflichtigen Lohnarten einfließen. Ebenso kann der bisher im Kalenderjahr in Anspruch genommene Betrag in eine Lohnart für die weitere Verwendung abgestellt werden. Letztlich ist noch zu entscheiden, um welche Art der Aufteilung (z. B. steuerliche Freigrenze, Freibetrag etc.) es geht.

Formel zur Schätzung des Jahresarbeitslohns festlegen

In diesem Bereich des Einführungsleitfadens können die oben genannten Steuerverfahren über eine weitere Customizing-Tabelle (T5D2G) detailliert konfiguriert werden. Die Standardeinstellungen enthalten die in Deutschland zulässigen Werte, so dass eine regelmäßige Pflege dieser Aktivität weder sinnvoll noch erforderlich ist. Auf eine ausführliche Beschreibung verzichten wir daher.

Lohnarten als Schätzbasis für Jahresarbeitslohn schlüsseln

Hier erfolgt über die Pflege der Tabelle 512W (Verarbeitungsklasse 14) die Entscheidung, ob eine Lohnart in die Ermittlung der sogenannten Schätzbasis einfließen soll. Die Schätzbasis ist die technische Lohnart /462. Sie ist für die Steuerberechnung von entscheidender Bedeutung, insbesondere, wenn es um die Besteuerung von sonstigen Bezügen geht. Sie bildet den steuerlichen Jahresarbeitslohn ab, der für die restlichen Monate des Jahres zu erwarten ist.

Lohnarten als Arbeitskammerbrutto schlüsseln

Arbeitskammern gibt es nur in den Bundesländern Bremen und Saarland. Es handelt sich dabei um eine halbstaatliche Institution, die von den Arbeitnehmern im Bundesland Pflichtbeiträge erheben darf, die i. d. R. zusammen mit den Steuern an das zuständige Finanzamt abgeführt werden. Das Finanzamt übernimmt die Verteilung an die Arbeitskammern. Die Beiträge werden erhoben bis zur Beitragsbemessungsgrenze der Rentenversicherung. In diesem Customizing-Schritt erfolgt die Klassifizierung der Lohnarten, die in den relevanten Bruttobetrag zur Beitragsberechnung einfließen sollen. Es handelt sich dabei um die Kumulationen 52 (AK-Brutto Bremen) und 53 (AK-Brutto Saarland). Die Pflege erfolgt über die Tabelle T512W.

Auslandsregelungen

Unter Auslandsregelungen werden die folgenden beiden steuerlichen Regelungen zusammengefasst:

▶ **Doppelbesteuerungsabkommen – DBA**
damit wird eine Doppelbesteuerung eines identischen Bezuges in mehreren Staaten verhindert; es existieren aber nicht mit allen Staaten solche Abkommen

▶ **Auslandstätigkeitserlass – ATE**
der ATE gilt für Personen, die in Ländern tätig sind, mit denen kein Doppelbesteuerungsabkommen existiert

Beide Formen der Besteuerung verfolgen das Ziel, Steuern vom inländisch verdienten steuerlichen Entgelt zu erheben. Das im Ausland verdiente Einkommen soll möglichst steuerfrei gestellt werden. Es ist zu beachten, dass die Berechnungen des Systems aus steuerlicher Sicht immer nur vorläufigen Charakter haben. Eine verbindliche Steuerfeststellung wird regelmäßig im Rahmen der – bei teilweise im Ausland tätigen Mitarbeitern – obligatorischen Einkommensteuererklärung vom zuständigen Wohnstättenfinanzamt durchgeführt.

Für laufendes Entgelt, das aus untermonatigen Aufenthalten im Ausland resultiert, bietet SAP ERP HCM die Möglichkeit, die Ermittlung der abzuführenden Steuern über eine anteilige Aufteilung anhand der sich aus den Daten des Infotyps 0012 ergebenden Kalender- oder Arbeitstage im Monat durchzuführen. Der Standard unterstützt die Ermittlung der anteiligen Steuern anhand der Kalendertage. Soll dies nach den Arbeitstagen des Monats erfolgen, so muss für den relevanten Zeitraum die Teilapplikation STDB über die Tabelle T596C aktiviert werden.

Untermonatige Auslandsaufenthalte

Bei den sonstigen Bezügen ist zu entscheiden, wie diese – abhängig von den steuerfachlichen Grundlagen – behandelt werden müssen.

Sonstige Bezüge

Folgende Möglichkeiten bestehen und können konfiguriert werden:

▶ **Generelle Steuerfreiheit (Kumulation 26/27)**
Sind sonstige Bezüge generell im Rahmen eines DBA oder ATE steuerfrei zu stellen, so bietet sich die Kennzeichnung der relevanten Lohnarten in den Kumulationen 26 (für das DBA) bzw. 27 (für den ATE) an. Hierbei müssen Sie jedoch beachten, dass nicht ge-

prüft wird, ob in Infotyp 0012 ein DBA bzw. ATE erfasst wurde. Insofern eignet sich diese Kennzeichnung für Lohnarten immer dann, wenn dies sonstige Bezüge sind, die nur an Expatriates ausgeschüttet werden.

▶ **Steuerfreiheit über Infotyp 0012 (Steuer)**
Sonstige Bezüge, die nur dann steuerfrei sein sollen, wenn ein DBA oder ATE im Infotyp 0012 erfasst ist, sind – wie alle anderen relevanten Lohnarten – in den Kumulationen 11 für sonstiges Steuerbrutto oder 13 für ein mehrjähriges Steuerbrutto zu kennzeichnen. Die Lohnarten dürfen dann nicht in der Kumulation 26 bzw. 27 geschlüsselt werden.

▶ **Automatische Ermittlung bei sonstigen Bezügen**
Sind sonstige Bezüge unabhängig von einem DBA oder ATE immer steuerpflichtig, so müssen die relevanten Lohnarten in der Verarbeitungsklasse 47 der Tabelle T512W mit der Ausprägung R (sonstiges Steuerbrutto bei DBA/ATE) oder S (mehrjähriges Steuerbrutto bei DBA/ATE) geschlüsselt werden. Es ist in diesen Fällen nicht erforderlich, die Lohnarten in einer Kumulation der Steuer (egal ob 11, 13, 26 oder 27) zu kennzeichnen. Das System ermittelt in diesen Fällen das Steuerbrutto selbst und füllt auch die relevanten technischen Lohnarten.

▶ **Anteilige Steuerfreiheit nach Kalender- oder Arbeitstagen**
Sollen die Lohnarten anteilig anhand der Kalender- oder Arbeitstage im Verhältnis zu den gesamten Kalender- oder Arbeitstagen besteuert werden, so sind die relevanten Lohnarten in der Verarbeitungsklasse 47 der Tabelle T512W mit der Ausprägung W zu kennzeichnen. Eine Kennzeichnung in den Kumulationen 26 oder 27 darf nicht erfolgen. Darüber hinaus ist die Angabe einer Bewertungsgrundlage in der Tabelle T512W erforderlich (siehe Abbildung 4.5).

Über die ausgewählte Ausweislohnart wird festgelegt, ob die anteiligen Kalender- oder Arbeitstage relevant sind und ob auf das laufende Jahr oder Vorjahr bei der Ermittlung zurückgegriffen wird.

Hierfür stehen vier technische Lohnarten (/431, /43D, /43V, /43W) zur Verfügung. Wir empfehlen Ihnen, die Dokumentation zu den Lohnarten in der Tabelle T512W vor einer Zuordnung zu lesen

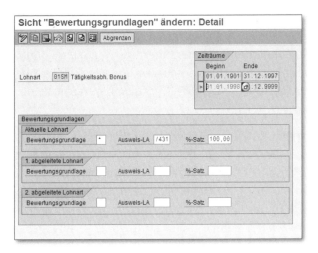

Abbildung 4.5 Kennzeichnung von sonstigen Bezügen bei DBA/ATE für eine anteilige Besteuerung

So/Na/Fe-Zuschläge

Eine weitere steuerliche Besonderheit in Deutschland ist die teilweise Steuerfreistellung von Zuschlägen, die an Sonn- und Feiertagen oder im Rahmen von Nachtarbeit erarbeitet wurden. Wie so oft hat sich der Gesetzgeber hier nicht mit einer einfachen und grundsätzlichen Lösung zufriedengegeben, sondern erst durch eine komplexe Ermittlungslogik können die steuerfreien Anteile der Zuschläge ermittelt werden. Hierbei werden abhängig von einem im ersten Schritt ermittelten Grundlohn die gezahlten Zuschläge so lange steuerfrei gestellt, wie sie bestimmte Grenzen nicht überschreiten.

Sonn-, Feiertags- oder Nachtarbeit

Im System sind, um eine korrekte Berechnung sicherzustellen, folgende Aktivitäten erforderlich:

Sie müssen die relevanten Bestandteile des Grundlohns in der Verarbeitungsklasse 39 der Tabelle T512W kennzeichnen. Zum Beispiel das Grundgehalt oder regelmäßig gewährte Zulagen wie Leistungszulagen aber auch geldwerte Vorteile, z. B. für einen Dienstwagen.

Sofern eigene Feiertagsklassen verwendet werden (wovon grundsätzlich abgeraten wird), ist für diese festzulegen, unter welchen Voraussetzungen welche Zuschläge gewährt werden. Dies erfolgt über die Aktivität Verarbeitung • So/Na/Fe-Zuschläge • Steuerfreiheit bei eigenen Feiertagsklassen pflegen.

Sofern keine Positivzeitwirtschaft im Einsatz ist oder der Infotyp 2010 (Entgeltbelege) für die Aufgabe der Zuschläge verwendet wird, müssen den Dialoglohnarten die systemintern verwendeten Lohnarten sowie die Zuschlagssätze zugewiesen werden. Dies erfolgt über die Aktivität VERARBEITUNG • SO/NA/FE-ZUSCHLÄGE • STEUERFREIHEIT BEI ENTGELTBELEGEN FESTLEGEN.

Wenn die steuerfreien Anteile der Zuschlagslohnarten gesondert ausgewiesen werden sollen, so kann dies über die Aktivität VERARBEITUNG • SO/NA/FE-ZUSCHLÄGE • STEUERFREIE ANTEILE DER ZUSCHLAGS-LOHNARTEN AUSWEISEN erfolgen. Dabei ist in der Tabelle T5D2S unter der Ableitungsart P3B der Lohnart, die aus der Positivzeitwirtschaft übergeleitet wird bzw. der Lohnart, die in Infotyp 2010 aufgegeben wird, eine entsprechende Ausweislohnart zuzuweisen. Diese kann dann für den Ausweis auf dem Entgeltnachweis verwendet werden.

Finden neben den Verarbeitungstypen für Zuschlagslohnarten im Standard (A, M, S und X) kundeneigene Verarbeitungstypen Verwendung, so müssen Sie sicherstellen, dass die relevanten Zuschlagslohnarten auch in die Berechnungen nach § 3b EStG einfließen. Dies kann über die Aktivität VERARBEITUNG • SO/NA/FE-ZUSCHLÄGE • ZUSCHLAGS-LOHNARTEN MIT EIGENEM VERARBEITUNGSTYP BEARBEITEN realisiert werden. Es handelt sich dabei um die Personalrechenregel D090, die natürlich auch über die Transaktion PE02 gepflegt werden kann. Die relevanten Lohnarten des kundeneigenen Verarbeitungstyps sind mit dem Befehl ADXIT 012 in die Tabelle XIT aufzunehmen. Die Tabelle XIT enthält alle Zuschlagslohnarten, die im Rahmen der Berechnung nach § 3b des EStG verarbeitet werden.

Durchführung der Berechnungen nach § 3b des EStG im Schema »DAL0«

Die Ermittlung der steuerfreien Anteile von Sonn-/Feiertags- und Nachtarbeitszuschlägen erfolgt im Schema DAL0 (Aliquotierung und Abstellung). Zuerst wird aus den Lohnarten anhand der Verarbeitungsklasse 39 der sogenannte Grundlohn gebildet. Kurz vor Abschluss des Schemas DAL0 erfolgt dann die eigentliche Berechnung der steuerfreien Anteile. Hierzu wird auf der Basis des Grundlohns und der in den Stammdaten – Infotyp 0007 (Sollarbeitszeit) – hinterlegten regelmäßigen Arbeitszeit ein Stundenlohn ermittelt, der für den abschließenden Vergleich, ob die Zuschläge den anteiligen Wert des Grundlohns übersteigen, verwendet wird. Abbildung 4.6 zeigt das betriebswirtschaftliche Abrechnungsprotokoll der Berechnungen nach § 3b des EStG.

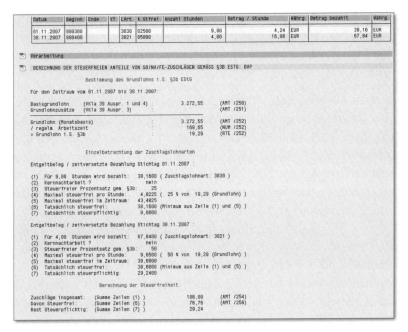

Abbildung 4.6 Detailliertes Abrechnungsprotokoll mit Berechnungen nach § 3b des EStG

Auswertungen im Bereich der Steuern

Die beiden wesentlichen Auswertungen zur Steuerberechnung sind die Lohnsteuerbescheinigung, die regelmäßig dem Mitarbeiter und dem Finanzamt gegenüber belegt, welche steuerlich relevanten Entgelte an die Mitarbeiter geflossen sind und welche Steuern dafür abgeführt wurden, sowie die Lohnsteueranmeldung, die gegenüber dem Finanzamt nachweist, welche Steuern das Unternehmen an das Finanzamt abzuführen hat (siehe Abschnitt 6.5, »Elektronischer Datenaustausch mit der Finanzverwaltung (Lohnsteueranmeldung und -bescheinigung)«).

Beide Auswertungen werden inzwischen über ein elektronisches Verfahren an das Finanzamt übertragen und speziell in Abschnitt 7.1, »Der B2A-Manager«, erläutert.

4.2　Hochrechnung von Nettozusagen

Wenn Arbeitgeber ihren Mitarbeitern Entgeltbestandteile netto zusagen, so entstehen für die Arbeitgeber weitere Aufwendungen für die darauf entfallenden Steuern und Sozialversicherungsbeiträge. Die gesetzlichen Grundlagen der Steuerverwaltung und der Sozialversicherung erfordern die Ermittlung dieser Beträge durch ein komplexes Iterationsverfahren.

Vor- und Nachteile von Nettozusagen

Nettozusagen haben für Mitarbeiter einen erheblichen Vorteil gegenüber Bruttozahlungen, da der Mitarbeiter genau weiß, welcher Betrag ihm zufließt. Die Höhe der gesetzlichen Abzüge für Steuern und Sozialversicherungsbeiträge sind für ihn nicht von Interesse, da der Arbeitgeber alle weiteren entstehenden Kosten trägt. Für den Arbeitgeber können auf breiter Front gemachte Nettozusagen erhebliche Risiken bedeuten, da die Höhe des Gesamtaufwandes ganz maßgeblich von der steuerlichen Situation des Mitarbeiters abhängt. So kann die Steuerklasse V bei einem Mitarbeiter dazu führen, dass der Gesamtaufwand des Arbeitgebers deutlich mehr als das Doppelte der Nettozusage selbst beträgt. Darüber hinaus kann der Mitarbeiter einen weiteren Vorteil erlangen, wenn er im Rahmen der Einkommensteuererklärung einen Teil der vom Arbeitgeber gezahlten Steuern wieder zurückerhält. Aus betriebswirtschaftlicher Sicht kann von Nettozusagen daher nur abgeraten werden. Gleichwohl werden in der Praxis Nettozahlungen immer wieder zugesagt, und so ist es auch erforderlich, dass ein Personalabrechnungssystem in der Lage ist, die oben beschriebene Iterationsrechnung zur Ermittlung des korrekten Bruttobetrages durchzuführen.

Algorithmus-Beispiel

Den Algorithmus zur Berechnung des Bruttobetrages erläutern wir anhand eines Beispiels. Folgende Rahmenbedingungen sollen gelten:

▸ Grundgehalt 3.000,–€

▸ laufende Nettozusagen 100,–€

Im ersten Schritt werden nun für das Grundgehalt von 3.000,–€ Steuern und Sozialversicherungsbeiträge berechnet. Zusammengerechnet sollen diese Abzüge 893,55€ betragen. Anschließend werden die Steuern und Sozialversicherungsbeiträge auf den erhöhten Betrag von 3.100,–€ (Grundgehalt + Nettozusage) gerechnet. Die Abzüge betragen nun aufgrund des höheren Bruttoentgeltes 948,99€. Der Differenzbetrag zwischen den »alten« und »neuen« Abzugsbeträgen (also 948,99 – 893,55 = 55,44) wird zum Bruttoentgelt von bisher 3.100,–€ addiert. Der neue Bruttobetrag beträgt nun 3.155,44€. Und nun werden hierauf erneut die Steuern und die Sozialversicherungsbeiträge berechnet. Ergebnis sind 977,76€. Und wiederum wird der Differenzbetrag von 28,77€ (977,76 – 948,99) zum Bruttobetrag von 3.155,44€ addiert. Von diesen 3.184,21€ werden nun wieder die Steuern und Sozialversicherungsbeiträge berechnet, und wieder wird die Differenz zum »alten« Abzugsbetrag zum Bruttobetrag addiert. Dieses iterative Verfahren wird so lange durchgeführt, bis sich kein Differenzwert für die Abzüge zwischen »altem« und »neuem« Bruttobetrag ergibt.

Wie Sie an diesem Beispiel leicht erkennen können, sinkt der Erhöhungsbetrag mit jedem Iterationsschritt (zwischendurch kann es kleine Abweichungen nach oben geben, wenn sich die Steuerprogression bemerkbar macht), und so wird zumeist nach einer vertretbaren Anzahl von Wiederholungen der Zustand erreicht, dass keine Differenzen zwischen »alten« und »neuen« Abzügen entstehen. Im obigen Beispielfall kommt es insgesamt zu 13 Iterationsschritten.

Im Abrechnungsprotokoll findet sich die Verarbeitung der Nettozusagen im Nettoteil der Personalabrechnung. Das Detailprotokoll zeigt die Anzahl der Iterationsschritte sowie die Abzüge des jeweiligen Schrittes an, so dass bereits bei diesem Detaillierungsgrad zumindest ein rudimentäres Nachvollziehen der Verarbeitung möglich ist (siehe Abbildung 4.7).

Hochrechnung von Nettozusagen: Lohnart /115 Lfd. Nettozusage   100,00

Brutto-Netto-Iteration (Ergebnistabelle)

Schritt	Brutto Erhöhung	Abzüge	Differenz der Abzüge
0	0,00	893,55	
1	100,00	948,99	55,44
2	155,44	977,76	28,77
3	184,21	992,52	14,76
4	198,97	1.000,17	7,65
5	206,62	1.004,21	4,04
6	210,66	1.006,32	2,11
7	212,77	1.007,37	1,05
8	213,82	1.008,00	0,63
9	214,45	1.008,37	0,37
10	214,82	1.008,42	0,05
11	214,87	1.008,45	0,03
12	214,90	1.008,46	0,01
13	214,91	1.008,46	0,00

Abbildung 4.7 Protokoll mit Iterationsschritten, Bruttoerhöhung und Abzügen

Das Protokoll kann, um die einzelnen Schritte besser nachvollziehbar zu machen, detailliert erweitert werden. Die detaillierte Ansicht enthält dann neben dem Bruttoerhöhungsbetrag sowie der Summe der Abzüge die genaue Darstellung, wie hoch die einzelnen Abzugslohnarten (wie z. B. /401 – laufende Lohnsteuer oder /360 – RV-AN-Anteil etc.) sind. Damit kann das Ergebnis der Nettohochrechnung detailliert überprüft werden (siehe Abbildung 4.8).

```
Interne Tabelle DN (Abzüge)

 Lohnart        Step=1   Step>1      Betrag            Betrag
                                 vor Hochrechnung  nach Iterationsschritt

 /401  LSt 1fd    X        X        270,16            313,33
 /521  KiSt 1fd   X        X         12,14             15,40
 /40B  SolZ 1fd   X        X          0,00              6,10
 /350  KV-AN-An   X        X        234,00            246,13
 /360  RV-AN-An   X        X        298,50            313,97
 /370  AV-AN-An   X        X         49,50             52,06
 /3BG  BVV-AN     X        X          0,00              0,00
 /3CG  PVW-AN     X        X          0,00              0,00
 /3Q0  PV-AN-An   X        X         29,25             30,77
 /536  Arb.Brem   X        X          0,00              0,00
 /537  Ang.Brem   X        X          0,00              0,00
 /538  Arb.Saar   X        X          0,00              0,00
 /28I  ZV-RegAN   X        X          0,00              0,00
 /28J  ZV-SonAN   X        X          0,00              0,00
 /364  AN-befRV   X        X          0,00              0,00
 /64C  SVANFikt   X        X          0,00              0,00


 Brutto Erhöhung    Summe Abzüge

        155,44          977,76
```

Abbildung 4.8 Detailprotokoll der Tabelle DN (Abzüge)

4.2.1 Abrechnungsschema

Im Abrechnungsschema findet sich der Abschnitt *Nettozusagen* im Schema der Nettoabrechnung DNET (Nettoteil Deutschland) (SV, Steuer, Nettozusagen) zwischen dem Schema DSTI (Initialisierung Steuer) und der Verarbeitung der Altersteilzeit (siehe Abbildung 4.9).

Aus Abbildung 4.9 ist erkennbar, dass seit dem Jahr 2006 ein eigenes Schema für die Nettohochrechnung verwendet wird. Das Schema DGRS (Nettohochrechnung Deutschland) enthält die wesentlichen Funktionen zur Berechnung von Aufstockungsbeträgen zur Altersteilzeit, Sozialversicherungsbeiträgen sowie der Steuern. Vor dem Jahr 2006 erfolgte die Nettohochrechnung über die Personalrechenregel DV80. Die »alte« Berechnungsweise für Abrechnungszeiträume vor dem Jahr 2006 wird in diesem Buch nicht behandelt.

Zeile	Fkt	Par1	Par2	Par3	Par4	D	Text
000010	BLOCK	BEG					Nettoteil Deutschland
000020	COM						SV, Steuer, Nettozusagen
000030	COPY	DSVI					Initialisierung Sozialversicherung
000040	COPY	DSTI					Initialisierung Steuer
000050	BLOCK	BEG					Verarbeitung der Nettozusagen
000060	PIT	DVSA		NOAB			Korrektur SV-Brutto
000070	PIT	DSN2					Korrektur Steuertage GRSUP
000080	PIT	DSN0					Korrektur Steuertage GRSUP
000090	IF		J06				Nettozusage über Schema ab 2006
000100	GRSUP	SCHE	DGRS	DS30	P1		GRSUP: Hochrechnung von Nettozusagen
000110	ELSE						
000120	GRSUP	DV00	DV80	DS30	P1		GRSUP: Hochrechnung von Nettozusagen
000130	ENDIF						
000140	PIT	DSN1					Korrektur Steuertage GRSUP
000150	BLOCK	END					
000160	BLOCK	BEG					Verarbeitung der Altersteilzeit
000170	IF	DATM					Alte bzw. Zwischenlösung ?
000180	COPY	DAT0					
000190	ELSE						Neue Lösung
000200	COPY	DAT3					Altersteilzeit: PNetto, RV-Aufstockung
000210	ENDIF						Ende Altersteilzeit
000220	BLOCK	END					Ende Altersteilzeit
000230	COPY	DSVB					Berechnung Sozialversicherung
000240	COPY	DSTB					Berechnung Steuer
000250	BLOCK	END					

Abbildung 4.9 Verarbeitung der Nettozusagen im Schema »DNET«

Für das Anlegen von Nettozusagen werden mit SAP ERP HCM Musterlohnarten ausgeliefert. Hierbei stehen acht verschiedene Musterlohnarten zur Verfügung, die je nach Anforderung verwendet werden können:

► MX00 – laufende Nettozusagen

► MX10 – einmalige Nettozusagen

► MX20 – mehrjährige Nettozusage

► MX30 – Abfindung Nettozusage

► MX40 – laufende Nettozusage geldwerter Vorteil

► MX50 – einmalige Nettozusage geldwerter Vorteil

► MX51 – Nettozusage geldwerter Vorteil Sachbezug

► MX60 – mehrjährige Nettozusage geldwerter Vorteil

Diese Musterlohnarten können über den Lohnartenkopierer (Transaktion PU30) in den Kundennamensraum kopiert werden. Im System

Musterlohnarten

wird zwischen sogenannten allgemeinen und besonderen Nettozusagen unterschieden. Als allgemeine Nettozusagen gelten nur die originär laufenden und einmaligen Nettozusagen. Diese beiden Nettozusagen haben gemein, dass sie eine Kennzeichnung in der Kumulation 15 (für laufende Nettozusagen) oder 16 (für einmalige Nettozusagen) der Tabelle T512W aufweisen. Alle weiteren oben aufgeführten Nettozusagen gelten als besondere Nettozusagen. Diese können sich durch drei Umstände ergeben:

▸ die Mehrjährigkeit (Drittelungsprinzip bei der Steuerberechnung)

▸ Abfindungen (Anwendung des halben Steuersatzes)

▸ die Einschränkung der vollständigen Übernahme der Steuern und SV-Beiträge durch den Arbeitgeber

Die wesentliche Steuerung des Verhaltens der Nettozusagenlohnart in der Personalabrechnung findet über die Tabelle T541N statt. Die Tabelle kann über den Einführungsleitfaden über PERSONALABRECHNUNG • ABRECHNUNG DEUTSCHLAND • NETTOZUSAGEN • ART DER NETTOZUSAGE FESTLEGEN gepflegt werden (siehe Abbildung 4.10).

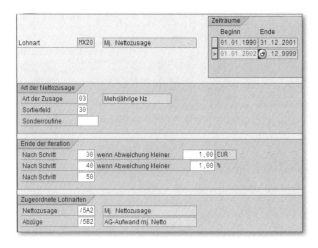

Abbildung 4.10 Steuerung der Nettozusagen über die Tabelle T541N

Datengruppe »Art der Nettozusage«

Im Feld ART DER ZUSAGE wird gesteuert, um welche Art der besonderen Nettozusage es sich handelt. Die vorhandenen Werte kommen aus der Tabelle T541A, in der definiert wird, welche Abzüge der Arbeitgeber übernimmt.

Das SORTIERFELD bestimmt, in welcher Reihenfolge Nettozusagen hochgerechnet werden, wenn gleichzeitig mehrere Nettozusagen vorhanden sind.

Im Feld SONDERROUTINE kann ein Kürzel für eine spezielle Verarbeitungsroutine hinterlegt werden. Das Feld wird derzeit für die deutsche Personalabrechnung nicht benutzt. Soll dieses Feld genutzt werden, so müssen die Routine selbst wie auch der Aufruf der Routine gesondert im Umfeld der Personalabrechnung programmiert werden.

Datengruppe »Ende der Iteration«

Die Iterationsverarbeitung wird – in diesem Beispiel – nach 30 Schritten beendet, wenn die Abweichung nach 30 Schritten kleiner als 1,– € ist. Die wenigsten Nettozusagen verursachen 30 Iterationsschritte, da die Iteration bereits viel früher endet, weil sich die Beträge an der zweiten Nachkommastelle nicht mehr verändern.

Die Iteration endet nach 40 Schritten, wenn nach 30 Schritten die Abweichung noch größer als 1,– € war, aber nach 40 Schritten kleiner als 1 % ist. In jedem Fall endet die Iteration aber nach 50 Schritten.

Datengruppe »Zugeordnete Lohnarten«

Im Rahmen der Hochrechnung der Nettozusagen entstehen die zusätzlichen Beträge für Steuern und Sozialversicherungsbeiträge. Im Feld ABZÜGE steht die Lohnart, die später im Abrechnungsergebnis den Gesamtbetrag für diese zusätzlichen Steuern und Sozialversicherungsbeiträge enthält.

Die Nettozusage selbst steht im Feld NETTOZUSAGE, aber regelmäßig in einer technischen Lohnart. Dies ist erforderlich, weil die Nettozusage als solches auch noch für andere Verarbeitungen benötigt wird und die Dialoglohnart früher oder später im Verlauf der Abrechnung in die Ergebnistabelle (RT) abgestellt wird.

Träger der Abzüge festlegen

Die Konfiguration der Nettozusagen ermöglicht es letztlich auch noch, die vom Arbeitgeber zu tragenden Anteile der Nettozusage genau zu definieren. Dies ist im Einführungsleitfaden über PERSONALABRECHNUNG • ABRECHNUNG DEUTSCHLAND • NETTOZUSAGEN • ZU ÜBERNEHMENDE ABZÜGE FESTLEGEN zu erreichen. Dabei kann genau unterschieden werden, von wem welche anfallenden Abzüge (= tech-

nische Lohnart, die im Verlauf der Nettohochrechnung und Abzugs-
berechnung entsteht) übernommen werden und ob die Abzüge nur
für den Nettobetrag oder auch für die entstehenden Abzüge getragen
werden. Beispielsweise kann sich der Arbeitgeber vorbehalten, die
Steuern und Sozialversicherungsbeiträge nur auf den Nettobetrag zu
übernehmen, die Steuern und Sozialversicherungsbeiträge, die auf
die entstehenden Abzugsbeträge entfallen, jedoch vom Mitarbeiter
selbst tragen zu lassen.

Einstellungen im
Pflege-View Abbildung 4.11 zeigt den Pflege-View, der entsprechend bearbeitet
werden kann. Dieser ist wie folgt zu lesen:

Im Feld ABZUGSLOHNART steht die Lohnart, die im Rahmen der Nettohochrechnung als Abzug ermittelt wurde. In der Regel handelt es
sich dabei um Lohnarten der Steuer oder Sozialversicherung und für
den öffentlichen Dienst, aber auch um ZV-Lohnarten und für die private Wirtschaft auch um Lohnarten der im SAP-Standard abgebilde-
ten zusätzlichen betrieblichen Altersversorgung wie z. B. des Banken-
versorgungsvereins. Sofern im Rahmen der Nettohochrechnung
bereits in das Schema GRSUP eingegriffen wurde, um z. B. die Beiträge einer kundeneigenen BETRIEBLICHE ALtersversorgung zu berechnen, können hier folglich auch kundeneigene Lohnarten Ein-
gang finden.

Wird der Haken im Feld STEP 1 gesetzt, so bedeutet dies, dass die entstehenden Abzüge auf die eigentliche Nettozusage, also den ausgezahlten Betrag, übernommen werden. Im ersten Schritt der Nettohochrechnung werden immer nur die Abzugsbeträge ermittelt, die
auf die originäre Nettozusage entfallen.

Wird der Haken im Feld STEP>1 gesetzt, so bedeutet dies, dass die Abzüge auf die Abzüge übernommen werden (die vom Arbeitgeber
übernommenen Steuern, Sozialversicherungsbeiträge und gegebenenfalls darüber hinaus übernommenen Abzugsbeträge stellen einen
geldwerten Vorteil dar, und folglich entstehen darauf wieder Steuern, Sozialversicherungsbeiträge und eventuell weitere Abzugsbeträge).

Im Feld REGEL können Sonderregeln für einzelne Abzugsbeträge eingetragen werden. Diese Sonderregeln müssen dann in einer kundeneigenen Funktion oder Operation umgesetzt werden.

Im Feld AUSWEISLOHNART kann eine weitere Lohnart erfasst werden. In diese Lohnart wird dann der Abzug auf den Abzug abgestellt. Ist hier kein Eintrag gemacht, so wird der Abzug in die vorhandenen Abzugslohnarten abgestellt.

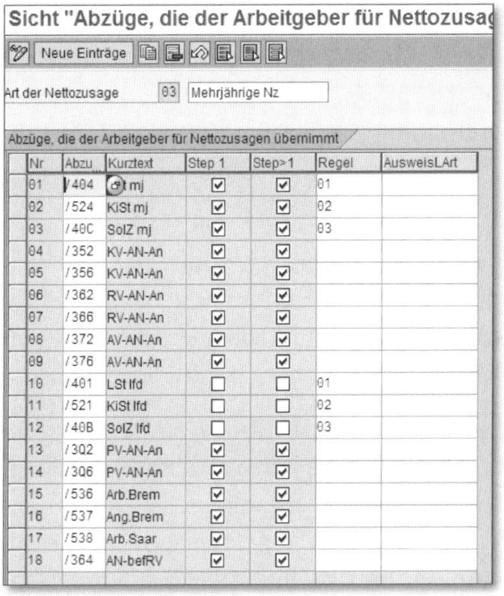

Abbildung 4.11 Berechnung der Sozialversicherungsbeiträge

Die deutsche Sozialversicherung stellt an ein Personalabrechnungssystem ähnlich hohe Hürden wie das deutsche Steuerrecht. Es gibt eine Vielzahl von Ausnahmen und Sonderregelungen, die abgebildet werden müssen. Darüber hinaus sorgt der Gesetzgeber aufgrund der hohen Kostendynamik im Bereich der sozialen Sicherungssysteme in mehr oder minder regelmäßigen Abständen für neue Herausforderungen. Im folgenden Abschnitt beschreiben wir grob die fachlichen Grundlagen sowie die Konfigurationsmöglichkeiten des Systems.

Sozialversicherung

Die Berechnung der Sozialversicherungsbeiträge erfolgt auf Basis der sogenannten Beitragsbemessungsgrundlagen unter Berücksichtigung der relevanten Beitragsbemessungsgrenzen. Bemessungsgrundlage ist grundsätzlich das sogenannte Arbeitsentgelt der Mitarbeiter, wobei zwischen laufendem und einmaligem Arbeitsentgelt unterschieden wird. Diese Unterscheidung ist – ähnlich der Unterscheidung bei der Steuer zwischen laufenden und sonstigen Bezügen – von hoher Bedeutung, da die Beitragsberechnung hier deutliche Un-

Beitragsbemessungsgrundlagen

terschiede kennt. So werden laufende Bezüge stets nur bis zur für den entsprechenden Zweig der Sozialversicherung geltenden Beitragsbemessungsgrenze der Verbeitragung unterworfen. Für einmaliges Arbeitsentgelt spielt der Begriff der »SV-Lüfte« – oder fachlich korrekter der »anteiligen Bemessungsgrenze« – eine entscheidende Rolle. Dabei werden alle Beträge, die durch die Verbeitragung von laufendem Arbeitsentgelt nicht in Anspruch genommen wurden, »aufbewahrt«, um im Falle der Zahlung eines Einmalbezuges diesen mit Beiträgen möglichst vollständig zu belegen. SAP ERP HCM subsumiert unter dem Begriff der Sozialversicherung auch die Ermittlung der Beiträge zur Berufsgenossenschaft.

Ermittlung der Sozialversicherungsbeiträge Die Ermittlung der Sozialversicherungsbeiträge erfolgt in einer Vielzahl von Einzelschritten. Im Personalabrechnungsschema handelt es sich im Wesentlichen um drei Schemen innerhalb des Schemas D000 (diese gibt es analog im Schema D100 für den öffentlichen Dienst):

Schema DSVA Das Schema DSVA (Sozialversicherung (D) Brutto Vorbereitungen) ist nur relevant, wenn der abgerechnete Mitarbeiter der betrieblichen Altersversorgung beim Bankenversorgungsverein (BVV) oder dem Versorgungswerk der Presse (PVW) zugeordnet ist. In diesem Schema wird die Bemessungsgrundlage inklusive der Sonderzahlungsanteile berechnet.

Schema DSVI Im Schema DSVI (Sozialversicherung (D) Initialisierung) erfolgt eine Reihe von Schritten, die zur eigentlichen Berechnung der Sozialversicherungsbeiträge erforderlich sind. Dazu zählen z. B.

▶ die Übernahme der SV-Lüfte aus dem Vormonat
▶ die Ermittlung der SV-Tage für den Abrechnungszeitraum
▶ das Einlesen der Störfälle
▶ das Bereitstellen des Ost-/West-Kennzeichens, das für die Bestimmung der relevanten Beitragsbemessungsgrenze in der Rentenversicherung maßgebend ist

Schema DSVB Im Schema DSVB (Sozialversicherung (D) Berechnung) findet die Berechnung der Beiträge zu den verschiedenen Zweigen der Sozialversicherung statt. Auch die Berechnung der Beiträge zum Bankenversorgungsverein und zum Versorgungswerk der Presse erfolgt hier. Darüber hinaus findet eine Reihe von Entscheidungsprüfungen sowie die spezielle SV-Berechnung für die Steuer statt (es handelt sich hierbei um den Spezialfall, dass das aufgrund des § 3 Nr. 3 des

EStG i. V. m. dem seit 01.01.2005 geltenden Alterseinkünftegesetz das Steuerbrutto höher als das SV-Brutto ist, die Finanzverwaltung akzeptiert die SV-Beiträge aber nur in der Höhe, in der sie auf das Steuerbrutto entfallen). Letztlich werden die SV-Lohnarten abgestellt und die relevanten Tabellen fürs Abrechnungsprotokoll angedruckt.

4.2.2 Voraussetzung in den Stammdaten

Damit die SV-Berechnung korrekt erfolgen kann, ist der Infotyp 0013 (Sozialvers. D) entsprechend zu pflegen (siehe Abbildung 4.12).

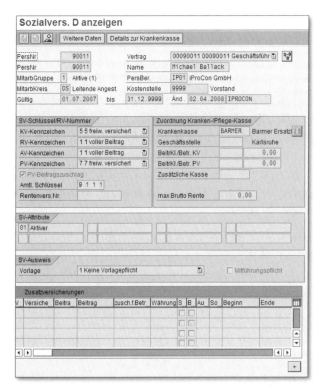

Abbildung 4.12 Infotyp 0013 (Sozialvers. D) als Grundlage für die Berechnung

In der Datengruppe SV-Schlüssel/RV-Nummer ist neben den Schlüsseln zu den verschiedenen Zweigen der Sozialversicherung und der RV-Nummer als Information auch angegeben, ob der Mitarbeiter den Zuschlag für Kinderlose zur Pflegeversicherung zu entrichten hat. Das Kennzeichen wird dynamisch zur Laufzeit im System anhand des Funktionsbausteins HR_CHECK_PV_ZUSCHLAG gesetzt und steht nicht in der Datenbanktabelle PA0013.

In der Datengruppe ZUORDNUNG KRANKEN-/PFLEGE-KASSE wird neben der Kranken- und Pflegekasse des Mitarbeiters auch die gegebenenfalls erforderliche zusätzliche Kasse gepflegt. Erforderlich ist die Pflege dieses Feldes für Mitarbeiter, die bei der landwirtschaftlichen Krankenkasse versichert sind, weil diese am Ausgleichsverfahren nach dem Aufwendungsausgleichsgesetz nicht teilnehmen, die Pflicht zur Umlagezahlung (U1/U2) sowie der Anspruch auf Erstattung aber nicht einfach ausgeschlossen werden kann. Folglich ist hier die Kasse einzutragen, die die Durchführung des Ausgleichsverfahrens übernimmt.

Darüber hinaus kann in diesem Feld die Bundesknappschaft eingetragen werden, wenn dies erforderlich sein sollte.

Im Feld MAX.BRUTTO RENTE ist für die Bezieher von Versorgungsbezügen der sogenannte maximal beitragspflichtige Versorgungsbezug einzutragen. Dieser Betrag ergibt sich, indem von der Beitragsbemessungsgrenze der gesetzlichen Krankenversicherung die gesetzliche Rente sowie gegebenenfalls weitere abzuziehenden Zusatzrenten abgezogen werden, für welche die Beitragsabführung anderweitig sichergestellt ist. Das System verwendet diesen Betrag statt der Beitragsbemessungsgrenze, um den Maximalbeitrag zur Kranken- und Pflegeversicherung zu berechnen.

Primär- und Sekundärattribute

In der Datengruppe SV-ATTRIBUTE wird eine Vielzahl von Sonderfällen abgebildet. Dabei wird zwischen dem sogenannten Primär- und dem Sekundärattribut unterschieden (Primärattribute haben eine ID mit einer Zahl von unter 20, Sekundärattribute mit einer Zahl von 20 oder darüber):

Primärattribute beschreiben dabei den Status des Mitarbeiters bei der gesetzlichen Sozialversicherung. So gibt es z. B. Primärattribute für die Kennzeichnung der Aktiven, der Rentner, der Mitarbeiter in Altersteilzeit oder der geringfügig Beschäftigten.

Sekundärattribute werden genutzt, um den Mitarbeiter für weitere SV-rechtliche Besonderheiten zu kennzeichnen. Hier werden z. B. die privat Versicherten, Mitarbeiter mit einer Knappschaftsversicherung oder mit einer weiteren Beschäftigung (Mehrfachbeschäftigte) genauso gekennzeichnet wie die Mitarbeiter mit einem Verdienst innerhalb der Gleitzone oder diejenigen, für die keine Umlage 2 abzuführen ist.

Im Bereich SV-AUSWEIS ist anzugeben, welche Verpflichtung hinsichtlich der Vorlage des SV-Ausweises und der Mitführungspflicht des SV-Ausweises gilt.

Die Datengruppe ZUSATZVERSICHERUNGEN ist eine Integration des Infotyps 0079 (SV-Zusatzvers. D) in den Infotyp 0013. Der Infotyp 0079 ist immer dann zu füllen, wenn es sich um einen privat krankenversicherten Mitarbeiter handelt oder wenn ein sonstiger Tatbestand für eine SV-Zusatz- oder Ersatzversicherung vorliegt (z. B. die Befreiungstatbestände in der gesetzlichen Rentenversicherung für Juristen, Ärzte oder Architekten). Der Infotyp 0079 wird im Rahmen der Datenpflege automatisch (über eine dynamische Maßnahme) aufgerufen, wenn ein entsprechender Tatbestand im Infotyp 0013 vorliegt.

4.2.3 Customizing

Um Ihnen die Einarbeitung in das Thema möglichst effizient und einfach zu machen, gehen wir im Folgenden auf die Customizing-Einstellungen für den Bereich der SV-Berechnung im Einführungsleitfaden (IMG) ein. Alle im weiteren Verlauf des Abschnitts genannten Customizing-Punkte sind unter PERSONALABRECHNUNG • ABRECHNUNG DEUTSCHLAND • SOZIALVERSICHERUNG zu finden. Andere Punkte im Einführungsleitfaden sind gesondert genannt.

> **[!]**
> Wir weisen an dieser Stelle darauf hin, dass sich die Ausführungen nicht auf die speziellen Zusatzversorgungen zur gesetzlichen Rentenversicherung (Bankenversorgungsverein – BVV – und Presseversorgung) beziehen.

Wesentliche Voraussetzung für ein korrektes Berechnungsergebnis ist, dass die erforderlichen Stammdaten im Customizing hinterlegt wurden. Den Bereich der Stammdaten umfasst auch der erste größere Customizing-Block zur Sozialversicherung.

Krankenkassen einrichten

Unter STAMMDATEN • GESETZLICHE SOZIALVERSICHERUNG • KRANKENKASSEN EINRICHTEN sind als Erstes die Krankenkassenstammsätze anzulegen und die Beitragssätze abzugleichen. Abbildung 4.13 zeigt den Pflege-View für die Stammdaten.

Abbildung 4.13 View zur Pflege der Stammdaten der gesetzlichen Krankenkassen

[+] Zwar können die Beitragssätze bereits seit mehreren Jahren maschinell abgeglichen werden, doch gibt es keine Möglichkeit, die kompletten Stammdaten aller Kassen in einem Zug zu übernehmen.

Viele Felder in den Grundeinstellungen können intuitiv gepflegt werden, so dass wir an dieser Stelle nur die speziellen Konfigurationsmöglichkeiten erwähnen. Im View der Grundeinstellungen (siehe Abbildung 4.14) sind dabei die folgenden Felder von besonderer Bedeutung:

Die BETRIEBSNUMMER ist das zentrale Zuordnungsmerkmal für den Krankenkassenstamm. Ist diese Nummer falsch erfasst, scheitert auch der maschinelle Beitragssatzabgleich mit der von SAP ERP HCM zur Verfügung gestellten Beitragssatzdatei.

Die KRANKENKASSENART gibt Auskunft darüber, ob der Stamm auch für die Zuordnung zum Mitarbeiter im Infotyp 0013 zur Verfügung steht oder ob es sich um eine Datenannahmestelle bzw. um eine gesperrte Krankenkasse handelt (zur Nachfolgeverwaltung bei Fusionen von Krankenkassen später mehr).

Die Beitragsberechnungsart für die freiwillige Krankenversicherung gibt an, ob eine Berechnung nach Beitragsklassen oder nach Prozentwerten (und zwar abhängig vom individuellen Bemessungsentgelt oder von der Beitragsbemessungsgrenze) erfolgen soll.

Über die Checkbox FÄLLIGKEIT FREIW. BEITRAG ABWEICHEND VOM PFLICHTBEITRAG kann realisiert werden, dass die Beiträge für die freiwilligen Mitglieder später mit gesondertem Beitragsnachweis nachgewiesen werden. Dies kann bei entsprechender Anzahl an freiwillig versicherten Mitarbeitern zu Liquiditätsvorteilen führen, wenn diese Beiträge später nachgewiesen und überwiesen werden.

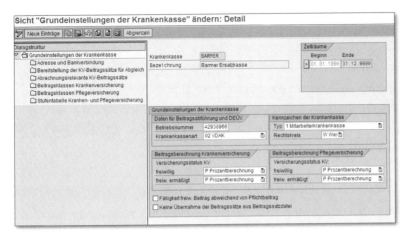

Abbildung 4.14 Grundeinstellungen der gesetzlichen Krankenkassen

Die Pflege der Stufentabelle wird nur noch selten (z. B. für Vorruheständler) verwendet. Für die eigentliche Beitragsberechnung wird die Beitragssatztabelle T5D1I verwendet. Auf diese Tabelle kann grundsätzlich nur lesend zugegriffen werden. Die Pflege erfolgt in der Bereitstellungstabelle T5D1J.

Beitragsklassen, die über den Infotyp 0013 (Sozialvers. D) zuzuordnen sind, werden für Anwartschaftsversicherungen und die Beitragsermittlung der landwirtschaftlichen Krankenkasse genutzt.

Einrichten von Befreiungsgründen

Tabelle T5D12 wird in Deutschland nur selten zu pflegen sein. Sie wird nur im Rahmen der DEÜV-Erstellung ausgewertet und enthält derzeit lediglich Standardeinträge für die Befreiungen in der Arbeitslosenversicherung. Weitere Auswertungen der Tabelle erfolgen im Rahmen der Personalabrechnung und den Folgeaktivitäten nicht.

Einrichten der Umlage 1

Die Umlage 1 umfasst die Erstattung von Arbeitgeberaufwendungen für den Krankheitsfall. Sie gilt nur für Betriebe mit bis zu 30 Beschäftigten. Für die Umlage 1 bietet das System derzeit die Möglichkeit, bis zu sechs verschiedene Beitragssätze zu hinterlegen. Voraussetzung ist, dass dem Mitarbeiter im Infotyp 0013 das SV-Sekundärattribut *23 – SV-Umlage U1* zugeordnet ist. In Tabelle T5D49 wird festgelegt, für welchen Personalbereich und -teilbereich welcher Beitragssatz für welche Krankenkasse gültig ist (dabei steht der 1. Beitragssatz für den höchsten Satz und der 6. Beitragssatz für den niedrigsten). Da nicht jede Krankenkasse sechs Beitragssätze zur Verfügung stellt, sucht das System im Rahmen der Personalabrechnung generisch, d. h., wenn der 6. Satz zugeordnet ist, aber nur vier Sätze in der Beitragssatztabelle T5D1I enthalten sind, wird der vierte Satz gewählt.

Erstattungen der Arbeitgeberaufwendungen

Die Erstattung der Arbeitgeberaufwendungen wird in Abschnitt 6.3.1, »Erstattungsnachweis für Arbeigeberaufwendungen«, ausführlich erläutert.

Berufsgenossenschaften

Die Berufsgenossenschaften führen in Deutschland die gesetzliche Unfallversicherung durch. Darüber hinaus erfolgt der Beitragseinzug für das von der Bundesagentur für Arbeit auszuzahlende Insolvenzausfallgeld ebenfalls durch die Berufsgenossenschaften. Die Zuordnung der zuständigen Berufsgenossenschaft zum Mitarbeiter erfolgt über den Infotyp 0029 (Berufsgenossenschaft), in dem neben der Berufsgenossenschaft selbst noch die Gefahrentarifstelle zugeordnet wird. Die Gefahrentarifstelle ist direkt der Gefahrenklasse im Customizing zugeordnet.

Im View V_T5D3C (siehe Abbildung 4.15) werden die Parameter mit folgender Bedeutung gepflegt:

- der Höchstbetrag, bis zu dem Beiträge erhoben werden

- der Kürzungsparameter; ist der Haken in diesem Feld gesetzt, so wird bei unterjährigen Eintritten der Höchstbetrag anteilig heruntergerechnet

- über das Feld RGEL1 (Stichtag für die Zählung der Mitarbeiter), das vom Report *RPLBGND0 – Lohnnachweis für Berufsgenossenschaften* ausgewertet wird, erfolgt die Festlegung, an welchem Stichtag die Anzahl der Mitarbeiter wie gewertet wird; dabei gibt die [F4]-Hilfe Auskunft über die verschiedenen Möglichkeiten der Zählung

▶ das Feld RGEL2 (zu zählender Personenkreis) legt fest, ob außer der Gesamtzahl der Mitarbeiter noch weitere differenzierte Mitarbeiterzahlen zu melden sind; auch hier liefert die ⌈F4⌉-Hilfe Angaben über die Zählung

Die weiteren Felder HEBESATZ, AUSGLEICHSSATZ, PROZENTSATZ ARBEITSMEDIZINISCHER DIENST sowie KONKURSAUSFALLSATZ dienen als Multiplikatoren für die Bildung von Rückstellungen. Die Prozentsätze werden regelmäßig von der zuständigen Berufsgenossenschaft bekanntgegeben.

Zusätzlich zu den genannten Feldern sind noch die Gefahrenklassen im weiteren Teilview zuzuordnen. Auch die Gefahrenklasse bildet einen Multiplikator, der dem Bemessungsbrutto der BG zugeordnet wird. Gefahrtarife können dabei nochmals unterteilt werden (z. B. Tarif A = 60 % und Tarif B = 40 %). Den abzuführenden Beitrag ermittelt die Berufsgenossenschaft auf der Grundlage des vom Arbeitgeber übermittelten Lohnnachweises (Report RPLBGND0) selbst und teilt diesen dem Arbeitgeber mit.

Gefahrenklassen

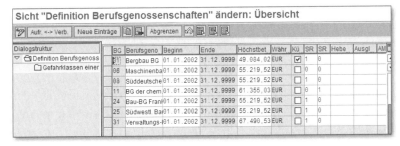

Abbildung 4.15 Pflege der relevanten Parameter für die Berufsgenossenschaften

Über das Merkmal DBGVW kann abhängig von verschiedenen organisatorischen Parametern ein Vorschlagswert für den Infotyp 0029 erzeugt werden. Dieser erscheint beim Neuanlegen des Infotyps.

Einrichten der Zusatzversorgung

Neben den gesetzlichen Krankenkassen und der Berufsgenossenschaft unterstützt das System auch die Abwicklung einer zusätzlichen oder Ersatz-Altersversorgung bzw. der privaten Krankenversicherung. Diese darf hier allerdings nicht mit den regionalen Zusatzversorgungskassen bzw. der Versorgungsanstalt des Bundes und der Länder verwechselt werden.

Zur Einrichtung der Zusatzversorgungsinstitute steht ein zweistufiger Customizing-View (T5D1H) zur Verfügung (siehe Abbildung 4.16).

Abbildung 4.16 Pflege-View für die Zusatzversorgung, Schritt 1

Im ersten View wird festgelegt, für welche Sparte der SV (Kranken-, Renten-, Pflegeversicherung oder zusätzliche Altersversorgung) das Institut angelegt wird. Gleichzeitig werden die weiteren Stammdaten wie Adresse und Bankverbindung hinterlegt. In der zweiten Stufe des Customizings können dann gegebenenfalls benötigte Beitragsklassen angelegt werden (siehe Abbildung 4.17).

Abbildung 4.17 Anlegen von Beitragsklassen für die SV-Zusatzversicherung, Schritt 2

Lohnarten für SV-Besonderheiten schlüsseln

In diesem Schritt werden die Lohnarten für den Sonderfall geschlüsselt, dass ein Mitarbeiter bei einem weiteren Arbeitgeber tätig ist und damit die Beiträge anteilig aufgeteilt werden müssen.

Die Abbildung dieser anteiligen Berechnung erfolgt über die Aufgabe von Lohnarten in den Infotyp 0014 (Wiederk. Be-/Abzüge) sowie 0015 (Ergänzende Zahlung), die gesondert gekennzeichnet sind. Die Kennzeichnung wird in diesem Schritt vorgenommen. Es handelt sich dabei um die Kumulationen 04 bzw. 72. In der Kumulation 04 sind alle Lohnarten zu kennzeichnen, die vom anderen Arbeitgeber als laufendes Entgelt gezahlt werden. In der Kumulation 72 werden die Einmalzahlungen des anderen Arbeitgebers gekennzeichnet.

Es können die Musterlohnarten MU50 (Gehalt anderer Arbeitgeber) sowie MU60 (Einmalzahlung anderer Arbeitgeber) in den Kundennamensraum kopiert und verwendet werden.

Die Kennzeichnung von Lohnarten in der Kumulation 05 – *einm. Zahlungs SV Entstehungsprinzip* ist grundsätzlich nur für Korrekturlohnarten zulässig, da die Sozialversicherung nur das Zufluss-, nicht aber das Entstehungsprinzip kennt und dieses daher auch nicht verwendet werden darf.

Berechnungsart für KV-AG-Zuschuss festlegen

Die Anpassung der hier ausgelieferten Einstellungen wird – wenn überhaupt – nur sehr selten der Fall sein. Die Ermittlung des Arbeitgeberzuschusses zur gesetzlichen Krankenversicherung ist in hohem Maße vom Gesetzgeber vorgeschrieben. Die gesetzlich vorgeschriebenen Berechnungsmöglichkeiten werden im Mandanten 000 regelmäßig mit ausgeliefert. Ausgehend vom KV-Modifikator, der in der Personalrechenregel DV60 gesetzt wird, kann die Berechnungsregel zur Ermittlung des KV-Arbeitgeberzuschusses beeinflusst werden. Dabei ist auch noch zu unterscheiden, ob es sich um den vom Arbeitgeber gewährten oder um den steuerfreien Arbeitgeberzuschuss handelt. Abbildung 4.18 zeigt das Customizing zur Festlegung des Arbeitgeberzuschusses.

Die Dokumentation zu den Feldwerten liefert wertvolle Hilfen, falls eine Konfiguration erforderlich ist.

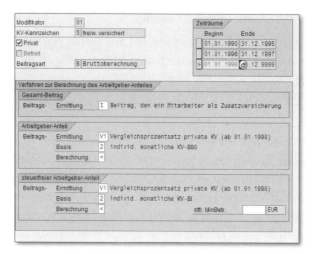

Abbildung 4.18 Beeinflussung des Arbeitgeberzuschusses

Permanenzberechnung in der Sozialversicherung

Der Begriff der *Permanenz* bezeichnet in der Sozialversicherung den Sonderfall in verschiedenen Sparten, dass ein Versicherter von der gesetzlichen Versicherungspflicht befreit ist, obwohl er mit seinem monatlichen Einkommen unterhalb der maßgeblichen monatlichen Beitragsbemessungsgrenze liegt. Der Mitarbeiter kommt nur mit regelmäßigen Einmalzahlungen über die Bemessungsgrenze. Permanenz bedeutet, dass für die Monate ohne Einmalzahlung das SV-pflichtige Bruttoentgelt zur Bestimmung des Arbeitgeberzuschusses verwendet wird und in den Monaten mit Einmalzahlungen ein sogenannter Permanenzausgleich gezahlt wird. Es bestehen dabei die folgenden Möglichkeiten:

▶ Berechnung des Betrages, den ein SV-pflichtiger Mitarbeiter als Zuschuss erhalten würde (das ist die für den Mitarbeiter ungünstigste Variante)

▶ Zahlung eines Permanenzausgleichs in dem Monat, in dem die Einmalzahlung geleistet wird

▶ Zahlung eines Permanenzausgleichs in dem Monat, in dem die Einmalzahlung geleistet wird, sowie in den Folgemonaten. Hierbei wird der Permanenzbetrag in speziellen Lohnarten abgestellt und abgetragen. Es ist zu beachten, dass unterjährige Änderungen insbesondere bei dieser Variante nicht über eine Rückrechnung reversibel sind.

Im Standard ist generell die letztgenannte Form der Permanenzberechnung eingestellt. Darüber hinaus kann bei der Kranken- und Pflegeversicherung die Berechnungsweise getrennt für die freiwillig in der gesetzlichen Krankenversicherung und für die privat versicherten Mitarbeiter konfiguriert werden.

BAdI zur Bestimmung der Erhebung eines PV-Zuschlags

Im Standard erfolgt die Bestimmung, ob ein PV-Zuschlag (PV = Pflegeversicherung) zu erheben ist, anhand des Funktionsbausteins HR_CHECK_PV_ZUSCHLAG. Die Bedingungen, die zur Befreiung des Zuschlags führen, werden in diesem Funktionsbaustein abgeprüft. Interessant ist hierbei insbesondere der Infotyp 0012 (Steuerdaten), der auch berücksichtigt wird. Allerdings bedeutet die Nichteintragung eines Kindes in eine Steuerkarte nicht, dass ein Mitarbeiter kein Kind hat. Die relevanten Informationen könnten auch anderweitig, z. B. im Infotyp 0021 (Familie/Bezugsperson) abgelegt sein. Damit auch dies für die Personalabrechnung berücksichtigt werden kann, können solche Prüfungen in den BAdI mit der Definition HRPAYDE_PV_ZUSCHLAG aufgenommen werden.

Der Beitragsnachweis

Der Beitragsnachweis ist über ein SAPscript-Formular umgesetzt und benötigt gegebenenfalls ein paar weitere Einstellungen, um fehlerfrei die Beiträge zur Sozialversicherung nachweisen zu können. Der Aufruf des Beitragsnachweises erfolgt über den Report RPCSVBD2 oder die Transaktion PC00_M01_CSVBD2.

Eine Pflege der Tabelle 5D1L_B (Pflegeaktivität im IMG: SOZIALVERSICHERUNG • AUSWERTUNGEN • DATEN FÜR DIE BEITRAGSABFÜHRUNG ÄNDERN) ist nur dann notwendig, wenn entweder die Kontonummer der Krankenkasse von der Betriebsnummer abweicht (das dürfte vor dem Hintergrund des elektronischen Meldeverfahrens die absolute Ausnahme sein) oder wenn die Beiträge an eine andere Kasse als die Mitarbeiterkasse abgeführt werden sollen.

Mit Beginn des Jahres 2006 hat der Gesetzgeber in Deutschland die sogenannte *vorgezogene Beitragsfälligkeit* eingeführt. Damit wurde der Fälligkeitstag für die Sozialversicherungsbeiträge vom 15. Kalendertag des Folgemonats auf den drittletzten Bankarbeitstag des laufenden Monats vorverlegt. Konsequenz für den Beitragsnachweis war, dass aufgrund der unterschiedlichen Berechnungsmodalitäten und Zeiträume der Entgelte bei den zahlreichen SAP-Kunden mehrere Möglichkeiten zur Ermittlung der voraussichtlichen Beitragsschuld eingeführt wurden. So kann die voraussichtliche Beitragsschuld über folgende Verfahren bestimmt werden:

▸ **Echtabrechnung**
d. h., immer dann, wenn die Fälligkeit der Arbeitsentgelte bereits vor dem Fälligkeitstag der SV-Beiträge liegt, können die Echtbeiträge nachgewiesen werden, da die Entgelte bereits ermittelt und ausgezahlt sind und Änderungen bei den Sozialversicherungsbeiträgen für diesen Monat nicht mehr erfolgen können.

▸ **Qualifizierter Abschlag**
Dieses Verfahren kann dann angewendet werden, wenn der Arbeitgeber eine echte Abschlagsabrechnung durchgeführt hat. Dabei ist nicht Voraussetzung, dass die Entgelte auch teilweise als Abschlag ausgezahlt werden.

▸ **Abrechnungssimulation**
Im Rahmen dieses Verfahrens wird die Entgeltabrechnung simuliert, und die Ergebnisse für die Beitragsabführung werden aus dieser Abrechnungssimulation übernommen.

▸ **Vormonatsgrundlage**
Hierbei dienen die Echtbeiträge des Vormonats als Grundlage für die Ermittlung der voraussichtlichen Beitragsschuld. Über Faktoren in der Tabelle T5D47 können die Beiträge je Personalteilbereich und für Beiträge aus laufendem und einmaligem Entgelt angepasst werden (IMG: SOZIALVERSICHERUNG • AUSWERTUNGEN • VERFAHREN GRUNDLAGE VORMONATSBEITRÄGE: KORREKTURFAKTOREN PFLEGEN). Dieses Verfahren ist insbesondere für Unternehmen mit variablen Bezügen und einem Abrechnungstermin im Folgemonat die beste und effizienteste Methode, den vorläufigen Beitragsnachweis zu erstellen.

Für jeden Abrechnungskreis der Personalabrechnung ist zu entscheiden und in der Tabelle T5D10 (IMG: SOZIALVERSICHERUNG • AUSWERTUNGEN • ABRECHNUNGSKREISEN VERFAHREN FÜR BEITRAGSNACHWEIS ZUORDNEN) zu hinterlegen, welches Verfahren zur Bestimmung der vorläufigen Beitragsschuld genutzt werden soll.

Im Standard werden für die Darstellung des Beitragsnachweises die Formulare HR_DE_SV_SVNN_EN (Einzelnachweisliste) sowie HR_DE_SV_SVNW_SN genutzt. Diese beiden Formulare können grundsätzlich im Standard verwendet werden, da sie die gesetzlich notwendigen Angaben enthalten und Anpassungen nur in dem Rahmen möglich sind, wie sie der Gesetzgeber zulässt. Das heißt, Ergänzungen sind grundsätzlich möglich, nicht aber das Entfernen von Angaben, die vorgeschrieben sind. Änderungen können über die Transaktion SE71 (IMG: SOZIALVERSICHERUNG • AUSWERTUNGEN • FORMULARE FÜR DEN GESETZLICHEN BEITRAGSNACHWEIS) gepflegt werden. Analog können auch die speziellen Formulare für die Bundesknappschaft sowie für eine gegebenenfalls vorhandene Zusatzversorgung eingerichtet werden.

Die Erläuterung, wie SAPscript-Formulare gepflegt werden, ist nicht Gegenstand dieses Buches.

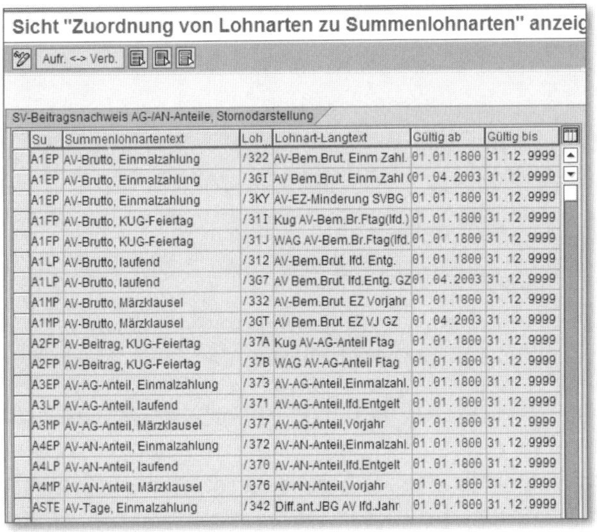
Sicht "Zuordnung von Lohnarten zu Summenlohnarten" anzeig

Aufr. <-> Verb.

SV-Beitragsnachweis AG-/AN-Anteile, Stornodarstellung

Su	Summenlohnartentext	Loh	Lohnart-Langtext	Gültig ab	Gültig bis
A1EP	AV-Brutto, Einmalzahlung	/322	AV-Bem.Brut. Einm Zahl.	01.01.1800	31.12.9999
A1EP	AV-Brutto, Einmalzahlung	/3GI	AV Bem.Brut. Einm.Zahl (	01.04.2003	31.12.9999
A1EP	AV-Brutto, Einmalzahlung	/3KY	AV-EZ-Minderung SVBG	01.01.1800	31.12.9999
A1FP	AV-Brutto, KUG-Feiertag	/31I	Kug AV-Bem.Br.Ftag(lfd.)	01.01.1800	31.12.9999
A1FP	AV-Brutto, KUG-Feiertag	/31J	WAG AV-Bem.Br.Ftag(lfd.	01.01.1800	31.12.9999
A1LP	AV-Brutto, laufend	/312	AV-Bem.Brut. lfd. Entg.	01.01.1800	31.12.9999
A1LP	AV-Brutto, laufend	/3G7	AV Bem.Brut. lfd.Entg. GZ	01.04.2003	31.12.9999
A1MP	AV-Brutto, Märzklausel	/332	AV-Bem.Brut. EZ Vorjahr	01.01.1800	31.12.9999
A1MP	AV-Brutto, Märzklausel	/3GT	AV Bem.Brut. EZ VJ GZ	01.04.2003	31.12.9999
A2FP	AV-Beitrag, KUG-Feiertag	/37A	Kug AV-AG-Anteil Ftag	01.01.1800	31.12.9999
A2FP	AV-Beitrag, KUG-Feiertag	/37B	WAG AV-AG-Anteil Ftag	01.01.1800	31.12.9999
A3EP	AV-AG-Anteil, Einmalzahlung	/373	AV-AG-Anteil,Einmalzahl.	01.01.1800	31.12.9999
A3LP	AV-AG-Anteil, laufend	/371	AV-AG-Anteil,lfd.Entgelt	01.01.1800	31.12.9999
A3MP	AV-AG-Anteil, Märzklausel	/377	AV-AG-Anteil,Vorjahr	01.01.1800	31.12.9999
A4EP	AV-AN-Anteil, Einmalzahlung	/372	AV-AN-Anteil,Einmalzahl.	01.01.1800	31.12.9999
A4LP	AV-AN-Anteil, laufend	/370	AV-AN-Anteil,lfd.Entgelt	01.01.1800	31.12.9999
A4MP	AV-AN-Anteil, Märzklausel	/376	AV-AN-Anteil,Vorjahr	01.01.1800	31.12.9999
ASTE	AV-Tage, Einmalzahlung	/342	Diff.ant.JBG AV lfd.Jahr	01.01.1800	31.12.9999

Abbildung 4.19 Summenlohnarten des Beitragsnachweises in Tabelle T596I

Die im Beitragsnachweis angedruckten Beträge resultieren aus über die Tabelle T596I (Teilapplikation SVNN aus Tabelle T596A) vorgegebenen Summenlohnarten (d.h., über die Tabelle T596I ist einsehbar, welche Lohnarten aus dem Abrechnungsergebnis in den Beitragsnachweis einfließen, siehe auch Abbildung 4.19). Kundenanpassungen können über die Tabelle T596J vorgenommen werden.

Aber auch hier ist darauf zu achten, dass Anpassungen nur im gesetzlich zulässigen Rahmen vorgenommen werden.

Anpassungen des maximalen KV-Brutto an die gesetzliche Rente

Sofern Versorgungsbezüge von Seiten des Arbeitgebers an ehemalige Arbeitnehmer ausgezahlt werden und es Fälle gibt, bei denen der Gesamtbezug (gesetzliche Renten und Versorgungsbezüge von früheren Arbeitgebern) die Beitragsbemessungsgrenze in der gesetzlichen Krankenversicherung überschreitet, ist im Infotyp 0013 (Sozialvers. D) im Feld MAX.BRUTTO RENTE der maximal noch beitragspflichtige Betrag zu erfassen.

Abbildung 4.20 Maximale Bruttorente bei Mehrfachbezug und Überschreiten der Beitragsbemessungsgrenze zur Krankenversicherung

Bei der Pflege der Stammdaten ist darauf zu achten, dass im Feld MAX.BRUTTO RENTE ein Wert stehen muss, weil ansonsten das System davon ausgeht, dass der Mitarbeiter bereits mit seinen weiteren Bezügen (gesetzliche Rente und weitere Versorgungsbezüge von anderen Arbeitgebern) die Beitragsbemessungsgrenze zur gesetzlichen Krankenversicherung überschreitet. Folge davon ist, dass dann keine Beiträge berechnet werden.

Da die Renten der gesetzlichen Rentenversicherung regelmäßig zum 01.07. eines Jahres angepasst werden, können die beiden Konstanten RVRWE und RVROE, die für die Erhöhung der im System hinterlegten Renten verwendet werden, nicht mit den Jahresend-Support-Packages ausgeliefert werden. Der Report RPISVRD0 nimmt eine

Minderung des maximal beitragspflichtigen KV-Beitrags in Höhe des Steigerungsbetrages der gesetzlichen Rente vor. Alternativ wird der Report verwendet, wenn die Beitragsbemessungsgrenze zum 1. Januar eines Jahres angehoben wird.

Mitteilungen an die Krankenkassen über Versorgungsbezüge (Zahlstellenverfahren)

Sofern die Voraussetzungen erfüllt sind, sind Arbeitgeber, die Versorgungsbezüge auszahlen, als sogenannte Zahlstellen zur Abgabe von bestimmten Meldungen an die Krankenkassen verpflichtet. Die Meldungserstellung erfolgt über den Report RPLSVCD0 (Erstellen von Meldungen für Versorgungsbezüge). Der Report erkennt zu erstellende Meldungen anhand der Abrechnungsergebnisse und erstellt neben Meldungen für den Beginn und das Ende von Versorgungsbezügen auch Meldungen bei Veränderungen in der Beitragshöhe, bei Kassen- bzw. Zahlstellenwechsel sowie bei Kapitalisierung der Versorgungsbezüge.

Im Selektionsbild des Reports kann angegeben werden, auf Basis welchen SAPscript-Formulars die Meldungen erstellt werden. Das SAPscript-Formular kann im Customizing (IMG: SOZIALVERSICHERUNG • AUSWERTUNGEN • MITTEILUNG ÜBER VERSORGUNGSBEZÜGE AN KRANKENKASSEN • ANPASSUNG DES MELDEFORMULARS) angepasst werden. Anpassungsbedarf entsteht regelmäßig aber nur bei bestimmten Standardvorgaben wie z. B. der Absender- oder Empfängeradresse, dem Fußtext oder einem Logo. Für die Darstellung von kapitalisierten Zahlungen wird die in Abbildung 4.9 dargestellte Technik der Summenlohnarten verwendet. Die relevanten kapitalisierten Lohnarten sind der Summenlohnart VKAP unter der Teilapplikation KVDR zuzuweisen.

Sofern Versorgungsbezüge kapitalisiert (als einmalige oder regelmäßige Einmalzahlung) ausgezahlt werden, muss für eine korrekte Beitragsberechnung zur Krankenversicherung neben der eigentlichen Lohnart für den einmaligen Kapitalbetrag eine Hilfslohnart im Infotyp 0014 erfasst werden. Dabei enthält der Wert der Hilfslohnart den heruntergebrochenen (fiktiven) monatlichen Zahlbetrag. Diese Lohnart muss in der Kumulation 02 (= Lohnart /102 – lfd. Entgelt SV) gekennzeichnet sein, wohingegen die Einmalzahlungslohnart für die

Sozialversicherung keine Kennzeichnung haben darf, wohl aber für eine korrekte Steuerberechnung zu kennzeichnen ist.

Prüfung der Jahresentgeltgrenze für die gesetzliche Krankenversicherung

Mit dem GKV-Wettbewerbsstärkungsgesetz (GKV-WSG), das zum 01.04.2007 in Kraft getreten ist, hat der Gesetzgeber die Prüfung, ob ein Mitarbeiter die sogenannte Jahresarbeitsentgeltgrenze (JAG) in der gesetzlichen Krankenversicherung überschreitet, deutlich verkompliziert.

Die oben genannte Prüfung der Überschreitung der JAG wird mit dem Report RPLSVED2 (Prüfung der Jahresentgeltgrenze KV) unterstützt. Der Report gibt – abhängig von der Eingabe im Feld TOLERANZ IN % – eine Liste mit den Mitarbeitern aus, die potenziell die JAG überschreiten. Diese Liste ist vom Arbeitgeber dann mitarbeitergenau zu prüfen, um eine abschließende Entscheidung über die gegebenenfalls eintretende Versicherungsfreiheit treffen zu können. Der Report berücksichtigt bereits im Standard die gezahlten SV-pflichtigen Entgelte der Vorjahre. Im Auswertungsjahr werden neben den Lohnarten des Infotyps 0008 auch die Lohnarten der Infotypen 0014 (Wiederk. Be-/Abzüge) und 0015 (Ergänzende Zahlung) untersucht. Um eine möglichst genaue Zuordnung realisieren zu können, stehen die folgenden Summenlohnarten zur Verfügung:

- JAEE – Arbeitsentgelt Einmalzahlung
- JAEL – Arbeitsentgelt laufend
- JAFE – Arbeitsentgelt Einmalzahlung für Folgejahr
- JAFL – Arbeitsentgelt laufend für Folgejahr

Über die Tabelle T596J mit der Teilapplikation KVJG kann eine entsprechende Zuordnung der Dialoglohnarten vorgenommen werden. Damit die Summenlohnarten auch berücksichtigt werden, ist es erforderlich, die Teilapplikation KVJG über die Tabelle T596C zeitabhängig zu aktivieren.

Mit dem Report RPLSVMD0 kann den ausgetretenen Mitarbeitern eine Bescheinigung über die in der Vergangenheit erzielten Jahresarbeitsentgelte ausgestellt werden. Es wird das SAPscript-Formular HR_DE_JAEG_BESCH im Standard verwendet. Über die Customizing-Aktivität *Formularsteuerung zur Druckausgabe einrichten* (IMG:

ABRECHNUNG DEUTSCHLAND) kann ein eigenes Formular eingebunden werden. Das Verfahren ist ausführlich in der Dokumentation zu diesem IMG-Schritt beschrieben.

Zusatzversorgung für RV-Befreite

Über die ergänzenden Angaben im Infotyp 0013 (Sozialvers. D) sowie die Daten aus dem Infotyp 0079 (SV-Zusatzvers. D) kann auch eine berufsständische Zusatzversicherung für RV-Befreite (z. B. Architekten- oder Rechtsanwaltskammern) abgebildet werden. Über das Merkmal SVSPA – SV-Sparte wird festgelegt, welche Personalbereiche und -teilbereiche einer Firmennummer zugeordnet sind und welcher Subtyp des Infotyps 0126 (Zusatzversorgung D) gegebenenfalls relevant ist. Der Infotyp 0126 wird vom Report RPCSVFD0 (Beitragsnachweis für Zusatzversorgung) über das oben genannte Merkmal ausgewertet, um die Mitgliedsnummer des Mitarbeiters für die Zusatzversorgung zu ermitteln. Über die Tabelle T536A wird die Absenderadresse für den Beitragsnachweis festgelegt. Da viele weitere Auswertungen auf die Tabelle T536A zugreifen, wird eine Pflege an dieser Stelle selten erforderlich sein. Der Eintrag in der Tabelle erfolgt regelmäßig mit dem Schlüssel *Personalbereich und -teilbereich*.

Nachfolgeverwaltung für gesperrte Krankenkassen

Unter Nachfolgeverwaltung für gesperrte Krankenkassen wird in SAP ERP HCM verstanden, dass – zumeist aufgrund von Fusionen – aus mehreren Kassen eine Kasse wird (theoretisch kommen auch Umfirmierungen mit neuer Betriebsnummer in Betracht). Um diesen Prozess im System nachzuzeichnen, ist ein vorgegebenes Verfahren in SAP ERP HCM durchzuführen. Ein weggelassener oder falsch ausgeführter Arbeitsschritt ist häufig die Ursache für falsch berechnete oder abgeführte Sozialversicherungsbeiträge. Das Verfahren gliedert sich in folgende Schritte und sollte genau so durchgeführt werden:

1. Anlegen der neuen Krankenkasse

2. Sperren der »alten« Krankenkasse – hierzu ist im Feld TYP (siehe auch Abbildung 4.14) die Ausprägung GESPERRTE KRANKENKASSE auszuwählen. Wichtig ist, dass dies gleichzeitig mit der Eingabe eines neuen Zeitraums erfolgt, denn die alten Zeiträume sollen ja unverändert bleiben.

3. Zuordnung, welche »alte« Kasse nun zu welcher »neuen« Kasse gehört (siehe Abbildung 4.21). Alternativ zum View V_T5D17 kann auch das Merkmal DSVKK für die Zuweisung der neuen Kasse verwendet werden. Das Merkmal eignet sich immer dann, wenn bei Rückrechnungen auch die neue Kasse verwendet werden soll.

Abbildung 4.21 Gesperrte und Nachfolgekassen im View V_T5D17

4. Daten für die Beitragsabführung pflegen, sofern erforderlich, d. h., wenn die Beitragskontonummer der Krankenkasse von der Betriebsnummer des Arbeitgebers abweicht

5. Daten für die SV-Umlage pflegen

6. Attribute für die Erstattung von Arbeitgeberaufwendungen pflegen – Transport dieser Einstellungen in das Konsolidierungs- und Produktivsystem

7. Eintragen der Nachfolgekassen in die Stammdaten der Mitarbeiter – hierfür steht der Report RPISVKD0 (Transaktion PC00_M01_ISVK) zur Verfügung. Der Report erstellt eine Batch-Input-Mappe, die den Infotyp 0013 mit der alten Krankenkasse abgrenzt und die neue Krankenkasse mit dem neuen Beginndatum einträgt.

Wiederkehrende Anpassungen

Bei den wiederkehrenden Anpassungen handelt es sich insbesondere um Aktivitäten, die in bestimmten regelmäßigen Abständen durchgeführt werden müssen.

Die Beitragssätze der Krankenkassen werden aus der Tabelle T5D1I im Rahmen der Abrechnung gelesen und angewendet. Die Änderung der Beitragssätze erfolgt jedoch nicht in dieser Tabelle direkt (die Tabelle T5D1I kann nicht manuell gepflegt werden), sondern in einer analogen Tabelle, die speziell für die Datenpflege vorhanden ist. Nur mit einem Abgleichreport werden die neuen Beitragssätze in die abrechnungsrelevante Tabelle T5D1I überführt. Gepflegt werden die Beitragssätze in der Tabelle T5D1J. Es besteht die Möglichkeit, die Beitragssätze manuell zu pflegen oder eine Beitragssatzdatei maschinell einzuspielen (diese kann direkt unter *https://service.sap.com/hrde* im Bereich *Beitragssatzdatei@sap* heruntergeladen werden; ein User mit Kennwort für den SAP Service Marketplace ist erforderlich).

Das Anzeigen bzw. Einspielen der Datei erfolgt vom lokalen Laufwerk oder Server. Eine Anzeige der Beitragssätze ermöglicht der Report RPDSVCD0.

Das Einlesen der Beitragssätze in die Abgleichtabelle (T5D1J) erfolgt mit dem Report RPUSVED0. Dabei liest dieser nur die Beitragssätze der Kassen ein, die derzeit im Kundensystem schon vorhanden sind. Die Identifikation erfolgt über die Betriebsnummer der Krankenkassen und das Rechtskreiskennzeichen. Anschließend erfolgt mit dem Report RPUSVCD0 der Abgleich der Tabelle T5D1J mit der Tabelle T5D1I (abrechnungsrelevante Beitragssätze). Gleichzeitig setzt dieser Report bei den betroffenen Mitarbeitern das Rückrechnungsdatum in Infotyp 0003.

Sowohl beim Einlesen der Beitragssätze in die Abgleichtabelle als auch beim Abgleich selbst sollte man besondere Aufmerksamkeit auf die Nachrichtenliste legen. Dabei erscheint beim Einlesen der Beitragssätze eine Nachrichtenliste mit den Kassen, die nicht verarbeitet werden konnten oder wo sonstige Hinweise zu berücksichtigen sind. Falsche Betriebsnummern oder Kassenfusionen sind oft die Ursache für nicht einlesbare Beitragssätze.

Beim Abgleich selbst erscheint ebenfalls eine Nachrichtenliste. Es werden die Mitarbeiter gelistet, bei denen ein Rückrechnungsdatum in Infotyp 0003 gesetzt wurde (grün oder gelb) und bei denen das Setzen des Rückrechnungsdatums scheiterte (rot). Auch diese Liste sollte insbesondere hinsichtlich der Fehler sorgfältig geprüft werden. Typische Ablehnungsgründe sind die Rückrechnungstiefen im Verwaltungssatz oder in Infotyp 0003 des Mitarbeiters.

Rückrechnungen
setzen bei
Krankenkasse-
nänderungen

Mit dem Report RPUSVADO lässt sich für alle Mitarbeiter einer bestimmten Krankenkasse ein Rückrechnungsdatum im Infotyp 0003 setzen, wenn generelle Änderungen im Customizing vorgenommen wurden. Dabei ist zu beachten, dass der Report das Rückrechnungsdatum anhand der Auswahl des Abrechnungszeitraums in der Registerkarte ABRECHNUNGSPERIODE setzt.

Abrechnungs-
konstanten

Die meisten für die Sozialversicherung relevanten Abrechnungskonstanten werden mit den Support Packages für den Jahreswechsel von der SAP AG ausgeliefert. Sofern aber die Jahreswechsel-Support-Packages nicht eingespielt werden oder aus anderen Gründen die Anpassung von bestimmten Konstanten notwendig ist, kann dies über den View V_T511K erfolgen (im IMG können die für die Sozialversicherung relevanten Konstanten unter SOZIALVERSICHERUNG • WIEDERKEHRENDE ANPASSUNGEN • LAUFENDE ANPASSUNGEN • ABRECHNUNGSKONSTANTEN geändert werden).

Anpassungen
bei gesetzlichen
Änderungen

Diese Aktivitäten (IMG: SOZIALVERSICHERUNG • WIEDERKEHRENDE ANPASSUNGEN • ANPASSUNGEN BEI GESETZLICHEN ÄNDERUNGEN) sind nur in absoluten Ausnahmefällen durchzuführen. Änderungen in diesen Tabellen verändern die Berechnung der Sozialversicherung und sollten ohne Hinweis von SAP grundsätzlich nicht vorgenommen werden. Diese Aktivitäten werden vor diesem Hintergrund in unserem Buch auch nicht näher erläutert.

4.3 Fazit

Die Berechnung von Steuer und Sozialversicherung gemäß gesetzlichen Vorgaben ist im SAP-Standard abgedeckt. Außer an den Einstellungen, die der Kunde vornehmen kann und die in diesem Kapitel beschrieben sind, sollte an der Berechnung nichts verändert werden, da sonst die korrekte Funktionsweise gefährdet ist. Grundsätzlich sind die Customizing-Einstellungen mit entsprechender Sachkenntnis zügig durchführbar.

Am Ende des Abrechnungsablaufs – wenn nahezu alle Berechnungen durchgeführt sind – stehen die Verarbeitung von Rückrechnungen und die Endeverarbeitung mit der Abstellung des Abrechnungsergebnisses auf dem Programm. Sie werden in diesem Kapitel beschrieben.

5 Abschluss der Abrechnung

Den Abschluss der Abrechnung bilden die Verarbeitung von Rückrechnungen und die Endeverarbeitung mit der Abstellung des Abrechnungsergebnisses. Zu diesem Zeitpunkt sind in der Abrechnung alle Berechnungen bereits abgeschlossen. Es ist lediglich notwendig, Rückrechnungsdifferenzen aus den Vormonaten zu übernehmen und das endgültige Ergebnis abzustellen.

5.1 Rückrechnung

In SAP ERP HCM können bereits abgerechnete Perioden mit einer Rückrechnung neu aufgerollt werden. Dabei werden die relevanten Vorperioden komplett neu abgerechnet und der berechnete Nettobetrag mit dem neu ermittelten Nettobetrag verglichen.

Aufrollen bereits abgerechneter Perioden

5.1.1 Verarbeitung der Rückrechnung in der Personalabrechnung

Das ursprünglich ermittelte Abrechnungsergebnis wird nicht gelöscht, sondern mit einem Aktualitätskennzeichen versehen. Wie in Abbildung 5.1 in der Übersicht über die Abrechnungsergebnisse zu sehen ist, tragen die Abrechnungsergebnisse in der ersten Spalte unterschiedliche Kennzeichen:

Aktualitätskennzeichen

► A (actual) – aktuelles Abrechnungsergebnis

► P (previous) – vorheriges Abrechnungsergebnis

► O (old) – alle älteren Abrechnungsergebnisse

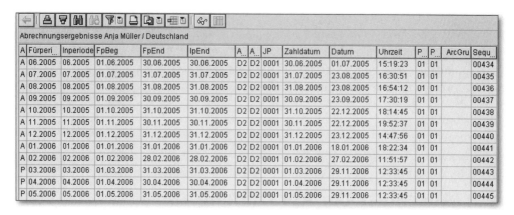

Abbildung 5.1 Übersicht über die Abrechnungsergebnisse

Es gibt immer nur ein Abrechnungsergebnis mit dem Kennzeichen A oder P, es kann jedoch mehrere Abrechnungsergebnisse mit dem Kennzeichen O geben. Außerdem enthält jedes Ergebnis eine INPERIODE, in der dieses Abrechnungsergebnis erstellt wurde, und eine FÜRPERIODE, für die dieses Abrechnungsergebnis ermittelt wurde. Die Originalabrechnung für einen Monat enthält eine mit der FÜRPERIODE identische INPERIODE. Alle Ergebnisse, bei denen diese Perioden unterschiedlich sind, wurden durch Rückrechnungen erstellt.

Eine bereits durchgeführte Überweisung aus den Vorperioden wird nie verändert. Es werden immer nur Differenzen gebildet, die in den aktuellen Abrechnungsmonat übertragen werden und dort zur Auszahlung kommen.

Rückrechnungs-differenzen — Bei einer Rückrechnung wird erneut eine komplette Abrechnung bis zum Netto, das in der Lohnart /550 enthalten ist, durchgeführt. Die daraus abgeleitete Auszahlung bleibt identisch erhalten, und der durch die Rückrechnung entstandene Betrag, der positiv oder negativ sein kann, wird in die Lohnart /551 (Aufrolldifferenz) abgestellt, die in die aktuelle Abrechnungsperiode übertragen wird und dort die Lohnart /552 (Nachverrechnung aus Vorperiode) erzeugt.

Schwierig nachvollziehbar wird das Ergebnis, wenn mehrere Rückrechnungen in einer Periode durchgeführt wurden, die jeweils zu einer eigenen Rückrechnungsdifferenz geführt haben. Hier hilft die

Lohnart /553 (Aufrolldifferenz zur letzten Abrechnung), die nur die Differenz zur letzten Rückrechnung enthält, während /551 (Aufrolldifferenz) die komplette Rückrechnungsdifferenz im Vergleich zur ursprünglichen Abrechnung umfasst, egal, wie viele Rückrechnungen seitdem durchgeführt wurden.

Die Lohnarten /551 (Aufrolldifferenz) und /552 (Nachverrechnung aus Vorperioden) müssen gebucht werden, da jede Periode in sich aufgehen muss. Die Summe aus beiden Lohnarten ergibt null, so dass keine Buchung entsteht. Eine Ausnahme davon ist, wenn der Mitarbeiter den Buchungskreis gewechselt hat und die Buchungskreisverrechnung nicht genutzt wird. Dann bleibt im alten Buchungskreis ein Betrag stehen, dem ein Betrag im neuen Buchungskreis entgegensteht. Daher empfiehlt sich die Verwendung eines eigenen Verrechnungskontos in der Finanzbuchhaltung.

Buchung der »Aufrolldifferenz«

> **[!]** In Verbindung mit der neuen Hauptbuchhaltung ist eine Besonderheit zu beachten: Wenn die aufwandsgerechte Verteilung von Verbindlichkeiten eingeschaltet ist, kann eine Rückrechnung erst gebucht werden, wenn in der Tabelle T52CODIST_RETRO (Rückrechnungsspezifische Lohnarten für Kostenverteilung) Einträge gepflegt sind.

5.1.2 Unterschema DRR0 (Rückrechnung)

Das Schema DRR0 (siehe Abbildung 5.2) übernimmt in der Originalabrechnung die Rückrechnungsdifferenzen aus den Vorperioden; in den Rückrechnungsperioden werden die Differenzen bereitgestellt. Die Übergabe erfolgt in der internen Tabelle DT. Regel D041 am Anfang des Schemas übernimmt die aus den Vormonaten bereitgestellten Beträge der Lohnart /551 (Aufrolldifferenz) und addiert diese in die /552 (Nachverrechnung aus Vorperioden). Die Abfrage IF 0 bedingt, dass diese Regel nur in der Originalperiode ausgeführt wird. Ist die Periode keine Originalperiode, sondern eine Rückrechnungsperiode, wird mit Regel D043 die Differenz des Nettobetrags im Vergleich zur Originalperiode in die Tabelle DT abgestellt und an die Originalperiode weitergegeben.

000010	BLOCK	BEG				Rückrechnung
000020	IF		0			Originalabrechung ?
000030	PDT	D041	GEN	NOAB		Beistellen der empfangenen Differenzen
000040	ELSE					Jetzt Rückrechnung
000050	PIT	D04K				Kindergeld auszahlen
000060	ACTIO	X048				setze BTEX zurück
000070	LPBEG		RC			Schleife über alte Ergebnisse
000080	IMPRT		0			Importiert letzte Abrechnung
000090	PRINT	NP	ORT			Drucken ORT
000100	ACTIO	X048			*	setze BTEX zurück
000110	PORT	D042	GEN	NOAB		Diffbildung und Übernahme der nicht
000120	COM					revidierbaren Lohnarten
000130	PIT	D047				neuen Auszahlungsbtr. bilden
000140	PIT	D043			*	neuer Betrag nach DT
000150	ACTIO	X401				ggfls /A67 bilden
000160	BTFIL					Übernahme der BT aus letztes Abrech.
000170	LPEND					Ende Schleife
000180	ACTIO	X400				Mindestauszahlung beachten
000190	IF		LPRC			Wurde die Schleife durchlaufen?
000200	PIT	D043				neuer Betrag nach DT
000210	ELSE					nein
000220	PIT	D047				neuen Auszahlungsbtr. bilden
000230	PIT	D043				neuen Betrag nach DT stellen
000240	ENDIF					zu: Wurde die Schleife durchlaufen?
000250	ENDIF					Ende Rückrechnung
000260	BLOCK	END				

Abbildung 5.2 Rückrechnung – Schema DRRO

5.1.3 Rückrechnungsgrenzen

Drei relevante Datumsarten

Die Rückrechnungsgrenze legt fest, wie weit in die Vergangenheit hinein Rückrechnungen durchgeführt werden können. Hierbei sind drei Datumsarten relevant:

▶ tiefste rückrechenbare Periode gemäß Verwaltungssatz – siehe Abschnitt 1.7.1, »Abrechnungsverwaltungssatz«.

▶ persönlich tiefste Rückrechnung laut Infotyp 0003 – siehe Abschnitt 2.1.4, »Infotyp 0003 (Abrechnungsstatus)«

▶ Einstellungsdatum des Mitarbeiters

Das Datum, das am weitesten in der Zukunft liegt, wird als tiefstmögliches Rückrechnungsdatum genommen. Die Pflege abrechnungsrelevanter Stammdaten vor diesem Datum ist nicht möglich.

5.2 Endeverarbeitung

Die Endeverarbeitung, deren Ablauf in Abbildung 5.3 dargestellt ist, ist der Punkt der Abrechnung, der zur Überprüfung einer simulierten Abrechnung häufig zuerst aufgesucht wird, denn hier findet man die Tabelle RT, wie sie im Abrechnungsergebnis gespeichert wird, und kann alle Lohnarten einsehen, die während des Abrechnungslaufs gebildet wurden. Diese liefern eine detaillierte Darstellung der Ergebnisse, wie sie auf dem Entgeltnachweis nicht ersichtlich sind, da hier nur der Teil der Lohnarten angezeigt wird, der für den Mitarbeiter relevant und nachvollziehbar ist. Um die Tabelle RT einzusehen, klicken Sie im Abrechnungsprotokoll doppelt auf die Zeile PRINT RT.

Befehl							Stapel
Zeile	Fkt	Par1	Par2	Par3	Par4	D	Text
000010	BLOCK	BEG					Endeverarbeitung Deutschland
000020	XCODI	XCD0				*	Kostenverteilung
000030	IF		BAU				Bauwirtschaft ?
000040	PRINT	NP	ZVBA				ZVBAU Sozialkassenzuordng Bauwirtschaft
000050	PRINT	NP	ZTBA				ZTBAU Tagesnachweis Bauwirtschaft
000060	ENDIF						
000070	PRINT	NP	IT				Rest-Kontrolle (IT)
000080	PIT	X070	GEN	NOAB			Abbruch, falls IT nicht leer
000090	SORT	RT					Ergebnistabelle sortieren
000100	PRINT	NP	BTZ				Ueberweisungs-Zuordnung (BT)
000110	ADDCU		P30				Kumulation CRT/SCRT
000120	PRINT	NP	RT				Ergebnistabelle (RT)
000130	PRINT	NP	CRT				Tabelle der kumulierten Werte (CRT)
000140	PRINT		SCRT				Tabelle der kumulierten Werte (SCRT)
000150	EXPRT		RD				Export Lohnkonto (DB: PCL2 / CL: RD)
000160	BLOCK	END					

Abbildung 5.3 Endeverarbeitung

Die Tabelle IT wird mit der Regel X070 überprüft. Hier darf keine Lohnart enthalten sein, da die Tabelle IT am Ende der Abrechnung verlorengeht und lediglich die Tabelle RT mit dem Ergebnis der Abrechnung gespeichert wird.

Prüfung der Tabelle IT

Für die Kumulation von Lohnarten, die meist auf Jahresbasis erfolgt, ist die Funktion ADDCU verantwortlich, welche die Verarbeitungsklasse 30 der Tabelle T512W auswertet. Diese bildet Jahressummen von Lohnarten, die in den Tabellen CRT und SCRT gebildet und im Abrechnungsergebnis gespeichert werden. Die Tabelle SCRT (siehe Abbildung 5.4) umfasst alle für die Steuer relevanten, kumulierten Lohnarten. Die Tabelle enthält die zusätzlichen Spalten STPFLICHT

Kumulation

(Steuerpflicht) und BESCHZRM (Bescheinigungszeitraum), die für die Erstellung einer korrekten Steuerbescheinigung notwendig sind. Die Steuerbescheinigung liest lediglich die Tabelle SCRT für die Ermittlung der auf der Bescheinigung angegebenen Werte. Dies muss beachtet werden, wenn eigene Lohnarten auf der Lohnsteuerbescheinigung angedruckt werden sollen.

Werte der Verarbeitungsklasse 30

Die Ausprägung der Verarbeitungsklasse 30 kann folgende Werte enthalten:

- ▶ 0 – die Lohnart wird nicht kumuliert
- ▶ 1 – Betrag und Anzahl werden im laufenden Jahr in der Tabelle CRT kumuliert
- ▶ 2 – der Betrag wird im laufenden Jahr in der Tabelle CRT kumuliert
- ▶ 3 – die Anzahl wird im laufenden Jahr in der Tabelle CRT kumuliert
- ▶ 4 – Kumulation für Steuer in der Tabelle SCRT

Wird die Ausprägung bei Lohnarten für die Vergangenheit geändert, ist eine Rückrechnung notwendig, um die Kumulationen anzupassen. Ein Hilfsmittel kann hier der Report RPUCRT00 sein, der diese Tabellen anpasst, ohne dass eine Rückrechnung durchgeführt werden muss. Beachten Sie dazu bitte die Dokumentation des Reports.

Tabelle SCRT - Kumulierte RT für Steuer

LArt	Lohnartentext	Stpflicht	BeschZrm	Kumul. Anz.	Kumul. Betr.
/106	Lfd. Steuerbrutto	1	01	180,00	29.850,60
/265	steuerl. SV-AN-Anteile	1	01	0,00	1.906,88
/268	steuerl. AG-Anteile RV	1	01	0,00	970,14
/269	steuerl. AN-Anteile RV	1	01	0,00	970,14
/400	Summe Lohnsteuer	1	01	0,00	4.316,64
/401	lfd. Lohnsteuer	1	01	0,00	3.804,64
/40B	lfd. SolZuschlag	1	01	0,00	209,22
/491	KiSt AN (lfd+sonst)	1	01	0,00	388,48
/4K1	EV KiSt (lfd+sonst)	1	01	0,00	388,48
/520	Summe Kirchensteuer	1	01	0,00	388,48
/521	lfd. Kirchensteuer	1	01	0,00	342,40
/111	Son. Steuerbrutto	1	01	0,00	1.515,13
/402	sonst. Lohnsteuer	1	01	0,00	512,00
/40F	sonst. SolZuschlag	1	01	0,00	28,16
/522	sonst. Kirchensteuer	1	01	0,00	46,08

Abbildung 5.4 Tabelle SCRT

Abstellung

Der letzte Schritt der Personalabrechnung ist die Abstellung der relevanten Tabellen im Cluster RD in der Datenbank PCL2. Die Abstellung erfolgt nur, wenn die Abrechnung nicht als Simulation gestartet wurde.

5.3 Aufbau des Abrechnungsergebnisses

Das Ergebnis der Personalabrechnung wird im Cluster RD in der Datenbank PCL2 gespeichert. PCL2 ist keine transparente Tabelle, in der strukturiert Daten abgelegt werden, sondern ein Daten-Cluster, in dem die Daten unstrukturiert gespeichert und erst beim Lesen wieder in eine Struktur eingefügt werden, die dann im Programm weiterverarbeitet werden kann. Der Vorteil eines Daten-Clusters ist das geringere Speichervolumen im Vergleich zu einer transparenten Tabelle.

Die Struktur der deutschen Personalabrechnung ist in der Struktur PAYDE_RESULT (siehe Abbildung 5.5) abgebildet, die einen internationalen Teil enthält, der in allen Länderversionen gleich ist, sowie einen nationalen Teil, der die deutschen Besonderheiten umfasst.

Abbildung 5.5 Struktur des Abrechnungsergebnisses

Die wichtigsten Tabellen des internationalen Teils der Struktur (siehe Abbildung 5.6) sind:

Wichtige Tabellen des internationalen Teils

- VERSION – Erstellungsinformationen
- VERSC – Statusinformationen der Abrechnung
- WPBP – Arbeitsplatz/Basisbezüge
- ABC – Kumulation Abwesenheitsklassen
- RT – Ergebnistabelle
- CRT – Kumulierte Ergebnistabelle
- BT – Zahlungsinformationen
- C0 – Kostenverteilung
- C1 – Kostenzuordnung aus verschiedenen Infotypen
- V0 – Variable Zuordnung
- LS – Folgelohnscheine
- AB – Abwesenheiten

▶ AVERAGE – Eingefrorene Durchschnitte

▶ MODIF – Modifikatoren

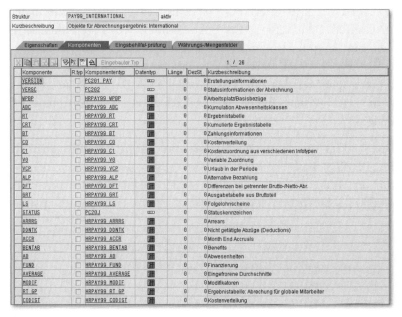

Abbildung 5.6 Internationaler Teil der Struktur

**Wichtige Tabellen
des nationalen
Teils**

Der Teil des Abrechnungsergebnisses (siehe Abbildung 5.7) mit den deutschen Besonderheiten enthält folgende Tabellen:

▶ NAME – Namen des Mitarbeiters

▶ PERM – Persönliche Merkmale

▶ ADR – Adresse

▶ XIT – Erweiterte IT

▶ SV – Sozialversicherung

▶ SVZ – SV-Zusatzversicherung

▶ DUV – DEÜV-Stammdaten

▶ TL – Tagesleiste

▶ ST – Steuer

▶ STU – ST-Unterbrechung bis einschl. Abr.monat

▶ SCRT – Kumulierte RT für Steuer

▶ KUG – Kurzarbeitergeld

▶ ZT – Kurzarbeitergeld Zeitdaten

- ATZ – Altersteilzeit
- STZ – Steuer (D) Zusatzdaten
- STZM – Versorgungsgrundlage, maschinell ermittelt

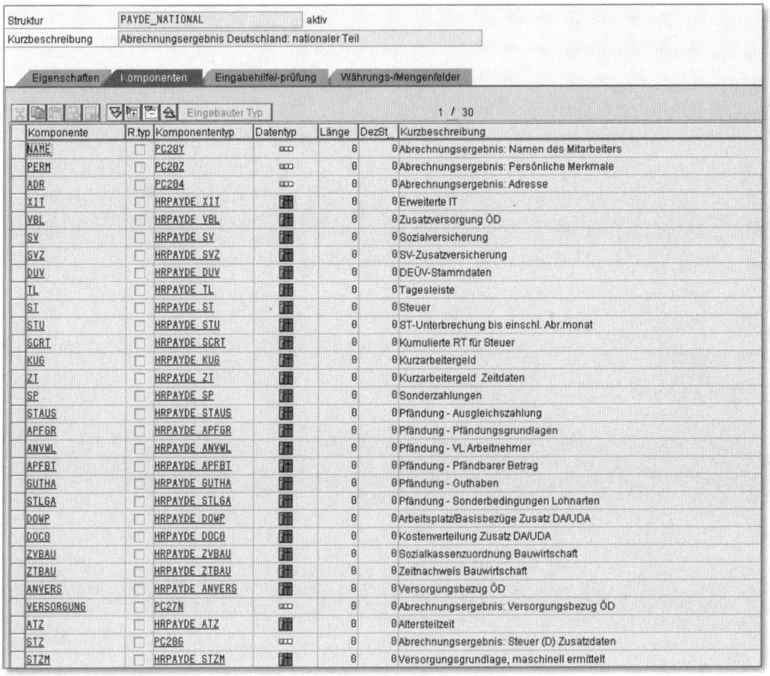

Struktur: PAYDE_NATIONAL aktiv
Kurzbeschreibung: Abrechnungsergebnis Deutschland: nationaler Teil

Eigenschaften | Komponenten | Eingabehilfe/-prüfung | Währungs-/Mengenfelder

Eingebauter Typ 1 / 30

Komponente	R.typ	Komponententyp	Datentyp	Länge	DezSt	Kurzbeschreibung
NAME		PC20Y		0	0	Abrechnungsergebnis: Namen des Mitarbeiters
PERM		PC20Z		0	0	Abrechnungsergebnis: Persönliche Merkmale
ADR		PC204		0	0	Abrechnungsergebnis: Adresse
XIT		HRPAYDE_XIT		0	0	Erweiterte IT
VBL		HRPAYDE_VBL		0	0	Zusatzversorgung ÖD
SV		HRPAYDE_SV		0	0	Sozialversicherung
SVZ		HRPAYDE_SVZ		0	0	SV-Zusatzversicherung
DUV		HRPAYDE_DUV		0	0	DEÜV-Stammdaten
TL		HRPAYDE_TL		0	0	Tagesleiste
ST		HRPAYDE_ST		0	0	Steuer
STU		HRPAYDE_STU		0	0	ST-Unterbrechung bis einschl. Abr.monat
SCRT		HRPAYDE_SCRT		0	0	Kumulierte RT für Steuer
KUG		HRPAYDE_KUG		0	0	Kurzarbeitergeld
ZT		HRPAYDE_ZT		0	0	Kurzarbeitergeld Zeitdaten
SP		HRPAYDE_SP		0	0	Sonderzahlungen
STAUS		HRPAYDE_STAUS		0	0	Pfändung - Ausgleichszahlung
APFGR		HRPAYDE_APFGR		0	0	Pfändung - Pfändungsgrundlagen
ANVWL		HRPAYDE_ANVWL		0	0	Pfändung - VL Arbeitnehmer
APFBT		HRPAYDE_APFBT		0	0	Pfändung - Pfändbarer Betrag
GUTHA		HRPAYDE_GUTHA		0	0	Pfändung - Guthaben
STLGA		HRPAYDE_STLGA		0	0	Pfändung - Sonderbedingungen Lohnarten
DOWP		HRPAYDE_DOWP		0	0	Arbeitsplatz/Basisbezüge Zusatz DA/UDA
DOC0		HRPAYDE_DOC0		0	0	Kostenverteilung Zusatz DA/UDA
ZVBAU		HRPAYDE_ZVBAU		0	0	Sozialkassenzuordnung Bauwirtschaft
ZTBAU		HRPAYDE_ZTBAU		0	0	Zeitnachweis Bauwirtschaft
ANVERS		HRPAYDE_ANVERS		0	0	Versorgungsbezug ÖD
VERSORGUNG		PC27N		0	0	Abrechnungsergebnis: Versorgungsbezug ÖD
ATZ		HRPAYDE_ATZ		0	0	Altersteilzeit
STZ		PC286		0	0	Abrechnungsergebnis: Steuer (D) Zusatzdaten
STZM		HRPAYDE_STZM		0	0	Versorgungsgrundlage, maschinell ermittelt

Abbildung 5.7 Nationaler Teil der Struktur

5.4 Fazit

Das Abrechnungsschema bietet eine sehr flexible Möglichkeit, die Berechnungen der Personalabrechnung an eigene Anforderungen anzupassen. Das Verständnis des Ablaufs ist wichtig, um im Protokoll Berechnungen nachvollziehen und prüfen zu können und auch eigene Anforderungen an der richtigen Stelle einbringen zu können.

Das Protokoll enthält bei Berechnungen wie der Steuer oder der Altersteilzeit außerdem ausführliche Beschreibungen. Diese zu kennen hilft sowohl dem Anwender, der die Abrechnung prüfen muss, wie auch der Systembetreuung, die die Abrechnung wartet und anpasst.

Es ist also nicht nur nützlich, sondern dringend erforderlich, die Stellen der wichtigsten Berechnungen zu kennen.

Teil III
Folgeaktivitäten

*Dieser Teil des Buches beschreibt die Folgeaktivitäten der Personal-
abrechnung, die regelmäßig durchzuführen sind. Dazu gehören die
monatlichen Aktivitäten zur Bereitstellung von Daten und Zahlungen für
den Mitarbeiter, das Finanzamt und die Krankenkassen. Außerdem das
Bescheinigungswesen, welches Bescheinigungen für verschiedene Empfänger automatisch erzeugt.*

Unter Folgeaktivitäten werden alle Abläufe verstanden, die nach einer Echtabrechnung durchgeführt werden müssen (Behördenkommunikation) oder nur nach einer Echtabrechnung durchgeführt werden können (Auswertungen, Statistiken). In diesem Kapitel beschreiben wir diese Abläufe, erklären Sondersituationen und erläutern die wichtigsten Punkte im Customizing.

6   Monatliche Folgeaktivitäten

Der Begriff der Folgeaktivitäten ist nicht einheitlich und enthält auch im SAP Easy-Access-Menü unter diesem Punkt nicht alle Abläufe, die nach einer Personalabrechnung durchgeführt werden müssen oder können. So finden Sie z. B. die Transaktion ENTGELTNACHWEIS und die Transaktionen für die ÜBERWEISUNG im Ordner ABRECHNUNG und nicht im Ordner FOLGEAKTIVITÄTEN (siehe Abbildung 6.1). Alle Transaktionen rufen Standardreports auf und können nach deren Regeln bearbeitet werden.

[+] Ausführliche Informationen zu Standardreports in SAP ERP HCM finden Sie im SAP PRESS-Buch »HR-Reporting mit SAP«, Kapitel 3. Vollständige Literaturangaben und weitere Literaturhinweise finden Sie im Anhang.

In diesem Buch fallen unter den Begriff Folgeaktivitäten alle Aktivitäten, die nach der erfolgreichen Personalabrechnung durchgeführt werden müssen oder können. In diesem Kapitel werden alle Tätigkeiten behandelt, die monatlich ausgeführt werden. Dazu gehören:

▸ die Erstellung des Entgeltnachweises für den Mitarbeiter

▸ die Überweisung der Bezüge, Vermögensbildung und anderer Zahlungen

▸ die Aktivitäten im Bereich der Sozialversicherung, zu denen der SV-Beitragsnachweis mit elektronischer Übermittlung, die Beitragsabführung und die Erstellung von DEÜV-Meldungen gehören

▶ die Lohnsteueranmeldung und die Lohnsteuerbescheinigung mit elektronischer Übertragung zum Finanzamt

▶ die Buchung der Kosten und Zahlungen ins Rechnungswesen

Diese Aktivitäten sind das Pflichtprogramm der monatlichen Aktivitäten.

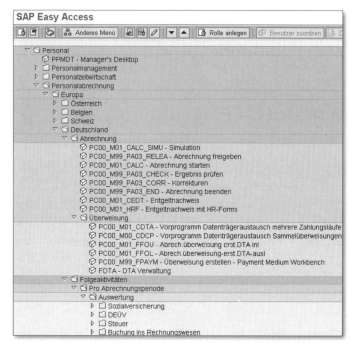

Abbildung 6.1 Definition und Aufruf der Folgeaktivitäten

Seit 2009 kommen noch die Erstellung der Beitragsnachweise und die Meldungen an die berufsständischen Versorgungseinrichtungen dazu, die allerdings nur durchgeführt werden müssen, wenn Mitarbeiter beschäftigt sind, die in einer berufsständischen Versorgungseinrichtung rentenversichert sind.

6.1 Entgeltnachweis

Der Entgeltnachweis dokumentiert die für den Mitarbeiter relevanten Daten aus der Personalabrechnung. Hier werden Daten aus dem Personalstamm, Bruttobestandteile, Jahressummen (Kumulationen), die durch die Nettoberechnung ermittelten Steuern und Beiträge zur

Sozialversicherung, eventuell persönliche Abzüge und als Ergebnis der Auszahlungsbetrag sowie die Überweisungsbeträge und -empfänger dargestellt.

Der Entgeltnachweis kann in SAP ERP 6.0 mit Hilfe von drei unterschiedlichen Formulartechniken erstellt und verwendet werden. Diese Techniken sind:

Drei Formulartechniken

- ▶ tabellengesteuertes Formular
- ▶ Smart-Forms-Formular
- ▶ PDF-Formular

Je nachdem, welche Technologie verwendet wird, müssen die Erstellung des Formulars und das Ausführen des Formulars mit unterschiedlichen Transaktionen durchgeführt werden, worauf wir im Text noch hinweisen werden.

Bitte beachten Sie, dass sich die Transaktionen zur Erstellung und zum Ausführen der Formulare für Smart Forms und PDF in den Enterprise Extensions befinden. Diese müssen im Customizing aktiviert werden, so dass die Transaktionen im Menü sichtbar werden.

[+]

Für die Wartung der Formulare müssen die Support Packages für die HR-Extensions eingespielt werden.

Die Formularerstellung in Smart Forms ist seit dem Release SAP R/3 4.7 Enterprise möglich, PDF-Formulare können erst ab SAP ERP 6.0 verwendet werden.

6.1.1 Ausführen des Entgeltnachweises für tabellengesteuerte Formulare

Die Transaktion ENTGELTNACHWEIS im SAP Easy-Access-Menü (siehe Abbildung 6.1) ruft den Report RPCEDTD0 auf, mit dem tabellengesteuerte Entgeltnachweise ausgeführt werden können.

Hinter diesem Aufruf verbirgt sich eine »alte«, noch häufig eingesetzte Form, die die Daten als einfache Liste ausgibt und nur wenig gestalterischen Spielraum zulässt, aber im Customizing einfach zu handhaben ist. Sie erreichen diese Formularsteuerung im Einführungsleitfaden über den Pfad PERSONALABRECHNUNG • ABRECHNUNG DEUTSCHLAND • FORMULARWESEN • ENTGELTNACHWEIS • ENTGELTNACHWEIS EINRICHTEN (siehe auch Abschnitt 20.8.2, »Reservierte Includes für Eigenentwicklung«).

Nach dem Aufruf der Transaktion ENTGELTNACHWEIS erhalten Sie ein Selektionsbild, dessen Eingabemöglichkeiten und Steuerungen wir nachfolgend beschreiben (siehe Abbildung 6.2).

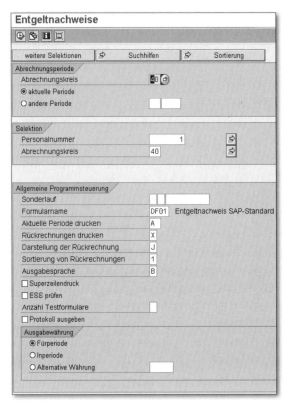

Abbildung 6.2 Selektionsbild »Entgeltnachweis«

Mit den Feldern des Selektionsbildes aus Abbildung 6.2 haben Sie folgende Steuerungsmöglichkeiten:

Datengruppe »Abrechnungsperiode«
Der ABRECHNUNGSKREIS dient an dieser Stelle zur Bestimmung des Auswahlzeitraums über die Auswahl des Radiobuttons AKTUELLE PE-RIODE und ist ein Mussfeld.

Der Radiobutton AKTUELLE PERIODE ist voreingestellt, die Datumsfelder werden dadurch nach Drücken von ⏎ gemäß der Abrechnungsperiode aus dem Abrechnungsverwaltungssatz – siehe Abschnitt 6.5, »Elektronischer Datenaustausch mit der Finanzverwaltung (Lohnsteueranmeldung und -bescheinigung)« – automatisch neben dem

Feld ABRECHNUNGSKREIS eingeblendet und können nicht geändert werden.

Wollen Sie den Entgeltnachweis für eine andere Periode als für die Abrechnungsperiode aus dem Abrechnungsverwaltungssatz erstellen, müssen Sie den Radiobutton ANDERE PERIODE auswählen und die Periode erfassen. Die Datumsfelder werden nach Drücken von ⏎ neben dem Feld ABRECHNUNGSKREIS eingeblendet. Sie können deren Inhalt nur über die Felder ANDERE PERIODE verändern.

Datengruppe »Selektion«

Das Feld PERSONALNUMMER verwenden Sie, wenn Sie den Entgeltnachweis für einen Mitarbeiter erstellen wollen. Wollen Sie den Entgeltnachweis für mehrere Personalnummern erstellen, erhalten Sie über den Button MEHRFACHSELEKTION neben dem Feld ein Dialogfenster, in dem weitere Selektionsmöglichkeiten angeboten werden. Sollen die Entgeltnachweise aller Mitarbeiter eines oder mehrerer Abrechnungskreise erstellt werden, erfolgt kein Eintrag.

Der ABRECHNUNGSKREIS stellt an dieser Stelle die Verbindung zu der(n) ausgewählten Personalnummer(n) dar. Wollen Sie Entgeltnachweise für mehrere Personalnummern erstellen, die unterschiedlichen Abrechnungskreisen angehören, benutzen Sie auch hier den Button ⇨ neben dem Feld.

Datengruppe »Allgemeine Programmsteuerung«

Die Felder hinter SONDERLAUF sind nur für Off-Cycle-Abrechnungen relevant, die in der deutschen Länderversion normalerweise nicht eingesetzt werden.

Im Feld FORMULARNAME erfassen Sie die alphanumerische Kennung des in Ihrem Unternehmen verwendeten Formulars. Dies ist in der Regel eine kopierte und im Customizing angepasste Version des in Abbildung 6.2 vorgeschlagenen Standardformulars DF01.

> Durch die Entgeltbescheinigungsverordnung (EbeschV), die am 01.01.2009 hätte in Kraft treten sollen, könnten Anpassungen in Ihrem kundeneigenen Formular notwendig werden. Beachten Sie diesbezüglich den SAP-Hinweis 1143020.

[+]

Mit den Parametern des Feldes AKTUELLE PERIODE DRUCKEN steuern Sie, ob, und wenn ja, unter welchen Bedingungen ein Formular der

Aktuelle Periode drucken

aktuellen Abrechnung für den in der Datengruppe ABRECHNUNGSPE-
RIODE festgelegten Zeitraum erstellt wird. Möglich sind nur alphabetische Werte, die folgende Ausprägungen annehmen können:

▶ A – es wird immer ein Formular für die Abrechnungsperiode erstellt.

▶ D – es wird nur dann ein Formular für die Abrechnungsperiode erstellt, wenn schon eine Rückrechnung gedruckt wurde oder sich
zur letzten Abrechnungsperiode eine Veränderung für eine Lohnart ergeben hat, die in der Tabelle 512E aufgeführt und im Feld
DIFAR entsprechend gekennzeichnet ist.

▶ AF – es wird nur dann ein Formular für die Abrechnungsperiode
erstellt, wenn eine Ausgabe in ein Formularfenster erfolgt.

▶ DF – wie D, jedoch nur, wenn eine Ausgabe in ein Formularfenster
erfolgt.

▶ AZ – wie A, jedoch nur, wenn eine kundeneigene Bedingung erfüllt ist. Dazu ist im Include RPCEDSZ9 eine Routine CHECK_
PRINT_MOD mit der entsprechenden Bedingung aufzunehmen.

▶ DZ – wie D, jedoch nur, wenn eine kundeneigene Bedingung
erfüllt ist. Dazu ist im Include RPCEDSZ9 eine Routine CHECK_
PRINT_MOD mit der entsprechenden Bedingung aufzunehmen.

Rückrechnungen drucken

Mit den Parametern des Feldes RÜCKRECHNUNGEN DRUCKEN steuern
Sie, ob, und wenn ja, unter welchen Bedingungen ein Formular für
Rückrechnungen erstellt wird. Möglich sind nur alphabetische Werte,
die folgende Ausprägungen annehmen können:

▶ X – Rückrechnungen werden immer gedruckt.

▶ L – Rückrechnungen werden nur dann gedruckt, wenn bei einer
der in der Tabelle T512E im Feld DIFAR markierten Lohnarten eine
Differenz zur vorletzten Abrechnung auftritt.

▶ » « (Blank) – Rückrechnungen werden nie gedruckt.

Darstellung der Rückrechnung

Durch die Einstellungen des Feldes DARSTELLUNG DER RÜCKRECH-
NUNG legen Sie fest, *wo* die Werte der Rückrechnung dargestellt werden sollen. Möglich sind nur alphabetische Werte, die folgende Ausprägungen annehmen können:

▶ A – damit drucken Sie Rückrechnungsdifferenzen auf das gleiche
Formular wie die Werte der Abrechnungsperiode.

- D – damit entscheiden Sie, Rückrechnungsdifferenzen pro Periode auf einem eigenen Formular auszugeben.

- J – damit werden Rückrechnungen komplett pro Periode auf ein eigenes Formular gedruckt.

- S – hier werden Rückrechnungsdifferenzen nach Lohnarten summiert und auf dem Formular der Abrechnungsperiode gedruckt.

Wir empfehlen die Darstellung mit dem Parameter D. Nur hier können Rückrechnungsdifferenzen sofort zugeordnet werden, da standardmäßig bei der Darstellung mit den Parametern A und S kein zeitlicher Bezug (Entstehungsperiode) ausgegeben wird. Mit dem Parameter J wird für die Rückrechnungsperiode ein vollständiges Formular erstellt, die Rückrechnungsdifferenzen sind erst durch einen Vergleich mit der Originalperiode möglich.

[+]

Mit den Parametern des Feldes Sortierung von Rückrechnungen steuern Sie die Sortierung von Lohnarten in der Darstellung von Rückrechnungen. Möglich sind alphanumerische Werte, die folgende Ausprägungen annehmen können:

Sortierung von Rückrechnungen

- 1 – mit diesem Parameter drucken Sie eine Lohnart aus der Rückrechnung zusammen mit der Lohnart aus der aktuellen Periode. Danach folgt die nächste Lohnart. Die Sortierung erfolgt (in dieser Reihenfolge) nach Fenster, Gruppe, Untergruppe, Rückrechnungsdatum, Zeilenart, Spaltenart und Lohnart.

- 2 – hier geben Sie zuerst alle Lohnarten pro Rückrechnungsperiode aus, danach die Lohnarten der aktuellen Periode. Die Sortierung erfolgt nach Fenster, Rückrechnungsdatum, Gruppe, Untergruppe, Zeilenart, Spaltenart und Lohnart.

- 3 – damit sortieren Sie nach Gruppen. Innerhalb einer Gruppe werden zuerst alle Lohnarten pro Rückrechnungsperiode gedruckt, danach die Lohnarten der aktuellen Periode. Die Sortierung erfolgt nach Fenster, Gruppe, Rückrechnungsdatum, Untergruppe, Zeilenart, Spaltenart und Lohnart.

- Z – dies ist in der Regel der Parameter für kundeneigene Sortierungen.

Mit den Parametern des Feldes Ausgabesprache haben Sie die Möglichkeit, das Formular in unterschiedlichen Sprachen zu erstellen. Möglich sind nur alphabetische Werte, die folgende Ausprägungen annehmen können:

Ausgabesprache

> ▸ A – Ausgabe in der Sprache des Mitarbeiters, dessen Abrechnung gerade bearbeitet wird

> ▸ B – Ausgabe in der Sprache des Sachbearbeiters, der das Programm gestartet hat (Anmeldesprache)

> ▸ W – Ausgabe in der Sprache des Personalbereichs; dazu muss das Me..rkmal SPRSL gepflegt sein (zu Merkmalen siehe Abschnitt 20.8.1, »Pflege von Funktionen und Operationen mit der Transaktion PE04«).

Superzeilen

Superzeilen sind Zeilen, in denen die Werte mehrerer Lohnarten angezeigt werden. Wenn Sie das Feld SUPERZEILENDRUCK nicht markieren, werden alle Superzeilen angezeigt. Markieren Sie das Feld, wird eine Superzeile nur dann angezeigt, wenn sie eine Lohnart enthält, die in der Formularsteuerung mit der Spaltenart 1 gesteuert ist.

Employee Self-Service

Der Employee Self-Service erlaubt dem Mitarbeiter im Wesentlichen, eigene Daten abzurufen oder zu pflegen und Auswertungen zu starten. Sie können in der Personaladministration im Infotyp 0655 (Druck des Entgeltnachweises) steuern, ob Mitarbeiter den Entgeltnachweis nur über ESS erhalten. Wenn Sie das Kennzeichen ESS PRÜFEN nicht setzen, erhalten alle Mitarbeiter unabhängig von einer eventuellen Steuerung im Infotyp 0655 ein Formular.

Testformulare

Mit der Eingabe im Feld ANZAHL TESTFORMULARE können Sie bis zu neun Testformulare vor dem ersten Abrechnungsformular erstellen. Durch das Setzen des Kennzeichens PROTOKOLL AUSGEBEN erhalten Sie zusätzlich zu dem(n) Formular(en) ein Protokoll, das folgende Daten beinhaltet:

▸ selektierte Personalnummern

▸ gedruckte Personalnummern

▸ aufbereitete Formulare

▸ aufbereitete Seiten

Wenn Sie das Kennzeichen bei ESS PRÜFEN gesetzt haben und die Voraussetzungen im Infotyp 0655 (Druck des Entgeltnachweises) vorliegen:

▸ ungedruckte ESS-Personalnummern

Datengruppe »Ausgabewährung«

In dieser Datengruppe bestimmen Sie, in welcher Währung die Ausgabe des Formulars erfolgen soll.

Wenn Sie die Voreinstellung des Radiobuttons FÜRPERIODE übernehmen, bleibt die jeweilige Währung der Periode erhalten. Es findet keine Umrechnung statt.

[+]

Ausnahme: Bei Einsatz der Parameterwerte S bzw. A für die Darstellung der Rückrechnung findet immer eine Umrechnung in die Inperiodenwährung statt.

Wählen Sie den Radiobutton INPERIODE, erfolgt die Ausgabe aller Werte in der Währung der Inperiode. Bei Perioden, die eine abweichende Währung haben, findet eine Umrechnung aus der Fürperiodenwährung in die Inperiodenwährung statt.

Mit der Auswahl des Radiobuttons ALTERNATIVE WÄHRUNG können Sie alle Werte in der Währung ausgeben, die Sie im Feld über die Wertehilfe auswählen. Bei Perioden, die eine abweichende Währung besitzen, findet eine Umrechnung statt.

[+]

Verbindung des Entgeltnachweises zu den Selektionsbildern der Transaktionen »Simulation« und »Abrechnung starten«

Die Einstellungen eines Sektionsbildes können Sie als Variante speichern. Sie erhalten nach der Ausführung der Transaktionen SIMULATION oder ABRECHNUNG STARTEN nur dann ein Formular, wenn Sie in deren Selektionsbild in der Datengruppe PARAMETER FÜR ENTGELTNACHWEIS im Feld ANZEIGEVARIANTE ENTGELTNACHWEIS eine Variante des soeben beschriebenen Selektionsbildes einfügen. Das Formular wird dann mit den Einstellungen erstellt, die Sie hier erfasst haben.

Siehe Abschnitt 1.6, »Simulation«.

Bevor Sie eine Variante des Entgeltnachweises im Selektionsbild der Abrechnung im Feld ANZEIGEVARIANTE ENTGELTNACHW erfassen können (siehe Abbildung 1.4), haben Sie das Selektionsbild des Entgeltnachweises mit den gezeigten Einstellungen als Variante angelegt (siehe Abbildung 6.3).

Als Ergebnis wird Ihr kundeneigenes Formular erstellt und nur dann ein Formular für eine Rückrechnung, wenn sich der Wert einer Lohnart in der Rückrechnungsperiode verändert hat. Notwendige Voraussetzung: die Kennzeichnung dieser Lohnart in der Tabelle T512E,

z. B. die Lohnart /560 (Auszahlungsbetrag). Zusätzlich wird im Formular für eine Rückrechnungsperiode nur eine eventuelle Differenz pro Lohnart zur Vorperiode angezeigt.

Allgemeine Programmsteuerung	
Sonderlauf	
Formularname	FGH ⊙ Entgeltnachweis Kunde
Aktuelle Periode drucken	A
Rückrechnungen drucken	L
Darstellung der Rückrechnung	D
Sortierung von Rückrechnungen	1
Ausgabesprache	B

Abbildung 6.3 Beispielhafte Darstellung der Formularsteuerung

In Abbildung 6.4 ist ein Entgeltnachweis mit dem SAP-Musterformular DF01 dargestellt.

```
Entgeltabrechnung für Januar 2009        Datum 13.01.2009  Seite 1
Hassmann-Consulting GmbH                  Währung EUR

Ihr Sachbearbeiter ist
                                   Personalnr.....     2000002
                                   Geburtsdatum... 30.10.1964
                                   Eintritt....... 01.01.2006
                                   Kostenstelle... Personal
                                   Abteilung...... Human Ress


   Herrn
   Robert Dorsch
   Strasse 123
   12345 Ort


ENTGELTBESTANDTEILE      Tg/Std Betrag/E.      Monat   Jahressummen

Tarifgehalt                                 1.150,41
Tarifliche  Zulage (%)                        138,05

BRUTTOENTGELTE
Gesamtbrutto                                1.288,46    1.288,46
Steuer-Brutto             1.288,46          1.288,46    1.288,46
SV-Brutto KV/PV           1.288,46          1.288,46    1.288,46
SV-Brutto RV              1.288,46          1.288,46    1.288,46
SV-Brutto AV              1.288,46          1.288,46    1.288,46

GESETZLICHE ABZÜGE
Lohnsteuer                                     67,91       67,91
Krankenversicherung                          105,66      105,66
Rentenversicherung                           128,20      128,20
Arbeitslosenversicherung                      18,04       18,04
Pflegeversicherung                            15,78       15,78

Gesetzliches Netto                           952,87

ÜBERWEISUNGEN
Überweisung                                  952,87

 ─ Information zur Überweisung ─
 Überweisung              952,87  EUR
          25010030  Postbank Hannover 23400

Steuerklasse / Kinder  1 /        RV-Nummer
Kirchensteuer  ─ /                SV-Kennzeichen  1111
Freibetrag J/M        /           Krankenkasse  Barmer Ersatzkasse
Hin.betrag J/M        /           KV-AN   8.20%    PV-AN  1.225%
Steuer-/SV-Tage  30 / 30          AV-AN   1.40%    RV-AN   9.95%
```

Abbildung 6.4 Entgeltnachweis mit dem SAP-Musterformular DF01

[!]

Beachten Sie jedoch, dass im Formular des Entgeltnachweises nur die Informationen angezeigt werden, die in der Formularsteuerung eingerichtet sind. Deshalb sollten Sie sich zu Kontrollzwecken nicht ausschließlich darauf stützen, sondern unter Umständen zusätzlich die Abrechnungsergebnisse heranziehen. Beachten Sie außerdem, dass der Entgeltnachweis im Direktaufruf mit der Transaktion ENTGELTNACHWEIS ausschließlich die Daten der *Abrechnungsergebnisse* nach einer Echtabrechnung anzeigt, die Informationen des Formulars nach einer *Simulation* jedoch die aktuellen Daten des Personalstammes widerspiegeln. Das führt dann zu unterschiedlichen Inhalten eines Formulars für die gleiche Abrechnungsperiode, wenn nach einer Echtabrechnung der Personalstamm verändert wurde oder eine eventuelle nochmalige Echtabrechnung in der Korrekturphase (siehe Abschnitt 6.5.5, »Customizing der Lohnsteuerbescheinigung«) bzw. eine Rückrechnung in einer Folgeperiode noch nicht durchgeführt wurde.

6.1.2 Entgeltnachweis als Smart-Forms- oder als PDF-Formular

Alternativ zu dem tabellengesteuerten Entgeltnachweis kann der Entgeltnachweis als Smart-Forms- (siehe Abbildung 6.5) oder als PDF-Formular erstellt werden. Die Transaktion zum Ausführen des Entgeltnachweises ist für beide Formate identisch und im Menü unter dem Punkt ENTGELTNACHWEIS IN HR-FORMS zu finden.

Wird die Transaktion ausgeführt (siehe Abbildung 6.6), können das Formular und die Periode gewählt werden; außerdem können die Mitarbeiter selektiert werden, für die ein Entgeltnachweis erstellt werden soll. Diese Transaktion ruft das eigentliche Druckprogramm auf. Dieses ist unmittelbar mit dem Formular verbunden und wird beim Erstellen des Formulars generiert.

Die Darstellung der Rückrechnungen, die bei dem tabellengesteuerten Formular im Report flexibel eingestellt werden kann, wird bei der Verwendung von HR-Forms direkt im Formular festgelegt, weshalb es hier nicht diese große Anzahl von Parametern im Selektionsbild gibt.

[+]

Die Darstellung von Rückrechnungen im aktuellen Formular ist in dem von SAP ausgelieferten Muster nicht möglich, sondern erfordert einen aufwendigen Umbau des Formulars.

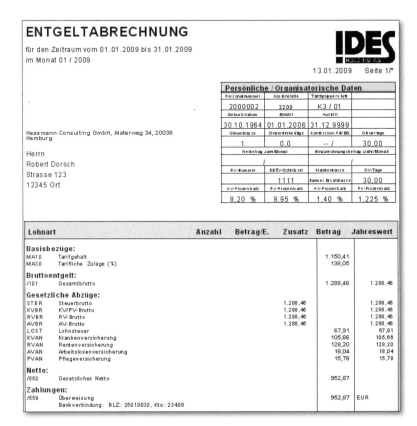

Abbildung 6.5 Entgeltnachweis in Smart-Forms-Technologie

Abbildung 6.6 Aufruf des HR-Formular-Druckprogramms

6.2   Überweisung

Der Ordner ÜBERWEISUNG (siehe Abbildung 6.1) enthält alle Schritte, mit denen Sie die in der Abrechnung ermittelten Auszahlungsbeträge auf die Konten der Mitarbeiter und anderer Empfänger überweisen können. Dabei werden alle Zahlungen verarbeitet, die mitarbeiterbezogen aus der Personalabrechnung erzeugt werden. Es werden die Beträge verarbeitet, die im Abrechnungsergebnis in der Tabelle BT (Bank Transfer = Zahlungsinformationen) gespeichert sind (siehe Abbildung 6.7). Daneben gibt es andere Zahlprogramme, die mitarbeiterübergreifende Überweisungen durchführen, wie z. B. die Überweisung der Sozialversicherungsbeiträge, die an den entsprechenden Stellen in diesem Buch erklärt werden.

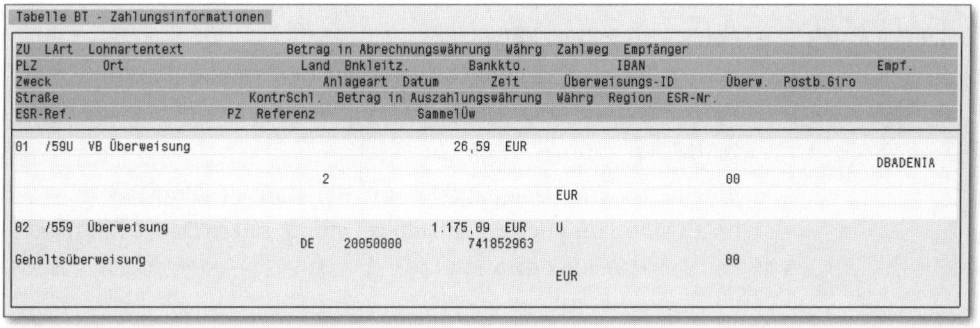

```
Tabelle BT - Zahlungsinformationen

ZU  LArt  Lohnartentext            Betrag in Abrechnungswährung  Währg  Zahlweg  Empfänger
PLZ       Ort                  Land  Bnkleitz.        Bankkto.              IBAN                    Empf.
Zweck                             Anlageart  Datum      Zeit       Überweisungs-ID      Überw.  Postb.Giro
Straße                    KontrSchl.  Betrag in Auszahlungswährung  Währg  Region  ESR-Nr.
ESR-Ref.              PZ  Referenz            SammelÜw

01  /59U  VB Überweisung                           26,59  EUR
                              2                                                               DBADENIA
                                                              EUR                     00

02  /559  Überweisung                          1.175,09  EUR   U
                        DE   20050000         741852963
Gehaltsüberweisung                                                              00
                                                              EUR
```

Abbildung 6.7 Zahlungsinformationen

Im folgenden Abschnitt gehen wir auf die einzelnen Schritte ein und geben Ihnen Hinweise zur Bearbeitung.

6.2.1   »Vorprogramm Datenträgeraustausch (DTA) mehrere Zahlungsläufe«

Der Datenträgeraustausch (DTA) repräsentiert das national gültige Format eines Datenträgers zur Kommunikation mit den Banken.

Mit dem VORPROGRAMM DATENTRÄGERAUSTAUSCH (DTA) MEHRERE ZAHLUNGSLÄUFE (nachfolgend kurz *Vorprogramm DTA*) werten Sie die Ergebnisse der Personalabrechnung aus, um einen Datenbestand, die sogenannten *Regulierungsdaten*, zu erzeugen. Dies bildet den ersten Schritt im Prozess der Lohn- und Gehaltszahlung. Sie können das Vorprogramm DTA auch dann verwenden, wenn Sie innerhalb einer

Abrechnungsperiode mehrere Teilzahlungen zu verschiedenen Terminen (qualifizierter Abschlag) vornehmen wollen, darüber hinaus können Sie Zahlungen mit unterschiedlichen *Zahlwegen* in einem Zahlungslauf auswerten. Die Zahlungsträgerprogramme, welche die vom Vorprogramm DTA erzeugten Daten weiterverarbeiten, selektieren die entsprechenden Datensätze anhand des Zahlwegs.

Das Vorprogramm DTA verarbeitet sowohl Informationen aus den Stammdaten als auch Informationen aus dem Abrechnungsergebnis eines Mitarbeiters. Die von Ihnen erzeugten Regulierungsdaten werden von länderspezifischen Zahlungsträgerprogrammen des Finanzwesens verarbeitet, die Sie anschließend starten müssen, um Zahlungsträger (z. B. DTA-Dateien für die Bank, Schecks) zu erzeugen.

Voraussetzungen, die im Customizing erfüllt sein müssen Folgende Voraussetzungen müssen im Customizing erfüllt sein:

▸ **Einrichtung der Zahlwege**
im Customizing des Personalmanagements unter PERSONALADMINISTRATION • PERSÖNLICHE DATEN • BANKVERBINDUNG • ZAHLWEG FESTLEGEN

▸ **Einrichtung der Hausbanken und der Hausbankkonten**
im Customizing der Personalabrechnung unter DATENTRÄGERAUSTAUSCH • VORPROGRAMME ZUM DATENTRÄGERAUSTAUSCH • HAUSBANKEN EINRICHTEN

▸ **Festlegung der Absenderbank(en) und des zahlenden Buchungskreises durch die Bearbeitung des Merkmals DTAKT**
zu Merkmalen siehe Abschnitt 20.8.1, »Pflege von Funktionen und Operationen mit der Transaktion PE04«, im Customizing der Personalabrechnung unter DATENTRÄGERAUSTAUSCH • VORPROGRAMME ZUM DATENTRÄGERAUSTAUSCH • ABSENDERBANKEN FESTLEGEN

▸ **Zuordnung der Textschlüssel für den Zahlungsverkehr zu Überweisungslohnarten**
im Customizing der Personalabrechnung unter DATENTRÄGERAUSTAUSCH • VORPROGRAMME ZUM DATENTRÄGERAUSTAUSCH • TEXTSCHLÜSSEL ZAHLUNGSVERKEHR PRÜFEN

Wenn Sie die Transaktion VORPROGRAMM DATENTRÄGERAUSTAUSCH MEHRERE ZAHLUNGSLÄUFE im Easy-Access-Menü aufrufen (siehe Abbildung 6.1), erhalten Sie das in Abbildung 6.8 gezeigte Selektionsbild, das wir Ihnen nachfolgend erläutern.

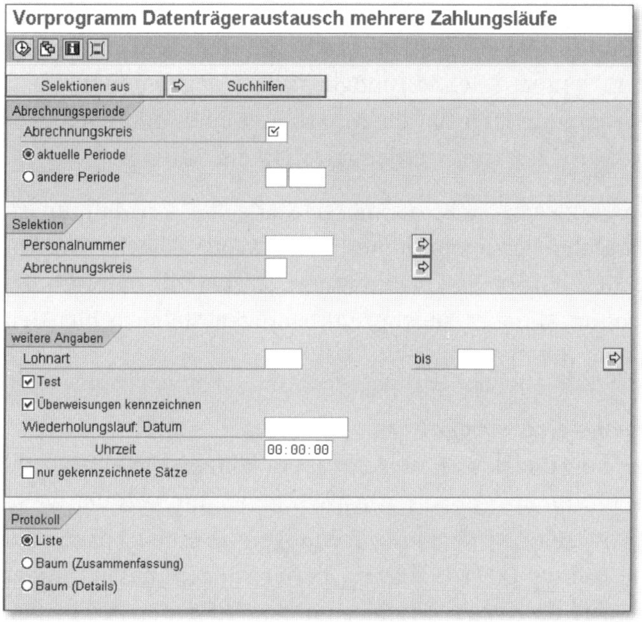

Abbildung 6.8 Selektionsbild »Vorprogramm Datenträgeraustausch«

Datengruppe »Abrechnungsperiode«

Der ABRECHNUNGSKREIS dient an dieser Stelle zur Bestimmung des Auswahlzeitraums über die Auswahl des Radiobuttons AKTUELLE PERIODE und ist ein Mussfeld.

Der Radiobutton AKTUELLE PERIODE ist voreingestellt, die Datumsfelder werden dadurch nach Drücken von ⏎ gemäß der Abrechnungsperiode aus dem Abrechnungsverwaltungssatz (siehe Abschnitt 6.5.1, »Allgemeines«) automatisch neben dem Feld ABRECHNUNGSKREIS eingeblendet und können nicht geändert werden.

Wollen Sie das Vorprogramm DTA für eine andere Periode als für die Abrechnungsperiode aus dem Abrechnungsverwaltungssatz starten, müssen Sie den Radiobutton ANDERE PERIODE auswählen und die Periode erfassen. Die Datumsfelder werden nach Drücken von ⏎ neben dem Feld ABRECHNUNGSKREIS eingeblendet. Sie können deren Inhalt nur über die Felder hinter ANDERE PERIODE verändern.

Datengruppe »Selektion«

Das Feld PERSONALNUMMER verwenden Sie, wenn Sie das Vorprogramm DTA für einen Mitarbeiter erstellen wollen. Wollen Sie das

Vorprogramm DTA für mehrere Personalnummern starten, erhalten Sie mit dem Button MEHRFACHSELEKTION neben dem Feld ein Dialogfenster, in dem weitere Selektionsmöglichkeiten angeboten werden. Soll das Vorprogramm DTA für alle Mitarbeiter eines oder mehrerer Abrechnungskreise gestartet werden, erfolgt kein Eintrag.

Der ABRECHNUNGSKREIS stellt an dieser Stelle die Verbindung zu der(n) ausgewählten Personalnummer(n) dar. Wollen Sie das Vorprogramm DTA für mehrere Personalnummern starten, die unterschiedlichen Abrechnungskreisen angehören, benutzen Sie auch hier den Button ⊡ neben dem Feld.

Datengruppe »weitere Angaben«

Mit Hilfe der Eingabefelder hinter LOHNART können Sie einen Zahlungslauf auf bestimmte Lohnarten einschränken, um beispielsweise unabhängig von einer Abrechnung Zahlungen zu erzeugen, die auf Lohnarten im Infotyp 0011 (Externe Überweisungen) basieren oder wenn Sie einen qualifizierten Abschlag mit den Infotypen 0014 (Wiederk. Be-/Abzüge) oder 0015 (Ergänzende Zahlung) durchführen wollen. Die Sätze werden bis zum folgenden Abrechnungslauf gegen Änderungen gesperrt und dort verarbeitet, in der Regel als Nettoabzug.

Wenn Sie das Kennzeichen TEST setzen, werden die Daten eines Zahlungslaufs zu Kontrollzwecken angezeigt. Es entstehen keine Regulierungsdaten, und es werden keine Daten in den Abrechnungsergebnissen gespeichert.

[!] Die Auswahl der Testmöglichkeiten ist in den Selektionsbildern der Folgeaktivitäten sehr unterschiedlich geregelt, sowohl bezüglich der Bezeichnung als auch der Voreinstellungen. Wir empfehlen daher die Variantensteuerung, um das ungewollte Erzeugen von Daten in der Datenbank zu vermeiden.

[+] Wir empfehlen Ihnen zudem, den Haken im Feld ÜBERWEISUNGEN KENNZEICHNEN zu setzen. Er bewirkt, dass das System jeden verarbeiteten Eintrag der Tabelle BT (Zahlungsinformationen) in den Abrechnungsergebnissen mit Datum und Uhrzeit versieht, um ihn für spätere Zahlungsläufe als verarbeitet zu kennzeichnen. So wird verhindert, dass Einträge in dieser Tabelle versehentlich mehrmals verarbeitet werden.

Wenn Sie die Personalabrechnung wiederholen, nachdem Sie das Vorprogramm DTA ausgeführt haben, überschreibt das System die mit Datum und Uhrzeit gekennzeichneten Einträge nicht, sondern führt eine Differenzrechnung durch. Deswegen müssen Sie das Kennzeichen ÜBERWEISUNGEN KENNZEICHNEN auf jeden Fall setzen, wenn Sie einen qualifizierten Abschlag durchführen wollen.

Die Funktion der Felder WIEDERHOLUNGSLAUF: DATUM/UHRZEIT und die Auswahl NUR GEKENNZEICHNETE SÄTZE wollen wir Ihnen anhand eines Beispiels erläutern: **[zB]**

Wenn Sie einen Zahlungslauf nicht korrekt durchführen konnten (z. B. aufgrund eines Programmabbruchs), müssen Sie diesen wiederholen. Voraussetzung für die folgende Vorgehensweise ist, dass Sie bei der Erzeugung des Zahlungslaufs, den Sie wiederholen wollen, den Haken bei ÜBERWEISUNGEN KENNZEICHNEN gesetzt haben.

1. Nehmen Sie die gleichen Einstellungen im Selektionsbild des Vorprogramms DTA vor wie bei der Erzeugung des ursprünglichen Zahlungslaufs.

2. Tragen Sie zusätzlich in den Eingabefeldern WIEDERHOLUNGSLAUF: DATUM und UHRZEIT das Datum und die Uhrzeit des zu wiederholenden Zahlungslaufs ein.

Aufgrund dieser Angaben wertet das System die Einträge in der Tabelle BT (*Zahlungsinformationen*) in den Abrechnungsergebnissen aus, die das Vorprogramm DTA zwar mit Datum und Uhrzeit gekennzeichnet hat, aber deren Datum und Uhrzeit mit Ihrer Eingabe in den Eingabefeldern WIEDERHOLUNGSLAUF: DATUM und UHRZEIT auch übereinstimmt.

Wenn Sie nur die bereits gekennzeichneten Einträge in der Tabelle BT (*Zahlungsinformationen*) auswerten wollen, benutzen Sie das Kennzeichen NUR GEKENNZEICHNETE SÄTZE. Wenn Sie dieses Kennzeichen nicht setzen, wertet das System auch Einträge in der Tabelle BT (*Zahlungsinformationen*) aus, die noch nicht mit Datum und Uhrzeit gekennzeichnet sind.

Sollten Ihnen Datum und Uhrzeit nicht bekannt sein, können Sie sich diese Informationen aus der Tabelle BT (*Zahlungsinformationen*) der Abrechnungsergebnisse eines Mitarbeiters besorgen, der in diesem Zahlungslauf enthalten ist (siehe Abbildung 6.9). **[+]**

Abbildung 6.9 Tabelle BT (Zahlungsinformationen) mit Datum und Uhrzeit

Datengruppe »Protokoll«

Unabhängig von der Einstellung TEST, bei der jede Überweisung ausführlich dargestellt wird, erhalten Sie bei jedem Start des Vorprogramms DTA ein Protokoll. Mit der Auswahl der Radiobuttons LISTE, BAUM (ZUSAMMENFASSUNG) und BAUM (DETAILS) entscheiden Sie nicht nur über die Art der Darstellung, sondern auch über Umfang und Inhalt des Protokolls. Abbildung 6.10 zeigt Ihnen ein Protokoll mit der Auswahl BAUM (DETAILS).

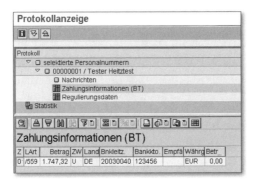

Abbildung 6.10 Protokoll des Vorprogramms DTA mit der Auswahl »Baum (Details)«

[+] Die Informationen unter ZAHLUNGSINFORMATIONEN (BT) erhalten Sie durch Doppelklick auf den gleichen Eintrag unter NACHRICHTEN. Die Darstellung erfolgt mit dem ALV Grid Control (SAP List Viewer) und enthält dessen Bearbeitungsmöglichkeiten (siehe SAP PRESS-Buch »HR-Reporting mit SAP«, Abschnitt 3.4).

Wenn Sie das Vorprogramm DTA ohne die Option TEST ausführen, wird ein Zahlungslauf erzeugt, der Regulierungsdaten enthält und mit einem *Programmlaufdatum* und einem *Identifikationsmerkmal* zur weiteren Verarbeitung gekennzeichnet ist. Damit können Sie jeden Zahlungslauf eindeutig identifizieren. Das Identifikationsmerkmal ergibt sich aus der sechsstelligen Systemzeit, zu der Sie das Vorprogramm DTA gestartet haben. Die letzte Stelle wird durch ein P ersetzt, dadurch können in der Finanzbuchhaltung die im DTA enthaltenen einzelnen Überweisungen nicht eingesehen werden. Abbildung 6.11 zeigt das Protokoll nach Start des Vorprogramms DTA ohne TEST und mit der voreingestellten Auswahl LISTE.

Vorprogramm Datenträgeraustausch mehrere Zahlungsläufe	
Vorprogramm Datenträgeraustausch mehrere Zahlungsläufe	
Progamm laufdatum	: 09.04.2008
	19414P
Selektierte und ausgewertete Personen:	1
Nicht selektierte Personen :	0
Überweisungen ohne Fehler :	1
nicht durchgeführte Überweisungen :	0
Bereits erfolgte Überweisungen :	0

Abbildung 6.11 Protokoll des Vorprogramms DTA ohne »Test« und mit der voreingestellten Auswahl »Liste«

[+]

Leider wird in den Folgeprogrammen ABRECH.ÜBERWEISUNG ERST.DTA INL (siehe Abschnitt 6.2.3, »Erstellung Datenträger Inland«) und DTA-VERWALTUNG (siehe Abschnitt 6.2.4, »DTA-Verwaltung«) bei der Auswahl des Zahlungslaufs der Ersteller der Daten des Vorprogramms DTA nicht mit angegeben. Sollten mehrere Zahlungsläufe am gleichen Tag von verschiedenen Benutzern erstellt werden, könnten Sie Probleme bei der Identifikation *Ihres* Zahlungslaufs haben. Aus diesem Grund empfehlen wir, sich das Identifikationsmerkmal zu notieren (Hardcopy), bis Sie den Zahlungslauf weiterverarbeitet haben.

6.2.2 »Vorprogramm Datenträgeraustausch Sammelüberweisung«

Diesen Schritt müssen Sie nur ausführen, wenn Sie Sammelüberweisungen verwenden. Das Vorprogramm DTA Sammelüberweisung wertet Abrechnungsergebnisse aus und sammelt alle Überweisungen aus der Abrechnungstabelle BT, die als Sammelüberweisung gekennzeichnet sind. Es werden keine einzelnen Überweisungen erstellt, sondern die Überweisungsbeträge aller selektierten Personalnummern werden addiert. Es wird pro Absender, Zahlweg und Überweisungslohnart eine Überweisung in die Regulierungsdaten geschrieben. Zusätzlich kann eine Zahlungsliste erstellt werden, aus der hervorgeht, aus welchen Einzelposten sich die Sammelüberweisung zusammensetzt.

6.2.3 Erstellung Datenträger Inland

Nachdem Sie mit dem Vorprogramm DTA die Regulierungsdaten erstellt haben, müssen Sie im nächsten Schritt die Datei für den Zahlungsträger erzeugen.

Hinter der etwas kryptischen Bezeichnung »Abrech.überweisung erst.DTA inl« verbirgt sich das Zahlungsträgerprogramm des Rechnungswesens, das die von Ihnen mit dem Vorprogramm DTA erstellten Regulierungsdaten verarbeitet. Nachdem Sie die Transaktion ABRECH.ÜBERWEISUNG ERST.DTA INL im Easy-Access-Menü (siehe Abbildung 6.1) aufgerufen haben, müssen Sie im folgenden Selektionsbild u. a. bestimmen, welche Art von Zahlungsträger Ihre Bank erhalten soll (siehe Abbildung 6.12).

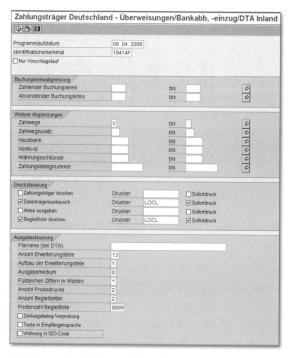

Abbildung 6.12 Selektionsbild »Zahlungsträger Deutschland«

Aus der Wertehilfe (F4) der Felder PROGRAMMLAUFDATUM oder IDENTIFIKATIONSMERKMAL wählen Sie die Angaben aus dem Protokoll des Vorprogramms DTA (siehe Abbildung 6.11).

Die Steuerungen über die Auswahl NUR VORSCHLAGSLAUF ist für SAP ERP HCM nicht vorgesehen.

In den Feldern der Datengruppen BUCHUNGSKREISABGRENZUNG und WEITERE ABGRENZUNGEN machen Sie nur Angaben, wenn Sie von den im Customizing festgelegten Steuerungen abweichen wollen (in der Regel nicht der Fall).

Datengruppe »Drucksteuerung«

Die Auswahl ZAHLUNGSTRÄGER DRUCKEN benutzen Sie, wenn Sie Überweisungen in Papierform erstellen wollen.

Mit dem Parameter DATENTRÄGERAUSTAUSCH erstellen Sie Überweisungen/Lastschriften in einem Datenträgeraustauschformat und legen den *Diskettenbegleitzettel* in Ihrer *Spooldatei* ab. Im Feld DRUCKER können Sie den Drucker angeben, der den Diskettenbegleitzettel in Verbindung mit der Markierung des Feldes SOFORTDRUCK nach dem Start des Programms ausgibt. Mit der Bezeichnung LOCL oder LOC (kundenabhängig) wird in der Regel der Drucker angesteuert, der von Ihnen als Standarddrucker festgelegt wurde.

Die Auswahl AVISE AUSGEBEN ist keine Anwendung für SAP ERP HCM.

Mit der Auswahl BEGLEITLISTE DRUCKEN erstellen Sie die *Zahlungsbegleitliste*. Die Steuerungen der weiteren Felder entsprechen denen des Parameters DATENTRÄGERAUSTAUSCH.

Datengruppe »Ausgabesteuerung«

Mit dem Feld FILENAME (BEI DTA) können Sie die zu erstellende DTA-Datei bezeichnen und bei einer Speicherung im Filesystem den erforderlichen Pfad angeben. Dabei sollten Sie sicherstellen, dass die Bezeichnung den Vorschriften des Empfängers entspricht und ein beschreibbares File vorhanden ist. Tragen Sie nichts ein, wird der Filename vom Programm generiert. Er setzt sich aus dem Diskettenformat, Datum und Uhrzeit der Erstellung sowie einer laufenden Nummer zusammen, um die Eindeutigkeit des Dateinamens zu gewährleisten.

Die Felder ANZAHL ERWEITERUNGSTEILE und AUFBAU DER ERWEITE-RUNGSTEILE werden für SAP ERP HCM nicht angewandt.

Mit dem Feld AUSGABEMEDIUM steuern Sie länderabhängig, in welchem Format bzw. auf welches Medium der Datenträgeraustausch ausgegeben werden soll. In der Bundesrepublik Deutschland sind folgende Eingaben möglich:

► **0 – Ausgabe in die TemSe-Datei (Diskettenformat)**
Sie können die erstellte Datei innerhalb des SAP-Systems halten (Speicherung in der TemSe (*T*emporäre *Se*quentielle Datei; keine Ablage im Filesystem), dadurch ist sie vor Zugriffen von außen geschützt. Einen Download der Datei auf Diskette führen Sie über die Transaktion DTA-VERWALTUNG (siehe Abschnitt 6.2.4, »DTA-Verwaltung«) durch.

► **2 – Ausgabe in das File-System (Diskettenformat)**
Damit wird die Datei in Ihr Filesystem geschrieben. Über die Transaktion DTA-VERWALTUNG kann die erstellte Datei zusätzlich auf einen Datenträger kopiert werden. Dabei sollten Sie die Markierung DATENTRÄGER (AN EXTERN ÜBERGEBENE) verwenden, da die Datei nicht innerhalb des SAP-Systems verwaltet wird, sondern bereits durch das Zahlungsträgerprogramm in das Filesystem abgelegt wurde.

[+]   Sollte das File über die DTA-VERWALTUNG (siehe Abschnitt 6.2.4) nicht auffindbar sein, so kann folgende Ursache zugrunde liegen: Das Verzeichnis, auf das beim Start des Zahlungsträgerprogramms geschrieben wurde (z. B. in der Hintergrundverarbeitung), kann im Dialog nicht gelesen werden. Sie sollten also ein Verzeichnis wählen, das von verschiedenen Maschinen beschrieben und gelesen werden kann.

Wegen der oben beschriebenen Probleme und der damit verbundenen fehlenden Datensicherheit raten wir von der Ausgabe in das Filesystem ab. Dieser Weg kann nur dann sinnvoll sein, wenn das Datenträgerfile von einem externen Programm zur Weiterleitung an die Bank aus dem Filesystem »abgeholt« wird (siehe dazu auch den Abschnitt 6.2.5, Payment Medium Workbench«).

Sie können den Regulierungsbetrag in Worten ausgeben, dabei werden Leerzeichen durch das Symbol ersetzt, das Sie im Feld FÜLL-ZEICHEN ZIFFERN IN WORTEN erfassen. Wenn Sie die SAP-Standardformulare F110_PRENUM_CHCK oder F110_RU_PLATJOSH verwenden, lassen Sie das Feld leer.

Wenn Sie Zahlungsträger in Papierform erstellen wollen, legen Sie mit dem Feld Anzahl Probedrucke fest, wie viele Probedrucke Sie bei der Ausgabe zur korrekten Einstellung des Druckers benötigen.

Mit einer Eingabe im Feld Anzahl Begleitzettel haben Sie die Möglichkeit, bis zu neun Diskettenbegleitzettel zu erstellen.

Das Feld Postenzahl Begleitliste können Sie benutzen, um – wie von manchen Bankinstituten gefordert – die maximale Postenzahl der Informationen auf der Zahlungsbegleitliste auf einen bestimmten Wert kleiner als 9999 zu limitieren. Bei Überschreiten dieses Grenzwertes wird die alte Liste abgeschlossen und eine weitere Liste erstellt. Der Wert 9999 bedeutet keine Limitierung. Der Wert 0 schaltet den Parameter für den Druck der Begleitliste aus.

Die Auswahl Zahlungsbeleg-Verprobung ist nur sinnvoll, wenn Sie die Komponente *Off-Cycle-Aktivitäten* einsetzen. Die Auswahl Texte in Empfängersprache führt nur dann zu einem Ergebnis, wenn die Formulare in der gewünschten Sprache vorhanden sind.

Wenn Sie das Kennzeichen Währung in ISO-Code setzen, werden alle Währungsschlüssel in den zugehörigen internationalen ISO-Code umgesetzt. Voraussetzung ist, dass Sie über das Customizing zu jedem Währungsschlüssel den ISO-Code hinterlegt haben.

Nachdem Sie den Report mit Ausführen gestartet haben, können Sie aus dem folgenden Protokoll (siehe Abbildung 6.13) durch Auswahl des DTA-Files direkt zum Download verzweigen, den wir Ihnen im Abschnitt 6.2.4, »DTA-Verwaltung«, erklären, und durch Auswahl der Zahlungsbegleitliste oder des DTA-Begleitzettels direkt in die Spooldatei verzweigen.

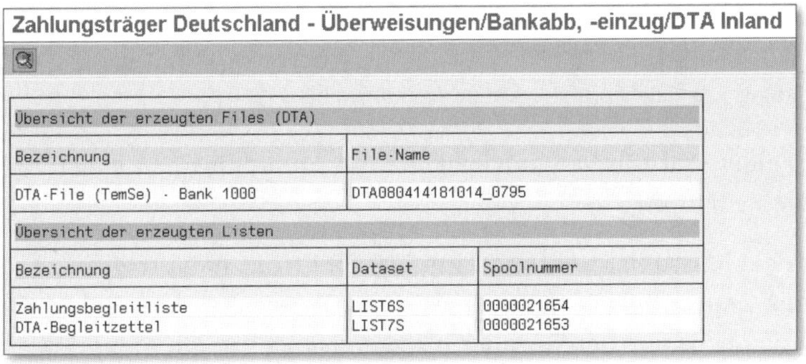

Zahlungsträger Deutschland - Überweisungen/Bankabb, -einzug/DTA Inland

Übersicht der erzeugten Files (DTA)

Bezeichnung	File-Name
DTA-File (TemSe) · Bank 1000	DTA080414181014_0795

Übersicht der erzeugten Listen

Bezeichnung	Dataset	Spoolnummer
Zahlungsbegleitliste	LIST6S	0000021654
DTA-Begleitzettel	LIST7S	0000021653

Abbildung 6.13 Protokoll zum Zahlungsträger

[!] Sie können das Zahlungsträgerprogramm beliebig oft starten. Sie erhalten jedoch ab dem zweiten Start im Protokoll eine zusätzliche, rot hinterlegte Zeile mit dem Hinweis auf ein Fehlerprotokoll. In diesem werden Sie aufgefordert zu prüfen, ob schon Zahlungsträgerdateien erstellt wurden (eine vollständige Anzeige erhalten Sie durch zweimaliges Auswählen). Darüber hinaus wird durch jeden Start bei gleichen Einstellungen eine separate Download-Datei unter einer fortlaufenden Nummer inklusive der entsprechenden Listen erstellt und gespeichert bzw. in der Spooldatei abgelegt.

6.2.4 DTA-Verwaltung

Mit dem Report der Transaktion DTA-Verwaltung schließen Sie den Punkt Überweisung ab. Nach der Auswahl der Transaktion DTA-Verwaltung im Easy-Access-Menü (siehe Abbildung 6.1) erhalten Sie ein Selektionsbild (siehe Abbildung 6.14), in dem Sie Ihren Zahllauf selektieren und auf Datenträger speichern oder zur weiteren Verarbeitung als Datei ablegen können.

Abbildung 6.14 Selektionsbild »Datenträger Verwaltung«

Die Felder und Auswahlmöglichkeiten in Abbildung 6.14 haben folgende Bedeutung:

Das Feld Referenznummer ist für SAP ERP HCM nicht relevant. Die Felder Zahlender Buchungskreis und Bankland verwenden Sie nur, wenn Sie von den Regulierungsdaten abweichende Steuerungen anwenden wollen.

Datengruppe »Eingrenzungen«

Die Selektion des Zahllaufs in den Feldern TAG DER AUSFÜHRUNG und IDENTIFIKATION nehmen Sie analog zu den Feldern PROGRAMMLAUF-DATUM und IDENTIFIKATIONSMERKMAL des Selektionsbildes des Zahlungsträgerprogramms (siehe Abbildung 6.12) über die Wertehilfe vor. Im Feld FORMAT nehmen Sie nur Eingaben vor, wenn Sie vom Standard abweichende, eigene Zahlungsträgerformate einsetzen. Sie übernehmen die Voreinstellung ZAHLLÄUFE; VORSCHLAGSLÄUFE sind für SAP ERP HCM nicht vorgesehen.

Die Vorauswahl DATENTRÄGER (NOCH NICHT AN EXTERN ÜBERGEBENE) übernehmen Sie, wenn für die Datei noch kein Download erfolgt ist. Wollen Sie für eine Datei den Download wiederholen oder Dateien bearbeiten, die durch die Option 2 im Feld AUSGABEMEDIUM des Zahlungsträgerprogramms (siehe Abschnitt 6.2.3, »Erstellung Datenträger Inland«) im Filesystem abgelegt wurden, erhalten Sie nur mit dieser Markierung eine entsprechende Aufstellung.

Nach der Betätigung des Buttons AUSFÜHREN erhalten Sie eine Aufstellung der Zahlläufe unter der Sicht DATENTRÄGER ÜBERSICHT aufgrund Ihrer Selektionskriterien (siehe Abbildung 6.15).

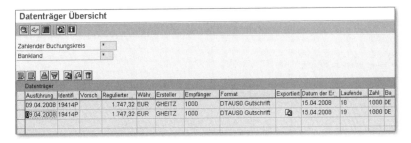

Abbildung 6.15 Sicht »Datenträger Übersicht«

In der Liste DATENTRÄGER ÜBERSICHT haben Sie zwei Arten von Bearbeitungsmöglichkeiten zur Auswahl:

Einzel- und Sammelaktionen

▸ *Einzelaktionen* – dafür ist ausschließlich die Position des Cursors relevant, die Markierung der Zeilen wird nicht beachtet. Dazu gehören:

  ▹ 🔍 Nach Auswählen oder Doppelklick werden Ihnen Informationen zur Datei angezeigt.

  ▹ 👓 Dieser Button zeigt Ihnen den Inhalt der Datei an.

▶ *Sammelaktionen* – diese beziehen sich auf markierte Zeilen, die Position des Cursors wird nicht beachtet. Dazu gehören:

    ▸   🔲 Download – dieser erscheint nach der Durchführung des Downloads zusätzlich in der Spalte EXPORTIERT als Icon.

    ▸   🔲 Prüfen – zeigt an, ob die Datei vorhanden ist.

    ▸   🔲 Löschen – entfernt die Datei aus der Liste.

6.2.5   Payment Medium Workbench

Die *Payment Medium Workbench (PMW)* – siehe Abbildung 6.16 – ist eine Alternative zum Überweisungsprogramm. Im Customizing des Zahlwegs muss eingestellt werden, ob das Überweisungsprogramm oder die Payment Medium Workbench für den DTA Inland verwendet wird.

Abbildung 6.16 Payment Medium Workbench

Vorteile der Payment Medium Workbench

Die Payment Medium Workbench, die es seit dem Release SAP R/3 4.7 Enterprise gibt, bietet folgende Vorteile:

▶ Es können verschiedenste Formate von Datenträgern erzeugt werden, wo zuvor mehrere Zahlprogramme erforderlich waren.

▶ Formate können kundenindividuell angepasst werden.

▶ Neue Formate können einfach erstellt werden.

▶ Der Verwendungszweck kann im Customizing angepasst werden.

▶ Die PMW kann für Online-Zahlungen verwendet werden.

Die Ausgabe der Datei erfolgt ebenso in die DTA-Verwaltung, wie das bei den Zahlprogrammen der Fall ist.

6.2.6 Single Euro Payments Area (SEPA)

Die Einführung der *Single Euro Payments Area (SEPA)* wurde mit einer neuen Funktionalität in SAP ERP umgesetzt (siehe SAP-Hinweis 1046199). Für die Verwendung ist FI-Customizing notwendig, bevor ein Einsatz in SAP ERP HCM erfolgen kann. Das SEPA-Format kann nur mit der Payment Medium Workbench (PMW) umgesetzt werden.

Für die Nutzung wurde die Eingabe der IBAN verändert. Bisher war diese Eingabe über einen Button zu erreichen und wurde in einer separaten Tabelle TIBAN gespeichert. Das Feld IBAN wurde direkt in den Infotyp 0009 (Bankverbindung) und andere Infotypen mit Zahlungsinformationen aufgenommen. So kann nun eine IBAN eingegeben werden, ohne dass die Pflege einer Bankverbindung notwendig ist. Außerdem kann die IBAN in den Tabellen gepflegt werden, in denen Empfängerschlüssel hinterlegt werden können.

IBAN

Für die Aktivierung der neuen Funktionalität in den Infotypen von SAP ERP HCM muss in der Tabelle T77S0 der Schalter ADMIN-IBAN auf den Wert »S« gesetzt werden. Danach kann die IBAN gepflegt werden (siehe Abbildung 6.17).

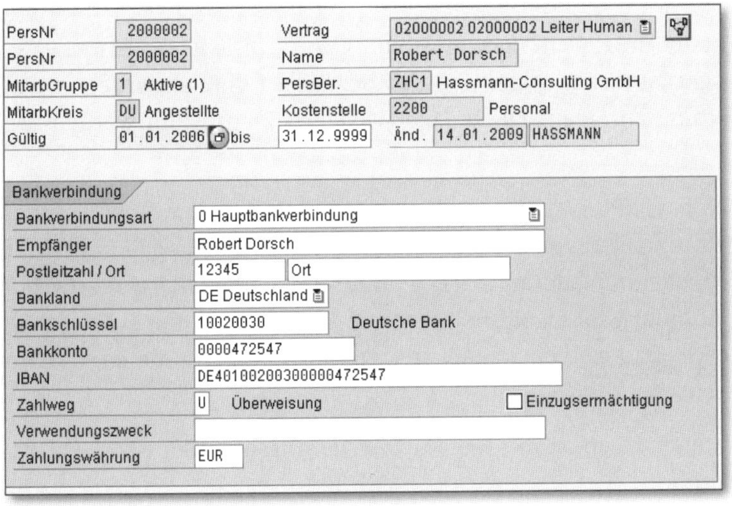

Abbildung 6.17 Bankverbindung mit IBAN

6.3   Sozialversicherung

Im Bereich der Sozialversicherung sind monatlich Beitragsnachweise zu erstellen und elektronisch an die Krankenkassen zu übertragen. Außerdem sind die abzuführenden Beiträge zu überweisen. In Abbildung 6.18 ist der Ausschnitt des SAP Easy-Access-Menüs zu sehen, in dem die monatlich durchzuführenden Aktivitäten aus dem Bereich der Sozialversicherung enthalten sind.

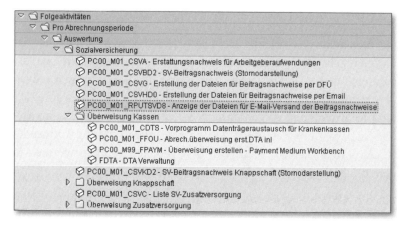

Abbildung 6.18 SAP Easy-Access-Menü für die Sozialversicherung

6.3.1   Erstattungsnachweis für Arbeitgeberaufwendungen

Die erste Aktivität in diesem Menü, ERSTATTUNGSNACHWEIS FÜR ARBEITGEBERAUFWENDUNGEN, ist nur bei Bedarf durchzuführen, wenn Erstattungsanträge nach Umlage U1 oder U2 ausgefüllt werden sollen.

Der Report RPCSVAD0 erstellt eine Liste mit den zum Ausfüllen des Erstattungsantrags relevanten Daten. Erstattungsanträge können für Arbeitgeberaufwendung bei Mutterschutz, Beschäftigungsverbot und Lohnfortzahlung gestellt werden. Die ausgegebene Liste enthält folgende Daten, die manuell in den Antrag übernommen werden müssen:

▸ Daten zur Person mit Rentenversicherungsnummer und Geburtsdatum

▸ Daten des Arbeitgebers mit Betriebsnummer und Sachbearbeiter

▸ Zu erstattende Beträge

Voraussetzung dafür ist die Bildung von Lohnarten in der Personalabrechnung:

- ▶ /3U0 (Erstattung Mutterschutz)
- ▶ /3U5 (Erstattung Beschäftigungsverbot)
- ▶ /3U6 (Erstattung Arbeitgeberbeitragsanteil Beschäftigungsverbot)
- ▶ /3U8 (Erstattung Entgeltfortzahlung)
- ▶ /3U9 (Erstattung Arbeitgeberbeitragsanteil Entgeltfortzahlung)
- ▶ /3U3 (Erstattung von Arbeitgeberaufwendungen)

Es werden nur Mitarbeiter in der Liste ausgegeben, bei denen mindestens eine dieser Lohnarten vorhanden ist.

Die Lohnarten werden in der Personalabrechnung in der Funktion DSVU gebildet. Außerdem werden in der Personalabrechnung in der Tabelle TL (*Tagesleiste*) die betreffenden Tage markiert. In der Tagesleiste mit der Art 9 werden Mutterschutztage mit »M« und Entgeltfortzahlungen mit »E« gekennzeichnet. Beschäftigungsverbot wird in der Tagesleiste der Art 4 mit »B« oder »P« gekennzeichnet.

Die Attribute zur Erstattung der Arbeitgeberaufwendungen werden in der Tabelle V_T5D30 gepflegt. Die Personalabrechnung führt zu einem Abbruch, wenn in der Personalabrechnung ein Erstattungsfall auftritt und diese Tabelle nicht gepflegt ist.

6.3.2 SV-Beitragsnachweis (Stornodarstellung)

Die Erstellung des SV-Beitragsnachweises erfolgt mit dem Report RPCSVBD2. Das Programm erstellt neben dem Beitragsnachweis auch zwei Ausgabedateien für die Übertragung der Beitragsnachweise per E-Mail und die Überweisung der Beiträge.

Aufgrund der gesetzlich vorgegebenen Abgabefristen der Beitragsnachweise, die eine Überweisung der Beiträge zum drittletzten Bankarbeitstag des Monats und eine Abgabe der Beitragsnachweise drei bis vier Tage davor erfordern, gibt es zwei Alternativen bei der Personalabrechnung: Die Personalabrechnung ist bis dahin schon abgeschlossen und die ermittelten Beiträge werden übermittelt, oder die Abrechnung ist nicht fertig, und vorläufige oder geschätzte Beiträge müssen übermittelt werden.

Abbildung 6.19 Mögliche Verfahren für den Beitragsnachweis

SAP ERP HCM bietet dafür folgende Verfahren (Abbildung 6.19) an:

▶ **Beitragsnachweis aus Echtabrechnung**
Bei diesem Verfahren ist die Personalabrechnung abgeschlossen, und der Beitragsnachweis wird auf Basis der Abrechnungsergebnisse erstellt. Markieren Sie dafür ARBEITSENTGELT UND VERS.BEZÜGE (Versorgungsbezüge) oder ARBEITSENTGELT.

▶ **Beitragsnachweis aus qualifiziertem Abschlag**
Es wird eine vorläufige Personalabrechnung durchgeführt, die noch nicht abgeschlossen wird, sondern zu einem späteren Zeitpunkt endgültig durchgeführt wird. Die final ermittelten Beiträge können sich von den gemeldeten Beiträgen unterscheiden. Die Differenz wird im Folgemonat ermittelt und übertragen. Markieren Sie QUALIFIZIERTER ABSCHLAG und KRANKENKASSENLISTE SPEICHERN.

▶ **Beitragsnachweis aus Abrechnungssimulation**
Alternativ können die Beiträge auch auf Basis einer Simulationsabrechnung ermittelt werden. Dabei wird nur eine Abrechnung simuliert und die Ergebnisse der Simulation dem Beitragsnachweis zugrunde gelegt. Markieren Sie SIMULATIONSABRECHNUNG und KRANKENKASSENLISTE SPEICHERN, außerdem muss eine ABRECHNUNGSVARIANTE für die Simulationsabrechnung vorgegeben werden.

▶ **Beitragsnachweis auf Basis der Vormonatsergebnisse**
Auch auf Basis der Vormonatsergebnisse kann ein Beitragsnachweis erstellt werden. Markieren Sie GRUNDLAGE VORMONATSBEITRÄGE und KRANKENKASSENLISTE SPEICHERN.

Nur wenn die Übermittlung der Daten auf einer abgeschlossenen Personalabrechnung basiert, ist das Speichern der übermittelten Werte in der Krankenkassenliste nicht erforderlich.

[+] Wurde die Krankenkassenliste fälschlicherweise gespeichert, muss sie in den Tabellen T5D4Z und T5D4Y gelöscht werden, bevor die endgültige Erstellung durchgeführt wird. Dazu müssen mit der Transaktion SE16N zuerst die Einträge in der Tabelle T5D4Z und danach in der Tabelle T5D4Y gelöscht werden.

Für die Erstellung der E-Mail-Dateien und den Überweisungsträger muss die Option AUSGABEDATEIEN ERSTELLEN markiert sein (siehe Abbildung 6.20). Die Ergebnisse der Beitragsnachweise werden so an die Folgeprogramme zur Erstellung der Daten für die Übermittlung per E-Mail und die Überweisung übergeben. Die Dateien werden als TemSe-Objekte gespeichert. Werden die Felder unter OBJEKTNR. freigelassen, werden die Ausgabedateien automatisch mit Nummern versehen. Alternativ kann ein Wert vorgegeben werden, der am Dateinamen angefügt wird, was für die Automatisierung der Programme in Jobs hilfreich ist.

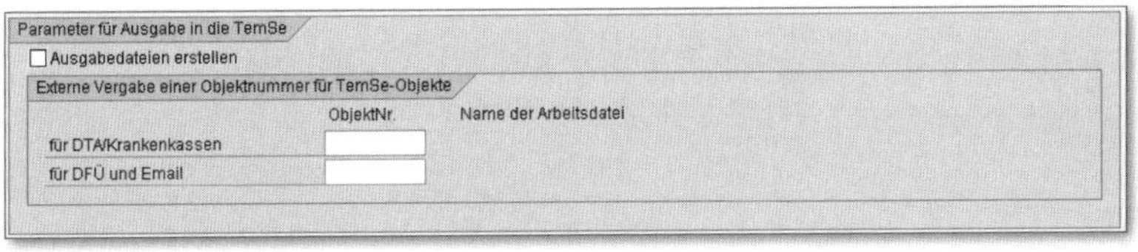

Abbildung 6.20 Ausgabedateien erstellen

Als Voraussetzung ist das Verfahren für die Beitragsabführung in der Tabelle T5D10 (siehe Abbildung 6.21) für den Abrechnungskreis zu pflegen.

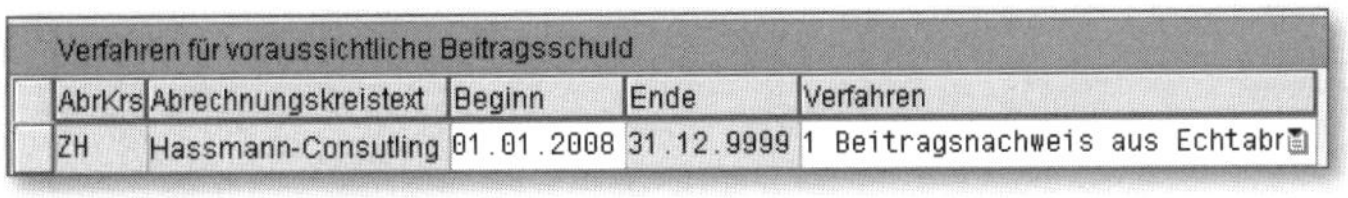

Verfahren für voraussichtliche Beitragsschuld

AbrKrs	Abrechnungskreistext	Beginn	Ende	Verfahren
ZH	Hassmann-Consutling	01.01.2008	31.12.9999	1 Beitragsnachweis aus Echtabr

Abbildung 6.21 Verfahren pro Abrechnungskreis

Das Merkmal DZULB (siehe Abbildung 6.22) fasst Personalbereiche/ -teilbereiche zusammen und kennzeichnet diese für das E-Mail-Verfahren. Sollen nicht für jeden Personalteilbereich einzelne SV-Beitragsnachweise erstellt werden, ermöglicht das Merkmal die Zusammenfassung; so wird z. B. in Abbildung 6.22 der Personalbereich ZHC1 mit dem Personalbereich 1000 zusammengefasst. Das »X« am Ende kennzeichnet den Personalbereich für das E-Mail-Verfahren.

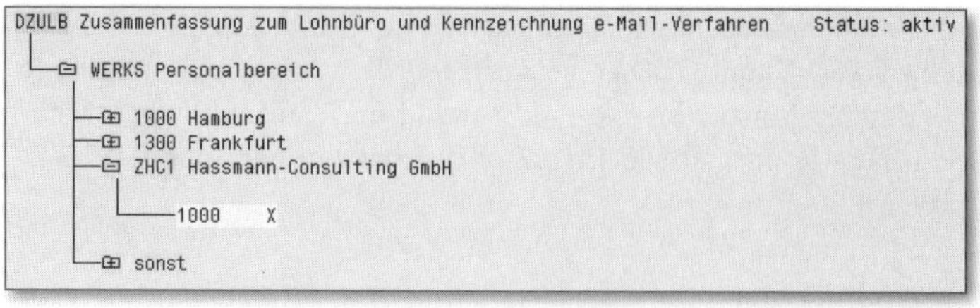

DZULB Zusammenfassung zum Lohnbüro und Kennzeichnung e-Mail-Verfahren
Status: aktiv
WERKS Personalbereich
1000 Hamburg
1300 Frankfurt
ZHC1 Hassmann-Consulting GmbH
1000 X
sonst

Abbildung 6.22 Kennzeichnung für E-Mail-Verfahren

Bei der Erstellung des Beitragsnachweises werden die in Abbildung 6.23 dargestellten Listen und Dateien erzeugt. Die erzeugten Listen stehen als Spoolauftrag bereit und können direkt durch Doppelklick auf die entsprechenden Zeilen aufgerufen und angezeigt werden.

SV-Beitragsnachweis für Pflichtbeiträge

Übersicht der erzeugten Listen

Titel oder Spool-Auftragsname	Datei	Spoolnr.
Einzelnachweisliste für Beitragsnachweis	LIST1S	18581
Beitragsnachweise pro Einzelnachweisliste	LIST2S	18582
Beitragsnachweise per DFÜ und Email	LIST4S	18583

Übersicht der erzeugten TemSe Objekte

Bezeichnung	TemSe Objekt
Datenfernübertragung und Email	HR_CSVBD3_0000000751
DTA für Krankenkassenbeiträge	HR_CSVBD2_0000000752

Kontrollsummen: Listenart, Buchungskreis und Personalbereich

Art	BuKr	PBer	TeilBer.	Krankenk.	GStlle	Betrag	Währg
X	1000	1000		AOK/BR		1.120,87	EUR
X	1000	1000		AOK/HD		3.016,71	EUR
X	1000	1000		BARMER		3.070,62	EUR
X	1000	1000		BKK/DB		1.160,51	EUR
X	1000	1000		TKK		5.348,58	EUR
X	1000	1000		*********	******	13.717,29	EUR
X	1000	1000	****	*********	******	13.717,29	EUR
X	1000	****	****	*********	******	13.717,29	EUR
X	****	****	****	*********	******	13.717,29	EUR
*	****	****	****	*********	******	13.717,29	EUR

Kontrollsummen: Buchungskreis

BuKr	Krankenk.	GStlle	Betrag	Währg
1000	AOK/BR		1.120,87	EUR
1000	AOK/HD		3.016,71	EUR
1000	BARMER		3.070,62	EUR
1000	BKK/DB		1.160,51	EUR
1000	TKK		5.348,58	EUR
1000	*********	******	13.717,29	EUR
****	*********	******	13.717,29	EUR

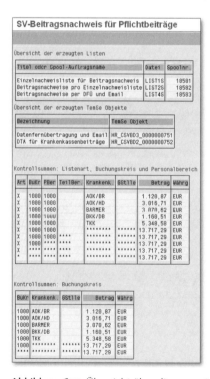

Abbildung 6.23 Übersicht über die erzeugten Objekte

Außerdem werden in der Ausgabe die Kontrollsummen pro Buchungskreis, Personalbereich und Krankenkasse dargestellt.

Die erstellten Spoolaufträge enthalten die Einzelnachweisliste und zwei Darstellungsformen des Beitragsnachweises.

Die Einzelnachweisliste umfasst die berechneten SV-Beiträge der einzelnen SV-Sparten mit dem Bruttowert, auf dessen Basis der Beitrag ermittelt wurde. Außerdem ist der Bruttowert für die Ermittlung der Insolvenzumlage und die ermittelte Insolvenzumlage enthalten. Die Liste dokumentiert die Beitragsermittlung pro Personalnummer und Abrechnungsperiode.

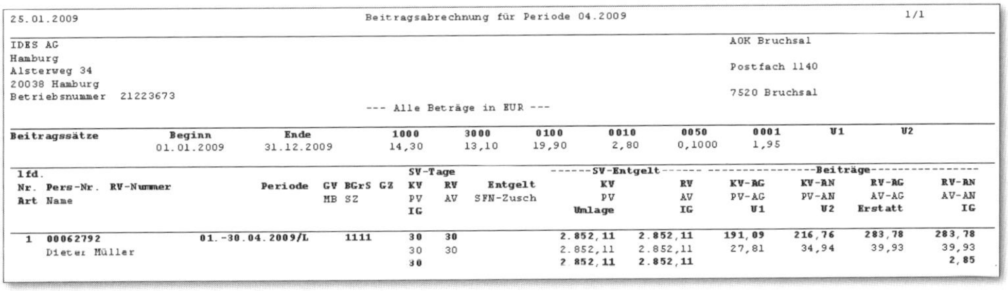

```
25.01.2009                     Beitragsabrechnung für Periode 04.2009                              1/1

IDES AG                                                                           AOK Bruchsal
Hamburg
Alsterweg 34                                                                      Postfach 1140
20038 Hamburg
Betriebsnummer  21223673                                                          7520 Bruchsal
                                  --- Alle Beträge in EUR ---

Beitragssätze        Beginn        Ende        1000    3000    0100    0010    0050     0001    U1    U2
                   01.01.2009   31.12.2009    14,30   13,10   19,90    2,80   0,1000    1,95

 lfd.                                             SV-Tage            ------SV-Entgelt------ ---------------Beiträge---------------
 Nr. Pers-Nr. RV-Nummer          Periode  GV BGrS GZ KV  RV   Entgelt       KV        RV     KV-AG   KV-AN   RV-AG   RV-AN
 Art Name                                 MB SZ      PV  AV   SFN-Zusch     PV        AV     PV-AG   PV-AN   AV-AG   AV-AN
                                                     IG                   Umlage      IG     U1      U2      Erstatt IG

  1  00062792           01.-30.04.2009/L  1111       30  30               2.852,11  2.852,11  191,09  216,76  283,78  283,78
     Dieter Müller                                   30  30               2.852,11  2.852,11   27,81   34,94   39,93   39,93
                                                     30                   2.852,11  2.852,11                            2,85
```

Abbildung 6.24 Einzelnachweisliste

Der Sammelnachweis ist in zwei Sortierungen vorhanden. Der Unterschied besteht lediglich in dem Aufdruck oben auf dem Formular, dass dieser Beitragsnachweis per E-Mail versandt wurde (siehe Abbildung 6.25).

Seit der Einführung der elektronischen Übertragung hat die Ausgabe der Beitragsnachweise nur noch untergeordnete Bedeutung.

Werden die Beitragsnachweise automatisch in einem angeschlossenen Archivsystem abgelegt, sind diese ohne großen Aufwand archiviert und können für Kontrollzwecke einfach selektiv aus dem Archiv angezeigt werden. Dabei ist eine Selektion nach Personalbereich und Krankenkasse möglich.

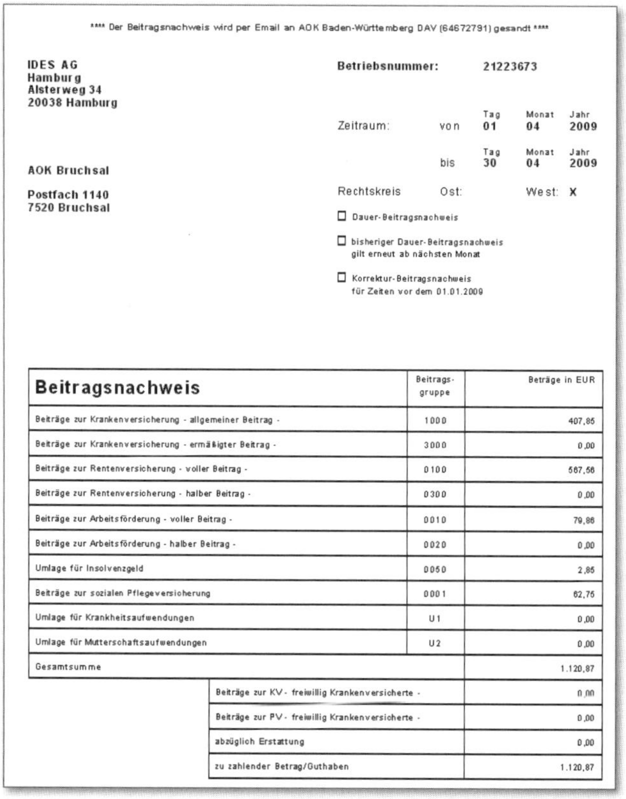

**** Der Beitragsnachweis wird per Email an AOK Baden-Württemberg DAV (64672791) gesandt ****

IDES AG
Hamburg
Alsterweg 34
20038 Hamburg

AOK Bruchsal

Postfach 1140
7520 Bruchsal

Betriebsnummer: **21223673**

		Tag	Monat	Jahr
Zeitraum:	von	01	04	2009
	bis	30	04	2009

Rechtskreis Ost: West: X

☐ Dauer-Beitragsnachweis

☐ bisheriger Dauer-Beitragsnachweis gilt erneut ab nächsten Monat

☐ Korrektur-Beitragsnachweis für Zeiten vor dem 01.01.2009

Beitragsnachweis	Beitrags-gruppe	Beträge in EUR
Beiträge zur Krankenversicherung - allgemeiner Beitrag -	1000	407,85
Beiträge zur Krankenversicherung - ermäßigter Beitrag -	3000	0,00
Beiträge zur Rentenversicherung - voller Beitrag -	0100	567,56
Beiträge zur Rentenversicherung - halber Beitrag -	0300	0,00
Beiträge zur Arbeitsförderung - voller Beitrag -	0010	79,86
Beiträge zur Arbeitsförderung - halber Beitrag -	0020	0,00
Umlage für Insolvenzgeld	0050	2,85
Beiträge zur sozialen Pflegeversicherung	0001	62,75
Umlage für Krankheitsaufwendungen	U1	0,00
Umlage für Mutterschaftsaufwendungen	U2	0,00
Gesamtsumme		1.120,87
Beiträge zur KV - freiwillig Krankenversicherte -		0,00
Beiträge zur PV - freiwillig Krankenversicherte -		0,00
abzüglich Erstattung		0,00
zu zahlender Betrag/Guthaben		1.120,87

Abbildung 6.25 Beitragsnachweis

6.3.3 Erstellung der Dateien für Beitragsnachweise per E-Mail

Mit dem Menüpunkt ERSTELLUNG DER DATEIEN FÜR BEITRAGSNACHWEISE PER EMAIL (siehe Abbildung 6.18) werden aus den Ausgabedateien des Beitragsnachweises die Dateien für die E-Mail-Übertragung erzeugt.

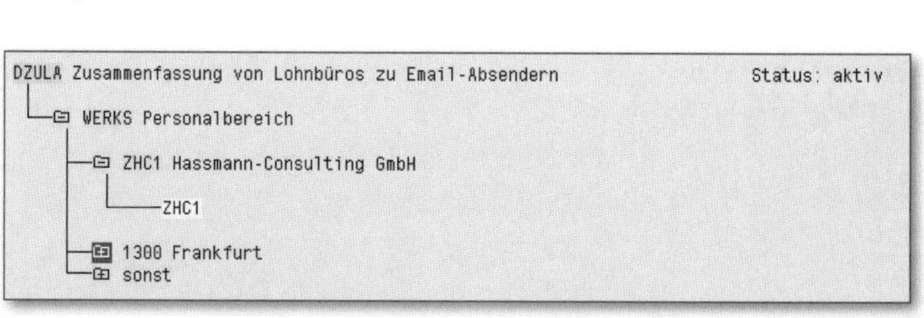

Abbildung 6.26 Absender zusammenfassen

Beim Starten der Übertragung (siehe Abbildung 6.27) wird die TemSe-Datei mit den Auswertungsdaten gewählt. Zur Festlegung des Absenders wird das Merkmal DZULA eingetragen. Beim Markieren der Option DATENBANK-UPDATE werden die Dateien im B2A-Manager (B2A = Business to Authorities) zum Versenden bereitgestellt.

Für den Absender muss ein Zertifikat bei der ITSG (Informationstechnische Servicestelle der gesetzlichen Krankenversicherung) beantragt werden. Die Zusammenfassung des Absenders kann über mehrere Firmen erfolgen. So reicht in der Regel ein Zertifikat aus, wenn alle Personalbereiche zu einem Absender zusammengefasst werden.

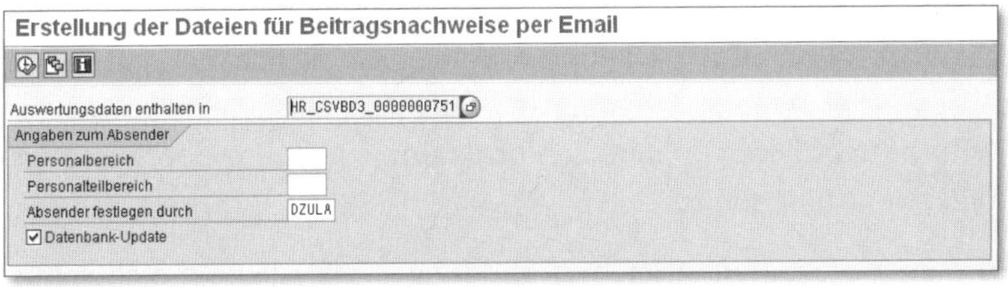

Abbildung 6.27 Erstellung der Dateien für den Versand per E-Mail

In der nach dem Ausführen des Erstellungsreports dargestellten Liste werden die zu übertragenden Daten aufgeführt (siehe Abbildung 6.28).

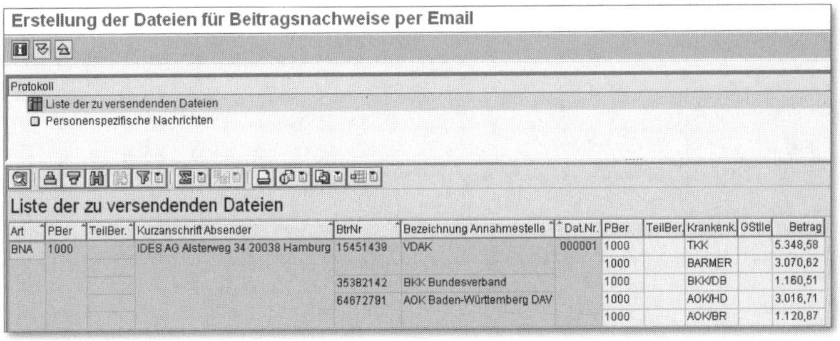

Abbildung 6.28 Dateien für die Übertragung der Beitragsnachweise

Beim Aufruf des B2A-Managers stehen die Daten zum Versenden bereit. Dazu muss der Bereich »SV« eingegeben und die Taste ⏎ gedrückt werden. Nach dem Markieren der zu versendenden Dateien und dem anschließenden Anklicken des Buttons AUSFÜHREN werden die E-Mails versandt.

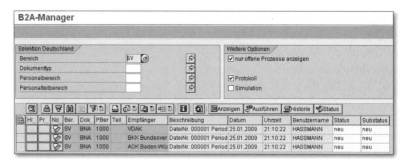

Abbildung 6.29 Versenden der Beitragsnachweise im B2A-Manager

6.3.4 Überweisung der Sozialversicherungsbeiträge

Das Vorprogramm zur Überweisung der Krankenkassenbeiträge erstellt aus der zweiten Ausgabedatei des SV-Beitragsnachweises einen Datenbestand, der von dem Zahlprogramm zu einem Überweisungsträger verarbeitet wird.

In dem Vorprogramm (siehe Abbildung 6.30) ist die erstellte Auswertungsdatei zu selektieren. Für die produktive Erstellung muss der Test-Haken entfernt und ÜBERWEISUNG KENNZEICHNEN markiert werden.

Abbildung 6.30 Vorprogramm zur Erstellung des Datenträgers

Die erstellten Überweisungen werden in der Tabelle T5D16 gespeichert. In dieser Tabelle wird auch das Überweisungskennzeichen gesetzt. Außerdem werden hier Guthaben gespeichert, die entstehen können, wenn zu viele Beiträge gezahlt wurden. Diese Guthaben werden in den Folgeperioden mit den Zahlungen verrechnet oder müssen entfernt werden, falls die Zahlung von der Krankenkasse erstattet wird.

Die Erstellung der Überweisung erfolgt wie bei der Überweisung der Gehaltszahlungen (siehe Abschnitt 6.2, »Überweisung«) mit dem Zahlprogramm oder der Payment Medium Workbench. Diese(s) erstellt aus den vorbereiteten Daten einen Zahlungsträger.

6.4   DEÜV

Der Ordner DEÜV ist wie die Ordner SOZIALVERSICHERUNG und STEUER periodenbezogen im Easy-Access-Menü mit unterschiedlichen Inhalten vorhanden. Im Folgenden geht es um den Inhalt des Ordners DEÜV, den Sie im Ordner PRO ABRECHNUNGSPERIODE in den Folgeaktivitäten finden (siehe Abbildung 6.31).

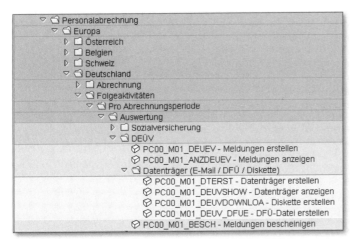

Abbildung 6.31 Aufruf des Ordners »DEÜV« für die Folgeaktivitäten

Auch bei den Transaktionen im Ordner DEÜV müssen Sie eine bestimmte Reihenfolge der Schritte einhalten, um die Übertragung der Daten an die Meldestellen und die Erstellung der Bescheinigungen für Ihre Mitarbeiter zu erreichen. Zu diesem Zweck erhält eine DEÜV-Meldung im Laufe ihrer Verarbeitung verschiedene Statuskennzeichen, die die Bearbeitungsmöglichkeiten beeinflussen (siehe Abbildung 6.31). Diese Statuskennzeichen werden entweder von den Reports gesetzt, mit denen Sie die Meldung bearbeiten, oder von Ihnen manuell eingegeben, um in die vorgesehene Reihenfolge der Schritte eingreifen zu können, z. B. wenn Sie die Erstellung einer DEÜV-Meldung wiederholen wollen.

Nachfolgend beschreiben wir den »normalen« Ablauf und gehen anschließend auf Besonderheiten ein, die bei der Erstellung von DEÜV-Meldungen auftreten können.

6.4.1 Statuskennzeichen von DEÜV-Meldungen

Zunächst finden Sie eine Übersicht über die möglichen Statuskennzeichen, die eine DEÜV-Meldung erhalten kann (siehe Abbildung 6.32).

00: neu
Das Statuskennzeichen *00 neu* wird vom Report der Transaktion MELDUNGEN ERSTELLEN gesetzt, wenn Sie eine DEÜV-Meldung neu erstellen. Meldungen mit dem Statuskennzeichen *00 neu* können vom Report der Transaktion DATENTRÄGER ERSTELLEN übertragen werden.

01: übertragen
Das Statuskennzeichen *01 übertragen* wird vom Report der Transaktion DATENTRÄGER ERSTELLEN gesetzt, wenn eine neue Meldung übertragen wurde. Sie können nur Meldungen mit dem Statuskennzeichen *01 übertragen* mit dem Report der Transaktion MELDUNGEN BESCHEINIGEN bescheinigen.

02: bescheinigt
Das Statuskennzeichen *02 bescheinigt* wird vom Report der Transaktion MELDUNGEN BESCHEINIGEN gesetzt. Eine Meldung mit diesem Statuskennzeichen können Sie nicht übertragen.

03: zu übertragen
Das Statuskennzeichen *03 zu übertragen* können Sie mit dem Report der Transaktion KENNZEICHNEN UND LÖSCHEN VON DEÜV-MELDUNGEN vergeben. Meldungen mit dem Statuskennzeichen *03 zu übertragen* können Sie dann mit dem Report der Transaktion DATENTRÄGER ERSTELLEN erneut übertragen. Dies ist beispielsweise dann sinnvoll, wenn Datenträger verloren gegangen sind oder einen Defekt aufweisen.

10: abgelehnt
Das Statuskennzeichen *10 abgelehnt* können Sie mit dem Report der Transaktion KENNZEICHNEN UND LÖSCHEN VON DEÜV-MELDUNGEN vergeben. Damit kennzeichnen Sie Meldungen, deren Annahme von der Empfängerkasse abgelehnt wurde., um sie evtl. zu löschen. Sie können dieses Statuskennzeichen nicht setzen, wenn die DEÜV-Meldung das Kennzeichen *00 neu* hat.

12: fehlerhaft
Das Statuskennzeichen *12 fehlerhaft* wird vom Report der Transaktion MELDUNGEN ERSTELLEN gesetzt, wenn eine DEÜV-Meldung neu erstellt wird, aber unvollständig oder fehlerhaft ist. Meldungen mit Statuskennzeichen *12 fehlerhaft* werden vom Report der Transaktion DATENTRÄGER ERSTELLEN nicht übertragen.

13: manuell gemeldet
Das Statuskennzeichen *13 manuell gemeldet* müssen Sie mit Hilfe des Reports der Transaktion KENNZEICHNEN UND LÖSCHEN VON DEÜV-MELDUNGEN für fehlerhafte Meldungen setzen, wenn Sie den Fehler nicht korrigieren können und Sie die Meldung manuell (per Vordruck) an die Kasse gemeldet haben. Außerdem können Sie das Statuskennzeichen *13 manuell gemeldet* für Meldungen im Statuskennzeichen *10 abgelehnt* setzen. Dies ist dann sinnvoll, wenn die Ursache für die abgelehnte Meldung im System nicht korrigiert werden kann und daher eine manuelle Meldung erfolgt. Meldungen in diesem Statuskennzeichen werden bei einer eventuell vorzunehmenden Korrektur besonders behandelt. Die Stornierung der Meldung hat das Statuskennzeichen *fehlerhaft* und *gesperrt*, die Korrekturmeldung das Statuskennzeichen *fehlerhaft* und *manuell gemeldet*. Es erfolgt dann keine automatische Übermittlung dieser Meldungen, sondern die Stornierung und die Korrektur-Meldung müssen ebenfalls per Vordruck gemeldet werden.

Abbildung 6.32 DEÜV-Statuskennzeichen

Im Folgenden beschreiben wir nun die in Abbildung 6.31 dargestellten Reports und stellen die Zusammenhänge mit den Statuskennzeichen her.

6.4.2 Meldungen erstellen

Mit dem Report der Transaktion MELDUNGEN ERSTELLEN (siehe Abbildung 6.33) überprüfen Sie die Abrechnungsergebnisse und die Stammdaten Ihrer Mitarbeiter auf DEÜV-relevante Meldetatbestände. Bei Vorliegen eines Meldetatbestandes wird eine entsprechende DEÜV-Meldung erstellt.

Das Selektionsbild des Reports DEÜV-MELDUNGEN ERSTELLEN (siehe Abbildung 6.33) bietet Ihnen folgende Bearbeitungsmöglichkeiten an:

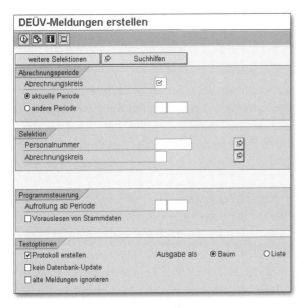

Abbildung 6.33 Selektionsbild »DEÜV-Meldungen erstellen«

Datengruppe »Abrechnungsperiode«

Der ABRECHNUNGSKREIS dient an dieser Stelle zur Bestimmung des Auswahlzeitraums über die Auswahl des Radiobuttons AKTUELLE PERIODE und ist ein Mussfeld.

Der Radiobutton AKTUELLE PERIODE ist voreingestellt, die Datumsfelder werden dadurch nach Drücken von ⏎ gemäß der Abrechnungsperiode aus dem Abrechnungsverwaltungssatz automatisch neben dem Feld ABRECHNUNGSKREIS eingeblendet und können nicht geändert werden.

Wollen Sie Meldungen für eine andere Periode als für die Abrechnungsperiode aus dem Abrechnungsverwaltungssatz erstellen, müssen Sie den Radiobutton ANDERE PERIODE auswählen und die Periode erfassen. Die Datumsfelder werden nach Drücken von ⏎ neben dem Feld ABRECHNUNGSKREIS eingeblendet. Sie können deren Inhalt nur über die Felder hinter ANDERE PERIODE verändern.

Datengruppe »Selektion«

Das Feld PERSONALNUMMER verwenden Sie, wenn Sie Meldungen für einen Mitarbeiter erstellen wollen. Wollen Sie den Report für mehrere Personalnummern starten, erhalten Sie über den Button MEHRFACHSELEKTION neben dem Feld ein Dialogfenster, in dem weitere Selektionsmöglichkeiten angeboten werden. Sollen Meldungen für alle Mitarbeiter eines oder mehrerer Abrechnungskreise erzeugt werden, erfolgt kein Eintrag.

Der ABRECHNUNGSKREIS stellt an dieser Stelle die Verbindung zu der(n) ausgewählten Personalnummer(n) dar. Wollen Sie den Report für mehrere Personalnummern starten, die unterschiedlichen Abrechnungskreisen angehören, benutzen Sie auch hier den Button ⇨ neben dem Feld.

Datengruppe »Programmsteuerung«

Der Beginn des *Meldezeitraums* wird normalerweise automatisch ermittelt, ausgehend von der auszuwertenden Abrechnungsperiode. Mit einer Eingabe in den Feldern hinter AUFROLLUNG AB PERIODE übersteuern Sie das automatisch ermittelte Beginndatum. Der Meldezeitraum beginnt stattdessen am ersten Tag der hier eingegebenen Abrechnungsperiode und bewirkt lediglich eine Verlängerung des Meldezeitraums für bereits selektierte Personalnummern.

Wenn Sie den Parameter VORAUSLESEN VON STAMMDATEN markieren, liest der Report die nach Ende der letzten Abrechnung gültigen Stammdaten und bezieht diese in die Meldungserzeugung mit ein. Auf diese Weise können Änderungsmeldungen (Beitragsgruppe, Krankenkasse, Personengruppenschlüssel etc.) früher erkannt werden.

Diese Vorgehensweise hat jedoch die folgenden Nachteile:

[!]

Die erzeugten Meldungen haben bis zur erfolgten Abrechnung eher »vorläufigen« Charakter. Es kann zu falschen Änderungsmeldungen wegen eines Beitragsgruppenwechsels kommen, wenn ein Mitarbeiter im Monat der letzten Abrechnung das Rentenalter erreicht. In diesem Fall setzt die Abrechnung selbständig die Beitragsgruppe des Mitarbeiters um, wodurch sich dann zwei Änderungsmeldungen ergeben: am Anfang des Monats die richtige Änderung der Beitragsgruppe wegen Erreichen des Rentenalters und am Ende des Monats eine falsche Änderungsmeldung, da in den Stammdaten noch die alte Beitragsgruppe steht und sich daher die Beitragsgruppe im Vergleich zum Stand der letzten Abrechnung wiederum ändert.

Falls Sie den Parameter VORAUSLESEN VON STAMMDATEN verwenden, so achten Sie darauf, dass für Mitarbeiter, die in einer Abrechnungsperiode das Rentenalter erreichen, schon vor der Abrechnung dieses Monats die richtige Beitragsgruppe in den Stammdaten angegeben ist.

Datengruppe »Testoptionen«

Durch die Auswahl des Parameters PROTOKOLL ERSTELLEN erhalten Sie nach dem Start des Reports ausführliche Informationen über Meldetatbestände und verarbeitete Daten. Mit den Radiobuttons BAUM und LISTE entscheiden Sie über deren Darstellung.

Wenn Sie den Haken bei KEIN DATENBANK-UPDATE setzen, verhindern Sie eine Speicherung der Daten.

Die Auswahl der Testmöglichkeiten ist in den Selektionsbildern der Folgeaktivitäten sehr unterschiedlich geregelt, sowohl bezüglich der Bezeichnung als auch der Voreinstellungen. Wir empfehlen daher die Variantensteuerung, um das ungewollte Erzeugen von Daten in der Datenbank zu vermeiden.

[!]

Den Parameter ALTE MELDUNGEN IGNORIEREN verwenden Sie, um das Einlesen bereits erzeugter DEÜV-Meldungen (testhalber) zu verhindern. Zusätzlich hat dieser Schalter die gleichen Auswirkungen wie der Parameter KEIN DATENBANK-UPDATE.

Nach dem Start des Reports mit AUSFÜHREN erhalten Sie unabhängig von der Auswahl des Parameters PROTOKOLL ERSTELLEN eine Statistik über

Statistik

1. die Anzahl der prozessierten Personalnummern
2. die Anzahl der Personalnummern mit neuen Meldungen

3. die Anzahl der Personalnummern ohne neue Meldungen

4. die Anzahl der fehlerhaften Personalnummern

5. eventuelle Fehlerbeschreibungen

Kann eine Meldung fehlerfrei erstellt werden, erhält sie das Statuskennzeichen *00 neu*, und Sie können sie weiterverarbeiten. Treten bei einer Meldung Fehler auf, die entweder auf falschen Stammdaten oder auf falschen oder fehlenden Customizing-Einträgen beruhen, wird sie trotzdem erstellt, erhält jedoch das Statuskennzeichen *12 fehlerhaft* und kann nicht übertragen werden. Es wird eine Fehlermeldung ausgegeben, anhand derer Sie die Meldung korrigieren können. Anschließend führen Sie einen Wiederholungslauf mit den gleichen Selektionskriterien durch. Der Report überprüft, ob für die ausgewählte Abrechnungsperiode und die selektierten Mitarbeiter bereits Meldungen mit dem Statuskennzeichen *12 fehlerhaft* vorhanden sind, und ersetzt diese gegebenenfalls durch die neuerstellte Meldung mit dem korrigierten Inhalt und dem Statuskennzeichen *00 neu*. Falls Sie den Fehler innerhalb der Abgabefrist für DEÜV-Meldungen nicht beheben werden können, melden Sie den Tatbestand manuell per Vordruck. In diesem Fall müssen Sie die fehlerhafte Meldung mit dem Report der Transaktion KENNZEICHNEN UND LÖSCHEN VON DEÜV-MELDUNGEN (siehe Abschnitt 6.4.7, »Kennzeichnen und Löschen von DEÜV-Meldungen«) auf das Statuskennzeichen *13 manuell gemeldet* setzen.

[+]   Ausführliche Informationen zu DEÜV-Meldungen und eventuell aufgetretenen Fehlern erhalten Sie mit dem Report der Transaktion DEÜV-MELDUNGEN ANZEIGEN (siehe Abbildung 6.31).

6.4.3   Datenträger erstellen

Im Ordner DATENTRÄGER des Ordners DEÜV finden Sie alle Aktivitäten zur Erzeugung und Übertragung der Daten (siehe Abbildung 6.31). Mit dem Report der Transaktion DATENTRÄGER ERSTELLEN erzeugen Sie pro Absender und Empfänger eine Datei mit DEÜV-Meldungen. Der Absender der DEÜV-Meldedatei ist der mit dem Merkmal DZUD3 ermittelte Personalbereich/-teilbereich (zu Merkmalen siehe Abschnitt 21.1). Der Empfänger der DEÜV-Meldedatei ist entweder die Annahmestelle der DEÜV-Meldung oder die E-Mail-Weiterleitungsstelle. Diese Einstellungen müssen im Customizing vorhanden sein.

Seit der Pflicht der elektronischen Übertragung ist der Standard-durchführungsweg die Erstellung einer Datei, die aus dem B2A-Manager heraus versandt wird. Dazu müssen die Weiterleitungsstellen in der Tabelle T5D4T gefüllt sein. Diese können auf der Internetseite *http://www.gkv-ag.de* heruntergeladen und mit dem Report RPUSVDD0 eingespielt werden.

Die weitere Verarbeitung hängt davon ab, welche Art des Datenaustausches Sie im Customizing für den Absender eingerichtet haben. Folgende Varianten sind möglich:

Arten des Datenaustauschs

▶ **Versand der Datei auf einem Datenträger (Diskette)**
Dieser Übertragungsweg ist seit der elektronischen Übertragung per B2A-Manager nicht mehr möglich.

▶ **Datenfernübertragung (DFÜ)**
Die Dateien für die Datenfernübertragung können Sie mit dem Report der Transaktion DFÜ-DATEI ERSTELLEN (siehe Abbildung 6.31) als DFÜ-File speichern. Dieser Übertragungsweg ist seit der Einführung der Übertragung per B2A-Manager nicht mehr relevant.

▶ **Versand der Datei per E-Mail**
Die Meldedatei senden Sie mit dem B2A-Manager (siehe Abschnitt 7.1) per E-Mail an die Weiterleitungsstelle.

Mit dem Report der Transaktion DATENTRÄGER ERSTELLEN erzeugen Sie die TemSe-Objekte für alle Varianten. Deshalb werden alle Möglichkeiten in der Titelleiste des Report-Selektionsbildes aufgeführt (siehe Abbildung 6.34).

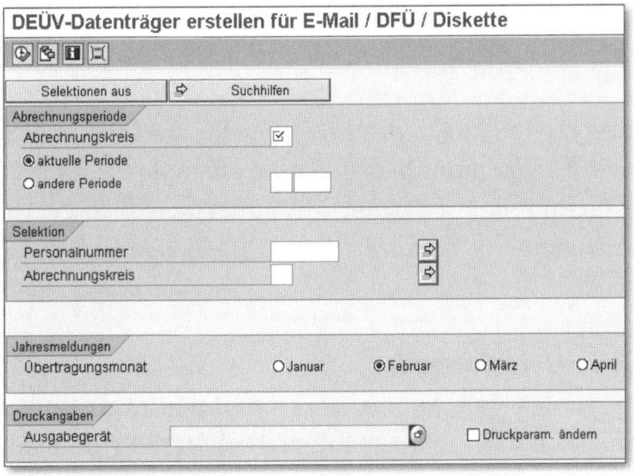

Abbildung 6.34 Selektionsbild »Datenträger erstellen«

Das Selektionsbild des Reports DEÜV-DATENTRÄGER ERSTELLEN (siehe Abbildung 6.34) bietet Ihnen verschiedene Bearbeitungsmöglichkeiten an:

Datengruppe »Abrechnungsperiode«

Der ABRECHNUNGSKREIS dient an dieser Stelle zur Bestimmung des Auswahlzeitraums über die Auswahl des Radiobuttons AKTUELLE PERIODE und ist ein Mussfeld.

Der Radiobutton AKTUELLE PERIODE ist voreingestellt, die Datumsfelder werden dadurch nach Drücken von ⏎ gemäß der Abrechnungsperiode aus dem Abrechnungsverwaltungssatz automatisch neben dem Feld ABRECHNUNGSKREIS eingeblendet und können nicht geändert werden.

Wollen Sie Meldungen für eine andere Periode als für die Abrechnungsperiode aus dem Abrechnungsverwaltungssatz übertragen, müssen Sie den Radiobutton ANDERE PERIODE auswählen und die Periode erfassen. Die Datumsfelder werden nach Drücken von ⏎ neben dem Feld ABRECHNUNGSKREIS eingeblendet. Sie können deren Inhalt nur über die Felder hinter ANDERE PERIODE verändern.

Datengruppe »Selektion«

Das Feld PERSONALNUMMER verwenden Sie, wenn Sie Meldungen für einen Mitarbeiter übertragen wollen. Wollen Sie den Report für mehrere Personalnummern starten, erhalten Sie mit dem Button MEHRFACHSELEKTION neben dem Feld ein Dialogfenster, in dem weitere Selektionsmöglichkeiten angeboten werden. Sollen Meldungen für alle Mitarbeiter eines oder mehrerer Abrechnungskreise übertragen werden, erfolgt kein Eintrag.

Der ABRECHNUNGSKREIS stellt an dieser Stelle die Verbindung zu der(n) ausgewählten Personalnummer(n) dar. Wollen Sie den Report für mehrere Personalnummern starten, die unterschiedlichen Abrechnungskreisen angehören, benutzen Sie auch hier den Button ⮕ neben dem Feld.

Datengruppe »Jahresmeldungen«

Jahresmeldungen werden vom Report der Transaktion MELDUNGEN ERSTELLEN ab dem Monat Dezember automatisch erstellt und mit dem Abgabegrund »50« abgespeichert. Den Übertragungsmonat bestimmen Sie über die Radiobuttons dieser Datengruppe.

Der Radiobutton FEBRUAR ist beim Aufruf des Selektionsbildes vorausgewählt. Wollen Sie die Jahresmeldungen in einem anderen Monat übertragen, empfehlen wir die Variantensteuerung, um ein unbeabsichtigtes Übertragen zu vermeiden.

[!]

Datengruppe »Druckangaben«

Zusätzlich erstellt der Report pro Krankenkassenart ein Anschreiben an die jeweilige Empfängerkasse für das Meldewesen. Dieses Anschreiben benötigen Sie nur beim Diskettenversand. Es wird allerdings zu Kontrollzwecken auch bei den anderen Verfahren (DFÜ, E-Mail) erzeugt.

Für das Feld AUSGABEGERÄT empfehlen wir den Eintrag LOCL oder LOC (kundenabhängig). Damit wird der Drucker angesteuert, den Sie als Standarddrucker eingerichtet haben.

Die Ausgabe der Anschreiben erfolgt mittels eines SAPscript-Formulars. In der Standardauslieferung ist dies das Formular HR_DE_D3_ BRIEF. Das SAP-System bietet Ihnen die Möglichkeit, Anschreiben an die Empfängerkasse zu archivieren. Die Archivierung erfolgt mittels SAP ArchiveLink. Die Archivierung des Anschreibens ist nur möglich, wenn Sie den Parameter DRUCKPARAM. ÄNDERN (Druckparameter ändern) markiert haben. Damit können Sie den Ausgabeauftrag für die Anschreiben im Druckauswahlbild einzeln freigeben. Bei der Freigabe haben Sie die Möglichkeit, über das Feld ABLAGEMODUS zu bestimmen, ob ein Anschreiben gedruckt (NUR DRUCKEN), archiviert (NUR ABLEGEN) oder gedruckt und archiviert (DRUCKEN UND ABLEGEN) werden soll.

Nach Betätigung der Funktion AUSFÜHREN erhalten Sie ein Protokoll, in dem Sie – zusätzlich zu den Informationen – in den Spalten AKTION mit dem Symbol 🖫 den Report der Transaktion DISKETTE ERSTELLEN (siehe Abschnitt 6.4.3, »Datenträger ertsellen«) und mit dem Symbol 🖩 den Report der Transaktion DFÜ-DATEI ERSTELLEN (siehe Abschnitt 6.4.3, »Datenträger ertsellen«) aufrufen können. Vorteil: In den Selektionsbildern der Reports sind die relevanten Felder bereits gefüllt! Mit dem Symbol ✎ lassen Sie sich analog zum Report der Transaktion DATENTRÄGER ANZEIGEN (siehe Abschnitt 6.4.4, »Datenträger anzeigen«) den Inhalt der Datei anzeigen.

Nach der erfolgreichen Erstellung der Dateien wird das Statuskennzeichen *00 neu* durch das Statuskennzeichen *01 übertragen* ersetzt.

6.4.4 Datenträger anzeigen

Der Report der Transaktion DATENTRÄGER ANZEIGEN (siehe Abbildung 6.31) gibt Ihnen einen Überblick über den Inhalt eines TemSe-Objektes. In der Datengruppe PROGRAMMABGRENZUNGEN selektieren Sie im Feld AUSWERTUNGSDATEN ENTHALTEN IN über die Wertehilfe ein TemSe-Objekt, dessen Inhalt Ihnen nach dem Anklicken von AUS-FÜHREN angezeigt wird.

Zum Anzeigen der Daten, die per B2A-Manager übertragen werden, müssen Sie die Option DEÜV-DATENTRÄGER PER E-MAIL gewählt haben, um den Inhalt ansehen zu können.

6.4.5 Versand der DEÜV-Datei

Nach dem Ausführen der Datenträgererstellung stehen die Dateien für die verschiedenen Empfänger im B2A-Manager zum Versenden bereit (siehe Abschnitt 7.1, »B2A-Manager«). Beim Ausführen werden im Hintergrund E-Mails erstellt und versandt.

Die Transaktionen im SAP Easy-Access-Menü DISKETTE ERSTELLEN und DFÜ-DATEIEN ERSTELLEN sind obsolet.

6.4.6 Meldungen bescheinigen

Mit dem Report der Transaktion MELDUNGEN BESCHEINIGEN erstellen Sie das Meldungsformular, das Sie Ihren Mitarbeitern aushändigen müssen. Sie können Bescheinigungen nur für Meldungen erstellen, die das Statuskennzeichen *01 übertragen* haben. Das Statuskennzeichen *02 bescheinigt* wird nach der Durchführung des Reports zusätzlich vergeben. Die Statuskennzeichen einer DEÜV-Meldung können Sie mit dem Report der Transaktion MELDUNGEN ANZEIGEN (siehe Abbildung 6.35) kontrollieren.

Im Selektionsbild des Reports DEÜV-MELDUNGEN BESCHEINIGEN (siehe Abbildung 6.35) haben Sie folgende Bearbeitungsmöglichkeiten:

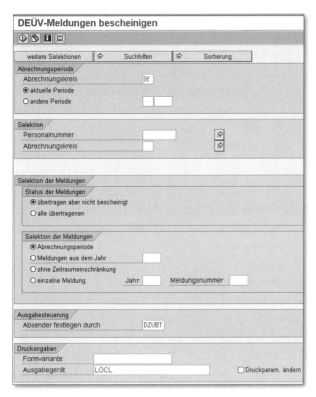

Abbildung 6.35 Selektionsbild »DEÜV-Meldungen bescheinigen«

Datengruppe »Abrechnungsperiode«

Der ABRECHNUNGSKREIS dient an dieser Stelle zur Bestimmung des Auswahlzeitraums über die Auswahl des Radiobuttons AKTUELLE PERIODE und ist ein Mussfeld.

Der Radiobutton AKTUELLE PERIODE ist voreingestellt, die Datumsfelder werden dadurch nach Drücken von ⏎ gemäß der Abrechnungsperiode aus dem Abrechnungsverwaltungssatz automatisch neben dem Feld ABRECHNUNGSKREIS eingeblendet und können nicht geändert werden.

Wollen Sie Meldungen für eine andere Periode als für die Abrechnungsperiode aus dem Abrechnungsverwaltungssatz bescheinigen, müssen Sie den Radiobutton ANDERE PERIODE auswählen und die Periode erfassen. Die Datumsfelder werden nach Drücken von ⏎ neben dem Feld ABRECHNUNGSKREIS eingeblendet. Sie können deren Inhalt nur über die Felder hinter ANDERE PERIODE verändern.

Datengruppe »Selektion«

Das Feld PERSONALNUMMER verwenden Sie, wenn Sie Meldungen für einen Mitarbeiter bescheinigen wollen. Wollen Sie den Report für mehrere Personalnummern starten, erhalten Sie mit dem Button MEHRFACHSELEKTION neben dem Feld ein Dialogfenster, in dem weitere Selektionsmöglichkeiten angeboten werden. Sollen die Meldungen für alle Mitarbeiter eines oder mehrerer Abrechnungskreise bescheinigt werden, erfolgt kein Eintrag.

Der ABRECHNUNGSKREIS stellt an dieser Stelle die Verbindung zu der(n) ausgewählten Personalnummer(n) dar. Wollen Sie den Report für mehrere Personalnummern starten, die unterschiedlichen Abrechnungskreisen angehören, benutzen Sie auch hier den Button 🖅 neben dem Feld.

Datengruppe »Selektion der Meldungen«

Unter STATUS DER MELDUNGEN verwenden Sie den voreingestellten Radiobutton ÜBERTRAGEN ABER NICHT BESCHEINIGT für alle Meldungen, die das Statuskennzeichen *01 übertragen* haben. Wollen Sie bereits bescheinigte Meldungen mit dem Statuskennzeichen *02 bescheinigt* nochmals erstellen, benutzen Sie den Radiobutton ALLE ÜBERTRAGENEN.

Der voreingestellte Radiobutton ABRECHNUNGSPERIODE bezieht sich auf die Auswahl in der gleichnamigen Datengruppe. Mit dem Radiobutton MELDUNGEN AUS DEM JAHR und dem zugehörigen Feld können Sie Meldungen eines ganzen Jahres erstellen. Der Radiobutton OHNE ZEITRAUMEINSCHRÄNKUNG ist nur sinnvoll, wenn Sie für einzelne Personalnummern alle vorhandenen Meldungen bescheinigen wollen. Den Radiobutton EINZELNE MELDUNG mit den zugehörigen Feldern JAHR und MELDUNGSNUMMER benutzen Sie zur Selektion bestimmter Meldungen.

Datengruppe »Ausgabesteuerung«

Mit dem Parameter ABSENDER FESTLEGEN DURCH haben Sie die Möglichkeit, die Angaben mehrerer Personal(teil)bereiche *zusammenfassend* für eine Ausgabe zu bündeln. Wenn Sie diesen Parameter nicht setzen, wird als Absender der DEÜV-Mitteilungen der Personal(teil)bereich des Mitarbeiters gesetzt. Im Standard ist das Feld mit dem Merkmal DZUBT vorbelegt.

Datengruppe »Druckangaben«

Wollen Sie die DEÜV-Bescheinigung nicht mit dem Standardformular drucken, müssen Sie die Kennung des eigenen Formulars im Feld FORMVARIANTE erfassen.

Für das Feld AUSGABEGERÄT empfehlen wir den Eintrag LOCL oder LOC (kundenabhängig). Damit wird der Drucker angesteuert, den Sie als Standarddrucker eingerichtet haben.

Die Ausgabe der Bescheinigungen erfolgt mittels eines SAPscript-Formulars. Das SAP-System bietet Ihnen die Möglichkeit, diese Bescheinigungen zu archivieren. Die Archivierung erfolgt mittels SAP ArchiveLink. Die Archivierung ist nur möglich, wenn Sie den Parameter DRUCKPARAMETER ÄNDERN markiert haben. Damit können Sie den Ausgabeauftrag für die Bescheinigung im Druckauswahlbild einzeln freigeben. Bei der Freigabe haben Sie die Möglichkeit, über das Feld ABLAGEMODUS zu bestimmen, ob ein Anschreiben gedruckt (NUR DRUCKEN), archiviert (NUR ABLEGEN) oder gedruckt und archiviert (DRUCKEN UND ABLEGEN) werden soll.

Nach dem Start des Reports mit AUSFÜHREN erstellt das System ein Protokoll mit einer Übersicht über die erzeugten Listen, die vom System in Ihrer Spooldatei abgelegt wurden. Wenn Sie die Bescheinigungen sofort drucken wollen, können Sie aus diesem Protokoll mit dem Button 🐾 in der Spalte AKTION direkt in die Spooldatei verzweigen.

> [!] Für den Report der Transaktion MELDUNGEN BESCHEINIGEN gibt es *keine* Testoption. Das bedeutet, dass Sie mit jedem Start des Programms eine Liste in der Spooldatei erzeugen.

6.4.7 Kennzeichnen und Löschen von DEÜV-Meldungen

Werden DEÜV-Meldungen vom Empfänger abgelehnt, muss dies dem System mitgeteilt werden. Da eine abgelehnte Meldung vom Empfänger nicht verarbeitet wurde, muss diese auch nicht storniert werden, sondern es ist lediglich die richtige Meldung zu erstellen und zu versenden.

Mit dem Report der Transaktion KENNZEICHNEN UND LÖSCHEN VON DEÜV-MELDUNGEN (Report RPUD3AD0) können Sie den von Ihnen selektierten DEÜV-Meldungen sowohl die Statuskennzeichen *03 zu übertragen, 10 abgelehnt* und *13 manuell gemeldet* direkt zuordnen als auch DEÜV-Meldungen löschen. Sie finden diese Transaktion über den Pfad FOLGEAKTIVITÄTEN • PERIODENUNABHÄNGIG • AUSWERTUNG • DEÜV.

Meistens sind einzelne Meldungen zu stornieren, so dass Sie eine Personalnummer eingeben können, sich ohne Datenbank-Update alle Meldungen anzeigen lassen können und anschließend die gewünschte Meldungsnummer direkt selektieren und mit dem Datenbank-Update die gewünschte Meldung stornieren können.

Dass komplette Datenlieferungen abgelehnt werden, kommt seit der elektronischen Datenübermittlung eher selten vor. Soll der Versand einer unveränderten Datei wiederholt werden, kann dies auch direkt im B2A-Manager erfolgen. Hierfür müssen Sie den Status auf *Fehler – neu senden* abändern und anschließend das Versenden wiederholen.

[!] Sie können nur DEÜV-Meldungen mit dem Statuskennzeichen *10 abgelehnt* löschen.

[+] Da Sie die vom Report der Transaktion KENNZEICHNEN UND LÖSCHEN VON DEÜV-MELDUNGEN vorgenommenen Änderungen der Statuskennzeichen zum Teil nicht mehr rückgängig machen können, empfehlen wir Ihnen, den Report vor jedem Echtlauf mindestens einmal im Testlauf mit den Parametern KEIN DATENBANK-UPDATE und PROTOKOLL ERSTELLEN zu starten und die erzeugte Kurzliste sowie die Statistik zu kontrollieren. Damit stellen Sie sicher, dass durch fehlerhafte oder unvollständige Eingaben auf dem Selektionsbild weder die falschen noch zu viele Meldungen selektiert werden. Insbesondere die Kennzeichnung von Meldungen als *10 abgelehnt* bzw. *13 manuell gemeldet* können Sie nicht mehr rückgängig machen!

6.5 Elektronischer Datenaustausch mit der Finanzverwaltung (Lohnsteueranmeldung und -bescheinigung)

Bereits seit mehreren Jahren werden die Lohnsteueranmeldungen und -bescheinigungen elektronisch an die Finanzämter übermittelt. Nach anfänglichen Schwierigkeiten hat sich das Verfahren etabliert. Ob und welche Effizienzpotentiale bei der Finanzverwaltung gehoben werden konnten, bleibt bisher im Dunkeln, denn für die Arbeitgeber ist das elektronische Verfahren nur bei der Lohnsteueranmeldung effizienter als vorher.

6.5.1 Allgemeines

Sowohl die Lohnsteueranmeldung wie auch die Lohnsteuerbescheinigung sind Dokumente für die Finanzverwaltung, mit denen schon seit sehr langer Zeit gearbeitet wird. Mit der Lohnsteueranmeldung wird gegenüber der Finanzverwaltung erklärt, welche Beträge an abzuführenden Steuern (auch Kirchensteuer und Solidaritätszuschlag sowie weitere Abgaben wie beispielsweise Arbeitskammerbeiträge) von dem Unternehmen für die abgerechnete Periode aus der Personalabrechnung ermittelt wurden und nachfolgend zu überweisen sind. Im Rahmen der Betriebsprüfungen durch die Finanzverwaltung erfolgt dann die Überprüfung, ob die ermittelten Beträge korrekt waren.

Die Lohnsteuerbescheinigung dient dem Nachweis des vom Mitarbeiter/Arbeitnehmer im entsprechenden Beschäftigungszeitraum (mit Ausnahme von Aus- und Eintritten zumeist das Kalenderjahr) erzielten und für die Berechnung der Steuern relevanten Einkommens sowie der darauf bisher vom Arbeitgeber berechneten und abgeführten Steuern. Die Lohnsteuerbescheinigung wird elektronisch an das Finanzamt übertragen, muss aber für den Mitarbeiter noch immer ausgedruckt und diesem ausgehändigt werden, da im Rahmen einer eventuellen Einkommensteuerveranlagung diese Bescheinigung der Steuererklärung beizufügen ist.

Beide Dokumente werden seit dem 01.01.2005 verpflichtend über den B2A-Manager versendet. Die Anwendung des B2A-Managers wird in Abschnitt 7.1 erläutert.

B2A-Manager

6.5.2 Lohnsteueranmeldung

Nachfolgend erläutern wir die Lohnsteueranmeldung in der Anwendung und das entsprechende Customizing. Nicht erläutert wird das technische Basis-Customizing, das für die Verschlüsselung der Daten erforderlich ist.

Lohnsteueranmeldung in der Anwendung

Um die Lohnsteueranmeldungen so weit zu erstellen, dass eine Versendung über den B2A-Manager erfolgen kann, sind mehrere Schritte erforderlich. Die notwendige Funktionalität kann im Easy-Access-Menü unter PERSONALABRECHNUNG • ABRECHNUNG • EUROPA • DEUTSCHLAND • FOLGEAKTIVITÄTEN • PRO ABRECHNUNGSPERIODE • AUSWERTUNG • STEUER • LOHNSTEUERANMELDUNG aufgerufen werden. Im Einzelnen sind die nachfolgend erläuterten Schritte durchzuführen, um die Anmeldung versandfertig in den B2A-Manager zu überstellen:

Schritt 1: Externe Daten erfassen
(Transaktion PC00_M01_CTAE_UPD)
Dieser Schritt ist nur dann notwendig, wenn weitere Steuerbeträge, die nicht aus dem SAP-System heraus ermittelt werden können, mit der Lohnsteueranmeldung an die Finanzverwaltung gemeldet werden sollen. Diese Möglichkeit muss deswegen vorhanden sein, weil je Firma nur eine Lohnsteueranmeldung bei der Finanzverwaltung abgegeben werden darf. Werden beispielsweise die Mitglieder der Geschäftsführung oder des Vorstandes extern (z. B. bei einem Steuerberater) abgerechnet, so sind die für diesen Personenkreis dort ermittelten Steuerbeträge zu den im SAP-System ermittelten Beträgen zu addieren. Die Erfassung erfolgt je Personalteilbereich (Personalbereich/Personalteilbereich) und je Anmeldeperiode (Jahr/Monat) und wird in der Tabelle P01T_A_EXT abgespeichert. Eine beispielhafte Erfassung der Daten ist in Abbildung 6.36 zu sehen.

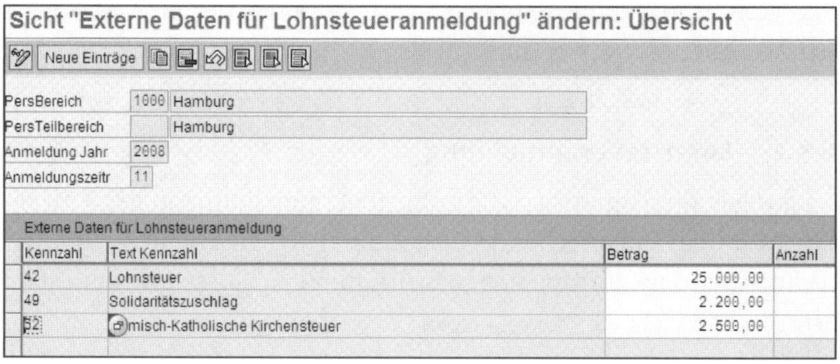

Abbildung 6.36 Extern erfasste Daten für die Lohnsteueranmeldung

Schritt 2: Anmeldedaten erstellen
(Transaktion PC00_M01_CTAV)

Hierbei handelt es sich um den Erstellungsreport RPCTAVD0. Er wertet neben den gegebenenfalls extern erfassten Daten (also der obengenannten Tabelle P01T_A_EXT) die Abrechnungsergebnisse der selektierten Mitarbeiter aus. Die Auswertung und damit die Anmeldung erfolgen für die über das Merkmal DTXAP eingestellte Periode (im Standard immer die aktuelle Abrechnungsperiode), d. h., Beträge, die aus Rückrechnungen entstanden sind, werden in der über das obengenannte Merkmal bestimmten Inperiode gemeldet. Das Erstellen der Lohnsteueranmeldung kann – da es ein reiner Auswertungsreport ist – grundsätzlich jederzeit wiederholt werden. Im Falle des Produktivlaufs werden die relevanten Daten in die Tabellen P01T_A_ADM (Administrationstabelle für die Lohnsteueranmeldung), P01_T_ADS (Statusverwaltung Lohnsteueranmeldung), P01T_DAT (allgemeine Daten der Lohnsteueranmeldung) und P01T_BTG (Steuerbeträge der Lohnsteueranmeldung) geschrieben. Der Report verfügt neben der Möglichkeit, zu Testzwecken einen Testdruck der Lohnsteueranmeldung zu erzeugen, auch über die Optionen der Protokollierung der Tabelleneinträge (in den obengenannten Tabellen) sowie die Anzeige der ausgewerteten Lohnarten auf Basis der Personalnummern (siehe Selektionsbild in Abbildung 6.37).

Abbildung 6.37 Selektionsbild des Reports zur Erstellung der Lohnsteueranmeldung via Elster

Schritt 3: Anmeldedaten zusammenfassen
(Transaktion PC00_M01_CTAS)

In diesem Schritt werden über den Report RPCTASD0 die Datensätze nach lohnsteuerlichen Betriebsstätten (wie im Customizing eingestellt) zusammengefasst und je lohnsteuerlicher Betriebsstätte ein Datensatz für den B2A-Manager erzeugt und dort abgestellt. Als Datenformat wird XML verwendet. Je lohnsteuerlicher Betriebsstätte werden die Daten zu einem sogenannten Nutzdatenblock zusammengefasst. Über den B2A-Manager (siehe auch Abschnitt 7.1) erfolgt die Versendung an die Clearingstellen der Finanzämter.

Der Report verfügt über eine Simulations- und eine Testoption. Der Unterschied dabei ist, dass im Falle der Simulation keinerlei Daten geschrieben werden, wohingegen im Falle des Testlaufs Daten geschrieben werden, diese aber als Testdaten markiert sind. Voraussetzung für das Überstellen der Daten in den B2A-Manager beim Testlauf ist, dass es sich um ein Testsystem handelt, was an der Einstellung des Systems in der Tabelle 000 oder übersteuernd an der Ausprägung der Konstante MODE in der Tabelle T50BK zu erkennen ist.

Schritt 4: Lohnsteueranmeldungen drucken
(Transaktion PC00_M01_CTAM)

Mit dem Report RPCTAMD0 kann die Lohnsteueranmeldung angezeigt und ausgedruckt werden. Auf diesen Report haben im Regelfall auch die Lohnsteueraußenprüfer Zugriff, um im Rahmen der Betriebsprüfung die korrekte Ermittlung und Abführung der Steuerbeträge zu prüfen.

Hilfsprogramme der Lohnsteueranmeldung

Da das elektronische Übermittlungsverfahren nicht frei von Fehlern ist (z. B. wenn Lohnsteueranmeldungen übermittelt werden und die Systeme der Clearingstellen aufgrund von Wartungsarbeiten abgeschaltet sind), stehen für die Korrektur bzw. die Fehlerbeseitigung weitere Hilfsprogramme zur Verfügung:

Transaktion PC00_M01_CTAE Über die Transaktion PC00_M01_CTAE_DIS können die in Schritt 1 eingepflegten Daten überprüft werden. Es handelt sich dabei einfach nur um den Aufruf des gleichen Views im Anzeigemodus. Der Anzeigemodus kann – mit entsprechender Berechtigung – wieder in den Pflegemodus umgeschaltet werden.

Das einfache Anzeigen einer Lohnsteueranmeldung ermöglicht der Report RPCTALD0 (Transaktion PC00_M01_CTAL). Der Report ermöglicht eine Selektion der Lohnsteueranmeldung nach lohnsteuerlicher Betriebsstätte (Personalbereich und -teilbereich), nach Zeiträumen, nach Erstellungsdatum, nach Nutzdaten oder auch nach dem Status des Datensatzes. Er verfügt darüber hinaus über variable Anzeigemöglichkeiten (Column Tree, ALV oder einfache Druckliste).

Transaktion PC00_M01_CTAL

Über die Aktivität LOHNSTEUERANMELDUNG VERWALTEN (Transaktion P00_M01_CTAZ) besteht die Möglichkeit, den Status einer Lohnsteueranmeldung umzusetzen. Dies ist immer dann erforderlich, wenn eine Anmeldung – z. B. weil die Prüfroutinen der Clearingstelle einen Fehler ermittelt haben – zurückgewiesen wird und nicht wieder neu aufgesetzt werden kann. Auch das Löschen einer Lohnsteueranmeldung ist möglich. Sie kann beispielsweise dann erforderlich sein, wenn die Anmeldung vor dem Versenden falsch erstellt wurde, weil eine oder mehrere Personalnummern von der Selektion ausgeschlossen waren.

Transaktion P00_M01_CTAZ)

Eine Weiterverarbeitung der Lohnsteueranmeldungen ermöglicht die Aktivität ANMELDEDATEN WEITERVERARBEITEN (Transaktion PC00_ M01_, Report RPCTAWD0). Falls von den Clearingstellen Nutzdatenblöcke fehlerhaft zurückgegeben werden und kein erneutes Übersenden möglich ist, so kann mit hiermit der entsprechende Datensatz neu erstellt bzw. neu gesammelt werden. Dies stellt sicher, dass auch fehlerhaft verarbeitete Lohnsteueranmeldungen korrigiert und erneut versendet werden können.

Transaktion PC00_M01_

6.5.3 Customizing der Lohnsteueranmeldung

Das Customizing der Lohnsteueranmeldung findet sich im Einführungsleitfaden unter PERSONALABRECHNUNG • ABRECHNUNG DEUTSCHLAND • BEHÖRDENKOMMUNIKATION (B2A) • DATENAUSTAUSCH MIT DER FINANZVERWALTUNG • LOHNSTEUERANMELDUNG. Im Wesentlichen ist dabei die Einrichtung des Arbeitgebers als Absender der Lohnsteueranmeldung durchzuführen und die Festlegung des Anmeldungszeitraums für das Unternehmen zu definieren.

Die Einrichtung des Arbeitgebers als Absender der Lohnsteueranmeldung umfasst im Einzelnen folgende Aktivitäten:

Customizing-Aktivitäten

253

Zusammenfassung
der lohnsteuer-
lichen Betriebs-
stätte

Zusammenfassen der lohnsteuerlichen Betriebsstätten: Es handelt sich hierbei um einen Eintrag in der Tabelle T596L mit der Teilapplikation LSTA. Die Zusammenfassungsmöglichkeiten können im Personalbereich BERICHTSWESEN eingestellt werden. Zumeist findet ein Merkmal Anwendung, über das die Zuordnungen sehr flexibel abgebildet werden können. Erfolgt keine Zusammenfassung, erzeugt das System pro Personalteilbereich eine Anmeldung.

Zusammenfassung
zu einem Daten-
lieferanten

Die Zusammenfassung zu einem Datenlieferanten ist derzeit nicht erforderlich, da die Finanzverwaltung nur einen Datenlieferanten für die Lohnsteueranmeldung je Unternehmen akzeptiert.

Kommunikations-
daten

Unter Kommunikationsdaten ist die Pflege der Tabelle T536C mit der Anschriftenart CA = *Betriebsanschrift* durchzuführen. Dabei kann die Tabelle über den View V_T536C direkt gepflegt werden. Sofern bereits Einträge in der »alten« Anschriftentabelle T536A vorhanden sind, steht der Umsetzreport RPUADR00 zur Verfügung. Sofern die Anschriften der jeweiligen Personalbereiche und -teilbereiche in der Tabelle T536A korrekt gepflegt sind, sorgt der Umsetzreport für eine korrekte Übertragung in die Tabelle T536C.

Dic Zuordnung der Sachbearbeiter muss sowohl für jeden meldenden Personalbereich/-teilbereich erfolgen wie auch für den Personalbereich/-teilbereich, der als Datenlieferant fungiert. Hierfür müssen Sie Einträge in den View V_T596M (Teilapplikation LSTA für den meldenden Personalbereich/-teilbereich und LSTE für den Datenlieferanten) vornehmen. Nicht ganz passend ist in diesem View die Möglichkeit, für den jeweiligen Personalbereich/-teilbereich auch den Anmeldezeitraum (monatlich, vierteljährlich/jährlich) festzulegen, da dafür eine gesonderte IMG-Aktivität existiert.

Letztlich ist unter der Einrichtung des Arbeitgebers auch noch die Pflege der betrieblich relevanten Merkmale erforderlich. Dabei handelt es sich neben der Angabe (je Personalbereich/-teilbereich) von Bundesland und Kirchensteuergebiet auch um die Nummer des Finanzamts und die Steuernummer (gesondert auch im ELSTER-Format).

Festlegung des
Anmeldungszeit-
raums für die LSTA

Die Festlegung des Anmeldungszeitraums für die Lohnsteueranmeldung erfordert zwei Aktivitäten:

Zum einen ist über das Merkmal DTXAP festzulegen, ob die Anmeldung immer in der jeweiligen Periode für die jeweilige Periode erfolgt – hiermit ist immer der Monat gemeint, da bei jährlicher oder vierteljährlicher Anmeldung gleichwohl nahezu immer eine monatliche Personalabrechnung erfolgt. Beispielsweise ist es bei der üblichen vorschüssigen Bezahlung von Beamten erforderlich, die Lohnsteueranmeldung im Vormonat für den abzurechnenden Monat zu erstellen.

Zum anderen ist festzulegen, ob das Unternehmen eine der Voraussetzungen nach § 41a Abs. 2 des EStG erfüllt und damit die Lohnsteueranmeldung nur vierteljährlich oder jährlich abzugeben ist (View V_596M_A).

Im Einführungsleitfaden stehen nun noch sogenannte Testhilfen zur Verfügung. Im Falle der Lohnsteueranmeldung ist darunter zum einen eine Beschreibung des Prozesses von der Erstellung bis zur Abgabe unter Verwendung von produktiven Daten als Testmeldung zu verstehen. Zum anderen steht der Testreport RPUTA5D0 (Transaktion OG00) zur Verfügung. Der Report prüft,

Testhilfen

▶ ob eine Steuernummer erfasst ist

▶ ob die Zuordnung von Finanzamtsnummer zum Bundesland plausibel ist

▶ ob die notwendigen Sach- und Adressdaten vorhanden sind. Ergänzend werden Informationen zum Merkmal DTXAP ausgegeben.

> Bei Fehlern oder Problemen im Zusammenhang mit der Lohnsteueranmeldung empfiehlt sich die Lektüre des SAP-Hinweises 796643. Er enthält Antworten zu einer Reihe von immer wiederkehrenden Fragestellungen und hilft zumeist auch, wenn es um das Verständnis der Abläufe »hinter« der Anwendung geht.

[+]

6.5.4 Lohnsteuerbescheinigung

Im Folgenden beschreiben wir Voraussetzungen für die Erstellung und das Ausführen der Lohnsteuerbescheinigung.

Stammdaten und Anwendung

Sie müssen beachten, dass ab dem Jahre 2009 für die Übersendung von Lohnsteuerbescheinigungen eine Authentifizierung verpflichtend ist. Von großer Wichtigkeit für die Übersendung der Lohnsteuerbescheinigung ab dem Jahresende 2008 ist die Steuer-Identifikationsnummer, welche die Steuernummer bei den Finanzämtern ersetzt und die für alle Bundesbürger künftig »von der Wiege bis zur Bahre«, also von der Geburt bis zum Tod (analog der Sozialversicherungsnummer in den USA) gilt. Nur mit vorhandener Steuer-Identifikationsnummer werden künftig Lohnsteuerbescheinigungen von den Clearingstellen angenommen.

Darüber hinaus ist das Feld BESCHEINIGZRM (Infotyp 0012) von besonderer Bedeutung, da Lohnsteuerbescheinigungen immer je Bescheinigungszeitraum erstellt werden. Insbesondere im Falle von Konzernstrukturen ist darauf zu achten, dass bei Wechseln innerhalb des Konzerns von und zu selbständigen Konzernunternehmen – erkennbar am Feld JURISTISCHE PERSON im Infotyp 0001 (Organisatorische Zuordnung) – der Bescheinigungszeitraum hochgezählt wird, da es ansonsten zu Problemen bei der Erstellung der Lohnsteuerbescheinigungen kommen kann.

Eine Lohnsteuerbescheinigung ist aufgrund der gesetzlichen Vorgaben nicht zwingend für alle Mitarbeiter des Unternehmens auszustellen. Über die Ausprägung »X« im Feld SONDERVERF. ELSTER im Infotyp 0012 (Steuer D) können Mitarbeiter für die elektronische Übermittlung der Lohnsteuerbescheinigung gesperrt werden, d. h., es wird keine Lohnsteuerbescheinigung erstellt. Dies ist insbesondere für Grenzgänger oder andere besondere Personengruppen anzuhaken, da in diesen Fällen aufgrund einer nur beschränkten oder einer Nicht-Steuerpflicht die Erstellung einer Lohnsteuerbescheinigung nicht erforderlich ist. Für beschränkt steuerpflichtige Personen ist eine Lohnsteuerbescheinigung jedoch auf Wunsch des Arbeitnehmers zu erstellen. Dann wäre das Feld einfach leer zu lassen. Über die Ausprägung »E« kann die Lohnsteuerbescheinigung für Mitarbeiter erstellt werden, die pauschalsteuerpflichtig sind (z. B. geringfügig beschäftigte Mitarbeiter).

Das Erstellen und Versenden erfolgt in einem ähnlich gelagerten Prozess wie dem der Lohnsteueranmeldung. Die notwendige Funktionalität, um eine Lohnsteuerbescheinigung versandbereit in den B2A-Manager zu überstellen, findet sich im Easy-Access-Menü unter PERSONALABRECHNUNG • ABRECHNUNG • EUROPA • DEUTSCHLAND • FOLGEAKTIVITÄTEN • PRO ABRECHNUNGSPERIODE • AUSWERTUNG • STEUER • LOHNSTEUERDATEN FÜR DEN MITARBEITER.

Folgende Aktivitäten sind im Einzelnen in dieser Reihenfolge durchzuführen:

Lohnsteuerdaten erstellen (Transaktion P00_M01_CTXV, Report RPCTXVD0)

Anhand der Stammdaten aus dem Infotyp 0012 (Steuer D) bestimmt der Report je Bescheinigungszeitraum, ob und welche Art der Lohnsteuerbescheinigung (allgemeine oder besondere LSTB) zu erstellen ist. Er analysiert die Ergebnisse der Personalabrechnung und erstellt dann – je nach Selektion – die Lohnsteuerbescheinigung als Jahresbescheinigung oder als Zeitraumbescheinigung für die ausgetretenen Mitarbeiter.

Abbildung 6.38 Selektionsbild für die Erstellung der Lohnsteuerbescheinigung

Die vorhandenen Testhilfen ermöglichen es,

► ein Testformular auszugeben
► ein erweitertes Protokoll (siehe Abbildung 6.39) auszugeben (Inhalte: relevante Personaldaten, ausgewertete Datenbanksätze der Personalabrechnungsergebnisse, Lohnarten aus den Personalabrechnungsergebnissen und die Ausweislohnarten)

▸ auch die Daten und Bescheinigungen von Personen auszugeben, die eigentlich in diesem Lauf nicht relevant sind (damit kann ein Testformular für jeden beliebigen Monat des Jahres erzeugt werden)

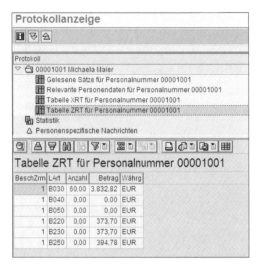

Abbildung 6.39 Erweitertes Protokoll mit Anzeige der Summenlohnarten

Lohnsteuerdaten zusammenfassen (Transaktion PC00_M01_CTXS, Report RPCTXSD0)

Die Funktionalität entspricht im Wesentlichen der unter dem gleichen Punkt der Lohnsteueranmeldung genannten, d. h., in diesem Schritt werden die vorhandenen Daten eingesammelt, nach lohnsteuerlichen Betriebsstätten und Bundesländern getrennt aufbereitet, in eine XML-Datei konvertiert und in den B2A-Manager gestellt. Die Testhilfen entsprechen denen des Reports RPCTASD0 (Lohnsteueranmeldungen zusammenfassen).

Lohnsteuerbescheinigungen für den Mitarbeiter erstellen (Transaktion PC00_M01_CTXM, Report RPCTXMD0)

Hiermit wird die von den Mitarbeitern für eine gegebenenfalls zu erstellende Einkommensteuererklärung benötigte Lohnsteuerbescheinigung ausgedruckt. Voraussetzung für eine produktive Erstellung der Bescheinigungen ist, dass die Bescheinigungen bereits erstellt und von den Clearingstellen der Finanzverwaltung akzeptiert wurden. Im Standard zieht das System alle Bescheinigungen mit einem *Ende bis* (alle die zur im Selektionsbild angegebenen Periode, den Status »zu drucken« aufweisen). Durch den Report wird der Status auf *bescheinigt* gesetzt.

Über die Datengruppe WEITERE SELEKTION besteht die Möglichkeit,

▸ das Drucken der Bescheinigungen auf ein bestimmtes Jahr einzugrenzen

▸ eine Bescheinigung erneut auszudrucken (z. B. wenn diese beim Mitarbeiter oder anderweitig verlorengegangen ist). Dabei ist es sinnvoll, das Feld LETZTES AUSGABEDATUM auszufüllen, da ohne Angabe des Jahres im Feld BESCHEINIGUNGSJAHR alle für den Mitarbeiter vorhandenen Bescheinigungen ausgegeben würden.

Über die Datengruppe TESTAUSDRUCK können die Bescheinigungen testweise ausgegeben werden (über die Felder AKTUELLER STATUS und BESCHEINIGUNGSENDE AB kann die Selektion und damit der Druck eingeschränkt werden). Auf dem Formular wird der aktuelle Status angedruckt, so dass es für den Mitarbeiter nicht möglich ist, diese Testausdrucke bei der Finanzverwaltung mit der Einkommensteuererklärung einzureichen, da dort nur die Bescheinigungen akzeptiert werden, die Angaben über die produktive Übermittlung enthalten.

Bitte beachten Sie, dass die Angaben im Gruppenrahmen TESTAUSDRUCK **[!]** die Angaben im Gruppenrahmen WEITERE SELEKTION übersteuern.

Hilfsprogramme der Lohnsteuerbescheinigung

Analog zur Lohnsteueranmeldung existieren auch für die Lohnsteuerbescheinigung mehrere Reports, um Bescheinigungen anzuzeigen, diese bei Bedarf zu löschen, zu korrigieren oder wieder erneute aufzubereiten. Nachfolgend erläutern wir die wesentliche Funktionalität der Reports.

Lohnsteuerdaten anzeigen (Transaktion PC00_M01_CTXL)

Über den Report RPCTXLD0 können die Lohnsteuerbescheinigungen nach unterschiedlichsten Selektionskriterien angezeigt werden. Abbildung 6.40 enthält das Ergebnis als Column Tree.

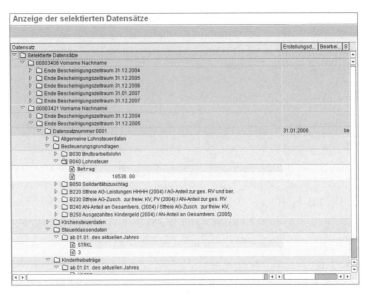

Abbildung 6.40 Ergebnis des Anzeigereports RPCTXLD0

Lohnsteuerdaten verwalten (Transaktion PC00_M01_CTXZ, Report RPCTXZD0)

Diese Funktionalität entspricht im Wesentlichen der des Verwaltungsdialogs der Lohnsteueranmeldung. Der Unterschied ist hier, dass eine sogenannte *Nullmeldung* erstellt werden kann. Da die Übertragung von Lohnsteuerbescheinigungen im Rahmen eines »Ersetzungsverfahrens« (eine neue Meldung ersetzt die alte, es ist kein Storno wie z. B. bei der DEÜV erforderlich) erfolgt, gibt es keine Stornomeldungen. Da es in begründeten Ausnahmefällen aber gleichwohl zu der Notwendigkeit der kompletten Stornierung ohne Neumeldung kommen kann, steht die Nullmeldung zur Verfügung. Sie wirkt bei der Finanzverwaltung wie eine Stornomeldung. Die Umsetzung des Status ist grundsätzlich auf *gesperrt* und *fehlerhaft* begrenzt. Während der Status *gesperrt* wieder aufgehoben werden kann, stellt der Status *fehlerhaft* einen endgültigen, nicht mehr veränderbaren Status da. Meldungen im Status *fehlerhaft nicht wiederaufsetzbar* müssen komplett neu erstellt und versendet werden.

Fehlerhafte Lohnsteuerdaten weiterverarbeiten (Transaktion PC00_M01_CTXW, Report RPCTXWD0)

Die Funktionalität entspricht der im Abschnitt »Hilfsprogramme der Lohnsteueranmeldung« auf S. 253 ganannten Aktivitäten ANMELDE-DATEN WEITERVERARBEITEN.

Lohnsteuerdaten – Korrekturlauf
(Transaktion PC00_M01_CTXK, Report RPCTXKD0)

Dieser Report erstellt die Bescheinigungen neu, wenn diese beispielsweise von der Clearingstelle als fehlerhaft zurückgewiesen wurden und mit dem Report RPCTXWD0 auf den Status *neu zu erstellen* gesetzt wurden.

6.5.5 Customizing der Lohnsteuerbescheinigung

Das Customizing der Lohnsteueranmeldung findet sich im Einführungsleitfaden unter PERSONALABRECHNUNG • ABRECHNUNG DEUTSCHLAND • BEHÖRDENKOMMUNIKATION (B2A) • DATENAUSTAUSCH MIT DER FINANZVERWALTUNG • LOHNSTEUERDATEN FÜR DEN MITARBEITER.

Im Bereich ARBEITGEBER ALS ABSENDER EINRICHTEN verbergen sich analoge Aktivitäten wie bereits in Abschnitt 6.5.3, »Customizing der Lohnsteueranmeldung« beschrieben.

Sofern ein optisches Archiv an das SAP ERP HCM-System angeschlossen ist, können die erstellten Lohnsteuerbescheinigungen auch archiviert werden. Dies ist im Einführungsleitfaden über die Aktivität PERSONALABRECHNUNG • ABRECHNUNG DEUTSCHLAND • *SAPscript-Formulare • Parameter SAPscript-Formularen zuordnen* möglich (View V_T50F0). Hierfür müssen Sie auch die Option BEIM DRUCKEN ARCHIVIEREN anhaken.

6.5.6 Andruck ergänzender Lohnarten auf der Lohnsteuerbescheinigung

Von zentraler Bedeutung für die Lohnsteuerbescheinigung ist die Möglichkeit, zusätzliche Beträge auf der Lohnsteuerbescheinigung anzudrucken, um die Prozesse im Zusammenhang mit der Einkommensteuererklärung für den Mitarbeiter effizient zu gestalten (z. B. weil dadurch das Erstellen weiterer Bescheinigungen für Arbeitskammerbeiträge oder auch freiwillig gezahlte Kranken- und Pflegeversicherungsbeiträge entfällt).

Hier findet wieder die Tabelle T596J Verwendung, um die Lohnarten aus dem Personalabrechnungsergebnis zu Summenlohnarten zusammenzufassen. SAP hat für die anzudruckenden Kundenlohnarten keine feste Teilapplikation vorgegeben. Vielmehr kann diese flexibel über das Merkmal DTXTL gewählt werden. Damit ist dann möglich, abhängig von den im Merkmal ermittelten Kriterien für verschiedene Gruppen von Mitarbeitern, auch unterschiedliche Teilapplikationen zu verwenden und damit auch unterschiedliche Lohnarten in der Lohnsteuerbescheinigung anzudrucken. Letztlich besteht auch noch die Möglichkeit, Lohnarten festen Tags zuzuweisen. Beispiele sind die Arbeitskammer oder auch die Arbeitnehmeranteile zur freiwilligen Kranken- und Pflegeversicherung bzw. im öffentlichen Dienst auch die Höhe der Arbeitnehmerbeiträge zur Zusatzversorgung. *Feste Tags* bedeutet dabei, dass die Übermittlung der Daten an die Finanzverwaltung in den Nutzdatenblöcken mit einem vorgegebenen Kürzel gekennzeichnet wird – beispielsweise ist das Tag für die Arbeitnehmer-Beiträge zur freiwilligen Kranken- und Pflegeversicherung ANFKV.

Integration weiterer Lohnarten

Es ergibt sich also ein vierstufiges Verfahren, um weitere Lohnarten in die Lohnsteuerbescheinigung zu integrieren:

1. Festlegen der Teilapplikation(en), die als Gruppierung dient (dienen), um die Summenlohnarten zu ermitteln (View V_T596A)

2. Zuweisung der Teilapplikation über das Merkmal DTXTL

3. Definition der Summenlohnarten (View V_T596G)

[!] Beachten Sie bitte, dass die Summenlohnart(en) im Namensraum Z010 – Z100 liegen muss(müssen), da nur diese angedruckt werden!

4. Zuweisung der Abrechnungslohnarten zu Summenlohnarten (View V_T596J)

Pflege des amtlichen Gemeindeschlüssels

Der amtliche Gemeindeschlüssel wird in den Stammdaten des Infotyps 0012 (Steuer D) benötigt, da ein Andruck dieser Nummer auf der Lohnsteuerbescheinigung erforderlich ist. Dabei wird der Schlüssel per [F4]-Hilfe aus der Tabelle P01_T_AGS gelesen. Der amtliche Gemeindeschlüssel muss vorher mit dem Report RPUTX2D0 (Aktivität im Einführungsleitfaden: Amtlichen Gemeindeschlüssel pflegen) ins System eingelesen werden.

Weitere Informationen über den aktuellsten Stand der einzuspielenden Datei und die Datei selbst finden sich unter *https://ser-*

vice.sap.com/hrde im Bereich *elster@sap* (User mit Kennwort für den SAP Service Marketplace erforderlich).

Startdatum festlegen

Das Festlegen des Startdatums für die Übermittlung der Lohnsteuerbescheinigungen mit ELSTER wird über das Merkmal DTXPP festgelegt. Das Merkmal war insbesondere in der Übergangsphase (Jahreswechsel 2004/2005) von hohem Interesse, weil es den Unternehmen bis zum 01.01.2005 freigestellt war, mit ELSTER zu melden oder die alten Übertragungswege zu nutzen. Im Rahmen aktueller Neuimplementierungen von SAP ERP HCM wird das Merkmal immer den Monat des Produktivstarts als Rückgabewert enthalten (im Format *JahrMonat, z. B. 200901* für Januar 2009).

Festlegung des Ausgabemonats bei Austritten

Das Merkmal DTXAM (es gibt an, nach wie vielen Monaten nach einem Austritt die LSTB erstellt wird) ist nicht im hier bearbeiteten Bereich des IMG enthalten. Es findet sich im Einführungsleitfaden unter PERSONALABRECHNUNG • ABRECHNUNG DEUTSCHLAND • STEUERN.

Das Merkmal wird vom Erstellungsreport (Transaktion P00_M01_CTXV, Report RPCTXVD0) gelesen, und anhand des Rückgabewertes (die Anzahl der Monate nach dem Austrittsmonat, z. B. wenn die Lohnsteuerbescheinigung erst zwei Monate nach dem Austrittsmonat ausgestellt werden soll, so muss der Rückgabewert = 02 sein) wird bestimmt, wann die Lohnsteuerbescheinigung erstellt und übermittelt wird.

Testhilfen

Im Bereich der Lohnsteuerbescheinigung findet sich zum Testen der Report RPUTX5D0 – ein Testreport zum Überprüfen des HR-Customizings (siehe auch die Ergebnisliste in Abbildung 6.41). Er prüft, **Testreport RPUTX5D0**

▶ für welchen Monat der Start der Übersendungen per ELSTER für die selektierten Personalnummern festgelegt wurde (liegt das Datum in der Zukunft, erfolgen für diese Personalnummern keine weiteren Prüfungen)

▶ für welche lohnsteuerliche Betriebsstätte zu melden ist

▶ wer Datenlieferant für diese Betriebsstätte ist

▶ ob die Kommunikationsdaten der lohnsteuerlichen Betriebsstätte und des Datenlieferanten gepflegt sind (Anschrift der lohnsteuerlichen Betriebsstätte und Adressdaten des Sachbearbeiters)

▶ ob die Adressdaten des Mitarbeiters vorhanden sind

Insbesondere die Anschriftsdaten und die Daten zum zuständigen Sachbearbeiter bilden eine häufige Fehlerquelle. Insofern ist ein Lauf des Reports für alle zu meldenden lohnsteuerlichen Betriebsstätten (also Personalbereiche und -teilbereiche) sinnvoll. Hierzu genügt es, wenn eine Personalnummer einer jeden lohnsteuerlichen Betriebsstätte ausgewählt wird.

[+] Wenn Fehler bei der Übermittlung von Lohnsteuerbescheinigungen entstehen, empfiehlt sich die Lektüre des SAP-Hinweises 760868 – *FAQ Lohnsteuerbescheinigung mit ELSTER (HR)*. Er enthält eine ganze Reihe von Antworten auf immer wiederkehrende Fragestellungen zu vielen Aspekten der Lohnsteuerbescheinigung.

Abbildung 6.41 Ergebnisliste des Testreports RPUTX5D0

6.6   Buchung ins Rechnungswesen

Personalabrechnungsergebnisse enthalten Informationen, die für das Rechnungswesen relevant sind und die Sie deshalb für die Übergabe der Daten in das Rechnungswesen auswerten müssen. Diese Aufgabe übernimmt die Komponente BUCHUNG INS RECHNUNGSWESEN (siehe Abbildung 6.42). Sie ist die Schnittstelle zwischen *Personalabrechnung* und *Rechnungswesen*. Sie können damit

▸ buchungsrelevante Informationen aus den Abrechnungsergebnissen zusammenstellen

▸ verdichtete Abrechnungsbelege erstellen

▸ die entsprechenden Buchungen in die Komponenten des Rechnungswesens durchführen

Mit den Transaktionen werden Standardreports aufgerufen, deren Selektionsbilder Sie bearbeiten müssen.

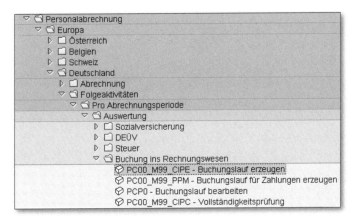

Abbildung 6.42 Aufruf der Komponente »Buchung ins Rechnungswesen«

Zentrales Objekt der BUCHUNG INS RECHNUNGSWESEN sind die *Abrechnungsbelege*. Sie enthalten alle Informationen, die beim Buchen in das Rechnungswesen übergeben werden. Alle Abrechnungsbelege, die durch das Erzeugen eines *Buchungslaufs* entstehen, werden in diesem Buchungslauf zu einer Einheit zusammengefasst. Jeder Abrechnungsbeleg erhält bei der Erstellung eine eindeutige Nummer und nimmt während der BUCHUNG INS RECHNUNGSWESEN verschiedene Status an, die Informationen darüber liefern, welche Aktivitäten Sie in Bezug auf den Abrechnungsbeleg durchgeführt haben. Der Abrechnungsbeleg dient darüber hinaus den Komponenten des Rechnungswesens

Abrechnungs-
belege

als Ursprungsbeleg für die Erstellung weiterer Belege, die einen Verweis auf den zugrunde liegenden Abrechnungsbeleg enthalten.

Den Abrechnungsbeleg erstellen Sie mit dem Report der Transaktion BUCHUNGSLAUF ERZEUGEN (siehe Abbildung 6.42 und Abschnitt 6.6.1, »Buchungslauf erzeugen«).

6.6.1 Buchungslauf erzeugen

Nachdem Sie den Report mit der Transaktion BUCHUNGSLAUF ERZEUGEN aufgerufen haben, haben Sie im Selektionsbild (siehe Abbildung 6.43) verschiedene Optionen für Ihre weitere Vorgehensweise.

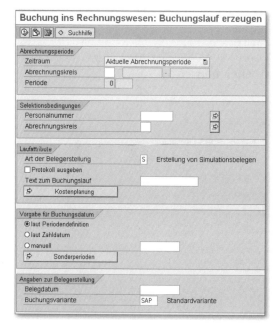

Abbildung 6.43 Selektionsbild »Buchungslauf erzeugen«

Im Folgenden beschreiben wir die Bedeutung und Zusammenhänge der Felder des Selektionsbildes sowie die Auswirkungen Ihrer Erfassungen.

Datengruppe »Abrechnungsperiode«

Mit dem Feld ZEITRAUM bestimmen Sie im Zusammenhang mit dem Feld ABRECHNUNGSKREIS den Auswahlzeitraum, für den Sie die Abrechnungsbelege erstellen wollen. Der Eintrag AKTUELLE ABRECH-

NUNGSPERIODE ist voreingestellt, die Datumsfelder neben dem Feld ABRECHNUNGSKREIS und das Feld PERIODE werden dadurch nach Drücken von ⏎ gemäß der Abrechnungsperiode aus dem Abrechnungsverwaltungssatz automatisch eingeblendet und können nicht geändert werden.

Wollen Sie Abrechnungsbelege für eine andere Periode als für die Abrechnungsperiode aus dem Abrechnungsverwaltungssatz erstellen, müssen Sie im Feld ZEITRAUM den Eintrag ANDERE PERIODE auswählen und sie im daraufhin eingabebereiten Feld PERIODE erfassen. Die Datumsfelder werden nach ⏎ neben dem Feld ABRECHNUNGSKREIS eingeblendet oder aktualisiert. Sie können deren Inhalt nur über das Feld PERIODE verändern.

Datengruppe »Selektionsbedingungen«

Das Feld PERSONALNUMMER verwenden Sie, wenn Sie Abrechnungsbelege für einen Mitarbeiter erstellen wollen. Wollen Sie das Programm für mehrere Personalnummern starten, erhalten Sie mit dem Button MEHRFACHSELEKTION neben dem Feld ein Dialogfenster, in dem weitere Selektionsmöglichkeiten angeboten werden. Soll das Programm für alle Mitarbeiter eines oder mehrerer Abrechnungskreise gestartet werden, erfolgt kein Eintrag.

Der ABRECHNUNGSKREIS stellt an dieser Stelle die Verbindung zu der(n) ausgewählten Personalnummer(n) dar. Wollen Sie das Programm für mehrere Personalnummern starten, die unterschiedlichen Abrechnungskreisen angehören, benutzen Sie auch hier den Button ⬚ neben dem Feld.

Datengruppe »Laufattribute«

Über das Feld ART DER BELEGERSTELLUNG haben Sie die Möglichkeit, vor der Erzeugung von buchbaren Produktivbelegen Simulationen durchzuführen.

[+]

Wir empfehlen, jeweils vor und nach Beendigung der Personalabrechnung einen Buchungslauf mit der Auswahl S im Feld ART DER BELEGERSTELLUNG zu simulieren. Auf diese Weise können Sie buchungsrelevante Fehler frühzeitig erkennen und Probleme bei der Erzeugung eines produktiven Buchungslaufs vermeiden. Sie können die Simulation von Buchungsläufen beliebig oft wiederholen, da sie im Gegensatz zur Erzeugung eines produktiven Buchungslaufs nicht zu einer Markierung der Abrechnungsergebnisse führt.

Sie haben zwei Möglichkeiten, einen Buchungslauf zu simulieren:

1. Mit der Auswahl T im Feld ART DER BELEGERSTELLUNG starten Sie einen *Testlauf*, ohne Abrechnungsbelege zu erzeugen (eingeschränkte Prüfung). Das System führt folgende Aktivitäten aus:

   ▶ Die Abrechnungsergebnisse werden selektiert.

   ▶ Die buchungsrelevanten Informationen und die zu buchenden Lohnarten werden ermittelt.

   ▶ Die symbolischen Konten und die Mitarbeitergruppierung für die Kontenfindung werden bestimmt.

   Auf diese Weise werden Einzelposten errechnet, die jedoch im Gegensatz zu den Abrechnungsbelegen eines *Simulationslaufs* nicht gesichert werden. Anschließend prüfen Sie, ob der Saldo dieser Einzelposten pro Abrechnungsergebnis gleich null ist.

   Mit der Auswahl S im Feld ART DER BELEGERSTELLUNG starten Sie einen *Simulationslauf* und erzeugen Abrechnungsbelege (vollständige Prüfung). Das System führt folgende Aktivitäten aus:

   ▶ Ein Buchungslauf wird erzeugt und als *Simulationslauf* gekennzeichnet. Deswegen können Sie die Abrechnungsbelege dieses Buchungslaufs nicht buchen.

   ▶ Die Abrechnungsbelege dieses Simulationslaufs werden den gleichen Prüfungen unterzogen wie die Abrechnungsbelege eines produktiven Buchungslaufs.

2. Mit der Auswahl P im Feld ART DER BELEGERSTELLUNG starten Sie einen *Produktivlauf* und erzeugen buchungsfähige Abrechnungsbelege. Diesen Vorgang können Sie nur durchführen, wenn im Abrechnungsverwaltungssatz der Status ENDE DER ABRECHNUNG aktiv ist.

[!] Wenn Sie einen noch nicht gebuchten Produktivlauf wiederholen wollen, müssen Sie ihn löschen, sonst werden bei der Wiederholung nur die Mitarbeiter selektiert, deren Abrechnungsergebnisse durch einen Fehler im vorherigen Lauf nicht markiert wurden.

   ▶ Mit der Auswahl des Parameters PROTOKOLL AUSGEBEN erhalten Sie umfangreiche buchungsrelevante Informationen zu den selektierten Personalnummern (siehe Abschnitt 6.6.4, »Buchungslauf prüfen«).

Bei Fehlern wird unabhängig vom Parameter PROTOKOLL AUSGEBEN immer ein Protokoll erstellt, und der Abrechnungsbeleg erhält den Status *fehlerhaft* oder der Buchungslauf den Status *keine Belege entstanden*. Sie können entweder aus dem Protokoll oder über die BELEGSICHT (siehe Abschnitt 6.6.4) weitere Informationen erhalten und/oder berechtigungsabhängig direkt in das Customizing verzweigen.

[+]

▸ Im Feld TEXT ZUM BUCHUNGSLAUF können Sie einen Buchungslauf näher bezeichnen. Dieser Text erscheint in der Buchungslaufübersicht.

▸ Der Button KOSTENPLANUNG wird verwendet, um Datenbestände für die Personalkostenplanung zu erzeugen, und ist für die Abrechnung nicht relevant.

Datengruppe »Vorgabe für Buchungsdatum«

Mit der Auswahl der Radiobuttons dieser Datengruppe bestimmen Sie das Buchungsdatum der Abrechnungsbelege. Mit dem Parameter LAUT PERIODENDEFINITION wird ein Datum aus dem Customizing generiert; mit dem Parameter LAUT ZAHLDATUM verwenden Sie das Zahldatum der ausgewerteten Abrechnungsergebnisse als Buchungsdatum. Können Sie weder den Parameter LAUT PERIODENDEFINITION noch den Parameter LAUT ZAHLDATUM verwenden, müssen Sie im Feld des Parameters MANUELL ein Datum erfassen.

Der Button SONDERPERIODEN ist notwendig, wenn in Sonderperioden gebucht werden soll, z. B. wenn die Personalabrechnung Dezember in die 13. Periode gebucht werden soll.

Datengruppe »Angaben zur Belegerstellung«

Mit dem Feld BELEGDATUM definieren Sie das Ausstellungsdatum des Originalbeleges. Machen Sie keine Eingabe, wird das Tagesdatum verwendet.

In einer BUCHUNGSVARIANTE können Sie Parameter mit Zusatzinformationen für die Belegerstellung wie z. B. Einstellungen zur Belegaufteilung und die Art, in der Belegpositionstexte hinzugefügt werden, zusammenfassen und eindeutig benennen.

Wenn Sie den Report der Transaktion BUCHUNGSLAUF ERZEUGEN gestartet haben, erhalten Sie unabhängig von der Auswahl des Parameters PROTOKOLL AUSGEBEN unter der Überschrift AUSWERTUNG DER

BUCHUNGSPOSTEN Informationen zum Buchungslauf und eine Statistik zu den selektierten Personalnummern (siehe Abbildung 6.44)

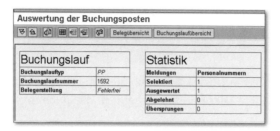

Abbildung 6.44 Auswertung der Buchungsposten

Mit dem Button BELEGÜBERSICHT können Sie sich über die Auswahl von Abrechnungsbelegen Einzelpositionen dieser Belege anzeigen lassen, Revisionsinformationen aufrufen und bei Fehlern berechtigungsabhängig direkt in das Customizing verzweigen (siehe Abschnitt 6.6.4, »Buchungslauf prüfen«).

Mit dem Button BUCHUNGSLAUFÜBERSICHT verzweigen Sie in die Liste der Transaktion BUCHUNGSLAUF BEARBEITEN (siehe Abschnitt 6.6.2, »Buchungslauf bearbeiten«, und Abbildung 6.42).

6.6.2 Buchungslauf bearbeiten

Mit der Transaktion BUCHUNGSLAUF BEARBEITEN erhalten Sie eine Liste der erzeugten Buchungsläufe, in der Sie sich Informationen verschaffen können und in der Sie Produktivbelege buchen. Die Liste kann in zwei Kategorien unterteilt sein (Buchung der Zahlungen und Buchung der Abrechnung, siehe Abbildung 6.44). Buchungsläufe, die mit dem Report der Transaktion BUCHUNGSLAUF ERZEUGEN (siehe Abschnitt 6.6.1, »Buchungslauf erzeugen«) erstellt wurden, finden Sie unter PP BUCHUNG DER ABRECHNUNG. Wenn Sie den Report der Transaktion BUCHUNGSLAUF FÜR ZAHLUNGEN ERZEUGEN (siehe Abschnitt 6.6.3, »Buchungslauf für Zahlungen erzeugen«) benutzt haben, werden die erzeugten Buchungsläufe unter PM BUCHUNG DER ZAHLUNGEN aufgeführt.

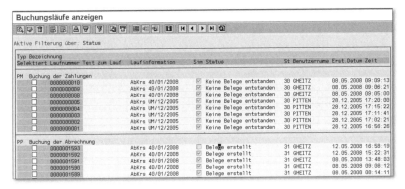

Abbildung 6.45 Buchungsläufe anzeigen

Darüber hinaus enthält die Liste in Abbildung 6.45 noch weitere Informationen:

▸ Mit der Markierung des einzigen Eingabefeldes der Liste in der Spalte SELEKTIERT und anschließender Betätigung des Buttons 🔍 oder Doppelklick auf die Zeile springen Sie in die Belegübersicht.

▸ In der Spalte LAUFNUMMER wird bei der Erstellung eines Buchungslaufs vom System eine fortlaufende Nummer vergeben.

▸ Die Spalte TEXT ZUM LAUF gibt den Text aus, den Sie im Selektionsbild des Reports der Transaktion BUCHUNGSLAUF ERZEUGEN (siehe Abschnitt 6.6.1, »Buchungslauf erzeugen«) erfasst haben.

▸ Die Datenherkunft entnehmen Sie der Spalte LAUFINFORMATION: Hier werden Abrechnungskreis, Abrechnungsmonat und -jahr aufgeführt.

▸ In der Spalte SIM (Simulation) werden Simulationsläufe mit einem Haken gekennzeichnet. Das bedeutet im Umkehrschluss, dass nur ein Buchungslauf ohne einen Haken in der Spalte SIM buchbare Produktivbelege enthält.

▸ In der Spalte STATUS erhalten Sie Informationen zum Buchungslaufinhalt, die Spalte ST repräsentiert den entsprechenden Statusschlüssel.

▸ Mit den Informationen der Spalten BENUTZERNAME, ERST.DATUM und ZEIT können Sie einen Buchungslauf eindeutig identifizieren.

Wenn Sie die Abrechnungsbelege eines Buchungslaufs buchen wollen, müssen sie freigegeben werden. Dazu markieren Sie den Buchungslauf in der Spalte SELEKTIERT und betätigen den Button [🔍] . In der darauffolgenden Belegübersicht markieren Sie den Abrechnungsbeleg und betätigen den Button [✏️] . Nach der Bestätigung der Freigabe in einem Dialogfenster ändert sich der Status des Abrechnungsbeleges auf FREIGEGEBEN. Nach dem Rücksprung in die Buchungslaufübersicht markieren Sie den freigegebenen Buchungslauf, der hier jetzt den Status ALLE BELEGE FREIGEGEBEN hat, in der Spalte SELEKTIERT und betätigen den Button [📝] . Im nachfolgenden Protokoll erhalten Sie die Information, dass die Buchung erfolgreich abgeschlossen wurde (siehe Abbildung 6.46).

[+]

Wir empfehlen, nicht mehr benötigte Simulationsläufe in gewissen Zeitabständen zu löschen, um die Übersichtlichkeit der Liste zu gewährleisten und die Tabelle PPOIX, in der der Inhalt des Beleges gespeichert wird, zu verkleinern, was die Performance verbessert.

Durch voreingestellte Filter sind erfolgreich gebuchte und gelöschte Belege nicht mehr sichtbar. Mit der Funktion FILTER LÖSCHEN über den Menüpfad BEARBEITEN • FILTER werden sie wieder angezeigt.

Abbildung 6.46 Protokoll einer erfolgreichen Buchung

6.6.3 Buchungslauf für Zahlungen erzeugen

Mit dem Report der Transaktion BUCHUNGSLAUF FÜR ZAHLUNGEN ERZEUGEN buchen Sie alle Zahlungen automatisch. Hintergrund ist folgender: Wenn Sie die Buchungsüberleitung ins Rechnungswesen (FI/CO) durchgeführt haben, stehen alle offenen Verbindlichkeiten aus der Personalabrechnung auf den entsprechenden Verbindlichkeitskonten, auch die Zahlungen an die Mitarbeiter. Bei der Erstellung der Zahlungsträger für die Zahlungen an Mitarbeiter aus SAP

ERP HCM erzeugt das System im Standard derzeit maschinell keine korrespondierenden Buchungen. Weder das VORPROGRAMM DTA (siehe Abschnitt 6.2.1, »Vorprogramm Datenträgeraustausch (DTA) mehrere Zahlungsläufe«) noch das Programm zum Erstellen des Datenträgers (siehe Abschnitt 6.2.2, »Vorprogramm Datenträgeraustausch Sammelüberweisung«) führen eine Buchung im Hauptbuch des Finanzwesens durch.

Wenn also das System in SAP ERP HCM die Zahlungsträger für die Zahlungen an Mitarbeiter erzeugt, müssen Sie derzeit parallel dazu manuelle Buchungen durchführen. Diese manuellen Buchungen werden in der Regel anhand der Zahlungsbegleitliste durchgeführt. In den meisten Fällen handelt es sich hierbei um eine Buchung, die nur wenige Buchungszeilen enthält, nämlich jeweils eine Buchungszeile pro beteiligtem Bankverrechnungskonto und beteiligtem Buchungskreis. Wenn die Verbindlichkeiten aber anhand der Aufwände verteilt werden, entstehen unter Umständen wesentlich mehr Buchungszeilen. Sie können die Buchung dann nicht mehr manuell durchführen. Mit dem Report der Transaktion BUCHUNGSLAUF FÜR ZAHLUNGEN ERZEUGEN werden alle Zahlungen ausgewertet – unabhängig davon, ob sie bereits gezahlt sind oder nicht. Als Zahlungen gelten alle in der Tabelle BT der Abrechnungsergebnisse und alle in der Tabelle T52POST_PAYMENT enthaltenen Lohnarten. Die Durchführung entspricht der der vorherigen Abschnitte.

6.6.4 Buchungslauf prüfen

Zur Prüfung eines Buchungsbeleges stehen Ihnen verschiedene Möglichkeiten zur Verfügung:

Wenn Sie die Auswahl PROTOKOLL AUSGEBEN im Selektionsbild der Transaktion BUCHUNGSLAUF ERZEUGEN markiert haben, erhalten Sie im Folgebild, AUSWERTUNG DER BUCHUNGSPOSTEN, durch die Expansion einer Personalnummer eine Aufstellung der zu buchenden Lohnarten, aufgeteilt nach Aufwands- und Bilanzkonto (siehe Abbildung 6.47).

Protokoll ausgeben

Die Belegsicht erreichen Sie entweder über den entsprechenden Button im Bild AUSWERTUNG DER BUCHUNGSPOSTEN (siehe Abbildungen 6.44 und 6.47) oder durch Doppelklick auf den Buchungslauf in der Liste der Transaktion BUCHUNGSLAUF BEARBEITEN.

Auswertung der Buchungsposten

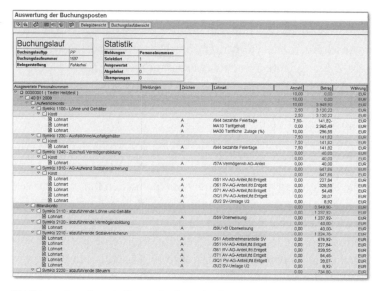

Abbildung 6.47 Protokoll eines Buchungslaufs

Nach der Auswahl des Beleges durch Doppelklick gelangen Sie in das Bild PERSONALABRECHNUNGSBELEG ANZEIGEN (siehe Abbildung 6.48), in dem Sie Informationen zum Buchungslauf erhalten.

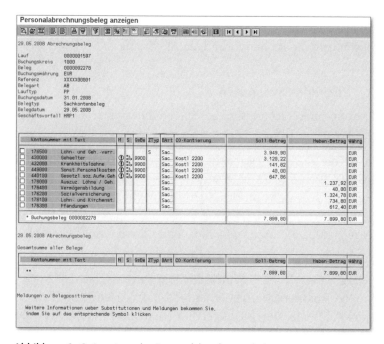

Abbildung 6.48 Anzeigen des Personalabrechnungsbelegs

Durch Doppelklick auf eine Zeile gelangen Sie in die sogenannten *Revisionsinformationen* zur Anzeige personenbezogener Lohnarten, die in eine Belegzeile fließen (siehe Abbildung 6.49).

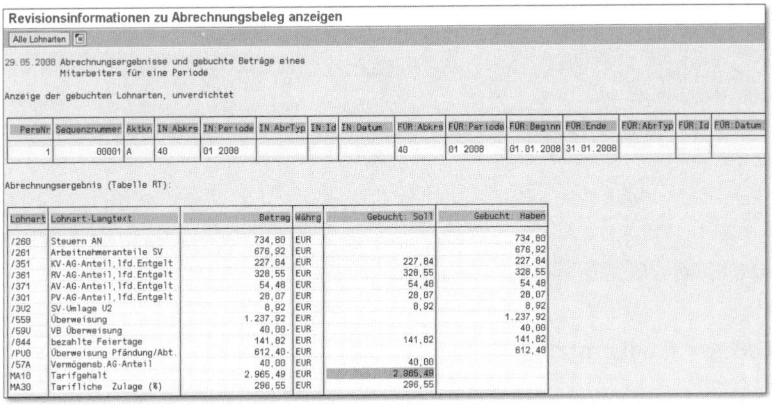

Abbildung 6.49 Revisionsinformationen anzeigen

Durch Auswahl eines eventuell auftretenden Symbols in der Spalte M (siehe Abbildung 6.48) wird Ihnen in einem Dialogfenster die Möglichkeit zur weiteren Information angeboten (siehe Abbildung 6.50).

Abbildung 6.50 Dialogfenster zum Symbol in Spalte »M«

Für einen produktiven Buchungslauf mit gebuchten Belegen können Sie sich *Rechnungswesenbelege* anzeigen lassen. Dazu markieren Sie in der Belegsicht, die Sie durch Doppelklick auf den Buchungslauf in der Liste der Transaktion BUCHUNGSLAUF ERZEUGEN erreicht haben, den entsprechenden Beleg und gehen dann den Menüpfad SPRINGEN • RECHNUNGSWESENBELEGE. Aus den Möglichkeiten des daraufhin angebotenen Dialogfensters wählen Sie z. B. den Eintrag BUCHHALTUNGSBELEG und erhalten daraufhin ausführlichere Informationen (siehe Abbildung 6.51).

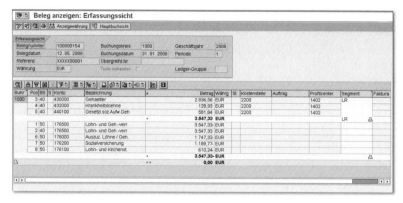

Abbildung 6.51 Anzeige der Rechnungswesenbelege

6.6.5 Customizing

Es gibt zwei Blöcke im Customizing, den Teil, der im HCM-System durchgeführt werden muss, und den Teil, der im Rechnungswesen eingestellt wird. Haben Sie zwei getrennte SAP-Systeme, führen Sie die Aktivitäten in dem jeweiligen System aus. Bei einem System, auf dem SAP ERP HCM und das Rechnungswesen mit den Komponenten CO und FI läuft, erfolgt das Customizing im gleichen System.

Customizing im HCM-System

In SAP erfolgt keine direkte Zuordnung von Lohnarten zu Sachkonten, sondern es ist ein Zwischenschritt vorhanden, der das Customizing flexibler macht. Die Lohnart wird erst einem sogenannten *symbolischen Konto* zugeordnet, und dieses wird dann dem Sachkonto im Rechnungswesen zugeordnet. Es müssen also symbolische Konten angelegt und die Lohnarten zugeordnet werden. Dabei kann eine Lohnart auch mehreren symbolischen Konten zugeordnet werden.

Zusätzlich können *Mitarbeiterkreisgruppierungen* definiert werden. Diese ermöglichen die Buchung eines symbolischen Kontos auf mehrere Sachkonten – abhängig von einer Gruppierung, die pro Personalteilbereich oder Mitarbeiterkreis in dem Merkmal PPMOD definiert werden kann. Diese Mitarbeiterkreisgruppierung ist bei der Kontenfindung im nächsten Schritt mit anzugeben.

Customizing im Rechnungswesen-System

Die wesentlichen Punkte im Rechnungswesen sind die Zuordnung von symbolischem Konto zu echtem Sachkonto, wobei hier zwischen Aufwandskonten, die in den Komponenten FI und CO verbucht werden, und Bilanzkonten, die nur im FI verbucht werden, zu unterscheiden ist. Diese Zuordnung erfolgt pro Kontenplan. Wenn Sie mehrere Kontenpläne in unterschiedlichen Buchungskreisen verwenden, müssen Sie die Zuordnung für jeden Kontenplan durchführen.

Außerdem muss ein technisches Konto, das sogenannte Belegsplitkonto, eingerichtet werden. Der Beleg kann sehr viele Zeilen enthalten, so dass ein Split des Beleges auf mehrere Einzelbelege erfolgen muss. Die Trennung des Beleges erfordert das Belegsplitkonto, welches zur Verrechnung zwischen den Teilbelegen verwendet wird und immer auf null aufgeht, aber technisch erforderlich ist.

Belegsplitkonto

6.7 Berufsständische Versorgung

Seit 2009 muss für alle Arbeitnehmer, die bei einem berufsständischen Versorgungswerk versichert sind und Anspruch auf einen Arbeitgeberzuschuss haben, vom Arbeitgeber monatlich eine Meldung zur Beitragserhebung und eine Meldung ähnlich der DEÜV erstellt und an die Annahmestelle der berufsständischen Versorgungswerke übermittelt werden.

Diese Aktivitäten befinden sich im SAP Easy-Access-Menü bei den monatlichen Folgeaktivitäten unter den Abrechnungszusätzen (siehe Abbildung 6.52).

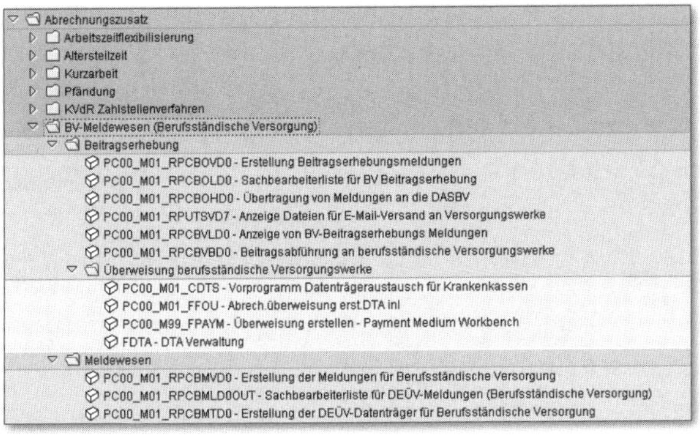

Abbildung 6.52 SAP Easy-Access-Menü

6.7.1 Erstellung der Beitragserhebung

Die Berechnung des Beitrags erfolgt nicht mehr über den Infotyp 0079 (SV-Zusatzversicherung), sondern über den Infotyp 0126 (Zusatzversorgung). Im Infotyp werden Mitgliedsnummer und Versicherungsdaten eingegeben. Außerdem wird ein Kennzeichen für Selbstzahler gesetzt, die ihren Beitrag selbst überweisen und nur den Arbeitgeberanteil ausbezahlt bekommen. Ein Beitrag muss nicht gepflegt werden, da dieser automatisch in der Abrechnung ermittelt wird. Es können daher nur die Pflichtbeiträge ermittelt werden; zahlt der Arbeitnehmer freiwillig mehr Beiträge, können diese nicht in SAP ERP HCM abgewickelt werden oder müssen zusätzlich im Infotyp 0079 gepflegt werden. Diese zusätzlichen Beiträge sind dann aber nicht in den Meldungen enthalten. Weitere Informationen zum Infotyp 0126 finden Sie in Kapitel 2, »Infotypen der Personalabrechnung«.

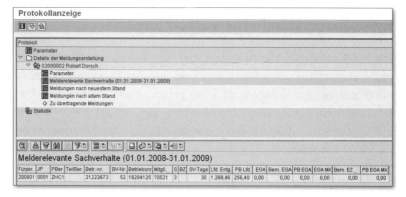

Abbildung 6.53 Protokoll der Meldungserstellung

Der Report RPCBOVD0, der mit der Transaktion ERSTELLUNG BEITRAGSERHEBUNGSMELDUNG ausgeführt wird, erstellt die Meldungen zur Beitragserhebung (siehe Abbildung 6.53). Diese werden gespeichert, auch wenn sie fehlerhaft sein sollten. Mit der Sachbearbeiterliste können diese Meldungen kontrolliert und die Fehler angezeigt werden.

Im Selektionsbild der Sachbearbeiterliste (siehe Abbildung 6.54) kann die Auswahl der Meldungen zeitlich eingeschränkt werden, und mit der Funktionsauswahl können die Meldungen auf den Arbeitsvorrat eingeschränkt werden, d. h., es werden nur Meldungen angezeigt, die ein manuelles Eingreifen erfordern.

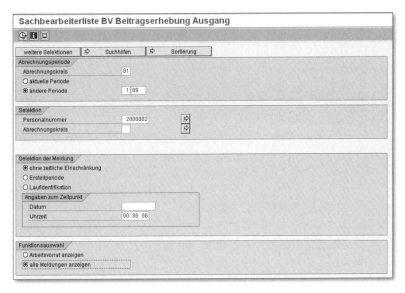

Abbildung 6.54 Selektionsbild der Sachbearbeiterliste

Abbildung 6.55 Sachbearbeiterliste

In der Sachbearbeiterliste (siehe Abbildung 6.55) sind folgende Funktionen verfügbar:

Funktionen in der Sachbearbeiterliste

▶ Meldung für ein erneutes Übertragen kennzeichnen

▶ Meldung als manuell gemeldet kennzeichnen

▶ Meldung als abgelehnt kennzeichnen

Mit dem Menüpunkt ÜBERTRAGUNG VON MELDUNGEN AN DIE DASBV (siehe Abbildung 6.52) werden die Meldungen im B2A-Manager zum Versenden bereitgestellt.

6.7.2 Meldewesen

Analog zur Erstellung von DEÜV-Meldungen in der Sozialversicherung funktioniert die Erstellung von Meldungen für die berufsständische Versorgung. Der Report RPCBMVD0 erstellt die Meldungen (siehe Abbildung 6.56) und speichert diese ab. Die Fehler, die hier auftreten können, gleichen ebenfalls denen, die bei der Erstellung von DEÜV-Meldungen auftreten können.

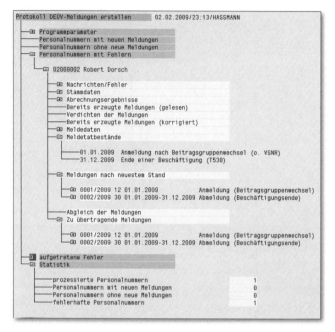

Abbildung 6.56 Meldungen für die berufsständische Versorgung erstellen

Eine Sachbearbeiterliste gibt Ihnen einen Überblick über die erstellten Meldungen. Der Report RPCBMTD0 erstellt die Datei im B2A-Manager zum Versenden bereit.

6.7.3 Überweisung

Anders als bei der Sozialversicherung wird die TemSe-Datei für das Vorprogramm zum Datenträgeraustausch nicht direkt aus dem Erstellungsreport zur Beitragserhebungsmeldung generiert, sondern muss mit einem eigenen Programm erstellt werden. Der Report RPCBVBD0 erstellt die Datei für das Vorprogramm zur Überweisung (RPCDTSD0), das auch für die Überweisung der SV-Beiträge verwendet wird.

6.7.4 Customizing

Das Customizing für die Meldungen zur berufsständischen Versorgung benötigt die folgenden Einstellungen, wobei wir davon ausgehen, dass die Verschlüsselung für PKCS#7 (Verschlüsselungsverfahren, welches für die Sozialversicherung verwendet wird) für die Sozialversicherung eingerichtet ist.

Einspielen der BV-Datei

Die Datei mit allen Versorgungswerken (BV-Datei) muss mit dem Report RPUBVBD0 in die Tabelle T5D31 eingespielt werden. Bevor die Datei nicht eingespielt ist, können keine Daten im Infotyp 0126 (Zusatzversorgung) gepflegt werden. Die BV-Datei kann von der Webseite der *DASBV (Datenservice für berufsständische Versorgungseinrichtungen GmbH)* unter *www.dasbv.de/fileadmin/download/bvdatei* heruntergeladen werden.

Festlegung des Beschäftigungsbetriebs mit Hilfe des Personalbereichs »Berichtswesen«

In der Teilapplikation *SVEB (Meldewesen BV Beitragserhebung)* werden die Beschäftigungsbetriebe zusammengefasst.

Festlegung des Absenders der E-Mails per Personalbereich »Berichtswesen«

In der Teilapplikation *SVMB (Meldewesen Berufsständische Versorgungswerke)* werden der Absender sowie die Betriebsanschrift (Anschriftenschlüssel CA) und die Daten des Sachbearbeiters festgelegt.

6.8 Fazit

Im SAP Easy-Access-Menü werden die monatlichen Folgeaktivitäten in logischer Reihenfolge abgebildet und können Schritt für Schritt nach Beendigung der Personalabrechnung durchgearbeitet werden. Dies ist für kleine Unternehmen, bei denen die Abrechnung von der Personalabteilung ausgeführt wird, wichtig, denn die Anzahl der auszuführenden Reports ist groß.

In diesem Kapitel lernen Sie weitere Folgeaktivitäten kennen, die in regelmäßigen und unregelmäßigen Abständen durchgeführt werden müssen.

7 Sonstige Folgeaktivitäten

In diesem Abschnitt erhalten Sie Einblick in die Folgeaktivitäten mit dem B2A-Manager und das Bescheinigungswesen. Der B2A-Manager verschickt elektronische Dokumente und wird regelmäßig für die Bereiche Steuer und Sozialversicherung eingesetzt. Das Bescheinigungswesen dient der Erstellung von mitarbeiterbezogenen Bescheinigungen.

7.1 Der B2A-Manager

Viele offizielle Dokumente, die von den Unternehmen (in hohem Maße auch für ihre Mitarbeiter) zu erstellen und an die verschiedensten Institutionen (Finanzverwaltung, Sozialversicherung etc.) zu übermitteln sind, werden in heutiger Zeit elektronisch übertragen. Dies sorgt sowohl bei den Unternehmen wie auch bei den Institutionen für effiziente und schlanke Abläufe und spart Kosten für die nicht geringe Bürokratie ein. Der B2A-Manager ist die zentrale Oberfläche im SAP ERP HCM-System für die Übertragung dieser elektronischen Dokumente.

7.1.1 Allgemeines

Das Kürzel B2A steht für *Business to Administration*, also die Kommunikation der Unternehmen mit staatlichen oder halbstaatlichen Stellen. Der B2A-Manager ist die zentrale Plattform für den elektronischen Datenaustausch zwischen den Unternehmen und den obengenannten Institutionen. Bisher ist über den B2A-Manager der Austausch bzw. der Versand der folgenden Dokumente realisiert:

Business to Administration

- Lohnsteuerbescheinigung

- Lohnsteueranmeldung

- DEÜV-Meldungen

- Beitragsnachweise

- Teile des Bescheinigungswesens, insbesondere für die Krankenkassen

Seit dem Jahr 2009 folgt nun die Übertragung der Meldungen zu den berufsständischen Versorgungseinrichtungen (Steuerberater-, Rechtsanwalts-, Arzt-, Architektenkammern und weitere) sowie der Datenaustausch im Rahmen des Zahlstellenverfahrens. Als Zahlstelle wird ein Unternehmen dann bezeichnet, wenn es seinen ehemaligen Mitarbeitern Versorgungsbezüge, also zusätzliche Renten zur Rente aus der gesetzlichen Rentenversicherung zahlt und dafür Kranken- und Pflegeversicherungsbeiträge zur gesetzlichen Sozialversicherung zahlen muss.

Der überwiegende Anteil der Dokumente muss inzwischen verpflichtend elektronisch übersendet werden. Für das ab 2009 neu eingeführte Zahlstellenverfahren wird die elektronische Übertragung ab dem Jahr 2011 verpflichtend. Lediglich Bescheinigungen können nach wie vor noch in Papierform an die Krankenkassen übermittelt werden, obwohl bereits die Möglichkeit besteht, diese über den B2A-Manager zu versenden. Für den Versand von Beitragsnachweisen und DEÜV-Meldungen steht neben der Versandmöglichkeit über den B2A-Manager auch eine Alternative über eine Fremdsoftware per DFÜ zur Verfügung. Da eine Fremdsoftware jedoch mit zusätzlichen Kosten verbunden ist und darüber hinaus die Wartung des B2A-Managers durch die SAP AG erfolgt, empfehlen wir die Nutzung des B2A-Managers.

Verschlüsselungs-methode Alle über den B2A-Manager versandten Daten werden verschlüsselt übertragen, wobei zu erwähnen ist, dass in Deutschland leider keine einheitliche Verschlüsselungsmethode verwendet wird. Derzeit wird neben der PEM-Methode (*Privacy Enhanced Mail*) auch die PKCS#7-Methode (*Public Key Cryptographic Standards No 7*) eingesetzt. Abhängig von der Methode unterscheiden sich auch der Kommunikationsweg (PEM sendet eine E-Mail, PKCS#7 versendet via HTTPS) und die Formate (PEM sendet einen String, PKCS#7 eine XML-Datei).

7.1.2 Anwendung und Funktionalität

Ein wesentlicher Vorteil für die Anwender ist die zentrale Benutzeroberfläche, die unabhängig vom gerade abgewickelten Prozess die notwendige Funktionalität zur Verfügung stellt. Abbildung 7.1 liefert einen ersten Einblick in die Anwendung.

Der B2A-Manager kann über die Transaktion PB2A oder im SAP Easy-Access-Menü über den Pfad PERSONALABRECHNUNG • ABRECHNUNG • EUROPA • DEUTSCHLAND • FOLGEAKTIVITÄTEN • PERIODENUNABHÄNGIG • BEHÖRDENKOMMUNIKATION • B2A-MANAGER aufgerufen werden.

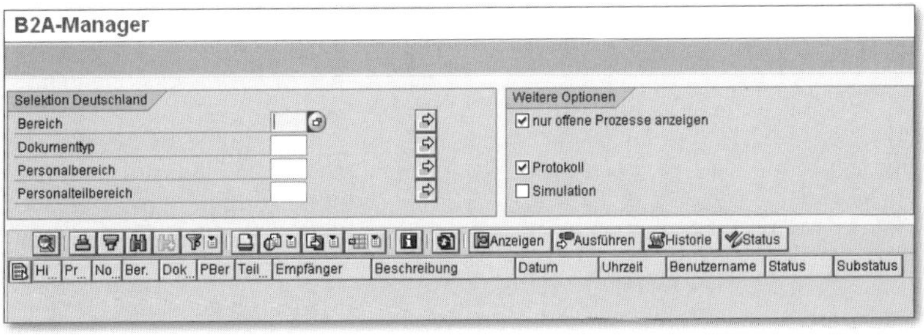

B2A-Manager

Selektion Deutschland		Weitere Optionen
Bereich		☑ nur offene Prozesse anzeigen
Dokumenttyp		
Personalbereich		☑ Protokoll
Personalteilbereich		☐ Simulation

Anzeigen Ausführen Historie Status

Hi | Pr. | No. | Ber. | Dok | PBer | Teil | Empfänger | Beschreibung | Datum | Uhrzeit | Benutzername | Status | Substatus

Abbildung 7.1 B2A-Manager vor der Selektion von Dokumenten

Hinter der Transaktion verbirgt sich das Programm H99_B2AMANAGER, das die für alle Länder, in denen der B2A-Manager bisher eingesetzt wird, erforderlichen Routinen (natürlich ausgelagert in Includes) und Funktionen enthält. Der B2A-Manager wird zwar international eingesetzt, ist aber letztlich national ausgeprägt. Das bedeutet, dass der Aufruf des B2A-Managers in Abhängigkeit von der Ländergruppierung *Personal* (MOLGA) erfolgt. Der B2A-Manager ermittelt dazu aus den Stammdaten des Benutzers den Parameter MOL (Ländergruppierung *Personal*) und ruft dann die jeweilige passende Länderversion des B2A-Dynpros auf. Ist der Parameter nicht gepflegt, wird das in Abbildung 7.2 gezeigte Auswahlbild für die Ländergruppierung angeboten.

Abbildung 7.2 Auswahl-Popup für die Vorgabe der Ländergruppierung

Der Ablauf des Sende- und Verarbeitungsprozesses ist vom jeweiligen Dokumenttyp abhängig und kann sich auch innerhalb eines Bereichs unterscheiden. Aus Tabelle 7.1 wird erkennbar, wie die Prozesse der einzelnen Dokumenttypen im B2A-Manager ablaufen.

Dokument-typ	Er-stellen	Sam-meln	Ver-senden	Ab-holen	Fehlerbehandlung
Lohnsteuer-anmeldung	Ja	Ja	Ja	Nein	Direkte Fehlermeldung, d. h., wenn die Clearingstelle einen Fehler feststellt, wird dieser im Schritt des Versendens mitgeteilt und angezeigt.
Lohnsteuer-bescheinigung	Ja	Ja	Ja	Ja	Clearingstelle prüft Bescheinigung, und Anwender holt das o.k. bzw. die Fehlermeldung gesondert ab.
Beitrags-nachweise	Ja	Ja	Ja	Nein	Fehlermeldung wird, wenn überhaupt, per E-Mail gemeldet. Damit sind keine direkte Zuordnung und keine saubere Statusverwaltung im B2A-Manager möglich. Dies muss manuell erfolgen.
DEÜV-Meldungen	Ja	Ja	Ja	Nein	Verfahren analog zu den Beitragsnachweisen
Bescheini-gungen	Ja	Ja	Ja	Ja	Verfahren analog zu den Beitragsnachweisen. Datensätze können aber auch sofort aus dem Menü des Bescheinigungswesens versendet werden.

Tabelle 7.1 Prozessschritte der einzelnen Dokumenttypen im B2A-Manager

Bevor über die jeweiligen Anwendungsprogramme erzeugte Dokumente im B2A-Manager verarbeitet werden können, ist es sinnvoll, die Selektion der Dokumente auf den zu bearbeitenden Bereich entsprechend einzuschränken, da sonst zumeist eine große Anzahl von Dokumenten selektiert wird, was mit entsprechend langen Programmlaufzeiten verbunden ist. Eine große Anzahl an Dokumenten kommt insbesondere dann vor, wenn der B2A-Manager bereits seit längerer Zeit für den Versand dieser Dokumente verwendet wird. Im Feld BEREICH stehen in der ⌐F4⌐-Hilfe zwar aktuell elf verschiedene

Bereiche zur Auswahl (siehe Abbildung 7.3), es existiert für Deutschland aber nur für die Bereiche *Steuer (DEST)*, *Sozialversicherung (SV)* sowie *Bescheinigungswesen (BEW)* die Möglichkeit, Dokumente über den B2A-Manager zu versenden.

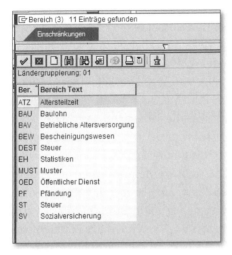

Abbildung 7.3 Bereichsauswahl im B2A-Manager für »Molga 01 – Deutschland«

Innerhalb eines Bereichs kann zusätzlich noch auf den jeweiligen Dokumenttyp eingeschränkt werden, was die Anzahl der nicht erforderlichen Treffer im Rahmen der Selektion weiter vermindert. Im Bereich der Steuer gibt es die Dokumenttypen LSTA für die Lohnsteueranmeldung und LSTB für die Lohnsteuerbescheinigung. Im Bereich der SV gibt es seit 2009 eine ganze Reihe von unterschiedlichen Dokumenttypen:

Einschränkung innerhalb von Bereichen

▸ BNA – Beitragsnachweis Arbeitgeber

▸ BNZ – Beitragsnachweis Zahlstellen

▸ DEUV – DEÜV-Meldungen

▸ IKVR – Zahlstellenverfahren Eingangsmeldung (Incoming)

▸ OKVR – Zahlstellenverfahren Ausgangsmeldung (Outgoing)

▸ OBVB – Beitragsmeldungen berufsständische Versorgungseinrichtungen

▸ OBVM – Entgeltmeldungen berufsständische Versorgungseinrichtungen

Das künftig verwendete Verfahren (verpflichtend erst ab dem Jahre 2011) für die Meldungen an Zahlstellen unterscheidet sich von den übrigen Dokumenttypen der Sozialversicherung dadurch, dass die Krankenkassen auch Meldungen an die Arbeitgeber (z. B. Fehlermeldungen) senden können.

Die Aktivierung der Selektionsoption NUR OFFENE PROZESSE ANZEIGEN in Abbildung 7.1 bedeutet, dass die bereits abgeschlossenen (alle, die nicht den Status *abgeschlossen* oder *fehlerhaft – nicht wiederaufsetzbar* haben) Datensätze nicht angezeigt werden. Die Selektion ist standardmäßig beim Einstieg in den B2A-Manager gesetzt; sie dient der Laufzeitoptimierung und verbessert die Übersicht. Das Aktivieren der Selektionsoption PROTOKOLL führt dazu, dass beim Betätigen des AUSFÜHREN-Buttons die Einzelschritte mitgeschrieben und anschließend in einer Baumstruktur dargestellt werden. Im Falle von Fehlermeldungen wird immer protokolliert, auch wenn das Kennzeichen nicht gesetzt ist. Die Aktivierung der Selektionsoption SIMULATION verhindert beim AUSFÜHREN-Prozess das Versenden des Erzeugnisses an den Empfänger und das Abspeichern in den systeminternen Tabellen. Es werden also alle Funktionen des AUSFÜHREN-Prozesses vollständig simuliert, aber kein Echtversand angestoßen.

Das Ausführen der Selektion anhand des ausgefüllten Selektionsbildes (Bereich, Dokumenttyp etc.) erfolgt durch Betätigen der ⏎-Taste.

Insbesondere der Versand von Beitragsnachweisen und DEÜV-Meldungen an die Krankenkassen hat derzeit den gravierenden Mangel, dass das System von der Empfangsstelle der Krankenkassen (zumeist der jeweilige Bundesverband der Kassenart) keine Rückmeldung über Empfang und Verarbeitung erhält. Die entsprechende Rückmeldung wird per Mail an den in der Meldung angegebenen Sachbearbeiter übersendet. Damit ist keine automatische Zuordnung von Rückmeldung zu Ursprungsmeldung möglich. Dies erschwert die Fehlerbehandlung und -korrektur erheblich. Darüber hinaus können die Meldungen an die Sozialversicherung nicht im Klartext im B2A-Manager angesehen werden, so dass letztlich immer eine gewisse Unklarheit besteht, was an die Krankenkassen nun wirklich übermittelt wurde (siehe Abbildung 7.4). Ursache ist dabei das Format, denn die Daten werden in einem String zusammenfasst und sind dadurch nur sehr schwer zu lesen.

Detailsicht der Daten

B2A-Dokument	:	01SVBNA0000000000000000593
Sachgebiet	:	SV
Dokumententyp	:	BNA

| TBNA0008.AUF | | | | | |
| 50000001000003480000TBNA0008 | 44929503 | 44929503 | 87800235 | 87800235 | 000000000000TBNA00000082007050712241920070507122419 |

Abbildung 7.4 Detailsicht der Daten eines Beitragsnachweises

Das Melde- bzw. Rückmeldeverfahren ist im Bereich der Steuer deutlich besser gelöst. Optimal ist dies bei der Lohnsteuerbescheinigung umgesetzt, denn dort muss nach dem erfolgreichen Versand der Meldungen immer das Abholen der Rückmeldung über den B2A-Manager erfolgen. Erst wenn die Rückmeldung erfolgreich abgeholt wurde, kann die Lohnsteuerbescheinigung produktiv für die Übergabe an den Mitarbeiter ausgedruckt werden. Der B2A-Manager dokumentiert die einzelnen Schritte über eine Struktur, die mit einem EXPANDIEREN-Button geöffnet werden kann (siehe Abbildung 7.5).

B2A-Manager

Selektion Deutschland
Bereich — ST
Dokumenttyp — LSTB
Personalbereich
Personalteilbereich

Weitere Optionen
☐ nur offene Prozesse anzeigen
☑ Protokoll
☐ Simulation

	Hi...	Pr...	No..	Ber.	Dok..	PBer	Teil..	Empfänger	Beschreibung	Datum	Uhrzeit	Benutzername	Status	Substatu
				ST	LSTB	0001	Clearingstelle	Periode 03.2007 (Tes...	03.05.2007	13:46:06		neu	neu
				ST	LSTB	0001	Clearingstelle	Periode 04.2007 (Tes...	03.05.2007	13:46:06		neu	neu
				ST	LSTB	0001	Clearingstelle	Periode 12.2006 (1...	14.03.2007	07:21:30		OK	abgesch.
									13.03.2007	11:35:41		in Verarb...	XML übe...
									13.03.2007	11:35:40		in Verarb...	XML vorb...
									13.03.2007	11:33:43		neu	neu
				ST	LSTB	0001	Clearingstelle	Periode 12.2006 (1...	14.03.2007	07:21:15		OK	abgesch.

Abbildung 7.5 Verarbeitete Lohnsteuerbescheinigung mit verschiedenen Status

In der Zeile mit dem Status *neu* kann auch der Klartext der Meldung eingesehen werden. Der Inhalt ist deutlich besser lesbar, da das XML-Format verwendet wird (siehe Abbildung 7.6).

Für den Bereich der Steuer sind damit auch Fehlermeldungen recht gut zu analysieren. Die Clearingstellen der Finanzverwaltung geben – sofern es sich um inhaltliche Fehler handelt – regelmäßig eine Fehlernummer mit Text im XML-String zurück. Zumeist kann man auf dem SAP Service Marketplace (*https://service.sap.com/notes*, User mit Kennwort erforderlich) mit der Fehlernummer suchen und so recht schnell findet, warum der Fehler auftritt wird und was zu tun ist, um das Problem abzustellen. Die davon betroffenen Meldungen müssen regelmäßig neu übermittelt werden.

```
Detailsicht der Daten (XML)


    - <Lohnsteuerbescheinigung art="LSTK" version="200601"
      xmlns="http://www.elsterlohn.de/2006-01/XMLSchema">
    - <Dauer jahr="2006">
        <Anfang>0111</Anfang>
        <Ende>3112</Ende>
      </Dauer>
    - <Allgemein>
        <ETIN>                      </ETIN>
        <Ordnungsmerkmal>901</Ordnungsmerkmal>
        <AGS>06436005</AGS>
      - <Person geschlecht="W">
        - <Familienname>
            <Name>                    </Name>
            <Vorname>         </Vorname>
          </Familienname>
        - <Geburtsname>
            <Name>Becker</Name>
          </Geburtsname>
          <Geburtsdatum>        I</Geburtsdatum>
        - <Adresse>
            <Str>            </Str>
            <Ort>              </Ort>
            <PLZ:       </PLZ>
          </Adresse>
        </Person>
      </Allgemein>
    - <Besteuerungsmerkmale>
        <Steuerklasse gueltig_ab="0111">2</Steuerklasse>
        <Kinder gueltig_ab="0111">0.5</Kinder>
        <Kirchensteuerabzug konfession="--" gueltig_ab="0111" />
      </Besteuerungsmerkmale>
    - <Besteuerungsgrundlagen>
        <BruttoArbLohn IStTab="A">3415.54</BruttoArbLohn>
```

Abbildung 7.6 Anzeige der LSTB im XML-Format aus dem B2A-Manager

Seit dem Jahr 2009 ist für die Lohnsteuerbescheinigung auch eine Authentifizierung zwingend vorgeschrieben. Für die Lohnsteueranmeldung kann dies optional erfolgen. Damit werden derzeit noch vorhandene Sicherheitslücken im Verfahren geschlossen. Es bleibt abzuwarten, ob und wie die Prozessabläufe im B2A-Manager künftig von SAP in Zusammenarbeit mit den öffentlichen Institutioncn optimiert werden, um auch die Effizienz in Fehlerfällen noch zu verbessern.

7.1.3 Berechtigungen

Für den B2A-Manager steht das Berechtigungsobjekt P_B2A – HR-B2A: B2A-Manager zur Verfügung. Die Berechtigung kann dabei über folgende definierte Felder gesteuert werden:

▶ **Ländermodifikator (Personal)**
Damit wird festgelegt, auf welche Länderversionen des B2A-Managers der User Zugriff hat. Für die Einschränkung auf die rein deutsche Version wäre der »Molga 01« zu berechtigen.

- **Personalbereich**

- **Personalteilbereich**

- **Bereich**
  Die in Abschnitt 7.1.2, »Anwendung und Funktionalität«, genannten Bereiche können gesondert berechtigt werden.

- **Dokumenttyp**
  Ebenso besteht die Möglichkeit, die den Bereichen zugeordneten Dokumenttypen gesondert zu berechtigen. Damit wäre es z. B. möglich, einen Sachbearbeiter nur für die Durchführung des Prozesses der Lohnsteueranmeldung und einen anderen Sachbearbeiter nur für die Durchführung des Prozesses der Lohnsteuerbescheinigung zu berechtigen.

- **Aktion**
  Unter *Aktion* wird in diesem Zusammenhang die Berechtigung verstanden,

  - Meldungen zu versenden,

  - Meldungen im Detail zu versenden,

  - Meldungen zu reorganisieren,

  - Meldungen zu löschen und

  - den Status von Meldungen zu ändern.

Die bisherige Erfahrung mit dem B2A-Manager hat gezeigt, dass zumindest bisher die Berechtigungsvergabe über die vorhandenen Felder ausreichend ist.

7.2 Bescheinigungswesen

Die Komponente *Bescheinigungswesen* ermöglicht eine schnelle Erstellung von mitarbeiterbezogenen Bescheinigungen sowie deren Druck und Archivierung. SAP liefert eine Reihe von Standardbescheinigungen aus, die an unternehmensspezifische Anforderungen angepasst und um individuelle Bescheinigungen ergänzt werden können.

Die Akzeptanz der Bescheinigung bei den Behörden ist inzwischen gegeben, die ausgelieferten Standardbescheinigungen entsprechen dem vom Arbeitskreis für wirtschaftliche Verwaltung (AWV) erarbeiteten und in der Loseblattsammlung »Vereinheitlichte Bescheinigun-

Akzeptanz bei Behörden

gen in der Lohn- und Gehaltsabrechnung« veröffentlichten Standard für maschinell erstellte Bescheinigungen.

Die Bescheinigungen basieren auf der SAPscript-Technologie. Die Bescheinigungen werden nicht im SAP-System gesichert, sondern die Archivierung erfolgt über die ArchiveLink-Schnittstelle in einem angeschlossenen Archivsystem.

Sachgebiete Die ausgelieferten Standardbescheinigungen sind in Sachgebiete gegliedert, die an dem jeweiligen Empfänger der Bescheinigung ausgerichtet sind. Diese Sachgebiete sind:

▶ Sozialversicherungsträger

▶ Bundesagentur für Arbeit

▶ Gemeinden/Amtsgerichte

▶ Arbeitgeber/Versicherung

▶ Betriebliche Altersversorgung

Im folgenden Abschnitt erhalten Sie einen Überblick über die existierenden Standardbescheinigungen.

7.2.1 Standardbescheinigungen

Die Einführung jeder Bescheinigung erfordert Customizing, Tests und laufende Wartung. Daher sollten nur die Bescheinigungen für den Anwender zur Verfügung gestellt werden, die diese Schritte erfolgreich durchlaufen haben. Die am häufigsten verwendeten Bescheinigungen – dazu gehören die Arbeitsbescheinigung § 312 SGB III, die Bescheinigung für Kranken-/Verletzten-/Übergangsgeld und eine allgemeine Arbeitsbescheinigung – werden meist zuerst eingerichtet.

Ausgelieferte Bescheinigungen Folgende Bescheinigungen werden ausgeliefert:

▶ **Sozialversicherungsträger**

  ▷ 0011 Kranken-/Versorgungskranken-/Verletzten-/Übergangsgeld

  ▷ 0012 Krankengeld bei Erkrankung des Kindes

  ▷ 0013 Mutterschaftsgeld – Verdienstbescheinigung

  ▷ 0014 Klärung des Versicherungsverhältnisses

▶ **Bundesagentur für Arbeit**

  ▸ 0021 Arbeitsbescheinigung § 312 SGB III

  ▸ 0022 Arbeitslosenhilfe – Verdienstb. gem. §§ 315, 319 SGB III

  ▸ 0024 Ausbildungsbescheinigung

  ▸ 0025 Fortdauer/Ende der Berufsausbildung

▶ **Gemeinden/Amtsgerichte**

  ▸ 0031 Zeugenschaftliche Auskunft

  ▸ 0032 Leistungen, Anwartschaften und Aussichten auf eine Betriebsrente

  ▸ 0033 Wohngeld gem. § 25 Abs. 2 Wohngeldgesetz

  ▸ 0034 Einkommenserklärung sozialer Wohnungsbau

  ▸ 0035 Wehrdienst – Verdienstb. nach §§ 5, 7, 7a und § 13 USG

  ▸ 0036 Wehrübung – Verdienstausfallentschädigung nach § 13 USG

  ▸ 0037 Verdienstb. § 116 BSHG – Sozialhilfe

  ▸ 0038 Verdienstb. zu Unterhaltsvorschuss/Vormundschaft

  ▸ 0039 Arbeitgeberbescheinigung zum Erziehungsgeldantrag

▶ **Arbeitgeber/Versicherungen**

  ▸ 0051 Arbeits- und Zwischenbescheinigung

  ▸ 0052 Allgemeine Arbeitsbescheinigung

  ▸ 0053 Allgemeine Verdienstbescheinigung

  ▸ 0054 Regressberechnung

▶ **Betriebliche Altersversorgung**

  ▸ 0091 Muster: Altersrente

  ▸ 0092 Muster: Zyklische Anwartschaft

  ▸ 0094 Muster: Versorgungsausgleich

  ▸ 0095 Unverfallbare Ansprüche nach Austritt

  ▸ 0098 Antrag auf Altersvorsorgezulage

7.2.2 Erstellung von Bescheinigungen

Die Erstellung von Bescheinigungen erfolgt mit der Transaktion PM20 (Bescheinigungswesen) – siehe Abbildung 7.7. Die Transaktion ermöglicht:

▶ die Erstellung von Bescheinigungen im Dialog oder Hintergrund

▶ die Anzeige von archivierten Bescheinigungen in der Verwaltung

▶ die Erstellung von Datensätzen für die elektronische Übermittlung von Bescheinigungen

▶ die Anzeige der Customizing-Einstellungen zu Bescheinigungen

Abbildung 7.7 Bescheinigungswesen

Für die Erstellung muss die benötigte Bescheinigung markiert, eine Personalnummer eingetragen und die Erstellung ausgelöst werden.

Bei bestimmten Bescheinigungen, die auf Abwesenheitsdaten basieren, wie z. B. der Bescheinigung »Kranken-/Verletzten-/Übergangsgeld«, wird anschließend ein Fenster zur Auswahl der gewünschten Abwesenheit angeboten.

Mit dem Button EINSTELLUNGEN können je nach Bescheinigung verschiedene Parameter ausgewählt werden, so kann z. B. eine Austrittsbescheinigung erstellt werden, ohne dass der Mitarbeiter ein Austrittsdatum in seinen Stammdaten eingetragen hat.

Manuell pflegbare Felder

Anschließend wird die Bescheinigung angezeigt, und es können manuell pflegbare Felder ausgefüllt werden. Diese befinden sich auf der linken Seite der in Abbildung 7.8 dargestellten Transaktion. Nach

dem Ausfüllen werden die Informationen mit dem Button Aktuali-
sieren in die Bescheinigung übertragen.

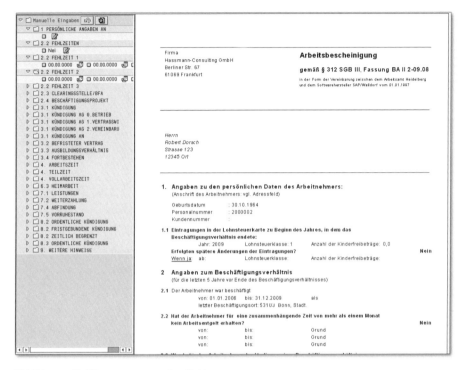

Abbildung 7.8 Pflege von manuellen Feldern

[+]

Welche Felder manuell bearbeitet werden können, wird in dem hinterlegten SAPscript-Formular bestimmt. Die manuelle Eingabe wird über das
Zeichenformat gesteuert, hier kann »M« für einen manuell pflegbaren Eintrag vergeben werden. Das bedeutet, dass zusätzliche Eingabefelder definiert werden können, dies aber immer mit der Modifikation oder Kopie
des Formulars einhergeht.

Die fertig bearbeitete Bescheinigung kann nun gedruckt werden. Im
Customizing ist festgelegt, ob neben dem Druck auch die Archivierung möglich ist. Für die Archivierung wird ein per ArchiveLink an-
gebundenes Archiv-System benötigt.

Zusätzlich gibt es Infotypen (siehe Abbildung 7.9), in denen Daten
gepflegt werden können, die in den Stammdaten des Mitarbeiters
nicht vorhanden sind, aber auf der Bescheinigung angezeigt werden
sollen:

- 0650 (Bescheinigungen an die BA)

- 0651 (Bescheinigungen an SV-Träger)

- 0652 (Ausbildungsbescheinigungen)

- 0653 (Bescheinigungen an Kommunen etc.)

Zu den Infotypen gibt es Subtypen für die einzelnen Bescheinigungen.

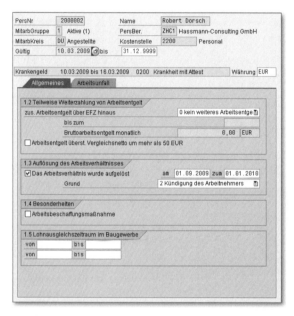

Abbildung 7.9 Infotyp 0651 (Bescheinigungen an SV-Träger)

7.2.3 Verwaltung von Bescheinigungen

Die Verwaltung von Bescheinigungen ermöglicht die Anzeige der im Archiv gespeicherten Bescheinigungen. Beim Aufruf der Verwaltung können in einem Selektionsbild die Personalnummer, die Bescheinigungsart und der Zeitraum gewählt werden, um die angezeigten Bescheinigungen einzuschränken.

7.2.4 Customizing

Das Customizing gliedert sich in drei Hauptgruppen:

- allgemeine Einstellungen

- Standardbescheinigungen einrichten

- Kundenbescheinigungen einrichten

Allgemeine Einstellungen

Folgende grundlegende Einstellungen sind für den Einsatz des Bescheinigungswesens durchzuführen.

Sachgebiete einrichten

Sachgebiete (siehe Abbildung 7.10) gliedern die Bescheinigungen in verschiedene Bereiche, die im Einstiegsbild in Form von Registerkarten dargestellt werden. SAP liefert im Standard die in Abschnitt 7.2.1, »Standardbescheinigungen«, genannten Bereiche aus, die verändert werden können. Den Sachgebieten werden in den folgenden Schritten Bescheinigungen zugeordnet.

Abbildung 7.10 Sachgebiete definieren

Unterschreibende zuordnen

Der erste und zweite Unterschreibende wird auf den Bescheinigungen als für den Inhalt der Bescheinigung verantwortliche Person angedruckt. Dies kann – muss aber nicht – der Sachbearbeiter sein, der die Bescheinigung erzeugt. Dafür wird in der Tabelle dem Systembenutzer der Name und die Telefonnummer des Unterschreibenden zugeordnet.

Benutzer	Anrede	Langtext	Name	Telefon	
HASSMANN	1	Herr	Richard Haßmann	0911 / 1234567	
IPROCON	1	Herr	Jörg Edinger	0711 / 7654321	

Abbildung 7.11 Unterschreibende zuordnen

Der zweite Unterschreibende wird in den Standardformularen nicht verwendet; soll er in das Formular aufgenommen werden, dann ist eine Anpassung des Formulars erforderlich.

Absender festlegen

Der Absender und eine gegebenenfalls notwendige Zusammenfassung von mehreren Personalteilbereichen zu einer Absenderadresse wird mit dem sogenannten Personalbereich *Berichtswesen* festgelegt.

Hier gibt es die Teilapplikation BWDE für das Bescheinigungswesen D.

Abwesenheiten für Bescheinigungswesen kennzeichnen

Bestimmte Bescheinigungen basieren auf Abwesenheiten, die von einem Sachverhalt begründet werden, der eine Bescheinigung notwendig macht. Dies ist z. B. bei der Bescheinigung »Krankengeld bei Erkrankung Kind« oder der »Kranken-/Verletzten/Übergangsgeld«-Bescheinigung der Fall. Dafür müssen die relevanten Abwesenheiten gekennzeichnet werden.

Zuerst ist es notwendig, die Bewertungsregeln von unbezahlten Abwesenheiten zu kennzeichnen (siehe Abbildung 7.13). Außerdem müssen bestimmte Abwesenheiten (siehe Abbildung 7.12) gekennzeichnet werden. Dies sind:

- Krankheit/Kur
- Erkrankung Kind
- Mutterschutz
- Wehrdienst

ABWESENHEITEN FÜRS BESCHEINIGUNGSWESEN KENNZEICHNEN

Grpg	AbArt	AbArt-Text	Beginn	Ende	BW-Kennzeichen
01	0301	Freistellung bez. 1 Tag	01.01.1900	31.12.9999	Erkrankung Kind
01	0302	Freistellung bez. 2 Tage	01.01.1900	31.12.9999	Erkrankung Kind
01	0303	Freistellung bez. 3 Tage	01.01.1900	31.12.9999	Erkrankung Kind
01	0310	Heirat	01.01.1900	31.12.9999	
01	0320	Geburt	01.01.1900	31.12.9999	
01	0330	Umzug	01.01.1900	31.12.9999	
01	0340	Freistellung untert. bez.	01.01.1900	31.12.9999	
01	0350	Freistellung mehrt. bez.	01.01.1900	31.12.9999	
01	0380	Aufhebung Beschäftigung	01.01.1900	31.12.9999	
01	0390	Wehrübung bezahlt	01.01.1900	31.12.9999	Wehrdienst
01	0500	Mutterschutz	01.01.1900	31.12.9999	Mutterschutz
01	0510	Beschäftigungsverbot	01.01.2006	31.12.9999	Mutterschutz
01	0550	Kind krank unbezahlt	01.01.1990	31.12.9999	Erkrankung Kind
01	0600	Erziehungsurlaub	01.01.1900	31.12.9999	
01	0601	Elternzeit	01.01.1900	31.12.9999	
01	0605	ErzUrlaub vor 1992	01.01.1900	31.12.9999	Mutterschutz
01	0610	Bezug von Krankengeld	01.01.1990	31.12.9999	
01	0611	Bezug EU-Rente (PKV)	01.01.1990	31.12.9999	
01	0615	Ausst. aus Krankenkasse	01.01.1900	31.12.9999	
01	0620	Urlaub unbezahlt	01.01.1900	31.12.9999	Erkrankung Kind

Abbildung 7.12 Abwesenheiten kennzeichnen

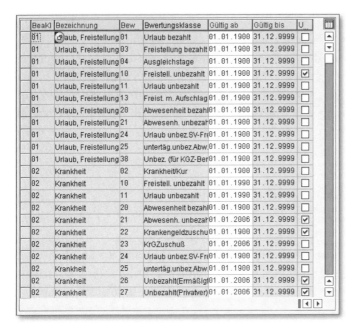

BeaKl	Bezeichnung	Bew	Bwertungsklasse	Gültig ab	Gültig bis	U
01	Urlaub, Freistellung	01	Urlaub bezahlt	01.01.1900	31.12.9999	☐
01	Urlaub, Freistellung	03	Freistellung bezahlt	01.01.1900	31.12.9999	☐
01	Urlaub, Freistellung	04	Ausgleichstage	01.01.1900	31.12.9999	☐
01	Urlaub, Freistellung	10	Freistell. unbezahlt	01.01.1900	31.12.9999	☑
01	Urlaub, Freistellung	11	Urlaub unbezahlt	01.01.1900	31.12.9999	☐
01	Urlaub, Freistellung	13	Freist. m. Aufschlag	01.01.1900	31.12.9999	☐
01	Urlaub, Freistellung	20	Abwesenheit bezahl	01.01.1900	31.12.9999	☐
01	Urlaub, Freistellung	21	Abwesenh. unbezar	01.01.1900	31.12.9999	☐
01	Urlaub, Freistellung	24	Urlaub unbez.SV-Fr	01.01.1900	31.12.9999	☐
01	Urlaub, Freistellung	25	untertäg.unbez.Abw	01.01.1900	31.12.9999	☐
01	Urlaub, Freistellung	30	Unbez. (für KGZ-Ber	01.01.1900	31.12.9999	☐
02	Krankheit	02	Krankheit/Kur	01.01.1900	31.12.9999	☐
02	Krankheit	10	Freistell. unbezahlt	01.01.1900	31.12.9999	☐
02	Krankheit	11	Urlaub unbezahlt	01.01.1990	31.12.9999	☐
02	Krankheit	20	Abwesenheit bezahl	01.01.1900	31.12.9999	☐
02	Krankheit	21	Abwesenh. unbezar	01.01.2006	31.12.9999	☑
02	Krankheit	22	Krankengeldzuschu	01.01.1900	31.12.9999	☑
02	Krankheit	23	KrGZuschuß	01.01.2006	31.12.9999	☐
02	Krankheit	24	Urlaub unbez.SV-Fr	01.01.1900	31.12.9999	☐
02	Krankheit	25	untertäg.unbez.Abw	01.01.1900	31.12.9999	☐
02	Krankheit	26	Unbezahlt(Ermäßigt	01.01.2006	31.12.9999	☑
02	Krankheit	27	Unbezahlt(Privatver)	01.01.2006	31.12.9999	☑

Abbildung 7.13 Unbezahlte Abwesenheiten kennzeichnen

Lohnartenbasen umsetzen

Lohnartenbasen werden verwendet, um Lohnarten zu Gruppen zusammenzufassen, die in verschiedenen Bescheinigungen eingesetzt werden können. So muss nicht in jeder Bescheinigung jede einzelne Lohnart zugeordnet werden, sondern es kann die komplette Gruppe eingetragen werden.

Dieser Punkt konnte verwendet werden, wenn das alte Bescheinigungswesen benutzt wurde, das auf der Formularsteuerung basierte. Hier wurden Auswertungsklassen der Tabelle T512W zur Kennzeichnung und Addition bestimmter Lohnarten in den Bescheinigungen verwendet. Der Report RPUFRMD6 setzt die in den Auswertungsklassen gekennzeichneten Lohnarten nach folgendem Schema in Lohnartenbasen um: YAxx.

[+] Y ist ein fixer Wert, A steht für die Auswertungsklasse und xx für die Ausprägung der jeweiligen Auswertungsklasse.

Berechtigungen einrichten

Für das Bescheinigungswesen gibt es das Berechtigungsobjekt P_DE_ BW, in dem der Bescheinigungsidentifikator und die Sachgebietskennung berechtigt werden können. Natürlich prüft das System bei der Erstellung der Bescheinigung auch die grundlegenden Berechtigungsprüfungen der logischen Datenbank PNP, um festzustellen, ob der Anwender die auf der Bescheinigung dargestellten Daten sehen darf.

Standardbescheinigungen einrichten

Der Ausschnitt des Einführungsleitfadens (IMG) ist identisch mit dem IMG für den Bereich KUNDENBESCHEINIGUNGEN EINRICHTEN. Der Bereich KUNDENBESCHEINIGUNG bietet nur zusätzliche Möglichkeiten zum Einrichten von SAPscript-Formularen. Daher bietet es sich an, ausschließlich in dem Bereich KUNDENBESCHEINIGUNGEN EINRICHTEN zu arbeiten.

Kundenbescheinigungen einrichten

Der wesentliche Punkt im Customizing des Bescheinigungswesens ist die Aktivität BESCHEINIGUNGSPARAMETER EINRICHTEN.

Hier wird die Bescheinigung einem Sachgebiet zugeordnet und so im Bescheinigungsmenü sichtbar. Nicht verwendete Bescheinigungen sollten aus dem Sachgebiet entfernt werden, so dass die Bescheinigung nicht zur Verwendung angeboten wird.

Die Bescheinigungslohnarten (siehe Abbildung 7.14) müssen überprüft werden. Bei einigen Bescheinigungslohnarten werden Kumulationslohnarten verwendet, wie z. B. das laufende Sozialversicherungsbrutto, was so belassen werden kann. Jedoch gibt es Bescheinigungslohnarten, in die einzelne Lohnarten addiert werden müssen. Hier sind meist die Musterlohnarten enthalten, und es müssen die kundenindividuellen Lohnarten ergänzt werden.

BLArt	Bescheinigungslohnartentext
AVMG	beitragsfrei gewandeltes laufendes Arbeitsentgelt
AZAS	Arbeitszeit
BAK1	Arbeitskammerbrutto für Vereinbartes Brutto
BAK2	Arbeitskammerbrutto für Abrechnungsbrutto
BBA1	Sozialkassenbrutto Bau für vereinbartes Brutto
BBA2	Sozialkassenbrutto Bau für Abrechnungsbrutto
BMF1	Brutto anderer Arbeitgeber für vereinbartes Brutto
BMF2	Brutto anderer Arbeitgeber für Abrechnungsbrutto
BREG	Fikt.Netto: regelmäßige Einmalbezüge
BRU1	Vereinbartes Brutto
BRU2	SV-Brutto
BRU6	Steuerbrutto
BRUG	Gesamtbrutto
BZVK	PSG: ZVK-Brutto
EUSV	Einmalzahlungen SV (Arbeitsunfall)
EZAV	beitragspflichtige Einmalzahlungen AV
EZKN	beitragspflichtige Einmalzahlungen knappschaftliche RV
EZKV	beitragspflichtige Einmalzahlungen KV
EZRV	beitragspflichtige Einmalzahlungen RV
KUG1	Kurzarbeitergeld
KUGE	KUG/WAG
MEAR	Mehrarbeit
PAUS	Pauschalsteuerbrutto AN
STFZ	lohnsteuerfreie und beitragsfreie Zuschläge
WAG1	Winterausfallgeld

BeschID 0011 Kranken-/Versorgungskranken-/Verletztengeld

Abbildung 7.14 Bescheinigungslohnarten

In den Bescheinigungen werden Standardtexte verwendet, die beim ers- **[+]**
ten Einrichten des Bescheinigungswesens aus dem Mandanten 000 in den
Kundenmandanten kopiert werden müssen. Dies kann unter der Customizing-Aktivität STANDARDTEXTE PFLEGEN (Transaktion SO10) unter HILFSMIT-
TEL durchgeführt werden.

Standardtexte werden nicht automatisch transportiert und müssen manuell in einen Transportauftrag aufgenommen werden. Dies kann mit dem
Report RSTXTRAN durchgeführt werden.

Welche Standardtexte in den Bescheinigungen verwendet werden, finden
Sie unter der Aktivität STANDARDTEXTE BESCHEINIGUNGEN ZUORDNEN.

7.2.5 Fazit

Das Bescheinigungswesen ist eine Komponente, die – solange man
mit dem Standard zurechtkommt – einfach einzuführen und gut zu
handhaben ist. Sind viele manuelle Felder zu pflegen, ist die Handhabung etwas umständlich.

Müssen Formulare angepasst werden, sind bei jedem relevanten Support Package die Änderungen wieder in dem aktualisierten Formular nachzuvollziehen, was die Wartung sehr aufwendig macht. Beispielsweise werden im Schnitt zweimal jährlich aktualisierte Arbeitsbescheinigungen herausgegeben. Änderungen an Formularen sind aber bereits notwendig, wenn zusätzliche Felder zu den manuell pflegbaren Feldern aufgenommen werden sollen.

Ein wesentlicher Teil des Reportings im Bereich der Personal-abrechnung hat mit Lohnartenauswertungen zu tun. In die-sem Kapitel erhalten Sie einen Überblick über Lohnartenaus-wertungen mit SAP ERP HCM und SAP NetWeaver BW.

8 Reporting

Die wesentlichen Teile des Reportings im Bereich der Personalab-rechnung gliedern sich in zwei Bereiche:

Auswertungen zur Erfüllung gesetzlicher Anforderungen und anderer Anforderungen, die an eine Personalabrechnung gestellt werden. Diese Auswertungen kommunizieren die relevanten Ergebnisse der Personalabrechnung an den Mitarbeiter und an die Behörden. Die Auswertungen geben Formulare oder elektronisch übertragbare Da-teien aus, deren Inhalt auf den jeweiligen Zweck abgestimmt ist.

Lohnartenauswertungen, die meist für firmeninterne Zwecke benötigt werden, stellen einen Ausschnitt des Abrechnungsergebnisses dar. Diese Auswertungen können in regelmäßigen Abständen erforder-lich sein, daneben sind häufig Ad-hoc-Auswertungen vonnöten.

In diesem Kapitel beschreiben wir den Bereich der Lohnartenauswer-tungen.

8.1 Lohnkonto

Das Lohnkonto gibt einen personenbezogenen Überblick über ver-schiedene Lohnarten über einen bestimmten Zeitraum, meist die Dauer eines Jahres. Der Inhalt entspricht den sozialversicherungs-rechtlichen und steuerrechtlichen Anforderungen des Gesetzgebers. Das Lohnkonto fußt auf einem tabellenbasierten Formular (siehe Ab-schnitt 21.2, »Formulare«).

Der Report zum Ausführen des Lohnkontos, RPCKTOD0, befindet sich im SAP Easy-Access-Menü im Bereich LISTEN/STATISTIKEN sowohl in den monatlichen als auch in den jährlichen Folgeaktivitäten.

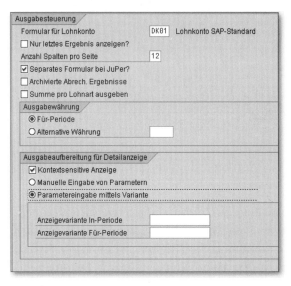

Abbildung 8.1 Aufruf des Lohnkontos

Im Selektionsbild (siehe Abbildung 8.1) müssen Sie das gewünschte Formular wählen. Die Standardformulare von SAP sind DK01 für die Darstellung von zwölf Perioden und DK02 für sechs Perioden pro Seite.

Der Parameter NUR LETZTES ERGEBNIS ANZEIGEN? bewirkt eine komprimierte Anzeige des Ergebnisses, in dem nur das in der letzten Rückrechnung ermittelte Ergebnis dargestellt wird. Ist dieser Parameter nicht angekreuzt, so werden alle Rückrechnungen mit Periode dargestellt.

Der Parameter SEPARATES FORMULAR BEI JUPER? teilt die Anzeige der Ergebnisse eines Mitarbeiters auf mehrere Formulare auf, wenn der Mitarbeiter die Firma wechselt, d. h. sich die juristische Person der organisatorischen Zuordnung im Anzeigezeitraum ändert.

Die Datengruppe AUSGABEAUFBEREITUNG FÜR DETAILANZEIGE steuert die Anzeige des Entgeltnachweises aus dem Lohnkonto heraus. Der Entgeltnachweis kann mit Doppelklick auf eine Periode aufgerufen werden. Die zum Aufruf des Entgeltnachweises notwendigen Parameter können Sie im Selektionsbild manuell vorgeben oder per Variante mitgeben.

Leider ist hier nur die Anzeige des tabellengesteuerten Entgeltnachweises möglich, der Smart-Forms- oder PDF-Entgeltnachweis kann nicht verwendet werden. **[+]**

```
Lohnkonto            1000 IDES AG           1200 Dresden              Währung: DEM  Datum: 19.02.2007 Seite: 01

Persnr.: 00001288         Geburtsdatum : 01.01.1970   Beschaeft.Art: 632 01    Tarifgebiet  : Sachsen
                          Eintr.-Datum : 01.01.1994   Rentenvers.Nr:           Finanzamt    : Heidelberg
Helmut Glüher             Austr.-Datum :               Rentenbezug  : Nein     Ausst.Gemeinde: 69190  Walldorf, Stadt
Ziegelgasse 20            Staatsangeh. : deutsch       Vorruhestand : Nein      Kirchengebiet : Baden-Württemberg
69117 Heidelberg          Familienstand: ledig         Mitglieds.Nr.:           Konfession   : nicht KiSt.pflichtig
                          Kostenstelle : 4260          Mehrf.besch. : Nein

                 01/2001   02/2001   03/2001   04/2001   05/2001   06/2001   07/2001   08/2001   09/2001   10/2001   11/2001   12/2001
LG-A Kurztext    Gesamt   Januar    Februar   Maerz     April     Mai       Juni      Juli      AugustSeptember Oktober November Dezember
===============================================================================================================================
T001 Freib.Mo              0,01-     0,01-     0,01-     0,01-     0,01-     0,01-     0,01-     0,01-     0,01-     0,01-     0,01-     0,01-
T002 Freib.Ja              0,01-     0,01-     0,01-     0,01-     0,01-     0,01-     0,01-     0,01-     0,01-     0,01-     0,01-     0,01-
T010 Frb.mo.z              0,01-     0,01-     0,01-     0,01-     0,01-     0,01-     0,01-     0,01-     0,01-     0,01-     0,01-     0,01-
T011 Frb.ja.z              0,01-     0,01-     0,01-     0,01-     0,01-     0,01-     0,01-     0,01-     0,01-     0,01-     0,01-     0,01-
T003 Steuerkl                  1         1         1         1         1         1         1         1         1         1         1         1
T005 KiSt AN
V001 Krk MA               AOK/BR    AOK/BR    AOK/BR    AOK/BR    AOK/BR    AOK/BR    AOK/BR    AOK/BR    AOK/BR    AOK/BR    AOK/BR    AOK/BR
V002 SV-S amt               1111      1111      1111      1111      1111      1111      1111      1111      1111      1111      1111      1111
V003 DEÜV-SL              632 01    632 01    632 01    632 01    632 01    632 01    632 01    632 01    632 01    632 01    632 01    632 01
V016 DEÜV-PGR                102       102       102       102       102       102       102       102       102       102       102       102
/3A3 SV-Tg AV    360,00    30,00     30,00     30,00     30,00     30,00     30,00     30,00     30,00     30,00     30,00     30,00     30,00
/3K3 SV-Tg KV    360,00    30,00     30,00     30,00     30,00     30,00     30,00     30,00     30,00     30,00     30,00     30,00     30,00
/3R3 SV-Tg RV    360,00    30,00     30,00     30,00     30,00     30,00     30,00     30,00     30,00     30,00     30,00     30,00     30,00
/3PZ SV-Tg PV    360,00    30,00     30,00     30,00     30,00     30,00     30,00     30,00     30,00     30,00     30,00     30,00     30,00
/101 Gesamtbr  10621387   941759    771292    894994    835661   1000922    965095    916500    909843    765787    770349   1037944    811241
/102 Lfd. Ent   8979246   814779    693550    818941    746183    822041    751287    803122    800385    690388    693587    609753    735230
/103 Einm.Zah    467555                                            116889                                                    350666
/313 KV-B.1.S   7787253   652500    652500    652500    652500    652500    652500    652500    652500    652500    652500    609753    652500
```

Abbildung 8.2 Lohnkonto

Abbildung 8.2 zeigt das Lohnkonto in der Darstellung mit zwölf Perioden mit dem Formular DK01. In dieser Darstellung wird der Kurztext der Lohnart verwendet. Für das Lohnkonto sollte er mit aussagekräftigen Inhalten gepflegt werden.

8.2 Lohnjournal

Das Lohnjournal enthält ausgewählte Abrechnungsdaten personenbezogen und kumuliert. Der Report verwendet vier tabellenbasierte Formulare:

Vier tabellenbasierte Formulare

▶ DJT1 – Seitenkopf

▶ DJF1 – Fortsetzungsstreifen

▶ DJD1 – Mitarbeiterstreifen

▶ DJS1 – Summendarstellung

Die Formulare werden im Selektionsbild (siehe Abbildung 8.3) in der Datengruppe AUSGABEAUFBEREITUNG vorgegeben.

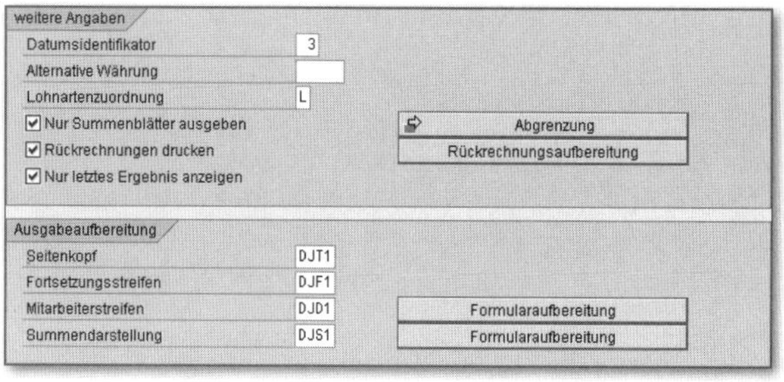

Abbildung 8.3 Selektionsbild »Lohnjournal«

Das Lohnjournal (siehe Abbildung 8.4) kann für eine oder mehrere Perioden ausgegeben werden. Die Summendarstellung können Sie über den Button ABGRENZUNG steuern. Je nach ausgewähltem Objekt werden Summenstreifen pro Personalbereich, Buchungskreis oder anderen Abgrenzungsobjekten angezeigt. Die Summendarstellung pro Peron ist auch möglich, wenn mehrere Perioden gewählt wurden und dafür eine Summe dargestellt werden soll.

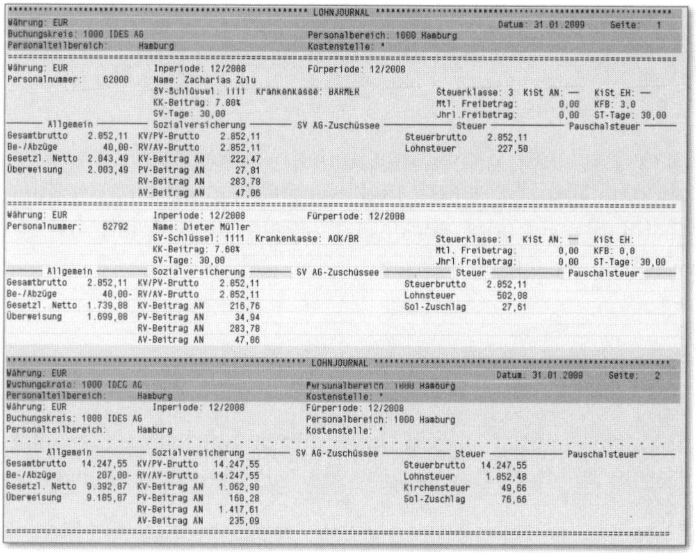

Abbildung 8.4 Lohnjournal

8.3   Lohnarten-Reporter

Mit dem Lohnarten-Reporter werden Informationen aus dem Abrechnungsergebnis ausgewertet. Die Lohnarten stammen aus der Tabelle RT und Informationen zu Arbeitsplatz und Basisbezug aus der Tabelle WPBP. Werden in der Auswertung z. B. Kostenstellen angezeigt, dann stammen diese aus den Abrechnungsergebnissen und nicht aus dem Infotyp 0001 (Organisatorische Zuordnung).

[+]

Probleme, die auftreten, wenn Sie Lohnarten kostenstellenbezogen auswerten möchten:

Problem 1: »Falsche Selektion von Mitarbeitern«
Sie möchten die Gehälter einer Kostenstelle auswerten. Dafür selektieren Sie mit dem Lohnarten-Reporter diese Kostenstelle. Die Selektion des Lohnarten-Reporters wertet den Infotyp 0001 (Organisatorische Zuordnung) aus. Dieser wurde aber nach Abschluss der Personalabrechnung verändert, was zur Folge hat, dass die selektierten Mitarbeiter nicht stimmen. Ein Mitarbeiter, der nachträglich die Kostenstelle verlassen hat, taucht in der Auswertung nicht auf, obwohl die Kosten noch auf die ursprüngliche Kostenstelle abgerechnet wurden.

Der Lohnarten-Reporter zeigt im Ergebnis die Kostenstelle aus dem Abrechnungsergebnis der Tabelle WPBP an, daher ist zumindest die Anzeige in diesem Fall korrekt und lediglich die Selektion problematisch.

Problem 2: »Kostenverteilung«
Der Mitarbeiter wird auf einer Kostenstelle abgerechnet, seine Kosten werden aber per Kostenverteilung auf einer anderen Kostenstelle belastet. Dies wird nicht berücksichtigt.

Für die Auswertung von Lohnarten, die auf eine bestimmte Kostenstelle verbucht wurden, ist ein eigener Report oder der Einsatz von SAP NetWeaver BW notwendig.

Das Selektionsbild des Lohnarten-Reporters (siehe Abbildung 8.5) bietet vielfache Einstellungsmöglichkeiten. Der Auswertungszeitraum kann zwischen der Eingabe eines Abrechnungszeitraums und der Eingabe von Abrechnungsperioden umgeschaltet werden. So kann z. B. der Zeitraum eines Jahres ausgewertet oder eine Vergleichsauswertung durchgeführt werden, in der zwei Perioden mit Differenz dargestellt werden. Bei der Vergleichsauswertung kann zusätzlich die Ausgabe auf Werte beschränkt werden, deren Differenz einen bestimmten Betrag oder Prozentsatz übersteigt.

Selektionsbild des Lohnarten-Reporters

Die Auswertung kann sowohl in der In-Sicht wie auch in der Für-Sicht gestartet werden. Die In-Sicht stellt das Ergebnis dar, das in einer Periode abgerechnet wurde, d. h., die abgerechnete Periode und alle Rückrechnungsdifferenzen, die in der Periode entstanden sind, werden in der In-Sicht dargestellt. Die Für-Sicht stellt das Er-

In-Sicht und Für-Sicht

gebnis dar, das für eine Periode abgerechnet wurde, d. h., hier wird immer das letzte Ergebnis einer Periode angezeigt.

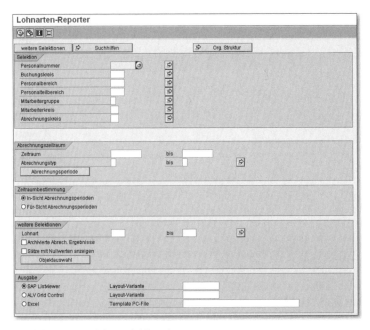

Abbildung 8.5 Selektionsbild »Lohnarten-Reporter«

Die Objektauswahl legt fest, welche Zusatzinformationen (siehe Abbildung 8.6) angezeigt werden und wie verdichtet oder detailliert die Auswertung durchgeführt werden soll. Wird das Objekt PERSONAL-NUMMER ausgewählt, wird die Auswertung personenbezogen durchgeführt, und Informationen zur Person werden in der Auswertung angezeigt. Ist das Objekt PERSONALNUMMER nicht gewählt, erfolgt die Auswertung komprimiert.

Bukr.	Name der Firma	PBer	PBText	A	Abrechnungskreistext	P	Bezeichnung	Fürper.	Zahldatum	A	A	L	LArt	Lohnart-Langtext	Anzahl	Betrag	Währg
1000	IDES AG	1200	Dresden	D1	HR-D: Gewerbliche	1	monatlich	200112	29.12.2001			01	/101	Gesamtbrutto	0,00	64,27	DEM
1000	IDES AG	1200	Dresden	D1	HR-D: Gewerbliche	1	monatlich	200201	30.01.2002			01	/101	Gesamtbrutto	0,00	2.291,32	EUR
1000	IDES AG	1200	Dresden	D1	HR-D: Gewerbliche	1	monatlich	200112	29.12.2001			01	/102	Lfd. Entgelt SV	0,00	45,02	DEM
1000	IDES AG	1200	Dresden	D1	HR-D: Gewerbliche	1	monatlich	200201	30.01.2002			01	/102	Lfd. Entgelt SV	0,00	2.102,97	EUR
1000	IDES AG	1200	Dresden	D1	HR-D: Gewerbliche	1	monatlich	200201	30.01.2002			01	/106	Lfd. Steuerbrutto	30,00	2.125,99	EUR
1000	IDES AG	1200	Dresden	D1	HR-D: Gewerbliche	1	monatlich	200112	29.12.2001			01	/125	Bau Sozialkassen-Brutto	0,00	19,25	DEM
1000	IDES AG	1200	Dresden	D1	HR-D: Gewerbliche	1	monatlich	200201	30.01.2002			01	/125	Bau Sozialkassen-Brutto	0,00	188,35	EUR
1000	IDES AG	1200	Dresden	D1	HR-D: Gewerbliche	1	monatlich	200112	29.12.2001			01	/147	Arbeitseink. Vergleich Pf	0,00	27,73	DEM
1000	IDES AG	1200	Dresden	D1	HR-D: Gewerbliche	1	monatlich	200201	30.01.2002			01	/147	Arbeitseink. Vergleich Pf	0,00	2.291,32	EUR
1000	IDES AG	1200	Dresden	D1	HR-D: Gewerbliche	1	monatlich	200112	29.12.2001			01	/151	ZV-pflicht. Sonderentgelt	0,00	19,25	DEM
1000	IDES AG	1200	Dresden	D1	HR-D: Gewerbliche	1	monatlich	200201	30.01.2002			01	/151	ZV-pflicht. Sonderentgelt	0,00	188,35	EUR
1000	IDES AG	1200	Dresden	D1	HR-D: Gewerbliche	1	monatlich	200112	29.12.2001			01	/159	Gewerbesteuer Brutto	0,00	64,27	DEM
1000	IDES AG	1200	Dresden	D1	HR-D: Gewerbliche	1	monatlich	200201	30.01.2002			01	/159	Gewerbesteuer Brutto	0,00	2.291,32	EUR
1000	IDES AG	1200	Dresden	D1	HR-D: Gewerbliche	1	monatlich	200112	29.12.2001			01	/160	Berufsgen.-Brutto	0,00	64,27	DEM
1000	IDES AG	1200	Dresden	D1	HR-D: Gewerbliche	1	monatlich	200201	30.01.2002			01	/160	Berufsgen.-Brutto	0,00	2.291,32	EUR
1000	IDES AG	1200	Dresden	D1	HR-D: Gewerbliche	1	monatlich	200112	29.12.2001			01	/170	KuG Kurzlohn	0,00	8,48	DEM
1000	IDES AG	1200	Dresden	D1	HR-D: Gewerbliche	1	monatlich	200201	30.01.2002			01	/170	KuG Kurzlohn	0,00	2.102,97	EUR
1000	IDES AG	1200	Dresden	D1	HR-D: Gewerbliche	1	monatlich	200112	29.12.2001			01	/173	SV relev.lfd.Fiktivbrutto	0,00	19,25	DEM

Abbildung 8.6 Lohnartenauswertung mit dem Lohnarten-Reporter

8.4 Lohnartenauswertungen mit SAP NetWeaver BW

Auch mit SAP NetWeaver BW können flexible Lohnartenauswertungen erstellt werden. In Abbildung 8.7 ist der Standard-Content aus dem Bereich der Personalabrechnung dargestellt. Der InfoCube MIT-ARBEITERGENAUE ABRECHNUNGSDATEN (siehe Abbildung 8.8) ermöglicht Lohnartenauswertungen, die flexibler sind als mit dem Lohnarten-Reporter, da mit dem Query Designer in SAP NetWeaver BW die Darstellung von Informationen in Zeilen und Spalten festgelegt werden kann, was mit dem Lohnarten-Reporter nicht möglich ist (siehe Abbildung 8.9). So kann z. B. eine Jahresübersicht dargestellt werden, in der zwölf Perioden und eine Summenspalte dargestellt werden, und in den Zeilen können verschiedene Lohnarten pro Person mit einer Summe pro Person und einer Gesamtsumme abgebildet werden. Die Flexibilität übersteigt die Möglichkeiten des Lohnarten-Reporters also bei weitem.

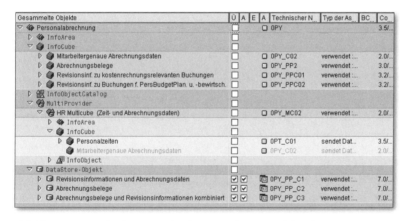

Abbildung 8.7 Standard-Content für den Bereich »Personalabrechnung«

Der InfoCube enthält die in Abbildung 8.8 gezeigten Merkmale zur Navigation in der Auswertung. Außerdem sind die Kennzahlen *Betrag* und *Anzahl* enthalten. Schade ist, dass auch hier wie im Lohnarten-Reporter das Feld BETRAG PRO EINHEIT nicht für Auswertungen zur Verfügung steht. Dieses Feld wird zwar selten benötigt, wäre aber manchmal für Auswertungen hilfreich.

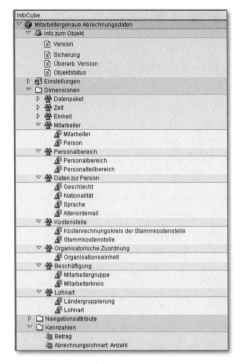

Abbildung 8.8 InfoCube »Mitarbeitergenaue Abrechnungsdaten«

In Abbildung 8.9 und Abbildung 8.10 sind Lohnartenauswertungen dargestellt, die mit dem Lohnarten-Reporter nicht möglich wären. So ist z. B. die Darstellung mehrerer Perioden oder auch verschiedener Lohnarten in Spalten möglich.

Auch der InfoCube ABRECHNUNGSBELEGE (siehe Abbildung 8.11) ermöglicht Auswertungen, die mit Standardreports in SAP ERP HCM nicht möglich sind. Der InfoCube enthält die Buchungsbelege, die in SAP ERP HCM angezeigt, aber nicht strukturiert ausgewertet werden können. Damit ist eine Auswertung von Personalkosten möglich, die häufig benötigt wird.

Table	Gesamtbrutto	Tarifgehalt	Steuern Arbeitgeber	AG Aufwand SV	Lohnsteuer	Überstunden
1. Quartal 2007 (laufend)	21.613,55 EUR		1.546,61 EUR	637.159,32 EUR	3.402,75 EUR	
4. Quartal 2006	23.726,72 EUR	2.720,35 EUR	413,21 EUR	909.821,85 EUR	4.118,97 EUR	
3. Quartal 2006	17.923,98 EUR	620,86 EUR	70,12 EUR	882.364,94 EUR	1.895,73 EUR	
2. Quartal 2006	39.825,96 EUR	7.822,74 EUR	2.394,12 EUR	2.040.210,47 EUR	3.207,15 EUR	

Abbildung 8.9 Beispiel für eine Lohnartenauswertung (I)

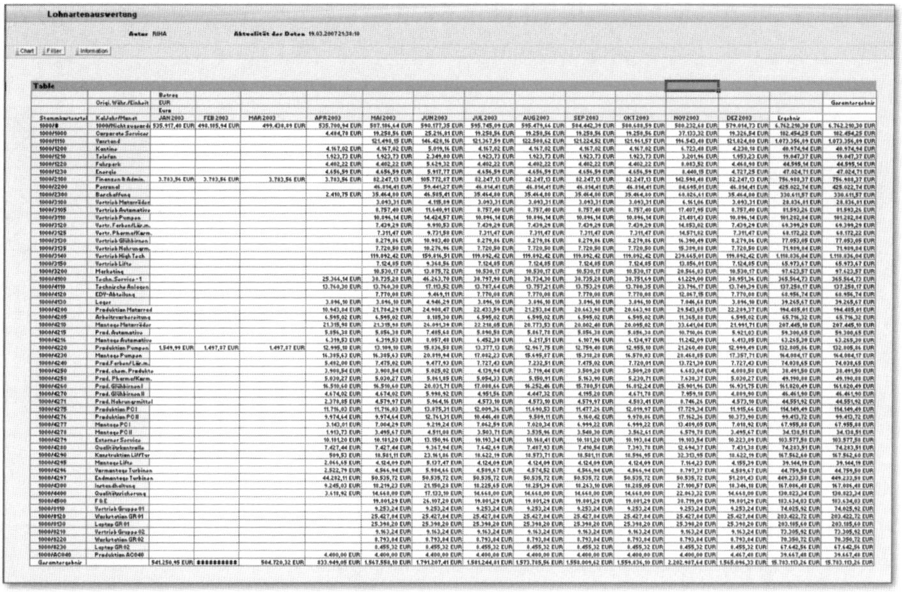

Abbildung 8.10 Beispiel für eine Lohnartenauswertung (II)

Abbildung 8.11 InfoCube »Abrechnungsbelege«

In Abbildung 8.12 ist eine Auswertung der Abrechnungsbelege in einer Jahresübersicht dargestellt.

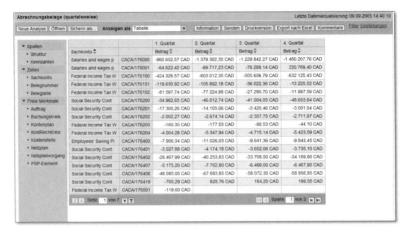

Abbildung 8.12 Auswertung der Abrechnungsbelege in einer Jahresübersicht

8.5 Fazit

Neben den Standards von Lohnkonto und Lohnjournal bietet SAP mit dem Lohnarten-Reporter in SAP ERP HCM eine sehr flexible Auswertung an, mit der die Lohnarten aus dem Abrechnungsergebnis ausgewertet werden können.

Durch den Einsatz von SAP NetWeaver BW werden die Auswertungsmöglichkeiten um ein Werkzeug erweitert, das zusätzliche Flexibilität bei der Gestaltung von Auswertungen bietet.

Teil IV
Spezielle Themen der
deutschen Personalabrechnung

Dieser Teil des Buches beschreibt verschiedene Spezialthemen der deutschen Personalabrechnung, wie z. B. Pfändungen, Mutterschaftsgeldzuschuss und Kurzarbeitergeld. Viele der Anforderungen enthalten komplexe Berechnungen, die im Customizing eingestellt werden müssen. Jedes Kapitel enthält ein in sich abgeschlossenes Thema.

In den meisten Firmen wird ein Arbeitgeberzuschuss zu ver-
mögenswirksamen Leistungen gezahlt. Der Mitarbeiter erhält
diesen Zuschuss nur, wenn er den Betrag bei einem Institut
seiner Wahl anlegt. In diesem Kapitel lernen Sie die Abwick-
lung der vermögenswirksamen Leistungen in SAP ERP HCM
kennen.

9 Vermögensbildung

Nach dem Vermögensbildungsgesetz (VermBG) sind vermögenswirksame Leistungen Zahlungen, die der Arbeitgeber meist zusätzlich zum Arbeitslohn erbringt, aber nicht unmittelbar an den Arbeitnehmer auszahlt, sondern direkt an ein Anlageinstitut überweist. Der
Arbeitnehmer darf die Anlageart und das Anlageinstitut frei wählen.

Vermögenswirksame Leistungen sind grundsätzlich lohnsteuer- und
sozialversicherungspflichtig. Die Arbeitgeberleistung wird zum Bruttoentgelt hinzugerechnet, der zu überweisende Betrag wird vom Nettobetrag abgezogen. Der vom Arbeitgeber gezahlte Betrag darf den
Sparbetrag nicht überschreiten.

9.1 Infotyp 0010 (Vermögensbildung)

In Infotyp 0010 (Vermögensbildung) werden die Verträge der Mitarbeiter erfasst. Jeder Mitarbeiter kann mehrere Verträge abschließen.
Diese müssen in SAP ERP HCM durch unterschiedliche Vertragsnum-
mern gekennzeichnet werden. Werden Sätze mit gleicher Vertragsnummer erfasst, grenzt der neuerfasste Satz den bestehenden ab oder
löscht diesen bei vollständiger Überschneidung komplett.

In der Datengruppe VERTRAG ist eine Vertragsnummer zu vergeben, Vertragsdaten
die frei gewählt werden kann (siehe Abbildung 9.1). Außerdem muss
eine Kundenlohnart eingegeben werden, hierfür kann die Musterlohnart M760 verwendet werden. Diese ist technischer Natur und
wird programmintern zur Verarbeitung des Infotyps verwendet. Die

Lohnart spielt im Abrechnungsergebnis keine Rolle, hier gibt es andere Lohnarten für den Arbeitgeberanteil und den zu überweisenden Sparbetrag. Das Betragsfeld enthält den Sparbetrag, und bei der Anlageart muss die entsprechende Anlageart ausgewählt werden. Die Anlageart hat für die in der Abrechnung durchgeführten Berechnungen keine Relevanz. Es werden je nach Anlageart lediglich die Lohnarten /58A bis /58E gebildet, die auf dem Entgeltnachweis die Anlageart im Nettoabzug des Sparbetrages andrucken.

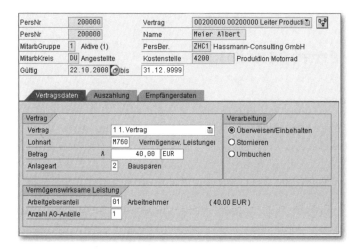

Abbildung 9.1 Vertragsdaten

Die Felder ERSTE AUSZAHLPERIODE und ABSTAND PERIODEN werden verwendet, wenn die Vermögensbildung nicht monatlich, sondern nur in bestimmten Perioden gezahlt wird. Die erste Auszahlperiode gibt den Monat an, in dem die erste Zahlung erfolgen soll; aus dem Abstand ermitteln sich die nächsten Zahlperioden.

Die Daten zur Auszahlung (siehe Abbildung 9.2) steuern die Auszahlung des Arbeitgeberanteils und die Überweisung des Sparbetrages.

Das Ankreuzfeld ÜBERWEISEN löst die Überweisung aus. Ist das Feld nicht markiert, erfolgt keine Überweisung. Daher sollte das Feld vorbelegt werden (siehe Abschnitt 9.2, »Customizing der Vermögensbildung«), damit die Eingabe nicht vergessen wird und somit keine Überweisung erfolgt.

Das Feld WEITERBEZAHLEN führt zu einer Überweisung des Sparbetrages, auch wenn der zur Verfügung stehende NettoNettobetrag nicht ausreicht. Diese Option sollte normalerweise nicht markiert werden, da dies zum Aufbau von Forderungen an den Mitarbeiter, z. B. bei unbezahlter Krankheit, führt.

Abbildung 9.2 Auszahlungsoptionen

Die Empfängerdaten (siehe Abbildung 9.3) können zum einen über das Auswählen eines Empfängerschlüssels vorgegeben werden; dann ist nur noch der Verwendungszweck manuell zu füllen. Alternativ bleibt der Empfängerschlüssel leer, und die Empfängerdaten werden manuell eingetragen. Empfängerschlüssel bieten sich normalerweise z. B. bei Bausparkassen an, wenn viele Überweisungen mit gleicher Bankverbindung ausgeführt werden. Bei individuellen Sparverträgen sollte man den Empfänger manuell eingeben – hier lohnt sich das Anlegen eines Empfängerschlüssels nicht.

Empfänger		
Empfänger	DLEONBER	Leonberger Bausparkasse
Postleitzahl / Ort	72501	Leonberg
Bankland	DE Deutschland	
Bankschlüssel	60080000	Dresdner Bank Stuttgart
Bankkonto	1414144	
Zahlweg	U Überweisung	
Verwendungszweck	00200000/Albert	

Abbildung 9.3 Empfängerdaten

Nach der Beschreibung der Datenpflege lernen Sie nun das Customizing der Vermögensbildung kennen.

9.2   Customizing

Das Customizing befindet sich im Bereich der deutschen Personalabrechnung (siehe Abbildung 9.4).

Lohnarten
Im ersten Schritt müssen Sie Kundenlohnarten aus vorgegebenen Musterlohnarten kopieren. In jedem Fall müssen Sie eine Lohnart für die Eingabe in den Infotyp (siehe Abbildung 9.1) erstellen, die von der Musterlohnart M760 zu kopieren ist. Außerdem können Lohnarten für den Arbeitgeberanteil angelegt werden, wofür die Musterlohnarten MV10 (VWL-AG-Anteil) und MV20 (VWL-AG-Anteil Azubi) zur Verfügung stehen. Alternativ dazu kann der Arbeitgeberanteil mit der SAP-Lohnart /57A gebildet werden. Dies hat aber den Nachteil, dass diese Standardlohnart nicht verändert werden sollte, da Änderungen beim Einspielen von Support Packages überspielt werden können.

Die Anzahl paralleler Verträge kann ergänzt werden, was aber selten notwendig ist, da bereits zehn parallele Verträge (siehe Abbildung 9.1) im Standard vorhanden sind.

Arbeitgeberanteil
Etwas aufwendiger ist meist das Einrichten der Berechnung des Arbeitgeberanteils. Dies ist im Customizing unter ARBEITGEBERANTEILE FESTLEGEN zu definieren. Meist müssen hier zwei Einträge gepflegt werden – einer für reguläre Mitarbeiter und einer für Auszubildende. Die Reduzierung des Arbeitgeberanteils bei Teilzeit kann hier zwar als Regelung vorgegeben werden, meist reicht dies aber für die Anforderungen der Praxis nicht aus und muss im Abrechnungsschema realisiert werden (siehe Abschnitt 9.3.1, »AG-Anteil vermögenswirksame Leistungen (DVL0)«).

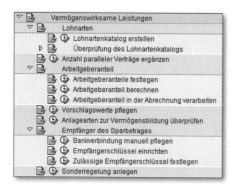

Abbildung 9.4 Customizing der vermögenswirksamen Leistungen

Häufig verwendete Empfänger, wie z. B. Bausparkassen, bei denen immer die gleiche Bankverbindung zu verwenden ist, können als Empfängerschlüssel angelegt werden (siehe Abbildung 9.3). Diese werden zuerst eingerichtet und im nächsten Schritt für den Infotyp der Vermögensbildung zugelassen. Die Empfängerschlüssel finden auch in anderen Infotypen der Personalabrechnung Verwendung.

Das Anlegen von Sonderregelungen (siehe Abbildung 9.2) wird nur wirksam, wenn diese im Abrechnungsschema verarbeitet werden. Allein der Tabelleneintrag hat keine Auswirkung auf die Berechnungen der vermögenswirksamen Leistungen. Hier kann z. B. eine Regelung hinterlegt werden, dass ein Mitarbeiter in Teilzeit den vollen Arbeitgeberanteil erhält. Die Berechnung muss mit einer entsprechenden Abfrage in den Regeln des Abrechnungsschemas erfolgen (siehe Abschnitt 9.3.1).

Im Customizing-Punkt VORSCHLAGSWERTE kann über das Merkmal DVB10 die Vorbelegung einiger Felder des Infotyps 0010 (Vermögensbildung) bewirkt werden.

Empfänger

Sonderregelungen

Vorschlagswerte

9.3 Verarbeitung im Abrechnungsschema

Die Verarbeitung der Vermögensbildung in der Abrechnung erfolgt in zwei Schritten: Im Bruttoteil wird der Arbeitgeberanteil berechnet, im Nettoteil wird die Überweisung gebildet.

9.3.1 AG-Anteil vermögenswirksame Leistungen (DVL0)

Im Unterschema DVL0, das im Bruttoteil DT00 aufgehängt ist, muss in den meisten Fällen eine eigene Regel für die Bildung des Arbeitgeberanteils angelegt werden.

Hier kann geprüft werden, ob der Mitarbeiter eine entsprechend lange Betriebszugehörigkeit besitzt, um Anspruch auf einen Arbeitgeberanteil zu besitzen. Außerdem kann eine bestimmte Anzahl bezahlter Arbeitstage gefordert sein, damit der Arbeitgeberanteil bezahlt wird. Auch die Verarbeitung der Sonderregeln muss hier eingepflegt werden.

```
000010          D DVB  SO?
000020 **       D NUM=FC KB NUM?6
000030 ** *       DVB  AGB  TABLEP0010AMT*BANZHLTABLE 500ANUM=BWOSTDNEXTR
000040 ** *     1 D NUM* EMPCTNUM/100   NUM*100   PRINT    TABLE 510INUM?BTRWAZ
000050 ** * *   D NUM=GASOLLNUM-GAAU**NUM?10
000060 ** * * * Z ZERO= N    WGTYP=6010AMT< BETRGADDWT *   DVB  AGS  GCYGD012
000070 ** * * <
000080 ** * <   D NUM=GSSOLLNUM-GSAU**NUM/GSSOLLNUM?0.5
000090 ** * < * TABLE 500ANUM=BWOSTDNUM* EMPCTNUM/100   NUM*100   PRINT    *
000100 ** * < * 1 MULTI ANA TABLE 510INUM=BTRWAZ*
000110 ** * < * 2 DIVID ANA ZERO= N    WGTYP=6010AMT< BETRGADDWT *   *
000120 ** * < * 3 Z DVB  AGS  GCYGD012
000130 ** * < <
000140 ** <                      *6 MONATE SIND NOCH NICHT ERFÜLLT
000150 Z2        DVB  AGB  TABLEP0010AMT*BANZHLZERO= N    WGTYP=6010AMT< BETRG*
000160 Z2      1 Z ADDWT *   DVB  AGS  GCYGD012
```

Abbildung 9.5 Berechnung des Arbeitgeberanteils im Abrechnungsschema

Berechnung des Arbeitgeberanteils

Ein Beispiel für die Berechnung des Arbeitgeberanteils sehen Sie in Abbildung 9.5. In der ersten Zeile wird die Existenz der Sonderregel Z2 abgefragt. Diese bewirkt, dass grundsätzlich der volle Arbeitgeberanteil bezahlt wird, auch bei Mitarbeitern in Teilzeit. Die Berechnung des AG-Anteils ist abhängig von einer sechsmonstigen Betriebszugehörigkeit, was mit der Fristenberechnung in Zeile 2 geprüft wird. Als nächstes wird die tarifliche wöchentliche Arbeitszeit mit der wöchentlichen Arbeitszeit im Infotyp 0007 (Sollarbeitszeit) verglichen, um zu prüfen, ob der Mitarbeiter Teilzeit arbeitet. Arbeitet der Mitarbeiter die volle tarifliche Arbeitszeit wird geprüft, ob der Mitarbeiter zehn Arbeitstage bezahlt bekommen hat, damit er den Arbeitgeberanteil erhält. Bei Mitarbeitern in Teilzeit wird geprüft, ob der Mitarbeiter 50 % der Arbeitszeit bezahlt bekommen hat. Auf diese Weise können Bedingungen geprüft werden, die erfüllt sein müssen, damit der AG-Anteil bezahlt wird.

9.3.2 Überweisung der Vermögensbildung (DVEs0)

Das Unterschema DVE0 für die Bildung der Überweisung der vermögenswirksamen Leistungen kann normalerweise im Standard bleiben. Hier wird geprüft, ob ein ausreichender Betrag für die Überweisung vorhanden ist, falls nicht der Haken für WEITERBEZAHLEN (siehe Abbildung 9.2) gesetzt ist. Wenn alle Voraussetzungen für eine Überweisung gegeben sind, wird diese in die interne Tabelle BT gestellt. Voraussetzung dafür sind der Zahlweg »U« und eine Anlageart, die nicht 6 – AVMG oder 7 – BVV ist, denn bei diesen Anlageformen wird die Überweisung an anderer Stelle erzeugt.

9.4 Fazit

Die Komponente *Vermögensbildung* gehört zu den Standards, die bei jeder Firma eingesetzt werden. Neben dem Customizing ist meist das Anlegen einer Rechenregel erforderlich, welche die Sonderfälle der Berechnung des Arbeitgeberanteils abdeckt. Darin können Regelungen abgebildet werden, wie z. B.:

- Der AG-Anteil wird nur bei mindestens zehn Arbeitstagen im Monat bezahlt.
- Der Arbeitgeberanteil wird erst nach sechs Monaten Betriebszugehörigkeit bezahlt.

Für häufig vorkommende Empfänger können Empfängerschlüssel angelegt werden, was die Pflege der Überweisungsdaten erleichtert.

*In Anbetracht steigender Versorgungslücken der erwerbstäti-
gen Bevölkerung gewinnt das Thema Altersversorgung immer
mehr an Bedeutung. Darauf hat auch der Gesetzgeber reagiert und ermöglicht seit dem Inkrafttreten des Altersvermögensgesetzes jedem Mitarbeiter die Entgeltumwandlung in die
betriebliche Altersversorgung.*

10 Altersversorgung

In SAP ERP HCM können in der Regel alle gängigen Durchführungswege sowohl für die betriebliche Altersversorgung als auch für Entgeltumwandlungen der Mitarbeiter oder die Riester-Rente abgebildet werden. Dies gilt auch für die Neuregelungen nach dem
Alterseinkünftegesetz.

10.1 Allgemeines

Bereits seit Beginn des Jahres 2002 haben alle Arbeitnehmer einen
Anspruch auf Entgeltumwandlung gegen ihren Arbeitgeber, der sich
auf die Direktversicherung bezieht. Zusätzlich verfügen viele Unternehmen über eine eigene betriebliche Altersversorgung in Form von
Direktzusagen, Pensionskassen bzw. -fonds oder Unterstützungskas-
sen. Gerade im Verlauf der letzten zwei bis drei Jahre stieg nach den
statistischen Erhebungen auch die Anzahl der Verträge für eine betriebliche bzw. private Altersvorsorge. Dies ist auch dringend notwendig, da nach den Prognosen der Ökonomen das Rentenniveau
der gesetzlichen Rentenversicherung eine Beibehaltung des Lebensstandards nicht mehr ermöglichen wird.

Für die Abbildung der betrieblichen Altersversorgung einschließlich
der Entgeltumwandlung stehen in SAP ERP HCM abhängig vom
Durchführungsweg verschiedene Möglichkeiten zur Verfügung.
Dabei bestimmen der bzw. die Durchführungsweg(e) und die abzu-
wickelnden Geschäftsprozesse der betrieblichen Altersversorgung

**Abbildungsmög-
lichkeiten in SAP
ERP HCM**

die benötigte Funktionalität und damit auch die Möglichkeiten der Abbildung in SAP ERP HCM. Müssen z. B. nur die Beiträge berechnet und abgeführt werden, oder sind weitere Funktionen wie eine Anspruchs- oder Rentenberechnung erforderlich?

[+]   Der teilweise noch eingesetzte Infotyp 0026 (Direktversicherung) wird dabei nicht mehr berücksichtigt, da dessen Funktionalität vollständig vom Infotyp 0699 (Altersvermögensgesetz) unterstützt wird und Neuverträge ab dem 01.01.2005 mit dem Infotyp 0026 nicht mehr abgebildet werden können.

Kriterien für die Auswahl der Abbildung

Tabelle 10.1 zeigt auf, welche Möglichkeit der Abbildung in SAP ERP HCM bei Vorliegen bestimmter Voraussetzungen tendenziell bevorzugt werden kann. Es gibt dabei zwei maßgebliche Kriterien für die Auswahl der Abbildung:

▶ Abwicklung der notwendigen Geschäftsprozesse in SAP ERP HCM

▶ Aufwand für Implementierung, Wartung und Datenpflege

Durchführungsweg	Kombination mit anderen Durchführungswegen	Notwendige Geschäftsprozesse	Abbildung in SAP ERP HCM
Direktversicherung (DV)		Nur Abführung der Beiträge	Abbildung über Infotyp 0699
Riester-Rente (RR) Rürup-Rente (RüRe)		Nur Abführung der Beiträge	Abbildung über Infotyp 0011
Pensionskasse (PK) Pensionsfonds (PF) Unterstützungskasse (UK) Direktzusage (DZ)		Nur Berechnung und Abführung der Beiträge	Abbildung über Infotyp 0699
Pensionskasse (PK) Pensionsfonds (PF) Unterstützungskasse (UK) Direktzusage (DZ)		Berechnung und Abführung der Beiträge Weitere Geschäftsprozesse, insbesondere Berechnung und Verwaltung von Ansprüchen und Renten	Abbildung über BAV-Komponente
Direktversicherung (DV)	Riester-Rente (RR) Rürup-Rente (RüRe)	Nur Abführung der Beiträge	DV über Infotyp 0699 Riester-Rente (RR) u. Rürup-Rente (RüRe) über Infotyp 0011

Tabelle 10.1 Entscheidungsmatrix zur Abbildung der Altersversorgung in SAP ERP HCM

Durchführungsweg	Kombination mit anderen Durchführungs- wegen	Notwendige Geschäfts- prozesse	Abbildung in SAP ERP HCM
Pensionskasse (PK) Pensionsfonds (PF) Unterstützungskasse (UK) Direktzusage (DZ)	Riester-Rente (RR) Rürup-Rente (RüRe)	Nur Berechnung und Abfüh- rung der Beiträge für PK, PF, UK, DZ Nur Abführung der Beiträge bei RR	Riester-Rente (RR) u. Rürup-Rente (RüRe) über Infotyp 0011 Restliche Durchführungs- wege über Infotyp 0699
Pensionskasse (PK) Pensionsfonds (PF) Unterstützungskasse (UK) Direktzusage (DZ)	Riester-Rente (RR) Rürup-Rente (RüRe)	Nur Abführung der Beiträge bei RR Neben Berechnung und Abführung der Beiträge bei PK, PF, UK, DZ weitere Geschäftsprozesse, insbeson- dere Verwaltung und Berech- nung von Ansprüchen und Renten	Riester-Rente (RR) u. Rürup-Rente (RüRe) über Infotyp 0011 Restliche Durchführungs- wege über BAV-Kompo- nente
Pensionskasse (PK) Pensionsfonds (PF) Unterstützungskasse (UK) Direktzusage (DZ)	Direktver-siche- rung (DV)	Nur Berechnung und Abfüh- rung der Beiträge für alle Durchführungswege	Alle Durchführungswege über Infotyp 0699
Pensionskasse (PK) Pensionsfonds (PF) Unterstützungskasse (UK) Direktzusage (DZ)	Direktver-siche- rung (DV)	Nur Berechnung und Abfüh- rung der Beiträge bei DV Neben Berechnung und Abführung der Beiträge bei PK, PF, UK, DZ weitere Geschäftsprozesse, insbeson- dere Verwaltung und Berech- nung von Ansprüchen und Renten	DV über Infotyp 0699 Restliche Durchführungs- wege über BAV-Kompo- nente
Pensionskasse (PK) Pensionsfonds (PF) Unterstützungskasse (UK) Direktzusage (DZ)	Direktversiche- rung (DV) Riester-Rente (RR)	Nur Abführung der Beiträge bei RR Nur Berechnung und Abfüh- rung der Beiträge für PK, PF, UK, DZ und DV	Riester-Rente (RR) u. Rürup-Rente (RüRe) über Infotyp 0011 Restliche Durchführungs- wege über Infotyp 0699
Pensionskasse (PK) Pensionsfonds (PF) Unterstützungskasse (UK) Direktzusage (DZ)	Direktversiche- rung (DV) Riester-Rente (RR) Rürup-Rente (RüRe)	Nur Abführung der Beiträge bei DV und RR Neben Berechnung und Abführung der Beiträge bei PK, PF, UK, DZ weitere Geschäftsprozesse, insbeson- dere Verwaltung und Berech- nung von Ansprüchen und Renten	Riester-Rente (RR) u. Rürup-Rente (RüRe) über Infotyp 0011 DV über Infotyp 0699 PK, PF, UK, DZ über BAV- Komponente

Tabelle 10.1 Entscheidungsmatrix zur Abbildung der Altersversorgung in SAP ERP HCM (Forts.)

Trotz der dargestellten tendenziellen Empfehlung (letzte Spalte der Tabelle 10.1) kann eine definitive Aussage, welche Abbildung in SAP ERP HCM die sinnvollste und zweckmäßigste ist, nur nach Erhebung der genauen Anforderungen erfolgen.

Insbesondere wenn der Einsatz der BAV-Komponente (Betriebliche Altersvorsorge) angezeigt ist, sollten weitere Überlegungen erfolgen, ob die erforderlichen Berechnungen nicht kostengünstiger und mit weniger Aufwand außerhalb von SAP ERP HCM oder auch im Rahmen des Abrechnungsschemas mit eigener Funktion oder Personalrechenregel abgewickelt werden können. Denkbar wäre beispielsweise, eine einfache Anspruchsberechnung in das Abrechnungsschema zu integrieren und Auswertungen über Abrechnungsinfotypen zu ermöglichen.

10.2 Infotyp 0699 (Altersvermögensgesetz)

Im Folgenden beschreiben wir den Infotyp 0699 (Altersvermögensgesetz) und die BAV-Komponente, mit der die meisten Altersversorgungsmodelle abgebildet werden können.

Der Infotyp 0699 (Altersvermögensgesetz) wurde mit Inkrafttreten des gleichnamigen Gesetzes zum 01.01.2002 in SAP ERP HCM eingeführt. Er bietet die Möglichkeit, die Beitragsberechnung und -abführung aller Durchführungswege der betrieblichen Altersvorsorge mit Ausnahme der Riester-Rente abzubilden – für Riester ist der Infotyp 0011 (Externe Überweisungen) vollkommen ausreichend. Auch Entgeltumwandlungen (*Deferred Compensation*) der Mitarbeiter können damit problemlos abgebildet werden. Darüber hinaus kann mit dem Infotyp 0699 auch die Abwicklung von Beitragsberechnung und -abführung der bankenspezifischen Altersvorsorge über den Bankenversorgungsverein (BVV) sowie der Presseversorgung (PVV) durchgeführt werden.

10.2.1 Funktionalität und Anwendung

Die Funktionalität dieser Lösung umfasst die Ermittlung bzw. Berechnung der Beiträge zur Altersvorsorge, die Berücksichtigung der steuer- und sozialversicherungsrechtlichen Regelungen in der Personalabrechnung sowie die Abführung der Beiträge an einen externen

Träger in Form einer Einzelüberweisung je Mitarbeiter oder an den internen Träger durch Sammlung auf einem Konto der Finanzbuchhaltung. Neu seit dem Release ERP 6.0 ist die Möglichkeit, echte Sammelüberweisungen im Rahmen des bekannten Datenaustauschverfahrens für beliebige Anlageinstitute zu erstellen. Es muss also nicht mehr eine Sammlung auf einem Konto der Finanzbuchhaltung mit anschließender manueller Überweisung erfolgen. Insofern wurde der Prozessfluss deutlich optimiert. Abbildung 10.1 zeigt den Infotyp 0699 (Altersvermögensgesetz) in der Anwendung.

Abbildung 10.1 Infotyp 0699 (Altersvermögensgesetz)

Wie aus Abbildung 10.1 ersichtlich, ist die aus anderen Infotypen bekannte periodische Steuerung der Zahlungen integriert. Der Subtyp des Infotyps 0699 entspricht dem jeweiligen Durchführungsweg, der im Infotyp als ANLAGEART bezeichnet ist. Über das Feld PRIORITÄT kann festgelegt werden, welcher Vertrag in der Abrechnung zuerst abgewickelt werden soll und damit primär von den Freibeträgen zur Steuer oder Sozialversicherung profitiert. Die steuerrechtlichen Regelungen des zum 01.01.2005 eingeführten Alterseinkünftegesetzes (bei Neuverträgen steht über die 4 % der Beitragsbemessungsgrenze in der gesetzlichen Rentenversicherung hinaus ein zusätzlich steuerfreier Betrag von 1.800,–€ jährlich zur Verfügung) sind durch entsprechend erweiterte Customizing-Möglichkeiten berücksichtigt.

Speziell für diesen zusätzlich steuerfreien (nicht aber SV-freien) Betrag wurde im Schema der Abrechnung eine fiktive SV-Berechnung für die steuerpflichtigen Beträge implementiert, da die Finanzverwaltung nur SV-Beiträge auf steuerpflichtiges Einkommen akzeptiert.

Baustein Der zentrale Ordnungsbegriff im Infotyp 0699 (Altersvermögensgesetz) ist der *Baustein*. Bausteine werden zur Vereinfachung der Datenpflege für die Sachbearbeiter in Vertragsmodellen zusammengefasst. In den Bausteinen werden die wesentlichen Informationen zur korrekten Behandlung im Verlauf der Personalabrechnung hinterlegt.

Diese Informationen kann sich auch der Anwender sehr einfach durch Betätigen des Buttons DETAILS BAUSTEINE (siehe Abbildung 10.1) aus dem Infotyp heraus beschaffen. Abbildung 10.2 stellt die wesentlichen Zusammenhänge zwischen Anlageart, Vertragsmodell und Baustein noch einmal dar.

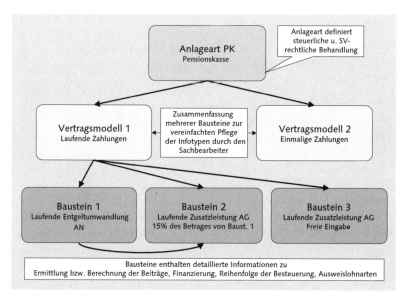

Abbildung 10.2 Ordnungsbegriffe und Funktionsweise des Infotyps 0699 (Altersvermögensgesetz) – schematische Darstellung

In der Personalabrechnung erfolgt die Verarbeitung des Infotypen 0699 im Schema DST0 (Steuer Brutto Vorbereitungen). Erster Schritt ist dabei die Bereitstellung der so genannten Kontingente für die Verwaltung der steuer- und sozialversicherungsrechtlichen Beträge (steuer- und SV-freie oder auch pauschalsteuerfähige Beträge). Dies erfolgt über die Funktion DST mit dem Parameter 1 = KON. Dabei

werden Lohnarten mit dem Literal /44 gebildet, die den Maximal-
wert des jeweiligen Kontingents enthalten. Im Verlauf der Abrechnung werden diese Kontingente durch die Umwandlungen der Mitarbeiter und Arbeitgeberbeiträge abgetragen.

Die Beiträge im Rahmen des Altersvermögensgesetzes werden über
die Funktion DAVMG mit dem Parameter 4 = GET berechnet. Hierbei wird das nachfolgend dargestellte Customizing des Infotypen
0699 ausgelesen und auf den behandelten Einzelfall angewendet.
Über die Funktion DAVMG mit dem Parameter 4 = KONT werden
die obengenannten Kontingente dann abgetragen, d. h., in dieser
Funktion wird geprüft, welche Kontingente noch vorhanden sind
und ob die Beiträge die Voraussetzungen für eine Inanspruchnahme
von beispielsweise steuer- und SV-freien Beträgen erfüllen.

10.2.2 Customizing

Dem Customizing des Infotyps sollte eine sorgfältige Analyse der An- | Erst Analyse, dann
forderungen an die Abbildung in SAP ERP HCM unter Beachtung der | Customizing
gesetzlichen Rahmenbedingungen vorausgehen. Selbst wenn der
Durchführungsweg bereits feststeht, ist beispielsweise noch zu entscheiden, welche Besteuerungsreihenfolge greift, ob und gegebenenfalls welchen Beitrag das Unternehmen leistet und von welchen
Entgeltbestandteilen die Mitarbeiter eine Entgeltumwandlung finan-
zieren können. Erst wenn diese und weitere Fragen beantwortet
sind, kann mit dem Customizing begonnen werden.

Das entsprechende Customizing ist im Einführungsleitfaden (IMG)
unter PERSONALABRECHNUNG • ABRECHNUNG DEUTSCHLAND • ALTERS-
VERMÖGENSGESETZ zu finden. Der erste Schritt ist dabei das Kopieren
der erforderlichen Musterlohnarten, was über den bereits bekannten
Lohnartenkopierer (siehe Abschnitt 19.8.1) durchgeführt werden
kann (im IMG zu finden unter PERSONALABRECHNUNG • ABRECHNUNG
DEUTSCHLAND • ALTERSVERMÖGENSGESETZ • LOHNARTEN • LOHNARTEN-
KATALOG ERSTELLEN). Eine Zuordnung von anderen Lohnarten zur
Lohnartengruppe *Altersvermögensgesetz* sollte nur erfolgen, wenn so-
genannte *Wandlungslohnartengruppen* eingerichtet werden müssen.

Wandlungslohnartengruppen werden genutzt, wenn die Entgeltumwand- | **[+]**
lungen der Mitarbeiter nur aus bestimmten Entgeltbestandteilen (= Lohnarten) erfolgen sollen.

Vorstellbar ist z. B. eine Wandlungslohnartengruppe *Boni und Prämien*, die die Lohnarten *Vertriebsprämie* und *Bonus* sowie *Sonderbonus* enthält. Die Beträge für die Entgeltumwandlungen der Mitarbeiter werden in diesem Fall nur aus diesen Lohnarten entnommen. Voraussetzung ist allerdings, dass der entsprechende Baustein in der Datengruppe KONTINGENTABTRAGUNG (siehe Abbildung 10.3) genau diese Wandlungslohnartengruppe enthält.

Ist die zuvor besprochene Anforderungsanalyse durchgeführt und dokumentiert, ist das Customizing der Bausteine relativ unkompliziert. Nachfolgend erläutern wir die wesentlichen Einstellungen anhand Abbildung 10.3.

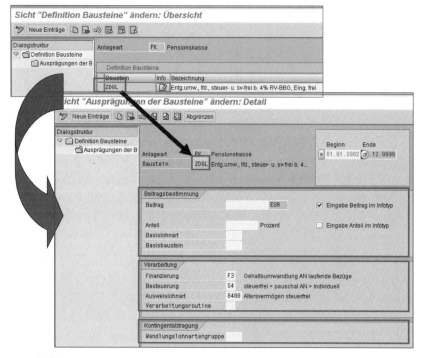

Abbildung 10.3 Customizing für den Infotyp 0699 (Altersvermögensgesetz)

Die Datengruppe BEITRAGSBESTIMMUNG enthält die Logik zur Ermittlung bzw. Berechnung der Beiträge. Es gibt folgende Möglichkeiten:

▸ direkte Eingabe bzw. feste Hinterlegung des Betrages im Infotyp (diese Möglichkeit wurde in Abbildung 10.3 genutzt)

▸ direkte Eingabe bzw. feste Hinterlegung von prozentualen Anteilen einer oder mehrerer Lohnarten

▸ direkte Eingabe bzw. feste Hinterlegung von prozentualen Anteilen einer vorher über einen Baustein ermittelten Bemessungsgrundlage (z. B. leistet das Unternehmen immer einen Zuschuss von 15 % für jeden Beitrag, den ein Mitarbeiter wandelt)

Auch Vorschlagswerte für die Angabe der Beträge oder prozentualen Anteile können eingestellt werden, indem die fest hinterlegten Angaben als überschreibbar gekennzeichnet werden. In der Datengruppe VERARBEITUNG werden die folgenden Einstellungen vorgenommen.

▸ Wer finanziert die Beiträge, und handelt es sich um einmalige oder laufende Zahlungen? Die auswählbaren Alternativen stehen über die ⎡F4⎤-Hilfe zur Verfügung.

▸ Wie werden die Beiträge steuerlich und sozialversicherungsrechtlich behandelt? Auch hier werden die in Abhängigkeit von der Anlageart zur Verfügung stehenden Alternativen in der ⎡F4⎤-Hilfe aufgelistet.

▸ Mit welchen Lohnarten werden die steuerlich unterschiedlich behandelten Beträge ausgewiesen? Es gibt verschiedene Lohnarten für steuerfreie, pauschal und individuell versteuerte Beträge zur Darstellung auf dem Entgeltnachweis und Auswertung im Meldeprogramm. In der Datengruppe VERARBEITUNG ist immer nur eine Lohnart zu erfassen (in der Regel die Lohnart, in der die steuerfreien Beträge abgestellt werden). Die weiteren Ausweislohnarten werden im Einführungsleitfaden unter PERSONALABRECHNUNG • ABRECHNUNG DEUTSCHLAND • ALTERSVERMÖGENSGESETZ • VERARBEITUNG • AUSWEISLOHNARTEN AUFTEILEN IN STEUERFREI/PAUSCHAL/ STEUERPFLICHTIG zugeordnet.

▸ Soll eine kundeneigene Verarbeitung im Rahmen der Abrechnung erfolgen? Die Ausprägung der Verarbeitungsroutine kann in Personalrechenregeln über die Operation DAVM VR? abgefragt werden. Das HCM-System nutzt diese Möglichkeit, um für den Fall der Entgeltumwandlung des Arbeitgeberzuschusses zu den vermögenswirksamen Leistungen eine Warnmeldung auszugeben, wenn ein Arbeitgeberanteil nicht vorhanden ist.

Zur Erläuterung der Datengruppe KONTINGENTABTRAGUNG verweisen wir auf die zuvor genannten Ausführungen zu den Wandlungslohnartengruppen.

Nach Definition der Bausteine müssen Sie die Vertragsmodelle definieren und die entsprechenden Bausteine den Vertragsmodellen zuordnen. Abbildung 10.4 zeigt exemplarisch die Zuordnung des zuvor eingerichteten Bausteins ZDGL zum Vertragsmodell ZPK1.

Bei der Definition des Vertragsmodells ist zusätzlich das Kennzeichen MODELL ERGÄNZBAR zu erwähnen. Dies ermöglicht in der Anwendung das flexible Zusammenstellen verschiedener Bausteine zu einem individuellen Vertragsmodell.

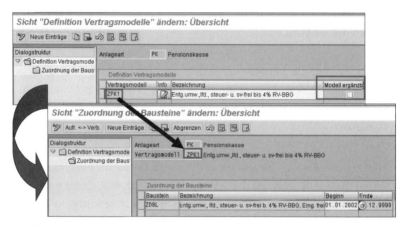

Abbildung 10.4 Zuordnung von Baustein zu Vertragsmodell

Abschließend sind die Anlageinstitute anzulegen, die auch aus Empfängerschlüsseln bestehen können (im Einführungsleitfaden unter PERSONALABRECHNUNG • ABRECHNUNG DEUTSCHLAND • ALTERSVERMÖGENSGESETZ • STAMMDATEN • EMPFÄNGERSCHLÜSSEL EINRICHTEN BZW. ANLAGEINSTITUTE EINRICHTEN). Die Anlageinstitute werden im Gegensatz zu den Empfängerschlüsseln zwingend benötigt, da sie die Versorgungseinrichtung darstellen, an die die Beiträge abgeführt werden. Das Anlegen und Zuordnen von Empfängerschlüsseln ist dann sinnvoll, wenn die Zahlung per Einzelüberweisung an externe Träger erfolgt und es sich um wenige oder auch nur einen Träger handelt. Ees entfällt dann immer die Eingabe der Daten zu Bankverbindung, Adresse etc., da diese im Empfängerschlüssel bereits hinterlegt sind. Neu mit Release SAP ERP 6.0 ist die Möglichkeit, an Anlageinstitute mit Empfängerschlüssel Sammelüberweisungen auszuführen. Dazu ist der Empfängerschlüssel (nicht das Anlageinstitut) entsprechend zu kennzeichnen. Für das Datenaustauschverfahren steht der Report RPCDCP00 zur Verfügung.

10.3 Komponente »Betriebliche Altersversorgung« (BAV)

Die betriebliche Altersversorgung als Säule zur Erhaltung des Lebensstandards im Ruhestand existiert bereits seit mehreren Jahrzehnten. Standen früher leistungsorientierte Versorgungsmodelle im Vordergrund, werden heute zumeist beitragsorientierte Modelle zwischen den Tarifpartnern vereinbart. Die Komponente BAV unterstützt alle gängigen Durchführungsformen der betrieblichen Altersversorgung in Deutschland.

10.3.1 Allgemeines

Die Komponente BAV ist länderspezifisch und daher nur in Deutschland einsetzbar. Sie kommt zumeist dann zum Einsatz, wenn eine betriebliche Altersversorgung mehr umfasst als die Berechnung und Abführung von Beiträgen. Insbesondere die Berechnung und die Verwaltung von Rentenansprüchen mit Hilfe des *Rentenermittlers* nach den verschiedensten Regelungsvarianten sind die Stärken und Kernfunktionen der flexiblen BAV-Komponente. Die mächtige Flexibilität wird jedoch durch Komplexität und Vielschichtigkeit im Customizing erkauft. Das Customizing soll daher nur punktuell betrachtet werden, da eine komplette Darstellung den Rahmen dieses Buches sprengen würde. Vielmehr sollen Konzeption und Zusammenhänge im Mittelpunkt dieses Kapitels stehen.

Die Konzeption in SAP ERP HCM sieht vor, die folgenden Bereiche und Geschäftsprozesse mit der BAV-Komponente abzudecken:

Abgedeckte Bereiche und Geschäftsprozesse

▶ Berechnung und Abführung der Beiträge

▶ Überleitung der relevanten BAV-Daten in die Kostenrechnung und Finanzbuchhaltung

▶ Durchführung von Entgeltumwandlungen der Mitarbeiter (*Deferred Compensation*, aufgeschobene Vergütung), auch im Rahmen eines Szenarios über den Employee Self-Service

▶ Berechnung und Verwaltung von Rentenansprüchen, dabei auch Berechnung der Verzinsung

▶ Abfrage des aktuellen Standes der Altersversorgung über den Employee Self-Service

▶ Prüfung von Wartezeiten und Verfallbarkeit

- ▶ Beitragsrückerstattung im Fall von verfallbaren Ansprüchen
- ▶ Schnittstelle zur Übergabe der Daten an einen Versicherungsmathematiker
- ▶ Berechnung und Auszahlung von Renten oder einmaligen Kapitalzahlungen an Versicherte und Hinterbliebene
- ▶ Anpassung der Renten
- ▶ Erstellen von Bescheinigungen

Die abzubildenden Regelungen zur betrieblichen Altersversorgung unterscheiden sich von Unternehmen zu Unternehmen zumeist sehr stark. Um dieser Tatsache gerecht zu werden, wurde die BAV-Komponente mit zahlreichen User Exits ausgestattet (so kann z. B. die Beitragsübernahme vollkommen flexibel über den entsprechenden User Exit erfolgen), so dass auch sehr individuelle Regelungen abgebildet werden können.

10.3.2 Ordnungsbegriffe in der BAV-Komponente

Versorgungs-
ordnung

Der zentrale Begriff in der betrieblichen Altersversorgung in SAP ERP HCM ist die *Versorgungsordnung*. Versorgungsordnungen sind mitarbeiterunabhängig und umfassen eine Vielzahl von potentiellen Versorgungsleistungen, die dem Mitarbeiter dann in Form von Ansprüchen individuell zugesagt werden. Eine Versorgungsordnung stellt daher die Zusammenfassung von zumeist mehreren Ansprüchen dar. Welcher der Ansprüche einem Mitarbeiter konkret zugesagt worden ist, wird im Infotyp 0202 (Ansprüche) dokumentiert.

Jedem Anspruch sind ein bestimmtes Berechnungsverfahren für die Rentenanspruchsberechnung (z. B. dienstzeitorientiert, beitragsorientiert oder einkommensorientiert) und eine Leistungsart zugeordnet. Die Leistungsart bestimmt dabei die konkrete Versorgungsleistung, die der Mitarbeiter bei Eintritt des Versorgungsfalles erhält. Für einen Anspruch auf Eigenrente könnten beispielsweise die Leistungsarten *Altersrente* und *Invalidenrente* hinterlegt sein.

Zusätzlich werden einem Anspruch die zusagende Firma und der Leistungsträger zugeordnet. Während die zusagende Firma für die Erfüllung des Anspruchs verantwortlich ist, trägt der Leistungsträger die Kosten der Versorgungsleistung. Diese Zusammenhänge werden in Abbildung 10.5 noch einmal verdeutlicht.

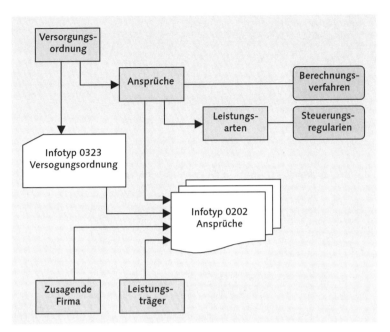

Abbildung 10.5 Ordnungsbegriffe der Komponente »Betriebliche Altersversorgung«

10.3.3 Stammdaten

Die Stammdaten der betrieblichen Altersversorgung werden mit Hilfe einer Reihe von Infotypen direkt in die Personaladministration integriert. Die Prozessintegration findet über Maßnahmen statt, die mittels des Merkmals DWCRA direkt den Verarbeitungsanlässen (z. B. Austritt oder Eigenrente) im Rentenermittler zugewiesen werden.

Im Infotyp 0323 (Versorgungsordnung) wird einem Mitarbeiter eine Versorgungsordnung zugeordnet (siehe Abbildung 10.6). Die sich aus der Versorgungsordnung ergebenden möglichen Ansprüche werden anschließend angezeigt.

Wird dem Mitarbeiter ein Anspruch zugesagt, wird hierzu direkt aus dem Infotyp 0323 (Versorgungsordnung) in den Infotyp 0202 (Ansprüche) verzweigt (siehe Abbildung 10.7), in dem der anzulegende Anspruch markiert und der Button ANLEGEN betätigt wird.

[!] Wichtig ist nun das Sichern der beiden Infotypen 0202 und 0323. Wird ein Infotyp nicht gesichert, kann dies zu Problemen bei der Datenübernahme in die BAV-Datenbank führen.

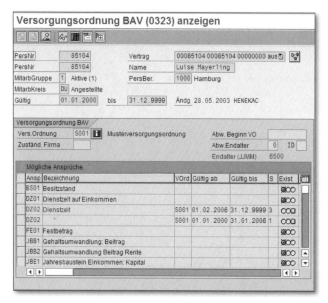

Abbildung 10.6 Infotyp 0323 (Versorgungsordnung)

Zugesagte Ansprüche sind im Infotyp 0323 im Feld EXIST grün gekennzeichnet. Zusätzlich wird der Zeitraum hinterlegt, für den der
Anspruch gültig ist.

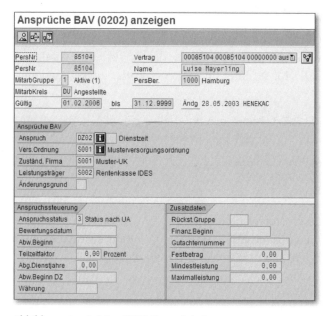

Abbildung 10.7 Infotyp 0202 (Ansprüche)

Im Infotyp 0202 (Ansprüche) sind die Details zum jeweiligen Anspruch hinterlegt. Dazu gehören in erster Linie die zuständige Firma und der Leistungsträger. Dabei können sich zuständige Firma und Leistungsträger durchaus voneinander unterscheiden, z. B. wenn das Unternehmen den Anspruch zusagt, der Leistungsträger aber eine externe Pensionskasse ist, an die die Beiträge gezahlt werden. Je nach Durchführungsweg werden weitere Zusatzdaten zum Anspruch hinterlegt.

Zur Abbildung von Entgeltumwandlungen der Mitarbeiter steht der Infotyp 0263 (Gehaltsumwandlung) zur Verfügung (siehe Abbildung 10.8). Er kann allerdings auch ohne den Einsatz der BAV-Komponente genutzt werden.

Abbildung 10.8 Infotyp 0263 (Gehaltsumwandlung)

In der Datengruppe VERWALTUNGSDATEN werden insbesondere Daten zum Anspruch aus dem Infotyp 0202 (Ansprüche) und zur Wandlungsart (Gehaltsumwandlung aus laufendem oder einmaligem Arbeitsentgelt) hinterlegt. Zusätzlich werden hier, wie aus anderen Infotypen – z. B. Infotyp 0699 (Altersvermögensgesetz) – bekannt, die Zahlungszeitpunkte gesteuert.

In der Datengruppe WANDLUNG befinden sich wichtige Informationen zur Abwicklung der Wandlung im Rahmen der Entgeltabrechnung. Dazu gehören:

▶ METHODE
Sie legt fest, ob ein Wandlungswunsch, ein Mindestbruttobetrag oder ein Prozentsatz in den entsprechenden Feldern des Infotyps erfasst werden kann. Die Felder können durch die Einstellungen im Customizing auch kombiniert werden. Wie in Abbildung 10.8 zu sehen, besteht die Möglichkeit, einen Wandlungswunsch (dieser kann auch im Rahmen eines Szenarios über den Employee Self-Service vom Mitarbeiter selbst erfasst werden) sowie einen Mindestbruttobetrag zu erfassen. Ist der Betrag im Feld WANDLUNGS-WUNSCH niedriger als der Betrag im Feld MINDESTBRUTTO, erfolgt durch die Entgeltabrechnung in jedem Fall die Wandlung des Mindestbruttobetrags.

▶ LOHNARTENGRUPPE
In ihr ist festgelegt, aus welchen Lohnarten überhaupt eine Wandlung erfolgen kann. Vorstellbar wäre es, eine Wandlung von Einmalbezügen nur aus dem Weihnachts- oder Urlaubsgeld, nicht aber aus anderen Einmalbezügen zuzulassen. Die entsprechende Lohnartengruppe (die Definition erfolgt im Customizing) würde dann nur die beiden Lohnarten *Weihnachts-* und *Urlaubsgeld* enthalten. Die Entgeltabrechnung führt die Wandlung nur dann durch, wenn eine der beiden Lohnarten in dem entsprechenden Zahlungsmonat vorhanden ist.

▶ KUMULATION
Durch Eingaben in diesem Feld ist es möglich, die durchgeführten Wandlungen zu kumulieren und auf diese Weise Wandlungen beispielsweise zu begrenzen. Vorstellbar sind die Kumulation aller Wandlungen desselben Anspruchs und die Festlegung einer Höchstgrenze für eine bestimmte Wandlungsart. Wird diese Höchstgrenze durch Wandlungen dieser Wandlungsart überschritten, erfolgt eine Kappung auf die Höchstgrenze.

Infotyp 0203 (Renten-/Bewertungsstatus)
Zusätzlich existiert für die betriebliche Altersversorgung der Infotyp 0203 (Renten-/Bewertungsstatus) mit zentralen Verwaltungskennzeichen analog dem Infotyp 0003 (Abrechnungsstatus). Hier kann gesteuert werden, ob Daten aus den Abrechnungsergebnissen in die BAV-Datenbank übernommen werden (Voraussetzung hierfür ist al-

lerdings, dass der Anspruch entsprechend im Infotyp 0202 geschlüsselt ist), ob für die Rentenbewertung und -anpassung bzw. Übertragung an den Versicherungsmathematiker eine Sperre erfolgen soll oder ob eine Beitragserstattung zu prüfen ist (siehe Abbildung 10.9).

Das Löschen des Infotyps 0203 ist über die Stammdatenpflege nicht möglich. Ebenso können die Felder ÜBERNAHME BASIS AB und BIS nicht verändert werden. Dies kann immer dann zu Problemen führen, wenn es aufgrund von Pflegefehlern in der Anwendung zu einer verspäteten Übernahme der Basisdaten in die BAV-Datenbank kommt.

Die Lösung ist hier die Änderung des Infotyps über die Transaktion P01A_TO03 (im Easy-Access-Menü: PERSONAL • PERSONALMANAGEMENT • ALTERSVORSORGE • BETRIEBLICHE ALTERSVERSORGUNG DE • ÄNDERN RENTEN-/RÜCKSTELLUNGSSTATUS).

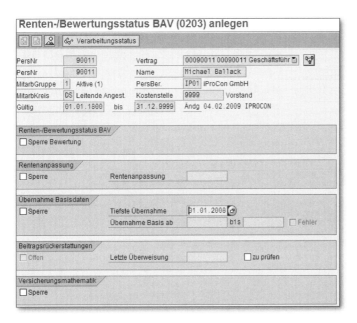

Abbildung 10.9 Infotyp 0203 (Renten-/Bewertungsstatus)

[!]

Die Berechtigung zum Ausführen dieser Transaktion sollte nur an wenige Mitarbeiter vergeben werden, da die in der Anwendung nicht veränderbaren Daten grundsätzlich vom Schnittstellenreport (RPCWUBD0) geschrieben werden und es nur wenige Konstellationen gibt, in denen eine manuelle Änderung dieser Daten notwendig und sinnvoll ist.

Beim Eintritt des Versorgungsfalles (z. B. dem Erreichen der Altersgrenze und damit verbunden die Gewährung einer betrieblichen Altersrente) berechnet die BAV den betrieblichen Rentenanspruch des Mitarbeiters mit Hilfe des Rentenermittlers und stellt diesen in den Infotyp 0201 (Rentenbasisbezüge) – siehe Abbildung 10.10. Im Rahmen der Entgeltabrechnung erfolgt der Zugriff auf den Infotyp 0201 und damit auch die Auszahlung der Rente an den Berechtigten.

Plausibilitäts-prüfungen Die Datenpflege der BAV-Komponente umfasst somit bis zu vier Infotypen. Leider existieren im Standard wenige Plausibilitätsprüfungen, so dass Fehleingaben an der Tagesordnung sind. Empfehlenswert ist daher das Programmieren von Plausibilitätsprüfungen. Zum Beispiel: Welche Infotypen müssen unbedingt angelegt sein, damit die Daten korrekt in die BAV-Datenbank übergeleitet werden? Wichtig ist eine Prüfung, die sicherstellt, dass das Anlegen, Löschen oder Verändern der Infotypen 0323 (Versorgungsordnung BAV), 0202 (Ansprüche BAV) sowie 0263 (Gehaltsumwandlung) nur möglich ist, wenn der Infotyp 0203 (Renten-/Bewertungsstatus BAV) vorhanden ist. Weitere Prüfungen – z. B. das Anlegen des Infotyps 0263 nur, wenn die Infotypen 0323 und 0202 bereits vorhanden sind – sind sinnvoll. Zusätzlich kann in der Entgeltabrechnung ein Abbruch herbeigeführt werden, wenn die Konsistenz der BAV-Infotypen nicht gegeben ist.

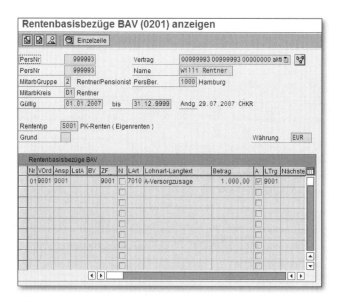

Abbildung 10.10 Infotyp 0201 (Rentenbasisbezüge)

10.3.4 BAV-Datenbank

In der BAV-Datenbank werden die Bewegungsdaten zur betrieblichen Altersversorgung gespeichert (siehe Abbildung 10.12). Die Sicht auf diese Daten ist mitarbeiterbezogen. Die Datenbankstruktur wurde von SAP so gewählt, dass die Daten hier auch über Jahrzehnte ohne Probleme gespeichert werden können.

Basieren die Berechnungsverfahren für Ansprüche auf Beiträgen oder Einkommen, können sie direkt von der Personalabrechnung erzeugt werden. Das Abrechnungsschema D000 hält eigens für die BAV zahlreiche Erweiterungen bereit. Dabei werden die steuer- und sozialversicherungsrechtlichen Regelungen je nach Durchführungsweg bzw. bei Deferred Compensation berücksichtigt und ausgenutzt.

Die Übernahme der in der BAV-Datenbank benötigten Daten (= Lohnarten) erfolgt mit dem Schnittstellenreport RPCWUBD0 (im Easy-Access-Menü: PERSONAL • PERSONALMANAGEMENT • ALTERSVORSORGE • BETRIEBLICHE ALTERSVERSORGUNG DE • RENTENERMITTLUNG • ÜBERNAHME EINKOMMEN/BEITRÄGE BAV). Dieser verfügt über eine hohe Flexibilität bei der Überführung der korrekten Lohnarten in die BAV-Datenbank. Der Schnittstellenreport ist in der Lage, die benötigten Daten aus verschiedenen Quellen einzusammeln und in die BAV-Datenbank zu überführen:

Schnittstellenreport RPCWUBD0

► Stammdaten der Mitarbeiter (Infotypen)

► Abrechnungsergebnisse (Abrechnungs-Cluster)

► User Exit, wenn die zuvor genannten Möglichkeiten nicht ausreichen

Dabei kann die Herkunft der Daten beliebig kombiniert werden. Die Definition, welche Lohnarten als Basisdaten in die BAV-Datenbank übernommen werden, erfolgt in der Tabelle T5DCL für einkommensbasierte und in der Tabelle T5DWQ für beitragsorientierte Anspruchsberechnungen (Einführungsleitfaden: PERSONALMANAGEMENT • BETRIEBLICHE ALTERSVERSORGUNG • STEUERUNG PERSONALABRECHNUNG • ÜBERNAHME DATEN IN DIE BAV-DATENBANK • ÜBERNAHME BEITRÄGE bzw. ÜBERNAHME EINKOMMEN). Abbildung 10.11 zeigt die Customizing-Tabelle T5DCL, in der die zu übernehmenden einkommensorientierten Lohnarten festgelegt werden.

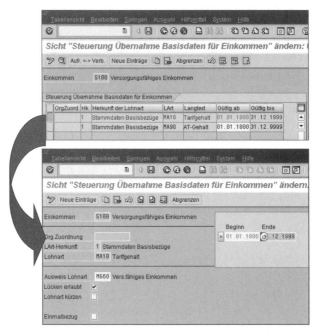

Abbildung 10.11 Steuerung der Einkommensübernahme

Die Festlegung kann auch nach organisatorischer Zugehörigkeit aufgesplittet werden (Feld ORGZUORD), wenn z. B. für AT-Angestellte andere Lohnarten übernommen werden sollen als für Tarifangestellte. Voraussetzung dafür ist zum einen, dass diese Unterscheidung im System auch abgebildet ist (in der Regel über verschiedene Mitarbeiterkreise), und zum anderen, dass das Merkmal DWCPB entsprechend gepflegt ist, da der Schnittstellenreport das Merkmal ausliest und anhand des Rückgabewertes die zutreffende Lohnart in der Tabelle T5DCL identifiziert.

Im Feld HK der Tabelle wird die Herkunft der Lohnarten fixiert. In Abbildung 10.11 bildet die Lohnart MA10 aus Infotyp 0008 (Basisbezüge) des Mitarbeiters die Grundlage für den Transfer in die Datenbank. In der Detailsicht können ergänzend Angaben zur Behandlung der Lohnart erfolgen. So wird in Abbildung 10.11 nicht die Lohnart MA10 direkt, sondern die davon abgeleitete Lohnart MG60 in die BAV-Datenbank überführt. Darüber hinaus können Angaben zur Aliquotierung (Kürzung, wenn eine Lohnart für einen Teilzeitraum übernommen werden soll) und zu Lücken (darf die Lohnart mit dem Wert 0 vorkommen?) erfolgen. Zusätzlich kann die Lohnart als Einmalzahlung gekennzeichnet werden.

Abbildung 10.12 zeigt den Einstieg in die BAV-Datenanzeige. Die in der Datenbank vorhandenen Informationen sind auf dem Einstiegsbild gekennzeichnet und können von dort aus zur Anzeige gebracht werden.

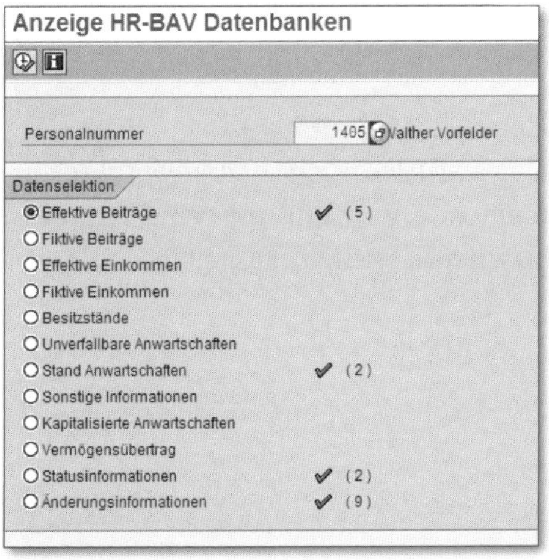

Abbildung 10.12 Einstieg in BAV-Datenbank über Transaktion P01A_T001

Abbildung 10.13 zeigt die in der BAV-Datenbank gespeicherten Beiträge eines Mitarbeiters. Die gespeicherten Daten können problemlos manuell nachbearbeitet werden, z. B., wenn Rückrechnungen der Mitarbeiter nicht mehr möglich sind, eine Änderung der BAV-Daten jedoch unbedingt erforderlich ist. Dabei werden die manuell gepflegten von den automatisch übermittelten Daten unterschieden. Zudem werden in der BAV-Datenbank weitere Informationen gespeichert, z. B., ob es sich um einen arbeitgeber- bzw. arbeitnehmerfinanzierten oder auch freiwilligen Beitrag handelt oder ob die Beträge bei gegebenenfalls anstehenden Rückerstattungen berücksichtigt werden.

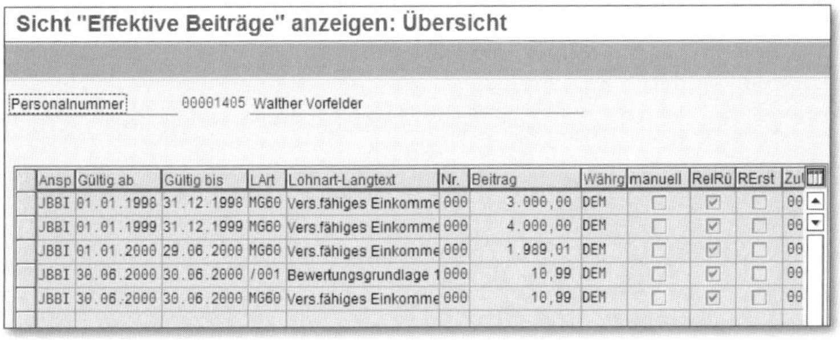

Abbildung 10.13 Effektive Beiträge eines Mitarbeiters in der BAV-Datenbank

343

10.4 Fazit

Die verschiedenen Durchführungsformen der betrieblichen Altersversorgung werden von SAP ERP HCM vollständig im Standard unterstützt. Zwischenzeitlich hat SAP auch die Möglichkeit eröffnet, den Arbeitgeberzuschuss zu den vermögenswirksamen Leistungen in die betriebliche Altersversorgung mittels Entgeltumwandlung einzubringen.

Dem Einsatz der Komponente *Betriebliche Altersversorgung* sollte aufgrund des zumeist hohen Implementierungsaufwands eine Voruntersuchung auf Eignung und Wirtschaftlichkeit vorausgehen.

Bei Lohn- und Gehaltspfändungen sind Sie als Arbeitgeber zur korrekten Bearbeitung verpflichtet, andernfalls drohen Haftungsrisiken. In diesem Kapitel zeigen wir Ihnen die Handhabung mit Hilfe von SAP ERP HCM und geben Ihnen Tipps zum Umgang mit Ihren Verfahrenspartnern.

11 Pfändungen

Eine Lohn- und Gehaltspfändung (nachfolgend kurz *Pfändung*) gehört mit einer Abtretung – siehe Abschnitt 11.4 – zu den schwierigsten Aufgaben in einer Abrechnung, da bei der Abwicklung einerseits Fingerspitzengefühl im Umgang mit den betroffenen Mitarbeitern und andererseits hohe fachliche und systemtechnische Fachkompetenz von Ihnen erwartet wird. Zum Verständnis dieses Kapitels setzen wir die Kenntnis der in Frage kommenden Paragraphen der Zivilprozessordnung (nachfolgend kurz *ZPO*) und der aktuellen Rechtsprechung voraus.

In diesem Kapitel werden wir die Erfassung und Abrechnung dreier Varianten behandeln:

Erfassung und Abrechnung dreier Varianten

1. die gewöhnliche Pfändung in Abschnitt 11.1
2. die bevorrechtigte Pfändung in Abschnitt 11.2
3. die Vorpfändung (vorläufiges Zahlungsverbot) in Abschnitt 11.3

Darüber hinaus zeigen wir Ihnen, wie Sie die Ermittlung des pfändbaren Betrages im Abrechnungsprotokoll (siehe Abbildung 11.8) nachvollziehen können und gehen auf Besonderheiten ein.

11.1 Gewöhnliche Pfändung

Die Bezeichnung *gewöhnliche Pfändung* stellt keine gesetzliche Definition dar. Wir benutzen sie nachfolgend lediglich als Abgrenzung zum Begriff *bevorrechtigte Pfändung* (siehe Abschnitt 11.2).

11.1.1 Erfassung einer gewöhnlichen Pfändung

Pfändungs- und
Überweisungs-
beschluss

Die Grundlage für die Erfassung einer Pfändung bildet der *Pfändungs- und Überweisungsbeschluss* (nachfolgend kurz *Pfüb*) oder die Zustellung einer Vorpfändung – siehe Abschnitt 11.3 –, ohne die Sie nicht tätig werden dürfen. Beides muss von einer ausstellungsberechtigten Behörde oder einem Gerichtsvollzieher ausgefertigt sein, ansonsten sind sie ungültig. Die Angaben in einem Pfüb sind wie z. B. die Angaben auf einer Lohnsteuerkarte für Sie bindend. Bei einem Pfüb haben Sie jedoch als sogenannter Verfahrensbeteiligter die Möglichkeit, bei Bedarf Änderungen zu beantragen.

Sieben Infotypen

Für die Erfassung einer Pfändung stehen Ihnen sieben Infotypen (Nr. 0111–0117) mit ihren Subtypen zur Verfügung. Eine Pfändung legen Sie als sogenannte *dynamische Maßnahme* mit der Transaktion PERSONALSTAMMDATEN PFLEGEN (PA30) an. Das heißt, ausgehend von Infotyp 0111 (Pf.D Pfändung/Abtret) werden Ihnen abhängig von Ihren Eingaben die anderen Infotypen vom System zur Erfassung angeboten. Die Möglichkeit der Einzelerfassung und -bearbeitung der Infotypen bleibt davon unberührt.

[+]

Weitere Informationen zu Infotypen und dynamischen Maßnahmen finden Sie auch im SAP PRESS-Buch »Personalwirtschaft mit SAP ERP HCM«, Abschnitte 4.2 und 4.4.2. Vollständige Literaturangaben und weitere Literaturhinweise finden Sie im Anhang.

Nachfolgend beschreiben wir die Erfassung einer gewöhnlichen (nicht bevorrechtigten) Pfändung und erläutern die vom System angebotenen Infotypen.

Infotyp 0111 (Pfändung/Abtretung)

Über den Pfad PERSONAL • PERSONALMANAGEMENT • ADMINISTRATION • PERSONALSTAMM wählen Sie die Transaktion PFLEGEN. Nach der Bestimmung der Personalnummer rufen Sie den Infotyp 0111 mit der Funktion ANLEGEN auf. Als Nächstes müssen Sie sich in dem daraufhin angebotenen Dialogfenster entscheiden, ob Sie eine gewöhnliche oder eine bevorrechtigte Pfändung oder aber eine Abtretung anlegen wollen. Nachdem Sie sich für die PFÄNDUNGSART 1 GEWÖHNLICHE PFÄNDUNG entschieden haben, wird Ihnen der Infotyp 0111 zur Erfassung angeboten (siehe Abbildung 11.1).

Pf.D Pfändung/Abtret (0111) anlegen

Personalnr 693 Name Tester Heitztest
MitarbGruppe 1 Aktive PersBer. 1400 Stuttgart
MitarbKreis 10 Angestellte
Gültig 13.05.2008 bis 31.12.9999

Pfändungsart / -nummer 1 001 Gewöhnliche Pfändung

Verwaltungsdaten | Weitere Angaben | Korrespondenz

Pfändungsstatus / Zustellung
Status 1 aktiv Ende der Tilgung
Tag / Uhrzeit 13.05.2008 Währung EUR

Gläubiger/Anschrift
Gläubigerschlüssel
Firma / Abteilung
Anrede / Titel
Vorname / Nachname
Straße
Land / Postleitzahl / Ort
Telefonnummer

Gleichzeitige Pfändungen
Aufteilung Prozentsatz % Gleichzeitige

Abbildung 11.1 Infotyp 0111 (Pfändung/Abtretung)

Die Eingabefelder des Infotyps 0111 haben folgende Bedeutung:

Felder des Infotyps 0111

Im Feld GÜLTIG wird das Tagesdatum vorgeschlagen. Das Datum in diesem Feld hat folgende Auswirkung: Alle nachfolgenden Infotypen dieser Pfändung beziehen sich auf den Infotyp 0111. Das heißt, ohne diesen Infotyp können Sie keine nachfolgenden Infotypen anlegen, und zusätzlich ist für nachfolgende Infotypen dieser Pfändung kein kleineres Beginndatum als das hier erfasste möglich. Das Feld PFÄN-DUNGSART/-NUMMER ist durch die Auswahl GEWÖHNLICHE PFÄNDUNG beim Aufruf des Infotyps vorbelegt und nicht änderbar. Die Pfändungsnummer wird pro Pfändungsart fortlaufend vom System vergeben.

Die Daten auf der Registerkarte VERWALTUNGSDATEN sind in verschiedene Datengruppen unterteilt:

Registerkarte »Verwaltungsdaten«

Datengruppe »Pfändungsstatus/Zustellung«

Mit den Einträgen im Feld STATUS entscheiden Sie sowohl über die Verarbeitung der Pfändung als auch über das Angebot der nachfolgenden Infotypen. Der Status AKTIV ist voreingestellt und bedeutet, dass die Pfändung in der Abrechnung verarbeitet und ein Pfändungsbetrag ermittelt wird. Mit dem Status VORPFÄNDUNG bezeichnet SAP das *vorläufige Zahlungsverbot* (siehe Abschnitt 11.3). Den Status AKTIV OHNE ÜBERWEISUNG verwenden Sie, wenn Sie den Pfändungsbetrag bilden, ihn aber nicht überweisen können oder wollen (z. B. wegen Hinterlegung). Eine Pfändung mit dem Status RUHEND wird in der Abrechnung nicht verarbeitet.

Die Status BEENDET AM und BEENDET, GUTHABEN VORHANDEN benutzen Sie in Verbindung mit dem Feld ENDE DER TILGUNG zur Kennzeichnung Ihrer Pfändungen. Diese Status haben einerseits Informationscharakter für getilgte Pfändungen, andererseits können Sie damit erreichen, dass die Pfändung in der Abrechnung nicht mehr verarbeitet wird, obwohl sie u. U. noch nicht getilgt ist.

Die Felder TAG/UHRZEIT sind für eine Pfändung von entscheidender Bedeutung: Sollten für einen Mitarbeiter mehrere Pfändungen vorliegen, wird mit diesen Feldern die Rangfolge der Pfändungen festgelegt. Erfassen müssen Sie das Datum und die Uhrzeit, die der Gerichtsvollzieher bei der Übergabe als Zustelldatum festlegt. Sollten Sie Pfändungs- und Überweisungsbeschlüsse auf dem Postweg erhalten, sollten Sie Datum und Uhrzeit des Eingangs nachvollziehbar festlegen, um Haftungsrisiken zu vermeiden.

Datengruppe »Gläubiger/Anschrift«

In den Feldern der Datengruppe GLÄUBIGER/ANSCHRIFT erfassen Sie die Daten des Gläubigers, über die er eindeutig identifiziert werden kann. Das kann sowohl ein Unternehmen, z. B. eine Bank, als auch ein privater Gläubiger sein. Die Daten der Felder werden für die Abrechnung einer Pfändung benötigt. Darüber hinaus werden sie für Vorschlagswerte in Feldern des Infotyps 0116 (Überweisung) – siehe Abbildung 11.6 –, für die *Drittschuldnererklärung* – siehe Abschnitt 11.1.2, »Drittschuldnererklärung« – und für Auswertungen verwendet.

Datengruppe »Gleichzeitige Pfändungen«

Sind für einen Mitarbeiter mehrere Pfändungen gleichzeitig zugestellt worden, müssen Sie in den Feldern AUFTEILUNG und PROZENTSATZ die Tilgungshöhe jeder Pfändung bestimmen. Mit dem Button GLEICHZEITIGE können Sie sich die Pfändungen anzeigen lassen, die Sie mit dem gleichen Datum und der gleichen Uhrzeit wie die momentan bearbeitete Pfändung erfasst haben.

Bei gleichzeitigen Pfändungen müssen Sie das Feld AUFTEILUNG immer füllen, da die Abrechnung des Mitarbeiters sonst mit einer Fehlermeldung abbricht.

[!]

Die Daten der Registerkarte WEITERE ANGABEN benötigen Sie nicht für die Abrechnung einer Pfändung, sie sind jedoch notwendige Voraussetzung für die korrekte Erstellung der Drittschuldnererklärung (siehe Abschnitt 11.1.2) und werden teilweise als Vorschlagswerte für den Infotyp 0116 herangezogen (siehe Abbildung 11.6). Die Informationen für die Eingabefelder entnehmen Sie dem Pfüb.

Registerkarte »Weitere Angaben«

Wenn Sie eine Drittschuldnererklärung mit SAP ERP HCM erstellen wollen, müssen Sie die Voreinstellung der Auswahl AUFFORDERUNG ZUR DRITTSCHULDNERERKLÄRUNG übernehmen. Die Markierung der Auswahl LOHNSTEUERKARTE GEPFÄNDET benutzen Sie lediglich als Information dafür, warum Ihnen die Lohnsteuerkarte u. U. nicht mehr vorliegt.

Alte Beschlusstextbausteine enthalten noch die Herausgabeverpflichtung für Lohnsteuerkarten, oder in alten Pfändungen ist die Herausgabe verfügt worden. Der Bundesfinanzhof (BFH) hat am 18.08.1998 (Rpfleger 1999, 339) entschieden, dass der Pfändungsgläubiger nicht berechtigt ist, die Veranlagung zur Einkommensteuer zu beantragen. Dies sei ein höchstpersönliches, nicht übertragbares Recht des Schuldners. Ohne die Antragsmöglichkeit benötigt der Gläubiger die Lohnsteuerkarte (im Original) nicht mehr.

[+]

Inzwischen ist es die vorherrschende Ansicht der Vollstreckungsgerichte, dass eine Herausgabeverpflichtung im Pfändungsantrag abgesetzt (auf Deutsch: gestrichen) werden muss (LG Frankenthal 05.05.2000, 1 T 107/00 [Rpfleger 2000, 462]; LG Bonn 4 T 181/99; vgl. auch geänderte Lohnsteuerrichtlinien Abschnitt 147 Abs. 7). Die Pfändungen sind nach Zustellung zunächst wirksam. Ist die Absetzung übersehen worden oder muss ein alter Pfüb beschränkt werden, sollte von Ihnen oder von Ihrem Mitarbeiter Erinnerung gegen den Pfüb eingelegt werden mit dem Ziel, die Herausgabeverpflichtung zu beseitigen.

Die Felder der Registerkarte KORRESPONDENZ benutzen Sie, wenn der Gläubiger die Pfändung nicht selbst betreibt, sondern einen sogenannten *Gläubigervertreter* beauftragt hat, z. B. Inkassobüros, Rechtsanwälte etc. Die hier erfassten Daten benötigen Sie nicht für die Abrechnung einer Pfändung, sie ersetzen lediglich die Daten aus der Registerkarte VERWALTUNGSDATEN der Datengruppe GLÄUBIGER/ANSCHRIFT für die Drittschuldnererklärung (siehe Abschnitt 11.1.2).

Registerkarte »Korrespondenz«

Infotyp 0112 (Forderung)

Beim Anlegen einer Pfändung wird Ihnen nach dem Sichern des Infotyps 0111 (Pf.D Pfändung/Abtret) der Infotyp 0112 (PF.D Forderung) automatisch zur Erfassung angeboten (siehe Abbildung 11.2).

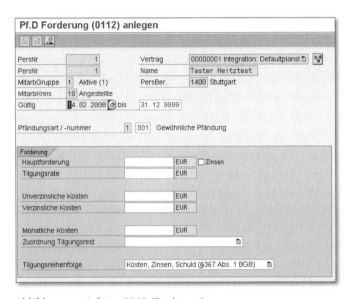

Abbildung 11.2 Infotyp 0112 (Forderung)

Felder des
Infotyps 0112

Die Eingabefelder des Infotyps 0112 haben folgende Bedeutung:

Die Felder GÜLTIG und PFÄNDUNGSART/-NUMMER werden durch Informationen aus dem Infotyp 0111 vorbelegt (siehe Abbildung 11.1). Den Betrag für das Feld HAUPTFORDERUNG entnehmen Sie dem Pfüb. Die Auswahl ZINSEN markieren Sie, wenn im Pfüb Zinsen für die Hauptforderung aufgeführt werden. Dadurch wird Ihnen nach dem Sichern des Infotyps 0112 der Infotyp 0113 (Pf.D Zinsangaben) – siehe Abbildung 11.3 – zur Erfassung der Zinsberechnung angeboten. Mit der Erfassung eines Betrages im Feld TILGUNGSRATE setzen Sie die Zinsberechnung nach § 850c ZPO außer Kraft.

[+]   Beträge im Feld TILGUNGSRATE werden in Teillohnzahlungszeiträumen und auf Basis des Feldes GÜLTIG des Infotyps 0111 (Pf.D Pfändung/Abtret) aliquotiert (zu Aliquotierung siehe Abschnitt 3.13). Darüber hinaus wird in der Abrechnung die Tilgungsrate auf den pfändbaren Betrag begrenzt.

Die Beträge für die Felder UNVERZINSLICHE KOSTEN und VERZINSLICHE KOSTEN entnehmen Sie dem Pfüb. Eine Erfassung im Feld VERZINSLI-

CHE KOSTEN löst analog zur Markierung der Auswahl ZINSEN nach dem Sichern des Infotyps 0112 das Angebot des Infotyps 0113 zur Erfassung der Zinsberechnung aus.

Im Feld MONATLICHE KOSTEN erfassen Sie Kosten, die jeden Monat neu entstehen. Können diese durch den Pfändungsbetrag nicht getilgt werden, müssen Sie im Feld ZUORDNUNG TILGUNGSREST festlegen, wie mit dem Restbetrag verfahren werden soll. Diese Felder können Sie nur gemeinsam verwenden.

Im Feld TILGUNGSREIHENFOLGE wird standardmäßig der Eintrag KOSTEN, ZINSEN, SCHULD (§367 ABS 1 BGB) vorgeschlagen. Davon sollten Sie nur abweichen, wenn es der Pfüb ausdrücklich vorsieht.

Infotyp 0113 (Zinsangaben)

Mit dem Infotyp 0113 (Zinsangaben) können Sie die in einem Pfüb in der Regel aufgeführte Zinsberechnung durchführen (siehe Abbildung 11.3). Der Infotyp 0113 wird Ihnen beim Anlegen einer Pfändung nur dann automatisch angeboten, wenn Sie im Infotyp 0112 (PF.D Forderung) die Auswahl ZINSEN markiert oder im Feld VERZINSLICHE KOSTEN einen Betrag erfasst haben (siehe Abbildung 11.2).

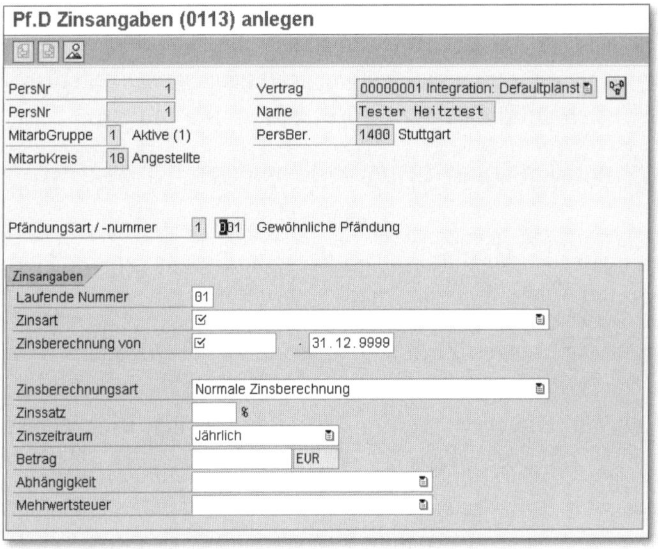

Abbildung 11.3 Infotyp 0113 (Zinsangaben)

Mit den Eingaben in den Feldern des Infotyps 0113 haben Sie folgende Möglichkeiten:

Die Felder PFÄNDUNGSART/-NUMMER werden durch Informationen aus dem Infotyp 0111 vorbelegt. Mit der Eingabe im Feld LAUFENDE NUMMER können Sie den Infotyp mehrfach anlegen. Im Feld ZINSART bestimmen Sie die Zinsbasis, die sich auf den Betrag eines Feldes im Infotyp 0112 beziehen muss.

Mit den Feldern ZINSBERECHNUNG VON bilden Sie den im Pfüb aufgeführten Zinsberechnungszeitraum ab. Sie sind dabei weder an das Eintrittsdatum des Mitarbeiters noch an das HCM-Einführungsdatum gebunden, da der Infotyp im Gegensatz zu anderen Infotypen der Pfändung keine Zeitraumbeschränkung hat. Das Vorschlagsdatum 31.12.9999 übernehmen Sie, um eine vollständige Tilgung der Zinsen zu gewährleisten. Durch die Festlegung der Tilgungsreihenfolge im Infotyp 0112 beginnt die Tilgung der Hauptforderung erst nach vollständiger Tilgung der Zinsen und der Kosten. Dies können Sie bei Bedarf im Abrechnungsprotokoll (siehe Abschnitt 11.1.3, »Abrechnung und Kontrolle einer gewöhnlichen Pfändung«) nachvollziehen.

Die ZINSBERECHNUNGSART entnehmen Sie den Angaben im Pfüb. Wenn Sie den Eintrag ZINSBERECHNUNG MIT ZINS ÜBER BASISZINSSATZ wählen, müssen Sie sicherstellen, dass der Basiszinssatz in der Tabelle VV_511K_B_PFDIS aktuell ist (beachten Sie dazu den SAP-Hinweis 146944). Der Eintrag KEINE ZINSBERECHNUNG (WG. KREDITGEBÜHR) bezieht sich auf die Felder BETRAG und ABHÄNGIGKEIT.

Den ZINSSATZ und den ZINSZEITRAUM entnehmen Sie den Angaben im Pfüb.

Die Bedeutung des Feldes BETRAG hängt von der ZINSART ab und kann zwei Bedeutungen haben:

1. Auf den Betrag werden Zinsen berechnet. Dazu erfassen Sie die ZINSART 03 (ZINSEN AUF FIKTIVE KOSTEN). Von der Summe, die Sie im Feld BETRAG eingeben, werden Zinsen berechnet. Hierzu müssen Sie einen ZINSSATZ erfassen.

2. Sie wollen den Betrag als Zinsbetrag verwenden. Dazu erfassen Sie die ZINSART 04 (MONATLICHE KREDITGEBÜHR AUF KOSTEN). In diesem Fall ist die Summe aus dem Feld BETRAG ein fester Wert (die monatliche Kreditgebühr).

Sie können einen täglichen Zinsbetrag nur auf folgende Art abbilden: **[+]**

ZINSART:	Zinsen auf fiktive Hauptforderung
ZINSBERECHNUNGSART:	Normale Zinsberechnung
ZINSSATZ:	10 %
ZINSZEITRAUM:	täglich
BETRAG:	10facher Betrag

Bitte beachten Sie auch das Feld ABHÄNGIGKEIT. Wenn Sie dieses Feld leer lassen, entsteht die Zinsforderung jeden Monat neu, auch wenn die eigentliche Forderung bereits getilgt ist.

Für die Einträge im Feld ABHÄNGIGKEIT werden so lange feststehende Zinsbeträge berechnet, bis der Betrag des Feldes, den Sie im Feld ABHÄNGIGKEIT bestimmt haben, abgetragen ist. Mit den Auswahlmöglichkeiten des Feldes MEHRWERTSTEUER geben Sie an, mit welchem Mehrwertsteuersatz die Mehrwertsteuer auf die berechneten Zinsen ermittelt werden soll.

Infotyp 0114 (Pfändbarer Betrag)

Mit Ihren Eingaben im Infotyp 0114 (Pf.D Pfänd. Betrag) legen Sie fest, auf welche Weise das System den Pfändungsbetrag ermitteln soll (siehe Abbildung 11.4).

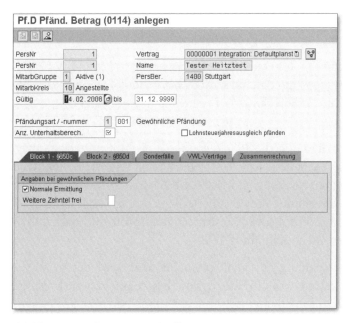

Abbildung 11.4 Infotyp 0114 (Pfändbarer Betrag)

Dieser Infotyp wird Ihnen beim Anlegen einer Pfändung nach dem Sichern des Infotyps 0112 (Forderung) – siehe Abbildung 11.2 – oder 0113 (Zinsangaben) – siehe Abbildung 11.3 – automatisch angeboten. Die Werte der Felder GÜLTIG und PFÄNDUNGSART/-NUMMER werden aus dem Infotyp 0111 (Pf.D Pfändung/Abtret) übernommen.

Felder des
Infotyps 0114

Im Folgenden beschreiben wir die Erfassungs- und Steuerungsmöglichkeiten des Infotyps 0114 (Pf.D Pfänd. Betrag):

Im Feld ANZ. UNTERHALTSBERECH. erfassen Sie unterhaltsberechtigte Personen des Mitarbeiters. Die Markierung der Auswahl LOHNSTEU-ERJAHRESAUSGLEICH PFÄNDEN bewirkt, dass Ihnen nach dem Sichern des Infotyps 0114 der Infotyp 0115 (PF.D Lohnanteile) dreimal mit den Voreinstellungen für die Pfändung einer eventuellen Erstattung der Lohnsteuer, des Solidaritätszuschlages und der Kirchensteuer angeboten wird (siehe Abbildung 11.5). Die Auswahl LOHNSTEUERJAH-RESAUSGLEICH PFÄNDEN ist nur in der Funktion ANLEGEN sichtbar.

[+] Wir empfehlen die Markierung der Auswahl LOHNSTEUERJAHRESAUSGLEICH PFÄNDEN im Infotyp 0114 (Pf.D Pfänd. Betrag) und die anschließende Sicherung des Infotyps 0115 (PF.D Lohnanteile), da der Anspruch auf Steuererstattung (§ 42 EstG) zum pfändbaren Arbeitseinkommen gehören soll (LAG Hamm Urteil vom 12.02.1988 – 16 Sa 1834/87).

Der Infotyp 0114 ist in fünf Registerkarten unterteilt, deren Eingabefelder wir nachfolgend beschreiben:

Registerkarte
«Block 1 § 850c»

Die Bezeichnung der ersten Registerkarte mit § 850c und der einzigen Datengruppe mit ANGABEN BEI GEWÖHNLICHEN PFÄNDUNGEN bezieht sich auf die Berechnungsvorschriften des § 850c ZPO.

Im § 850c ZPO ist u. a. geregelt, dass Sie bei der Ermittlung des pfändbaren Betrages die *Pfändungstabelle* als Hilfsmittel benutzen dürfen. Diese Pfändungstabelle ist jedoch nicht im System hinterlegt. Mit der markierten Auswahl NORMALE ERMITTLUNG wird vielmehr bei jeder Abrechnung die detaillierte Berechnung des Pfändungsbetrages durchgeführt, die Sie im Abrechnungsprotokoll nachvollziehen können (siehe Abbildung 11.8).

Bei der Berechnung des pfändbaren Betrages wird der in § 850c Abs. 2 festgelegte Grundfreibetrag von drei Zehnteln berücksichtigt. Weicht das Vollstreckungsgericht davon durch einen *Sonderbeschluss* ab, müssen Sie die zusätzlich zu berücksichtigenden Zehntel im Feld WEITERE ZEHNTEL FREI erfassen.

Die Gegebenheiten der Registerkarte BLOCK 2 § 850D behandeln wir in Abschnitt 11.2, »Die bevorrechtigte Pfändung«.

Registerkarte »Block 2 § 850d«

Mit den Eingaben in den Feldern der Registerkarte SONDERFÄLLE greifen Sie in die Ermittlung der pfändbaren Beträge nach den Steuerungen der Registerkarte BLOCK 1 § 850C und BLOCK 2 § 850D ein:

Registerkarte «Sonderfälle»

Datengruppe »Fester pfändbarer Betrag«
Mit der Erfassung eines Betrages im Feld PFÄNDBARER BETRAG schalten Sie die Steuerung NORMALE ERMITTLUNG der Registerkarte BLOCK 1 § 850C aus.

Im Feld VERWENDUNGSART müssen Sie festlegen, wie der Betrag des Feldes PFÄNDBARER BETRAG verwendet werden soll. Mit dem Eintrag BETRAG ABZÜGLICH BEREITS GEPFÄNDETER BETRÄGE wird von dem festen pfändbaren Betrag der Betrag abgezogen, der bei eventuell vorhandenen vorrangigen Pfändungen bereits ermittelt wurde. Wählen Sie den Eintrag BETRAG IN VOLLER HÖHE VERWENDEN aus, wird unabhängig von gegebenenfalls vorhandenen vorrangigen Pfändungen der Betrag des Feldes PFÄNDBARER BETRAG abgezogen.

Im Gegensatz zu einem Betrag im Feld TILGUNGSRATE des Infotyps 0112 wird ein Betrag im Feld PFÄNDBARER BETRAG bei Teillohnzahlungszeiträumen nicht aliquotiert (zu Aliquotierung siehe Abschnitt 3.13) und nicht auf den pfändbaren Betrag begrenzt.

[!]

Datengruppe »Angaben bei besonderen Beschlüssen«
Alle Verfahrensbeteiligte – Gläubiger, Schuldner und Sie als sogenannter Drittschuldner – haben das Recht, zu einem Pfüb Anträge zu stellen, um ihn gegebenenfalls ergänzen oder korrigieren zu lassen. Das Vollstreckungsgericht erlässt dann zusätzliche Beschlüsse zu einem Pfüb, die entweder im Pfüb selbst mit aufgeführt oder als eigene Dokumente erstellt werden. Die überwiegende Mehrzahl dieser Beschlüsse können Sie mit den Einträgen des Feldes SONDERFALL abdecken. Die besondere Herausforderung an Sie besteht hier in der Umsetzung der Formulierungen aus den Dokumenten des Vollstreckungsgerichtes in die SAP-Auswahl.

<table>
<tr><td>

Registerkarte
»VWL-Verträge«

</td><td>

Die Unpfändbarkeit von Arbeitgeberanteilen an vermögenswirksamen Leistungen nach § 2 VII des 5. Vermögensbildungsgesetzes ist in der Lohnart geregelt, die durch die Verwendung des Infotyps 0010 (Vermögensbildung) entsteht. Wenn Sie die Registerkarte VWL-VERTRÄGE aufrufen, verzweigt das System in eine Auflistung PFANDFREIE VERMÖGENSVERTRÄGE. Hier werden alle für den Mitarbeiter angelegten Infotypen 0010 (Vermögensbildung) aufgeführt. Neben den grundsätzlichen Informationen der Spalten VERTRAG, BEZEICHNUNG, EMPFÄNGER und ANLAGEART können Sie mit dem Button 🔍 in der Spalte DETAILS in die entsprechenden Infotypen 0010 (Vermögensbildung) verzweigen. Mit der Markierung der Auswahl in der Spalte FREI legen Sie zusätzlich die Unpfändbarkeit einer eventuellen Differenz zwischen dem Nettobetrag des Arbeitgeberanteils und dem Betrag fest, den der Mitarbeiter abführen lässt.

</td></tr>
</table>

Die Unpfändbarkeit von Arbeitgeberanteilen an vermögenswirksamen Leistungen nach § 2 VII des 5. Vermögensbildungsgesetzes ist in der Lohnart geregelt, die durch die Verwendung des Infotyps 0010 (Vermögensbildung) entsteht. Wenn Sie die Registerkarte VWL-VERTRÄGE aufrufen, verzweigt das System in eine Auflistung PFANDFREIE VERMÖGENSVERTRÄGE. Hier werden alle für den Mitarbeiter angelegten Infotypen 0010 (Vermögensbildung) aufgeführt. Neben den grundsätzlichen Informationen der Spalten VERTRAG, BEZEICHNUNG, EMPFÄNGER und ANLAGEART können Sie mit dem Button ⟨🔍⟩ in der Spalte DETAILS in die entsprechenden Infotypen 0010 (Vermögensbildung) verzweigen. Mit der Markierung der Auswahl in der Spalte FREI legen Sie zusätzlich die Unpfändbarkeit einer eventuellen Differenz zwischen dem Nettobetrag des Arbeitgeberanteils und dem Betrag fest, den der Mitarbeiter abführen lässt.

Registerkarte »Zusammenrechnung« Mit den Steuerungen auf der Registerkarte ZUSAMMENRECHNUNG bilden Sie einen Zusatzbeschluss nach § 850e Ziff. 2 ZPO ab. Wenn Sie die ZUSAMMENRECHNUNG VERFAHREN 1 wählen, werden der unpfändbare Grundbetrag dem Haupteinkommen und die unpfändbaren Mehrbeträge anteilig beiden Einkommen entnommen. ZUSAMMENRECHNUNG VERFAHREN 2 bedeutet auch die Entnahme des Grundfreibetrages aus dem Haupteinkommen, die unpfändbaren Mehrbeträge werden jedoch nicht anteilig, sondern ebenfalls soweit möglich dem Haupteinkommen entnommen, d. h., es wird so viel wie möglich aus dem Nebeneinkommen gepfändet. In den Feldern ANDERE EINKOMMEN erfassen Sie den entsprechenden Betrag des anderen Einkommens; mit der Markierung der Auswahl UNPFÄNDBARER GRUNDBETRAG AUS DIESEM EINKOMMEN definieren Sie den erfassten Betrag als Haupteinkommen.

[+] Die Entnahme der Grundfreibeträge und der unpfändbaren Mehrbeträge sollte aus dem Beschlusstext eindeutig hervorgehen. Ist dies nicht der Fall, empfehlen wir Ihnen, mit einem Antrag an das Vollstreckungsgericht einen sogenannten *klarstellenden Beschluss* herbeizuführen.

Infotyp 0115 (Lohnanteile)

Mit dem Infotyp 0115 (PF.D Lohnanteile) – siehe Abbildung 11.5 – können Sie die Pfändbarkeit *einer* Lohnart für eine oder alle Pfändungen *eines* Mitarbeiters steuern. Zu Pfändbarkeit von Lohnarten siehe Abschnitt 11.1.3, »Abrechnung und Kontrolle einer gewöhnlichen

Pfändung«. Die Werte der Felder GÜLTIG und PFÄNDUNGSART/-NUM-MER werden aus dem Infotyp 0111 (Pf.D Pfändung/Abtret) übernommen (siehe Abbildung 11.5).

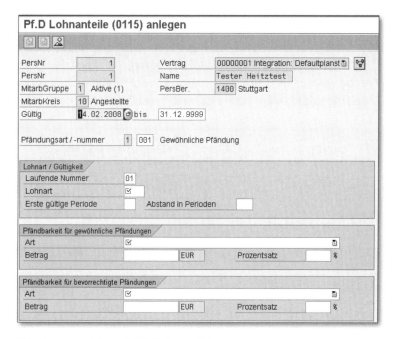

Abbildung 11.5 Infotyp 0115 (Lohnanteile)

Die Felder des Infotyps 0115 haben folgende Bedeutung:

Felder des
Infotyps 0115

Datengruppe »Lohnart/Gültigkeit«

Durch die Eingabe im Feld LAUFENDE NUMMER können Sie den Infotyp im gleichen Zeitraum mehrfach anlegen. Im Feld LOHNART erfassen Sie die Lohnart, für die Sie die Pfändbarkeit separat steuern wollen. In den Feldern ERSTE GÜLTIGE PERIODE und ABSTAND IN PERIODEN können Sie Zeiträume für die Gültigkeit Ihrer Steuerungen definieren, die vom Gültigkeitszeitraum des Infotyps abweichen.

Datengruppen »Pfändbarkeit für gewöhnliche Pfändungen« und »Pfändbarkeit für bevorrechtigte Pfändungen«

In den Feldern ART wählen Sie aus dem Angebot der Einträge die für die Lohnart erforderliche Pfändbarkeit. Die Felder BETRAG und PRO-ZENTSATZ beziehen sich auf Einträge der Felder ART.

Infotyp 0116 (Überweisung)

Der Infotyp 0116 (Pf.D Überweisung) – siehe Abbildung 11.6 – ist der letzte Infotyp, der Ihnen in der Standarderfassung einer gewöhnlichen Pfändung nach dem Sichern des Infotyps 0114 (Pf.D Pfänd. Betrag) – siehe Abbildung 11.4 – oder des Infotyps 0115 (PF.D Lohnanteile) – siehe Abbildung 11.5 – angeboten wird. Hier erfassen Sie die Überweisungsdaten für den Pfändungsbetrag. Die Werte der Felder GÜLTIG und PFÄNDUNGSART/-NUMMER werden aus dem Infotyp 0111 (Pf.D Pfändung/Abtret) übernommen (siehe Abbildung 11.6).

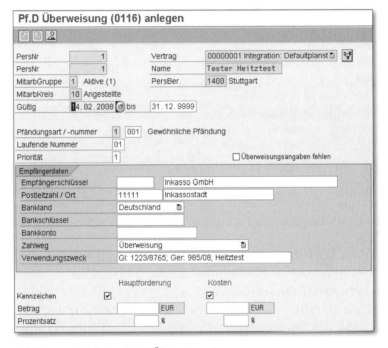

Abbildung 11.6 Infotyp 0116 (Überweisung)

Felder des Infotyps 0116 Mit den Eingaben in den Erfassungsfeldern des Infotyps 0116 haben Sie folgende Möglichkeiten:

Durch die Eingabe im Feld LAUFENDE NUMMER können Sie den Infotyp im gleichen Zeitraum mehrfach anlegen. Mit dem Feld PRIORITÄT legen Sie eine Reihenfolge der Überweisungen fest. Liegen Ihnen zum Zeitpunkt der Abrechnung keine Überweisungsdaten vor, markieren Sie die Auswahl ÜBERWEISUNGSANGABEN FEHLEN, dadurch wird in der Abrechnung ein *Guthaben* gebildet. Die Handhabung von

Guthaben behandeln wir in Abschnitt 11.3.3, »Abrechnung und Kontrolle einer Vorpfändung«.

Datengruppe »Empfängerdaten«

Die Felder EMPFÄNGERSCHLÜSSEL, POSTLEITZAHL/ORT und BANKLAND werden beim Anlegen des Infotyps 0116 mit Daten aus der Datengruppe GLÄUBIGER/ANSCHRIFT aus dem Infotyp 0111 gefüllt. In den Feldern BANKSCHLÜSSEL und BANKKONTO erfassen Sie die entsprechenden Angaben aus dem Pfüb. Das Feld ZAHLWEG ist mit dem Eintrag ÜBERWEISUNG vorbelegt. Die Angaben im Feld VERWENDUNGSZWECK resultieren aus Ihren Einträgen in den Feldern der Registerkarte WEITERE ANGABEN des Infotyps 0111. Wollen Sie den pfändbaren Betrag der Hauptforderung und der Kosten oder Anteile davon an separate Empfänger überweisen, benutzen Sie die Felder BETRAG oder PROZENTSATZ der entsprechenden Rubriken.

Mit dem Sichern des Infotyps 0116 ist die Erfassung einer gewöhnlichen Pfändung abgeschlossen. Wir empfehlen Ihnen als nächste Schritte das Erstellen und Versenden der Drittschuldnererklärung (siehe Abschnitt 11.1.2, »Drittschuldnererklärung«) und die Durchführung einer *Simulationsabrechnung* (siehe Abschnitt 11.1.3, »Abrechnung und Kontrolle einer gewöhnlichen Pfändung«).

Abschluss der Erfassung

11.1.2 Drittschuldnererklärung

Nach § 840 ZPO müssen Sie innerhalb von zwei Wochen nach Zustellung des Pfübs die Drittschuldnererklärung abgeben. Sie erreichen diese im Infotyp 0111 (Pf.D Pfändung/Abtret) – siehe Abbildung 11.7 – über den Menüpfad ZUSÄTZE • DRITTSCH.ERKLÄRUNG und erhalten das Selektionsbild des Standardreports RPCPDRD0 (Drittschuldnererklärung gemäß § 840 ZPO), das durch den Aufruf aus einer Personalnummer heraus zum Teil mit Vorschlagswerten belegt ist (siehe Abbildung 11.7).

> Ausführliche Informationen zu Standardreports in SAP ERP HCM finden Sie im SAP PRESS-Buch »HR-Reporting mit SAP«, Kapitel 3. Vollständige Literaturangaben und weitere Literaturhinweise finden Sie im Anhang.

[+]

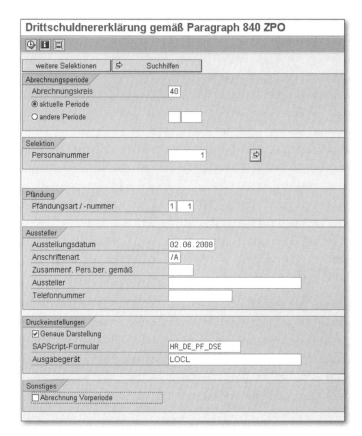

Abbildung 11.7 Selektionsbild »Drittschuldnererklärung« (Report RPCPDRD0)

Felder des Reports RPCPDRD0

Im Selektionsbild des Reports RPCPDRD0 (Drittschuldnererklärung gemäß § 840 ZPO) haben Sie folgende Auswahlmöglichkeiten:

Datengruppe »Abrechnungsperiode«

Der ABRECHNUNGSKREIS dient an dieser Stelle zur Bestimmung des Auswahlzeitraums bei Auswahl des Radiobuttons AKTUELLE PERIODE und ist ein Mussfeld. Um den Report zu starten, müssen Sie lediglich eine Abrechnungsperiode bestimmen, in der der Mitarbeiter, für den Sie die Drittschuldnererklärung erstellen wollen, einen gültigen Infotyp 0001 (Organisatorische Zuordnung) hat.

Datengruppe »Selektion«

Im Feld PERSONALNUMMER wird die Personalnummer des Mitarbeiters vorgeschlagen, für den Sie die Drittschuldnererklärung erstellen wollen.

Datengruppe »Pfändung«

In den Feldern PFÄNDUNGSART/-NUMMER werden die Informationen der Pfändung vorgeschlagen, aus der heraus Sie das Selektionsbild aufgerufen haben. Mit einer Änderung können Sie die Drittschuldnererklärung anderer Pfändungen dieser Personalnummer erstellen.

Datengruppe »Aussteller«

Im Feld AUSSTELLUNGSDATUM wird das Tagesdatum vorgeschlagen und beim Erstellen der Drittschuldnererklärung auf dem Formular angedruckt. Sie können dieses Datum beliebig ändern, sollten jedoch darauf achten, dass die gesetzlichen Fristen in Bezug auf das Zustelldatum eingehalten werden.

Der Vorschlagswert /A im Feld ANSCHRIFTENART bezieht sich auf die Einträge der Tabelle T536A. Damit wird die dort erfasste Anschrift des Arbeitgebers in der Drittschuldnererklärung angedruckt.

Wenn in der Drittschuldnererklärung ein Personalbereich/-teilbereich als Absender für andere Personalbereiche/-teilbereiche fungieren soll, können Sie dies über ein Merkmal steuern, das Sie im Feld ZUSAMMENF. PERS.BER. GEMÄSS erfassen müssen. Im Standard wird dazu das Merkmal DZUBT verwendet (zu Merkmalen siehe Abschnitt 21.1).

Im Standard wird der SACHBEARBEITER ABRECHNUNG des Infotyps 0001 der Personalnummer als Unterzeichner und im Kopf des Formulars mit einer in der Tabelle T526 eventuell zusätzlich eingegebenen Telefonnummer angedruckt. Mit einer Erfassung in den Feldern AUSSTELLER und TELEFONNUMMER können Sie diese Angaben übersteuern.

Datengruppe »Druckeinstellungen«

Mit der Markierung der Auswahl GENAUE DARSTELLUNG werden alle eventuell vorhandenen Vorpfändungen oder gleichzeitige Pfändungen angedruckt.

Im Feld SAPSCRIPT-FORMULAR wird der Standardformularname für die Drittschuldnererklärung vorgeschlagen. Die Standardtexte erreichen Sie im Einführungsleitfaden über den Pfad PERSONALABRECHNUNG • ABRECHNUNG DEUTSCHLAND • PFÄNDUNG/ABTRETUNG • AUSWERTUNG • DRITTSCHULDNERERKLÄRUNG • STANDARDTEXTE ANZEIGEN.

Mit dem Eintrag LOCL oder LOC (kundenabhängig) des Feldes AUS-
GABEGERÄT steuern Sie Ihren Standarddrucker an.

[+] Wir empfehlen Ihnen, die Textbausteine des SAP-Formulars zu verwenden, da hier alle gesetzlich vorgeschriebenen Informationen enthalten
sind und Sie abhängig von den Gegebenheiten einer Pfändung die korrekten Formulierungen erhalten.

Datengruppe »Sonstiges«

Das Kennzeichen ABRECHNUNG VORPERIODE setzen Sie, wenn die aktuelle Abrechnung eine Abschlagszahlung war und deswegen nicht
ausgewertet werden soll.

Nachdem Sie den Button AUSFÜHREN betätigt haben, können Sie sich
im folgenden Druckauswahlbild entscheiden, ob Sie die Drittschuldnererklärung sofort drucken, als Spool-Auftrag ablegen oder die
Druckansicht benutzen wollen.

11.1.3 Abrechnung und Kontrolle einer gewöhnlichen Pfändung

Simulation | Bevor Sie erstmals eine Pfändung in einer Abrechnung prüfen, soll-
ten Sie sicherstellen, dass Ihre kundeneigenen Lohnarten in den Verarbeitungsklassen 72, 73 und 74 sowie in der Kumulation 47 richtig
geschlüsselt sind (zu Lohnarten siehe Kapitel 19). Sie erreichen die
Bearbeitung im Einführungsleitfaden über den Pfad PERSONALAB-
RECHNUNG • ABRECHNUNG DEUTSCHLAND • PFÄNDUNG/ABTRETUNG •
VERARBEITUNG • PFÄNDBARKEIT DER LOHNARTEN ÜBERPRÜFEN.

Nachdem Sie bei einem Mitarbeiter eine Pfändung angelegt haben,
können Sie den Pfändungsbetrag nach einer Simulationsabrechnung
im Entgeltnachweis kontrollieren. Detailliertere Informationen erhalten Sie im Abrechnungsprotokoll, wenn Sie im Selektionsbild der
Simulationsabrechnung die Markierung der Auswahl PROTOKOLL setzen (zu Simulationsabrechnung und Entgeltnachweis siehe die Abschnitte 11.4, »Abtretung«, und 6.1, »Entgeltnachweis«). Den Aufruf
der Pfändung im Abrechnungsprotokoll ersehen Sie aus Abbildung
11.8.

Durch die Markierung des Protokollpunktes VERARBEITUNG wie in
Abbildung 11.8 und die Betätigung des Buttons 🔍 oder einen Doppelklick auf den Protokollpunkt erhalten Sie erste Informationen zur

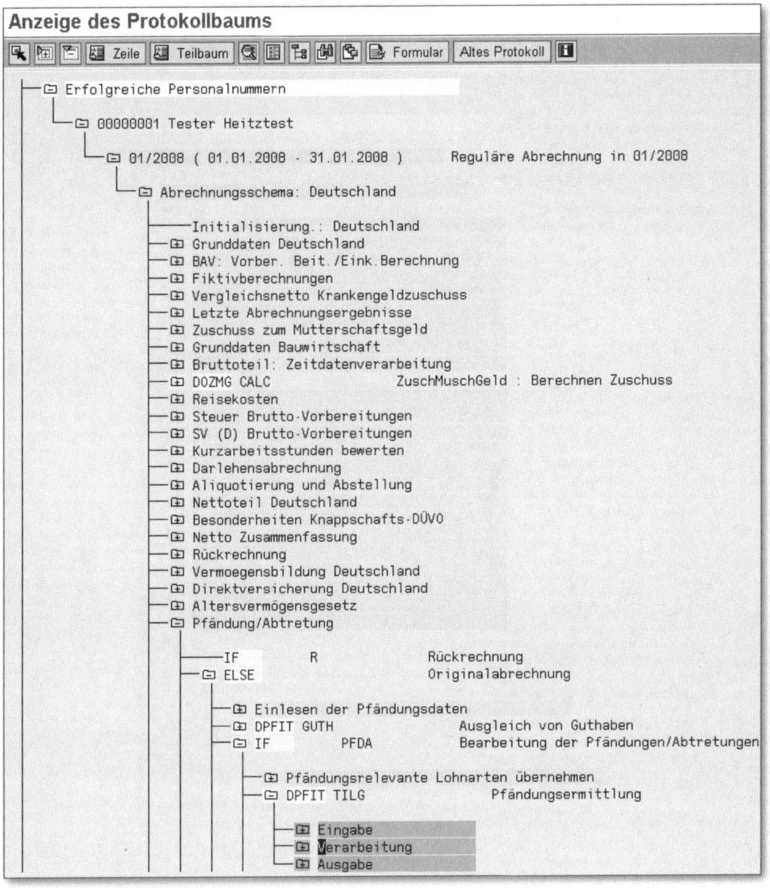

Abbildung 11.8 Aufruf der Pfändung im Abrechnungsprotokoll

Ermittlung des Pfändungsbetrages und zum Ablauf der Tilgung. Sie können den Detaillierungsgrad des Abrechnungsprotokolls durch Anklicken des Buttons [+][−] verändern und sich so z. B. die Berechnung des pfändbaren Betrages anzeigen lassen (siehe Abbildung 11.9).

[+]

Die Berechnung des pfändbaren Betrages wird bei jedem Start der Abrechnung durchgeführt und folgt den Vorschriften der ZPO, wenn Sie die Markierung im Feld NORMALE ERMITTLUNG in der Registerkarte BLOCK 1 § 850C im Infotyp 0114 (Pf.D Pänd.Betrag) gesetzt haben. Die Ihnen sicherlich bekannte sogenannte *Pfändungstabelle* ist lediglich ein gesetzlich erlaubtes Hilfsmittel, um Ihnen die Ermittlung des Pfändungsbetrages ohne technische Unterstützung zu erleichtern.

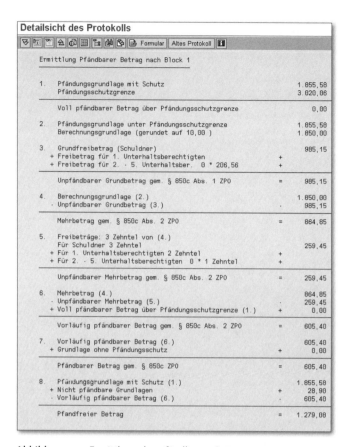

Abbildung 11.9 Ermittlung des pfändbaren Betrages

Zusätzliche Informationsmöglichkeiten

Nach der Echtabrechnung stehen Ihnen zusätzliche Informationsmöglichkeiten zur Verfügung:

Nach Anklicken des Buttons ▦ im Infotyp 0111 (Pf.D Pfändung/Abtret) erhalten Sie einen kurzen Überblick über die Pfändung mit der Forderungssumme, der Tilgungssumme und der Restforderung. Stand sind die aktuellsten Daten der entsprechenden Cluster.

Pfändungsergebnisse

Die *Pfändungsergebnisse* rufen Sie im Easy-Access-Menü über den Pfad PERSONAL • PERSONALABRECHNUNG • EUROPA • DEUTSCHLAND • FOLGEAKTIVITÄTEN PRO ABRECHNUNGSPERIODE • ABRECHNUNGSZUSATZ • PFÄNDUNG • AUSWERTUNG DER PFÄNDUNGSERGEBNISSE oder über PERSONAL • PERSONALABRECHNUNG • EUROPA • DEUTSCHLAND • INFOSYSTEM • MITARBEITER auf. Wenn Sie im Infotyp 0111 (Pf.D Pfändung/Abtret) den Pfad ZUSÄTZE • PFÄNDUNGSERGEBNISSE benutzen, haben Sie den Vorteil, dass die relevanten Felder des Selektionsbildes

bereits gefüllt sind und Sie den Report RPCPL2D0 nur noch starten
müssen (siehe Abbildung 11.10).

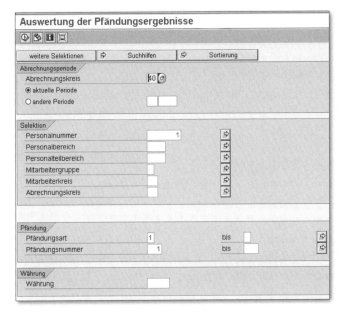

Abbildung 11.10 Selektionsbild der Pfändungsergebnisse

Die Felder des Selektionsbildes zum Aufruf der Pfändungsergebnisse
(siehe Abbildung 11.10) bieten Ihnen folgende Möglichkeiten:

Felder des
Selektionsbilds
»Pfändungs-
ergebnisse«

Datengruppe »Abrechnungsperiode«

Der ABRECHNUNGSKREIS dient an dieser Stelle zur Bestimmung des
Auswahlzeitraums bei Auswahl des Radiobuttons AKTUELLE PERIODE
und ist ein Mussfeld.

Der Radiobutton AKTUELLE PERIODE ist voreingestellt, die Datumsfelder werden dadurch nach Bestätigung mit ⏎ gemäß der Abrechnungsperiode aus dem Abrechnungsverwaltungssatz automatisch
neben dem Feld ABRECHNUNGSKREIS eingeblendet und können nicht
geändert werden.

Wollen Sie die Pfändungsergebnisse für eine andere Periode als für
die Abrechnungsperiode aus dem Abrechnungsverwaltungssatz erstellen, müssen Sie den Radiobutton ANDERE PERIODE auswählen und
die Periode erfassen. Die Datumsfelder werden nach Bestätigung mit
⏎ neben dem Feld ABRECHNUNGSKREIS eingeblendet. Sie können
deren Inhalt nur über die Felder ANDERE PERIODE verändern.

Datengruppe »Selektion«

Das Feld PERSONALNUMMER verwenden Sie, wenn Sie die Pfändungs-ergebnisse für einen Mitarbeiter erstellen wollen. Wollen Sie die Pfändungsergebnisse für mehrere Personalnummern erstellen, erhalten Sie über den Button MEHRFACHSELEKTION neben dem Feld ein Dialogfenster, in dem weitere Selektionsmöglichkeiten angeboten werden. In diesem Fall wird als erste Information eine Statistik zu allen vorhandenen Pfändungen der selektierten Personalnummern angeboten. Sollen die Pfändungsergebnisse aller Mitarbeiter erstellt werden, erfolgt kein Eintrag.

Datengruppe »Pfändung«

Mit den Feldern PFÄNDUNGSART und PFÄNDUNGSNUMMER können Sie innerhalb der Pfändungen selektieren.

Datengruppe »Währung«

Die Daten werden in der Währung ausgegeben, die Sie im Feld WÄHRUNG erfassen; bleibt das Feld leer, bedeutet dies die Ausgabe in der Währung der Abrechnung.

Nach Betätigung des Buttons AUSFÜHREN wird auf der linken Bildschirmseite eine Baumstruktur mit den Personalnummern angezeigt, die Ihren Selektionskriterien entsprechen (siehe Abbildung 11.11). Nach der Auswahl einer Personalnummer erhalten Sie allgemeine Informationen, und die Registerkarte ÜBERSICHT DER PFÄNDUNGEN mit der Aufstellung der Pfändung(en) in der Abrechnung und noch nie bedienten Pfändungen wird eingeblendet. Wenn Sie den Button ▷ vor der Personalnummer anklicken, erhalten Sie eine Liste aller Pfändungen, die mit folgenden Symbolen gekennzeichnet sein können:

- ✔ bereits getilgte Pfändungen
- 🗟 Pfändungen in der Abrechnung, die noch nicht getilgt sind
- 🗟 noch nie bediente Pfändungen

Mit der Auswahl einer Pfändung erweitern Sie das Informationsangebot um die Registerkarte VERLAUF DER PFÄNDUNG. Klicken Sie vor einer Pfändung auf den Button ▷, werden alle Perioden der Pfändung angezeigt. Mit der Auswahl einer Periode erweitern Sie das Informationsangebot um die Registerkarte AUFSTELLUNG DER PERIODE (siehe Abbildung 11.11).

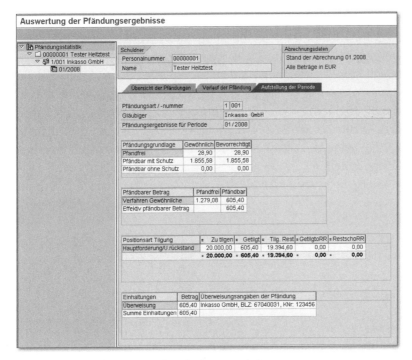

Abbildung 11.11 Informationen der Pfändungsergebnisse

11.2 Bevorrechtigte Pfändung

Die Bearbeitung einer bevorrechtigten Pfändung unterscheidet sich von der einer gewöhnlichen Pfändung nur durch die zusätzlichen Erfassungsmöglichkeiten in den Infotypen 0112 (PF.D Forderung) und 0116 (Pf.D Überweisung). Diese Infotypen werden wir zusammen mit einem Ausschnitt des Infotyps 0114 (Pf.D Pfänd. Betrag) in diesem Abschnitt beschreiben.

11.2.1 Erfassung einer bevorrechtigten Pfändung

Wenn Sie eine bevorrechtigte Pfändung anlegen wollen, entscheiden Sie sich beim Anlegen des Infotyps 0111 (Pf.D Pfändung/Abtret) – siehe Abbildung 11.11 – in der Transaktion PERSONALSTAMMDATEN PFLEGEN für die PFÄNDUNGSART 2 und erfassen die Daten analog zur Beschreibung des Infotyps in Abschnitt 11.1.1, »Erfassung einer gewöhnlichen Pfändung«.

Infotyp 0112 (Forderung)

Im Infotyp 0112 (PF.D Forderung) einer bevorrechtigten Pfändung werden die Felder in die Datengruppen NORMAL-/VORRECHTSBEREICH und NORMALBEREICH unterschieden (siehe Abbildung 11.12). Im Feld HAUPTFORDERUNG der Datengruppe NORMAL-/VORRECHTSBEREICH erfassen Sie einen *bevorrechtigten Rückstand*, der in der Tilgung Vorrang hat. Sollten Sie gleichzeitig einen laufenden Unterhalt erfasst haben, wird in jeder Abrechnung bis zur vollständigen Tilgung des erfassten bevorrechtigten Rückstandes ein neuer Rückstand aufgebaut. Dies können Sie in den Pfändungsergebnissen prüfen (siehe Abschnitt 11.1.3, »Abrechnung und Kontrolle einer gewöhnlichen Pfändung«).

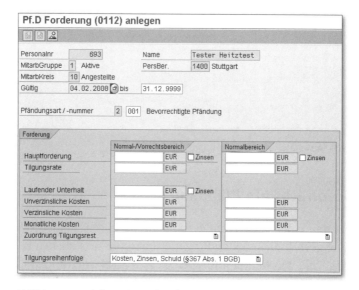

Abbildung 11.12 Infotyp 0112 (Forderung) einer bevorrechtigten Pfändung

[+] Beträge im Feld LAUFENDER UNTERHALT werden wie Beträge im Feld TILGUNGSRATE in Teillohnzahlungszeiträumen und eventuell aufgrund des Datums im Feld GÜLTIG des Infotyps 0111 (Pf.D Pfändung/Abtret) aliquotiert (zu Aliquotierung siehe Abschnitt 3.13).

Infotyp 0114 (Pfändbarer Betrag)

Welche Steuerungen des Infotyps 0114 (Pf.D Pfänd. Betrag) Sie für eine bevorrechtigte Pfändung verwenden, hängt von der Art der Bevorrechtigung ab. Wenn Sie eine bevorrechtigte Pfändung anlegen, wird Ihnen der Infotyp 0114 mit der ausgewählten Registerkarte

Block 2 § 850D angeboten (siehe Abbildung 11.13). Die Felder dieses Blocks beziehen sich jedoch nur auf eine bevorrechtigte Unterhaltspfändung. Sollte die Unterhaltspfändung nicht bevorrechtigt sein, wählen Sie die normale Ermittlung des pfändbaren Betrages des Blocks 1. Alle anderen Steuerungen entsprechen der Beschreibung des Infotyps in Abschnitt 11.1.1.

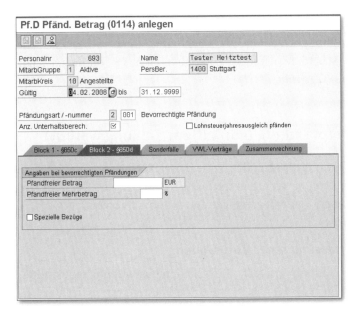

Abbildung 11.13 Infotyp 0114 (Pfändbarer Betrag) einer bevorrechtigten Pfändung

Infotyp 0116 (Überweisung)

Der Infotyp 0116 (Pf.D Überweisung) einer bevorrechtigten Pfändung unterscheidet sich von dem einer gewöhnlichen Pfändung lediglich durch die Möglichkeit, zusätzlich zur Hauptforderung und den Kosten einen laufenden Unterhalt aus einer Pfändung separat überweisen zu können (siehe Abbildung 11.14).

Abbildung 11.14 Ausschnitt aus Infotyp 0116 (Überweisung) einer bevorrechtigten Pfändung

369

11.2.2 Drittschuldnererklärung

Die Erstellung der Drittschuldnererklärung einer bevorrechtigten Pfändung unterscheidet sich nicht von der einer gewöhnlichen Pfändung (siehe Abschnitt 11.1.2).

11.2.3 Abrechnung und Kontrolle einer gewöhnlichen Pfändung

Die Kontrollmöglichkeiten bezüglich einer bevorrechtigten Pfändung unterscheiden sich nicht von denen einer gewöhnlichen Pfändung (siehe Abschnitt 11.1.3).

11.3 Vorpfändung (vorläufiges Zahlungsverbot)

Die Vorpfändung (§ 845 ZPO) wird in der Rechtsprechung auch als *vorläufiges Zahlungsverbot* bezeichnet. Sie beschreibt den Vorgang damit genauer, beide Begriffe werden synonym verwendet.

11.3.1 Erfassung einer Vorpfändung

Eine Vorpfändung erfassen Sie wie eine gewöhnliche Pfändung (siehe Abschnitt 11.1.1). Der Unterschied besteht nur in der Verwendung des Status VORPFÄNDUNG im Infotyp 0111 (Pf.D Pfändung/Abtret) und dem zusätzlichen Angebot des Infotyps 0019 (Terminverfolgung) zur Kontrolle der Monatsfrist. Die Auswertung des Infotyps 0019 erstellen Sie mit der Query *Date_Monitor* (ehemaliger Report *Terminübersicht*) über den Pfad PERSONAL • PERSONALMANAGEMENT • ADMINISTRATION • INFOSYSTEM • BERICHTE • MITARBEITER.

11.3.2 Drittschuldnererklärung

Für eine Vorpfändung müssen Sie keine Drittschuldnererklärung abgeben.

[!] Aus der Praxis wissen wir, dass Arbeitgeber bei Vorpfändungen verschiedentlich zur Abgabe der Drittschuldnererklärung aufgefordert werden. Der Paragraph 840 ZPO definiert diese Anforderung jedoch nur für einen Pfüb. Sie sollten deshalb in Ihrem und dem Interesse Ihres Mitarbeiters keinerlei Angaben machen (Datenschutz!).

Wir empfehlen Ihnen in einem solchen Fall trotzdem den Aufruf der Drittschuldnererklärung aus der Vorpfändung heraus (siehe Abschnitt 11.1.2), da Sie in diesem Fall ein Schreiben mit dem Hinweis erhalten, dass erst durch die Zustellung eines Pfübs die Verpflichtung zur Erstellung einer Drittschuldnererklärung entsteht.

11.3.3 Abrechnung und Kontrolle einer Vorpfändung

Die Abrechnung (Simulation und Echtabrechnung) sowie die Kontrolle (Abrechnungsprotokoll und Pfändungsergebnisse) einer Vorpfändung unterscheiden sich nicht von einer gewöhnlichen Pfändung (siehe Abschnitt 11.1.3). Durch die Monatsfrist einerseits und den Zeitpunkt Ihrer Echtabrechnung andererseits treten jedoch unterschiedliche Anforderungen auf, die wir Ihnen in diesem Abschnitt erläutern wollen.

Rechtzeitiger Eingang des Pfübs vor Ihrer Echtabrechnung

Sie rufen den Infotyp 0111 (Pf.D Pfändung/Abtret) auf und ändern den Eintrag im Feld STATUS auf AKTIV (siehe Abschnitt 11.1.1). Damit entsteht in der Abrechnung ein Pfändungsbetrag, den Sie überweisen müssen.

Kein Eingang, nicht rechtzeitiger oder rechtzeitiger Eingang des Pfübs nach Ihrer Echtabrechnung

Hat eine Pfändung zum Zeitpunkt der Echtabrechnung (siehe Abschnitt 1.7, »Echtabrechnung«) den Status VORPFÄNDUNG, wird ein Guthaben gebildet, das Sie im Falle des Nicht- oder nicht rechtzeitigen Eingangs des Pfübs Ihrem Mitarbeiter, im Falle des rechtzeitigen Eingangs des Pfübs dem Gläubiger zukommen lassen müssen. Den Ausgleich dieses Guthabens müssen Sie zusätzlich im Personalstamm des Mitarbeiters anlegen. Dafür steht Ihnen die Ausgleichsart *Auszahlung von Guthaben* des Infotyps 0117 (Ausgleich) zur Verfügung (siehe Abbildung 11.15). Diese Ausgleichsart können Sie ausschließlich über den Menüpfad PFÄNDUNG • AUSZAHLUNG GUTHABEN des Infotyps 0111 anlegen, da nur so die erforderlichen Auswahlen im Mussfeld GRUND des Infotyps 0117 zur Verfügung stehen. Da eine Pfändung nicht in der Abrechnungsvergangenheit bearbeitet werden kann, ist dies nur in einer Kopie des Infotyps 0111 mit dem Beginndatum 1. des nächsten Monats möglich.

Ausgleich eines Guthabens

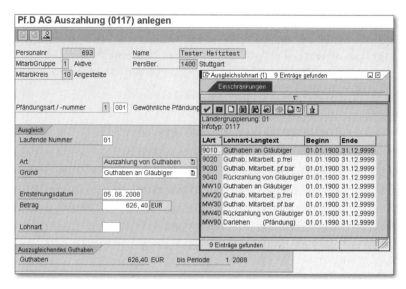

Abbildung 11.15 Ausgleichsart »Auszahlung von Guthaben« des Infotyps 0117 (Ausgleich)

Im Folgenden wollen wir die Informationen und Auswahlmöglichkeiten des Infotyps 0117 aus Abbildung 11.15 näher erläutern.

Datengruppe »Ausgleich«

Das Feld LAUFENDE NUMMER dient der Unterscheidung; dadurch kann der Infotyp zeitgleich mehrere Male angelegt werden. Durch den Aufruf des Infotyps 0117 aus dem Infotyp 0111 ist das Feld ART vorbelegt und nicht eingabebereit. Die Auswahlmöglichkeiten des Mussfeldes GRUND stehen Ihnen nur zur Verfügung, wenn Sie den Infotyp 0117 aus dem Infotyp 0111 aufrufen. Im Feld ENTSTEHUNGS-DATUM wird das Tagesdatum vorgeschlagen. Durch den Aufruf des Infotyps 0117 aus dem Infotyp 0111 wird die Höhe des aktuellen Guthabens im Feld BETRAG vorgeschlagen und kann bis zur Höhe des in der Datengruppe AUSZUGLEICHENDES GUTHABEN angezeigten Betrages geändert werden.

Im Feld LOHNART bestimmen Sie die Verwendung des Guthabens. Da Sie den Infotyp 0117 für unterschiedliche Steuerungen benutzen können – siehe Abschnitt 11.5.1, »Arten des Infotyps 0117 (Ausgleich)« –, sind nicht alle Lohnarten für den Ausgleich eines Guthabens relevant.

Wenn Sie die Lohnart *Guthaben Mitarbeiter pfändbar* benutzen, wird das damit auszugleichende Guthaben automatisch für nachrangige Pfändungen verwendet. **[!]**

Nach dem Sichern des Infotyps 0117 wird Ihnen der Infotyp 0015 (Ergänzende Zahlung) mit Vorschlagswerten angeboten, die auf Ihren Eingaben im Infotyp 0117 beruhen. Den Infotyp 0015 benötigen Sie jedoch nur, wenn Sie die Auszahlung des Guthabens an den Mitarbeiter in der Abrechnung abbilden wollen.

11.4 Abtretung

Eine Abtretung bearbeiten Sie wie eine gewöhnliche Pfändung (siehe Abschnitt 11.1), Sie wählen lediglich beim Anlegen des Infotyps 0111 (Pf.D Pfändung/Abtret) die PFÄNDUNGSART 3 (ABTRETUNG) und erfassen in den Feldern TAG/UHRZEIT das Vertragsdatum der Abtretung und nicht das Datum der Offenlegung.

11.5 Weitere Themen

In diesem Abschnitt beschreiben wir Ihnen weitere Funktionen und Erfassungsmöglichkeiten, mit denen Sie spezielle Anforderungen einer Pfändung abbilden, die sich aus deren Verlauf ergeben können. Darüber hinaus wollen wir auf weitere Zusammenhänge, wie z. B. Arbeitgeberkosten und Privatinsolvenz, eingehen.

11.5.1 Arten des Infotyps 0117 (Ausgleich)

Sie können den Infotyp 0117 (Ausgleich) für die unterschiedlichsten Zwecke einsetzen. Nachdem wir in Abschnitt 11.3.1, »Erfassung einer Vorpfändung«, im Zusammenhang mit einer Vorpfändung die Ausgleichsart AUSZAHLUNG VON GUTHABEN erläutert haben, wollen wir in diesem Abschnitt auf die anderen Steuerungen eingehen, die Ihnen der Infotyp 0117 bietet. Dabei sollten Sie bis auf eine Ausnahme stets den Weg über den Menüpunkt PFÄNDUNG aus dem Infotyp 0111 (Pf.D Pfändung/Abtret) wählen (siehe Abbildung 11.16).

Über den Menüpfad PFÄNDUNG · ABZUG erhalten Sie eine Erfassungsmaske, in der Sie mit dem Feld BETRAG die Forderungshöhe der Pfändung beeinflussen (siehe Abbildung 11.16). Durch die Einträge in den Feldern GRUND und ENTSTEHUNGSDATUM können Sie jederzeit nachvollziehen, wann und warum sich die Forderung verändert hat.

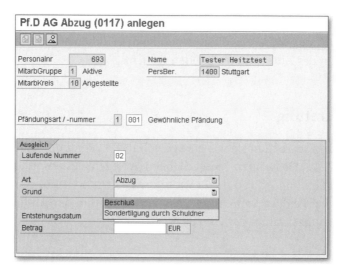

Abbildung 11.16 Ausgleichsart »Abzug« des Infotyps 0117 (Ausgleich)

Sollten Beträge vom Gläubiger zurückfließen, haben Sie mit dem Aufruf PFÄNDUNG · RÜCKZAHLUNG in der folgenden Erfassungsmaske die Möglichkeit, mit den Einträgen der Felder GRUND und ENTSTEHUNGSDATUM zu bestimmen, ob und wann sich dadurch die Tilgungsbeträge verändern (siehe Abbildung 11.17). Für die Abrechnungssteuerung müssen Sie im Feld LOHNART den entsprechenden Eintrag auswählen (siehe Abbildung 11.15).

Wenn Sie Zinsen erfassen müssen, die Sie nicht mit dem Infotyp 0113 (Zinsangaben) – siehe Abbildung 11.3 – abbilden können, verwenden Sie dafür die Erfassungsmaske des Infotyps 0117, die Sie über den Menüpfad PFÄNDUNG · ZUS. ZINSEN erreichen. Hier entscheiden Sie mit den Einträgen in den Feldern GRUND und ENTSTEHUNGSDATUM, wann welche Zinsen zusätzlich getilgt werden müssen (siehe Abbildung 11.18).

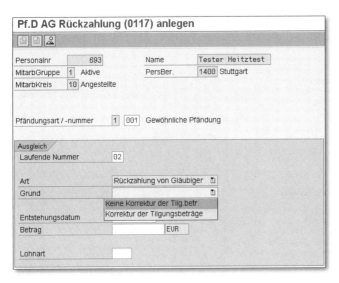

Abbildung 11.17 Ausgleichsart »Rückzahlung« des Infotyps 0117 (Ausgleich)

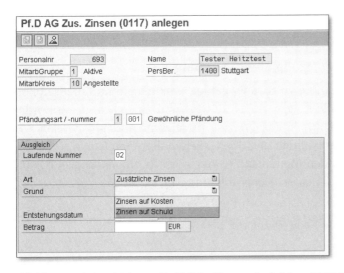

Abbildung 11.18 Ausgleichsart »Zusätzliche Zinsen« des Infotyps 0117 (Ausgleich)

Die Erfassung des Subtyps Darlehen bildet die zuvor angesprochene Ausnahme, da Sie diesen Subtyp des Infotyps 0117 (Ausgleich) nicht über den Infotyp 0111, sondern mit der Funktion ANLEGEN aus der Transaktion PERSONALSTAMMDATEN PFLEGEN aufrufen. Es ist die einzige Möglichkeit, mit der Sie gesetzeskonform ein Arbeitgeberdarlehen mit dem Feld ENTSTEHUNGSDATUM in die Rangfolge der Pfändungen aufnehmen können, eine Verbindung zum Infotyp 0045

Arbeitgeberdarlehen in der Pfändung

(Darlehen) besteht nicht. Für den Abzug wählen Sie die entsprechende Lohnart des gleichnamigen Feldes (siehe Abbildung 11.19).

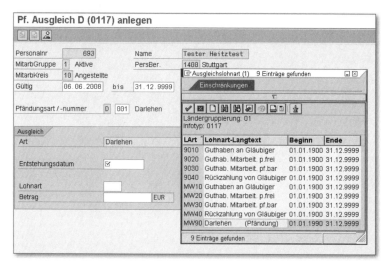

Abbildung 11.19 Subtyp »Darlehen« des Infotyps 0117 (Ausgleich)

11.5.2 Abgrenzung einer Pfändung

Ist eine Pfändung vollständig getilgt, erhalten Sie im Kurzprotokoll
der Abrechnung dazu einen Hinweis und zusätzlich die Aufforderung, die Pfändung abzugrenzen. In diesem Abschnitt wollen wir
Ihnen den Ablauf und die Möglichkeiten der Abgrenzung erläutern,
die Sie über den Menüpfad ZUSÄTZE • PFÄNDUNG ABGRENZEN des Infotyps 0111 aufrufen (siehe Abbildung 11.1).

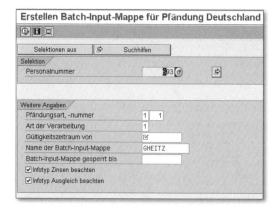

Abbildung 11.20 Selektionsbild »Abgrenzung«

Im Selektionsbild des Reports RPIPITD0 (Erstellen Batch-Input-Mappe für Pfändung Deutschland) – siehe Abbildung 11.20 – erhalten Sie Vorschlagswerte für die Felder PERSONALNUMMER, PFÄNDUNGSART, -NUMMER und ART DER VERARBEITUNG, die Sie aufgrund der eindeutigen Zuordnung nicht ändern sollten. Im Feld NAME DER BATCH-INPUT-MAPPE wird standardmäßig der SAP-Username vorgeschlagen, unter dem Sie sich angemeldet haben. Wollen Sie das Abspielen der Batch-Input-Mappe erst ab einem bestimmten Datum zulassen, verwenden Sie das Feld BATCH-INPUT-MAPPE GESPERRT BIS. Wenn Sie die Markierungen vor INFOTYP ZINSEN BEACHTEN und INFOTYP AUSGLEICH BEACHTEN übernehmen, werden Datensätze dieser Infotypen, deren (Beginn-) Datum nach dem Datum des Mussfeldes GÜLTIGKEITSZEITRAUM VON liegt, gelöscht.

Die Erfassung im Feld GÜLTIGKEITSZEITRAUM VON hängt davon ab, wie Sie eine abgegrenzte Pfändung im Personalstamm und in der Statistik der Pfändungsergebnisse (siehe Abschnitt 11.2.3, »Abrechnung und Kontrolle einer gewöhnlichen Pfändung«) darstellen wollen.

Wollen Sie den Status der Pfändung verändern, gehen Sie folgendermaßen vor:

Status der Pfändung verändern

1. Kopie des Infotyps 0111 auf den 1. des nächsten Monats

2. Ändern des Eintrags im Feld STATUS – abhängig von den Gegebenheiten – auf BEENDET AM oder BEENDET AM, GUTHABEN VORHANDEN

3. Erfassung des Monatsletzten der Abrechnungsperiode mit der letzten Tilgung im Feld ENDE DER TILGUNG

4. Aufruf der Abgrenzung über den Menüpfad ZUSÄTZE • PFÄNDUNG ABGRENZEN des kopierten Infotyps 0111

5. Erfassung des 2. des nächsten Monats im Feld GÜLTIGKEITSZEITRAUM VON

6. Abspielen der *Batch-Input-Mappe*

Bei der Abgrenzung werden alle Infotypen, deren Gültigkeitszeitraum zum Datum des Eintrags im Feld GÜLTIGKEITSZEITRAUM VON oder später beginnen, gelöscht.

[!]

Der Vorteil dieser Vorgehensweise liegt in der korrekten Darstellung einer getilgten Pfändung, da ein Datensatz des Infotyps 0111 mit dem entsprechenden Status vorhanden ist.

Sie können die Abgrenzung auch ohne Kopie des Infotyps 0111 zum 1. des nächsten Monats vornehmen. Das System beendet alle Infotypen dieser Pfändung zum Monatsletzten des Vormonats, ihr Status bleibt jedoch auf AKTIV, so dass die Pfändung weder im Personalstamm noch in der Statistik der Pfändungsergebnisse als getilgte Pfändung dargestellt wird.

11.5.3 Pfändung und Altersvermögensgesetz

SAP hat die Einfügung des § 851c in die ZPO zum Anlass genommen, im Infotyp 0699 (Altersvermögensgesetz) die Auswahl PFANDFREI NACH §851C aufzunehmen (siehe Abbildung 11.21). Damit können Sie Umwandlungsbeträge für Beiträge nach dem Altersvermögensgesetz pfandfrei stellen. Entsprechende Kontrollmöglichkeiten haben Sie dazu im Abrechnungsprotokoll (siehe Abschnitt 11.1.3).

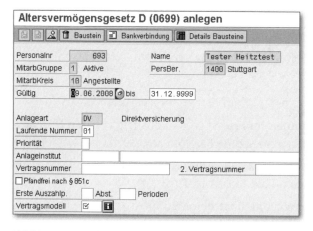

Abbildung 11.21 Infotyp 0699 (Altersvermögensgesetz)

Darüber hinaus haben Sie die Möglichkeit, durch Erfassung der entsprechenden Beträge mit den Lohnarten MW91 bzw. MW92 in den Infotypen 0014 (Wiederk. Be-/Abzüge) bzw. 0015 (Ergänzende Zahlung) pfandfreie Kontingente aufgrund des § 851c Abs. 2 aufzubauen. Nach unseren Informationen bezieht sich § 851c ZPO jedoch nur auf den Schutz der Altersrente und des hierfür erworbenen Vorsorgevermögens und nicht auf dessen Aufbau und mithin nicht auf die Beiträge in der Ansparphase. Sollte diesbezüglich Unklarheit herrschen, empfehlen wir Ihnen, das zuständige Vollstreckungsgericht zu konsultieren.

11.5.4 Pfändung und Rückrechnung

Im Folgenden gehen wir kurz auf die Rückrechnung im Personalstamm und in der Abrechnung ein.

Rückrechnung im Personalstamm

Die Infotypen der Pfändung sind nicht rückrechnungsfähig, d. h., dass Sie in diesen Infotypen keine Veränderungen in der Abrechnungsvergangenheit vornehmen und sie somit immer erst ab der aktuellen Abrechnungsperiode abbilden können.

Rückrechnung in der Abrechnung

Für Rückrechnungen in der SAP-Abrechnung bezüglich Pfändungen gilt im Standard das *Zuflussprinzip*. Das bedeutet, dass bei Rückrechnungen in der Abrechnung die Differenz jeder Lohnart gebildet, pro Rückrechnungsperiode summiert und in der aktuellen Abrechnungsperiode berücksichtigt wird, d. h., sie fließen unter Umständen in die Pfändungsgrundlage ein. Dadurch können jedoch sehr hohe pfändbare Beträge entstehen, die nur mit der Datengruppe FESTER PFÄNDBARER BETRAG auf der Registerkarte SONDERFÄLLE im Infotyp 0114 (Pf.D Pfänd. Betrag) übersteuerbar sind.

Die SAP hat auf diese Gegebenheiten reagiert und die Rückrechnung bezüglich Pfändungen nach dem *Entstehungsprinzip* eingerichtet. Diese Funktion wurde zusammen mit dem SAP-Hinweis 1279127 vom 10.02.2009 vollständig ausgeliefert. Wenn Sie diese Funktion einsetzen wollen, erhalten Sie dort eine ausführliche Beschreibung und Installationsanleitung.

11.5.5 Pfändungen in mehreren Zahlläufen

Sollten Sie mehrere Zahlläufe pro Abrechnungsperiode durchführen, müssen Sie sicherstellen, dass die Pfändungsbeträge erst mit dem letzten Zahllauf überwiesen werden. Dazu gehen Sie folgendermaßen vor:

Im Selektionsbild der Transaktion VORPROGRAMM DTA MEHRERE ZAHLUNGSLÄUFE (siehe Abschnitt 6.2.1) erfassen Sie im Feld LOHNART die Lohnart /PU0 (Überweisung Pfändung/Abtretung) und wählen über den Button SELEKTIONSOPTIONEN die Funktion VON DER SELEKTION

AUSSCHLIESSEN. Beim letzten Zahlungslauf lassen Sie das Feld LOHN-ART leer (dies bedeutet, dass *alle* Überweisungen durchgeführt werden), oder Sie erfassen die Lohnart /PU0, d. h., *nur* die Überweisungen für Pfändungen/Abtretung werden durchgeführt.

11.5.6 Arbeitgeberkosten

Gesetzliche Erstattungsansprüche für Aufwendungen im Zusammenhang mit einer Pfändung bestehen nicht (BAG Urteil v. 18.07.2006 1 AZR 578/05). Auch eine Betriebsvereinbarung ist keine geeignete Rechtsgrundlage (BAG a. a. O). Aufgrund tarif- oder einzelvertraglicher Regelungen können Sie jedoch einen Anspruch auf Erstattung der Kosten für die Bearbeitung einer Pfändung haben.

[!] Bedenken Sie, dass ein Einbehalt von Arbeitgeberkosten während der Tilgung einer Pfändung nicht zulässig ist, da der Pfändungsbetrag in voller Höhe dem Gläubiger, der pfandfreie Betrag in voller Höhe dem Schuldner zusteht.

Zulässig ist der Aufbau einer Forderung, die Sie nach der Tilgung der Pfändung auch einem nachrangigen Gläubiger gegenüber realisieren können.

Arbeitgeberkosten können Sie im Einführungsleitfaden über den Pfad PERSONALABRECHNUNG • ABRECHNUNG DEUTSCHLAND • PFÄNDUNG/ABTRETUNG • STAMMDATEN • ARBEITGEBERKOSTEN einrichten. Unter dem Aufruf ARBEITGEBERKOSTEN-MODIFIKATOR FESTLEGEN definieren Sie im Merkmal PFAGK einen zweistelligen Wert, auf den Sie in der Tabelle V_5D6G des nächsten Aufrufs ARBEITGEBERKOSTEN DEFINIEREN die Standardmodifikatoren D0 kopieren (zu Merkmalen siehe Abschnitt 21.1).

Mit den Modifikatoren legen Sie die Ermittlung der Arbeitgeberkosten fest. Dabei entscheiden Sie, ob die Arbeitgeberkosten unter der Überweisungsnummer 1 nur bei der ersten Überweisung eines pfändbaren Betrages, unter der Überweisungsnummer z bei allen anderen Überweisungen eines pfändbaren Betrages oder sowohl als auch ermittelt werden sollen. Die Erfassungsmasken der Überweisungsnummern sind identisch (siehe Abbildung 11.22).

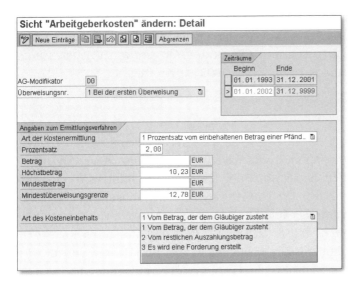

Abbildung 11.22 Arbeitgeberkosten-Modifikator

Nachfolgend gehen wir auf die Felder des in Abbildung 11.22 gezeigten Arbeitgeberkosten-Modifikators ein:

Felder des Arbeitgeberkosten-Modifikators

Im Feld ART DER KOSTENERMITTLUNG legen Sie fest, wie die Arbeitgeberkosten ermittelt werden. Mit der Auswahl PROZENTSATZ VOM EINBEHALTENEN BETRAG EINER PFÄNDUNG und der Erfassung im Feld PROZENTSATZ werden die Arbeitgeberkosten vom jeweiligen pfändbaren Betrag ermittelt. Wenn Sie die Auswahl FESTER BETRAG PRO PFÄNDUNG MIT PFÄNDBAREM BETRAG verwenden, müssen Sie den Betrag im Feld BETRAG erfassen. Durch Einträge in den Feldern HÖCHSTBETRAG und MINDESTBETRAG können Sie den Betrag der Arbeitgeberkosten zusätzlich beeinflussen.

Mit der MINDESTÜBERWEISUNGSGRENZE legen Sie fest, dass Arbeitgeberkosten nur ab einer bestimmten Höhe des Pfändungsbetrages ermittelt werden.

Mit den zur Wahl stehenden Optionen des Feldes ART DES KOSTENEINBEHALTS entscheiden Sie darüber, ob Arbeitgeberkosten während der Tilgung der Pfändung einbehalten werden oder eine Forderung aufgebaut wird.

Sollten Sie sich für den Aufbau einer Forderung entscheiden, müssen Sie noch unter dem Punkt LOHNARTEN BEI ARBEITGEBERKOSTEN ALS FORDERUNG die Musterlohnart MW60 (Einbehalt Forderung AG-Ko) bearbeiten (zu Lohnarten siehe Kapitel 19) und unter dem Punkt PFÄNDUNGSSCHEMA ANPASSEN des Pfades PERSONALABRECHNUNG • ABRECHNUNG DEUTSCHLAND • PFÄNDUNG/ABTRETUNG • VERARBEITUNG • ARBEITGEBERKOSTEN die Regel DP03 aktiv setzen.

11.5.7 Privatinsolvenz

Befindet sich Ihr Mitarbeiter in der Privatinsolvenz, wird der Betrag in der Regel an den Insolvenzverwalter abgeführt. Eine Privatinsolvenz erfassen Sie als Abtretung (Subtyp 3 des Infotyps 0111 – Pf.D Pfändung/Abtret). Um eine Abtretung als Privatinsolvenz anlegen zu können, wurde der Infotyp 0111 um das Auswahlfeld PRIVATINSOLVENZ erweitert, das Sie nach dem Sichern des Infotyps nicht mehr bearbeiten können (siehe Abbildung 11.23). Im weiteren Verlauf wird durch die Auswahl des Feldes PRIVATINSOLVENZ der Infotyp 0112 (Forderung) nicht zur Erfassung angeboten, er kann darüber hinaus wie der Infotyp 0113 (Zinsen) auch nicht nachträglich angelegt werden.

Weitere Auswirkungen: Im Infotyp 0116 (Überweisung) werden die Felder für die Aufteilung der Kosten ausgeblendet und die Subtypen Abzug, Zusätzliche Zinsen und Neueingabe des Infotyps 0117 (Ausgleich) sind inaktiv, da sie in einer Privatinsolvenz nicht benötigt werden. Zusätzlich wurde die Musterlohnart MW41 (Rückzahlung ohne Nettoerhöhung) ausgeliefert, die nicht pfändungsrelevant geschlüsselt ist und die die Bemessungsgrundlage der Pfändung nicht erhöht. Mit dem Aufruf PF.EN RUHEND SETZEN im Menüpunkt ZUSÄTZE können Sie nach der Bearbeitung des Selektionsbildes des Reports RPIPPID0 (Kopieren ausgewählter Pfändungen zu einem Stichtag) entscheiden, ob sie mit Batch-Input-Mappen noch aktive Pfändungen abgrenzen oder ruhend setzen wollen.

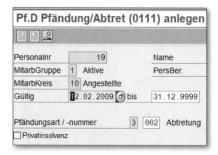

Abbildung 11.23 Auswahlfeld »Privatinsolvenz« im Infotyp 0111

11.6　Fazit

Wenn Sie als Grundvoraussetzung die Ausführungen und Anforderungen eines Pfübs verstanden haben, sollten Sie mit den Standardeinstellungen im Bereich Pfändungen in der Lage sein, nahezu alle Belange korrekt abzubilden.

Unser abschließender Rat hierzu: Seien Sie selbstbewusst, denn unserer Erfahrung nach haben Sie in der Regel viel umfangreichere Kenntnisse zu diesem Spezialthema als Ihre Gesprächspartner auf Gläubigerseite, die aus vermeintlicher Kenntnis heraus Forderungen stellen, die Sie nicht erfüllen müssen, oder schlichtweg Behauptungen aufstellen, die nicht zutreffen. Wenden Sie sich bei Fragen zum Pfüb an den zuständigen Vollstreckungsbeamten und/oder übersenden Sie einem Gläubiger einen Auszug aus dem Abrechnungsprotokoll, wenn er Ihre Berechnung des pfändbaren Betrages anzweifeln sollte. In den meisten Fällen wird der Gegenbeweis nicht mehr erbracht werden können und alles geht seinen gewohnten Gang in Ihrem Sinne.

Die grundsätzliche Intention des Altersteilzeitgesetzes war es, älteren Mitarbeitern ohne größere Einkommensverluste einen gleitenden Übergang in den Ruhestand zu ermöglichen. Durch die vorhandenen Alternativen, die Altersteilzeit als Block (Blockmodell) oder als Teilzeit (Teilzeitmodell) in Anspruch zu nehmen, konnte das Instrument allerdings seiner ursprünglichen Bestimmung nie gerecht werden. Es wurde und wird leider immer wieder als Möglichkeit zum Beschäftigungsabbau genutzt.

12 Altersteilzeit

In der Personalabrechnung verkörpert die Altersteilzeit aufgrund der rechtlichen Regelungen einen der komplexesten Bereiche. Insbesondere der alternativlose Einsatz von Fiktivläufen stellt für das Verständnis der Lösung in SAP ERP HCM eine hohe Hürde dar. In diesem Kapitel wird die Lösung in SAP ERP HCM ab dem 01.07.2004 betrachtet. Zu diesem Stichtag wurden die Regelungen für die Altersteilzeit und insbesondere die Regelungen betreffend der Personalabrechnung neu gefasst, so dass die Regelungen ab diesem Datum sich wesentlich von denen zu früheren Zeiten unterscheiden.

12.1 Allgemeines

Mit dem *Gesetz zur Förderung eines gleitenden Übergangs in den Ruhestand* (Altersteilzeitgesetz) wurden mit Wirkung zum 1. August 1996 für Arbeitgeber und Arbeitnehmer Rahmenbedingungen für Vereinbarungen über Altersteilzeitarbeit geschaffen.

Altersteilzeitgesetz

Das derzeit geltende Altersteilzeitgesetz sieht vor, dass die Altersteilzeit spätestens bis zum 31.12.2009 angetreten sein muss. Da die Voraussetzung für die Inanspruchnahme der Altersteilzeit die Vollendung des 55. Lebensjahres ist, ist – nach dem derzeit geltenden Recht – der Jahrgang 1954 der vorläufig letzte, der die Möglichkeit hat, »in Altersteilzeit zu gehen«.

Das obengenannte Gesetz sieht vor, dass den Mitarbeitern neben dem Entgelt in Höhe von 50 % des vor der Altersteilzeitarbeit vereinbarten Entgelts eine sogenannte Aufstockung in Höhe von 20 % des Regelentgelts gewährt wird. Darüber hinaus erfolgt – um die durch die Einkommenseinbußen hervorgerufenen Verluste bei der Bemessung der späteren Regelaltersrente zumindest teilweise auszugleichen – eine Beitragsübernahme in der gesetzlichen Rentenversicherung durch den Arbeitgeber, wobei als Bemessungsgrundlage der Unterschiedsbetrag zwischen dem Altersteilzeitentgelt und 80 % des Regelentgeltes (begrenzt auf 90 % der Beitragsbemessungsgrenze der gesetzlichen Rentenversicherung) gilt. Diese gesetzlich vorgegebenen Werte müssen gezahlt werden, sofern der Arbeitgeber im Falle der Wiederbesetzung die Rückerstattung von Aufstockung und Zuschuss zum Rentenversicherungsbeitrag bei der Bundesagentur für Arbeit beantragt. Der Arbeitgeber kann über die obengenannten Aufstockungswerte hinaus jederzeit eine höhere Aufstockung bzw. einen höheren Zuschuss zum RV-Beitrag (natürlich nur maximal bis zur RV-BBG = Beitragsbemessungsgrenze in der gesetzlichen Rentenversicherung) leisten. Dieser ist dann allerdings nicht erstattungsfähig im Rahmen des Altersteilzeitgesetzes. Eine Vielzahl von Tarifverträgen und Betriebsvereinbarungen sieht jedoch eine höhere Aufstockung vor. Dabei ist zumeist charakteristisch, dass diese weitere Aufstockung vom fiktiven Vollzeitnettoentgelt des Mitarbeiters berechnet wird. Insofern wird von Aufstockung 1 (die gesetzliche Aufstockung von 20 % des Teilzeitbruttobetrages oder auch ein anderer Prozentsatz aufgrund einer individual- oder kollektivvertraglichen Regelung) und Aufstockung 2 (z. B. 85 % des fiktiven Vollzeitnettobetrages) gesprochen.

Einzelne Fälle mit entsprechenden einzelvertraglichen Regelungen können auch so gestaltet sein, dass der Mitarbeiter während der Altersteilzeit besser gestellt wird als vor Eintritt in die Altersteilzeit, d. h., sein komplett ausgezahltes Entgelt inklusive der gewährten Aufstockungen während der Altersteilzeit liegt über dem fiktiven Vollzeitnettoentgelt. In diesen Fällen kommt es dann zur Auszahlung von steuer- und gegebenenfalls SV-pflichtigen Aufstockungsbeträgen, und es wird von der Aufstockung 3 gesprochen. Wie bereits erwähnt ist ein maßgeblicher Anteil dieser beschriebenen Berechnungslogik in der Personalabrechnung mit SAP ERP HCM in Fiktivläufen realisiert. Näheres zu Fiktivläufen kann dem Abschnitt 3.4, »Fiktivläufe«, entnommen werden.

Den Schwerpunkt dieses Kapitels bildet das für die fehlerfreie Einrichtung der Altersteilzeit erforderliche Customizing-Wissen. Bevor das Customizing jedoch dargestellt wird, soll ein kurzer Einblick in die Datenpflege und das Abrechnungsprotokoll erste wichtige Grundlagen schaffen.

12.2 Datenpflege und Personalabrechnung

Wie bei vielen anderen Fallkonstellationen ist auch für die Altersteilzeit eine korrekte Stammdatenpflege unbedingte Voraussetzung für korrekte Ergebnisse der Personalabrechnung.

12.2.1 Datenpflege

Die Datenpflege für die Altersteilzeit erfolgt – neben notwendigen Parametern im Infotyp 0013 (Sozialversicherung D) – im Infotyp 0521 (Altersteilzeit D). Dieser wird in Abbildung 12.1 dargestellt.

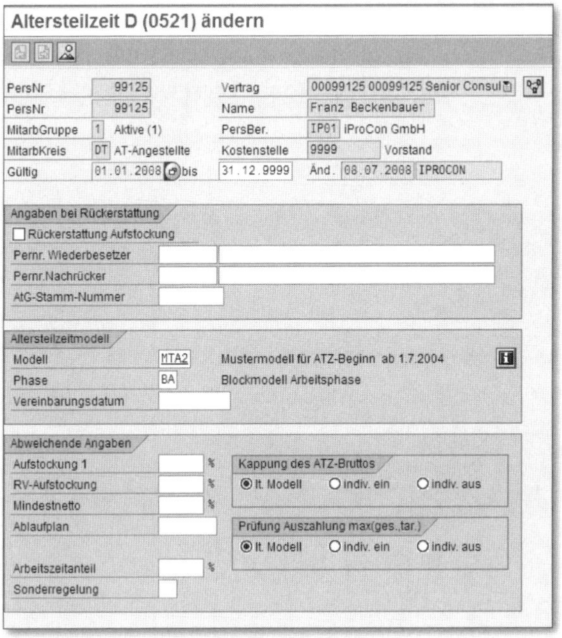

Abbildung 12.1 Infotyp 0521(Altersteilzeit D)

Da die Altersteilzeit auch in Anspruch genommen werden kann (und regelmäßig auch wird), um Personal abzubauen, und es damit oft nicht zu Wiederbesetzungen der Stellen von Mitarbeitern in Altersteilzeit kommt, sieht der Infotyp 0521 in der Datengruppe ANGABEN BEI RÜCKERSTATTUNG vor, dass die Personalnummer des neu eingestellten Mitarbeiters oder eines eventuellen Nachrückers erfasst wird. Diese Daten werden – ebenso wie die Stamm-Nummer – für das Bescheinigungswesen bzw. das Erstattungsformular (für die Erstattung von Leistungen bei Beginn der Altersteilzeit vor dem 01.07.2004) genutzt.

Das ALTERSTEILZEITMODELL legt die grundsätzlichen Vorgaben für die Personalabrechnung fest. Die Eingabemöglichkeiten in den Feldern MODELL und PHASE werden über das Customizing definiert. Das Feld VEREINBARUNGSDATUM ist nicht verpflichtend zu füllen, wird aber von verschiedenen Auswertungen (insbesondere im Öffentlichen Dienst, ÖD) gelesen und verwendet. Die Datengruppe ABWEICHENDE ANGABEN dient der Übersteuerung der im Customizing festgelegten Werte und ermöglicht so auch die unkomplizierte Abbildung von Sonderfällen oder einzelvertraglichen Regelungen, ohne dass aufwendig über das Customizing eingegriffen werden muss. Gleichzeitig mit dem Infotyp 0521 (Altersteilzeit D) muss – damit die Personalabrechnung korrekte Werte ermitteln kann – auch der Infotyp 0013 (Sozialversicherung D) neu aufgesetzt werden. Dieser wird in Abbildung 12.2 dargestellt.

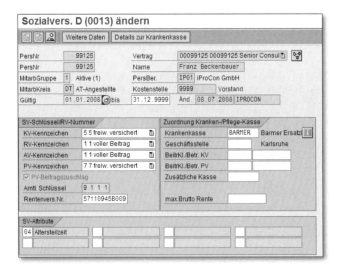

Abbildung 12.2 Infotyp 0013 (Sozialversicherung D) mit Primärattribut »04 – Altersteilzeit«

Wichtig ist dabei, dass das Primärattribut *04* gesetzt wird. Daran erkennt die Personalabrechnung generell, ob der Mitarbeiter in Altersteilzeit ist oder nicht. Darüber hinaus ist im Rahmen des Blockmodells für die Ruhephase der ermäßigte Beitragssatz für die Krankenversicherung vorzugeben, da die Mitarbeiter während der Ruhephase keinen Anspruch auf Krankengeld mehr haben.

12.2.2 Personalabrechnung

Im Schema der Personalabrechnung laufen die wesentlichen Berechnungsalgorithmen an zwei verschiedenen Stellen ab. Zum einen handelt es sich dabei um die notwendigen Fiktivläufe und zum anderen um die eigentliche Berechnung der Aufstockungsbeträge, bzw. für die RV-Aufstockung wird in diesem Schritt die Bemessungsgrundlage ermittelt, da die Berechnung ganz normal im Bereich der Sozialversicherung stattfindet und dort im betriebswirtschaftlichen Abrechnungsprotokoll (BAP) nachvollzogen werden kann.

Die Fiktivläufe befinden sich im Schema der Privatwirtschaft (Schema D000) im Unterschema DF01 (Fiktivrechnungen Deutschland). Neben ersten vorbereitenden Verarbeitungen für die Altersteilzeit werden die eigentlichen Fiktivläufe mit dem Universalschema für Fiktivläufe DA05 (Universalschema Fiktivabrechnungen) verarbeitet (siehe Abbildung 12.3).

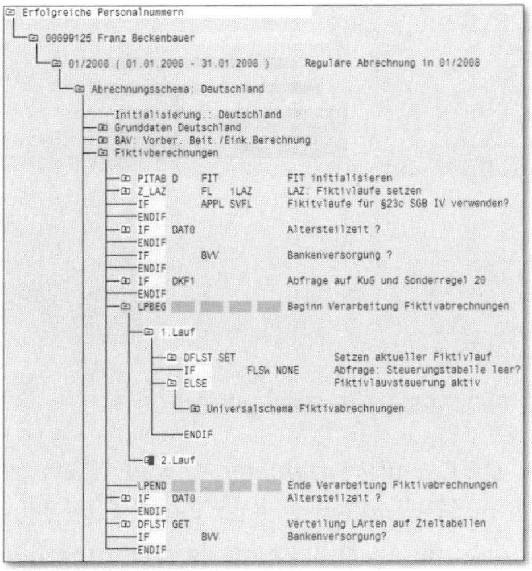

Fiktivläufe

Abbildung 12.3 Abrechnungsprotokoll mit Sicht auf Fiktivläufe im Schema »D000 – DF01 – DA05«

Abhängig vom Customizing laufen hier mehrere Fiktivläufe ab. Absolutes Minimum sind zwei Fiktivläufe, einer für den fiktiven Vollzeitbruttobetrag und einer für den fiktiven Teilzeitnettobetrag. Zumeist werden aber weitere Fiktivläufe notwendig, weil neben den obengenannten Fiktivläufen auch die Erstattungsbeträge für die Bundesagentur für Arbeit über Fiktivläufe bestimmt werden müssen. Im Rahmen der Fiktivläufe werden die relevanten Lohnarten für die spätere Berechnung der Aufstockungs- und sonstigen Beträge im Schema DNET (Nettoteil Deutschland) bzw. im dort integrierten Schema DAT3 (Verarbeitung Altersteilzeit) ermittelt.

Aufstockungs-
beträge
Anhand des im Schema DAT3 verfügbaren Protokolls können die Berechnungen der Aufstockungsbeträge gut nachvollzogen werden (siehe Abbildung 12.4).

Abbildung 12.4 Protokoll der Ermittlung von Aufstockungsbeträgen

Das ATZ-Modul (Funktion DATZ mit Parameter 1 = ATZM im Schema DAT3) führt also auf der Grundlage der im Verlauf der Fiktivläufe ermittelten Werte noch die abschließende Berechnung der Aufstockungsbeträge durch und ermittelt, wie hoch die Bemessungsgrundlage für die zusätzlich vom Arbeitgeber zu tragenden RV-Beiträge ist. Sofern von Seiten des Arbeitgebers ein Mindestnettobetrag gewährt wird, erfolgt auch die Ermittlung dieses pauschalierten Mindestnettobetrages auf der Grundlage der Lohnart /619 (Vollzeitbrutto f. Mindestnetto) anhand eines systeminternen Ablaufplans. Dieser Ablauf wird über einen Reportnamen determiniert, der im Infotyp 0521 (Altersteilzeit D) im Feld ABLAUFPLAN (siehe Abbildung 12.1) übersteuert werden kann, sofern dies erforderlich ist. Im Standard wird der Report RPCATAD1 verwendet.

Wenn die Gewährung eines Mindestnettobetrags für Fälle nach dem 01.07.2004 erfolgen soll, muss dies im Customizing gesondert berücksichtigt werden, da die Neuregelungen keine Sicherung auf einen Mindestnettobetrag mehr vorsieht! **[!]**

12.3   Customizing

Das Customizing zum Thema Altersteilzeit findet sich im Einführungsleitfaden unter PERSONALABRECHNUNG • ABRECHNUNG DEUTSCHLAND • ALTERSTEILZEIT.

An dieser Stelle erläutern wir nur das Customizing mit Fiktivlaufsteuerungen, da die Darstellung auch der »alten«, nur noch sehr selten gebräuchlichen Lösung ohne Fiktivläufe den Rahmen dieses Buches sprengen würde.

12.3.1   Altersteilzeitmodelle und -phasen

Wie in Abschnitt 3.4, »Fiktivläufe«, bereits erläutert, werden die zu durchlaufenden Fiktivläufe über das Altersteilzeitmodell determiniert. Vorher ist jedoch die Fiktivlaufsteuerung zu definieren und auszuprägen. Das Vorgehen wurde bereits ausführlich erläutert, weswegen auf eine Darstellung an dieser Stelle verzichtet wird.

Die im Infotyp 0521 (Altersteilzeit D) über die F4-Hilfe verfügbaren ATZ-Modelle werden über die Aktivität ALTERSTEILZEITMODELL EINRICHTEN definiert. Diese Aktivität unterteilt sich in die reine Definition der Modelle (Tabelle T5DA1) und in die Pflege der weiteren relevanten Daten für die Berechnung von Aufstockungsbeträgen und Bemessungsgrundlagen für die RV-Aufstockung durch den Arbeitgeber (Tabelle T5DA2, siehe Abbildung 12.5):

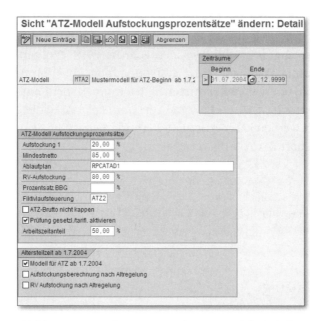

Abbildung 12.5 Detail-Customizing der ATZ-Modelle (Tabelle T5DA2)

▶ **Prozentsatz für die »Aufstockung 1«**
Derzeit 20 % nach dem Altersteilzeitgesetz. Sofern keine Erstattungen bei der Bundesagentur für Arbeit beantragt werden, können hier natürlich auch kundeneigene betrieblich oder tariflich vereinbarte Prozentsätze zur Anwendung kommen.

▶ **Prozentsatz für das »Mindestnetto«**
Die Anforderung hierfür kommt in hohem Maße aus dem öffentlichen Dienst, da nach den dortigen Rechtsvorschriften zumeist eine zusätzliche Absicherung auf einen Prozentsatz des »vorherigen« Nettobetrages erfolgt. Aber auch viele Tarifverträge der Privatwirtschaft sehen eine Absicherung auf einen vorherigen Mindestnettobetrag vor.

▶ **»Ablaufplan« für die Bestimmung des Mindestnettobetrages**
Es handelt sich um den Report, der den Ablauf zur Ermittlung des pauschalierten Mindestnettobetrages determiniert. Im Standard wird der Report RPCATAD1 verwendet, alternativ kann auch der Report RPCATTD1 eingesetzt werden. Der Unterschied besteht darin, dass Letzterer keine Begrenzung auf die RV-BBG vornimmt. Beide Reports können auch im Dialog laufen und für Testzwecke verwendet werden.

- ▶ **»RV-Aufstockung«**

  Das System bildet die Differenz zwischen dem Bemessungsbruttobetrag aus dem Teilzeitentgelt und dem hier angegebenen Prozentsatz des Regelentgelts.

- ▶ **»Prozentsatz BBG«**

  Hierüber kann das Feld RV-Aufstockung dergestalt übersteuert
  werden, dass eine Begrenzung nicht auf maximal 90 % der RV-
  BBG, sondern zwischen 90 und 100 % der RV-BBG erfolgt.

- ▶ **»Fiktivlaufsteuerung«**

  Die für die Altersteilzeit beschriebene Fiktivlaufsteuerung wird
  hier dem Altersteilzeitmodell zugewiesen.

- ▶ **»ATZ-Brutto nicht kappen«**

  Damit wird eine Kappung des Altersteilzeit-Bruttobetrages an der
  RV-BBG verhindert, sofern laufendes Entgelt und eine Einmalzahlung die RV-BBG überschreiten würden.

- ▶ **Prüfung gesetzl./tarifl. aktivieren«**

  Sofern auch das Kennzeichen AUFSTOCKUNGSBERECHNUNG NACH
  ALTREGELUNG gesetzt ist, wird in der Funktion DATZ VGGT geprüft, ob der im ATZ-Modul (Funktion DATZ ATZM) ermittelte
  zusätzliche beitragspflichtige Bruttobetrag für die Bemessung der
  RV-Beiträge auch den gesetzlichen Mindeststandard in Höhe von
  80 % des Regelarbeitsentgelts erreicht.

- ▶ **»Arbeitszeitanteil«**

  Der hier angegebene Prozentsatz wird lediglich für die Berechnung des fiktiven Vollzeitbruttobetrages (Lohnart /619 (Grundlage
  für Ermittlung des pauschalen Mindestnettos sowie für die RV-
  Aufstockungsberechnung)) verwendet. Beim Blockmodell steht in
  diesem Feld regelmäßig der Wert 50.

- ▶ **Modell für ATZ ab 01.07.2004**

  Kennzeichen für das Modell, ob es sich um ein neues (Beginn der
  ATZ nach dem 30.06.2004) oder ein altes Modell (Beginn der ATZ
  vor dem 01.07.2004) handelt.

Kennzeichen für die Anwendung von Altregelungen auch für neue
Modelle:

- ▶ **»Aufstockungsberechnungen«**

  Ist dieses Kennzeichen markiert, wird statt des Regelarbeitsentgelts weiterhin die Lohnart /61J (gebildet aus der Kumulations-

lohnart /168) für die Berechnung der tariflichen Aufstockung verwendet, und es wird bis zum angegebenen Mindestnettobetrag aufgestockt.

▶ **»RV-Aufstockung«**
Auch hier ist es möglich, die Berechnung nach den »alten« Rechtsvorschriften durchführen zu lassen, d. h., es wird auch hier nicht das Regelarbeitsentgelt verwendet, sondern die Differenz zwischen 90 % des bisherigen Vollzeitarbeitsentgelts und dem Teilzeitentgelt gebildet und als Bemessungsgrundlage verwendet. Insbesondere wenn Einmalzahlungen erfolgen und diese nicht verstetigt wurden, ist die RV-Aufstockungsberechnung nach altem Recht von Vorteil für den Mitarbeiter, da nach neuem Recht für Einmalzahlungen keine RV-Aufstockung mehr geleistet werden darf.

Über die Aktivität PHASEN DER ALTERSTEILZEITARBEIT EINRICHTEN erfolgt die Konfiguration der vorhandenen Phasen eines ATZ-Modells (siehe Abbildung 12.6). So weist das Blockmodell generell zwei Phasen auf: Eine Phase, in welcher der Mitarbeiter weiter im Umfang wie bisher arbeitet, und eine zweite Phase, in der er vollständig von der Arbeit freigestellt ist, aber weiterhin ATZ-Bezüge wie in der Arbeitsphase erhält. Das Teilzeitmodell besteht nur aus einer Phase (da es sich nur in diesem Fall um eine »echte« Altersteilzeit handelt).

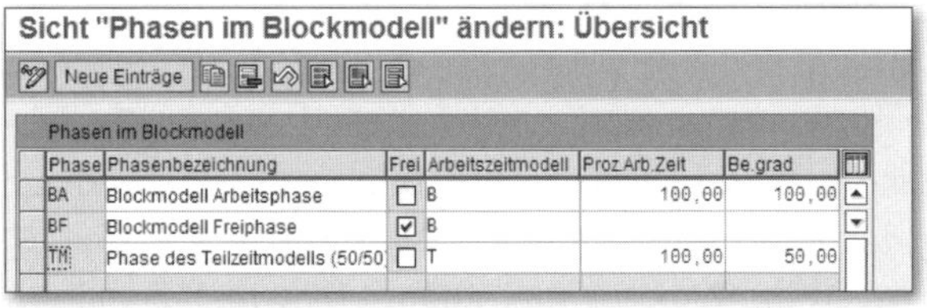

Abbildung 12.6 Konfiguration der Phasen der Altersteilzeit

Das Kennzeichen FREI gibt an, ob es sich um eine Phase der Freistellung oder um eine Arbeitsphase handelt.

Im Feld ARBEITSZEITMODELL wird festgelegt, in welchem Modell die definierte Phase verwendet wird. Dabei steht B für Blockmodell und T für Teilzeitmodell.

Im Feld PROZ.ARB.ZEIT wird der Prozentsatz der bisherigen Arbeitszeit hinterlegt. Das Feld wird verwendet, um zweifelsfrei die vor Beginn der Altersteilzeitarbeit geleistete Arbeitszeit ermitteln zu können.

Im Feld BE.GRAD wird der Beschäftigungsgrad angegeben, den der Mitarbeiter während dieser Phase der Altersteilzeitarbeit im Vergleich zu seiner »normalen« Arbeitszeit erreicht. Das Feld wird insbesondere für die Ermittlung der Wertguthaben verwendet. Bei einem Prozentsatz größer 50 wird Wertguthaben aufgebaut, darunter wird Wertguthaben abgebaut.

12.3.2 Lohnarten

Generell sind alle vorhandenen Dialoglohnarten dahingehend zu bewerten, ob und wie sie in die Ermittlung der relevanten Fiktivwerte der Altersteilzeit einfließen müssen. Dabei sind Kennzeichnungen in der Tabelle T512W (View V_512W_D, Expertenview V_512W_O oder im Einführungsleitfaden (siehe 12.3) unter FIKTIVES VOLLZEITBRUTTO und FIKTIVES TEILZEITNETTO sowie LOHNARTEN IN TATSÄCHLICHES TEILZEITBRUTTO KUMULIEREN erreichbar) bei folgenden Merkmalen erforderlich:

▶ **Verarbeitungsklasse 68**
Darüber wird bestimmt, wie die Lohnart ins Regelarbeitsentgelt (bei Altmodellen: fiktiver Teilzeitnettobetrag) eingeht. Die Verarbeitungsklasse ist ausführlich mit den jeweiligen Ausprägungen dokumentiert, und die Erfahrung hat gezeigt, dass die Dokumentation insbesondere bei auftretenden Sonderfällen hilfreich sein kann.

▶ **Verarbeitungsklasse 70**
Hierüber wird festgelegt, wie die jeweilige Lohnart in die entsprechenden Vollzeitbruttobeträge eingeht. Auch diese Verarbeitungsklasse ist ausführlich dokumentiert, und die Dokumentation bietet einen guten Leitfaden für die Kennzeichnung der Lohnarten.

Beide Verarbeitungsklassen verfügen über eine Ausprägung S = gesonderte Hochrechnung. Wird eine Lohnart mit dieser Ausprägung gekennzeichnet, erfolgt die Hochrechnung über die Tabelle T5DA3. Dort kann gesondert für jedes Modell und jede Phase festgelegt werden, mit welchem Prozentsatz eine Lohnart

▶ in den Vollzeitbruttobetrag einfließt, der maßgeblich ist für die Berechnung des Mindestnettobetrages (also relevant für Altfälle mit Beginn der ATZ vor dem 01.07.2004)

▶ in den Vollzeitbruttobetrag einfließt, der maßgeblich ist für die Ermittlung der RV-Aufstockung

▶ in den Teilzeitbruttobetrag einfließt, aus welchem der relevante Teilzeitnettobetrag für die Ermittlung der Aufstockung 2 gebildet wird.

[+] SAP empfiehlt, auch technische Lohnarten auf die Relevanz der Kennzeichnungen in den jeweiligen Verarbeitungsklassen bzw. Kumulationen zu untersuchen.

▶ **Kumulation 68**
In der Kumulation 68 sind alle Lohnarten zu kennzeichnen, die in den tariflichen Teilzeitbruttobetrag einfließen sollen. Aus dem tariflichen Teilzeitbruttobetrag wird die Lohnart /61J (Tarifliches Teilzeitbrutto ohne Mehrarbeit) gebildet, die für die Ermittlung der Aufstockung 1 verwendet wird.

Musterlohnarten Aufgrund der sehr hohen Komplexität und der systeminternen Abläufe kann es in wenigen Einzelfällen dazu kommen, dass eine systemseitige Abbildung nur mit unverhältnismäßig hohem Aufwand realisiert werden kann. Gleichwohl ist es erforderlich, dem Mitarbeiter die korrekten Beträge auszuzahlen bzw. die korrekten RV-Aufstockungsbeträge an die Sozialversicherungsträger zu überweisen. Um dieser Problematik Rechnung zu tragen, gibt es eine Reihe von Musterlohnarten, die SAP zur Verfügung stellt und die als Kopie im Kundennamensraum dazu dienen, diese Einzelfälle manuell, d. h. durch die einfache Vorgabe der Lohnarten in Infotypen, abzubilden. Mit Hilfe dieser Lohnarten können die systemintern ermittelten Werte also übersteuert werden. Folgende Lohnarten werden derzeit im Standard ausgeliefert:

▶ MH10 – Teilzeitaufstockung

▶ MH11 – Erhöhung der Aufstockung

▶ MH12 – korrigiertes Regelarbeitsentgelt

▶ MH13 – Begrenzung AVmG VZ-fiktiv

▶ MH15 – Aufstockung steuerpflichtiger Anteil

▶ MH20 – RV-Aufstockung AG

▶ MH30 – RV-Aufstockung AN

▶ MH40 – tarifliches Fiktivbrutto

- MH41 – gesetzliches Fiktivbrutto
- MH42 – Vorgabe Vollzeitbrutto gesetzlich
- MH43 – Vorgabe Vollzeitbrutto tariflich
- MH50 – RV-Aufstockung Einmalzahlung
- MH51 – Abflusssperre /319 /3DC
- MH60 – ATZ tar. Fiktive EinmalZ
- MH61 – ATZ ges. Fiktive EinmalZ
- MH70 – ATZ Vorgabe 50 %-EZ RR
- MH75 – ATZ Vorgabe 50 %-EZ
- MH80 – ATZ RV-Aufst. bei Krankheit
- MH81 – Sperre RV-Aufst. Krankheit
- MH85 – ATZ Anwesenheit Spiegelp.
- MH90 – ATZ-WG Stand West
- MH91 – ATZ-WG Stand Ost
- MH92 – ATZ-WE Stand West
- MH93 – ATZ-WE Stand Ost
- MH94 – ATZ-WG Störfall West
- MH95 – ATZ-WG Störfall Ost
- MH96 – ATZ-WE Störfall West
- MH97 – ATZ-WE Störfall Ost

Die Lohnarten sind in der Tabelle T512W (View V_512W_O bzw. V_512W_D) dokumentiert. Die Dokumentation kann über den Info-Button aufgerufen werden.

12.3.3 Weitere Konfigurationsparameter

Um die Datenpflege des Infotyps 0521 (Altersteilzeit D) zu unterstützen, besteht über das Merkmal DAT01 (Vorschlagswerte für Infotyp Altersteilzeit) die Möglichkeit, anhand verschiedener Parameter (es wird die Struktur PMEA1 für die Entscheidungsalternativen verwendet) das ATZ-Modell und die -Phase vorzubelegen.

Auch das Merkmal DAT02 (ATZ: Setzen der Grenzwerte für Aufstockungsprozentsätze) unterstützt die Datenpflege des Infotyps 0521. Über das Merkmal DAT02 können Warnmeldungen für die Aufstockungsprozentsätze (Aufstockung 1, Mindestnettobetrag sowie RV-Aufstockung) realisiert werden. Dazu sind im ersten Schritt Konstanten in der Tabelle T511K für die jeweiligen Ober- und Untergrenzen (also maximal sechs neue Konstanten im Kundennamensraum) anzulegen. Im zweiten Schritt ist dann das Merkmal DAT02 entsprechend zu pflegen, d. h., der Rückgabewert muss die Konstanten in der Reihenfolge Aufstockung 1 Untergrenze, Obergrenze, RV-Aufstockung Untergrenze, Obergrenze und Mindestnettobetrag Untergrenze, Obergrenze enthalten.

Letztlich besteht im Customizing die Möglichkeit, sogenannte Sonderregeln anzulegen. Diese Sonderregeln erscheinen im Infotyp 0521 (Altersteilzeit D) bei der Auswahl der F4 -Hilfe des Feldes SONDERREGELUNG (siehe Abbildung 12.1). Die dem Mitarbeiter im Infotyp zugewiesene Sonderregel kann im Schema der Personalabrechnung mit der Operation DATZ und den folgenden Parametern angewendet werden:

▸ SR? (die dem Mitarbeiter zugewiesene Sonderregel wird ins variable Argument gestellt)

▸ SR VV (wobei VV die Ausprägung der Sonderregel annimmt und die nachfolgenden Verarbeitungsschritte der Rechenregel nur für die angegebene Ausprägung ausgeführt werden)

▸ SR-VV (wobei hier die nachfolgenden Verarbeitungsschritte nur für die Ausprägungen ungleich der angegebenen ausgeführt werden)

12.4   Fazit

Die Abbildung der Altersteilzeit, insbesondere im Zusammenhang mit Regelungen aus dem öffentlichen Dienst, stellt auch SAP regelmäßig vor größere Probleme. Daher ist bereits das Verstehen des Zustandekommens der Aufstockungsbeträge eine kleine Wissenschaft für sich. Bevor mit der Konfiguration der Altersteilzeit begonnen wird, sollte man sich jedoch einen grundlegenden Überblick über die fachlichen Regelungen verschaffen und diese – zumindest auf dem Papier – in einfachen Fällen auch anwenden können.

Mit der Einführung immer flexiblerer Arbeitszeiten war das Problem verbunden, dass das »Erdienen« und die Auszahlung von Arbeitsentgelten auseinanderfallen. Um für diese Fälle klare gesetzliche Regelungen zu schaffen, wurden im Branchenjargon als Flexi I und Flexi II bekannte Gesetze geschaffen. In diesem Zuge entstand auch das Konstrukt des »Wertguthabens«.

13   Wertguthabenführung

Als Wertguthaben werden Beträge bezeichnet, die vom Mitarbeiter erarbeitet wurden und für die Freistellung oder die Verringerung der vereinbarten Arbeitszeit angespart werden sollen. Die auf diese Beträge entfallenden Sozialversicherungsbeiträge und Steuern werden gestundet und erst bei Auszahlung der Beträge fällig. Durch die gesetzliche Neuregelung (Flexi II) werden eine Reihe von Rechtsunsicherheiten beseitigt und klare Regeln für die Führung der Wertguthaben vorgegeben. Eine davon ist, dass Wertguthaben generell in Geld (nicht in Zeit) geführt werden. Die Führung im Rahmen der Personalabrechnung ist neben der Altersteilzeit insbesondere für Lang- und Lebensarbeitszeitkonten üblich.

13.1   Allgemeines

Die Führung von Wertguthaben wurde und wird in der Praxis oft vernachlässigt. Insbesondere, wenn es sich nicht um Altersteilzeit handelt, wird – oft auch aus Unwissenheit – die Führung unterlassen, obwohl es dafür klare und eindeutige gesetzliche Regelungen gibt. Vor Inkrafttreten von Flexi II war insbesondere die Wertguthabenführung für Arbeitszeitkonten problembehaftet, da der Gesetzgeber eine willkürliche Grenze von 250 Stunden vorgesehen hatte. Hier ist es mit Flexi II zu konkreten Regelungen gekommen.

Gesetzliche Regelungen

Aktivierung in SAP ERP HCM für Altersteilzeit

Für den Anwendungsfall der Altersteilzeit hat SAP im Standard eine Führung der Wertguthaben realisiert, d. h., sie muss nur aktiviert werden. Die Aktivierung erfolgt über die Tabelle T596D (Gültigkeit nicht gesetzlicher Teilapplikationen) und die Teilapplikation ATZW. Das heißt, Sie müssen über die Transaktion SM30 den View V_ T596D auswählen und dort wie aus Abbildung 13.1 ersichtlich die Teilapplikation ATZW mit dem Beginndatum der Wertguthabenführung eintragen. Im Standard liefert SAP den Eintrag im Mandanten 000 mit Beginn ab dem 01.01.2001 aus.

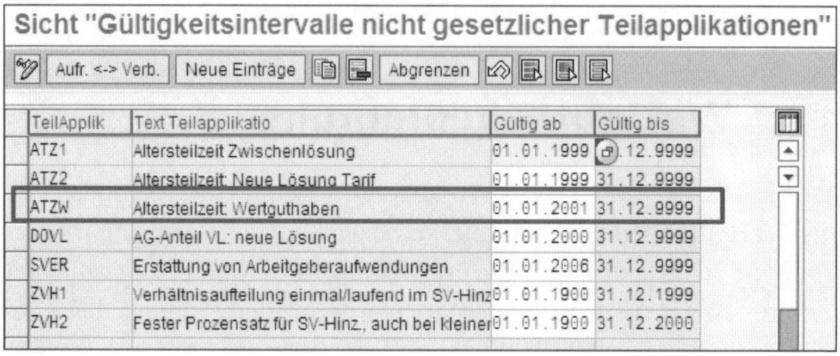
Sicht "Gültigkeitsintervalle nicht gesetzlicher Teilapplikationen"

Aufr. <-> Verb. | Neue Einträge | Abgrenzen

TeilApplik	Text Teilapplikatio	Gültig ab	Gültig bis
ATZ1	Altersteilzeit Zwischenlösung	01.01.1999	31.12.9999
ATZ2	Altersteilzeit: Neue Lösung Tarif	01.01.1999	31.12.9999
ATZW	Altersteilzeit: Wertguthaben	01.01.2001	31.12.9999
DOVL	AG-Anteil VL: neue Lösung	01.01.2000	31.12.9999
SVER	Erstattung von Arbeitgeberaufwendungen	01.01.2006	31.12.9999
ZVH1	Verhältnisaufteilung einmal/laufend im SV-Hinz	01.01.1900	31.12.1999
ZVH2	Fester Prozensatz für SV-Hinz., auch bei kleiner	01.01.1900	31.12.2000

Abbildung 13.1 Aktivierung der Führung von ATZ-Wertguthaben über die Tabelle T596D

Lang- und/oder Lebensarbeitszeitkonten

Für die Führung von Wertguthaben für Lang- und/oder Lebensarbeitszeitkonten wird von SAP keine Lösung im Standard ausgeliefert. Die Erfahrung zeigt aber, dass es in solchen Fällen sinnvoll ist, sich an die Lösung von SAP anzulehnen und dort nur noch die Anpassungen vorzunehmen, die aus den entsprechenden Anforderungen des Kunden resultieren und von SAP bisher nicht abgedeckt sind.

Störfall und Störfall-SV-Lüfte

Neben dem Begriff der Wertguthaben sind die Begriffe *Störfall* und *Störfall-SV-Lüfte* von Bedeutung. Unter einem Störfall wird die nicht vereinbarungsgemäße Verwendung von Wertguthaben verstanden. Beispiele dafür sind

- die Rentengewährung während der Altersteilzeit (also in der Regel Erwerbsminderungsrenten) und damit verbunden die Auszahlung des noch nicht abgebauten Wertguthabens und
- das Ende des Beschäftigungsverhältnisses, wenn ein Lang- oder Lebensarbeitszeitkonto geführt wird und die bisher angesparten Beträge (= Wertguthaben) ausgezahlt werden.

Störfall-SV-Lüfte sind die Lüfte (vergleiche dazu Abschnitt 6.3, »Sozialversicherung«), die im Rahmen der Wertguthabenführung entstehen und bei einem Störfall für die Verbeitragung der ausgezahlten Wertguthaben verwendet werden.

An dieser Stelle soll auf ein spezielles, von SAP im Standard bisher nicht gelöstes Problem der Wertguthabenführung hingewiesen werden:

Spezielles Problem im Standard

Wertguthaben sind – aufgrund der unterschiedlichen Bemessungsgrenzen in der Rentenversicherung – je Rechtskreis (also getrennt nach Ost und West) zu führen. Werden Wertguthaben z. B. aufgrund von Standortwechseln des Mitarbeiters sowohl im Westen als auch im Osten erwirtschaftet, verfügt der Mitarbeiter über zwei unterschiedliche Wertguthaben (eines nach dem Rechtskreis West, eines nach dem Rechtskreis Ost).

Zumeist wechselt der Mitarbeiter in einer Freistellungsphase aber nicht mehr den Standort, so dass nur noch von einem Wertguthaben abgetragen wird und es zu Fehlermeldungen im Report für die Führung der Wertguthaben (RPCSVWD0) kommt. Darüber hinaus erzeugt die Personalabrechnung über die Rechenregel DAW3 eine Warnmeldung, dass im derzeitigen Rechtskreis das Wertguthaben aufgebraucht ist, aber für den anderen Rechtskreis noch ein verfügbares und abtragbares Wertguthaben vorhanden ist.

Die SAP AG hat mit Hinweis 684783 eine »Lösung« für dieses Problem veröffentlicht. Danach soll der Mitarbeiter auch in der Freistellungsphase einen Standortwechsel in den anderen Rechtskreis durchlaufen, damit beide Wertguthaben abgebaut werden können. Dies würde aber eine Manipulation von Stammdaten bedeuten, die aus verschiedenen Gründen nicht durchgeführt werden sollte. Insofern raten wir von einem Vorgehen nach dem obengenannten Hinweis ab. Vielmehr muss regelmäßig eine kundeneigene Lösung gefunden werden.

Es steht zu hoffen, dass der zwar seltene, aber inzwischen doch häufiger vorkommende Sonderfall im Laufe der nächsten Zeit über eine Standardlösung in SAP ERP HCM abgebildet wird.

13.2   Stammdaten und Reporting

Für die Wertguthaben stehen zwei Infotypen zur Verfügung: 0123 (Vorgabe Störfall-SV-Luft) und 0124 (Störfall D).

Mit dem Infotyp 0123 (Vorgabe Störfall-SV-Luft) – siehe Abbildung 13.2 – können in bestimmten Fällen Start- oder Korrekturwerte für die SV-Lüfte vorgegeben werden. Ein typisches Beispiel dafür ist die Übernahme von Werten im Falle eines Arbeitgeberwechsels, wenn das Wertguthaben vom alten zum neuen Arbeitgeber »mitgenommen« wird. In einem solchen Fall sind die zumeist vorhandenen Störfall-SV-Lüfte (wenn der Mitarbeiter nicht über allen relevanten Bemessungsgrenzen verdient) neben dem Wertguthaben auch an den neuen Arbeitgeber zu übertragen und müssen dort verwaltet werden.

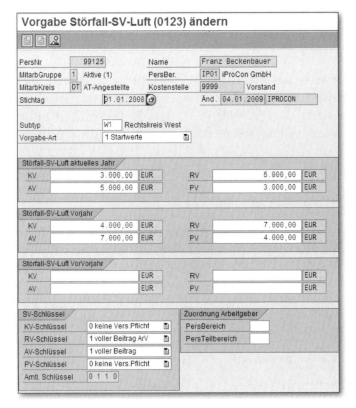

Abbildung 13.2 Infotyp 0123 (Vorgabe Störfall-SV-Luft)

Der Infotyp 0124 (Störfall D) – siehe Abbildung 13.3 – bildet den eigentlichen Störfall ab. Der Infotyp wird in der Regel vom Report RPCSVWD0 (Berechnung SV-Luft für Arbeitszeitflexibilisierung) über eine Batch-Input-Mappe angelegt und von der Personalabrechnung ausgewertet.

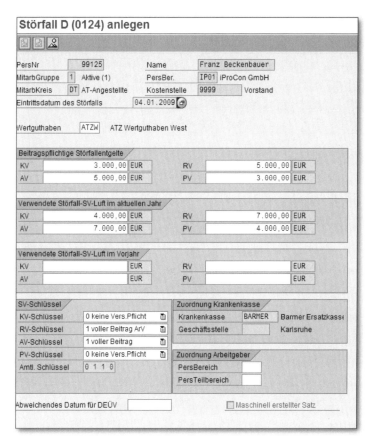

Abbildung 13.3 Infotyp 0124 (Störfall D)

Der Report RPCSVWD0 erkennt den Störfall und erstellt dann eine Batch-Input-Mappe mit den entsprechenden Daten anhand einer Lohnart des Abrechnungsergebnisses, die in der Verarbeitungsklasse 87 *Arbeitszeitflexibilisierung: Bedeutung für Wertguthaben mit der Ausprägung 6 – Auszahlung Störfall* gekennzeichnet ist. Das Feld ABWEICHENDES DATUM FÜR DEÜV ist für den Sonderfall der Erwerbsminderungsrente auf Zeit vorgesehen, da in diesen Fällen – unter der Voraussetzung, dass das Beschäftigungsverhältnis nicht durch die Zeitrente endet oder eine Wiedereinstellungszusage vorliegt – die DEÜV-Meldung erst nach Ablauf der Zeitrente, wenn das Beschäftigungsverhältnis endet, mit dem Meldegrund 55 erfolgen darf.

Der oben bereits genannte Report RPCSVWD0 (Berechnung SV-Luft für Arbeitszeitflexibilisierung) realisiert zusammen mit der Personalabrechnung die Führung der Wertguthaben.

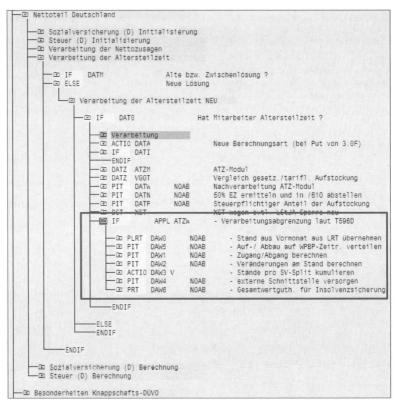

Abbildung 13.4 Bildung und Führung der Wertguthaben für die Altersteilzeit

Bildung eines Wertguthabens

Nachfolgend stellen wir die Bildung eines Wertguthabens für den Fall der Altersteilzeit beispielhaft genauer dar. Voraussetzung ist die korrekte Konfiguration von Lohnarten und weiteres für die Wertguthabenführung erforderliches Customizing:

▸ Im Schema DAT3 werden über die Rechenregeln DAW0 – DAW6 (siehe Abbildung 13.4) die relevanten Lohnarten gebildet.

▸ Diese werden mit allen anderen in der Endeverarbeitung vorhandenen Lohnarten ins Cluster (Tabelle RT) abgestellt.

▸ Der Report RPCSVWD0 liest die Lohnarten aus der Tabelle RT und dem Customizing der Tabellen T5D45 (Zuordnung von Lohnarten zu Wertguthaben) und T596I (Teilapplikation SVWG (SV-Bruttobetrag für Arbeitszeitflexibilisierung)).

▸ Die alten Stände von Störfall-SV-Luft und Wertguthaben werden aus den Verwaltungstabellen T5D46 (Störfall-SV-Lüfte) sowie T5D48 (Wertguthaben) eingelesen.

▶ Anhand des vorgegebenen Algorithmus erfolgt die Ermittlung des Wertguthabens sowie der Störfall-SV-Lüfte.

▶ Die neu ermittelten Werte werden in den Tabellen T5D46 (Störfall-SV-Lüfte) sowie T5D48 (Wertguthaben) fortgeschrieben.

▶ Sofern eine Lohnart vorhanden ist, die in der Verarbeitungsklasse 87 mit der Ausprägung 6 gekennzeichnet ist, wird der beitragspflichtige Anteil des ausgezahlten Wertguthabens ermittelt und die Batch-Input-Tabelle für den Infotyp 0124 (Störfall D) erzeugt.

Den Zusammenhang der verschiedenen Tabellen, der Abrechnung und der Infotypen veranschaulicht Abbildung 13.5.

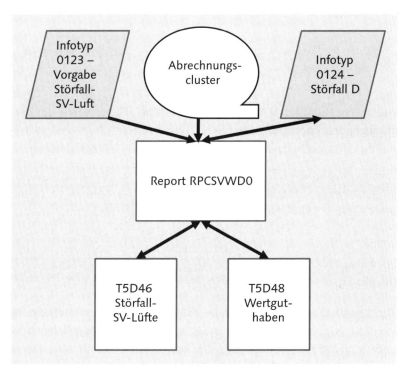

Abbildung 13.5 Zusammenwirken von Infotypen, Abrechnungscluster, Report »RPCSVWD0« und Verwaltungstabellen T5D46 und T5D48

13.3 Customizing

Das Customizing für die Wertguthabenführung findet sich im Einführungsleitfaden unter Personalabrechnung • Abrechnung Deutschland • Arbeitszeitflexibilisierung.

Da die Wertguthaben aufgrund der gesetzlichen Vorgaben nach verschiedenen Kriterien unterschieden werden müssen (SV-Freiheit, korrekter Rechtskreis, Aufbau des Wertguthabens nach Eintritt von Erwerbsminderung), erfolgt im ersten Schritt die reine Definition der Wertguthaben, wobei die genannten Kriterien jeder Art der Wertguthaben zugeordnet werden. Dies erfolgt über die Aktivität WERTGUTHABEN DEFINIEREN.

Im zweiten Schritt werden die sogenannten Attribute von Wertguthaben über die Aktivität WERTGUTHABEN DEFINIEREN festgelegt. Die Attribute werden in der Regel von den gesetzlichen Erfordernissen vorgegeben. Problemlos können aber auch kundeneigene Attribute definiert werden.

[!]   Beachten Sie bitte, dass jedem Wertguthaben nur eines der hier definierten Wertguthaben zugeordnet werden kann.

Anhand der Definition des ersten und zweiten Schritts sowie der entsprechenden Zuordnung über die Aktivität ATTRIBUTE DEN WERTGUTHABEN ZUORDNEN kann die Bildung der Störfall-SV-Lüfte erfolgen.

Zuletzt müssen die relevanten Lohnarten noch den definierten Wertguthaben zugeordnet werden, und die für die Wertguthabenführung verwendeten Lohnarten müssen hinsichtlich ihrer Bedeutung klassifiziert werden. Diese letzten beiden Schritte werden über die Aktivität LOHNARTEN DEN WERTGUTHABEN ZUORDNEN vorgenommen. Die Klassifizierung der Lohnarten für die Wertguthabenführung erfolgt über die Verarbeitungsklasse 87 der Tabelle T512W (siehe Abbildung 13.6).

Die Klassifizierung in der Tabelle T512W gibt für die Verarbeitung im Rahmen der Personalabrechnung vor, ob das Wertguthaben aufgebaut, abgebaut (Freistellung) oder ausgezahlt (Störfall) wird. Darüber hinaus wird der Stand regelmäßig benötigt. Wenn im laufenden Monat kein Wertguthaben aufgebaut wurde, ein Wertguthaben jedoch vorhanden ist, so muss auch dies der Abrechnung (über eine mit der Ausprägung 5 gekennzeichnete Lohnart) bekannt sein.

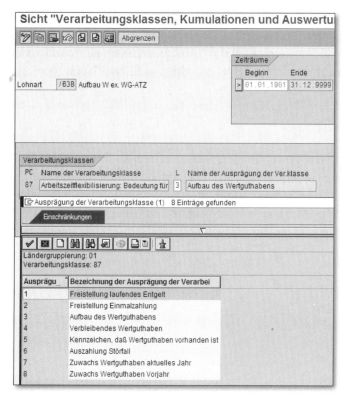

Abbildung 13.6 Klassifizierung der Lohnarten in Tabelle T512W

[+] Die Ausprägungen 7 und 8 aus Abbildung 13.1 werden nicht mehr verwendet, da sie für das sogenannte Alternativmodell, das nicht mehr genutzt wird, vorgesehen waren.

Zum Abschluss möchten wir noch auf den verfügbaren User Exit des Reports RPCSVWD0 hinweisen. SAP verwendet dabei überraschenderweise die »alte« Exit-Technologie, d. h., es wird das Include RPCSZWD0 ausgeliefert, das zwar im Namensraum der SAP AG liegt, aber nicht mit Auslieferungen der SAP AG bestückt wird.

User Exit des Reports RPCSVWD0

Das obengenannte Include enthält in diesem Fall auch Beispielcoding, so dass relativ leicht nachvollziehbar ist, welche Variablen wie zu nutzen sind. Das Include dient der nachträglichen Manipulation von Abrechnungsergebnissen, z. B. im Rahmen von Datenübernahmen. Es kann aber natürlich auch für die nachträgliche Ermittlung der Wertguthaben verwendet werden, wenn eine Rückrechnung in die relevanten Zeiträume nicht mehr möglich ist. Um das Include nutzen zu können, ist der Name der kundenindividuell angelegten Formroutine (im Beispielcoding ABR001) in der Tabelle T596F unter dem symbolischen Namen DSVWGABR zu erfassen. Nur dann wird das implementierte kundeneigene Coding auch durchlaufen.

13.4 Fazit

Die Führung von Wertguthaben wird in hohem Maße durch die Auslieferung im Standard unterstützt. Dies gilt jedoch nur dann, wenn es sich um die Altersteilzeit handelt. Werden Lang- und Lebensarbeitszeitkonten eingesetzt, so kommt man an kundeneigenen Personalrechenregeln in keinem Fall vorbei.

Der Zuschuss zum Mutterschaftsgeld nach dem Mutterschutz-
gesetz soll der (werdenden) Mutter für die Zeit der Mutter-
schutzfristen die Differenz zwischen dem vorherigen Nettoar-
beitsentgelt und einem eventuell von der Krankenkasse
gezahlten Mutterschaftsgeld ausgleichen. Damit soll verhin-
dert werden, dass werdende Mütter für die Zeiten der Mutter-
schutzfristen finanzielle Nachteile erleiden.

14 Zuschuss zum Mutterschaftsgeld

Die Ermittlung des obengenannten Differenzbetrages erfordert – ebenso wie die Altersteilzeit – den Einsatz von Fiktivläufen. Die von SAP zur Verfügung gestellte Lösung zur automatischen Berechnung des Zuschusses zum Mutterschaftsgeld stammt originär aus der Lösung für den öffentlichen Dienst, kann aber seit längerer Zeit auch im Schema der Privatwirtschaft eingesetzt werden.

14.1 Allgemeines

Der vom Arbeitgeber für die Zeiten der Mutterschutzfristen vor und nach der Geburt zu zahlende Zuschuss zum Mutterschaftsgeld existiert bereits seit mehreren Jahrzehnten. Die Berechnungsregeln sehen vor, dass für die drei Monate vor Beginn der Mutterschutzfristen ein fiktives Nettoarbeitsentgelt ermittelt wird, das als Grundlage für die abschließende Berechnung des eigentlichen Zuschusses dient. Die fiktive Berechnung ist aus verschiedenen Gründen erforderlich. So sind z. B. Erhöhungen des Entgelts, die während des Mutterschutzes wirksam werden, zu berücksichtigen. Darüber hinaus ist es keine Seltenheit, dass werdende Mütter über längere Zeit arbeitsunfähig sind und es so bereits innerhalb des Bemessungszeitraums zur Zahlung von Krankengeld und damit zur vollständigen Aliquotierung der tatsächlichen Bezüge kommt. Auch die Nichtberücksichtigung eventuell während der Schutzfristen weitergezahlter Entgeltbestandteile (wie beispielsweise der Arbeitgeberzuschuss zu den vermögenswirksamen Leistungen) muss mit einbezogen werden. Auch dürfen Einmalzahlungen nicht in die Berechnung mit einfließen.

Die komplexen rechtlichen Vorgaben führen im Übrigen dazu, dass der Zuschuss nicht über die Zeit der Mutterschutzfrist konstant bleibt, sondern (z. B. wegen steuerlicher Änderungen aufgrund der Geburt) sich auch ändern kann. Während der Mutterschutzfristen wird die Fiktivberechnung mit jeder Abrechnung erneut angestoßen und durchgeführt (permanente Neuberechnung).

14.2 Stammdaten und Ablauf in der Personalabrechnung

In den Stammdaten ist lediglich die ABWESENHEIT MUTTERSCHUTZ (im Standard die Abwesenheitsart 0500) über den Infotyp 0080 (Mutterschutz/Elternzeit) einzupflegen, um bei korrekter Konfiguration die Berechnung des Zuschusses zum Mutterschaftsgeld auszulösen. Konkret erkennt die Funktion IF mit dem Parameter 2 = DOZM die Relevanz anhand des Feldes ZSVAB (Abwesenheitskennzeichen der Zusatzversorgung) mit der Ausprägung F der Tabelle T5D0A.

Der Aufruf der obengenannten Funktion erfolgt im Teilschema DZMG (Berechnung Zuschuss Mutterschaftsgeld). Sofern eine maschinelle Berechnung erfolgen soll, wird das Schema DOZM (Berechnung Grundlage Mutterschaftsgeld) aufgerufen (siehe Abbildung 14.1). In diesem Schema sind die Besonderheiten der Grundlagenberechnung wie beispielsweise die Nichtberücksichtigung von Einmalzahlungen oder die Neubewertung der Basisbezüge zum Endedatum des Abrechnungsmonats (Funktion DOZMG mit dem Parameter 1 = BEW) berücksichtigt.

000010	COM			Zuschuss zum Mutterschaftsgeld (D000)
000020	COM			--
000030	LPBEG			Loop Beginn ZuschMuschGeld
000040	RFRSH	ALL		alles löschen
000050	COPY	DIN0		* Initialisierung Deutschland (inaktiv)
000060	COPY	DGD0		Grunddaten Deutschland
000070	DOZMG	BEW		ZuschMuschGeld : Neubewert. Basisbezüge
000080	COPY	DLA0		Einlesen letztes Abrechnungsergebnis
000090	PLRT	D040 GEN	NOAB	/A.. Lohnarten in LRT auf 0 setzen
000100	DSV	23C ND		Keine Entscheidung nach §23c SGB IV
000110	COPY	DT00		Bruttovergütung
000120	DOZMG	EINM		Filtern Einmalzahlungen ZMuschG
000130	IF	APPL DOZM		Korrektur Darlehen
000140	COPY	XLON		Darlehen
000150	ENDIF			
000160	COPY	DST0		Vorbereitungen Steuer Deutschland
000170	IF	APPL DOZM		Korrektur AVmG / Darleh
000180	PIT	DFR4	NOAB	AVmG-Lohnarten löschen
000190	ENDIF			
000200	COPY	DSVA		Vorbereitungen Sozialvers. Deutschland
000210	COPY	DAL0		Aliquotierung und Abstellung
000220	ACTIO	DKK0		Entstehungsprinzip Steuer/SV erzwingen
000230	COPY	DSV0		Sozialversicherung
000240	ACTIO	D051 S		Steuer: Permanenzsperre setzen
000250	ACTIO	D039		Entstehungsprinzip bei Steuer erzwingen
000260	COPY	DST1		Steuer
000270	PRINT	NP IT		Ende des Nettoteils
000280	PIT	D030 P05		Netto-Zusammenfassung
000290	PIT	D040		Auszahlungsbetrag vor Überweisung
000300	PRT	DF31	NOAB	Beiträge / AG-Zuschüsse frw/priv
000310	ACTIO	DF32		Korrektur Netto
000320	COPY	DVE0		Vermögensbildung Deutschland
000330	COPY	DNN0		Netto Be/Abzüge und Überweisungen
000340	COPY	DEND		* Endeverarbeitung-Deutschland

Abbildung 14.1 Schema DOZM (Fiktivlauf für die Berechnung der Grundlage für die Zuschussberechnung zum Mutterschaftsgeld)

Es handelt sich bei dem Fiktivlauf allerdings nicht um einen der im Rahmen der Altersteilzeit genutzten Fiktivläufe, die über die allgemeine Fiktivlaufsteuerung angestoßen und gesteuert werden, sondern um einen gesonderten Fiktivlauf, der die drei komplett vor Beginn des Mutterschutzes liegenden Monate fiktiv berechnet. Eine weitere Besonderheit der Fiktivläufe zur Berechnung des Zuschusses zum Mutterschaftsgeld ist, dass der Fiktivlauf in dem relevanten Grundlagenmonat jeweils separat für jeden einzelnen Zuschussmonat durchgeführt wird (siehe Abbildung 14.2).

Spezieller
Fiktivlauf

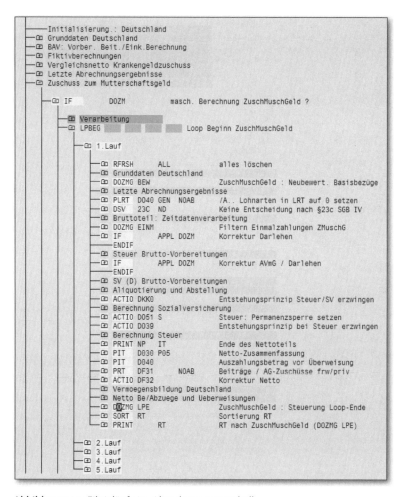

```
——Initialisierung.: Deutschland
—⊡ Grunddaten Deutschland
—⊡ BAV: Vorber. Beit./Eink.Berechnung
—⊡ Fiktivberechnungen
—⊡ Vergleichsnetto Krankengeldzuschuss
—⊡ Letzte Abrechnungsergebnisse
—⊡ Zuschuss zum Mutterschaftsgeld

     —⊡ IF       DOZM         masch. Berechnung ZuschMuschGeld ?

        —⊞ Verarbeitung
        —⊡ LPBEG               Loop Beginn ZuschMuschGeld

           —⊡ 1.Lauf

              —⊡ RFRSH    ALL           alles löschen
              —⊡ Grunddaten Deutschland
              —⊡ DOZMG BEW              ZuschMuschGeld : Neubewert. Basisbezüge
              —⊡ Letzte Abrechnungsergebnisse
              —⊡ PLRT  D040 GEN  NOAB   /A.. Lohnarten in LRT auf 0 setzen
              —⊡ DSV   23C  ND          Keine Entscheidung nach §23c SGB IV
              —⊡ Bruttoteil: Zeitdatenverarbeitung
              —⊡ DOZMG EINM             Filtern Einmalzahlungen ZMuschG
              —⊡ IF         APPL DOZM   Korrektur Darlehen
              —ENDIF
              —⊡ Steuer Brutto-Vorbereitungen
              —⊡ IF         APPL DOZM   Korrektur AVmG / Darlehen
              —ENDIF
              —⊡ SV (D) Brutto-Vorbereitungen
              —⊡ Aliquotierung und Abstellung
              —⊡ ACTIO DKK0             Entstehungsprinzip Steuer/SV erzwingen
              —⊡ Berechnung Sozialversicherung
              —⊡ ACTIO D051 S           Steuer: Permanenzsperre setzen
              —⊡ ACTIO D039             Entstehungsprinzip bei Steuer erzwingen
              —⊡ Berechnung Steuer
              —⊡ PRINT NP   IT          Ende des Nettoteils
              —⊡ PIT   D030 P05         Netto-Zusammenfassung
              —⊡ PIT   D040             Auszahlungsbetrag vor Überweisung
              —⊡ PRT   DF31      NOAB   Beiträge / AG-Zuschüsse frw/priv
              —⊡ ACTIO DF32             Korrektur Netto
              —⊡ Vermoegensbildung Deutschland
              —⊡ Netto Be/Abzuege und Ueberweisungen
              —⊡ DOZMG LPE              ZuschMuschGeld : Steuerung Loop-Ende
              —⊡ SORT  RT               Sortierung RT
              —⊡ PRINT     RT           RT nach ZuschMuschGeld (DOZMG LPE)

           —⊡ 2.Lauf
           —⊡ 3.Lauf
           —⊡ 4.Lauf
           —⊡ 5.Lauf
```

Abbildung 14.2 Fiktivläufe im Abrechnungsprotokoll

[zB] Anhand des folgenden Beispiels wird die Vorgehensweise deutlich:

▸ Mutterschutz in der Zeit vom 22.09.2008–08.01.2009

▸ als Grundlagenmonate gilt damit der Zeitraum vom 01.06–
31.08.2008

Da sich die Mutterschutzfrist über fünf Kalendermonate erstreckt (es ist ausreichend, wenn *ein* Tag des Monats mit Zuschuss zum Mutterschaftsgeld belegt ist), erfolgen in jedem Grundlagenmonat jeweils fünf Fiktivläufe (für jeden Monat des Zuschusses zum Mutterschaftsgeld einer). Aus den dabei ermittelten Nettoentgelten wird die Grundlage für die Berechnung des Zuschusses zum Mutterschaftsgeld ermittelt.

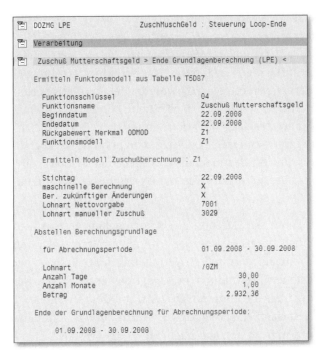

```
DOZMG LPE              ZuschMuschGeld : Steuerung Loop-Ende

Verarbeitung

Zuschuß Mutterschaftsgeld > Ende Grundlagenberechnung (LPE) <

   Ermitteln Funktonsmodell aus Tabelle T5D87

      Funktionsschlüssel             04
      Funktionsname                  Zuschuß Mutterschaftsgeld
      Beginndatum                    22.09.2008
      Endedatum                      22.09.2008
      Rückgabewert Merkmal ODMOD     Z1
      Funktionsmodell                Z1

      Ermitteln Modell Zuschußberechnung : Z1

      Stichtag                       22.09.2008
      maschinelle Berechnung         X
      Ber. zukünftiger Änderungen    X
      Lohnart Nettovorgabe           7001
      Lohnart manueller Zuschuß      3029

   Abstellen Berechnungsgrundlage

      für Abrechnungsperiode         01.09.2008 - 30.09.2008

      Lohnart                        /0ZM
      Anzahl Tage                       30,00
      Anzahl Monate                      1,00
      Betrag                         2.932,36

   Ende der Grundlagenberechnung für Abrechnungsperiode:

      01.09.2008 - 30.09.2008
```

Abbildung 14.3 Ergebnis der Grundlagenberechnung im Fiktivlauf

Abbildung 14.3 zeigt das Protokoll der Funktion DOZMG (Zuschuss zum Mutterschaftsgeld) mit dem Parameter 1 = LPE (Steuerung Loop Ende). Hier werden die relevanten Ergebnisse des Fiktivlaufs (Anzahl der Kalendertage, Monate und der Grundlagenbetrag) angedruckt. Diese Werte werden in die technische Lohnart /0ZM abgestellt und im Abrechnungsmonat von der gleichen Funktion mit dem Parameter 1 = CALC (Berechnung des Zuschusses) gelesen und für die weitere Verarbeitung verwendet.

Über den gesamten Grundlagenzeitraum wird die Lohnart aufaddiert, und im Rahmen der Verarbeitung der obengenannten Funktion mit dem Parameter 1 = CALC wird durch die Anzahl der Kalendertage in diesem Zeitraum dividiert, um den kalendertäglichen Zahlbetrag zu berechnen. Von diesem kalendertäglichen Zahlbetrag wird dann das von der Krankenkasse gegebenenfalls gewährte Mutterschaftsgeld subtrahiert, und der Differenzbetrag kommt zur Auszahlung. Bei den Berechnungen berücksichtigt das System auch im Zeitraum der Grundlagenberechnung vorhandene unbezahlte Abwesenheiten. Allerdings ist im Customizing festgelegt, welche Mindestanzahl an bezahlten Kalendertagen vorhanden sein muss, um

eine automatische Berechnung durchzuführen. Wird diese Mindestanzahl unterschritten, so ist die Ermittlung des Zuschusses zum
Mutterschaftsgeld auf manuellem Wege durchzuführen. Regelmäßig
erfolgt dies, indem für die relevanten (z. B. ohne Einmalzahlungen)
Entgelte der Mitarbeiterin ohne die Abwesenheiten ein fiktives Nettoarbeitsentgelt ermittelt wird. Der so ermittelte Betrag ist dann manuell als zu zahlender Zuschuss über die Stammdaten – Infotyp 0015
(Ergänzende Zahlung) – zu erfassen. Das System erkennt bei korrekter Konfiguration anhand der manuell vorgegebenen Lohnart, dass
keine maschinelle Berechnung des Zuschusses erwünscht ist, und un-
terlässt diese.

Neben der Möglichkeit, den Zuschuss direkt vorzugeben, besteht auch
noch die Möglichkeit, die als Basisbezüge ermittelten Werte sowie den
im Rahmen der Fiktivläufe ermittelten Nettobetrag der Grundlage per
Lohnart zu übersteuern. Abbildung 14.4 zeigt das Ergebnis der Zuschussberechnung über die Funktion DOZMG mit dem Parameter 1
= CALC. Es handelt sich bei Abbildung 14.4 nicht um das komplette
Protokoll, sondern nur um den abschließenden Ergebnisteil.

```
Errechnung Zuschußbetrag pro Kalendertag

aktuelle Berechnungsgrundlage

    Anzahl Tage                                90,00
    Anzahl Monate                               3,00
    Betrag                                  8.762,88

Vorgaben Modelltabelle

    Konstante Minimale Anzahl Tage       MSCHT

    Konstante Zuschuß Krankenkasse       MSCHG

    Zuschußbetrag Krankenkasse                 13,00

Berechnung: ( Betrag * Konstante GENAU / Anzahl Tage / Konstante
            GENAU ) - Zuschußbetrag Krankenkasse

    Zuschußbetrag pro Kalendertag              84,37

    Anzahl Kalendertage aktueller Monat        31,00
    Zuschußbetrag                           2.615,47

    Lohnart für Zuschuß                  /5ZM
```

Abbildung 14.4 Ergebnis der Zuschussberechnung (Protokoll der
Verarbeitung der Funktion DOZMG mit Parameter 1 = CALC)

Das Protokoll gibt auch Aufschluss über Customizing, Grundlagenzeitraum, manuelle Vorgabelohnarten und weitere Parameter, die
für die Berechnung relevant sind.

14.3 Customizing

Das Customizing für die Einrichtung des Zuschusses zum Mutterschaftsgeld befindet sich im Einführungsleitfaden unter PERSONALABRECHNUNG • ABRECHNUNG DEUTSCHLAND • BRANCHEN • ÖFFENTLICHER DIENST • ZUSCHUSS MUTTERSCHAFTSGELD.

Für verschiedene Funktionen im öffentlichen Dienst (wie z.B. die Fristenberechnung, den Zuschuss zum Krankengeld oder auch den Zuschuss zum Mutterschaftsgeld) existieren maschinelle Berechnungslösungen. Diese sind generell über die Tabellen T5D84 und T5D87 sowie über das Merkmal ODMOD (OrgSchlüssel für Funktionsmodelle im öffentlichen Dienst) gesteuert.

Die wesentlichen Steuerungsparameter sind:

Steuerungsparameter

▸ das Merkmal ODMOD, das für jede Funktion als Rückgabewert die Ausprägung des Organisationsschlüssels definiert (siehe Abbildung 14.5).

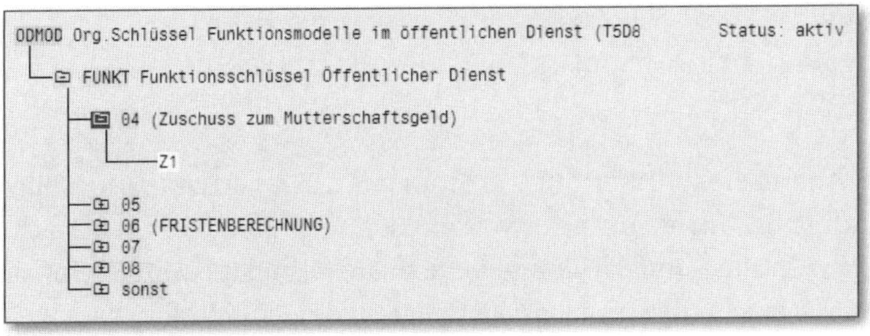

```
ODMOD Org.Schlüssel Funktionsmodelle im öffentlichen Dienst (T5D8      Status: aktiv
    └─▢ FUNKT Funktionsschlüssel Öffentlicher Dienst
        ├─▣ 04 (Zuschuss zum Mutterschaftsgeld)
        │       └──Z1
        ├─▢ 05
        ├─▢ 06 (FRISTENBERECHNUNG)
        ├─▢ 07
        ├─▢ 08
        └─▢ sonst
```

Abbildung 14.5 Merkmal ODMOD – Festlegung der auszuführenden Funktionsmodelle

Durch dieses Merkmal besteht die Möglichkeit, abhängig von verschiedenen organisatorischen Merkmalen wie z.B. Personalbereich und -teilbereich oder Mitarbeitergruppe oder -kreis, aber auch anhand des Schlüssels für die Funktion das auszuführende Funktionsmodell festzulegen.

▸ die Tabelle T5D87, die einem Organisationsschlüssel ein auszuführendes Modell zuordnet

▸ die Tabelle T5D84, die das Detail-Customizing zum auszuführenden Modell enthält

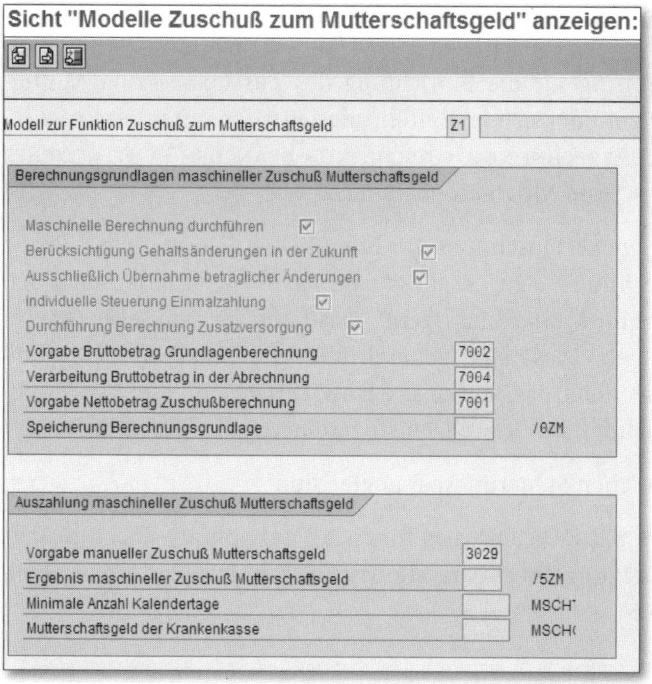

Abbildung 14.6 Tabelle T5D84 – Detailsteuerung des Zuschusses zum Mutterschaftsgeld

Das Ankreuzfeld INDIVIDUELLE STEUERUNG EINMALZAHLUNG sollte grundsätzlich nicht angehakt werden, denn der Standard berücksichtigt bereits alle Einmalzahlungen, die in die Kumulation /103 (einmalige SV-Bezüge) fließen, nicht. Lediglich in dem Sonderfall, dass weitere Lohnarten vorhanden sind, die nicht in die Berechnung mit einfließen sollen, ist das Anhaken eine Alternative. Das Anhaken deaktiviert den Standard und führt dazu, dass nur die Lohnarten, die in die Tabelle T5D85 (IMG-Aktivität: EINMALZAHLUNGEN INDIVIDUELL STEUERN) eingetragen werden, nicht bei der Grundlagenberechnung berücksichtigt werden. Eine bessere Alternative stellt das Anlegen einer eigenen Verarbeitungsklasse für diese nicht zu berücksichtigenden Lohnarten dar. Im Fiktivlauf kann dann über eine kundeneigene Personalrechenregel, die die neuangelegte Verarbeitungsklasse abfragt, das Eliminieren der relevanten Lohnarten erfolgen.

Um die obengenannten manuell vorgebbaren Lohnarten problemlos konfigurieren zu können, liefert SAP folgende Musterlohnarten aus:

- ▸ OZMG (Berechnungsgrundlage Zuschuss zum Mutterschaftsgeld)
- ▸ OZMB (Grundlage Zuschuss Mutterschaftsgeld Brutto)
- ▸ O450 (Zuschuss zum Mutterschaftsgeld)

Die Anzahl der minimalen Kalendertage wird über die Tabelle T511K mit der Konstante MSCHT festgelegt. Der kalendertägliche Zahlbetrag, den die Krankenkasse an die gesetzlich versicherten Mitarbeiterinnen auszahlt, wird über die Konstante MSCHG (ebenfalls Tabelle T511K) definiert. Sofern die im Standard ausgelieferte Abwesenheitsart 0500 (Mutterschutz) im Kundensystem Verwendung findet (dazu wird ausdrücklich geraten), ist die Prüfung bzw. Bearbeitung des Kapitels ABWESENHEIT MUTTERSCHUTZ im Einführungsleitfaden nicht erforderlich.

14.4 Fazit

Die Einrichtung der automatisierten Berechnung des Zuschusses zum Mutterschaftsgeld stellt in der Regel kein großes Problem dar. Insbesondere aufgrund des hohen manuellen Aufwandes für die Fiktivberechnungen lohnt sich der Einsatz der automatischen Berechnung zumeist auch bereits für geringe Fallzahlen.

*Ein Zuschuss zum Krankengeld nach Ablauf der Entgeltfort-
zahlung wird außer im öffentlichen Dienst aufgrund arbeits-
rechtlicher Kollektivvereinbarungen wie beispielsweise Tarifverträgen oder Betriebsvereinbarungen auch in vielen
anderen Branchen und Unternehmen gewährt. Der Zuschuss
zum Krankengeld soll den Mitarbeiter vor allzu harten finan-
ziellen Einschnitten während einer Arbeitsunfähigkeit oder
einer Rehamaßnahme bewahren.*

15 Zuschuss zum Krankengeld

Die Berechnungsmodalitäten für den Zuschuss zum Krankengeld
sind zumeist komplex und aufgrund der oftmals unternehmensspezi-
fischen Ausprägungen auch vielfältig. Daher kann die von SAP ausgelieferte Standardlösung nicht eins zu eins verwendet werden und
muss zumeist an die betrieblichen oder tariflichen Erfordernisse angepasst werden.

15.1 Allgemeines

Der Zuschuss zum Krankengeld stellt eine freiwillige Leistung des
Unternehmens dar, die nach Ablauf der Entgeltfortzahlung in Abhängigkeit von dem von der Krankenkasse gezahlten Krankengeld und
dem bisher vom Mitarbeiter bezogenen Nettoarbeitsentgelt gezahlt
wird. Der Zuschuss selbst ist steuerpflichtig. In der Sozialversicherung besteht SV-Freiheit, sofern das gezahlte Krankengeld der Krankenkasse zusammen mit dem Zuschuss des Arbeitgebers das vorhe-
rige Nettoarbeitsentgelt nicht überschreitet (siehe dazu Kapitel 16,
»Besonderheiten des § 23c Sozialgesetzbuch IV (SGB IV)«).

Der Zuschuss zum Krankengeld ergibt sich regelmäßig durch Sub-
traktion des von der Krankenkasse gezahlten Krankengeldes vom ermittelten Nettoarbeitsentgelt.

[+]
> Wie beim Zuschuss zum Mutterschaftsgeld ist eine fiktive Nettoberechnung regelmäßig erforderlich, und die originäre Abbildung wurde von SAP für die Anforderungen im öffentlichen Dienst entwickelt. Seit mehreren Jahren kann die Lösung aber auch im Schema der Privatwirtschaft eingesetzt werden.

Für die Ermittlung der relevanten Grundlagenbeträge (im Branchenjargon des öffentlichen Dienstes wird vom sogenannten *Nettourlaubslohn* gesprochen) sind – wie beim Zuschuss zum Mutterschaftsgeld – Fiktivläufe im Einsatz.

Varianten der Zuschussberechnung

SAP stellt mehrere Varianten der Zuschussberechnung zur Verfügung:

Variante 1 führt die Berechnung so durch, dass der Mitarbeiter nur für den Zeitraum der unbezahlten Abwesenheit so gestellt wird, als wäre er anwesend, d.h., die Zeiträume von Anwesenheit bzw. bezahlter Abwesenheit und unbezahlter Abwesenheit werden im Fiktivlauf getauscht, und auf dieser Basis erfolgt die Ermittlung des fiktiven Nettoarbeitsentgelts.

Variante 2 ermittelt das fiktive Nettoarbeitsentgelt auf der Basis der Annahme, dass der Mitarbeiter den kompletten Monat abwesend ist (Vollmonatsbetrachtung).

Variante 3 unterscheidet sich von Variante 2 dadurch, dass für sie die Fiktivlaufsteuerung eingesetzt wird. Darüber hinaus bestehen insbesondere aus dem neuen Recht des öffentlichen Dienstes resultierende fachliche Unterschiede zwischen Variante 2 und Variante 3, die aufgrund der isolierten Geltung für den öffentlichen Dienst hier nicht weiter dargestellt werden sollen.

Insofern sind für die Privatwirtschaft nur die Varianten 1 und 2 von Bedeutung. Auf Variante 3 gehen wir im Folgenden nicht weiter ein.

15.2 Stammdaten und Ablauf in der Personalabrechnung

Sofern im Schema der Personalabrechnung und über das Customizing die Berechnung des Zuschusses korrekt konfiguriert ist, ist in den Stammdaten die Pflege des Infotyps 0016 (Vertragsbestandteile) – siehe Abbildung 15.1 – sinnvoll (aber nur fakultativ) und die Pflege des Infotyps 2001 (Abwesenheiten) – siehe Abbildung 15.2 – sowie die Eingabe von speziellen Lohnarten im Infotyp 0014 (Wiederkehrende Be-/Abzüge) oder 0015 (Ergänzende Zahlung) zwingend erforderlich.

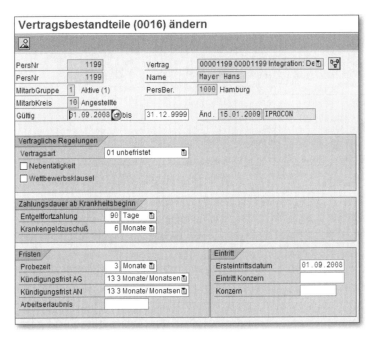

Abbildung 15.1 Infotyp 0016 (Vertragsbestandteile) mit Angaben zur Entgeltfortzahlung und zur Dauer des Krankengeldzuschusses

In der Datengruppe Zahlungsdauer ab Krankheitsbeginn wird festgelegt, wie lange das Entgelt für den Mitarbeiter fortgezahlt wird (in dieser Zeit wird noch kein Krankengeldzuschuss gezahlt). Im Feld Krankengeldzuschuss wird die Zeitdauer hinterlegt, für die der Zuschuss zum Krankengeld gewährt wird. Dabei beginnt dieser Zeitraum mit dem Beginn der Krankheit und nicht mit dem Ende der Entgeltfortzahlung. Für beide Felder können im Customizing Vorschlagswerte eingestellt werden. Diese können im Infotyp jederzeit manuell übersteuert werden.

Die Einstellungen des Infotyps 0016 erzeugen für den Infotyp 2001 (Abwesenheiten) Vorschlagswerte für die Felder Ende Lohnfortzahlung sowie Krankengeldzuschuss (siehe Abbildung 15.2).

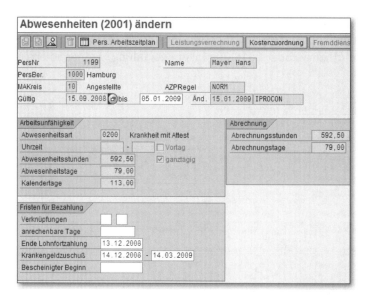

Abbildung 15.2 Infotyp 2001 (Abwesenheiten) mit Feldern zur Bestimmung der Fristen für Entgeltfortzahlung und Krankengeldzuschuss

Auch die Werte der beiden obengenannten Felder im Infotyp 2001 können jederzeit übersteuert werden. Darüber hinaus besteht die Möglichkeit, über das erste der beiden Verknüpfungsfelder mehrere Krankheiten, deren Zeitdauern auf die Entgeltfortzahlung und gegebenenfalls auch auf den Krankengeldzuschuss anzurechnen sind, miteinander zu verknüpfen. Das bedeutet, dass die Zeiträume der vorherigen Erkrankungen berücksichtigt werden und das System das Ende der Entgeltfortzahlung und den Beginn des Krankengeldzuschusses automatisch berechnet. Die Personalabrechnung nutzt dann diese beiden Felder, um die Zeiträume für die Entgeltfortzahlung und den Krankengeldzuschuss zu bestimmen.

Auslösung der Fiktivläufe

Die Auslösung der Fiktivläufe erfolgt letztlich aber über die in den Infotypen 0014 oder 0015 erfassten speziellen Lohnarten für das von der Krankenkasse gezahlte Krankengeld. Anhand der Ausprägung K bzw. T (letztere für kalendertäglich erfasstes Krankengeld) der Verarbeitungsklasse 47 erkennt das System (im Schema *DZ00* über die Personalrechenregel D001), dass es sich bei der Lohnart um Krankengeld von der Krankenkasse handelt. Im ausgelieferten System stehen als Kopiervorlage die Lohnarten MH01 (Krankengeld Krankenkasse – monatlich), MH02 (Krankengeld Krankenkasse kalendertäglich) und MH03 (Übergangsgeld kalendertäglich) zur Verfügung. Die Musterlohnart *MH01* kann zwar grundsätzlich noch weiterverwendet werden. Aufgrund der Spezifika des § 23c SGB IV (siehe Kapitel 16) können damit jedoch die Berechnungen für die Entscheidung nach § 23c SGB IV nicht korrekt durchgeführt werden, und es ist die Aufgabe weiterer Lohnarten erforderlich.

[+]
Vor diesem Hintergrund raten wir von der Nutzung dieser »veralteten« Musterlohnart ab und empfehlen, nur noch die Lohnart MH02 (für Krankengeld) bzw. MH03 (für Übergangsgeld) zu verwenden.

Die fiktiven Berechnungen des Nettoarbeitsentgelts erfolgen in der Personalabrechnung im Schema DZ00 bzw. DZ01. Der von SAP ausgelieferte Standard für den Zuschuss zum Krankengeld in der Privatwirtschaft umfasst die obengenannte Variante 1, d. h., die unbezahlten Abwesenheiten des Mitarbeiters werden im Fiktivlauf zu bezahlten Zeiten. Erreicht wird dies über eine Änderung des Modifikators für Abwesenheiten. Dieser Modifikator wird im Standard für Deutschland mit 01 ausgeliefert und stellt ein Schlüsselfeld in den relevanten Tabellen zur Bewertung von Abwesenheiten zur Verfügung. Durch die Änderung dieses Werts auf 09 wird erreicht, dass aus bezahlten Zeiten unbezahlte werden und umgekehrt. Die Anpassung erfolgt im Schema DTZ0 (Bruttovergütung Zuschuss) in der Personalrechenregel DMOZ (Modifikatoren bereitstellen). Für den relevanten Zeitraum werden dann Bruttoentgelte sowie die notwendigen Abzugsbeträge (vorrangig Steuer und SV-Beiträge) ermittelt und vom Bruttobetrag subtrahiert, so dass ein für diese Zeit geltendes fiktives Nettoarbeitsentgelt entsteht. Die Bruttoentgeltfindung spart dabei bestimmte Verarbeitungsschritte aus (so werden z. B. die Infotypen 0014 und 0015 nicht eingelesen, weil einmalige Bezüge bei der fiktiven Nettoberechnung nicht berücksichtigt werden dürfen).

[+]
Dabei ist zu beachten, dass bei untermonatigen Berechnungen ausgehend von den für den bezahlten Zeitraum anfallenden Steuer- und SV-Tagen entsprechend Steuern und Beiträge berechnet werden.

Darüber hinaus wird generell das Entstehungsprinzip angewendet, und ein eventuell durchzuführender Lohnsteuerjahresausgleich wird unterlassen. Das so ermittelte Nettoarbeitsentgelt wird über die Personalrechenregel D003 (*Vergleichsnetto in IT sichern*) übernommen und zum Abschluss des Schemas DZ01 in der Variablen VGLN (*Vergleichsnetto für die weitere Verarbeitung*) abgestellt.

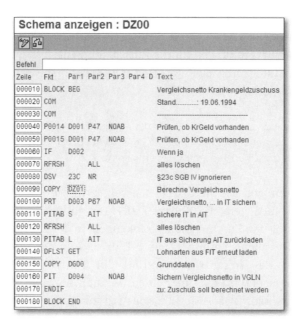

Abbildung 15.3 Schema DZ00 mit integriertem Fiktivlaufschema DZ01

Die Ermittlung des Zuschusses erfolgt dann im Schema DWB0 (Einlesen von weiteren Be-/Abzügen) über die Personalrechenregel D011 (Einlesen ergänzende und wiederkehrende Zahlungen). Diese verzweigt im Falle des Vorliegens von Krankengeld (Verarbeitungsklasse 47 mit Ausprägung K oder T) in die Regel D005 (Zuschussberechnung Krankengeld). Dort wird dann vom ermittelten fiktiven Nettoarbeitsentgelt das über den Infotyp 0014 (kalendertäglich) oder 0015 (als Einmalbetrag für jeden relevanten Monat) aufgegebene Krankengeld der Krankenkasse subtrahiert. Das Ergebnis stellt den Zuschuss zum Krankengeld dar.

Abhängig davon, ob es sich um gesetzlich oder privat versicherte Mitarbeiter handelt – erkennbar am Primärattribut aus dem Infotyp 0013 (Sozialversicherung D) –, wird der Zuschuss in die Lohnarten M460 bzw. M461 abgestellt.

[+] Seit 2006 ist diese Unterscheidung aufgrund der Einführung des § 23c SGB IV nicht mehr erforderlich, was von SAP so aber nie umgesetzt wurde.

Der Vergleichsnettobetrag wird in die Lohnart M960 abgestellt.

15.3   Customizing

Das Customizing für die Einrichtung des Zuschusses zum Krankengeld findet sich nicht im Einführungsleitfaden. Folgende Aktivitäten sind erforderlich, damit ein Zuschuss zum Krankengeld automatisch berechnet wird:

Der erste Schritt besteht darin, die relevanten Lohnarten zu kopieren. Aufgrund der Einführung des § 23c SGB IV (siehe Kapitel 16) ist es hierbei zu massiven Veränderungen gekommen, so dass wir empfehlen, als Kopiervorlage für die Lohnart zur Aufgabe des Krankengeldes die Lohnart MH02 zu verwenden. Mit dieser Lohnart kann dann das von der Krankenkasse gezahlte Krankengeld als kalendertäglicher Zahlbetrag erfasst werden. Der Vorteil zur Lohnart MH01 besteht darin, dass bei Nutzung der Lohnart MH02 das im entsprechenden Monat gezahlte Krankengeld vom System automatisch berechnet wird. Dies erfolgt mit Hilfe der Operation DSVM ZU, die in der Personalrechenregel DVS6 (diese wird aus der Regel D011 aufgerufen) verarbeitet wird. Die Operation stellt die Anzahl der Kalendertage, für die Krankengeld von der Krankenkasse gezahlt wird, ins Anzahlfeld. Allerdings funktioniert diese Operation nur, wenn das Customizing des § 23c SGB IV (Tabelle T5D4F) vorhanden ist und es sich (im Standard) um eine Lohnart beginnend mit dem Literal /3Z handelt.

Die Kopie weiterer Lohnarten ergibt nur dann Sinn, wenn die Personalrechenregel D011 (Wiederkehrende Be-/Abzüge und ergänzende Zahlungen) im Zuge der Realisierung der kundeneigenen Anforderungen angepasst werden muss oder bereits angepasst ist. Ist dies nicht der Fall, empfehlen wir, die weiteren verwendeten Lohnarten wie z. B. M960 (*Vergleichsnetto*) oder M460 (*Zuschuss Krankengeld*) nicht zu kopieren, da so Änderungen an der verwendeten Standardberechnung durch das Einspielen von Support Packages automatisch übernommen werden können. Dies funktioniert allerdings nur, wenn die Standardregel zum Einsatz kommt.

Der nächste Schritt zur Einrichtung der automatischen Zuschussberechnung besteht in der Durchführung der erforderlichen Anpassungen des Fiktivlaufschemas DZ01, in dem das Vergleichsnetto gebildet wird (Abbildung 15.3). Häufiger vorkommende Anpassungen in diesem Kontext sind die Filterung weiterer Lohnarten, die nicht in die

Schritt 1

Schritt 2

425

Fiktivberechnung mit einfließen dürfen (der Standard filtert bereits Einmalzahlungen), oder die Generierung von Lohnarten, die zusätzlich mit in die Fiktivnettoberechnung einfließen sollen. Ein Beispiel für Letzteres: Wenn Lohnarten für laufendes Entgelt über kundeneigene Funktionen automatisch berechnet werden, so muss die entsprechende kundeneigene Funktion gegebenenfalls ins Fiktivlaufschema aufgenommen werden.

Schritt 3 Abschließend kann die Personalrechenregel D011 auf die Kundenerfordernisse zugeschnitten werden. Regelmäßig erfolgt dies durch Kopieren der Standardregel, Anpassen an den relevanten Stellen, Einbauen und Aktivieren im Schema sowie Deaktivieren der Standardregel.

[+] Wir empfehlen generell, Standardregeln, die durch Kundenregeln ersetzt wurden, nicht aus dem Schema zu entfernen, sondern in diesem zu belassen, zu deaktivieren und die Kundenregel unterhalb der Standardregel einzufügen. Dies verbessert insbesondere im Rahmen der laufenden Wartung des Schemas die Übersichtlichkeit und den Abgleich.

Abbildung 15.4 zeigt einen Teil der angepassten Berechnungsregel zur abschließenden Ermittlung des Krankengeldzuschusses sowie das Ergebnis der Berechnungen. Die Lohnart 7317 bildete die Grundlage der Berechnung durch Erfassung im Infotyp 0014; die Lohnarten M460 und M960 wurden im Verlauf der angepassten Rechenregel Z011 gebildet.

Der Einsatz der obengenannten Varianten 2 und 3 der Zuschussberechnung im Schema der Privatwirtschaft ist nur mit teils massiven Änderungen der entsprechenden Fiktivlaufschemen möglich, da diese beiden Varianten von SAP speziell für den öffentlichen Dienst ausgeliefert wurden. Die Erfahrung zeigt jedoch, dass insbesondere die Variante 2, also die Berechnung des Zuschusses ohne Teilmonatsbetrachtung, auch in der Privatwirtschaft Anwendung findet.

Bei Variante 2 wird der Fiktivnettobetrag immer für den vollen Monat und damit für 30 Kalendertage berechnet; der Zahlbetrag für Teilmonate wird berechnet, indem der kalendertäglich ermittelte Zuschussbetrag mit der Anzahl der anspruchsberechtigten Kalendertage multipliziert wird.

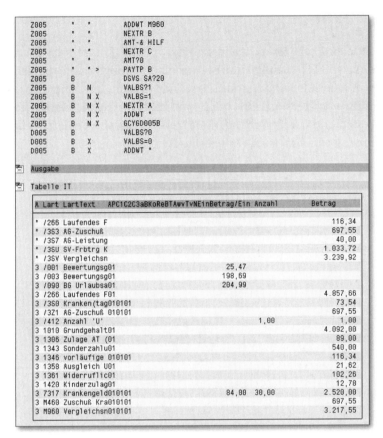

```
Z005    *   *       ADDWT M960
Z005    *   *       NEXTR B
Z005    *   *       AMT-& HILF
Z005    *   *       NEXTR C
Z005    *   *       AMT?0
Z005    *   * >     PAYTP B
Z005    B           DSVS SA?20
Z005    B   N       VALBS?1
Z005    B   N X     VALBS=1
Z005    B   N X     NEXTR A
Z005    B   N X     ADDWT *
Z005    B   N X     GCY6D005B
D005    B           VALBS?0
D005    B   X       VALBS=0
D005    B   X       ADDWT *
```

Ausgabe

Tabelle IT

K	Lart	LartText	APC1C2C3aBKoReBTAwvTvNEinBetrag/Ein	Anzahl	Betrag
*	/266	Laufendes F			116,34
*	/3S3	AG-Zuschuß			697,55
*	/3S7	AG-Leistung			40,00
*	/3SU	SV-Frbtrg K			1.033,72
*	/3SV	Vergleichsn			3.239,92
3	/001	Bewertungsg01	25,47		
3	/003	Bewertungsg01	198,69		
3	/090	BG Urlaubsa01	204,99		
3	/266	Laufendes F01			4.857,66
3	/3S0	Kranken(tag010101			73,54
3	/3Z1	AG-Zuschuß 010101			697,55
3	/412	Anzahl 'U'		1,00	1,00
3	1010	Grundgehalt01			4.092,00
3	1306	Zulage AT (01			89,00
3	1343	Sonderzahlu01			540,00
3	1346	vorläufige 010101			116,34
3	1358	Ausgleich U01			21,62
3	1361	Widerruflic01			102,26
3	1420	Kinderzulag01			12,78
3	7317	Krankengeld010101	84,00	30,00	2.520,00
3	M460	Zuschuß Kra010101			697,55
3	M960	Vergleichsn010101			3.217,55

Abbildung 15.4 Ausschnitt aus einer angepassten Personalrechenregel sowie die Ergebnislohnarten der Krankengeldzuschussberechnung

In einem solchen Fall muss das Fiktivlaufschema DOZ2 (Hauptschema Nettourlaubslohn) mit zumeist größerem Aufwand für den Einsatz im Schema D000 angepasst werden.

Abschließend möchten wir darauf hinweisen, dass die Einrichtung der automatischen Zuschussberechnung zum Krankengeld grundsätzlich nicht mehr ohne die gleichzeitige Einrichtung der Berechnung nach § 23c des SGB IV empfohlen wird. Der Implementierungs- und damit auch Testaufwand für die beiden Themenfelder, die direkt miteinander zusammenhängen, kann so deutlich vermindert werden.

15.4 Fazit

Der Zuschuss zum Krankengeld ist aufgrund der Komplexität (Verwendung von Fiktivläufen) und der verteilten Konfiguration, die sich nicht an einer Stelle im Einführungsleitfaden befindet, ohne tiefere Kenntnisse der Personalabrechnung nur schwer einzurichten. Auch das Testen und damit verbunden die Verifikation von Fehlern stellt die Endanwender meist vor eine echte Herausforderung.

Die Einführung des § 23c SGB IV im Jahre 2005 führte dazu, dass von den Arbeitgebern gewährte Arbeitsentgelte (auch wenn diese in Form von Sachleistungen bestehen), die während des Bezugs von Sozialleistungen wie z. B. Kranken- oder Übergangsgeld gezahlt werden, nicht mehr in unbegrenzter Höhe beitragsfrei bleiben. Dies wurde vorher von den Sozialversicherungsträgern gebilligt.

16 Besonderheiten des § 23c Sozialgesetzbuch IV (SGB IV)

Die Abbildung des § 23c SGB IV in SAP ERP HCM wurde mit dem Jahreswechsel 2005/2006 ausgeliefert und ist durch den mehrfachen Einsatz von Fiktivläufen eine der komplexesten Lösungen des gesamten HCM-Systems. Sofern im Einzelfall nur geringe Fallzahlen abzuwickeln sind, lohnt sich gegebenenfalls auch die manuelle Ermittlung und Vorgabe der relevanten Werte, so dass auf den Einsatz von Fiktivläufen verzichtet werden kann.

16.1 Allgemeines

Auf der Grundlage des § 23 c SGB IV gelten Leistungen, die der Arbeitgeber dem Mitarbeiter während der Zeit des Bezugs von Sozialleistungen (Kranken-, Krankentage-, Versorgungskranken-, Verletzten- sowie Mutterschaftsgeld) gewährt und die mit den Sozialleistungen zusammen das Nettoarbeitsentgelt übersteigen, als beitragspflichtige Einnahme in der Sozialversicherung. Das gilt entgegen den Regelungen vor dem Inkrafttreten nun für alle Versicherten, unabhängig davon, ob sie privat- oder gesetzlich versichert sind.

Typische Leistungen, die von den Arbeitgebern während des Bezugs von Sozialleistungen gewährt werden, sind z. B.:

Typische Leistungen

▸ Zuschüsse zum Krankengeld oder den weiteren Sozialleistungen, die die Differenz zum bisherigen Nettoarbeitsentgelt ausgleichen sollen

▸ Sachbezüge (z. B. für Kost und Logis, Dienstwagen, die weitergenutzt werden dürfen)

▸ weitergezahlte vermögenswirksame Leistungen

▸ Kontoführungsgebühren

▸ Prämien für eine Altersversorgung

Sofern das relevante Nettoarbeitsentgelt durch die weitergewährten Leistungen überschritten wird, ist zu prüfen, ob die Freigrenze von 50,–€ je Monat ebenfalls überschritten wird. Denn nur in diesem Fall sind die weitergewährten Leistungen als beitragspflichtige Einnahme anzusehen und folglich einer Verbeitragung in der Sozialversicherung zu unterwerfen.

[+] Dabei ist zu beachten, dass im Falle einer Beitragspflicht auch das Beschäftigungsverhältnis aus sozialversicherungsrechtlicher Sicht als nicht unterbrochen gilt und damit auch nach Ablauf eines vollen Monats der Zahlung der Sozialleistung keine DEÜV-Meldung zu erstatten ist.

Die Freigrenze wurde vor dem Hintergrund zahlreicher Bagatellbeträgen eingeführt, wie sie typischerweise bei weitergewährten vermögenswirksamen Leistungen in Höhe von 40,–€ je Monat, aber auch bei anderen Fallkonstellationen auftreten. Damit wird vermieden, dass teilweise nur Centbeträge einer Verbeitragung unterworfen werden.

Das Nettoarbeitsentgelt, das im Rahmen eines Fiktivlaufs ermittelt wird, wird bei freiwillig und privat versicherten Mitarbeitern um die Beträge der selbst zu tragenden Beiträge zur Kranken- und Pflegeversicherung vermindert. Insofern sind damit die freiwillig und privatversicherten Mitarbeiter den gesetzlich pflichtversicherten Mitarbeitern gleichgestellt.

Abwicklung in einem zweistufigen Verfahren Die Abwicklung der Regelungen nach § 23c SGB IV folgen einem zweistufigen Verfahren, das im ersten Schritt die Entscheidung, ob überhaupt eine Beitragspflicht vorliegt, umfasst. Im zweiten Schritt wird dann im Falle einer Beitragspflicht der Bemessungsbruttobetrag ermittelt (denn es kann nur verbeitragt werden, was über das bisherige Nettoarbeitsentgelt hinausgeht, nicht die kompletten vom Arbeitgeber gewährten Leistungen) und eine Beitragsberechnung durchgeführt.

Das Ermittlungsverfahren zur Entscheidung, ob eine Beitragspflicht vorliegt, sieht vor, dass der relevante Zeitraum immer im Rahmen einer Vollmonatsbetrachtung untersucht wird. Insofern sind auch bei nur teilweise mit Sozialleistungen belegten Monaten immer Vollmonatsbetrachtungen durchzuführen. Dies hat zur Folge, dass generell die tatsächlich gezahlten Beträge für die Untersuchung nicht verwendet werden können und die Beträge fiktiv ermittelt werden müssen.

Vollmonatsbetrachtung

Grundlage für die Abbildung in SAP ERP HCM ist das gemeinsame Rundschreiben der Sozialversicherungsträger vom 15.11.2005, das konkretisierende Vorgaben zum allgemein gefassten Gesetzestext enthält.

Rundschreiben der Sozialversicherungsträger vom 15.11.2005

Um entscheiden zu können, ob die vom Arbeitgeber weitergewährte Leistung einer Beitragspflicht zu unterwerfen ist, werden folgende Beträge benötigt:

Benötigte Beträge

▸ **die Höhe der Sozialleistung, die dem Arbeitgeber regelmäßig vom Sozialleistungsträger mitzuteilen ist**
Dabei muss es sich um den kalendertäglichen Nettowert handeln (also um den Wert, der dem Mitarbeiter vonseiten des Sozialleistungsträgers auch wirklich ausgezahlt wird). Hier ist mittelfristig ein direktes Datenaustauschverfahren zwischen Sozialleistungsträgern und Arbeitgebern vorgesehen.

▸ **der Vergleichsnettobetrag des Mitarbeiters**
Dies ist das bisher vom Mitarbeiter erzielte Nettoarbeitsentgelt unter der Annahme, dass keine Abwesenheit vorliegt.

▸ **der Zuschuss des Arbeitgebers zur Sozialleistung**
Hierbei geht es insbesondere um Zuschüsse zum Kranken- und Übergangsgeld sowie zu weiteren Sozialleistungen.

▸ **die vom Arbeitgeber gewährte zusätzliche Leistung**
(Gemeint ist nicht der eventuell gezahlte Zuschuss zur Sozialleistung, sondern andere weitergewährte Leistungen wie z. B. vermögenswirksame Leistungen oder ein Dienstwagen.) Sie wird ergänzend zur Sozialleistung gezahlt. Hierbei handelt es sich um den Wert, der für einen vollen Monat der Abwesenheit außerhalb der Entgeltfortzahlung anfällt.

Die Beträge, die als Vollmonatswert angegeben werden müssen, werden auf kalendertägliche Werte umgerechnet, und die Entscheidung, ob eine Beitragspflicht besteht, ist davon abhängig, ob der Zuschuss des Arbeitgebers zur Sozialleistung zusammen mit der weitergewährten Arbeitgeberleistung die Differenz zwischen dem bisherigen Vergleichsnettobetrag und der Sozialleistung übersteigt.

Die rechtlichen Vorgaben sehen vor, dass in Monaten, in denen zwei verschiedene Sozialleistungen oder Zeiträume mit und ohne Zuschuss (z. B. wenn die Zuschusszahlung des Arbeitgebers ausläuft oder Zuschuss zum Mutterschaftsgeld im Anschluss an den Zuschuss zum Krankengeld gezahlt wird) vorhanden sind, auch zwei unterschiedliche Betrachtungen nach § 23c SGB IV erfolgen müssen.

Bei privatversicherten Mitarbeitern gilt, dass diese grundsätzlich immer eine Mitteilung über die Höhe des von der privaten Versicherung gewährten Krankentagegeldes einreichen müssen, um die Entscheidungsrechnung nach § 23c SGB IV durchführen zu können. Dies gilt auch, wenn keine Zuschüsse vom Arbeitgeber gewährt werden. Werden von den privatversicherten Mitarbeitern keine Mitteilungen über die Höhe des Krankentagegeldes eingereicht, so hat der Arbeitgeber generell den Mitarbeiter so zu stellen, als wäre dieser weiterhin beitragspflichtig. Dies führt in der Konsequenz dazu, dass es zur Berechnung und Abführung von Beiträgen zur gesetzlichen Renten- und Arbeitslosenversicherung kommt und für den Mitarbeiter mithin eine Forderung auflaufen kann. Nach Einreichung der Mitteilung über die Höhe des Krankentagegeldes kann im Wege der Rückrechnung die Entscheidungsrechnung korrigiert werden.

Abbildung mit zwei Alternativen

Die Abbildung in SAP ERP HCM ist mit zwei Alternativen möglich:

Zum einen besteht die Möglichkeit, die relevanten Beträge zur Berechnung der eventuell beitragspflichtigen Einnahmen über Lohnarten vorzugeben. SAP liefert hierzu eine Reihe von Musterlohnarten aus.

Zum anderen kann die Implementierung einer automatischen Berechnung über Fiktivläufe erfolgen. Dann ist nur noch die Aufgabe der kalendertäglich gewährten Sozialleistung notwendig.

16.2 Stammdaten und Ablauf in der Personal- abrechnung

Die Pflege in den Stammdaten unterscheidet sich vom gewählten Verfahren der Abbildung.

Sofern die Abbildung ohne Fiktivläufe gewählt wird, ist es erforderlich, die für die Entscheidung der Beitragspflicht notwendigen Beträge manuell vorzugeben. Dies bedeutet regelmäßig erheblichen Aufwand in der Datenpflege, da für jeden Einzelfall mindestens drei Lohnarten vorgegeben werden müssen. Diese können in den Infotypen 0014 (Wiederkehrende Be-/Abzüge) bzw. 0015 (Ergänzende Zahlung) erfasst werden.

Für den Fall des Zuschusses zum Mutterschaftsgeld ist das HCM-System standardmäßig bereits so eingestellt, dass der SV-Freibetrag (= die Differenz zwischen dem Vergleichsnettobetrag und der Sozialleistung) immer 0 € ist, da aufgrund der gesetzlichen Vorgabe des § 14 Mutterschutzgesetz der Zuschuss zum Mutterschaftsgeld immer genau die Differenz zwischen Mutterschaftsgeld und dem Vergleichsnettobetrag ausgleicht. Insofern wird also jegliche weitergewährte Zahlung während des Mutterschutzes als beitragspflichtige Einnahme angesehen, und folglich kommt es dann zur Verbeitragung der weitergewährten Leistungen.

Wird die Abbildung mit Unterstützung durch Fiktivläufe genutzt, so können der Vergleichsnettobetrag, der Arbeitgeberzuschuss zur Sozialleistung sowie die weitergewährte Leistung des Arbeitgebers im Rahmen von Fiktivläufen ermittelt werden, und es ist lediglich erforderlich, den Betrag der Sozialleistung vorzugeben. Allerdings kann der Betrag der Sozialleistung, der für die automatische Zuschussberechnung (insbesondere des Krankengeldes) verwendet wird, von dem relevanten Betrag, der für die Entscheidungsrechnung nach § 23c SGB IV gilt, abweichen. Dies hängt damit zusammen, dass z. B. der Krankengeldzuschuss zumeist nur auf der Basis des Bruttokrankengelds (also vor Abzug von Beiträgen zur Renten-, Arbeitslosen- und Pflegeversicherung) berechnet wird, wohingegen die Entscheidungsrechnung nach § 23c SGB IV immer den Nettobetrag ansetzt.

Die Erzeugung der Fiktivläufe wurde zu Beginn der Implementierung (Jahreswechsel 2005/2006) noch an Lohnarten festgemacht. Inzwischen wird die Notwendigkeit der Durchführung aber an den entsprechenden Abwesenheiten erkannt.

Sofern die Fiktivläufe nicht genutzt werden, ist in der Personalabrechnung nur noch die Entscheidungsberechnung nach § 23c SGB IV von besonderem Interesse. Abbildung 16.1 zeigt die Entscheidungsrechnung nach § 23c SGB IV im Protokoll der Personalabrechnung (zu finden unter BRUTTOTEIL ZEITDATENVERARBEITUNG • ZEITDATEN GENERIEREN • ELSE-ZWEIG VON BAVF).

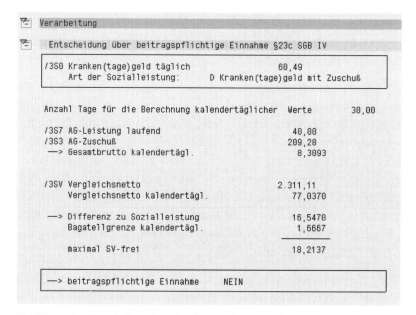

Abbildung 16.1 Protokoll der Entscheidungsrechnung nach § 23c SGB IV

Sofern es im Rahmen der Entscheidungsrechnung zu beitragspflichtigen Beträgen kommt, erfolgt die Beitragsberechnung wie für alle anderen Beträge der Personalabrechnung im Bereich der Sozialversicherung (siehe Abschnitt 6.3).

16.3 Customizing

Wie bei einigen anderen Themengebieten gibt es auch für die Einrichtung der Verarbeitungen nach § 23c SGB IV keinen einheitlichen Customizing-Pfad. Unter PERSONALABRECHNUNG • ABRECHNUNG DEUTSCHLAND • SOZIALVERSICHERUNG • ERARBEITUNG • BESONDERHEI-

TEN DES § 23C • NOTWENDIGE AKTIVITÄTEN gibt es im Einführungsleitfaden aber ausführliche Informationen zur Konfiguration. Diese detailliert auszuwerten ist vor der erstmaligen Einrichtung sinnvoll. Allerdings müssen Sie beachten, dass zum Zeitpunkt der Drucklegung dieses Buches bereits 17 Korrekturhinweise durch die SAP AG ausgeliefert wurden. Da die obengenannten Informationen zu den notwendigen Aktivitäten nicht auf dem aktuellen Stand gehalten wurden und gleichzeitig mit den Hinweisen teils massive Veränderungen bei den verschiedenen Verarbeitungsschritten ausgeliefert wurden, ist es mehr als schwierig, einen kompletten aktuellen Überblick zu geben. Gleichwohl wollen wir die wesentlichen Customizingparameter erläutern.

[+]

Vorab soll darauf hingewiesen werden, dass die komplette Abwesenheitsverarbeitung von SAP im Standard ausgeliefert und auch gewartet wird. Es wird daher empfohlen, immer die Standardabwesenheitsarten des Auslieferungsmandanten zu verwenden und keinesfalls Kopien (ähnlich den Lohnarten) anzulegen. Im Kundennamensraum geht die Möglichkeit des Abgleichs über den Mandanten 000 verloren, und bei gesetzlichen Änderungen ist regelmäßig ein aufwendiges »Nachziehen« der Einstellungen erforderlich. Lediglich bei Abwesenheiten, die über den Standard hinausgehen (z. B. der Abbau eines Langzeitkontos o. Ä.), ergeben die Kopie und Anpassung von Standardabwesenheitsarten Sinn.

Die folgenden Aktivitäten sind in jedem Fall durchzuführen (unabhängig davon, ob Fiktivläufe eingesetzt werden oder nicht), um eine korrekte Verarbeitung nach § 23c SGB IV zu erreichen:

Erforderliche Customizing-Aktivitäten

▶ **Zuordnung der Abwesenheit zur Art der Sozialleistung**
Dies erfolgt über die Tabelle T5D0A (View V_T5D0A), wobei die Zuordnung nicht direkt von der Abwesenheitsart zur Art der Sozialleistung erfolgt. Generell wird für die Abwesenheitsverarbeitung das Konstrukt der Bewertungsregeln verwendet. Dieses stellt eine Gruppierung für Abwesenheiten dar, d. h., alle für bestimmte Verarbeitungen gleich zu behandelnde Abwesenheitsarten werden der gleichen Bewertungsregel zugewiesen. Sofern wie beschrieben die Abwesenheitsverarbeitung im Standard genutzt wird, ist ein Abgleich über den Mandanten 000 ausreichend. Darüber hinaus sollten aber auch folgende Tabellen bzw. Views mit dem Mandaten 000 abgeglichen werden:

▷ V_T554L – Definition der Abwesenheitsbewertungsregeln

> ▸ V_T554C – Bewertung von Abwesenheiten über Abwesenheitsbewertungsregeln

> ▸ T5D0C – Aufteilung von Abwesenheiten

▸ **Kennzeichnung der Zuschüsse zur Sozialleistung**
Bei diesem Punkt geht es darum, die vom Arbeitgeber zur entsprechenden Sozialleistung gezahlten Zuschüsse so zu kennzeichnen, dass sie auch in die verwendeten technischen Lohnarten (diese beginnen alle mit /3Z) einfließen. Sofern die automatischen Berechnungsfunktionen im Standard verwendet werden, geschieht dies automatisch, da die Zuschusslohnarten (wie z. B. die Lohnart M460) die relevanten technischen Lohnarten als abgeleitete Lohnart enthalten. Sofern die Zuschüsse manuell in den Infotypen 0014 oder 0015 aufgegeben werden, ist zu prüfen, ob die Verarbeitungsklasse 47 dieser Lohnarten mit der Ausprägung H geschlüsselt ist und ob in der Tabelle T512W (View V_T512W_D) die 0. abgeleitete Lohnart eine der obengenannten /3Z-Lohnarten ist (siehe Abbildung 16.2).

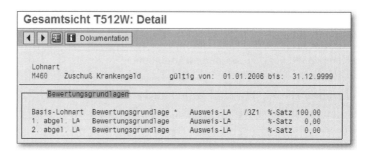

Abbildung 16.2 Musterlohnart M460 mit 0.er abgeleiteter Lohnart /3Z1

▸ Für die manuelle Erfassung von Zuschüssen (also dann, wenn die automatische Berechnung keine Verwendung findet) stehen Musterlohnarten (M450 – *Zuschuss zum Mutterschaftsgeld*, M460 – *Zuschuss zum Krankengeld*) als Kopiervorlage zur Verfügung. Die Musterlohnart M461 wird aufgrund der Gleichstellung von gesetzlich und privatversicherten Mitarbeitern nicht mehr benötigt.

▸ **Lohnarten für die Vorgabe der Sozialleistung**
Die vom jeweiligen sozialen oder privaten Versicherungsträger an den Mitarbeiter gezahlten Leistungen (Kranken-, Krankentage-, Übergangs-, Verletztengeld etc.) müssen ebenfalls für die Berech-

nungen vorhanden sein. Auch hierfür stehen entsprechende Musterlohnarten (M470–M474) zur Verfügung.

▶ **Abgleich des Schemas »DTGZ« (Zeitwirtschaftsteil der Abrechnung Deutschland) mit dem Standard**
Dabei sind insbesondere die Funktion DSV mit dem Parameter 1 = 23c und dem Parameter 2 = D (für Entscheidungsrechnung) sowie das vorher stattfindende Einlesen der Infotypen 0014 und 0015 über die Funktion P0014 bzw. P0015 mit der Personalrechenregel DSV2 von entscheidender Bedeutung (siehe Abbildung 16.3).

Schema anzeigen : DTGZ

Zeile	Fkt	Par1	Par2	Par3	Par4	D	Text
000010	BLOCK	BEG					Zeitdaten generieren
000020	IF		BAVF				BAV: Fiktivrechnung
000030	COM						Abw. sind schon eingelesen
000040	ELSE						Keine Fiktivrechnung BAV
000050	RAB						Abwesenheiten einlesen
000060	IMPRT		L				Importiere das letzte Ergebnis
000070	P0014	DVS2	GEN	NOAB			§23c: Vorgabe-Lohnarten einlesen
000080	P0015	DVS2	GEN	NOAB			§23c: Vorgabe-Lohnarten einlesen
000090	DSV	23C	D				Lohnarten für beitragspflicht. Einnahme
000100	DNAB						Deutschland spezifische Abw.-Routinen
000110	DNAB	GVEZ				*	Dtl. spez. Abw.-Rout. (incl Rest UrlgKr)
000120	ENDIF						IF BAVF Ende

Abbildung 16.3 Relevante Verarbeitungsschritte für die Entscheidungsrechnung nach § 23c SGB IV

Das Einlesen der Lohnarten sorgt dafür, dass die relevanten obengenannten Lohnarten für die verschiedenen Parameter der Entscheidungsrechnung vorliegen. Die Parameter sind die vom Sozialleistungsträger gezahlte Sozialleistung, eventuell ein Zuschuss und weitergewährte Leistungen des Arbeitgebers sowie der Vergleichsnettobetrag. Die Funktion DSV mit Parameter 1 = 23c und Parameter 2 = D führt die relevanten Berechnungen durch und ermittelt, ob es zu einer Beitragspflicht nach § 23c kommt oder nicht (siehe Abbildung 16.1).

Weitere Customizing-Schritte

Die nachfolgend genannten weiteren Customizing-Schritte sind für das reibungslose Funktionieren des § 23c SGB IV mit Fiktivläufen notwendig. Die Einrichtung ergibt immer dann Sinn, wenn jährlich eine Mindestanzahl von Bearbeitungsfällen vorliegt (nach unserer

Einschätzung ca. 50–80 Fälle jährlich), die eine Einrichtung und vor allem Wartung der Konfiguration mit Fiktivläufen rechtfertigt.

Werden Fiktivläufe eingesetzt, so können wahlweise die Beträge für die folgenden notwendigen Vorgabewerte ermittelt werden:

▶ den Vergleichsnettobetrag

▶ den Zuschuss des Arbeitgebers (bedeutet die Nutzung der automatischen Berechnung von z. B. Krankengeld- und/oder Mutterschaftsgeldzuschuss)

▶ die weitergewährte Arbeitgeberleistung

[+] Jederzeit möglich ist die Übersteuerung der in den Fiktivläufen ermittelten Werte über die Erfassung der obengenannten (Muster-)Lohnarten in den Infotypen 0014 und 0015.

Bevor die Fiktivläufe aufgerufen werden, ist die Aktivierung der Teilapplikation SVFL (Fiktivläufe für § 23c SGB IV aktivieren) über die Tabelle T596D (View V_T596D) erforderlich, da das Schema *DFSV* (siehe weiter unten) nur aufgerufen wird, wenn die Teilapplikation SVFL aktiviert ist.

Die zahlreichen von SAP ausgelieferten Fiktivläufe (die je nach Art der Sozialleistung unterschieden werden, darüber hinaus ist beim Krankengeld auch die Zahlung bzw. Nichtzahlung eines Zuschusses von Bedeutung) sind also grundsätzlich als Vorlagen zu betrachten, die an die kundeneigenen Spezifika (sofern vorhanden) angepasst werden müssen. Dies bedeutet, dass im Rahmen der erstmaligen Konfiguration der Berechnungen nach § 23c SGB IV mit Fiktivläufen umfassende Testläufe durch die Fachabteilung durchzuführen sind. Nur dort kann verifiziert werden, ob die über die Fiktivläufe ermittelten Werte korrekt sind bzw. wo noch Anpassungsbedarf besteht. Das Füllen der Fiktivlaufsteuerungstabelle (sie enthält die abzuarbeitenden Fiktivläufe als interne Tabelle zur Laufzeit des Abrechnungsprogramms) erfolgt nicht wie in der Systemdokumentation beschrieben anhand des Erkennens, dass bestimmte Lohnarten aufgegeben wurden, sondern anhand der Abwesenheiten. Das Füllen der Fiktivlaufsteuerungstabelle erfolgt im Schema *DFSV* (*Fiktivlaufsteuerung für § 23c SGB IV*) über die Funktion DSV mit Parameter 1 = 23c und Parameter 2 = FFL. Der Aufruf des Schemas *DFSV* erfolgt im Schema *DF01* (*Fiktivrechnungen Deutschland*).

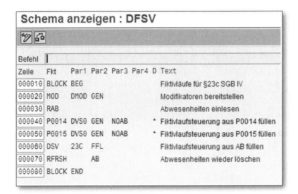

Abbildung 16.4 Schema »DFSV« (Tabelle Fiktivlaufsteuerung füllen)

Die Fiktivläufe, die für die Sozialleistungen prozessiert werden (z. B. SVKM, SVKO, SVMU, SVEZ) sind so gesteuert, dass die zugrunde liegenden Abwesenheiten in jedem Fall auf den vollen Monat verlängert werden (über die Funktion DSV mit Parameter 1 = 23c und Parameter 2 = SVM). Nur so kann sichergestellt werden, dass auch die Vollmonatszuschüsse in die Berechnung einfließen. Der Fiktivlauf zur Ermittlung des Vergleichsnettobetrags hingegen löscht alle vorhandenen Abwesenheiten, da auch der Vergleichsnettobetrag auf Vollmonatsbasis vorliegen muss (über die Funktion DSV mit Parameter 1 = 23c und Parameter 2 = SNT).

> Aufgrund der bisher vorgenommenen Änderungen über die zahlreichen Hinweise der SAP AG empfehlen wir, die Schemen *DA05* (Universalschema Fiktivabrechnungen) sowie beim Einsatz der automatischen Krankengeldzuschussberechnung *DZ00* (Vergleichsnetto Krankengeldzuschuss) mit dem Mandanten 000 abzugleichen. **[+]**

Als gutes Hilfsmittel, um sich einen Überblick über die Verarbeitungsschritte der einzelnen Fiktivläufe zu verschaffen, kann der Report RPDFLSD0 verwendet werden. Mit ihm können Schemen, die mehrfach aufgerufen werden, unter Berücksichtigung des entsprechenden Fiktivlaufs übersichtlich dargestellt werden. Damit wird es möglich, auch verschiedene Fiktivläufe »nebeneinander« zu legen und Unterschiede zu vergleichen bzw. zu prüfen.

Report RPDFLSD0

Sofern neben den Fiktivläufen des § 23c SGB IV weitere Fiktivläufe (z. B. für die Altersteilzeit) im Einsatz sind und zusammenfallen können, ist eine korrekte Reihenfolge der Abarbeitung für belastbare Ergebnisse Grundvoraussetzung. Vor diesem Hintergrund hat SAP die Funktionen DATZ FLST sowie DSV FLSW mit dem Parameter 2 = N ergänzt. Dadurch erfolgt der Aufbau der Reihenfolge immer innerhalb eines Themenkomplexes (z. B. werden für die Altersteilzeit die Fiktivläufe nach den Einstellungen der Tabelle T5D0H angeordnet).

Weitere Informationen zu Fiktivläufen und der Fiktivlaufsteuerung finden sich in Abschnitt 3.4, »Fiktivläufe«.

16.4 Fazit

Abschließend müssen wir leider feststellen, dass der Themenkreis des § 23c SGB IV durch die klarstellenden gesetzlichen Regelungen und die zahlreich ausgelieferten Änderungen nicht als übersichtlich gelten kann. In diesem Kapitel haben wir versucht, die Grundlagen für die korrekte Konfiguration der relevanten Berechnungen zu legen. Letztlich sind die Fallkonstellationen in der Realität jedoch so umfangreich und vielfältig, dass eine lückenlose Darstellung den Umfang dieses Buches sprengen würde.

Kurzarbeitergeld ist eine Lohnersatzleistung der Bundesagentur für Arbeit, die vom Arbeitgeber zu berechnen und an die betroffenen Mitarbeiter auszuzahlen ist. In diesem Kapitel erfahren Sie, wie die Abwicklung in SAP ERP HCM funktioniert und welches Customizing dafür notwendig ist.

17 Kurzarbeitergeld

Kurzarbeitergeld ist eine Lohnersatzleistung der Bundesagentur für Arbeit, die vom Arbeitgeber zu berechnen und auszuzahlen ist. Das gezahlte Kurzarbeitergeld wird von der Bundesagentur für Arbeit erstattet. Die gesetzlichen Regelungen dazu befinden sich im dritten Sozialgesetzbuch in den §§ 169–182 SGB III und §§ 209–216 SGB III.

Kurzarbeit kann vom Arbeitgeber für Betriebe oder Betriebsteile beantragt werden, bei denen folgende Voraussetzungen erfüllt sind:

Voraussetzungen

▸ Es liegt ein vorübergehender Arbeitsausfall vor.

▸ In dem Betrieb ist regelmäßig mindestens ein Arbeitnehmer beschäftigt.

▸ Die Arbeitsplätze bleiben nach dem Arbeitsausfall erhalten.

17.1 Ablauf in SAP ERP HCM

Der Ablauf in SAP ERP HCM sieht die nachfolgenden Schritte vor.

17.1.1 Gewährungszeitraum einrichten

Die Bundesagentur für Arbeit gewährt für bestimmte Zeiträume und Firmenteile Kurzarbeit. Die Nummer der vergebenen Genehmigung und der Zeitraum sind im Customizing zu hinterlegen (siehe Abbildung 17.1).

Abbildung 17.1 Genehmigungszeitraum pflegen

Außerdem müssen die teilnehmenden Mitarbeiter definiert werden. Genauere Informationen über das Customizing erhalten Sie in Abschnitt 17.2, »Customizing«.

17.1.2 Teilnehmende Mitarbeiter festlegen

Infotyp 0049
(Kurzarbeit)

Alle Mitarbeiter, die an der Kurzarbeit teilnehmen, erhalten einen Satz des Infotyps 0049 (Kurzarbeit) – siehe Abbildung 17.2. Durch das Kennzeichen K wird festgelegt, dass es sich bei dem angelegten Infotyp um einen Eintrag zur Kurzarbeit handelt. Außerdem ist die Referenznummer aus dem vorher angelegten Genehmigungszeitraum einzutragen.

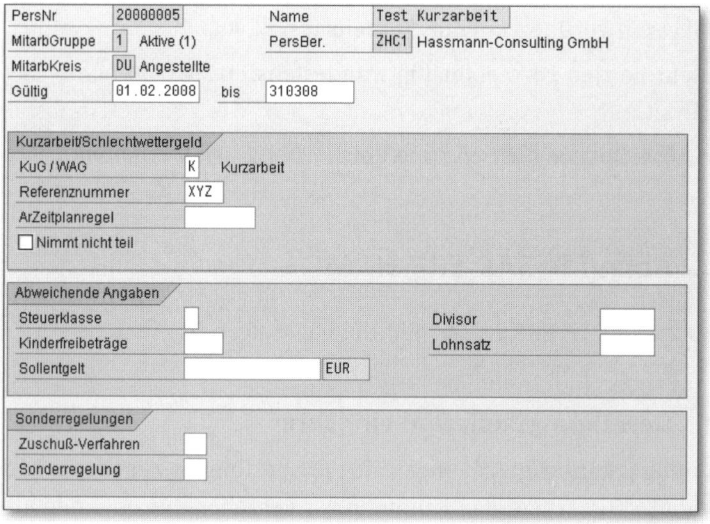

Abbildung 17.2 Infotyp 0049 (Kurzarbeit)

Der Infotyp kann für alle teilnehmenden Mitarbeiter mit dem Report RPIKUGD0 (Batch-Input für Kurzarbeit) angelegt werden, der im SAP

Easy-Access-Menü unter den periodenunabhängigen Folgeaktivitäten der Personalabrechnung unter ABRECHNUNGSZUSATZ • KURZARBEIT zu finden ist.

Ist im Infotyp eine Arbeitszeitplanregel hinterlegt, wird diese zur Ermittlung der Ausfallzeit herangezogen, und es erfolgt ein Vergleich mit dem Arbeitszeitplan aus Infotyp 0007 (Sollarbeitszeit). Ist dies nicht gewünscht, kann das Feld leer bleiben. Sollen Mitarbeiter, z. B. wegen Kündigung, nicht teilnehmen, kann die Berechnung des Kurzarbeitergeldes durch das Markieren des Feldes NIMMT NICHT TEIL unterdrückt werden.

Arbeitszeitplan-regel/Mitarbeiter nimmt nicht teil

Mit den Feldern im Bereich ABWEICHENDE BEZAHLUNG können die Steuerklasse und der Kinderfreibetrag, die zur Ermittlung der Leistungsgruppe verwendet werden, übersteuert werden. Außerdem kann ein abweichendes Sollentgelt vorgegeben werden, wenn die automatische Ermittlung in der Abrechnung nicht möglich ist.

Abweichende Angaben

Das Feld SONDERREGELUNG ist für die Steuerung, aus welcher Periode variable Bezüge in die Ermittlung des Sollarbeitsentgeltes einbezogen werden, wichtig. Hier gibt es verschiedene Varianten:

Sonderregelungen

- ▶ 01 – variable Bezüge aus der Vorperiode vor Beginn der Kurzarbeit
- ▶ 02 – variable Bezüge aus der Vorvorperiode vor Beginn der Kurzarbeit
- ▶ 11 – variable Bezüge aus der Periode vor dem ersten Arbeitsausfall
- ▶ 20 – variable Bezüge aus der aktuellen Periode

In der Regel werden die variablen Bezüge der Periode vor Beginn der Kurzarbeit entnommen.

17.1.3 Ermittlung der Ausfallzeit

Die Ermittlung der durch die Kurzarbeit ausgefallenen Arbeitszeiten kann auf drei Wegen erfolgen:

1. **Vorgabe eines KUG-Schichtplans im Infotyp 0049**
   Fällt die Kurzarbeit in regelmäßigen Zyklen an, bietet sich das Anlegen eines Schichtplanes an. Dieser enthält an den Ausfalltagen ein Tagesmodell mit null Sollstunden. Der Ausfall wird durch den Vergleich des Schichtplans aus dem Infotyp 0049 (Kurzarbeit) mit dem aus dem Infotyp 0007 (Sollarbeitszeit) ermittelt.

2. Eingabe von KUG-Vertretungen

Die Ausfallzeit kann per Vertretung erfasst werden. Dazu ist eine Vertretungsart zu verwenden, die als KUG-Vertretung markiert ist. Im Standard ist dies die Vertretungsart 03.

[!]   Es muss darauf geachtet werden, dass diese Vertretungsart in der Abrechnung im Teilschema DPWS des Abrechnungsschemas D000 nicht verarbeitet, sondern für die Berechnung der Teilmonatsfaktoren ausgeschlossen werden muss.

3. Vorgabe der Ausfallzeit mit einer Lohnart

Die Ausfallzeit kann direkt mit einer Lohnart, die von der Musterlohnart MK80 (KUG Ausfall) kopiert werden kann, erfasst werden.

17.1.4   Berechnung des Kurzarbeitergeldes

Bruttoentgelt   Die Ermittlung des Kurzarbeitergeldes erfolgt durch Differenzbildung von Sollentgelt abzüglich Istentgelt. Das Sollentgelt ist das Entgelt, das der Mitarbeiter ohne den Arbeitsausfall durch Kurzarbeit erhalten hätte. Es setzt sich aus den beitragspflichtigen Einnahmen nach §§ 342 ff. SGB III zusammen.

Pauschaliertes Netto   Aus dem Sollentgelt Brutto (Lohnart /6C0) wird das Sollentgelt Netto (Lohnart /6E0) über eine von der Bundesagentur für Arbeit vorgegebene Tabelle ermittelt. Diese Tabelle kann mit dem Hilfsreport RPCKUGDB angezeigt werden. Der Report ist im SAP Easy-Access-Menü unter den Folgeaktivitäten der Personalabrechnung pro Periode unter ABRECHNUNGSZUSATZ • KURZARBEIT • HILFSPROGRAMME zu finden. Analog dazu wird von dem Istentgelt Brutto (Lohnart /6D0) das Istentgelt Netto (Lohnart /6F0) über diese Tabelle ermittelt.

KUG-Leistung   Die KUG-Leistung ermittelt sich aus dem Sollentgelt Netto abzüglich des Istentgelts Netto und wird in der Lohnart /692 abgestellt. Das Protokoll der Berechnung ist in Abbildung 17.3 dargestellt.

Krankheit vor Beginn der Kurzarbeit   Einen Sonderfall bilden Mitarbeiter, die bereits vor Beginn der Kurzarbeit krank waren und während der Kurzarbeit noch krank sind. In diesem Fall wird die KUG-Leistung nicht von der Bundesagentur für Arbeit, sondern von der Krankenkasse erstattet und die Lohnart /688 (KUG-Leistung krank vor) gebildet.

```
Verarbeitungsroutine:                    AP SV   Betrg/Std       Stunden        Betrag

K050: Ausfallstunden
   /680 KuG Ausfall          verd.  01 01                          40,00
K020: Bestimmung des Sollentgeltes
   /6A0 KuG/WAG Sollentgelt ung.  01                                          3.527,50
K040: Bestimmung des Lohnsatzes
   /654 KuG/WAG-Normallohnsatz    01          23,83               148,00      3.527,50
K060: Bestimmung des Istentgeltes
   /6B0 KuG/WAG Istentgelt ung.   01                                          2.574,12
K090: Berechnung der Leistungen KuG/WAG/WAU
   /6A0 KuG/WAG Sollentgelt ung.  01                                          3.527,50
   /6B0 KuG/WAG Istentgelt ung.   01                                          2.574,12
   Berechnung der Gesamtausfallstunden
   /69X KuG/WAG Gesamtausfall     01                               40,00
   Berechnung der Gesamtleistung
   /6C0 KuG/WAG Sollentgelt       01                                          3.520,00
   /6E0 KuG/WAG p. Netto Soll     01                                          1.576,63
   /6D0 KuG/WAG Istentgelt        01                                          2.580,00
   /6F0 KuG/WAG p. Netto Ist      01                                          1.262,31
   /69Z KuG/WAG Ges.leistung      01                                            314,32
   Aufteilung anhand der Ausfallstunden
   /692 KuG Leistung              01                               40,00        314,32
K100: Berechnung des Fiktivbruttos
   /69Y KuG/WAG Ges.fiktivbrutto  01                                            953,38
   Aufteilung anhand der Ausfallstunden
   /690 KuG Fiktivbrutto          01 01                            40,00        953,38
```

Abbildung 17.3 Protokoll der KUG-Verarbeitung in der Personalabrechnung

17.1.5 Erstattungslisten für die Bundesagentur für Arbeit und die Krankenkassen

Die Abrechnungsliste für die Rückerstattung des gezahlten Kurzarbeiterentgelts von der Bundesagentur für Arbeit und – wenn erforderlich – von der Krankenkasse kann nach erfolgter Abrechnung gedruckt werden (siehe Abbildung 17.4). Sie enthält alle Mitarbeiter, die an der Kurzarbeit teilnehmen, mit Ausfallzeit, Soll- und Istentgelt sowie gezahlter KUG-Leistung. Das Programm RPCKULD3 ist im SAP Easy-Access-Menü unter den Folgeaktivitäten der Personalabrechnung pro Periode unter ABRECHNUNGSZUSATZ • KURZARBEIT zu finden.

Abrechungsliste Kurzarbeitergeld 02/2008 Seite: 1

Buchungskreis: 1000 IDES AG Referenznummer: XYZ 07.08.2008 18:06:52

Betriebsnummer: 2132456 Genehmigungsnummer: 12345670 RPCKULD3 600

Abrechnungsmonat: 02/2008 Zeitraum: 01.02.2008 bis 31.03.2008 Währung: EUR

lfd. Nr.	Name, Vorname PersNr. Versicherungsnummer	Umfang des Arbeitsausfalls (Anzahl der Kug-Ausfallstunden)	Sollentgelt (ungerundet)	Istentgelt (ungerundet)	Lohnsteuerklasse Leistungssatz	Rechnerischer Leistungssatz für das Sollentgelt	Rechnerischer Leistungssatz für das Istentgelt	Durchschnittliche Leistung pro Stunde	Auszuzahlendes Kurzarbeitergeld
1	2	3	4	5	6	7	8	9	10
1	Kurzarbeit, Test 20000005	Kug: 40,00 KrG: WAG: Ins: 40,00	3.527,50	2.574,12	III 1	1.576,63	1.262,31	7,86	314,32

Abbildung 17.4 Abrechnungsliste für Kurzarbeitergeld

Der Report gibt das SAPscript-Formular HR_DE_KUG aus, das im Viewcluster VC_T5F99OCFX (Viewcluster-Pflege über Transaktion SM34) durch ein eigenes Formular ersetzt werden kann, was normalerweise nicht erforderlich ist.

17.2 Customizing

Im Einführungsleitfaden (IMG) ist das Customizing im Bereich PERSONALABRECHNUNG • ABRECHNUNG DEUTSCHLAND • KURZARBEIT zu finden. Es teilt sich in die Bereiche EINMALIG EINZURICHTENDES CUSTOMIZING und CUSTOMIZING PRO GEWÄHRUNGSZEITRAUM. Das einmalige Customizing dient dem Einrichten der grundsätzlichen Berechnung des Kurzarbeitergeldes in der Personalabrechnung und muss nach dem einmaligen Einrichten nur bei gesetzlichen Änderungen angepasst werden. Das Customizing pro Beantragungszeitraum ist bei jedem neuen Antrag durchzuführen.

17.2.1 Grundsätzliches Customizing der Personalabrechnung

Das einmalige Customizing betrifft die *Steuerung von Lohnarten*, damit diese korrekt in die Berechnung von Soll- und Istentgelt einfließen, die *Aliquotierung*, die eine korrekte Kürzung des Entgeltes gemäß ausgefallener Arbeitszeit durchführen muss, das *Einrichten einer Vertretungsart für Kurzarbeitszeiten* und bei Bedarf das *Anlegen von Lohnarten*, mit denen z. B. die Kürzungsstunden aufgegeben werden können.

Lohnarten zur Berechnung des Soll- und Istentgelts überprüfen

Verarbeitungs-
klasse 71

Die Lohnartenschlüsselung erfolgt in Verarbeitungsklasse 71 und Kumulation 70. Die Verarbeitungsklasse 71 dient der Bildung des Sollentgelts. Alle Lohnarten, die direkt in die Berechnung des Sollentgelts einfließen, sind mit »1« zu schlüsseln. Lohnarten, die nicht berücksichtigt werden, sind mit »0« zu schlüsseln. Mehrarbeit wird mit »5« geschlüsselt. Variable Bezüge, die nicht mit dem aktuellen Betrag, sondern mit einem Durchschnitt der Vorperioden einfließen, werden mit »2« geschlüsselt.

Das Istentgelt wird über die Kumulation 70 in der Lohnart /170 ge- Kumulation 70
sammelt. Diese Lohnart wird als Basis zur Berechnung des Istentgelts
verwendet.

Lohnart zur Erfassung von Ausfallzeiten

Wird die Berechnung der Ausfallzeiten per Erfassung von Lohnarten
durchgeführt, können die in Abbildung 17.5 dargestellten Lohnarten
zur Verwendung in den Kundenlohnartenbereich (Bereich zwischen
0xxx und 9xxx) kopiert werden.

Orgin	Lohnart-Langtext	Kurztext	M	Cu
MK80	KUG Ausfall	KUG Ausf	☑	
MK81	KUG Krank während KUG	KUG KwrK	☑	
MK82	KUG Krank vor KUG	KUG KvK	☑	
MK83	KUG an Feiertagen	KUG Fei	☑	
MK84	KUG Krank ohne Lofo	KUG ohne	☑	
MK85	KUG Urlaub	KUG Urlb	☑	
MK8A	KUG Gt Ausfall	KUG Ausf	☑	
MK8B	KUG Gt Krank während KUG	KUG KwrK	☑	
MK8C	KUG Gt Krank vor KUG	KUG KvK	☑	
MK8D	KUG Gt an Feiertagen	KUG Fei	☑	
MK8E	KUG Gt Krank ohne Lofo	KUG ohne	☑	
MK8F	KUG Gt Urlaub	KUG Urlb	☑	

Abbildung 17.5 Lohnarten zur Erfassung von Ausfallzeiten

Lohnart zur Erfassung von Nebeneinkommen

Nebeneinkommen während der Kurzarbeit beeinflussen die Berechnung des Kurzarbeitergeldes. Deswegen müssen diese vom Arbeitnehmer gemeldet und erfasst werden.

Außerdem gibt es eine Lohnart, mit der das Sollentgelt vorgegeben
werden kann, wenn die Berechnung nicht automatisch in der Abrechnung durchgeführt werden kann.

Orgin	Lohnart-Langtext	Kurztext	M	C
BU40	Vorgabe BeschäftigTage	VorBtage	☑	
MK00	KUG/WAG Nebeneinkommen	KUG Nebe	☑	
MK40	KuG/WAG Sollentg. Vorgabe	KuG Soll	☑	
MK4A	KuG/WAG Erhöh. Sollentg.	KuGErhSo	☑	
MK4B	KuG/WAG Feiertagsentgelt	KuGKSoFe	☑	

Abbildung 17.6 Lohnarten zur Erfassung in Infotyp 0015 (Ergänzende Zahlungen)

Aliquotierung

Es muss geprüft werden, ob die Aliquotierungsregeln auch Tage berücksichtigen, an denen Kurzarbeit vorgesehen ist. Diese Tage müssen wie unbezahlte Tage eine Kürzung des Entgelts auslösen. In der Standard-Rechenregel DPPF, die für die Bildung der Teilmonatsfaktoren verantwortlich ist, erfolgt dies durch die Operationen RTE-TSAK**; hier werden die durch Kurzarbeit bedingten Ausfallstunden abgezogen. Mit RTE-TSAL** werden außerdem die Stunden abgezogen, die durch Krankheit bei Kurzarbeit bedingt sind. Wird die Standardregel DPPF verwendet, erfolgt die Kürzung korrekt; wenn Sie eigene Regeln verwenden, muss geprüft werden, ob diese Operationen zur Reduzierung der Teilmonatsfaktoren vorhanden sind.

Verbuchung von Lohnarten im Rechnungswesen

Das an den Mitarbeiter ausgezahlte Kurzarbeitergeld, das von der Bundesagentur für Arbeit oder der Krankenkasse erstattet wird, muss in der Finanzbuchhaltung auf ein Konto gebucht werden, das mit der Erstattung ausgeglichen wird. Dazu sind die Lohnart /692 (KUG-Leistung), die an den Mitarbeiter ausbezahlt wurde und von der Bundesagentur für Arbeit erstattet wird, und die Lohnart /688 (KUG-Leistung krank), die ebenfalls an den Mitarbeiter ausbezahlt und von der Krankenkasse erstattet wird, zu buchen.

17.2.2 Einstellungen zum Gewährungszeitraum

Wie in Abbildung 17.1 bereits dargestellt wurde, muss pro Genehmigungszeitraum ein Eintrag mit frei wählbarer Referenznummer angelegt werden. Im nächsten Schritt muss festgelegt werden, welche Mitarbeiter an der Kurzarbeit teilnehmen. Wie in Abbildung 17.7 gezeigt, wird dies in ähnlicher Funktionsweise wie bei den Merkmalen abgebildet, mit dem Unterschied, dass hier eine Tabelle zu pflegen ist. Es können aber auch Entscheidungsregeln angelegt werden, mit denen z. B. eine Eingrenzung auf Personalbereiche, Personalteilbereiche oder Kostenstellen möglich ist. In der Ergebniszeile muss in der Auswahl KUG markiert sein, und in der Spalte ABFRAGE muss KUG J eingetragen sein sowie eine Sonderregel für die Behandlung der variablen Bezüge im Sollentgelt gewählt werden.

Sicht "Kurzarbeit/Winterausfall: Abgrenzung betroffener Mitarbeiter"

Neue Einträge

Referenznr   XYZ

Variables Argument	Entscheidung	KuG	WAG	Abfrage	Länge	Sonderregel	Zuschuß	
	●	○	○	WERKS	4			
ZHC1	○	●	○	KUG J		01		

Abbildung 17.7 Abgrenzung betroffener Mitarbeiter

17.3 Verarbeitung von KUG in der Abrechnung

Die Kurzarbeit wird in der Abrechnung in zwei Unterschemen des Abrechnungsschemas D000 verarbeitet. Das Teilschema DKB0 befindet sich in der Bruttoberechnung DT00 und ist für die Berechnung des Ausfalls verantwortlich; das Teilschema DKU1 befindet sich in der Aliquotierung DAL0 und ist für die Berechnung der KUG-Leistung zuständig. In diesem Teilschema finden Sie auch die eigentliche Berechnung der KUG-Leistung mit der Funktion DKUG KUGM (Aufruf des KUG-Moduls). Navigieren Sie im Abrechnungsprotokoll an diese Stelle, so finden Sie die in Abbildung 17.3 dargestellte Berechnung der KUG-Leistung.

17.4 Fazit

Die Berechnung des Kurzarbeitergeldes ist in der Personalabrechnung einfach und schnell einzurichten. Etwas verwirrend ist, dass verschiedene alte Regelungen, die aktuell nicht mehr relevant sind, noch vorhanden sind. Bereits 1998 wurde die Berechnung des Kurzarbeitergeldes von einer stundenbasierten Berechnung auf eine monatsbasierte Berechnung umgestellt, was aber im Abrechnungsschema und an einigen Musterlohnarten noch zu erkennen ist.

Die in diesem Kapitel erläuterten Einstellungen werden für die normale Berechnung von Kurzarbeitergeld, wie sie in den meisten Fällen durchgeführt wird, verwendet. Auf die Beschreibung seltener Spezialfälle wurde verzichtet.

Die Verwaltung von Mitarbeiterdarlehen kann über die Personalabrechnung abgewickelt werden. In diesem Kapitel wird die Funktionalität in SAP ERP HCM erklärt und in das Customizing der Komponente eingeführt.

18 Darlehen

Die Komponente *Darlehen* ermöglicht die Verwaltung und Abrechnung von Mitarbeiterdarlehen in SAP ERP HCM – sowohl die Auszahlung als auch die Tilgung kann über die Personalabrechnung abgewickelt werden. Dabei können verschiedene Darlehensarten angelegt werden, denen Konditionen zugeordnet werden. Dabei kann auch der geldwerte Vorteil über die Personalabrechnung abgewickelt werden.

18.1 Stammdaten zum Mitarbeiterdarlehen

Die Stammdaten zum Darlehen werden in Infotyp 0045 (Darlehen) gepflegt. Die Informationen dieses Infotyps sind auf drei Registerkarten aufgeteilt. Die erste enthält die GRUNDDATEN, also im Kern den bewilligten Darlehensbetrag (siehe Abbildung 18.1).

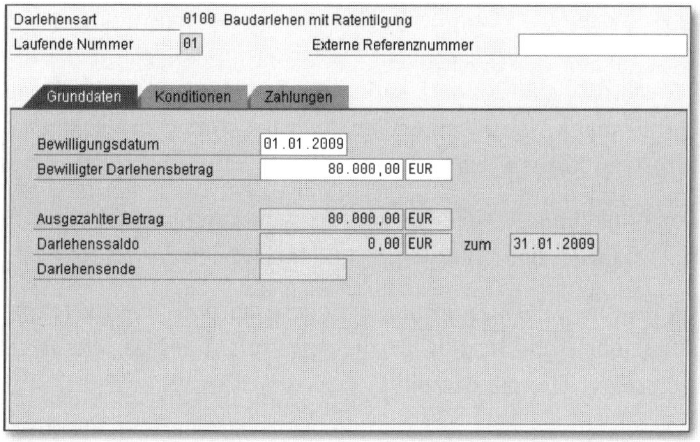

Abbildung 18.1 Infotyp 0045 (Darlehen), Registerkarte »Grunddaten«

Die Felder AUSGEZAHLTER BETRAG, DARLEHENSSALDO und DARLEHEN-SENDE werden automatisch aktualisiert.

In der nächsten Registerkarte (siehe Abbildung 18.2) werden die Darlehenskonditionen gepflegt. Der Referenzzinssatz für die Berechnung des geldwerten Vorteils kann gepflegt oder der Konstante REFIN der Konstantentabelle T511K entnommen werden. In der deutschen Abrechnung wird automatisch ein Abschlag auf den individuellen Referenzzinssatz genommen, welcher der Konstante REFAB entnommen wird. Das Feld INDIV. REFERENZZINS wurde Anfang 2008 neu eingeführt, um den marktüblichen Zinssatz, der zum Zeitpunkt der Darlehensgewährung gilt, pflegen zu können. Ist das Feld gefüllt, wird dieser Wert in der Abrechnung bei der Berechnung des geldwerten Vorteils um 4 % gemindert.

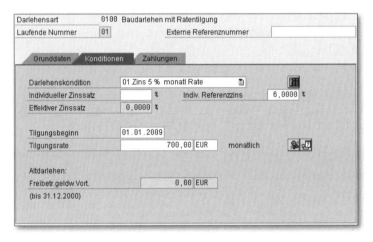

Abbildung 18.2 Infotyp 0045 (Darlehen), Registerkarte »Konditionen«

Der am Markt übliche Zinssatz kann von der Homepage der Deutschen Bundesbank heruntergeladen werden (*http://www.bundesbank.de/statistik/statistik_zinsen_tabellen.php*).

Die Zinsen entstehen in jeder Periode. Der Zinsrhythmus legt fest, in welchen Abständen der Mitarbeiter die Zinsen bezahlen muss.

Tilgungsplan   Über den Button ▦ (Tilgungsplan erstellen) wird eine Auswertung aufgerufen (siehe Abbildung 18.3), die den Verlauf des Darlehens bis zur vollständigen Tilgung darstellt.

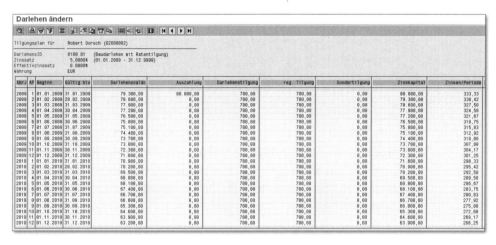

Abbildung 18.3 Tilgungsplan

Das System kann die Höhe der Tilgung berechnen, wenn mit dem Gültigkeitsende des Infotyps die Laufzeit festgelegt wurde. Auch kann die Laufzeit berechnet werden, sobald die Auszahlung erfolgt ist und die Rate festgelegt wurde.

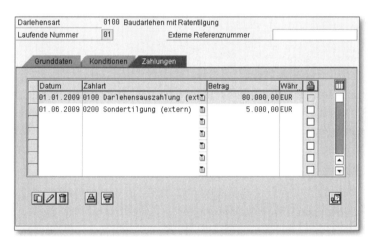

Abbildung 18.4 Infotyp 0045 (Darlehen), Registerkarte »Zahlungen«

Die dritte Registerkarte ZAHLUNGEN (siehe Abbildung 18.4) enthält alle Zahlungen, außer der monatlichen regelmäßigen Tilgung. Dies können folgende Zahlungen sein:

Zahlungen

▶ Darlehensauszahlung (extern)

▶ Darlehensauszahlung (Abrechnung)

453

- Sondertilgung (extern)

- Sondertilgung (Abrechnung)

- Gebühren

- Komplettrückzahlung

- Darlehenserlass

Alle Zahlungen, ob sie über die Personalabrechnung abgewickelt werden oder extern, d. h. außerhalb der Personalabrechnung erfolgen, müssen erfasst werden. Die Tilgung des Darlehens beginnt erst, wenn die Auszahlung über die Personalabrechnung oder extern erfolgt ist.

Die Daten werden im Hintergrund im Infotyp 0078 (Darlehenszahlungen) gespeichert, die Pflege jedoch erfolgt einfacher und übersichtlicher über den Infotyp 0045.

18.2 Ablauf in der Personalabrechnung

In diesem Abschnitt gehen wir auf die Berechnung des Darlehens in der Personalabrechnung ein.

18.2.1 Teilschema »XLON«

Die Verarbeitung des Darlehens in der Personalabrechnung erfolgt in zwei Schritten. Die Funktion P0045 mit dem Parameter GRSS berechnet die Zinsen. Im zweiten Schritt werden mit der Funktion P0045 und dem Parameter NET Tilgungen und andere Zahlungen in Lohnarten abgestellt.

18.2.2 Lohnarten des Darlehens

Die folgenden Lohnarten werden in der Personalabrechnung zur Verwaltung des Darlehens und zum Auszahlen oder Abzug von Beträgen von der Gehaltszahlung verwendet.

- /LBC *kumulierter Zinsvorteil*

- /LBD *versteuerter Zinsvorteil*

- /LBM *Zinsvorteil akt. Periode*

- ▸ /LCI   *Zinskapital*
- ▸ /LEE   *Sondertilgung extern*
- ▸ /LEP   *Sondertilgung Abrechnung*
- ▸ /LER   *Auslöschung*
- ▸ /LEX   *Komplettrückzahlung*
- ▸ /LFC   *kumulierter Zinsfreibetrag*
- ▸ /LFM   *Zinsfreibetrag/Periode*
- ▸ /LFP   *Darlehensgebühren*
- ▸ /LIC   *kumulierte Zinsen*
- ▸ /LID   *fällige Zinsen*
- ▸ /LIM   *Zinsen aktuelle Periode*
- ▸ /LLB   *Darlehenssaldo*
- ▸ /LO3   *Darlehensauszahlung an Dritte*
- ▸ /LOE   *Darlehensauszahlung extern*
- ▸ /LOP   *Darlehensauszahlung innerhalb der Abrechnung*
- ▸ /LRP   *reguläre Tilgung*
- ▸ /LTE   *Übernahme Darlehenssaldo*

18.3   Auswertungen zum Darlehen

Für das Reporting in der Komponente *Darlehen* stehen verschiedene Reports zur Verfügung.

18.3.1   Kontoauszug Arbeitgeberdarlehen

Die Darstellung des Darlehens mit allen Bewegungen ist mit dem Report RPCLOF00 möglich. Es werden die Sichten LASTSCHRIFT – GUTSCHRIFT oder BEWEGUNG – SALDO angeboten.

18.3.2   Übersicht Arbeitgeberdarlehen

Die Summe aller Darlehen pro Mitarbeiter wird im Report RPCLOG00 dargestellt.

18.3.3 Barwertermittlung Arbeitgeberdarlehen

Der Report RPCLOH00 listet die Barwerte, d. h. den heutigen Wert der Arbeitgeberdarlehen auf.

18.4 Customizing

Der Hauptpunkt im Customizing (siehe Abbildung 18.5) ist die Definition der benötigten Darlehensarten mit den dazugehörenden Konditionen (siehe Abbildung 18.6).

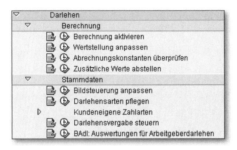

Abbildung 18.5 Customizing von Darlehen

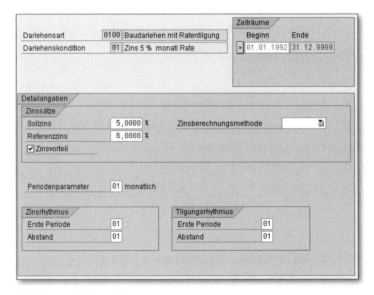

Abbildung 18.6 Konditionen

In den Konditionen werden der Zinssatz, der Zinsrhythmus und der Tilgungsrhythmus festgelegt. Pro Darlehensart können mehrere Sätze für Konditionen angelegt werden.

Konditionen

18.5 Fazit

Die Abwicklung von Darlehen in SAP ERP HCM ist mit wenig Customizing schnell eingerichtet und kann somit ohne großen Aufwand eingesetzt werden.

Bevor SAP ERP HCM jedoch zur Abwicklung von Darlehen eingesetzt wird, sollte jedoch genau geprüft werden, ob alle Anforderungen abgedeckt werden. Eine Erweiterung der Funktionalität ist kaum möglich, da die Verarbeitung der Darlehen in der Personalabrechnung in der Funktion P0045 gekapselt ist, so dass die Berechnung nicht mit eigenen Rechenregeln ergänzt werden kann, sondern verwendet werden muss, wie sie ausgeliefert wird.

Teil V
Customizing-Werkzeuge

Dieser Teil des Buches beschreibt Customizing-Werkzeuge der Personalabrech-nung, die über die Pflege von Tabelleneinträgen hinausgehen. Dazu gehören die Pflege von Lohnarten, die Werkzeuge zur Anpassung des Abrechnungsschemas, der Editor für Merkmale und die Anpassung der verschiedenen Formulare.

Lohnarten sind das zentrale Element einer jeden Entgeltabrechnung zur Abgrenzung von unterschiedlichen Beträgen und Zeiteinheiten. In diesem Kapitel lernen Sie die Verwendung und das Customizing von Lohnarten in der Personalabrechnung in SAP ERP HCM kennen.

19 Lohnarten in SAP ERP HCM

Lohnarten dienen der Trennung von Beträgen und Zeiten mit unterschiedlichem betriebswirtschaftlichem Hintergrund in der Entgeltabrechnung und werden zur Berechnung des Entgelts für die Mitarbeiter verwendet.

19.1 Verwendung von Lohnarten

Lohnarten können den unterschiedlichsten Zwecken dienen:

▶ Lohnarten enthalten Beträge, die dem Mitarbeiter bezahlt oder von ihm einbehalten werden. Die Zusammensetzung des Entgelts und der Abzüge wird detailliert auf dem Entgeltnachweis dargestellt. Es werden z. B. das Grundgehalt, ein gegebenenfalls vorhandener Nachtzuschlag oder eine Mehrarbeitsvergütung in separaten Lohnarten gespeichert.

▶ Es werden Beträge gespeichert, die für Folgeaktivitäten, z. B. die Abführung von Steuer und Sozialversicherung, benötigt werden und die Berechnung dieser Beträge nachvollziehbar machen. Für den Beitragsnachweis zur Sozialversicherung sind zahlreiche Lohnarten erforderlich, die den Bruttobetrag und abgeführte Beiträge nach Sozialversicherungssparten getrennt enthalten.

▶ Für die Buchung ins Rechnungswesen, z. B. die Bildung von Rückstellungen, kann die Bildung von zusätzlichen Lohnarten notwendig sein. So hat die Lohnart *Rückstellung Urlaubsgeld* keine Relevanz für die Bezahlung des Mitarbeiters, sondern wird ausschließlich für die Verbuchung im Rechnungswesen ermittelt.

▸ Für Auswertungen können mehrere Lohnarten in eine statistische Lohnart kumuliert werden, die als Basis für verschiedenste Reports verwendet wird.

▸ Manche Lohnarten sind nur während des Abrechnungslaufs vorhanden und dienen der Zwischenspeicherung von Ergebnissen im Verlauf der Abrechnung. Zur Kürzung von unbezahlten Fehlzeiten werden z. B. Teilmonatsfaktoren gebildet, die nach erfolgter Reduzierung von Entgeltbestandteilen verworfen werden.

Die betriebswirtschaftliche Aufgabe einer Lohnart bestimmt, ob diese im Dialog eingegeben oder im Verlauf der Abrechnung gebildet wird.

Primär- und Sekundärlohnarten

Aufgrund der Verarbeitung in der Abrechnung unterscheidet man zwischen Primär- und Sekundärlohnarten. Primärlohnarten werden in Infotypen eingegeben oder stammen aus der Zeitwirtschaft (siehe Abschnitt 3.7, »Integration der Zeitwirtschaft«). Im Gegensatz dazu werden die Sekundärlohnarten erst im Verlauf der Abrechnung gebildet, wie z. B. die Lohnart *Gesamtbrutto*, welche die Summe aller zur Auszahlung kommenden Bruttobeträge enthält. Die Sekundärlohnarten werden zum größten Teil von SAP vorgegeben und durch Support Packages aktualisiert, so dass sie nicht verändert werden sollten.

Musterlohnarten

Zum Aufbau eines eigenen Lohnartenkataloges mit individuellen Primärlohnarten wird der Bereich für Kundenlohnarten (0xxx – 9xxx) zur Verfügung gestellt. Zur einfachen Definition von Lohnarten stehen Musterlohnarten bereit, die in den Kundenbereich kopiert und an die individuellen Bedürfnisse angepasst werden können. Die Standardauslieferung von SAP enthält einen Lohnartenkatalog mit Musterlohnarten (*Mxxx* – allgemeine Musterlohnarten, *Bxxx* – spezielle Musterlohnarten für Baulohn, *Oxxx* – spezielle Musterlohnarten für den öffentlichen Dienst).

19.2 Struktur einer Lohnart

Im Verlauf der Abrechnung werden Lohnarten in verschiedenen Tabellen verarbeitet, die teilweise am Ende der Abrechnung als Abrechnungsergebnis gespeichert werden. Diese Tabellen enthalten die folgenden Elemente:

▶ **Abrechnungsart**
Wird durch den Mitarbeiterkreis bestimmt. In der deutschen Abrechnung werden normalerweise die 1 für Stundenlöhner oder andere Mitarbeiter, die auf Stundenbasis bezahlt werden, die 2 für Monatslöhner und die 3 für Angestellte verwendet.

▶ **Lohnart**
Der vierstellige Schlüssel der Lohnart ist in der Tabelle enthalten.

▶ **Split-Kennzeichen**
Split-Kennzeichen dienen der eindeutigen Zuordnung der Lohnarten zu Teilzeiträumen, die in der Personalabrechnung verwendet werden. Dies ist z. B. die Zuordnung zu einem Zeitraum aus der internen Tabelle WPBP (Arbeitsplatz/Basisbezug) (siehe auch Abschnitt 3.1, »Einlesen der Grunddaten«) oder die Zuordnung zu einem Steuer- oder Sozialversicherungszeitraum. Lohnarten können auch ein Zuordnungskennzeichen zu Abwesenheiten oder Überweisungsbeträgen in der Tabelle BT enthalten.

▶ **Rechengrößen**
Die Rechengrößen enthalten den eigentlichen Wert einer Lohnart. Diese sind die drei Felder BETRAG, ANZAHL und BETRAG PRO EINHEIT. Lohnarten, die weder Betrag noch Anzahl oder Betrag pro Einheit enthalten, werden in der Abrechnung nicht gespeichert, sondern gehen verloren.

In Abbildung 19.1 sind die Rechenfelder einer Lohnart dargestellt.

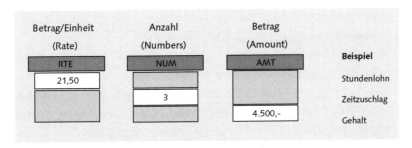

Abbildung 19.1 Aufbau einer Lohnart

19.3 Gruppierungen zur Steuerung von Lohnarten

Lohnarten haben eine Reihe von Eigenschaften, die für die Steuerung einer Lohnart von der Eingabe in Infotypen über die Berechnung im Verlauf der Personalabrechnung bis zur Verarbeitung in den Folgeaktivitäten der Personalabrechnung verantwortlich sind. Diese Steuerung ist nicht für alle Bereiche eines Unternehmens gleich und kann sich auch bei bestimmten Mitarbeiterkreisen unterscheiden. Um eine grundlegende Differenzierung vornehmen zu können, ist eine Steuerung über Modifikatoren möglich.

Modifikatoren

Zur differenzierten Steuerung von Lohnarten bei der Eingabe, zum differenzierten Lesen von Tabellen und zur differenzierten Verarbeitung während der Personalabrechnung gibt es sogenannte *Modifikatoren*. Diese werden in der Mitarbeiterkreistabelle T503, der Personalbereichstabelle T001P und in Regeln in der Personalabrechnung gesteuert. Im Standardschema D000 werden in der Regel DMOD die Modifikatoren festgelegt.

19.3.1 Relevante Mitarbeiterkreis-Gruppierungen

Die für die Abrechnung relevanten Mitarbeiterkreis-Gruppierungen mit dem Pflege-View zur Anpassung sind:

▸ **Gruppierung für Primärlohnarten (V_503_G)**
Die Mitarbeiterkreise können mit dem Ziel gruppiert werden, Lohnarten nur für bestimmte Mitarbeiterkreise eingebbar zu machen, z.B. die Lohnart *Gehalt* nur für Angestellte und nicht für Auszubildende. Im View V_511_B (siehe Abbildung 19.6) muss die entsprechende Spalte analog zu der in der Tabelle T503 gepflegten Ausprägung (0 – 9) markiert sein, so dass die Lohnart für einen Mitarbeiter gepflegt werden kann.

▸ **Gruppierung für Rechenregeln (V_503_B)**
Rechenregeln können so angelegt werden, dass unterschiedliche Berechnungen für bestimmte Mitarbeiterkreise verwendet werden oder für alle Mitarbeiter die gleichen Regeln gelten (siehe Kapitel 20, »Customizing des Abrechnungsschemas«). Die Standardeinstellung in der deutschen Personalabrechnung ist:

  ▹ 1 für Stundenlöhner

  ▹ 2 für Monatslöhner

  ▹ 3 für Angestellte

[+] Das Ändern dieser Gruppierung erfordert einen erheblichen Aufwand, da vorhandene Regeln im Bruttoteil der Personalabrechnung angepasst werden müssen. Deshalb sollte man sich an diese Vorgabe halten.

19.3.2 Relevante Personalteilbereichs-Gruppierungen

Bei den Personalteilbereichen lassen sich folgende Modifikatoren mit den angegebenen Views einstellen:

▶ **Gruppierung für Primärlohnarten (V_001P_K)**
Die Gruppierung wirkt analog der Gruppierung zum Mitarbeiterkreis auf die Eingabemöglichkeiten von Primärlohnarten und kann auch im View V_511_B (Lohnarten) zugeordnet werden (siehe Abbildung 19.6). Lässt man die Gruppierung initial, erfolgt keine Eingabeprüfung, und es können alle Lohnarten für jeden Mitarbeiter eingegeben werden.

19.3.3 Modifikatoren in der Abrechnung

In der Regel DMOD der Personalabrechnung, die zu Beginn des Bruttoteils DT00 ausgeführt wird, werden weitere Modifikatoren festgelegt, die hier nach beliebigen Entscheidungskriterien – die in der Regel programmiert werden müssen – differenziert werden können.

▶ **Modifikator für die konstante Bewertung von Lohnarten T510J**
In der Tabelle T510J können feste Beträge hinterlegt werden, mit denen eine Lohnart bewertet wird. Mit der Gruppierung können unterschiedliche Werte für verschiedene Bereiche oder Mitarbeiterkreise hinterlegt werden.

▶ **Modifikator für das Einlesen externer Lohnarten T599Y**
Beim Einlesen von Lohnarten aus den Entgeltbelegen (Infotyp 2010) können steuerfreie Anteile ermittelt werden, was z. B. bei Nachtschichtzuschlägen erforderlich ist. Mit diesem Modifikator kann die Steuerung beim Lesen der Tabelle differenziert werden.

19.4 Lohnarteneigenschaften

Jede Lohnart besitzt individuelle Eigenschaften, wie z. B.:

Individuelle Eigenschaften

▶ **den Lohnartentext**
Die Bezeichnung der Lohnart ist ein wichtiges Merkmal beispielsweise für den Entgeltnachweis, auf dem der Mitarbeiter seine Entgeltbestandteile detailliert angezeigt erhält. In SAP ERP HCM kann jede Lohnart nur einen eindeutigen Text zugeordnet bekommen.

- ▸ **die gesetzliche Behandlung**
  z. B. im Bereich Steuer und Sozialversicherung

- ▸ **die technische Steuerung der Lohnart im Verlauf der Abrechnung**

- ▸ **die Steuerung des Eingabeverhaltens**

- ▸ **die Weiterverarbeitung von Lohnarten in den Folgeaktivitäten**
  z. B. auf dem Entgeltnachweis oder bei der Buchung ins Rechnungswesen

Die Steuerung ist zeitlich abgrenzbar. Tabelleneinträge dürfen daher nicht einfach geändert werden, sondern müssen abgegrenzt werden, damit die Rückrechnungsfähigkeit erhalten bleibt. Werden Einträge in der Vergangenheit bewusst verändert, muss eine Zwangsrückrechnung angestoßen werden, damit die Änderungen in der Abrechnung wirksam werden.

Die Steuerung erfolgt in mehreren Tabellen, die Sie in diesem Kapitel kennenlernen.

[+] SAP ERP HCM enthält Länderversionen der Personalabrechnung für zahlreiche Länder. Die Lohnartentabellen werden in allen Versionen verwendet, sind aber durch den Ländermodifikator Im Tabellenschlüssel voneinander abgegrenzt, d. h., jede Lohnart ist genau einer Länderversion zugeordnet (z. B. 01 für Deutschland). Es gibt keine Lohnart, die länderübergreifend verwendet werden kann. So ist es z. B. möglich, dass eine Lohnart in verschiedenen Länderversionen völlig unterschiedlich verwendet wird.

Tabelle T512W Die zentrale Tabelle zur Steuerung von Lohnarten ist die Tabelle T512W. Hier muss eine Lohnart eingetragen sein, um zu existieren. Die Tabelle nimmt zentrale Steuerungsfunktionen bei der Verarbeitung einer Lohnart in der Abrechnung wahr.

19.4.1 Bewertungsklassen

Einige Lohnarten sind nicht sofort mit Beträgen versehen, sondern enthalten bei der Eingabe oder der Generierung in der Zeitwirtschaft (siehe Abschnitt 3.7, »Integration der Zeitwirtschaft«) erst einmal eine Anzahl, z. B. Stunden, die mit einem Faktor bewertet werden muss (siehe Abbildung 19.2). Die Lohnart kann auf folgende Arten bewertet werden:

▶ **Bewertung mit einer Bewertungsgrundlage (Lohnart /0xx)**
Die Lohnarten werden am Anfang des Bruttoteils berechnet (siehe
Abschnitt 3.8, »Bildung von Bewertungsgrundlagen«). Die letzten
beiden Ziffern der Lohnart müssen hier eingetragen werden.
Diese Bewertung wird z. B. für die Bewertung von Nachtzuschlä-
gen oder Mehrarbeitsstunden verwendet.

▶ **Bewertung mit einem konstanten Wert aus der Tabelle T510J**
Dafür muss »K« eingetragen werden. Diese Tabelle enthält konstante Beträge, die zeitlich abgrenzbar sind. Dies kann z. B. für die
Berechnung eines geldwerten Vorteils für Verpflegung verwendet
werden, der pro gearbeiteten Tag mit 2,50 € berechnet wird.

▶ **Bewertung mit Werten aus der Tariftabelle T510**
Je nachdem, mit welchem Schlüssel diese Tabelle gelesen werden
soll, muss »T«, »TS« oder »TG« eingetragen werden. Eine genaue
Beschreibung der verschiedenen Eingabemöglichkeiten können
Sie der Dokumentation des Feldes entnehmen. Diese Art der
Bewertung wird verwendet, wenn die Bewertung in einer Verbin-
dung zur Tarifgruppe und -stufe steht. Beispielsweise erhält Tarif-
gruppe 1–5 einen Zuschlag von 2 € für jede gearbeitete Stunde
und Tarifgruppe 2–9 einen Zuschlag von 3 € für jede gearbeitete
Stunde.

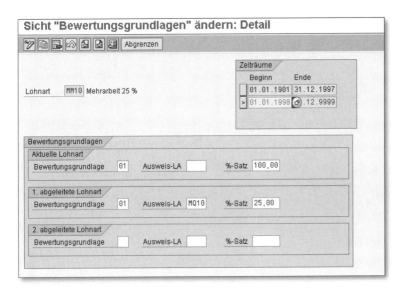

Abbildung 19.2 Bewertungsgrundlagen

Die Bewertung kann auch zur Generierung von abgeleiteten Lohnarten verwendet werden. So wäre es möglich, zu einem Grundlohn für Mehrarbeit einen zusätzlichen Mehrarbeitszuschlag zu generieren, der einen bestimmten Prozentsatz des Grundlohnes beträgt.

19.4.2 Verarbeitungsklassen

Verarbeitungsklassen sind Schalter, die an bestimmten Stellen im Schema der Personalabrechnung abgefragt werden. Je nach Ausprägung des Schalters werden unterschiedliche Operationen zur Verarbeitung aufgerufen. In View V_512W_D, der in Abbildung 19.3 zu sehen ist, sind die Verarbeitungsklassen einer Lohnart im oberen Abschnitt dargestellt.

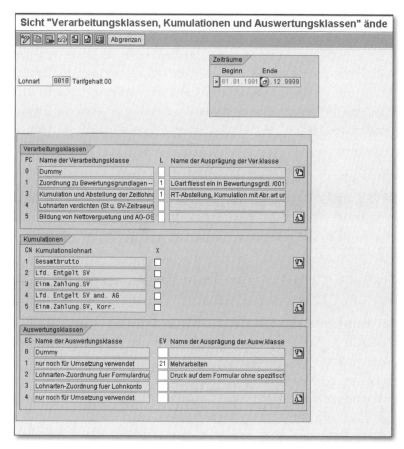

Abbildung 19.3 Verarbeitungsklassen, Kumulationen und Auswertungsklassen

Auf der linken Seite sind die vorhandenen Verarbeitungsklassen zu sehen, auf der rechten Seite die zugeordneten Ausprägungen. So wird z. B. mit der Ausprägung der Verarbeitungsklasse 01 gesteuert, ob eine Lohnart in Bewertungsgrundlagen einfließt (siehe Abschnitt 3.8, »Bildung von Bewertungsgrundlagen«).

Die Verarbeitungsklassen 90–99 können für kundeneigene Belange verwendet werden. Die Definition der Verarbeitungsklasse erfolgt im Pflege-View V_T52D1, die einzelnen Ausprägungen einer Verarbeitungsklasse werden im View V_T52D2 angelegt.

Die wichtigsten Verarbeitungsklassen sind:

Wichtige Verarbeitungsklassen

▸ **01 Zuordnung zu Bewertungsgrundlagen – Rechenregel: D010**
  Aus den Lohnarten der Basisbezüge werden Bewertungsgrundlagen zur Bewertung von z. B. Mehrarbeitsstunden, Nacht-, Sonn- und Feiertagszuschlägen gebildet (siehe Abschnitt 3.8, »Bildung von Bewertungsgrundlagen«).

▸ **03 Kumulation und Abstellung der Zeitlohnarten – Rechenregel: D020**
  Ein Teil der Bruttolohnarten wird bereits am Ende der Bruttoberechnung im Teilschema DT00 kumuliert und abgestellt. Das sind vor allem die Zeitlohnarten, die in der Aliquotierung nicht mehr gekürzt werden müssen, sondern bereits hier ihren endgültigen Wert erhalten haben. Diese Lohnarten werden in die interne Tabelle RT abgestellt, und nur die kumulierten Werte werden in der Abrechnung weiterverarbeitet.

▸ **06 Einspeisung von Lohnarten aus altem Lohnkonto in die Tabelle LRT – Rechenregel: D006**
  Lohnarten können von einer Periode in die nächste weitergereicht werden, wobei dieses Weiterreichen alternativ nur innerhalb eines Jahres oder immer erfolgen kann. Mit der Schlüsselung der Verarbeitungsklasse werden gekennzeichnete Lohnarten aus der Tabelle RT des Vormonats in die Tabelle LRT übernommen (siehe Abschnitt 3.5, »Einlesen des letzten Abrechnungsergebnisses«).

▸ **08 Steuer(D): Freibeträge nach Tabelle T512C**
  Bestimmte Lohnarten sind erst nach der Überschreitung einer Freigrenze steuerpflichtig. Die Steuerung von Freibeträgen erfolgt mit Hilfe der Tabelle T512C. So ist die Lohnart *Gesundheitsförderung* (Musterlohnart M441) bis zu einem Betrag von 500 € jährlich steuerfrei. Der Freibetrag ist in der Konstante P334G der Konstantentabelle T511K enthalten.

▸ **10 Kennzeichnung der Lohnarten für Aliquotierung – Rechenregel: XVAL**
Diese Verarbeitungsklasse löst die Kürzung einer Lohnart in der Aliquotierung aus. Dazu werden in der Personalabrechnung die Lohnarten /801 ff. gebildet, in denen ein mit 100.000 multiplizierter Teilmonatsfaktor enthalten ist. Der Wert 100.000 entspricht 100 %, in diesem Fall erfolgt keine Kürzung. Die Multiplikation mit 100.000 soll Rundungsdifferenzen minimieren.

▸ **14 Steuer(D): Schätzbasis für laufenden Jahreslohn**
Zur Steuerberechnung sonstiger Bezüge ist ein geschätzter Jahresbruttobetrag notwendig. Die Schätzbasis (Lohnart /462) bildet die Grundlage für noch nicht abgerechnete Monate. Mit dieser Verarbeitungsklasse wird gesteuert, welche Bezüge in die Schätzbasis eingehen.

▸ **15 Bewertung nach dem Durchschnittsprinzip – Rechenregel: X016**
Die Formeln zur Berechnung der Durchschnittsbezahlung (siehe Abschnitt 3.9, »Bewertung von Lohnarten«) werden mit der Ausprägung dieser Verarbeitungsklasse gesteuert.

▸ **17 Verrechnung der Mehrarbeit (Personalrechenregel TC10 bzw. TC20)**
Diese Verarbeitungsklasse gehört in den Bereich der Zeitwirtschaft. Die Ausprägung steuert, ob Mehrarbeitslohnarten bezahlt oder mit einem Freizeitanspruch kompensiert werden.

▸ **20 Kumulation und Abstellung am Ende des Bruttoteils – Rechenregel: D023**
Am Ende der Aliquotierung werden die letzten Bruttolohnarten kumuliert und abgestellt. Hier ist der Bruttoteil beendet, und es wird nur noch mit /xxx-Lohnarten weitergerechnet.

▸ **21 Steuer(D): Steuerbrutti**
Diese Verarbeitungsklasse steuert verschiedene Besonderheiten bei der Versteuerung.

▸ **24 Steuerung der Überweisungen – Rechenregel: X055**
Die Ausprägung der Verarbeitungsklasse steuert, ob eine Lohnart in voller Höhe oder nur bis zur Höhe des verbleibenden Auszahlungsbetrags überwiesen wird.

▸ **25 Verhalten nach Ende der Be-/Abzüge – Rechenregel: D045**
Diese Verarbeitungsklasse muss für externe Überweisungen gepflegt werden, damit die Lohnarten aus dem Infotyp 0011 (Externe Überweisungen) richtig abgestellt werden.

▶ **30 Fortschreibung der Kumulation**

Die Kumulationen werden am Ende der Abrechnung (siehe Abschnitt 5.2, »Endeverarbeitung«) gebildet und enthalten die für das aktuelle Jahr aufaddierten Summenwerte der Lohnarten. Welche Lohnarten kumuliert werden, wird mit dieser Verarbeitungsklasse gesteuert.

▶ **31 Aufteilung Monatspauschalen Kostenverteilung – Rechenregel: DCM0**

Für die Verrechnung unproduktiver Zeiten, wie z. B. Urlaub, Krankheit oder Feiertag, können Lohnarten anteilig verrechnet werden. Diese Lohnarten fließen in die Bewertung der unproduktiven Zeiten ein.

▶ **35 Nachteilsausgleich bei Vertretungen**

Die Verarbeitungsklasse regelt, wie Zeitlohnarten im Nachteilsausgleich verarbeitet werden sollen.

▶ **39 Steuerliche Behandlung § 3b EStG Deutschland**

Die Berechnung der Steuerfreiheit von Nacht-, Sonn- und Feiertagszuschlägen wird mit dieser Verarbeitungsklasse gesteuert. Es wird festgelegt, welche Lohnarten in die Berechnung des Basislohns und der Lohnzusätze eingehen. Außerdem werden die Lohnarten festgelegt, die nach § 3b steuerfrei sind.

▶ **46 Verarbeitung der Lohnscheine für Leistungslöhner**

Lohnarten, die in Lohnscheinen gepflegt werden, müssen hier gekennzeichnet werden. Es wird unterschieden, ob es sich um Akkord- oder Durchschnittsbezahlung handelt.

▶ **47 Besondere Verarbeitung der Infotypen 0014/0015 – Rechenregel: D011**

Für Lohnarten, die in den Infotypen 0014 (Wiederk. Be-/Abzüge) und 0015 (Ergänzende Zahlung) gepflegt werden, sind verschiedene Sonderverarbeitungen in der Rechenregel D011 vorgesehen, die mit entsprechender Ausprägung der Verarbeitungsklasse ausgeführt werden (siehe Abschnitt 2.2.4, » Infotyp 0014 (Wiederkehrende Be- und Abzüge)«).

▶ **51 Einspeisung von LA aus der Verdienstsicherung in die IT**

Die Verarbeitungsklasse regelt die Übernahme von Lohnarten aus der Verdienstsicherung (Infotyp 0052) in die interne Tabelle IT.

▶ **68 Altersteilzeit: Fiktives Vergleichsnetto für Aufstockung 2**

Die Verarbeitungsklasse wird bei der Berechnung der Altersteilzeit verwendet (siehe Kapitel 12, »Altersteilzeit«) und zwar für

Lohnarten, die bei der Berechnung des fiktiven Teilzeitnettobetrags besonders behandelt werden.

▸ **70 Fiktivbezüge für die Altersteilzeit**
Die Verarbeitungsklasse wird bei der Berechnung der Altersteilzeit verwendet (siehe Kapitel 12).

▸ **71 Laufendes Fiktivbrutto bzw. Sollentgelt für KUG/WAG**
Diese Verarbeitungsklasse ist für die Steuerung der Berechnung von Kurzarbeitsausgleich relevant – siehe Kapitel 17, »Kurzarbeitergeld«.

▸ **72 Pfändung: Übernahme in IT/Art des Bezugs**
Alle Lohnarten, die für die Berechnung von Pfändungen (siehe Kapitel 11, »Pfändungen«) relevant sind, müssen hier gekennzeichnet werden, egal ob diese Lohnart pfändbar ist oder nicht.

▸ **73 Pfändung: Pfändbarkeit für gewöhnliche Pfändungen**
Die Pfändbarkeit für gewöhnliche Pfändungen (siehe Kapitel 11), wird mit dieser Verarbeitungsklasse festgelegt.

▸ **74 Pfändung: Pfändbarkeit für bevorrechtigte Pfändungen**
Mit dieser Verarbeitungsklasse wird die Pfändbarkeit für bevorrechtigte Pfändungen (siehe Kapitel 11) festgelegt.

19.4.3 Kumulationen

Mit den Kumulationen, die im mittleren Block (siehe Abbildung 19.3) gepflegt werden, wird gesteuert, in welcher Summenlohnart /1xx eine Bruttolohnart am Ende der Bruttoberechnung addiert wird. Eine Bruttolohnart, wie z. B. die Lohnart 1000 (Gehalt), wird nur im Bruttoteil der Personalabrechnung berechnet und danach in die interne Tabelle RT abgestellt, die im Abrechnungsergebnis gespeichert wird. Im Nettoteil werden nur noch kumulierten Werte, wie ein Gesamtbruttobetrag (Lohnart /101) oder Steuerbruttobetrag für laufende Bezüge (Lohnart /106), weiterverarbeitet. So ist z. B. bei der Berechnung der Steuer nicht mehr wichtig, welche einzelnen Beträge steuerpflichtig sind, sondern es wird nur mit der Summe der steuerpflichtigen Beträge, die in der Kumulationslohnart gespeichert ist, gerechnet. Natürlich gibt es für die Steuerberechnung mehrere Kumulationslohnarten, die nach dem deutschen Steuergesetz notwendig sind – eine Lohnart für laufende steuerpflichtige Bezüge (Lohnart /106), für sonstige steuerpflichtige Bezüge (Lohnart /111) und für mehrjährige steuerpflichtige Bezüge (Lohnart /113). Es muss nun die richtige Kumulation markiert werden, um die korrekte Steuerberechnung einzustellen.

Die wichtigsten Kumulationen sind:

Wichtige Kumulationen

- ▶ **/101 Gesamtbrutto**
  Lohnart zur Ermittlung des Auszahlungsbetrags

- ▶ **/102 Lfd. Entgelt SV**
  beitragspflichtige laufende Bezüge

- ▶ **/103 Einm.Zahlung.SV**
  beitragspflichtige Einmalbezüge

- ▶ **/104 Lfd. Entgelt SV and. AG**
  beitragspflichtiges laufendes Entgelt eines anderen Arbeitgebers

- ▶ **/105 Einm.Zahlung.SV, Korrektur**
  beitragspflichtige Einmalbezüge, die im Entstehungsprinzip verbeitragt werden.

- ▶ **/106 Lfd. Steuerbrutto**
  laufender steuerpflichtiger Bezug

- ▶ **/107 Steuerfrei**
  steuerfreier Bezug

- ▶ **/110 Bezüge/Abzüge**
  Bezüge oder Abzüge vom Nettoentgelt

- ▶ **/111 Son. Steuerbrutto**
  sonstiger steuerpflichtiger Bezug

- ▶ **/113 Mj. Steuerbrutto**
  mehrjähriger steuerpflichtiger Bezug

- ▶ **/115 Lfd. Nettozusage**
  laufende Nettozusage, bei der die zu zahlende Steuer und SV der Arbeitgeber trägt

- ▶ **/116 Einm.Nettozusage**
  einmalige Nettozusage, bei der die zu zahlende Steuer und SV der Arbeitgeber trägt

- ▶ **/117 Lfd. Vers.bez. (pot.)**
  Versorgungsbezug, bei dem der Versorgungsfreibetrag beim Erreichen der Altersgrenze gewährt wird

- ▶ **/118 Lfd. Vers.bez.**
  Versorgungsbezug, bei dem der Versorgungsfreibetrag immer gewährt wird

▶ **/119 Son. Vers.bez. (pot.)**
Versorgungsbezug, bei dem der Versorgungsfreibetrag beim Erreichen der Altersgrenze gewährt wird

▶ **/120 Son. Vers.bez.**
Versorgungsbezug, bei dem der Versorgungsfreibetrag immer gewährt wird

▶ **/123 Mj. Vers.bez. (pot.)**
Versorgungsbezug, bei dem der Versorgungsfreibetrag beim Erreichen der Altersgrenze gewährt wird

▶ **/124 Mj. Vers.bez.**
Versorgungsbezug, bei dem der Versorgungsfreibetrag immer gewährt wird

▶ **/126 Steuerfrei DBA**
Steuerfreiheit nach Doppelbesteuerungsabkommen

▶ **/127 Steuerfrei ATE**
Steuerfreiheit gemäß Auslandstätigkeitserlass

▶ **/140 Pau.AG §40(1)**
pauschalversteuerter Bezug, Steuer trägt Arbeitgeber

▶ **/141 Pau.AG §40(2)1**
pauschalversteuerter Bezug, Steuer trägt Arbeitgeber

▶ **/142 Pau.AG §40(2)2**
pauschalversteuerter Bezug, Steuer trägt Arbeitgeber

▶ **/143 Pau.AG §40b**
pauschalversteuerter Bezug, Steuer trägt Arbeitgeber

▶ **/147 Arbeitseink. Vergleich Pf**
Arbeitseinkommen für den Vergleich bei Pfändungen

▶ **/152 Akammer-Brutto Bremen**
Bruttobetrag zur Berechnung der Beiträge zur Arbeitskammer
Bremen

▶ **/153 Akammer-Brutto Saarland**
Bruttobetrag zur Berechnung der Beiträge zur Arbeitskammer
Saarland

▶ **/159 Gewerbesteuer Brutto**
Bruttobetrag für Gewerbesteuerzerlegung

▶ **/160 Berufsgen.-Brutto**
für die Berufsgenossenschaftsmeldung relevante Beträge

- ▶ **/161 Pau.AN §40(2)1**
  pauschalversteuerter Bezug, Steuer trägt Arbeitnehmer
- ▶ **/162 Pau.AN §40(2)2**
  pauschalversteuerter Bezug, Steuer trägt Arbeitnehmer
- ▶ **/163 Pau.AN §40b**
  pauschalversteuerter Bezug, Steuer trägt Arbeitnehmer
- ▶ **/168 ATZ tar. Teilzeitbrutto**
  Teilzeitbruttobetrag bei Altersteilzeit
- ▶ **/170 KuG Kurzlohn**
  tatsächlich gezahltes Entgelt bei Kurzarbeit
- ▶ **/175 Einm.Zahlung SV Entsteh.P**
  Einmalzahlung SV nach Entstehungsprinzip
- ▶ **/176 Sonst. Steuerbr. EntstehP**
  sonstige Steuerbrutto nach Entstehungsprinzip
- ▶ **/177 Mehrj. Steuerbr. EntstehP**
  mehrjährige Steuerbrutto nach Entstehungsprinzip

19.4.4 Durchschnittsgrundlagen

Durchschnittsgrundlagen werden als Basis für die Berechnung einer Durchschnittsbezahlung gebildet. Die relevanten Vergütungsbestandteile werden in die Lohnarten /201 bis /232 addiert. Im Gegensatz zu den Kumulationen ist der Kunde mit der Verwendung der Durchschnittsgrundlagen relativ frei. Es ist lediglich zu beachten, dass nur die Lohnarten /229 – /232 im Kundenbereich liegen und bei diesen Lohnarten auch die Texte und Lohnarteneigenschaften angepasst werden können, ohne dass diese durch ein Support Package oder Upgrade überschrieben werden.

Wie in Abbildung 19.4 zu sehen, kann nicht nur das Feld BETRAG in die Sekundärlohnart addiert werden, wie das bei den Kumulationen der Fall ist, sondern es kann festgelegt werden, ob das Feld BETRAG, das Feld ANZAHL oder das Feld BETRAG PRO EINHEIT addiert wird.

Die Verarbeitung der Durchschnittsgrundlagen funktioniert analog zu den Kumulationen am Ende der Bruttoberechnung mit der Abstellung der Bruttolohnart.

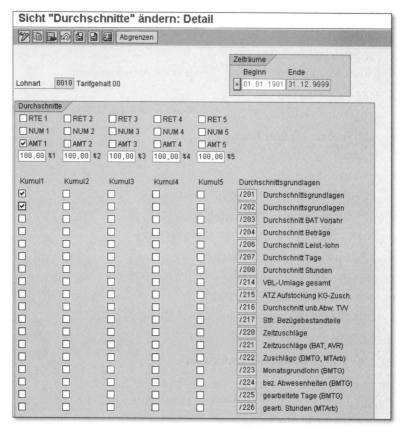

Abbildung 19.4 Durchschnittsgrundlagen

19.4.5 Auswertungsklassen

Steuerung von
Folgeaktivitäten

Auswertungsklassen werden nicht in der Abrechnung verwendet, sondern dienen der Steuerung von Folgeaktivitäten. Die Auswertungsklassen haben in den letzten Releaseständen an Bedeutung verloren. So war die Auswertungsklasse 01 bis zum Release 4.0A für die Steuerung der Lohnarten zur Buchung ins Rechnungswesen verantwortlich. Außerdem wurden die Auswertungsklassen 06 bis 10 im alten Bescheinigungswesen bis 4.6C verwendet.

Relevante Auswertungsklassen sind:

▸ 02 – Andruck von Lohnarten auf dem Entgeltnachweis

▸ 03 – Andruck von Lohnarten auf dem Lohnkonto

19.5 Steuerung der Lohnartenerfassung

Die Eingabe einer Lohnart kann detailliert gesteuert werden. Dazu können der Infotyp bzw. die Infotypen festgelegt werden, in denen eine Lohnart verwendet werden darf. Es ist möglich, Lohnarten nur für bestimmte Mitarbeiterkreise oder Personalteilbereiche zuzulassen. Außerdem kann festgelegt werden, welche Werte eingegeben werden dürfen.

19.5.1 Zulässigkeit pro Infotyp

Zuerst muss festgelegt werden, in welchen Infotypen eine Lohnart eingegeben werden darf (siehe Abbildung 19.5). Ist die Eingabe für den Infotyp 0008 (Basisbezüge) vorgesehen, oder wird die Lohnart z. B. als ergänzende Zahlung im Infotyp 0015 gepflegt. Die Eingabe kann zeitlich abgegrenzt werden, und bei bestimmten Infotypen, die eine parallele Erfassung zulassen, kann festgelegt werden, ob die Lohnart mehrfach zum gleichen Zeitpunkt oder nur einfach vorhanden sein darf.

Sicht "Zulässige Lohnarten" ändern: Übersicht

Zulässige Lohnarten für Ergänzende Zahlung

Lohnart	Lohnart-Langtext	Beginn	Ende	einfach	mehrfach
M110	Urlaubsgeld	01.01.1900	31.12.9999	●	○
M120	Weihnachtsgeld	01.01.1900	31.12.9999	●	○
M130	tarifl. Sonderzahlung	01.01.1900	31.12.9999	●	○
M140	freiw. Sonderzahlung	01.01.1900	31.12.9999	●	○
M150	13. Gehalt	01.01.1900	31.12.9999	●	○
M170	Tantiemen	01.01.1900	31.12.9999	●	○
M171	sonst.Stbrutto Korrektur	01.01.1900	31.12.9999	●	○
M172	mj.Stbrutto Korrektur	01.01.1900	31.12.9999	●	○
M173	1/2 Stbrutto Korrektur	01.01.1900	31.12.9999	●	○
M174	sonst.Versbez. Korrektur	01.01.1900	31.12.9999	●	○
M175	1/2 Versbez. Korrektur	01.01.1900	31.12.9999	●	○
M176	mj. Versbez. Korrektur	01.01.1900	31.12.9999	●	○
M180	So.Zahlung stfr. DBA	01.01.1900	31.12.9999	●	○
M181	So.Zahlung stpfl. DBA	01.01.1900	31.12.9999	●	○
M190	So.Zahlung tw. stfr. ATE	01.01.1900	31.12.9999	●	○
M210	10-j. Dienstjubiläum	01.01.1900	31.12.9999	●	○

Abbildung 19.5 Zulässigkeit pro Infotyp

19.5.2 Zulässigkeit für Mitarbeiterkreis-Gruppierung und Personalteilbereichs-Gruppierung

Manche Lohnarten können nur in bestimmten Personalbereichen/Personalteilbereichen oder für bestimmte Mitarbeiter sinnvoll eingesetzt werden. Dafür können Mitarbeiterkreis-Gruppierungen in der Tabelle T503 und Personalteilbereichs-Gruppierungen in der Tabelle T001P definiert werden. Die Lohnarten werden für diese Gruppierungen als zulässig markiert. Es kann eine »1« oder »2« eingetragen werden (siehe Abbildung 19.6), um die Lohnart zulässig zu definieren.

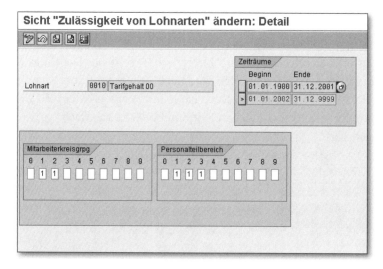

Abbildung 19.6 Zulässigkeit von Lohnarten

19.5.3 Eingabeeigenschaften einer Lohnart

Die Eingabeeigenschaft einer Lohnart legt fest, ob ein Betrag und/oder eine Anzahl mit passender Einheit eingegeben werden kann. Dabei können Ober- und Untergrenzen festgelegt werden, um Fehleingaben zu vermeiden. Außerdem ist die indirekte Bewertung von Lohnarten möglich. Das heißt, bei der Pflege wird eine automatische Berechnung durchgeführt, die einen Wert ermittelt und vorgibt. Dieser Wert kann, wenn dies zugelassen wird, überschrieben werden.

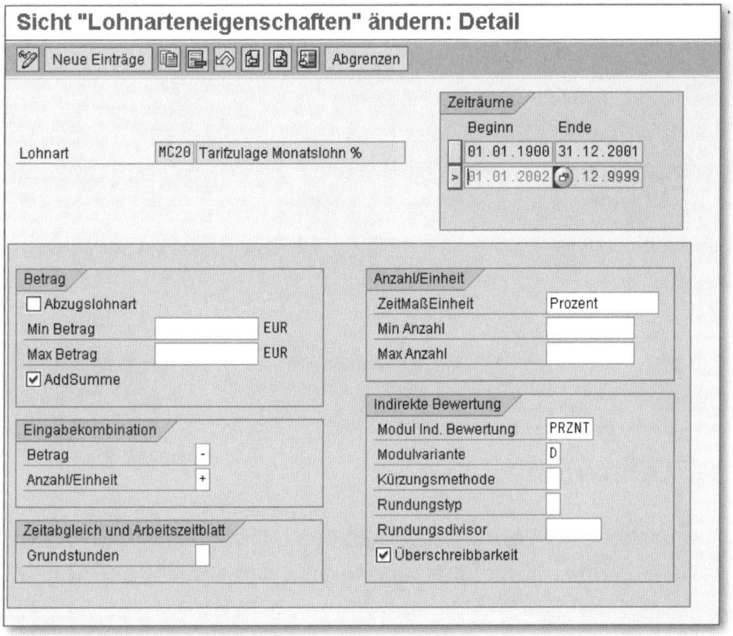

Abbildung 19.7 Eingabeeigenschaften einer Lohnart

19.6 Buchungseigenschaften einer Lohnart

Die Buchung einer Lohnart in das Rechnungswesen wird in zwei Schritten eingestellt: Eine oder mehrere Lohnarten werden einem symbolischen Konto zugeordnet. Diesem wird wiederum das Sachkonto zugeordnet.

Bei der Zuordnung der Sachkonten können verschiedene Gruppierungen verwendet werden, die über das Merkmal PPMOD gesteuert werden. So können z. B. für Angestellte, indirekte Gewerbliche und direkte Gewerbliche unterschiedliche Sachkonten hinterlegt werden, obwohl das gleiche symbolische Konto Verwendung findet. Die Zuordnung der Buchungseigenschaft einer Lohnart ist in Abbildung 19.8 dargestellt.

Abbildung 19.8 Buchungseigenschaften einer Lohnart

Siehe hierzu auch Abschnitt 6.6, »Buchung ins Rechnungswesen«.

19.7 Lohnartensplit

Mit Lohnartensplits werden tagesgenau Veränderungen von Infotypen während einer Abrechnungsperiode in der Abrechnung abgebildet. Dies ist z. B. bei der Veränderung von Basisbezügen während eines Monats erforderlich. Durch diese Veränderung wird es beispielsweise notwendig, Zeitzuschläge in der ersten Teilperiode anders zu bewerten als in der zweiten Teilperiode. Folgende Kennzeichen für die Zuordnung von Lohnarten existieren:

▸ Zuordnungskennzeichen WPBP

▸ Zuordnungskennzeichen 1 länderabhängig – Steuer

▸ Zuordnungskennzeichen 2 länderabhängig – SV

▸ Zeiger alternative Bezahlung

▸ Zeiger Kostenzuordnung

▸ Zeiger Überweisung

▸ Zeiger Abwesenheiten

▸ Zeiger variable Zuordnung

[!] In der Personalabrechnung gehören Lohnarten mit gleichem Split-Kennzeichen immer zusammen. Eine Lohnart mit der WPBP-Zuordnung 02 wird auch nur mit einer Bewertungsgrundlage mit gleichem Split-Kennzeichen 02 bewertet. Bei der Programmierung eigener Regeln muss beachtet werden, dass diese Kennzeichen sauber gesetzt werden und vorhandene Kennzeichen nicht unbedacht gelöscht werden, damit eine ordnungsgemäße Verarbeitung der Lohnarten im Verlauf der Abrechnung möglich ist.

19.8 Kopieren von Lohnarten

Die Definition einer Lohnart verteilt sich auf mehrere Tabellen. Damit beim Anlegen neuer Lohnarten nicht alle Tabelleneinträge manuell gepflegt werden müssen, kann mit dem Lohnartenkopierer eine Lohnart mit allen Eigenschaften dupliziert werden. Im Anschluss daran können dann einzelne Eigenschaften nach Bedarf angepasst werden.

19.8.1 Lohnartenkopierer

Der Lohnartenkopierer (siehe Abbildung 19.9) kann im Customizing unter dem Punkt Lohnartenkatalog erstellen an verschiedenen Stellen aufgerufen werden. Diese Funktion ist überall im IMG vorhanden, wo Lohnarten erstellt werden müssen. Wird die Funktion aufgerufen, ist bereits eine Lohnartengruppe im oberen Bereich vorbelegt. Die Lohnartengruppe bewirkt, dass alle Lohnarten dieser Gruppe zum Kopieren vorgeschlagen werden.

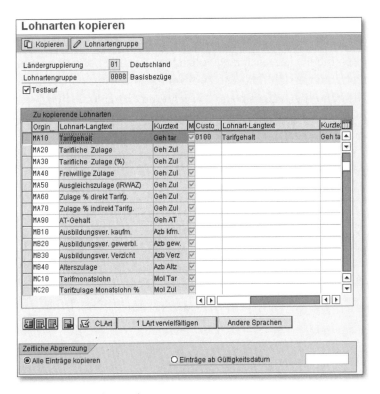

Abbildung 19.9 Lohnartenkopierer

Im rechten Bildschirmbereich muss zum Kopieren eine neue Lohnart eingegeben werden, die Zeile markiert und die Funktion KOPIEREN ausgeführt werden. Solange die Option TESTLAUF markiert ist, wird lediglich ein Protokoll angezeigt, in dem alle zu kopierenden Tabelleneinträge aufgelistet sind. Wird diese Option deaktiviert, erfolgt die tatsächliche Kopie der Lohnart.

19.8.2 Zuordnung zu Lohnartengruppen

Die Zuordnung von Lohnarten zu Lohnartengruppen dient der Organisation des Customizings, ist aber für die Verwendung der Lohnart in der Abrechnung nicht zwingend erforderlich. Die Zuordnung zu einer Lohnartengruppe bewirkt, dass beim Aufruf des Lohnartenkopierers alle Lohnarten der Gruppe als mögliche zu kopierende Lohnarten angezeigt werden. Die Zuordnung wird in den Tabellen T52D5 – T52D7 festgelegt.

19.8.3 Zuordnung zu Musterlohnarten

Beim Kopieren einer Lohnart wird die Zuordnung zur Ursprungslohnart in der Tabelle T52DZ (siehe Abbildung 19.10) gespeichert. Mit dieser Tabelle lässt sich nachvollziehen, wer die Lohnart zu welchem Zeitpunkt erstellt hat. Die Zuordnung zu Musterlohnarten hat ebenfalls keine Relevanz für die Abrechnung, sie kann lediglich für Wartungszwecke hilfreich sein. Ändern sich Musterlohnarten von SAP, kann überprüft werden, ob die Musterlohnart verwendet wurde, und die entsprechende Kundenlohnart kann analog zur Musterlohnart angepasst werden.

	Mandant	Ländergruppierg	Custo. LArt	Modell LGart	Org. LArt	aktuelles Datum	Uhrzeit	Benutzername
☐	800	01	0050	MQ30	MQ30	06.11.2008	18:02:10	HASSMANN
☐	800	01	0051	MQ30	MQ30	06.11.2008	18:02:10	HASSMANN
☐	800	01	1101	MA90	MA90	28.11.2008	11:37:21	HASSMANN
☐	800	01	1108	MA90	MA90	28.11.2008	11:43:57	HASSMANN
☐	800	01	1109	MA10	MA10	28.11.2008	11:45:06	HASSMANN

Abbildung 19.10 Zuordnung von Lohnart zu Musterlohnart

19.9 Reports zur Kontrolle der Lohnarteneigenschaften

Die Reports, die eine Überprüfung der Lohnarteneigenschaften ermöglichen, bieten im Standard nur sehr spartanische Auswertungsmöglichkeiten. Es gibt einen Report zur Auswertung der Lohnarteneigenschaften der Tabelle T512W und einen Report zur Überprüfung der Buchungseigenschaften.

19.9.1 RPDLGA20 (Überprüfung der Lohnarteneigenschaften in T512W)

Dieser Report hilft dabei, sich einen Überblick über die Lohnarteneigenschaften zu verschaffen und das Verhalten einer Lohnart in der Abrechnung zu analysieren. Er gibt Antwort auf Fragen wie z. B.: Welche Lohnarten haben in der Verarbeitungsklasse 01 den Wert 1, oder welche Lohnarten werden in die Kumulation 02 kumuliert?

Was aber nicht ausgewertet werden kann, ist, welche Lohnarten nicht in eine Kumulation einfließen, um z. B. zu prüfen, ob die Lohnarten, die in eine Kumulation einfließen, vollständig gepflegt wurden. Dazu wären komfortablere Auswertungsmöglichkeiten wünschenswert.

19.9.2 RPDKON00 (Überprüfung der Buchungseigenschaften)

Dieser Report gibt die Buchungseigenschaften der Lohnarten in Form einer Liste (siehe Abbildung 19.11) oder in Baumstruktur aus. Buchungsrelevante Lohnarten werden einem symbolischen Konto zugeordnet und dieses wiederum einem Sachkonto. Die Zuordnung erfolgt abhängig von dem zugeordneten Kontenplan und einer möglichen Gruppierung gemäß dem Merkmal PPMOD (siehe Abschnitt 6.6, »Buchung ins Rechnungswesen«).

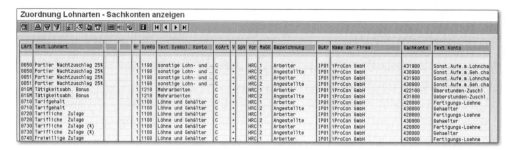

Abbildung 19.11 Zuordnung von Lohnart zu Sachkonto

Werden viele Gruppierungen verwendet, gibt der Report alle möglichen Kombinationen aus, was sehr unübersichtlich werden kann. Es empfiehlt sich dann, die Liste an MS Excel zu übergeben und dort mit Filtern weiterzuarbeiten.

19.10 Fazit

Eine Besonderheit bei der Personalabrechnung in SAP ERP HCM ist, dass auch direkt im Abrechnungsschema individuelle Verarbeitungen für Lohnarten eingebunden werden können. Dies macht die Steuerung sehr flexibel, und diese Vorgehensweise ist auch bei komplexen Verarbeitungen notwendig – aber das Ergebnis wird schnell unübersichtlich, und sie sollte daher gezielt eingesetzt und gut dokumentiert werden.

Das Abrechnungsschema legt den Ablauf der Personalabrechnung fest. Der Schemen- und der Regeleditor sind die Werkzeuge, mit denen individuelle Anforderungen in den Ablauf eingefügt werden können. In diesem Kapitel lernen Sie die Anpassungsmöglichkeiten kennen.

20 Customizing des Abrechnungsschemas

Ein Abrechnungsschema ist das Ablaufprogramm der Abrechnung. In SAP ERP HCM wird das Abrechnungsschema D000 für die deutsche Personalabrechnung bereitgestellt. Dieses Schema enthält die komplette Brutto- und Nettoabrechnung. Grundsätzlich kann es so, wie es ausgeliefert wird, für die Personalabrechnung eingesetzt werden. Es gibt jedoch bestimmte Stellen, an denen eine Anpassung erforderlich ist, wenn die ausgelieferten Regeln nicht den tariflichen oder firmenindividuellen Regelungen entsprechen oder Berechnungen automatisiert werden sollen, die sonst manuell durchgeführt werden müssten. Dies kann z. B. die Berechnung von Weihnachtsgeld sein. Die Eingabe eines Betrags im Infotyp 0015 (Ergänzende Zahlung) ist ohne Anpassung des Schemas möglich. Soll jedoch nicht für jeden Mitarbeiter der Betrag manuell berechnet und eingegeben werden, kann die Berechnung im Schema hinterlegt werden.

> Die Automatisierung von Berechnungen, die in regelmäßigen Abständen für eine große Anzahl von Mitarbeitern durchgeführt werden, kann viel manuelle Arbeit ersparen.

[+]

Zur Erstellung eines kundenindividuellen Abrechnungsschemas wird das Standardschema als Vorlage genommen und an den entsprechenden Stellen angepasst. Für die Anpassung ist es erforderlich, den Aufbau des Schemas zu kennen, um an den richtigen Stellen eingreifen zu können. Dabei gibt es zwei Stellen, an denen regelmäßig kundenindividuelle Anpassungen erforderlich sind: Diese Bereiche sind die Bruttoberechnung (Teilschema DT00) und die Aliquotierung (Teilschema DAL0).

Erstellung eines kundenindividuellen Abrechnungsschemas

Beispiele für notwendige Anpassungen sind folgende:

▶ Die Bewertungsgrundlagen zur Bewertung von Zeitlohnarten reichen nicht aus.

▶ Die Aliquotierungsregeln zur Kürzung unbezahlter Fehlzeiten liefern nicht das benötigte Ergebnis.

▶ Die Berechnung von Lohnarten soll automatisch in der Abrechnung erfolgen und eine manuelle Berechnung ersetzen.

[+] Während die Bruttoabrechnung durchaus Anpassungen erfordert, sollten die gesetzlichen Berechnungen im Nettoteil jedoch möglichst im Standard belassen werden. Hier sind wegen gesetzlicher Änderungen regelmäßige Updates von SAP erforderlich. Sind in diesen Bereichen kundenindividuelle Anpassungen erfolgt, müssen diese beim Einspielen von Support Packages manuell nachbearbeitet werden (siehe auch Kapitel 22, »Wartung in SAP ERP HCM«).

Die Pflege des Personalrechenschemas erfolgt über die Transaktion PE01 oder über das SAP Easy-Access-Menü, in dem der Editor im Bereich der Personalabrechnung unter WERKZEUGE • CUSTOMIZING WERKZEUGE • SCHEMA zu finden ist. Mit diesem Editor können Sie Schemen anzeigen, anlegen und verändern.

20.1 Aufbau des Personalrechenschemas

Das Personalrechenschema besteht aus sehr vielen Befehlen, die in folgende Elemente gegliedert sind:

▶ **Personalrechenschema**
Das Personalrechenschema besteht aus Anweisungen, die in der definierten Abfolge ausgeführt werden. Dabei können mit der Funktion COPY auch andere Schemen aufgerufen werden. Das Schema D000 besteht ausschließlich aus derartigen Aufrufen von Unterschemen mit dem Befehl COPY. Die Unterschemen sind allein nicht ausführbar, sondern ergeben nur im Kontext des Gesamtschemas einen Sinn. Die Verwendung von mehreren Unterschemen gliedert das Abrechnungsschema in übersichtliche Bereiche, die thematisch zusammengehören.

▶ **Funktion**
Die im Schema enthaltenen Befehle werden *Funktionen* genannt. Funktionen können Personalrechenregeln aufrufen. In Abbildung

20.2 ist ein Teil eines Schemas dargestellt, wobei die Funktion in der Spalte rechts der Zeilennummerierung enthalten ist.

▶ **Personalrechenregel**
Regeln werden aus dem Abrechnungsschema aufgerufen und enthalten Berechnungsvorschriften für Lohnarten. Die Abarbeitung der Regeln erfolgt nicht chronologisch, sondern kann eher mit der Struktur eines Entscheidungsbaums verglichen werden. Regeln können wiederum andere Regeln aufrufen.

▶ **Operation**
Operationen sind die Befehle, aus denen die Regeln aufgebaut sind. Einen Überblick über die wichtigsten Operationen erhalten Sie in Anhang B. Viele Operationen sind durch die Vielzahl der möglichen Parameter, die mitgegeben werden können, sehr vielseitig einsetzbar.

20.2 Bestandteile eines Personalrechenschemas

In diesem Abschnitt lernen Sie die Bestandteile eines Personalrechenschemas kennen.

20.2.1 Attribute eines Schemas

Mit den Attributen eines Schemas (siehe Abbildung 20.1) wird festgelegt, wie dieses verwendet werden kann.

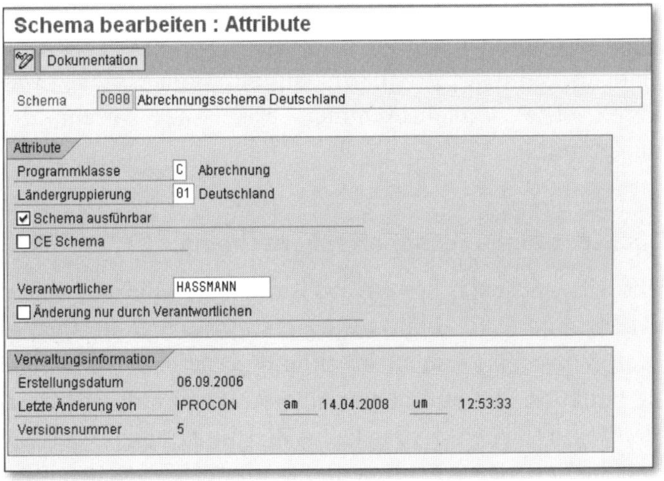

Abbildung 20.1 Attribute des Abrechnungsschemas

487

Folgende Attribute müssen definiert werden:

▶ **Beschreibung**
Name des Schemas

▶ **Programmklasse**
Die Programmklasse legt fest, ob das Schema für die Personalabrechnung (C) oder die Zeitwirtschaft (T) verwendet werden kann. Auch in der Zeitwirtschaft werden Schemen und Regeln eingesetzt, die sich aber bei den möglichen Funktionen und Operationen erheblich unterscheiden.

▶ **Ländergruppierung**
Schemen mit Ländergruppierung 01 für Deutschland können nur für die deutsche Personalabrechnung verwendet werden. Mit * gekennzeichnete Schemen können international für alle Länder verwendet werden.

▶ **Ausführbarkeit des Schemas**
Es gibt Schemen, die ausführbar sind und im Abrechnungstreiber eingegeben werden können, sowie Schemen, die nicht selbständig ausgeführt werden können und nur ein Teilschema eines Abrechnungsschemas sind.

▶ **Verantwortlicher für das Schema**

▶ **Änderungsrechte für das Schema**
Ist diese Option markiert, kann nur der als Verantwortlicher eingetragene User das Schema ändern.

Der Block VERWALTUNGSINFORMATION wird beim Anlegen automatisch erzeugt und kann nicht verändern werden. Die Verwaltungsinformation gibt an, wann das Schema erstellt und wann es zuletzt verändert wurde. Die Versionsnummer zählt die Anzahl der Veränderungen mit.

20.2.2 Quelltext eines Personalrechenschemas

Der Quelltext eines Schemas besteht aus Anleitungen für den Ablauf der Personalabrechnung. In Abbildung 20.2 ist ein Ausschnitt aus dem Bruttoteil der deutschen Personalabrechnung dargestellt. Jede Zeile enthält eine Funktion, die mit mehreren Parametern und einem beschreibenden Text versehen werden kann. Welche Parameter zulässig sind, können Sie der Hilfe entnehmen, die mit der [F1]-Taste aufgerufen werden kann, wenn der Cursor auf der Funktion positioniert ist.

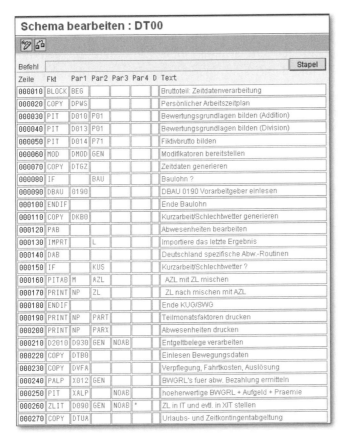

Zeile	Fkt	Par1	Par2	Par3	Par4	D	Text
000010	BLOCK	BEG					Bruttoteil: Zeitdatenverarbeitung
000020	COPY	DPWS					Persönlicher Arbeitszeitplan
000030	PIT	D010	P01				Bewertungsgrundlagen bilden (Addition)
000040	PIT	D013	P01				Bewertungsgrundlagen bilden (Division)
000050	PIT	D014	P71				Fiktivbrutto bilden
000060	MOD	DMOD	GEN				Modifikatoren bereitstellen
000070	COPY	DTGZ					Zeitdaten generieren
000080	IF		BAU				Baulohn ?
000090	DBAU	0190					DBAU 0190 Vorarbeitgeber einlesen
000100	ENDIF						Ende Baulohn
000110	COPY	DKB0					Kurzarbeit/Schlechtwetter generieren
000120	PAB						Abwesenheiten bearbeiten
000130	IMPRT		L				Importiere das letzte Ergebnis
000140	DAB						Deutschland spezifische Abw.-Routinen
000150	IF		KUS				Kurzarbeit/Schlechtwetter ?
000160	PITAB	M	AZL				AZL mit ZL mischen
000170	PRINT	NP	ZL				ZL nach mischen mit AZL
000180	ENDIF						Ende KUG/SWG
000190	PRINT	NP	PART				Teilmonatsfaktoren drucken
000200	PRINT	NP	PARX				Abwesenheiten drucken
000210	D2010	D930	GEN	NOAB			Entgeltbelege verarbeiten
000220	COPY	DTB0					Einlesen Bewegungsdaten
000230	COPY	DVFA					Verpflegung, Fahrtkosten, Auslösung
000240	PALP	X012	GEN				BWGRL's fuer abw. Bezahlung ermitteln
000250	PIT	XALP		NOAB			hoeherwertige BWGRL + Aufgeld + Praemie
000260	ZLIT	D090	GEN	NOAB		*	ZL in IT und evtl. in XIT stellen
000270	COPY	DTUA					Urlaubs- und Zeitkontingentabgeltung

Abbildung 20.2 Bruttoteil DT00

Die Spalten enthalten:

▸ **Zeilennummer**
die Zeilennummer wird automatisch vergeben

▸ **Funktion**
diese Spalte enthält die Funktionen, die in chronologischer Reihenfolge ausgeführt werden

▸ **Parameter 1 bis 4**
die Parameter ermöglichen es, die Funktionen mit Steuerungsparametern auszuführen. Der Parameter 1 enthält meist die Personalrechenregel, die ausgeführt werden soll.

▸ **Deaktivieren/Ausführen (D)**
mit einem Stern kann eine Zeile deaktiviert werden; diese Zeile wird schwarz dargestellt und im Ablauf nicht ausgeführt

▶ **Text**

der Text enthält eine Beschreibung, die manuell vergeben werden kann. Änderungen am Schema sollten mit den Initialen des Ändernden und dem Datum markiert werden, um diese leichter zu erkennen.

Der Quelltext eines Schemas wird innerhalb des Schemeneditors gepflegt.

20.3 Modifikationskonzept

Bevor mit der Anpassung des Personalrechenschemas begonnen werden kann, muss das Modifikationskonzept von SAP betrachtet werden. Dies besteht aus zwei Grundregeln:

▶ **Personalrechenschemen dürfen verändert werden.**
Der Standard bleibt im Hintergrund erhalten und kann jederzeit mit dem modifizierten Stand des Schemas verglichen werden.

▶ **Personalrechenregeln dürfen nicht verändert werden.**
Sie sollten vor Änderungen geschützt werden (siehe im IMG unter ABRECHNUNG DEUTSCHLAND • GRUNDEINSTELLUNG • ABRECHNUNGS-ORGANISATION • PERSONALRECHENREGELN SCHÜTZEN). Sind Anpassungen notwendig, muss die Regel kopiert und die Kopie im Schema eingebunden werden.

Personalabrechnungsschemen werden in Standardschemen und kundeneigene Schemen kategorisiert. Die Standardschemen von SAP werden in einer mandantenunabhängigen Tabelle (T52C0) abgelegt, die Kundenschemen in einer mandantenabhängigen Tabelle (T52C1). Die Verwaltung dieser Tabellen nimmt der Editor automatisch vor. Wird ein Schema verändert, erfolgt eine Kopie des Inhalts in die Kundentabelle durchgeführt, während das Original in der SAP-Tabelle bleibt erhalten. Die Kopie wird produktiv verwendet, während das Original für Vergleichszwecke erhalten bleibt. Dies macht ein Kopieren des Schemas bei Anpassungen nicht zwingend notwendig, auch wenn häufig das Schema doch kopiert wird, um schneller erkennen zu können, welche Schemen angepasst wurden und welche Schemen sich im Originalzustand befinden. Im Editor wird jedoch immer nur der angepasste Zustand des Schemas angezeigt und verwendet. Lediglich über die Funktion VERGLEICHEN kann das veränderte

Schema mit dem Standardschema abgeglichen werden. Durch dieses Konzept ist die Modifikation von Standardschemen möglich, ohne diese in einen eigenen Namensraum kopieren zu müssen. Sie erkennen beim Bearbeiten eines Schemas an der Meldung SIE BEARBEITEN EIN STANDARDSCHEMA im unteren Bildschirmbereich, ob sich dieses im Standardzustand befindet.

Sie können ein angepasstes Schema löschen. Dadurch wird das Standardschema wieder aktiv. Das Standardschema kann nicht gelöscht werden.

Beim Einspielen von Support Packages wird nur das Standardschema aktualisiert, weshalb das Kundenschema über die Vergleichsfunktion angepasst werden muss, um Aktualisierungen von SAP in der eigenen Version des Schemas nachzuvollziehen.

> Wurde ein Schema versehentlich gespeichert und so in ein Kundenschema kopiert, ohne dass eine Änderung vorgenommen wurde, dann sollte das Schema gelöscht werden, damit das Standardschema von SAP wieder aktiv wird und Änderungen durch Support Packages wieder automatisch wirksam werden, ohne dass ein Abgleich notwendig wird.

[+]

Beim Anlegen von neuen Schemen sollte ein Name gewählt werden, der mit einer Ziffer, runden Klammern oder dem Buchstaben Z beginnt.

Bei den Rechenregeln ist es bei Anpassungen immer notwendig, eine Kopie zu erstellen, der Standard sollte hier nie verändert werden. Meist wird bei der Kopie der erste Buchstabe gegen ein Z ausgetauscht, um schneller zu erkennen, von welcher Regel eine Kopie erstellt wurde. Außerdem muss das Schema angepasst werden, denn der Aufruf der Rechenregel muss angepasst und die ursprüngliche Regel durch die Kopie ersetzt werden.

20.4 Funktionen des Editors für Personalrechenschemen

Der Editor für Personalrechenschemen, der mit der Transaktion PE01 aufgerufen wird, ist das Werkzeug, mit dem das Schema gepflegt werden kann.

Abbildung 20.3 Einstiegsbild des Editors für Personalrechenschemen
(Transaktion PE01)

Grundfunktionen des Editors

Folgende Grundfunktionen sind mit dem Editor (siehe Abbildung 20.3) möglich:

▸ **Ändern eines Personalrechenschemas**
In einem vorhandenen Schema können zusätzliche Zeilen eingefügt oder vorhandene Zeilen deaktiviert, geändert oder gelöscht werden. Bei Standardschemen sollten Sie beim Ändern darauf achten, dass ein Abgleich mit dem SAP-Standard übersichtlich bleibt. Wenn zu viel verändert wird, ist die Darstellung des Vergleichs unübersichtlich und nur schwer erkennbar, was angepasst wurde.

▸ **Anzeige eines Personalrechenschemas**
Das Schema kann zur Ansicht geöffnet werden.

▸ **Kopieren eines Personalrechenschemas**
Es kann eine identische Kopie erstellt werden.

▸ **Anlegen eines neuen Personalrechenschemas**
Neue Personalrechenschemen können erstellt werden.

▸ **Löschen eines Personalrechenschemas**
Vorhandene Schemen können gelöscht werden. Handelt es sich um ein SAP-Standardschema, wird nur die angepasste Kundenversion gelöscht, der Standard bleibt erhalten.

▸ **Aufruf des Schemenverzeichnisses**
Mit dem Anklicken der Wertehilfe zum Schema wird das Schemenverzeichnis aufgerufen (siehe Abbildung 20.4). In dem Selektionsbild können Schemen nach verschiedenen Kriterien gesucht werden.

▶ **Schema generieren**

Alle ablauffähigen Schemen müssen generiert werden, bevor diese für eine Personalabrechnung verwendet werden können. Der Abrechnungstreiber RPCALCD0 führt diese Generierung automatisch durch. Das manuelle Generieren ist normalerweise nicht erforderlich.

▶ **Verwendungsnachweis**

Der Verwendungsnachweis zeigt, ob ein Schema als Unterschema eines anderen Schemas verwendet wird. Dabei kann nach SAP-Schemen oder Kundenschemen gesucht werden.

▶ **Pflege der Attribute**

Mit dem Auswahlknopf ATTRIBUTE kann in die Anzeige oder Pflege der Attribute gesprungen werden.

▶ **Pflege der Dokumentation**

Mit der Auswahl des Teilobjektes DOKUMENTATION im Einstiegsbild (siehe Abbildung 20.3) wird in die Pflege der Dokumentation verzweigt.

[+] Wird die Dokumentation von SAP-Standardschemen geändert, so muss beim Einspielen von Support Packages darauf geachtet werden, dass diese Texte an den Modifikationsabgleich (Transaktion SPAU) angeschlossen sind. Die Texte dürfen dort nicht auf Standard zurückgesetzt werden, sonst geht die Änderung verloren.

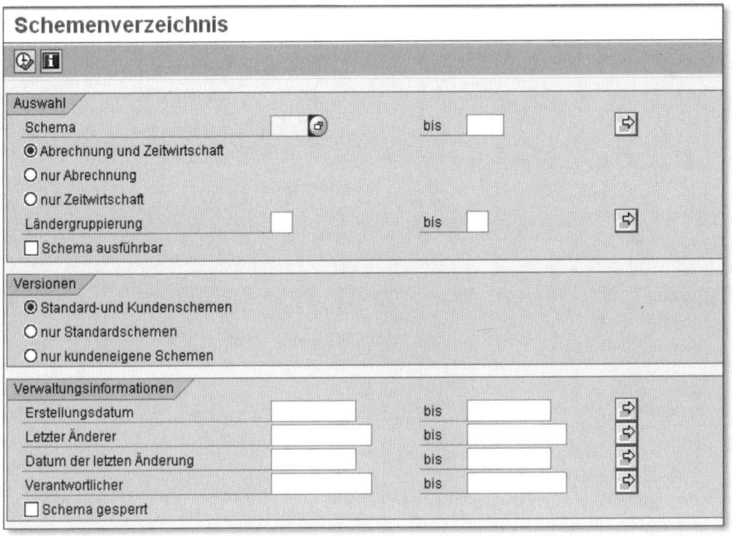

Abbildung 20.4 Schemenverzeichnis

Das Schemenverzeichnis hilft beim Auffinden von Personalrechenschemen. Es kann nach den verschiedenen Attributen eines Schemas gesucht werden.

20.5 Pflege des Quelltextes von Personalrechenschemen

Grafik- und Tabellendarstellung

Die Darstellung des Quelltextes ist in Grafikdarstellung und Tabellendarstellung möglich, jedoch unterstützt nur die Tabellendarstellung die Pflege des Schemas. Die in Abbildung 20.5 gezeigte Grafikdarstellung gibt in der linken Bildschirmhälfte das Schema mit allen Unterschemen in Baumdarstellung wieder. In der rechten Bildschirmhälfte ist das Schema in Tabellendarstellung angezeigt. Die sehr mangelhaften Navigationsmöglichkeiten in dieser Darstellung schränken die Praxistauglichkeit sehr ein.

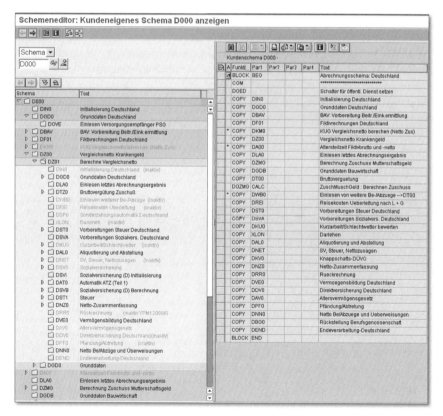

Abbildung 20.5 Grafikdarstellung

20.5.1 Zeilenbefehle für die Pflege

Die Pflege des Schemas erfolgt mit Zeilenbefehlen, die in die Spalte eingetragen werden, die die Zeilennummern enthält. Die Nummern können dabei überschrieben werden. Wie in Abbildung 20.6 zu sehen ist, soll in diesem Beispiel die erste Zeile mit dem Befehl Move (M) verschoben werden. Das Ziel ist die folgende Zeile, und zwar nach (After – A) der nächsten Zeile.

| m00050 | PIT | D014 | P71 | | | Fiktivbrutto bilden |
| a00060 | MOD | DMOD | GEN | | | Modifikatoren bereitstellen |

Abbildung 20.6 Zeilenbefehle

Folgende Zeilenbefehle können verwendet werden:

Zeilenbefehle

▸ *****
Die gewählte Zeile wird als erste Zeile des Editors angezeigt.

▸ **A – (A)fter**
Zielzeile für den Kopier(C/CC...CC)- oder Bewegen(M/MM...MM)-Befehl. Die kopierten oder verschobenen Zeilen werden direkt hinter bzw. unter der ausgewählten Zielzeile eingefügt.

▸ **B – (B)efore**
Zielzeile für den Kopier(C/CC...CC)- oder Bewegen(M/MM...MM)-Befehl. Die kopierten oder verschobenen Zeilen werden direkt vor bzw. über der ausgewählten Zielzeile eingefügt.

▸ **C – (C)opy**
Kopiert die ausgewählte Zeile in die mit dem Befehl A oder B spezifizierte Zielzeile.

▸ **CC ... CC**
Kopiert den ausgewählten Zeilenblock bzw. das ausgewählte Zeileninterval in die mit dem Befehl A oder B spezifizierte Zielzeile. Geben Sie in der ersten und in der letzten Zeile des Blocks, den Sie markieren möchten, »CC« ein.

▸ **D – (D)elete**
Löscht die gewählte Zeile.

▸ **DD ... DD**
Löscht den gewünschten Zeilenblock bzw. das gewünschte Zeileninterval. Geben Sie in der ersten und in der letzten Zeile des Blocks, den Sie löschen möchten, »DD« ein.

▸ **I – (I)nsert**
Fügt eine Leerzeile direkt unter der markierten Zeile ein.

- **Ix**
  Fügt *n* Leerzeilen direkt unter der markierten Zeile ein.

- **M – (M)ove**
  Verschiebt die markierte Zeile hinter bzw. vor die mit den Befehlen A und B markierte Zielzeile.

- **MM … MM**
  Verschiebt den angewählten Zeilenblock bzw. das angewählte Zeileninterval. Geben Sie in der ersten und in der letzten Zeile des Blocks, den Sie verschieben möchten, »MM« ein.

- **R – (R)epeat**
  Dupliziert die markierte Zeile. Die Kopie wird in die Zeile direkt unter dem Original eingefügt.

- **Rx**
  Dupliziert die markierte Zeile *n*-mal. Die Kopien werden direkt unter dem Original eingefügt.

20.5.2 Editorbefehle

Die Befehlszeile im oberen Bereich des Editors (siehe Abbildung 20.7) ermöglicht die Eingabe von Editorbefehlen.

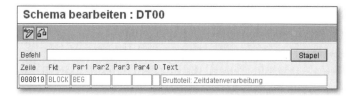

Abbildung 20.7 Befehlszeile des Editors

Editorbefehle Folgende Befehle können hier verwendet werden:

- **A – (A)ttach**
  Dient als »Sprungfunktion«. Der Cursor wird auf die gewünschte Zeilennummer bewegt. Geben Sie »A« ein, gefolgt von einem Leerzeichen, und dann die Zeilennummer, zu der Sie gelangen möchten.

- **CHECK**
  Eine Überprüfung der Syntax wird durchgeführt.

- **F – (F)etch**
  Ermöglicht Ihnen die Anzeige/Pflege eines anderen Schemas bzw.

einer anderen Regel. Geben Sie »F« ein, gefolgt von einem Leerzeichen, und dann den Namen des gewünschten Objekts.

▶ **FIND**

Sucht nach der ersten Stelle, an der eine Zeichenkette innerhalb des Quelltextes auftaucht. Geben Sie »FIND« ein, gefolgt von einem Leerzeichen, und dann die Zeichenkette, die Sie suchen.

Die Funktion WEITER SUCHEN ermittelt alle weiteren Stellen, an denen die Zeichenkette auftritt. **[+]**

▶ **I – (I)nsert**

Fügt die angegebene Anzahl an Leerzeilen am Ende des Editors ein. Geben Sie »I« ein, gefolgt von einem Leerzeichen, und dann die gewünschte Anzahl.

▶ **PRINT**

Zeigt den Quelltext in Listenform an. Von diesem Bild aus können Sie angeben, wie der Ausdruck aussehen soll.

▶ **R – (R)eplace**

Ersetzt eine Zeichenkette durch eine andere. Die gesuchte Zeichenkette wird an jeder Stelle, an der sie auftritt, ersetzt. Geben Sie »R« ein, gefolgt von einem Leerzeichen, dann die zu ersetzende Zeichenkette, gefolgt von einem Leerzeichen, und danach die Ersatzzeichenkette.

▶ **U – (U)pdate**

Speichert den Quelltext und führt gleichzeitig eine Syntaxprüfung durch. Wird ein Fehler gefunden, können Sie die Speicherung abbrechen.

Diese Funktionen können auch über die Buttons und das Menü des Editors ausgeführt werden.

20.5.3 Quelltexte von Schemen vergleichen

Mit der Vergleichsfunktion kann der Quelltext verschiedener Schemen verglichen werden. Dabei können zwei unterschiedliche Schemen oder die Kundenversion eines Schemas mit der Standardversion verglichen werden. Sie gelangen zur Vergleichsfunktion, indem Sie das gewünschte Schema mit dem Editor aufrufen und den Menüpfad SCHEMA • VERGLEICHEN wählen (siehe Abbildung 20.8).

Abbildung 20.8 Vergleich starten

Folgende Verarbeitungsoptionen können Sie wählen:

▶ STANDARDSCHEMA VERWENDEN
Markieren Sie diese Option, wenn Sie die SAP-Standardversion als Vergleich heranziehen möchten. Dies funktioniert natürlich nur, wenn es sich um ein Standardschema handelt.

▶ TEXTE VERGLEICHEN
Diese Option bezieht die Kommentare in der Spalte *Text* (siehe Abbildung 20.2) in den Vergleich mit ein.

▶ NUR DIFFERENZEN ANZEIGEN
Diese Option zeigt nur die gefundenen Unterschiede an. Wenn Sie diese Funktion nicht wählen, werden sowohl unterschiedliche als auch identische Abschnitte angezeigt.

Abbildung 20.9 Schema vergleichen

Im Vergleichsergebnis finden Sie folgende Überschriften:

▶ **Inhalt unverändert**
Wenn Sie NUR DIFFERENZEN ANZEIGEN nicht markiert haben, wird hier für Schema *1* angezeigt, welche Zeilen unverändert sind.

▶ **Folgende Zeilen wurden verändert**

Hier werden zuerst die veränderten Zeilen von Schema *1* und anschließend die veränderten Zeilen von Schema *2* angezeigt.

▶ **Folgende Zeilen wurden eingefügt**

Wenn in Schema *1* Zeilen existieren, die in Schema *2* nicht existieren, werden sie hier angezeigt.

▶ **Folgende Zeilen wurden gelöscht**

Wenn in Schema *2* Zeilen existieren, die es in Schema *1* nicht gibt, werden sie hier angezeigt.

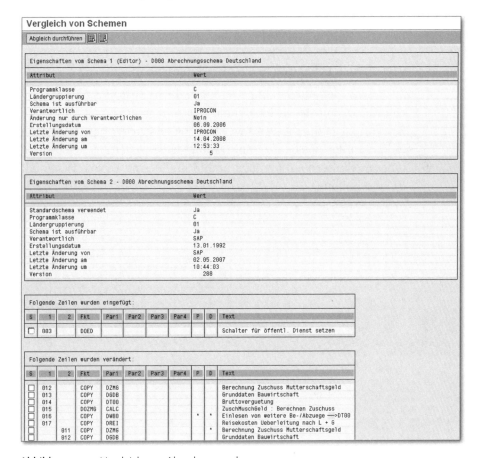

Abbildung 20.10 Vergleich von Abrechnungsschemen

Bestimmte Funktionen des Abrechnungsschemas rufen Rechenregeln zur Lohnartenverarbeitung auf. Die Funktionsweise von Rechenregeln beschreiben wir im nächsten Abschnitt.

20.6   Personalrechenregeln

Die Personalrechenregeln enthalten Anweisungen, sogenannte *Operationen*, mit denen Bedingungen geprüft und Berechnungen durchgeführt werden. Die meisten Regeln umfassen Berechnungsvorschriften für Lohnarten.

20.6.1   Lohnarten in der SAP-Abrechnung

Im Zentrum der Rechenregeln, die im Schema aufgerufen werden, steht die Verarbeitung von Lohnarten. Mit Hilfe von Regeln können komplexe Berechnungen im Abrechnungsschema automatisiert werden.

Wie werden Lohnarten in die Abrechnung übernommen?

Zu Beginn der Abrechnung werden Lohnarten in die Abrechnung eingelesen, mit denen im Verlauf der Abrechnung weiterführende Berechnungen durchgeführt werden. Die Lohnarten werden aus den Infotypen der Personaladministration gelesen oder aus Zeitauswertungsergebnissen entnommen und in die interne Tabelle IT gestellt (siehe Abbildung 20.11).

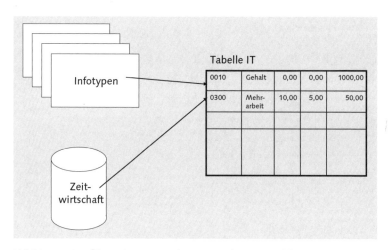

Abbildung 20.11 Übernahme von Lohnarten in die Personalabrechnung

Funktionen
zum Lesen von
Lohnarten

Die wichtigsten Funktionen zum Lesen von Lohnarten aus Infotypen sind:

▶ WPBP – Einlesen der Basisbezüge (Infotyp 0008) und weiterer Informationen

▸ P0014 – Einlesen der Wiederkehrenden Be-/Abzüge (Infotyp 0014)

▸ P0015 – Einlesen der Ergänzenden Zahlungen (Infotyp 0015)

Zusammenspiel der internen Abrechnungstabellen bei der Funktion PIT

Die Funktion, die am häufigsten verwendet wird, um Rechenregeln zur Verarbeitung von Lohnarten aufzurufen, ist die Funktion PIT (Process Input Table). Sie verarbeitet, wie in Abbildung 20.12 dargestellt, alle Einträge der Tabelle IT, führt mit den relevanten Lohnarten Berechnungen durch und stellt die Lohnarten im Anschluss in die Tabelle OT ab. Nachdem alle Lohnarten bearbeitet wurden, wird der Inhalt der Tabelle OT komplett in die Tabelle IT übertragen. Der ursprüngliche Inhalt der Tabelle IT geht dabei verloren.

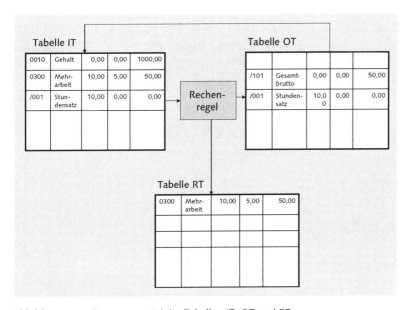

Abbildung 20.12 Zusammenspiel der Tabellen IT, OT und RT

Alternativ können Lohnarten, die bereits fertig berechnet sind, auch in die Tabelle RT abgestellt werden. Diese Lohnarten werden im weiteren Verlauf der Abrechnung bei der Funktion PIT nicht mehr berücksichtigt. Die Tabellen IT und OT sind nur im Verlauf der Personalabrechnung gefüllt, während die Tabelle RT in den Abrechnungsergebnissen abgespeichert wird.

20.6.2 Bestandteile einer Personalrechenregel

Eine Personalrechenregel (kurz *Regel*) bearbeitet die durch eine Funktion bereitgestellten Lohnarten eines Mitarbeiters in einer internen Abrechnungstabelle. Sie besteht aus einer Abfolge von Operationen. In einem Schema können Regeln mit unterschiedlichen Funktionen aufgerufen werden.

Die Pflege von Personalrechenregeln erfolgt durch die Transaktion PE02 oder über das SAP Easy-Access-Menü im Bereich WERKZEUGE • CUSTOMIZING WERKZEUGE • RECHENREGELN. Mit diesem Editor können Sie Regeln anzeigen, erfassen und verändern.

Attribute einer Personalrechenregel

Auch in den Attributen einer Rechenregel (siehe Abbildung 20.13) erfolgt eine Zuordnung zur Programmklasse *C – Personalabrechnung*, denn auch in der Zeitwirtschaft werden Rechenregeln verwendet, weshalb hier eine Klassifizierung notwendig ist. Die Zuordnung zu einer Länderversion (01 – Deutschland) schränkt die Verwendung der Regel auf ein bestimmtes Land ein.

Abbildung 20.13 Attribute einer Personalrechenregel

[+] Bei der Wartung der Personalabrechnung ist es hilfreich, schnell erkennen zu können, ob eine Regel von einer Standardregel kopiert und an Kundenbedürfnisse angepasst wurde oder ob die Regel völlig neu erstellt wurde. Eine Möglichkeit ist, dies im Text zu vermerken. Wie in Abbildung 20.13 zu sehen ist, handelt es sich hier um eine komplett neu erstellte Regel, bei einer Kopie könnte man stattdessen »Kopie von XXXX« eintragen.

Durch Kennzeichnen des Feldes ÄNDERUNG NUR DURCH VERANTWORTLICHEN kann die Pflegeverantwortung dem verantwortlichen Benutzer fest zugeordnet werden. Für alle anderen Mitarbeiter steht die Regel dann nur im Anzeigemodus zur Verfügung.

Die Verwaltungsinformationen geben Auskunft über die Einstellungsdaten sowie über Uhrzeit, Datum und Name desjenigen, der zuletzt Änderungen durchgeführt hat.

20.6.3 Pflege von Personalrechenregeln

Die Pflege von Personalrechenregeln ist in zwei Darstellungsvarianten möglich, der Tabellendarstellung und der Grafikdarstellung.

Fensterelemente des Editors in Tabellendarstellung

Die Verarbeitung von Regeln erfolgt nicht sequentiell, sondern am Ende einer Zeile muss immer eine Folgezeile definiert werden.

Dies kann eine Entscheidungsoperation oder der Aufruf einer Folgezeile sein. Bei einer Entscheidungsoperation wird als Nächstes die Zeile ausgeführt, die das Ergebnis der Entscheidung enthält. Gibt es diese Zeile nicht, wird stattdessen eine Folge von *-Symbolen gesucht. Dabei muss die Anzahl der Stellen dem Ergebnis entsprechen.

Entscheidungsoperation

Der Aufruf einer Folgezeile erfolgt mit der Operation NEXTR, für die alternativ auch einfach ein * eingesetzt werden kann. Es kann eine Folgezeile mitgegeben werden, z. B. mit NEXTR A, was den Ansprung einer Folgezeile mit dem Buchstaben A in der Spalte FOLGEZEILE (FZ) zur Folgezeile hätte; wird nichts mitgegeben, wird die Folgezeile 1 erwartet.

Folgezeile

In der Tabellendarstellung (siehe Abbildung 20.14) sind folgende Elemente zum Aufbau einer Regel vorhanden:

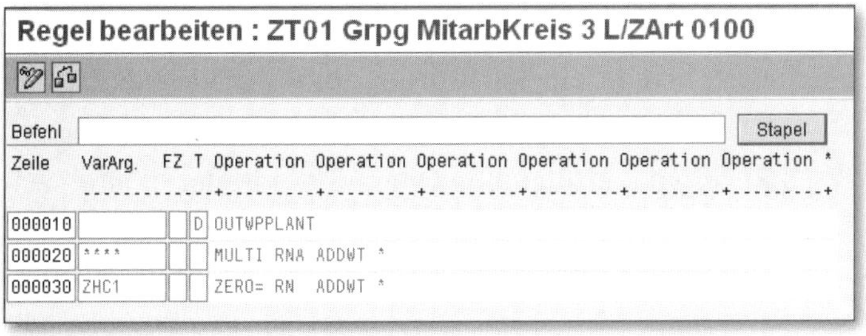

Elemente zum Aufbau einer Regel

Abbildung 20.14 Editor für Rechenregeln – Tabellendarstellung

- **Zeilennummer**

  Analog zum Editor für Schemen gibt es auch hier eine Zeilennummer, die automatisch vergeben wird. Es können die gleichen Befehle wie in Abschnitt 20.5 beschrieben, verwendet werden.

- **VarArg. (Variables Argument)**

  Im Gegensatz zu den Schemen werden die Regeln nicht sequentiell abgearbeitet. Am Ende einer Zeile muss festgelegt werden, welche Zeile als Nächstes verarbeitet werden soll. Dies kann durch den Sprungbefehl NEXTR geschehen, für den alternativ auch ein * verwendet werden kann. Oder es wird eine Entscheidungsoperation aufgerufen, bei der abhängig vom Ergebnis die nächste Zeile angesprungen wird. Das Ergebnis der Entscheidung steht in der Spalte VarArg. (Variables Argument).

- **Folgezeile**

  Werden mehr als sechs Operationen aneinandergereiht, muss am Ende der Zeile der Aufruf einer Folgezeile durchgeführt werden. Dies kann durch den Sprungbefehl NEXTR geschehen, für den alternativ auch ein '*' verwendet werden kann. Die Folgezeile muss in der Spalte FZ (Folgezeile) eine entsprechende Nummerierung enthalten.

- **T – Regeltyp**

  Der Regeltyp steuert die Art der Verarbeitung. Wenn kein Regeltyp festgelegt ist, ist die Verarbeitung am Ende der Zeile beendet, oder es wird mit dem Sprungbefehl NEXTR oder * die nächste Zeile aufgerufen.

  Es gibt folgende Regeltypen:

  - D: Regeltyp D (Decision), wird bei Entscheidungsoperationen verwendet; das Ergebnis der Entscheidung wird anhand des variablen Arguments weiterverarbeitet.

  - P: Nach Regeltyp P folgt eine Operation, mit der eine weitere Personalrechenregel ausgeführt wird. Es wird ein Unterprogramm aufgerufen. Ist diese weitere Personalrechenregel abgearbeitet, erfolgt ein Rücksprung, und die nächste Operation in der Zeile wird abgearbeitet.

  - Z: Nach Regeltyp Z erfolgt eine Operation, mit der in eine weitere Personalrechenregel verzweigt wird. Nach Abarbeitung dieser weiteren Personalrechenregel erfolgt kein Rücksprung.

- *** : Kommentarzeile**

▶ **Operation**

Eine Operation ist der kleinste Bestandteil einer Regel. In einer Zeile können bis zu 6 Operationen stehen, die in Zeichenblöcken von 10 Zeichen gepackt sind. Wichtig ist, dass die Operation genau an der richtigen Position beginnt. Wenn an der ersten Stelle nichts gefunden wird, ist für die Abrechnung die Verarbeitung beendet. Der Rest der Zeile wird als Kommentar interpretiert.

[+]

Zur Bearbeitung von Regeln steht eine sehr ausführliche Hilfefunktion zur Verfügung, die dabei hilft, die teilweise sehr umfangreichen Möglichkeiten zur Verwendung von Operationen kennenzulernen. Die Hilfe kann mit der F1-Taste aufgerufen werden, wenn der Cursor auf einer Operation positioniert ist.

Fensterelemente des Editors in der Grafikdarstellung

Die Grafikdarstellung (siehe Abbildung 20.15) lässt den Ablauf der Regel leichter nachvollziehen, was gerade für Personen mit wenig Erfahrung in der Pflege von Regeln eine große Hilfe ist. Das *Variable Argument* wird in der Darstellung nicht angezeigt, sondern im Hintergrund gepflegt. Auch muss man sich nicht um den Aufruf von Folgezeilen mit der Operation NEXTR kümmern, auch das führt der Editor im Hintergrund durch. Außerdem werden die Operationen untereinander mit einem kurzen Text versehen dargestellt, was im Vergleich zum Tabelleneditor übersichtlicher ist. Dafür ist die Pflege etwas umständlicher im Vergleich zu Tabellendarstellung, denn es muss immer erst der Cursor auf die Stelle gebracht werden, an der eine Änderung erfolgen soll, und anschließend muss der Button für ÄNDERN oder EINFÜGEN angeklickt werden.

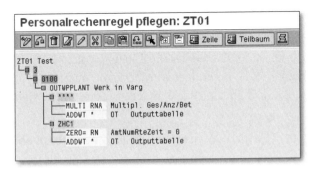

Abbildung 20.15 Editor für Rechenregeln – Grafikdarstellung

Die Funktionen des Editors in der Grafikdarstellung sind folgende:

► Einfügen von Operationen

► Ändern von Operationen

► Löschen von Operationen

► Ausschneiden von Operationen

► Kopieren von Operationen

► Einfügen der Zwischenablage

► Umhängen von Operationen

Ein Vergleich von Rechenregeln ist nur in der Tabellendarstellung möglich.

Verwendung von Mitarbeiterkreis-Gruppierung und Lohnart

Beim Starten des Regeleditors sind die beiden Felder GRPG MITARB-KREIS (Gruppierung Mitarbeiterkreis) und LOHN-/ZEITART zu pflegen (siehe Abbildung 20.16).

Abbildung 20.16 Einstieg in den Regeleditor

Die Option GRUPPIERUNG MITARBEITERKREIS ermöglicht es, Regeln abhängig von der Gruppierung, die wiederum abhängig vom Mitarbeiterkreis in dem View V_503_B gepflegt werden kann, auszuprägen. Ausprägungen im Standard, der nicht verändert werden sollte, sind diese:

► 1 – Stundenlohn oder andere Mitarbeiter, die auf Stundenbasis abgerechnet werden

► 2 – Monatslohn

► 3 – Angestellte

Diese Gruppierung ermöglicht eine unterschiedliche Ausprägung der Regel abhängig von dieser Gruppierung. So kann z. B. die Berechnung von Weihnachtsgeld bei Monatslöhnern anders ausgeprägt werden als bei Angestellten. Soll keine Unterscheidung erfolgen, muss * verwendet werden.

Außerdem besteht die Möglichkeit, eine Regel speziell für die Verarbeitung von bestimmten Lohnarten anzulegen. Diese wird dann explizit für die Verarbeitung einer oder mehrerer Lohnarten definiert. Alle anderen Lohnarten werden bei der Verarbeitung nicht berücksichtigt. Dafür muss in das Feld LOHNART eine Lohnart eingegeben werden. Soll die Verarbeitung für alle Lohnarten durchlaufen werden, dann muss stattdessen **** eingegeben werden.

Lohnart

Arbeiten mit der Gruppierung im Regeleditor

Zur Navigation zwischen den Mitarbeiterkreis-Gruppierungen und den Lohnarten stehen im unteren Bildschirmbereich (siehe Abbildung 20.17) die Buttons ZURÜCK, ÜBERBLICK und VOR zur Verfügung. Mit VOR und ZURÜCK kann in die nächste Mitarbeiterkreis-Gruppierung/Lohnart navigiert werden, mit dem Button ÜBERBLICK kann eine Wertehilfe mit allen verfügbaren Einträgen aufgerufen werden. Von dort können Sie per Doppelklick zu dem gewählten Eintrag springen.

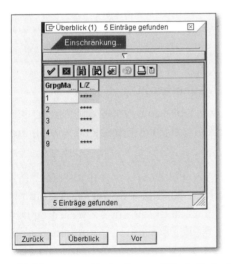

Abbildung 20.17 Navigation zur Mitarbeiterkreis-Gruppierung/Lohnart

Sollen neue Einträge angelegt oder vorhandene Einträge kopiert werden, z. B. um die vorhandenen Operationen auch für eine andere Lohnart zu verwenden, dann stehen im Menü BEARBEITEN die in Abbildung 20.18 gezeigten Funktionen zur Verfügung.

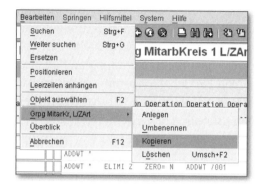

Abbildung 20.18 Anlegen und Löschen von Mitarbeiterkreis-Grp./Lohnart

Häufig werden Regeln erstellt, die Berechnungen enthalten, die für wenige Lohnarten verwendet werden sollen. Die Folge von Operationen kann für eine Lohnart erstellt und für die Lohnarten, die analog verarbeitet werden sollen, kopiert werden.

20.6.4 Erstellen von eigenen Regeln

Werden eigene Rechenregeln erstellt, sind die am häufigsten verwendeten Funktionen zum Aufruf dieser Regeln die Funktionen PIT und ACTIO.

Aufruf von Rechenregeln mit der Funktion PIT

Die Funktion PIT verarbeitet, wie in Abbildung 20.12 dargestellt, alle Lohnarten der Tabelle IT; das Ergebnis der Berechnungen wird in die Tabelle OT gestellt.

Die Abbildung 20.19 zeigt die Möglichkeiten des Aufrufs einer Rechenregel – lohnartengenau, generisch und mit der Verwendung einer Verarbeitungsklasse. Zusätzlich kann mit der Verwendung des Parameters NOAB im Parameter festgelegt werden, ob abhängig von der Mitarbeiterkreisgruppierung unterschiedliche Operationen ausgeführt werden sollen.

Zeile	Fkt	Par1	Par2	Par3	Par4	D	Text
000010	PIT	Z010					Regelaufruf lohnartengenau
000020	PIT	Z010	GEN				Generischer Aufruf einer Rechenregel
000030	PIT	Z010	P01				Regelaufruf mit Verarbeitungsklasse

Abbildung 20.19 Aufruf von Rechenregeln mit PIT

Aufruf von Rechenregeln lohnartengenau

Die Rechenregel wird mit der Lohnart aufgerufen. Alle Lohnarten, für die explizit in der Regel eine Verarbeitung definiert ist, werden verarbeitet, alle nicht definierten Lohnarten bleiben unverändert.

In Abbildung 20.20 ist eine Regel dargestellt, die explizit für die Lohnarten 0010 und 0011 Verarbeitungsschritte vorsieht. Alle anderen Lohnarten bleiben unverändert. Außerdem unterscheidet sich die Verarbeitung für die Mitarbeiterkreis-Gruppierungen 1–3. Es wird mit unterschiedlichen Werten multipliziert.

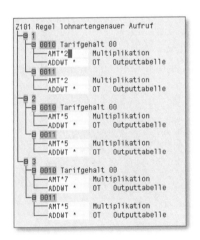

```
Z101 Regel lohnartengenauer Aufruf
 ⊟ 1
  ├─⊟ 0010 Tarifgehalt 00
  │   ├──AMT*2     Multiplikation
  │   └──ADDWT *   OT  Outputtabelle
  └─⊟ 0011
      ├──AMT*2     Multiplikation
      └──ADDWT *   OT  Outputtabelle
 ⊟ 2
  ├─⊟ 0010 Tarifgehalt 00
  │   ├──AMT*5     Multiplikation
  │   └──ADDWT *   OT  Outputtabelle
  └─⊟ 0011
      ├──AMT*5     Multiplikation
      └──ADDWT *   OT  Outputtabelle
 ⊟ 3
  ├─⊟ 0010 Tarifgehalt 00
  │   ├──AMT*7     Multiplikation
  │   └──ADDWT *   OT  Outputtabelle
  └─⊟ 0011
      ├──AMT*5     Multiplikation
      └──ADDWT *   OT  Outputtabelle
```

Abbildung 20.20 Lohnartengenauer Aufruf

Genereller Aufruf von Rechenregeln

In Abbildung 20.21 ist eine Regel dargestellt, die mit allen Lohnarten der IT durchgeführt wird. Als erste Entscheidungsoperation wird die aktuelle Lohnart abgefragt. Für die Lohnarten 0010 und 0011 werden Verarbeitungsschritte durchgeführt. Für alle anderen Lohnarten muss die Abstellung in die Tabelle OT mit ADDWT * erfolgen, sonst geht die Lohnart verloren.

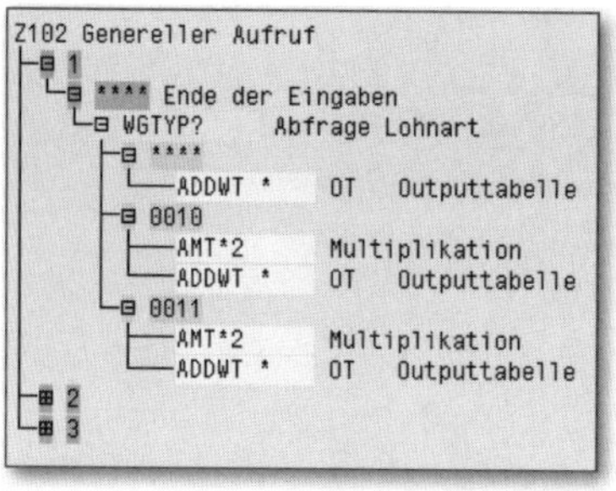

```
Z102 Genereller Aufruf
  └─⊟ 1
      └─⊟ **** Ende der Eingaben
          └─⊟ WGTYP?      Abfrage Lohnart
              └─⊟ ****
                  └──ADDWT *      OT   Outputtabelle
              └─⊟ 0010
                  ├──AMT*2        Multiplikation
                  └──ADDWT *      OT   Outputtabelle
              └─⊟ 0011
                  ├──AMT*2        Multiplikation
                  └──ADDWT *      OT   Outputtabelle
      └─⊟ 2
      └─⊟ 3
```

Abbildung 20.21 Genereller Aufruf

Aufruf von Rechenregeln mit Verarbeitungsklasse

Alle Lohnarten durchlaufen die Verarbeitung. Diese hängt an der Ausprägung der Verarbeitungsklasse. In Abbildung 20.22 ist eine Regel abgebildet, die eine Verarbeitungsklasse prüft. Im ersten Schritt wird der Inhalt der Verarbeitungsklasse abgefragt. Abhängig von der Ausprägung 0–3 werden die Verarbeitungsschritte mit dem passenden Variablen Argument ausgeführt. Liegt eine andere Ausprägung vor, dann wird die Zeile mit dem Variablen Argument * verarbeitet, welche die Operation ERROR enthält und zu einem Abbruch der Abrechnung führt.

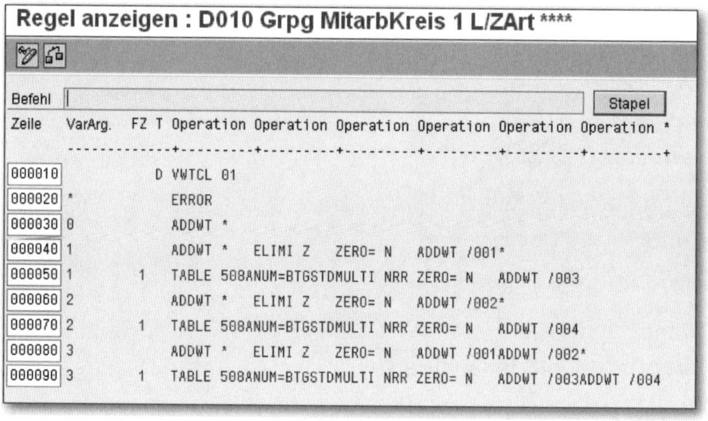

```
Regel anzeigen : D010 Grpg MitarbKreis 1 L/ZArt ****

Befehl [                                              ]  [Stapel]
Zeile   VarArg.  FZ T Operation Operation Operation Operation Operation Operation *
       ---------+---------+---------+---------+---------+---------+---------+
000010         D VWTCL 01
000020  *        ERROR
000030  0        ADDWT *
000040  1        ADDWT *  ELIMI Z  ZERO= N  ADDWT /001*
000050  1      1 TABLE 508ANUM=BTGSTDMULTI NRR ZERO= N  ADDWT /003
000060  2        ADDWT *  ELIMI Z  ZERO= N  ADDWT /002*
000070  2      1 TABLE 508ANUM=BTGSTDMULTI NRR ZERO= N  ADDWT /004
000080  3        ADDWT *  ELIMI Z  ZERO= N  ADDWT /001ADDWT /002*
000090  3      1 TABLE 508ANUM=BTGSTDMULTI NRR ZERO= N  ADDWT /003ADDWT /004
```

Abbildung 20.22 Verarbeitung einer Regel mit Verarbeitungsklasse

Verwendung der Mitarbeiterkreis-Gruppierung

Bleibt Parameter 3 leer, dann erfolgt der Aufruf der Regel mit der aus der Tabelle T503 abgeleiteten Mitarbeiterkreis-Gruppierung für Rechenregeln. Alle existierenden Ausprägungen müssen in der Regel definiert werden. Wird der Parameter NOAB verwendet, wird die Ausprägung auf * gesetzt.

Aufruf von Rechenregeln mit der Funktion ACTIO

Die Funktion ACTIO ruft eine Regel auf, ohne dass die Tabelle IT abgearbeitet wird, es werden lediglich die definierten Operationen ausgeführt.

In Abbildung 20.23 ist eine Regel dargestellt, die mit ACTIO aufgerufen wird, d. h., es wird nicht die Tabelle IT abgearbeitet, sondern die Regel wird genau einmal ausgeführt. Es wird geprüft, ob die aktuelle Abrechnungsperiode dem Monat 12 entspricht. Wenn das zutrifft, wird das Feld BETRAG auf den Wert 500 gesetzt und dieser Wert in die Tabelle OT in die Lohnart 3000 addiert. So ist es z. B. möglich, im Monat 12 automatisch die Lohnart *Weihnachtsgeld* zu generieren, ohne dass diese im Infotyp gepflegt werden muss.

```
Z103 Aufruf mit ACTIO
 └─┬ *
   └─┬ **** Ende der Eingaben
     └─┬ CMPER MM12 Vergl. AbrechPeriode
       ├─ *
       └─┬ =
         ├─AMT=500    Setzen
         └─ADDWT 3000 OT   Outputtabelle
```

Abbildung 20.23 Aufruf einer Regel mit ACTIO

20.6.5 Beispiele für Rechenregeln

Im Folgenden stellen wir zwei weitere Beispiele häufig benötigter Operationen vor.

Arbeiten mit Split-Kennzeichen

Es gibt verschiedene Split-Kennzeichen, die eine zeitraumgenaue Zuordnung von Lohnarten ermöglichen. Die richtige Verarbeitung dieser Kennzeichen ist in vielen Fällen nicht einfach, für eine fehlerfreie Verarbeitung aber notwendig. In Abbildung 20.24 sind zwei mögliche Operationen dargestellt, ELIMI und RESET, die Split-Kennzeichen löschen und wiederherstellen können. Diese Kombination wird häufig verwendet, in der zuerst alle Split-Kennzeichen gelöscht werden und dann explizit die Zuordnung zu dem Zeitraum der Tabelle

WPBP und die Abrechnungsart (= Mitarbeiterkreis-Gruppierung Personalrechenregeln) wiederhergestellt werden. Zur Orientierung, welche Split-Kennzeichen verwendet werden sollten, sollten Sie sich die Verarbeitung im Standard ansehen.

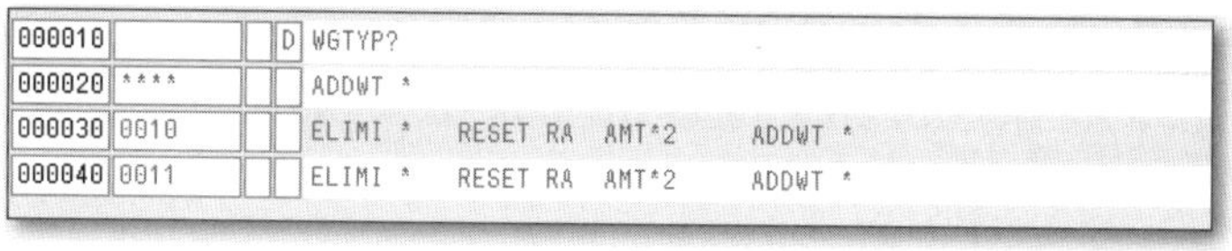

```
000010          D WGTYP?
000020 ****        ADDWT *
000030 0010        ELIMI *   RESET RA  AMT*2      ADDWT *
000040 0011        ELIMI *   RESET RA  AMT*2      ADDWT *
```

Abbildung 20.24 Arbeiten mit Split-Kennzeichen

Eine weitere Operation, um ein Split-Kennzeichen auf einen bestimmten Wert zu setzen, ist die Funktion SETIN, die verwendet wird, um Kennzeichen zu setzen, wenn noch keine vorhanden sind – im Gegensatz zu RESET, dem Zurückholen bereits vorhandener Kennzeichen aus der IT.

Entscheidung auf Basis von Inhalten der Tabelle WPBP

Die in Abbildung 20.23 dargestellte Regel wurde nun so erweitert (siehe Abbildung 20.25), dass zuerst eine Abfrage auf den Personalbereich durchgeführt und dann die Berechnung des Weihnachtsgeldes nur für den Personalbereich 1000 ausgeführt wird.

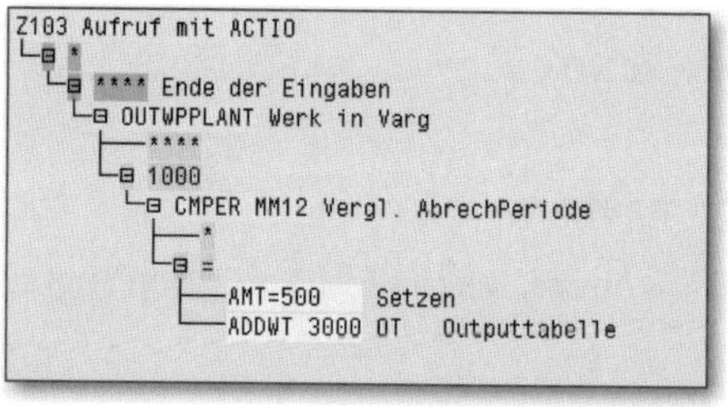

```
Z103 Aufruf mit ACTIO
 └─□ *
    └─□ **** Ende der Eingaben
       └─□ OUTWPPLANT Werk in Varg
          ├──****
          └─□ 1000
             └─□ CMPER MM12 Vergl. AbrechPeriode
                ├──*
                └─□ =
                   ├──AMT=500    Setzen
                   └──ADDWT 3000 OT   Outputtabelle
```

Abbildung 20.25 Entscheidung auf Basis der Tabelle WPBP

In der Praxis werden häufig Abfragen auf Objekte der organisatorischen Zuordnung wie z. B. Personalbereich, Mitarbeitergruppe oder Mitarbeiterkreis durchgeführt, was dazu führt, dass beim Anlegen von neuen Objekten wie z. B. einem Mitarbeiterkreis das Abrechnungsschema durchsucht werden muss, um den neuen Mitarbeiterkreis einzubinden. Daher sollte versucht werden, diese Abfragen durch die Verwendung von Gruppierungen möglichst gering zu halten oder ganz wegzulassen.

20.7 Anzeige eines Schemas mit dem Report RPDASC00

Der Report bereitet das Schema in Form einer Druckliste auf. Dabei können Unterschemen, die mit dem COPY-Befehl aufgerufen werden, aufgelöst und auch aufgerufene Rechenregeln dargestellt werden. Dies führt zu einer sehr umfangreichen Liste (siehe Abbildung 20.26), die für eine gezielte Suche, z. B. nach der Verwendung von Lohnarten oder bestimmten Funktionen und Operationen im Abrechnungsschema, eingesetzt werden kann.

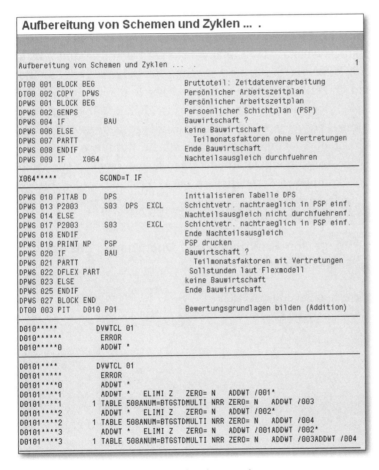

Abbildung 20.26 Aufbereitung des Abrechnungsschemas

[+] Es gibt keine Versionsverwaltung, welche die Versionen des Abrechnungsschemas vorhält. Treten Probleme auf, die auf einem geänderten Schema basieren, wird es häufig schwierig; Änderungen nachzuvollziehen. Der regelmäßige Druck des Abrechnungsschemas mit diesem Programm, der in eine Datei umgeleitet werden kann, damit der Inhalt durchsuchbar bleibt, hilft den Zustand des Schemas zum Zeitpunkt der Abrechnung zu dokumentieren und im Fehlerfall zurückzuverfolgen.

20.8 Entwicklung von eigenen Funktionen und Operationen

Die Steuerung der Personalabrechnung in SAP – basierend auf einem Abrechnungsschema, das umfangreiche Anpassungs- und Ergänzungsmöglichkeiten durch die Anpassung der verwendeten Funktionen und Operationen bietet – ist an sich schon sehr flexibel. Die Möglichkeit, eigenes Coding in eigenentwickelten Funktionen und Operationen zu verwenden, bietet fast unbegrenzte Erweiterungsmöglichkeiten. So können z. B. individuelle Infotypen entwickelt und in der Abrechnung verarbeitet oder eigene Tabellen zur Steuerung von komplexen Sachverhalten entwickelt und in der Abrechnung eingelesen werden.

20.8.1 Pflege von Funktionen und Operationen mit der Transaktion PE04

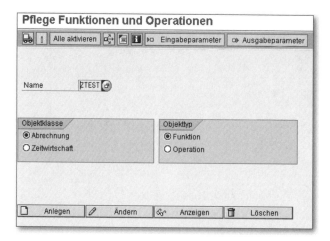

Abbildung 20.27 Pflege von Funktionen und Operationen

Mit der Transaktion PE04 können Sie die Funktionen und Operationen ansehen, die im Standard vorhanden sind, und eigene Funktionen für Abrechnung und Zeitwirtschaft anlegen.

Bevor eine Funktion oder Operation verwendet werden kann, ist eine Aktivierung erforderlich. Die Aktivierung ergänzt Includes im Abrechnungstreiber RPCLACD0 und generiert diesen neu. Außerdem wird das Programm zur Prüfung des Abrechnungsschemas neu generiert, damit die Prüfung erfolgreich verläuft, wenn die neu entwickelte Funktion und Operation verwendet wird.

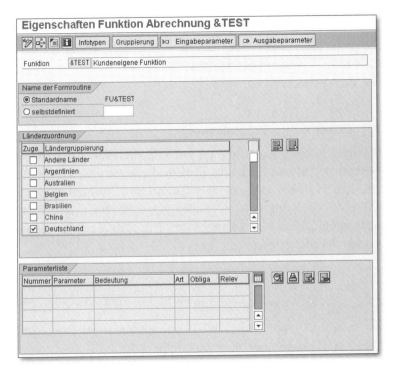

Abbildung 20.28 Eigenschaften einer Funktion

Die Länderzuordnung legt fest, für welche Länder die Funktion oder Operation verwendet werden kann.

20.8.2 Reservierte Includes für Eigenentwicklung

Für das Coding sind im Abrechnungstreiber spezielle Includes reserviert, die durch ein Patch oder Upgrade nicht angerührt werden. Folgende Includes sollten für das Coding verwendet werden:

Includes für das Coding

- PCFDCZDE0

  Include für eigene Datendefinitionen für die deutsche Abrechnung. Hier können z. B. eigene Tabellen oder Infotypen deklariert werden, die in Funktionen und Operationen verwendet werden sollen.

- PCBURZDE0

  Include für eigene Funktionen und Operationen für die deutsche Abrechnung.

International verwendete Includes

Es gibt außerdem international verwendete Includes – RPCBURZ0 und RPCFDCZ0. Es bietet sich allerdings an, die länderspezifischen Includes vorzuziehen, da bei der Verwendung der international eingesetzten Includes alle Länderversionen auf Fehlerfreiheit geprüft werden müssen und es bei internationalen SAP-Systemen immer wieder zu Fehlern kommen kann.

20.8.3 Erweiterung des Protokolls

Die Erweiterung des Abrechnungsprotokolls erfordert das Anlegen eines eigenen Subroutinenpools, in dem die Unterprogramme zur Anzeige des Protokolls abgelegt werden. Im SAP-Standard wird der Befehl H01PLOG0 aufgerufen, der als Vorlage für einen eigenen Subroutinenpool genommen werden kann. Der Aufruf erfolgt wie im folgenden Beispiel gezeigt:

```
perform UNTERPROGRAMM in program h01plog0
tables error_ptext
using  FELD XYZ.
```

In dem Subroutinenpool muss ein Unterprogramm angelegt werden, das den Text für das Protokoll in die interne Tabelle PTEXT schreibt. Hierbei ist der Textlevel wichtig, um verschiedene Stufen im Protokoll abbilden zu können. Texte mit Werten größer als 1 können auf- und zugeklappt werden. Außerdem muss für eine korrekte Anzeige die Textlänge in das Feld TLENGTH1 eingegeben werden:

```
form UNTERPROGRAMM tables ptext structure plog_text
                          using FELD XYZ.
ptext-tlevel = 1.
ptext-text1     = text-003.
ptext-tlength1 = strlen( ptext-text1 ).
ptext-empty_lines = 1.
```

```
append ptext.
endform.
```

Damit wird bei einer Abrechnungsfunktion zwischen der Eingabe und der Ausgabe auch ein Verarbeitungsblock angezeigt.

20.9 Fazit

Das Abrechnungsschema in SAP ERP HCM ist offen für Anpassungen und ermöglicht eine flexible Erweiterung um kundenindividuelle Anforderungen. Mit der Entwicklung von eigenen Funktionen und Operationen sind der Umsetzung von eigenen Anforderungen keine Grenzen gesetzt.

*Merkmale und Formulare werden in der Personalabrechnung
vielfach eingesetzt. In diesem Kapitel lernen Sie das Customizing dazu kennen.*

21 Sonstiges Customizing

In diesem Kapitel lernen Sie die Handhabung von Merkmalen und Formularen kennen.

21.1 Merkmale in der Personalabrechnung

Merkmale sind ein spezielles Customizing-Werkzeug in SAP ERP HCM und dienen der Steuerung von Prozessen oder der Ermittlung von Vorschlagswerten. Besonders im Bereich der Personalabrechnung gibt es zahlreiche Merkmale wie z. B.:

▸ **DZUBT – Zusammenfassung von Personalbereichen**
Mit diesem Merkmal können Personalbereiche und Personalteilbereiche für Auswertungen zusammengefasst werden. Ohne Zusammenfassung würde z. B. im Bereich der Steuer und Sozialversicherung für jeden Personalteilbereich eine eigene Meldung erstellt werden. Mit dem Rückgabewert des Merkmals werden Personalbereich und Personalteilbereich zurückgegeben, die eine anzumeldende Betriebsstätte darstellen.

▸ **DTAKT – Bankverbindung des Absenders bei Datenträgeraustausch**
Dieses Merkmal bestimmt die Hausbank und das Bankkonto für Überweisungen. In der Regel gibt es ein Konto pro Buchungskreis. Es können aber z. B. auch mehrere Konten abhängig von der Bankleitzahl des Empfängers angesteuert werden, oder es kann ein vom Buchungskreis des Mitarbeiters abweichender Buchungskreis als zahlender Buchungskreis verwendet werden.

Eine ausführliche Zusammenstellung von Merkmalen finden Sie in Anhang C, »Wichtige Merkmale«.

21.1.1 Funktionsweise von Merkmalen

Elemente von
Merkmalen

Ein Merkmal besteht aus den folgenden Elementen:

- Entscheidungsbaum mit Rückgabewert
- Übergabestruktur
- Attribute
- Dokumentation

Entscheidungsbaum

Im Entscheidungsbaum können alle aus der Übergabestruktur verfügbaren Felder für Entscheidungsoperationen verwendet werden. In Abbildung 21.1 wird z. B. der Personalbereich als Feld für Entscheidungsoperationen verwendet. Der Personalbereich 1300 bekommt ein anderes Ergebnis zugewiesen als alle sonstigen Personalbereiche.

Rückgabewert

Die meisten Merkmale geben einen Rückgabewert in Form eines Feldes zurück; in manchen Fällen besteht der Rückgabewert jedoch nicht aus einem Feld, sondern aus einer Tabelle mit mehreren Einträgen. In Abbildung 21.1 bewirkt der Rückgabewert beim Personalbereich 1300 die Umsetzung auf den Personalbereich 1300 mit initialem Personalteilbereich, bei allen sonstigen Personalbereichen erfolgt keine Umsetzung. Die Funktion und der Aufbau des Rückgabewertes sind der jeweiligen Dokumentation des Merkmals zu entnehmen und vom Verwendungszweck des Merkmals abhängig.

Übergabestruktur

Die Struktur eines Merkmals enthält die Felder, die in den Entscheidungsoperationen verwendet werden können, wobei nur die markierten Felder (siehe Abbildung 21.2) verwendet werden können. Eine Änderung der Auswahl erfordert eine Modifikation der Programme, die das Merkmal verwenden. Da eine Modifikation von Standardprogrammen jedoch nicht empfohlen werden kann, gibt es noch die Alternative, mehr Flexibilität mit dem Einbinden von eigenem Coding bei den Entscheidungsoperationen zu erzielen (siehe Abschnitt 21.2.2, »Tabellenbasierte Formulare«).

Die Übergabestruktur wird vom aufrufenden Programm befüllt.

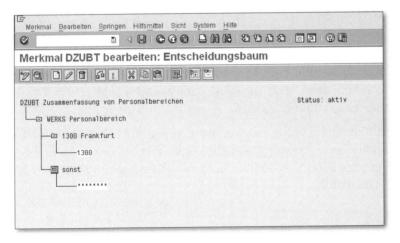

Abbildung 21.1 Entscheidungsbaum

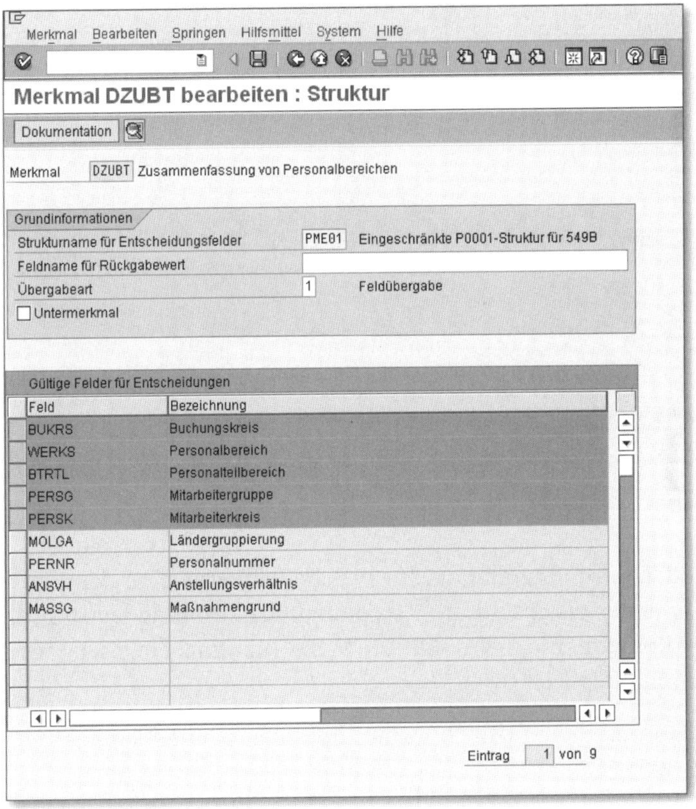

Abbildung 21.2 Übergabestruktur

Attribute

Die Attribute enthalten zwei für das Merkmal verantwortliche Systembenutzer, den Verantwortlichen für die Pflege des Entscheidungsbaumes und den Verantwortlichen für den Aufbau der Struktur (siehe Abbildung 21.3). Die Pflege kann auf diese beiden Verantwortlichen eingeschränkt werden.

Verwaltungs-
informationen
Die Verwaltungsinformationen werden automatisch generiert. Hier sind der letzte Anwender, der etwas geändert hat, der Status und der Name des Reports erkennbar, in dem das Coding des Merkmals generiert wurde.

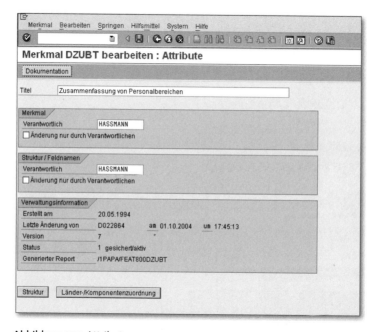

Abbildung 21.3 Attribute

Länderzuordnung,
Komponenten-
zuordnung
Die Länderzuordnung gibt an, für welche Länderversion das Merkmal verwendet wird, und die Komponentenzuordnung legt fest, in welcher Komponente in SAP ERP HCM das Merkmal eingesetzt wird (siehe Abbildung 21.4).

Dokumentation

Die Dokumentation erläutert die Funktionalität des Merkmals, vor allem der genaue Aufbau des Rückgabewertes kann ihr entnommen werden.

Abbildung 21.4 Länder- und Komponentenzuordnung

21.1.2 Pflege von Merkmalen

Die Pflege von Merkmalen kann in zwei Sichten erfolgen, der Baumpflege und der Tabellenpflege. Ein Umschalten zwischen diesen Sichten ist über das Menü SICHTEN möglich.

Die Baumpflege, wie sie in Abbildung 21.1 dargestellt ist, ist die komfortablere und intuitivere Möglichkeit zur Pflege von Merkmalen. Die Funktionen zur Bearbeitung befinden sich alle in der Button-Leiste.

Baumpflege

| Merkmal | Bearbeiten | Springen | Sicht | Hilfsmittel | System | Hilfe |

Merkmal DTAKT bearbeiten : Entscheidungsbaum

Langtext bei Fehler

Befehl

Zeile	Variables Argument	F	D	Operationen
000010			D	MOLGA
000020	01		D	BANKL(3) " DEUTSCHLAND
000030	01 600			&DTAKT=COM /TG,
000040	01 ***			&DTAKT=1000 /1000,
000050	02			&DTAKT=UBS /CHF, " SCHWEIZ
000060	03			&DTAKT=CA /GIRO, " OESTERREICH
000070	04			&DTAKT=BCH /CC1, " SPANIEN
000080	05			&DTAKT=AMRO /AMRO, " NIEDERLANDE
000090	06			&DTAKT=BNP /GIRO, " FRANKREICH
000100	07			&DTAKT=4300 /4300, " CANADA
000110	08			&DTAKT=1000 /GBBK1, " GROß BRITTANIEN

Abbildung 21.5 Tabellenpflege

Beim Anlegen wird der Benutzer durch Auswahlhilfen geführt, so dass eine Falscheingabe nahezu unmöglich ist. Es können komplette Äste ausgeschnitten, kopiert und wieder eingefügt werden, was die Pflege bei sehr umfangreichen Entscheidungsbäumen immens erleichtert.

Tabellenpflege

Die Tabellenpflege unterstützt den Anwender nicht bei der Pflege; die eingegebenen Operationen müssen dem Anwender bekannt sein, und der Rückgabewert aus Entscheidungsoperationen muss im variablen Argument eingetragen werden. Dieses variable Argument wird mit jeder Entscheidungsoperation verfeinert, d. h., die Rückgabewerte werden mit Leerzeichen getrennt hintereinandergeschrieben.

Die Tabellenpflege gab es von Beginn an, während die Baumpflege erst später entwickelt wurde, was in der Handhabung deutlich wird. Es sind keine Buttons für die Pflegeoperationen vorhanden, die Pflege erfolgt durch die Eingabe von Kommandos in der ersten Spalte. Dazu können die Zeilennummern überschrieben werden.

Mögliche Pflege-Kommandos

Folgende Kommandos sind möglich:

- **In**
  Einfügen von n Leerzeilen nach der aktuellen Zeile

- **Rn**
  n-maliges Kopieren der aktuellen Zeile

- **C**
  Kopieren der aktuellen Zeile; im Anschluss muss mit A oder B festgelegt werden, wo die kopierte Zeile eingefügt werden soll

- **CC ... CC**
  Kopieren eines Blocks; das erste CC steht am Beginn des Blocks, das zweite CC am Ende des Blocks

- **M**
  Verschieben der aktuellen Zeile; im Anschluss muss mit A oder B festgelegt werden, wo die zu verschiebende Zeile eingefügt werden soll

- **MM ... MM**
  Verschieben eines Blocks

- **A**
  Einfügen von kopierten oder zu verschiebenden Zeilen nach der aktuellen Zeile

524

▶ **B**

Einfügen von kopierten oder zu verschiebenden Zeilen vor der aktuellen Zeile

Eine Operation, die nur in der Tabellenpflege möglich ist, ist der Vergleich des Merkmals mit dem Zustand des Merkmals im Mandanten 000.

Anlegen, Ändern und Löschen von Merkmalen

Standardmerkmale befinden sich im Mandanten 000 und werden beim Anpassen in den Kundenmandanten kopiert. Der Ursprungszustand bleibt im Mandanten 000 erhalten und wird beim Löschen des Merkmals wieder aktiv.

Einbinden von ABAP-Coding

Reichen die in der Struktur angebotenen Felder nicht aus, gibt es noch die Möglichkeit, ABAP/4-Coding in das Merkmal einzubinden. Dafür muss ein Subroutinenpool angelegt werden, der folgendes Coding enthalten muss:

```
form ext_call_
f using ppmod back status struc structure pc205.
...
case struc-bukrs.
   when '0001'.
     back = '001'.
...
```

Legen Sie zuerst den Subroutinenpool mit der Transaktion SE38 an, gehen Sie anschließend in der Merkmalspflege auf KNOTEN ANLEGEN, und wählen Sie als Knotentyp PROGRAMM aus. Hier können Sie den Namen des Programms eintragen.

Ein Anwendungsbeispiel ist z. B. die Anforderung, einen Entscheidungsbaum abhängig von der Kostenstellenart im Merkmal PPMOD (Setzen der Mitarbeiterkreisgruppierung für die Kontenfindung) aufzubauen. Die Kostenstelle ist in der Struktur vorhanden, die Kostenstellenart aber nicht. Es muss ein Programm aufgerufen werden, das mit der in der Struktur vorhandenen Kostenstelle den Kostenstellenstamm ausliest und abhängig davon den Rückgabewert ermittelt.

[zB]

Aktivieren von Merkmalen

Bevor ein Merkmal verwendet werden kann, muss die Aktivierung erfolgen, die aus der gepflegten Baumstruktur ABAP-Coding generiert.

[!]

Auch unveränderte Merkmale müssen aktiviert werden, um verwendet werden zu können. Nichtaktivierte Merkmale können Fehlfunktionen verursachen, die häufig nicht erklärbar und nicht durch entsprechende Fehlermeldungen sofort ersichtlich sind.

Nach dem Einspielen von Support Packages, Upgrades und Systemneuinstallationen muss eine Generierung aller Merkmale im Mandanten 000 und anschließend im Kundenmandanten durchgeführt werden.

21.1.3 Werkzeuge

Folgende Werkzeuge unterstützen Sie bei der Pflege von Merkmalen:

Merkmalverzeichnis anzeigen

Das Merkmalverzeichnis unterstützt bei der Suche nach Merkmalen und wird aufgerufen, indem man die Wertehilfe zum Merkmal im Einstiegsbild der Transaktion PE03 benutzt. Es wird die in Abbildung 21.6 gezeigte Liste von Merkmalen dargestellt.

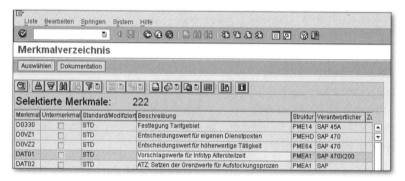

Abbildung 21.6 Merkmalverzeichnis

Merkmale vergleichen

Der Vergleich ermöglicht es, den Zustand des Merkmals mit der Standardauslieferung von SAP zu vergleichen (siehe Abbildung 21.7).

Abbildung 21.7 Abgleich

Teilbereiche eines Merkmals können markiert und in den Kundenmandanten übernommen werden, in dem der Abgleich durchgeführt wird.

Abgleich durchführen

21.1.4 Technische Details zu Merkmalen

In diesem Abschnitt sind technische Details für die Verwendung von Merkmalen zusammengefasst.

Aufruf eines Merkmals in einem Programm

Sollen Merkmale in eigenen Programmen verwendet werden, können diese mit Funktionsbausteinen aufgerufen werden. Merkmale mit Feldrückgabe können mit dem Funktionsbaustein HR_FEATURE_BACKFIELD aufgerufen werden, bei Merkmalen mit Tabellenrückgabe muss der Funktionsbaustein HR_FEATURE_BACKTABLE verwendet werden. Genauere Informationen können der Dokumentation der Funktionsbausteine entnommen werden.

Generiertes Coding

Nach dem Generieren steht das Merkmal in Form eines ABAP-Coding zur Verfügung, das folgenden beispielhaften Aufbau hat:

```
FORM CALL_549B USING BACK STATUS STRUC STRUCTURE struc.
CASE STRUC-BUKRS.
WHEN ,0001'.
BACK = '01'
WHEN OTHERS.
BACK = '02'.
ENDCASE.
ENDFORM .
```

Name des generierten Programms

Beim Aktivieren eines Merkmals wird ein Programm generiert, dessen Name nach folgendem Muster aufgebaut ist: /1PAPA/FEAT-nnnMMMMM

- ▸ nnn – diese drei Stellen enthalten den Mandanten, in dem das Merkmal angelegt und generiert wurde
- ▸ MMMMM – diese fünf Stellen enthalten den Namen des Merkmals

21.2 Formulare

Die Technik, mit der Formulare erstellt werden können, hat sich in den letzten Jahren weiterentwickelt. So findet man in SAP ERP HCM die verschiedenen Techniken in folgenden Bereichen:

21.2.1 Formulartypen in der Personalabrechnung mit SAP ERP HCM

Folgende Formulartypen finden in SAP ERP HCM Verwendung:

- ▸ **Tabellenbasierte Formulare**
  Tabellenbasierte Formulare werden auf Basis von Tabelleneinträgen gestaltet. Grafische Gestaltungsmöglichkeiten sind dabei nicht möglich, die Ausgabe erfolgt in *einer* Schriftart, lediglich Linien können durch das Aneinanderreihen von Zeichen erzeugt werden. Tabellenbasierte Formulare können für die Gestaltung des Entgelt-

nachweises, des Lohnkontos und des Lohnjournals verwendet werden. Die Bearbeitung erfolgt mit dem Formular-Editor, der mit der Transaktion PE51 aufgerufen wird (siehe Abbildung 21.8).

▶ **SAPscript-Formulare**

Im Bereich der Personalabrechnung ist SAPscript derzeit die Technologie, die am häufigsten verwendet wird. Die DEÜV-Meldung, SV-Nachweise, die Steuerbescheinigung, die Bescheinigungen des Bescheinigungswesens und viele andere Formulare sind in dieser Technologie erstellt.

SAPscript erlaubt die Verwendung von mehreren Schriftarten und Stilen. Es können Rahmen und Linien eingesetzt und verschiedene Fensterbereiche definiert werden. Die Übergabe der Daten aus einem Report an das Formular erfolgt über Funktionsbausteine, mit denen das Formular aus dem Programm aufgerufen wird.

▶ **Smart-Forms-Formulare (HRFORMS)**

Smart Forms kann als Alternative zu den Tabellenformularen für die Erstellung des Entgeltnachweises verwendet werden. Smart Forms bietet Möglichkeiten, ein Formular grafisch zu gestalten und Logos einzubinden. In Smart Forms wird direkt aus dem gestalteten Formular ein Programm zur Ausführung des Formulars generiert. HRFORMS ist die Erweiterung von Smart Forms um die Datenbeschaffung aus HR-Daten.

▶ **PDF-basierte Formulare**

Die neueste Technologie zur Formulargestaltung sind PDF-basierte Formulare. Diese Formulare benötigen den Adobe Document Server (ADS) zur Anzeige der Formulare. Der Entgeltnachweis ist im Moment das einzige Formular im Bereich der Personalabrechnung, das in dieser Technologie erstellt wurde. Die Technologie wird im Umfeld des SAP NetWeaver Portal eingesetzt und dort auch für eine neuentwickelte Anwendung des Bescheinigungswesens verwendet.

Siehe hierzu auch das SAP PRESS-Buch »Formulargestaltung in SAP ERP HCM«.

[+]

21.2.2 Tabellenbasierte Formulare

Der Editor zur Bearbeitung von tabellenbasierten Formularen wird mit der Transaktion PE51 aufgerufen (siehe Abbildung 21.8). Im Einstiegsbild können ein Formular und ein Teilobjekt zur Bearbeitung ausgewählt werden. Die Formulare sind in sogenannte Formularklassen eingeteilt. Die Formularklassen, die im Bereich der Abrechnung noch verwendet werden, sind:

▸ CEDT – Entgeltnachweis

▸ CKTO – Lohnkonto

▸ CLJN – Lohnjournal

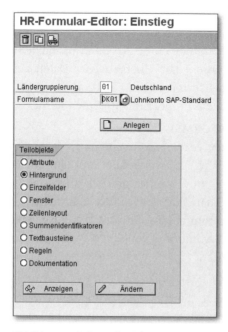

Abbildung 21.8 Formular-Editor

Dabei können folgende Teilobjekte des Formulars bearbeitet werden:

▸ HINTERGRUND
Der Formularhintergrund kann direkt in den Editor eingegeben werden; er wird von den Elementen (Felder und Fenster), die angelegt werden, überlagert. Der Hintergrund ist also nicht sichtbar, wenn sich davor Einzelfelder oder Fensterinhalte befinden. Der Formularhintergrund wird in der Tabelle T512P angelegt.

► EINZELFELDER

Einzelfelder werden an fixen Positionen im Formular definiert (siehe Abbildung 21.9). Die möglichen Feldinhalte können über eine Wertehilfe bei der Pflege des Formulars angezeigt werden. Für Einzelfelder können Inhalte interner Tabellen und Textelemente verwendet werden. Diese werden in der Tabelle T512Q abgelegt.

► FENSTER

In der Tabelle T512F wird die Position von Fenstern auf dem Formular festgelegt. Fenster können variabel befüllt werden. Lohnarten werden in Gruppen (siehe Abbildung 21.10) zusammengefasst, die in aufsteigender Reihenfolge dargestellt werden. Der Inhalt des Fensters wird komprimiert, d. h., es entstehen keine Leerzeilen, wenn eine Lohnart nicht existiert. Außerdem können Texte aus dem Infotyp 0128 (Mitteilungen) im Fenster dargestellt werden. Abbildung 21.11 zeigt den Aufbau einer Gruppe.

► ZEILENLAYOUT

Das Zeilenlayout (siehe Abbildung 21.12) legt fest, welche Informationen zu einer Lohnart im Fenster dargestellt werden. Die Tabelle T512D enthält die darzustellenden Felder.

► SUMMENIDENTIFIKATOREN

Summenidentifikatoren sind Summenlohnarten, die während der Anzeige des Formulars gebildet werden. Diese werden in der Tabelle T512E mit Lohnarten befüllt, die in einer Summe auf dem Formular angedruckt werden. Der Text der Summenidentifikatoren wird in der Tabelle T512S abgelegt.

► TEXTBAUSTEINE

In der Tabelle T512G können Textbausteine definiert werden, die im Formular angedruckt werden sollen.

► REGELN

Bestimmte Informationen sollen nur angezeigt werden, wenn Bedingungen zutreffen. Diese Bedingungen können in der Regeltabelle T512N definiert werden.

Weitere Tabellen zur Formularsteuerung sind: die Tabelle T512E, mit der Lohnarten in Summenlohnarten addiert oder im Fenster angezeigt werden können, die Tabelle T514D, in der die Verwaltungsinformationen stehen, und Tabelle T514V, die den Namen des Formulars enthält.

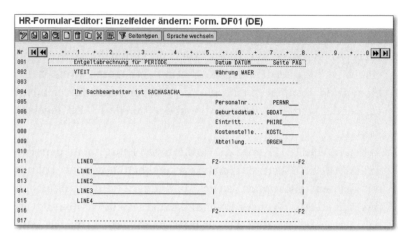

Abbildung 21.9 Anlegen von Einzelfeldern

Muster-Entgelt-
nachweis

Im Muster-Entgeltnachweis befinden sich im Formularkopf (siehe Abbildung 21.9) und im Formularfuß Bereiche, in denen Einzelfelder angelegt sind. Dazwischen ist das Fenster angeordnet, in dem die Lohnarten dargestellt sind. In den Einstellungen der Einzelfelder kann festgelegt werden, ob ein Feld nur auf der ersten, nur auf der letzten oder auf allen Seiten angezeigt werden soll.

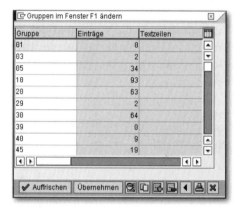

Abbildung 21.10 Lohnarten in Fenstern gruppieren

Gruppen-
zusatztexte

Das Fenster kann in mehrere Gruppen aufgeteilt werden (siehe Abbildung 21.10) Zu diesen Gruppen können Gruppenzusatztexte definiert werden, die in der Tabelle T512G abgelegt sind. Gruppenzusatztexte können Überschriften zu Gruppen enthalten oder Linien zur Begrenzung einer Gruppe. Im Gruppenzusatztext wird festgelegt, ob der Text am Beginn oder am Ende einer Gruppe angezeigt werden soll.

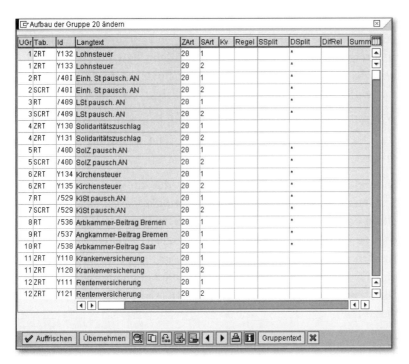

Aufbau der Gruppe 20 ändern

UGr	Tab.	Id	Langtext	ZArt	SArt	Kv	Regel	SSplit	DSplit	DifRel	Summ
1	ZRT	Y132	Lohnsteuer	20	1				*		
1	ZRT	Y133	Lohnsteuer	20	2				*		
2	RT	/40I	Einh. St pausch. AN	20	1				*		
2	SCRT	/40I	Einh. St pausch. AN	20	2				*		
3	RT	/409	LSt pausch. AN	20	1				*		
3	SCRT	/409	LSt pausch. AN	20	2				*		
4	ZRT	Y130	Solidaritätszuschlag	20	1						
4	ZRT	Y131	Solidaritätszuschlag	20	2						
5	RT	/40D	SolZ pausch.AN	20	1				*		
5	SCRT	/40D	SolZ pausch.AN	20	2				*		
6	ZRT	Y134	Kirchensteuer	20	1				*		
6	ZRT	Y135	Kirchensteuer	20	2				*		
7	RT	/529	KiSt pausch.AN	20	1				*		
7	SCRT	/529	KiSt pausch.AN	20	2				*		
8	RT	/536	Arbkammer-Beitrag Bremen	20	1				*		
9	RT	/537	Angkammer-Beitrag Bremen	20	1				*		
10	RT	/538	Arbkammer-Beitrag Saar	20	1				*		
11	ZRT	Y110	Krankenversicherung	20	1						
11	ZRT	Y120	Krankenversicherung	20	2						
12	ZRT	Y111	Rentenversicherung	20	1						
12	ZRT	Y121	Rentenversicherung	20	2						

Auffrischen | Übernehmen | Gruppentext

Abbildung 21.11 Aufbau der Gruppe

Innerhalb einer Gruppe werden Lohnarten oder Summenlohnarten angezeigt (siehe Abbildung 21.11).

Lohnarten oder Summenlohnarten

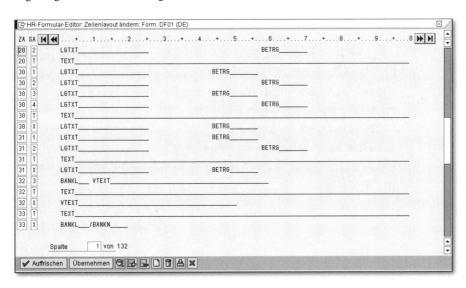

Abbildung 21.12 Zeilenlayout definieren

Diese Lohnarten können zu Untergruppen zusammengefasst werden. Durch die Bildung von Untergruppen kann die Reihenfolge der angezeigten Lohnarten beeinflusst werden. Sie werden in der Reihenfolge der Untergruppen und innerhalb der Untergruppen in aufsteigender Reihenfolge auf dem Entgeltnachweis dargestellt.

Zeilenlayout

Das Zeilenlayout legt fest, welche Feldinhalte einer Lohnart dargestellt werden. Es wird den Lohnarten (siehe Abbildung 21.11) zugeordnet.

Die Feldinhalte und Formatierungen, die zur Anzeige angeboten werden, unterscheiden sich je nach Formularklasse, da die Interpretation des Formulars in dem jeweiligen Programm realisiert ist, welches das Formular interpretiert. Die möglichen Felder, die angezeigt werden können, sind unterschiedlich, je nachdem, ob es sich um einen Entgeltnachweis, ein Lohnkonto oder ein Lohnjournal handelt. Die möglichen Felder und Formatierungen sind in der Wertehilfe dargestellt.

[+] Erweiterungen am Entgeltnachweis können im Include RPCEDSZ9 realisiert werden, wobei darauf zu achten ist, dass dieses Include international verwendet wird.

Aus dem Editor kann über das Menü ZUSÄTZE • WEITERE WERKZEUGE in die Transaktion PUFK, den Formularkopierer (siehe Abbildung 21.13), gesprungen werden. Mit dem Formularkopierer können Formulare gewartet werden. Alle Formulartabellen sind Customizing-Tabellen. Das bedeutet, dass die von SAP ausgelieferten Formulare im Mandanten 000 vorhanden sind und auch beim Einspielen von Support Packages nur dort aktualisiert werden. So sind immer Nacharbeiten notwendig, wenn Formulare, z. B. wegen neu ausgelieferter Lohnarten, durch ein Support Package ergänzt wurden. Mit dem Formularkopierer kann ein Formular kopiert, ersetzt und verglichen werden. Diese Funktionen können mandantenübergreifend angewandt werden.

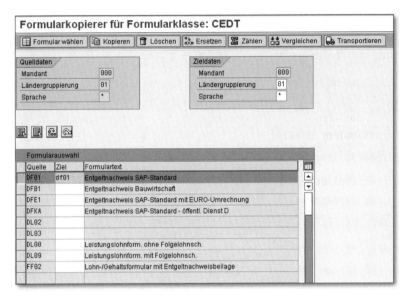

Abbildung 21.13 Formularkopierer

21.2.3 SAPscript-Formulare

In SAP ERP HCM werden häufig SAPscript-Formulare verwendet, z. B. in den Bereichen:

- Bescheinigungswesen
- Abrechnungsliste Altersteilzeit
- Arbeitskostenerhebung
- DEÜV-Bescheinigung für den Mitarbeiter
- SV-Beitragsnachweis
- Abrechnungsliste Kurzarbeit
- Lohnsteueranmeldung/-bescheinigung
- Drittschuldnererklärung

Die Formulare sind alle vorhanden und sollten möglichst nicht verändert werden. Bei Änderungen an den Formularen werden diese in den Kundenmandanten kopiert und beim Einspielen von Support Packages nicht mehr automatisch gewartet, da lediglich die Formulare im Mandanten 000 angepasst werden. Die Formulare müssen manuell abgeglichen werden. Die Abgleichfunktion ist aber nicht komfortabel, so dass es meistens besser ist, das Formular zu löschen und neu aus dem Mandanten 000 heraus anzupassen. Die eingebauten Änderungen müssen erneut durchgeführt werden.

Die Bearbeitung der Formulare erfolgt mit dem Form Painter, der mit der Transaktion SE71 aufgerufen wird (siehe Abbildung 21.14).

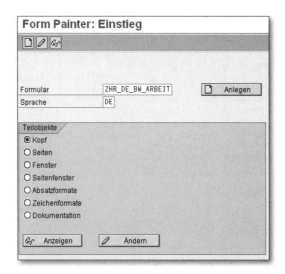

Abbildung 21.14 Form Painter

Teilobjekte von SAPscript-Formularen

Auch SAPscript-Formulare bestehen aus mehreren Teilobjekten:

▸ Verwaltungsdaten

▸ Grundeinstellungen

▸ Seiten

▸ Fenster

▸ Seitenfenster

▸ Absatzformate

▸ Zeichenformate

Die Verwaltungsdaten (siehe Abbildung 21.15) werden automatisch erzeugt und können nicht geändert werden.

In den Grundeinstellungen (siehe Abbildung 21.16) werden das Seitenformat und die Defaultwerte zur Textformatierung eingestellt. In den Absatzformaten können weitere Zeichenformate bestimmt werden. Außerdem wird festgelegt, welche Seite als Startseite verwendet wird.

Abbildung 21.15 Verwaltungsdaten

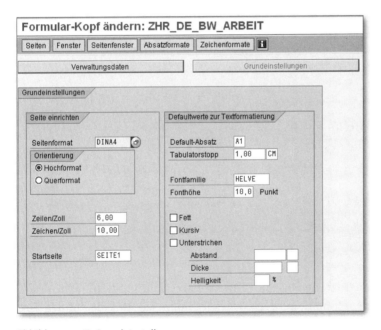

Abbildung 21.16 Grundeinstellungen

Im Bereich SEITEN (siehe Abbildung 21.17) werden Seiten angelegt, die sich in Aufbau und Inhalt unterscheiden können. Es wird festgelegt, welche Seite als Folgeseite verwendet werden soll. In unserem Beispiel ist Seite 1 als Startseite in den Grundeinstellungen festgelegt, als Folgeseite die Seite 2, die auch verwendet wird, wenn es eine dritte oder vierte Seite geben sollte.

Abbildung 21.17 Seiten

Im Bereich FENSTER (siehe Abbildung 21.18) werden die Bereiche, sogenannte *Fenster*, definiert, die auf dem Formular positioniert werden.

Abbildung 21.18 Fenster

Für den Text, der in den Fenstern dargestellt wird, können Absatzformate definiert werden (siehe Abbildung 21.19), die auf den Text angewendet werden.

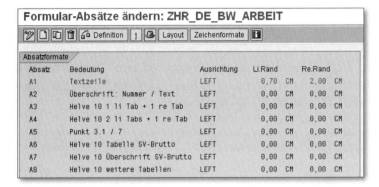

Abbildung 21.19 Absatzformate

Es gibt zwei Bearbeitungsmodi des Form Painters, die über das Menü
EINSTELLUNGEN • FORM PAINTER umgestellt werden können. Abbildung 21.20 und Abbildung 21.21 zeigen die Bearbeitung des Formulars im grafischen Modus.

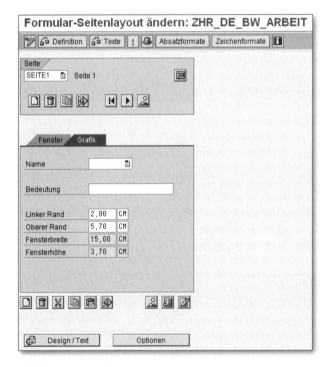

Abbildung 21.20 Seitenlayout ändern

In Abbildung 21.20 sehen Sie den Button, mit dem Sie zwischen der Bearbeitung des Designs und des Textes umschalten. Wobei mit Design lediglich gemeint ist, dass die Fenster auf der Seite angeordnet werden können, denn das Anpassen von Fenstern, Schriftarten und der Darstellung von Linien oder Rahmen ist in SAPscript alles, was an Design-Möglichkeiten angeboten wird.

Abbildung 21.21 Text ändern

In Abbildung 21.21 ist die Bearbeitung des Textes dargestellt. Dabei kann Text eingegeben werden, und Standardtexte können eingebunden werden; es können Variablen aus dem aufrufenden Programm angezeigt und Befehle eingegeben werden, so dass z. B. Texte nur angezeigt werden, wenn bestimmte Bedingungen erfüllt sind. Mit dem Befehl BOX werden Kästchen auf dem Formular dargestellt.

Suche nach Formularen

Auswählen	Formularinfo	Testdruck

Mdt	Formular	Spr	OSpr	Status	Bedeutung
000	HR_DE_BW_AGELDII	DE	DE	aktiv	Arbeitslosenhilfe
000	HR_DE_BW_ALLGARB	DE	DE	aktiv	Allgemeine Arbeitsbesch.
000	HR_DE_BW_ALLVERD	DE	DE	aktiv	Allgemeine Verdienstbesch.
000	HR_DE_BW_ARBEIT	DE	DE	aktiv	Arbeitsbesch. § 312 SGB III
000	HR_DE_BW_ARBLOHI	DE	DE	aktiv	Arbeitslosenhilfe
000	HR_DE_BW_ARBUZWI	DE	DE	aktiv	Arbeits- und Zwischenbesch.
000	HR_DE_BW_ARB_ATZ	DE	DE	aktiv	AB § 312 SGB - Zusatzblatt ATZ

Abbildung 21.22 Technische Suchfunktion

Die technische Suchfunktion, die in Abbildung 21.22 dargestellt ist, zeigt Formulare in der Übersicht mit dem Mandanten in der ersten Spalte. Die dargestellten Formulare existieren alle im Mandanten 000 und sind damit Standard. Bei veränderten und eigenen Formularen wäre hier der Kundenmandant an erster Stelle, und sie wären in Blau dargestellt. Die Suchfunktion erreichen Sie, indem Sie die Wertehilfe im Einstiegsbild der Transaktion SE71 wählen. Über das Menü SUCHEN • TECHNISCHE SUCHFUNKTION erreichen Sie das Selektionsbild für die technische Suche.

In der deutschen Personalabrechnung sind die meisten Formulare in der SAPscript-Technologie erstellt. Lediglich für den Entgeltnachweis stehen neben den bereits erwähnten Tabellenformularen auch Smart Forms und PDF für die Formularerstellung bereit. Diese Technologien bieten grafische Gestaltungsmöglichkeiten, die bei den bisherigen Formularwerkzeugen nicht möglich waren. Während SAPForms eine Technologie von SAP ist, wurde mit der Möglichkeit, Adobe-Formulare einzubinden, eine existierende Technologie in das SAP-System integriert. Das eigentliche Design wird hier mit dem Adobe LiveCycle Designer durchgeführt.

21.2.4 Smart-Forms-Formulare

Der HR-Formular-Workplace (Transaktion HRFORMS, siehe Abbildung 21.23) ist das Werkzeug, mit dem sowohl Smart Forms wie auch Adobe-Formulare verwaltet und angepasst werden können.

HR-Formulare: Übersicht

St.	LdGrp	Name HR-Formular	letzter Änderer	ÄndDatum	Änderungszeit	Status	Status	Status	Formularklasse	Layout-Editor	Strukturierung der Stars
☐	01	SAP_PAYSLIP_DE	SAP	04.01.2008	10:43:50	3	3	3	PAYSLIP	SAP Smart Forms	Geschachtelte Struktur
☐		SAP_PAYSLIP_DE_P	SAP	04.01.2008	10:27:44	3	3	3	PAYSLIP	Form Builder	Flache Struktur
☒		SAP_PAYSLIP_DE3	SAP	24.06.2004	13:13:08	1	3	1	PAYSLIP	Form Builder	Geschachtelte Struktur
☒		SAP_PAYSLIP_DE4	SAP	13.09.2004	14:16:13	1	3	1	PAYSLIP	Form Builder	Flache Struktur
☐		ZEV_PAYSLIP_DE	HASSMANN	05.06.2008	14:22:59	3	3	3	PAYSLIP	SAP Smart Forms	Geschachtelte Struktur
☒		ZHRDE70_GRP00	RODEIKE	20.06.2003	19:38:12	1	3	1	PAYSLIP	SAP Smart Forms	Geschachtelte Struktur
☒		ZIDES_ENTGELT_NW	MUELLERN	22.02.2005	16:05:26	1	3	1	PAYSLIP	SAP Smart Forms	Geschachtelte Struktur
☐		ZIP_PAYSLIP_DE	IPROCON	22.07.2007	18:04:03	3	3	3	PAYSLIP	SAP Smart Forms	Geschachtelte Struktur
☐		ZPK_PAYSLIP_01	MAES	05.01.2009	15:30:42	3	3	3	PAYSLIP	SAP Smart Forms	Geschachtelte Struktur
☐		ZPK_PAYSLIP_DE	MAES	16.07.2008	11:17:42	3	3	3	PAYSLIP	SAP Smart Forms	Geschachtelte Struktur
☐		ZPK_PAYSLIP_DE_P	MAES	17.06.2008	16:05:31	3	3	3	PAYSLIP	Form Builder	Flache Struktur
☐		ZZP_PAYSLIP_DE_P	IPROCON	01.02.2007	20:25:28	3	3	3	PAYSLIP	Form Builder	Flache Struktur
☐		ZZZ_FORMULAR	MAES	28.01.2009	10:22:54	3	3	3	NONE	Form Builder	Flache Struktur
☐		ZZZ_PAYSLIP_DE	MAES	28.01.2009	16:28:39	3	3	3	PAYSLIP	SAP Smart Forms	Geschachtelte Struktur
☐		ZZZ_TIM_01_0002	MAES	05.01.2009	15:29:22	3	3	3	TIME	SAP Smart Forms	Geschachtelte Struktur
☐	02	SAP_PAYSLIP_CH	SAP	13.07.2004	11:10:06	3	3	3	PAYSLIP	Form Builder	Geschachtelte Struktur
☒	03	SAP_PAYSLIP_AT	SAP	13.07.2004	13:15:06	1	1	1	PAYSLIP	Form Builder	Geschachtelte Struktur

Abbildung 21.23 HR-Formular-Workplace

HRFORMS ist eine Erweiterung von Smart Forms um eine Komponente zur Datenbeschaffung von HR-Daten. Die Datenbeschaffung ist dabei vom Designwerkzeug getrennt. Aus dem fertigen Formular wird ein Programm generiert, das selbständig ausgeführt werden kann.

Der Formular-Workplace ist das Verwaltungswerkzeug für HR-Formulare.

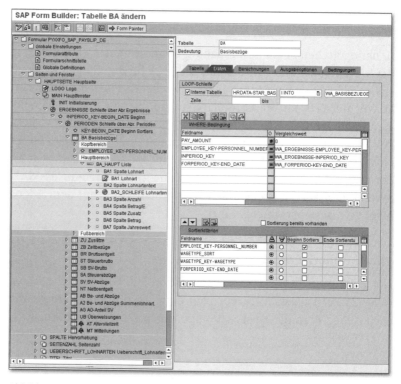

Abbildung 21.24 FormBuilder

Die Daten werden in der Struktur des sogenannten *Metanet* bereitgestellt. In der komplexen Datenstruktur HRDATA, sind alle Informationen für das Formular enthalten. Diese Informationen werden in die Datenfelder oder Arbeitsbereiche eingelesen, welche auf dem Formular dargestellt werden.

Das Formular enthält eine Folge von Elementen (siehe Abbildung 21.24), die in der Reihenfolge von oben nach unten abgearbeitet werden. Dies ist wichtig, um immer erst Feldinhalte zu füllen und diese dann im Formular anzudrucken.

Der Aufbau beeinflusst auch den Inhalt des Formulars; so ist das SAP-Standardformular so ausgelegt, dass Rückrechnungen auf separaten Blättern gedruckt werden. Sollen diese mit Angabe der Periode auf dem aktuellen Blatt angezeigt werden, muss der Aufbau des Formularablaufs komplett verändert werden.

[+]

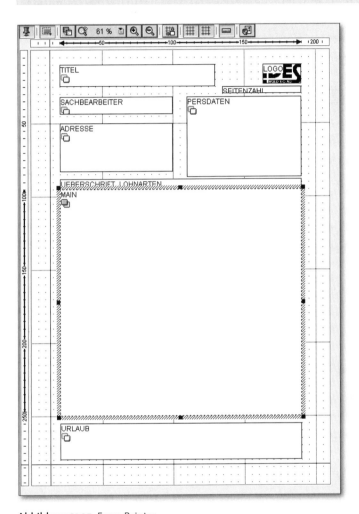

Abbildung 21.25 Form Painter

Im Form Painter werden die Fenster und das Logo auf der Seite angeordnet. Auch hier können mehrere Seiten aufgebaut werden sowie festgelegt werden, welche Daten auf der ersten, der letzten oder allen Seiten gezeigt werden sollen.

21.2.5 PDF-Formulare

Die Datenbeschaffung bei den PDF-Formularen entspricht der der Smart-Forms-Formulare; im Metanet werden Daten bereitgestellt, die in das Infonet übergeben werden und dann im Formular angezeigt werden können. Die Gestaltung des Formulars erfolgt mit dem Adobe LiveCycle Designer (siehe Abbildung 21.26), der auf dem PC installiert sein muss, damit eine Bearbeitung der Formulare möglich ist.

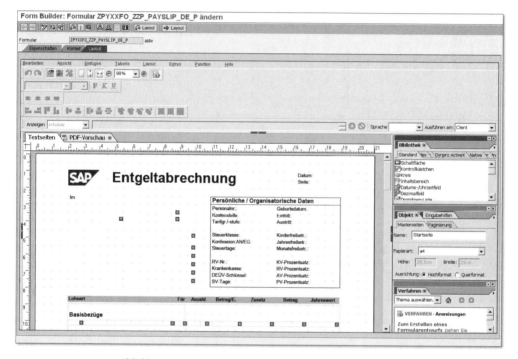

Abbildung 21.26 Adobe LiveCycle Designer

21.2.6 Formular-Framework

Das Formular-Framework bietet die Möglichkeit, an ein Programm Formulare mit alternativen Techniken anzubinden. In Customizing-Tabellen werden die Einstellungen dafür hinterlegt, welches Formular in welcher Technik (SAPscript, Smart Forms oder PDF) verwendet werden soll. Im Standard kann das Formular-Framework nur eingesetzt werden, wenn das Programm diese Möglichkeit unterstützt, was jedoch nur bei wenigen Programmen der Fall ist. Für die deutsche Länderversion ist das bisher bei der Arbeitskostenerhebung, der

Lohnsteuerbescheinigung und der Jahresentgeltbescheinigung realisiert. Da die Formulare bisher nur in SAPscript ausgeliefert werden, muss ein eigenes Formular erstellt werden, wenn man eine alternative Technik verwenden möchte.

In folgenden Views ist das Customizing hinterlegt:

Views für das Customizing

- ▸ V_T799BFOR – Art Ausgabeformular
- ▸ V_T799BEFG – Gruppe Eingabeformular
- ▸ V_T799BSFG – Formulargruppe – Ausgabeart
- ▸ V_799BSFG_A – Formulargruppe – Ausgabeart – Gruppenteilmenge
- ▸ V_T799BCFG – Formulargruppe – Ausgabeart – Customizing
- ▸ V_799BCFG_A – Formulargruppe – Ausgabeart – Customizing – Gruppenteilmenge
- ▸ V_T799BMFG – Logischer Formularname
- ▸ V_799BMFG_A – Logischer Formularname – Gruppenteilmenge
- ▸ V_T799BSFT – Systemname – Ausgabeart
- ▸ V_799BSFT_A – Systemname – Ausgabeart – Gruppenteilmenge
- ▸ V_T799BCFT – Systemname – Ausgabeart – Customizing
- ▸ V_799BCFT_A – Systemname/Ausgabeart – Customizing – Gruppenteilmenge

Im View V_T799BFOR werden die Formulararten hinterlegt, dabei werden folgende Arten unterstützt:

Formulararten

- ▸ SSC: SAPscript
- ▸ SFO: Smart Forms (verfügbar ab Release 4.70)
- ▸ PDF: Adobe Forms (verfügbar ab Release 6.00)

Im View V_T799BEFG werden die Formulargruppen angelegt, hier können zusammengehörende Formulare gruppiert werden. Dabei kann eine Gruppenausnahme für die Formularart hinterlegt werden. Ist der Formulartyp GRUPPENAUSNAHME markiert, ist keine Standardformularart für die Formulargruppe eingestellt, sie muss für jedes Formular individuell hinterlegt werden. Ansonsten überschreibt die Standardformularart jedes Mal die Voreinstellungen für die individuellen Formen.

In den Views V_T799BSFG und V_799BSFG_A wird die Ausgabeart über die Formulargruppe definiert. Wenn das Ankreuzfeld für die Gruppenausnahme der Formularart nicht markiert ist, stellen Sie die Standardausgabeart ein.

In den Views V_T799BMFG und V_799BMFG_A werden die logischen Formularnamen über die Formulargruppierung definiert.

In den Views V_T799BSFT und V_799BSFT_A werden die Systemnamen und die Ausgabearten über die logische Formulargruppe definiert. Wenn das Ankreuzfeld für die Gruppenausnahme der Formularart markiert ist, stellen Sie die Standardausgabeart ein.

Die Formulargruppe und ihre Art müssen in der Prüftabelle T799BSFG existieren.

21.3 Fazit

Die Personalabrechnung in SAP ERP HCM enthält zu den Customizing-Möglichkeiten, die mit Tabelleneinträgen gesteuert werden, einige weitere Möglichkeiten, die Sie in diesem Kapitel kennengelernt haben. Diese sind teilweise nicht einfach zu bedienen und benötigen Übung, um sicher damit umgehen zu können. Das Customizing der Personalabrechnung gehört daher zu den komplexesten und aufwendigsten der HCM-Komponenten, was auch mit der Komplexität der deutschen Personalabrechnung zu tun hat. Gerade die Programmierung von Schemen und Regeln muss gelernt und auch regelmäßig angewendet werden, damit der Anwender sicher damit umgehen kann.

Ideal ist, das Customizing während eines Einführungsprojektes zu erlernen und danach von Zeit zu Zeit anzuwenden, um das Gelernte nicht zu vergessen. Daher sollte in Einführungsprojekten darauf geachtet werden, dass die Personen, die zukünftig das System warten sollen, möglichst viel Know-how erlangen. Im laufenden Betrieb ist es schwierig, sich bei Anforderungen, die meist dringend abgearbeitet werden müssen, in das Thema einzuarbeiten.

Häufige gesetzliche Änderungen mit teilweise sehr komplexem Inhalt erfordern eine permanente Wartung des SAP-Systems im Bereich der Personalabrechnung. In diesem Kapitel erhalten Sie einen Überblick darüber, welche Aktivitäten zur Wartung des Systems erforderlich sind.

22 Wartung in SAP ERP HCM

Das Einspielen von Support Packages erfordert häufig Nacharbeiten, die sorgfältig durchgeführt werden sollten, um spätere Überraschungen zu vermeiden. Vernachlässigt man diese, ergeben sich im Laufe der Zeit immer größere Unterschiede zwischen dem Kundenmandanten und der Standardauslieferung von SAP im Mandanten 000. Im Bereich der Personalabrechnung sollte das Customizing nahe am Standard belassen werden. So kann durch regelmäßigen Abgleich nach dem Einspielen von Support Packages garantiert werden, dass neu ausgelieferte Funktionen fehlerfrei ausgeführt werden können.

Deshalb sollte das Einspielen mit den notwendigen Nacharbeiten sorgfältig durchgeführt und das Ergebnis getestet werden.

22.1 Systemarchitektur

Wie in Abbildung 22.1 dargestellt, wird der Inhalt eines Support Packages nicht in alle Mandanten eines Systems komplett eingespielt; der vollständige Inhalt wird nur in den Mandanten 000 importiert. Customizing-Einstellungen, die vom Kunden individuell angepasst werden können, werden von SAP nicht überschrieben. Customizing-Inhalte von Support Packages werden daher nur in den Mandanten 000 importiert.

Der Mandant 000 nimmt eine besondere Funktion ein. In ihm sind die von SAP ausgelieferten Customizing-Einstellungen vorhanden, an denen keine Änderungen durchgeführt werden können. Der Mandant dient nur zur Anzeige des ausgelieferten Muster-Customi-

Rolle des Mandanten 000

zings. Das Customizing im Kundenmandanten muss regelmäßig mit dem Standard-Customizing von SAP abgeglichen werden, um die gesetzlich notwendige Funktionalität zu übernehmen.

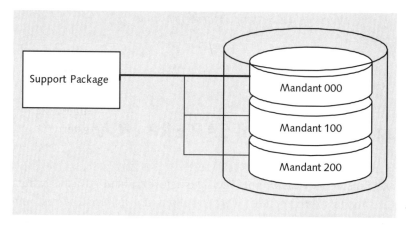

Abbildung 22.1 Einspielen von Support Packages in Mandantenstruktur

Zu diesen Customizing-Einstellungen gehören z. B. Einstellungen zu Abwesenheiten oder zum Entgeltnachweis. Werden diese Änderungen nicht regelmäßig abgeglichen, laufen die Einstellungen immer weiter auseinander, was dazu führt, dass gesetzliche Anforderungen nicht richtig funktionieren. Im Bereich der Personalabrechnung, in dem regelmäßig neue gesetzliche Anforderungen umgesetzt werden müssen, gewinnt diese Mandantenstruktur besonders an Bedeutung. In keiner anderen Komponente ist der Abgleich so wichtig und so notwendig!

22.2 Vorbereitungen

Vor dem Einspielen von Support Packages

In diesem Abschnitt beschreiben wir die Aktivitäten, die vor dem Einspielen von Support Packages durchgeführt werden sollten.

Für dieses Einspielen muss ein geeigneter Zeitpunkt gefunden werden. Solange die Support Packages nicht in allen Systemen einer zusammengehörenden Systemlandschaft eingespielt sind, dürfen keine Transporte durchgeführt werden. Denn werden Objekte aus dem Testsystem in das Produktivsystem transportiert, die durch das Einspielen der Support Packages bereits auf neuem Stand sind, kann das zu Inkonsistenzen führen. Sie sollten einen Zeitraum wählen, in dem keine Personalabrechnung erfolgt und in dem auf Transporte verzichtet werden kann.

Zunächst muss ein Zeitplan festgelegt und die Aufgaben definiert werden. Die Anwender sollten informiert und in die Tests einbezogen werden.

Zeitplan

22.2.1 Hinweise im SAP Service Marketplace sichten

Um sich über den Umfang der einzuspielenden Support Packages ein Bild zu machen, muss der SAP Service Marketplace aufgesucht werden. Hier gibt es einen Zeitplan, der die Erscheinungstermine von Support Packages festlegt und auf besondere Inhalte aufmerksam macht. Der Zeitplan (siehe Abbildung 22.2) kann unter *https://service.sap.com/hrsp • Schedule* angezeigt werden.

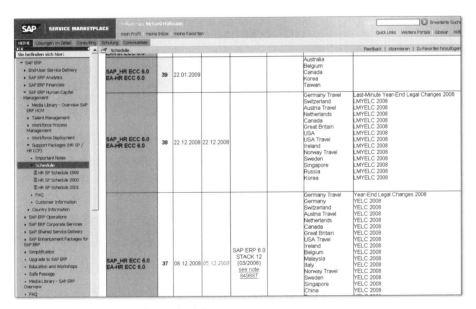

Abbildung 22.2 Support Package Schedule

Danach muss der Inhalt der Hinweise analysiert werden. Unter *https://service.sap.com/hrde* werden aktuelle Hinweise zur deutschen Personalabrechnung veröffentlicht, die auf anstehende Gesetzesänderungen hinweisen.

> Viele Hinweise enthalten Beschreibungen der notwendigen Nacharbeiten, die manuell durchzuführen oder zu prüfen sind.

[+]

22.2.2 Umfang der einzuspielenden Support Packages festlegen

Im SAP Service Marketplace können alle Hinweise zu einem Support Package angezeigt und auch die enthaltenen Objekte durchsucht werden.

Selbst wenn lediglich das Einspielen von HR Support Packages ansteht, können weitere Support Packages als Grundlage notwendig sein. So können z. B. Basis Packages benötigt werden, um die notwendige Technik für HR-Funktionen zur Verfügung zu stellen. Daher sollte ein System immer auf möglichst aktuellem Stand gehalten werden. Dafür ist das Einspielen von Stacks, einem Paket von Support Packages aus allen relevanten Bereichen, eine gute Möglichkeit; das System kann damit in regelmäßigen Abständen auf den aktuellen Stand gebracht werden.

[+] In einem internationalen SAP ERP HCM-System, in dem in mehreren Länderversionen Personalabrechnungen durchgeführt werden, ist ein häufiges Einspielen von Support Packages notwendig, was immer alle Länderversionen betrifft und aufwendige Tests notwendig macht. Daher wurde das Einspielen entzerrt und der Lieferprozess verändert (Details siehe SAP-Hinweis 1167891). Seit Ende 2008 ist es möglich, für einzelne Länderversionen Support Packages einzuspielen.

22.2.3 Anzeigen bekannter Nebeneffekte von SAP-Hinweisen

Das Einspielen von Support Packages löst nicht nur Probleme, sondern bringt auch neue Probleme mit sich. Daher muss geprüft werden, welche Probleme auftreten können, für die SAP Unterstützung anbietet.

Im SAP Service Marketplace steht eine Auswertung zur Verfügung (siehe Abbildung 22.3), die bereits bekannte Nebenwirkungen von Hinweisen in Support Packages auswertet. Das Ergebnis ist eine Liste mit Hinweisen, die auf ihre Relevanz untersucht werden müssen und bei Bedarf mit der Transaktion SNOTE eingespielt werden können.

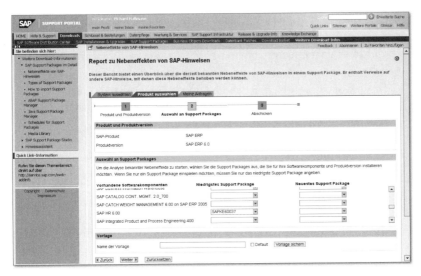

Abbildung 22.3 Report zu Nebeneffekten

22.2.4 Sicherung der Lohnartentabelle T512W

Mit dem Report RPU12W0S ist das Sichern des aktuellen Inhalts der Tabelle T512W möglich, was vor dem Einspielen von Patches oder einem Upgrade durchgeführt werden sollte. Die Tabelle hat zwei Bereiche, einen, der durch Support Packages aktualisiert wird, und einen, der für den Kunden reserviert ist und unverändert bleibt (siehe auch Abschnitt 22.4.5, »Tabelleneinträge abgleichen«). Alle Lohnarten, die mit »/« oder einem Buchstaben (Musterlohnarten) beginnen, werden angepasst.

Hat der Kunde »/«-Lohnarten verändert, geht diese Änderung verloren, wenn SAP eine aktuellere Version der Lohnart ausliefert. Normalerweise sollten diese Lohnarten nicht verändert werden, es gibt jedoch Ausnahmen, in denen eine Änderung notwendig ist. Dies kann z. B. der Fall sein, wenn beim Einrichten der Altersteilzeit Lohnarten anders in die Berechnung einfließen sollen (siehe Kapitel 12, »Altersteilzeit«), als es der Standard vorsieht. Auch beim Einrichten des Entgeltnachweises kann es vorkommen, dass Lohnarten in der Auswertungsklasse 01 anders gekennzeichnet werden sollen.

Ändern von SAP-Lohnarten

Nach dem Einspielen kann mit dem Report RPU12W0C der aktualisierte Stand mit der Sicherung verglichen werden. Und es können ausgewählte Verarbeitungsklassen, Kumulationen und Auswertungsklassen rückgesichert werden.

[!] Es dürfen keinesfalls alle Einstellungen rückgesichert werden. Dies würde die Aktualisierung rückgängig machen und gesetzlich notwendige Änderungen an Lohnarten verändern.

Der Report sollte immer nur für unkritische Einstellungen an den Lohnarten verwendet werden, z. B. für die Auswertungsklasse 02, die für den Andruck von Lohnarten auf dem Entgeltnachweis verantwortlich ist.

Machen Sie sich lieber Ausdrucke von geänderten »/«-Lohnarten, und prüfen Sie diese nach dem Einspielen.

22.3 Einspielen der Support Packages

Das Einspielen von Support Packages kann in einem Testmodus durchgeführt werden. Damit können bereits vorab Fehler und Probleme identifiziert werden. Ein Problem, das immer wieder auftritt, sind in den Support Packages enthaltene Objekte, die nicht eingespielt werden können, da diese noch in Transportaufträgen enthalten sind, die nicht freigegeben sind. Diese Objekte sind gesperrt, bis der Transport freigegeben wird.

Transaktion SPAM Mit der Transaktion SPAM (siehe Abbildung 22.4) werden die Support Packages eingespielt. Mit der Funktion VERZEICHNIS ANZEIGEN können die Support Packages mit Inhalt und dem aktuellen Status angezeigt werden.

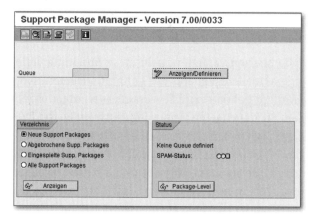

Abbildung 22.4 Support Package Manager

In dem Verzeichnis (siehe Abbildung 22.5) kann eingesehen werden, welche Support Packages eingespielt wurden. Außerdem kann man die vorausgesetzten Support Packages einsehen. Auch die Objektliste kann aufgerufen werden; sie zeigt alle Objekte an, die in dem Paket enthalten sind.

Abbildung 22.5 Support Packages anzeigen

22.4 Nacharbeiten nach dem Einspielen des Support Packages

Nach dem Einspielen der Support Packages müssen die Nacharbeiten durchgeführt werden. Dabei hilft der Report RPULCP00 (siehe Abbildung 22.6), der alle Objekte eines Transportauftrags auflistet und einen direkten Absprung in die Bearbeitung oder einen Vergleich mit dem Mandanten 000 ermöglicht.

```
+   Untersuchte Transporte/Objektlisten

      Int  International
      01   Deutschland

            LODE           HRDSYS: logische Informationsobjekte mandantenabh. Tab. E
            P01A           Personalwesen Deutschland: Altersversorgung
            P01B           Personalabrechnung Bauwirtschaft
            P01C           Personalwesen Customizing: Deutschland
            P01O           Personalwesen Deutschland: Öffentlicher Dienst
            P01OUT         Keiner Entwicklungsklasse zugeordnet
            P01P           Personalwesen Deutschland: Pfändungen
            P01PBSVAV6_BL  HR-VADM: Beamtenversorgungsgesetz (Business-Logic)
            P01PBSVAV6_DDIC HR-VADM: Beamtenversorgungsgesetz (DDIC, User-Interface)
            P01S           Personalwesen Deutschland: Sozialversicherung
            P01T           Personalwesen Deutschland: Steuer
            P01W           Personalwesen Deutschland: Bescheinigungswesen
            P01W_DE        Bescheinigungswesen Deutschland
            PB01           Personalwesen Stammdaten: Deutschland
            PC01           Personalwesen Abrechnung: Deutschland

               DOCU        Dokumentation
               DSYS        Kapitel einer Buchstruktur
               FORM        SAPscript-Formular
               LOIE        HRDSYS: logische Informationsobjekte mandantenunabh. Tab. E
               PCYS        HR: Transport von Standardzyklen

                  DBG1     vorläufiges BG-Brutto bilden
                  DBG2     RT-Lohnarten für BG-Brutto bereitstellen
                  DBG3     Arbeitsstunden auf SV-Splits verteilen
                  DBG4     Arbeitsstunden ins Anzahl-Feld stellen
                  DF31     KV-/PV-Beitrag für freiwillig / privat Versicherte (Fiktivbe
                  DV30     SV-Luft-Lohnarten übernehmen
                  DV70     Erzeugung von Lohnarten für Störfallbehandlung
```

Abbildung 22.6 Report RPULCP00

22.4.1 Workbench-Objekte abgleichen

Workbench-Objekte, die angepasst wurden, müssen mit den Transaktionen SPDD (Modifikationsabgleich Dictionary-Objekte) oder SPAU (Modifikationsabgleich andere Objekte) bearbeitet werden. Die Objekte müssen entweder auf Standard zurückgesetzt werden – z. B. eingebaute Vorabkorrekturen, die nun obsolet geworden sind – oder übernommen werden. Ein Teil des Abgleichs wird automatisch durchgeführt und muss nur kontrolliert werden.

22.4.2 Abrechnungsschema abgleichen

Alle Standardschemen, die verändert wurden, müssen abgeglichen werden. Dazu muss die Vergleichsfunktion im Editor aufgerufen werden (siehe Abbildung 22.7). Dabei müssen die Änderungen, die SAP in Standardschemen vorgenommen hat, in die Kundenversion übernommen werden. Schemen, die nicht verändert wurden, benötigen keine Nacharbeit.

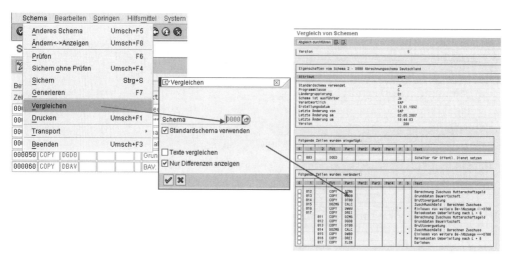

Abbildung 22.7 Abgleich von Schemen

Wurden Kopien von Standardschemen erstellt, müssen auch diese abgeglichen werden.

22.4.3 Rechenregeln abgleichen

Auch Regeln, die kopiert wurden, müssen abgeglichen werden, wenn eine neue Version ausgeliefert wird. Standardregeln dürfen nicht verändert werden, sondern es muss immer eine Kopie erstellt und diese im Schema eingetragen werden. Die Kopie muss mit dem SAP-Standard abgeglichen und die Neuerungen in die Kundenversion übernommen werden.

> Bei der Kopie von Regeln sollten diese eindeutig gekennzeichnet werden, so dass sie schnell gefunden und bei Bedarf abgeglichen werden können. Dies kann mit dem Führen einer Liste oder dem Einfügen des Originals im Text der Kopie erfolgen. **[+]**

Folgende Reports helfen bei der Pflege von Regeln: Der Report RPUCTX00 kopiert Standardregeln aus dem Mandanten 000 in den Kundenmandanten. Der Report RPUCTF00 ändert Attribute von Schemen und Regeln. Mit dem Report kann auch eine Editorsperre aufgehoben werden.

22.4.4 Merkmale prüfen

Merkmale befinden sich im Mandanten 000, solange diese unverändert sind. Bei Änderungen wird das Merkmal in den Kundenmandanten gespeichert. Es brauchen also auch hier nur die angepassten Merkmale überprüft zu werden. Es kommt selten vor, dass an dieser Stelle Nacharbeiten erforderlich sind, jedoch kann es passieren, dass z. B. die Funktion eines Merkmals und der Rückgabewert erweitert wurden, so dass eine Überarbeitung notwendig ist.

Nach jedem Einspielen sollten alle Merkmale im Mandanten 000 und im Kundenmandanten generiert werden. Nicht generierte Merkmale können zu nicht erklärbaren Fehlern in der Anwendung führen.

22.4.5 Tabelleneinträge abgleichen

Die Tabellenklasse entscheidet, ob geänderte Tabelleneinträge auch in den Kundenmandanten übernommen oder nur im Mandanten 000 eingespielt werden.

Es gibt folgende Tabellenklassen:

Tabellenklassen

▶ **C – Customizing-Tabelle**
Customizing-Tabellen gehören dem Kunden, Änderungen müssen immer abgeglichen werden.

▶ **E – Tabelle mit Namensraum für SAP und Kunden**
In diesen Tabellen werden nur die Bereiche aktualisiert, die nicht als Kundenbereich definiert sind. Der Kundennamensraum kann mit dem Report RDDKOR54 eingesehen werden. Im SAP-Bereich sollten keine Änderungen von Tabelleneinträgen durchgeführt werden, da diese überschrieben werden können.

▶ **S – SAP-Tabelle**
SAP-Tabellen werden immer komplett aktualisiert und sollten vom Kunden nicht verändert werden.

Zum Abgleich von Tabellen wird in der Tabellenpflege ein Tool zur Verfügung gestellt (siehe Abbildung 22.8), das über HILFSMITTEL • ABGLEICH aufgerufen wird.

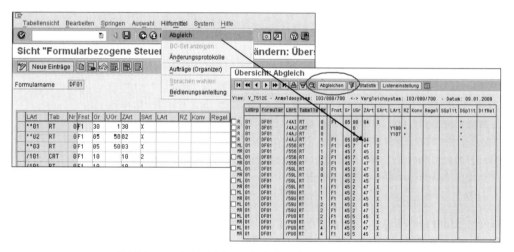

Abbildung 22.8 Abgleich von Tabelleneinträgen

22.4.6 Formulare abgleichen

Es existieren verschiedene Technologien, mit denen Formulare erzeugt werden können. Im Bereich von SAP ERP HCM und hier vor allem im Bereich der Personalabrechnung werden Tabellenformulare und SAPscript-Formulare bei den Formularen verwendet, die bei gesetzlichen Änderungen angepasst werden müssen.

Tabellenformulare

Tabellenformulare basieren auf Tabelleneinträgen in Customizing-Tabellen, die nicht aktualisiert werden. So ist bei Bedarf immer die manuelle Anpassung notwendig. Diese können im Editor PE51 durchgeführt werden. Hier ist eine Abgleichfunktion vorhanden, mit der Änderungen identifiziert werden können. Es bietet sich an, das Formular möglichst nahe am Standard zu halten, um den Abgleich einfach zu gestalten.

SAPscript-Formulare

SAPscript-Formulare werden im Mandanten 000 zur Verfügung gestellt und nur bei Änderung in den Kundenmandanten kopiert. Ob ein Formular geändert wurde, kann in der technischen Suchfunktion des Editors für SAPscript-Formulare in der Transaktion SE71 eingesehen werden. Hier ist der Mandant zu erkennen, in dem sich das Formular befindet. Die Formulare sollten nicht verändert werden, dann ist auch keine Nacharbeit erforderlich, die sehr aufwendig sein kann. Am einfachsten kopiert man das Formular neu und baut durchgeführte Änderungen wieder ein.

22.5   Qualitätssicherung

Um sicherzustellen, dass eine neue Funktionalität korrekt ausgeführt wird und keine Fehler in der bestehenden Anwendung auftreten, sind Tests erforderlich. Diese Tests können durch Tools verschiedener Anbieter maschinell unterstützt werden, die Automatisierung kann jedoch manuelle Tests nicht ersetzen.

22.5.1   Erste Tests im Entwicklungssystem

Der erste Test sollte von der Systembetreuung durchgeführt werden, um sicherzustellen, dass die neue Funktionalität grundsätzlich funktioniert und die abgeglichenen Customizing-Einstellungen korrekt durchgeführt wurden. Die Systembetreuung kennt die durchgeführten Einstellungen und prüft, ob sich diese richtig auf die Anwendung auswirken.

22.5.2 Tests durch die Fachabteilung im Qualitäts- sicherungssystem

Die Fachabteilung muss für die Richtigkeit der Ergebnisse geradestehen und sollte daher auch den größten Anteil an den Testaktivitäten haben. Je nach Systemlandschaft finden diese Tests in einem Qualitätssicherungssystem oder im Entwicklungs-/Testsystem statt. Häufig wird bei zweistufiger Systemlandschaft ein Mandant im Testsystem angelegt, in den produktive Daten für Testzwecke kopiert werden.

Die Testumgebung muss vor dem Einspielen der Support Packages vorbereitet werden. Die Mitarbeiterdaten sollten für die Tests aktuell sein, d. h., es muss eine Mandantenkopie stattfinden, oder die Daten werden mit einem Programm zur systemübergreifenden Kopie von Personaldaten übertragen.

22.5.3 Einzeltests im Produktivsystem

Nach dem Einspielen der Support Packages im Produktivsystem sollte noch ein Test der wichtigsten Funktionen stattfinden, um sicherzustellen, dass alle Einstellungen korrekt übertragen wurden. Ziel des Tests ist zu prüfen, ob die im Qualitätssicherungssystem bereits ausführlich getesteten Funktionen analog funktionieren. Der Fokus liegt hier auf dem Prüfen der neuen Funktionalität.

22.6 Musterprojektplan

Als Zusammenfassung stellen wir die genannten Aktivitäten noch einmal in Form eines Projektplanes dar, der je nach Systemlandschaft und eingesetzter Komponenten noch angepasst und ergänzt werden muss.

Vorbereitungsphase

▶ SAP-Hinweise zu den aktuellen Support Packages sichten
▶ Umfang der einzuspielenden Support Packages festlegen
▶ Side-Effekts im SAP Service Marketplace prüfen
▶ Zeitplan abstimmen und kommunizieren
▶ Testumgebung vorbereiten

Einspielen der Support Packages im Entwicklungssystem

- Vorbereitung
  - offene Transporte durchführen, die gegebenenfalls einzuspielende Workbench-Objekte sperren könnten
  - Sicherung der Lohnartentabelle T512W mit Report RPUXXX
- Einspielen der Support Packages
- Nacharbeiten durchführen, wie in den vorherigen Abschnitten beschrieben
- Einzeltest

Einspielen der Support Packages im Qualitätssicherungssystem

- Einspielen der Support Packages im Qualitätssicherungssystem
- Nachbearbeitung
  - Einspielen der Transporte mit abgeglichenen Objekten
  - Generierung von Objekten
- Testphase im Qualitätssicherungssystem
- Abnahme durch die Fachabteilung

Einspielen der Support Packages im Produktivsystem

- Vorbereitung
  - offene Batch-Input-Mappen abspielen
  - User sperren
  - Jobs ausplanen
- Einspielen der Support Packages
  - Import der Transporte mit abgeglichenen Objekten
  - Generierung von Merkmalen im Mandanten 000 und im Kundenmandanten
  - weitere Objekte generieren
  - Jobs wieder einplanen
  - User entsperren
- Test

22.7 Fazit

Für das Einspielen von Support Packages sollte entsprechender Aufwand und ausreichend Zeit eingeplant werden, um die Nacharbeiten sorgfältig durchführen zu können. Dies verhindert, dass nach ein paar Jahren Systembetrieb immer öfter Probleme auftauchen, die auf mangelnde Wartung zurückzuführen sind. Auch für das Testen nach dem Einspielen sollte Zeit eingeplant werden. Außerdem sollten Testpläne eingesetzt werden, in denen Tests dokumentiert werden, die immer wieder ausgeführt werden. Je nach Größe der Firma und Anzahl der eingesetzten Länderversionen müssen die Tests ausführlicher und umfangreicher ausfallen und sollten gegebenenfalls durch den Einsatz von Tools unterstützt werden, die Drittanbieter zur Verfügung stellen.

Anhang

A   Wichtige Funktionen

In diesem Anhang finden Sie die am häufigsten verwendeten Funktionen, die Sie für eigene Entwicklungen benötigen oder deren Bedeutung beim Lesen des Abrechnungsschemas wichtig ist. Die Liste ist also nicht vollständig; die vollständige Beschreibung können Sie der SAP-Dokumentation entnehmen.

- **ACTIO – regelgeführtes Ausführen einer Aktion**
  Mit ACTIO wird eine Personalrechenregel aufgerufen. Die Verarbeitung wird immer durchgeführt und ist nicht abhängig vom Vorliegen von Lohnarten, wie das bei der Funktion PIT der Fall ist. Die Regel wird ausgeführt:
  - A – einmal pro Eintrag in der WPBP
  - AR – je WPBP-Eintrag und Abrechnungsart
  - S – je Steuerzeitraum
  - V – je SV-Zeitraum

- **AVERA – Durchschnittsberechnung**
  Die Funktion AVERA führt die komplette Durchschnittsberechnung aus. Sie wird für die neue Durchschnittsberechnung verwendet (siehe Abschnitt 3.11, »Leistungslohn«).

- **BLOCK – Protokollstrukturierung**
  Die Funktion schafft in der Protokolldarstellung der Personalabrechnung Übersicht und Struktur. Der sich zwischen BLOCK BEG und BLOCK END befindliche Bereich wird in einem eigenen Ast dargestellt. Die bei BLOCK BEG gepflegte Beschreibung wird als Text im Protokoll wiedergegeben. Die Funktionalität sollte besonders bei umfangreichen Eigenentwicklungen verwendet werden, um diese im Protokoll abzuheben.

- **BREAK – setze einen Break-Point**
  Unterbricht die Verarbeitung der Personalabrechnung und ruft den Debugger auf.

▶ **COPY – Kopieren eines ausgelagerten Teilschemas**
Ruft das angegebene Unterschema auf und kehrt nach der Verarbeitung in das aktuelle Schema zurück. Die Abrechnung fährt nach der Verarbeitung mit der nächsten Funktion fort.

▶ **D2002 – Bearbeitungsanforderung für Anwesenheiten**
Verarbeitet die Anwesenheiten aus dem Infotyp 2002 und führt damit die angegebene Regel aus. Dabei wird die Tabelle T599Y berücksichtigt.

▶ **D2010 – Bearbeitungsanforderung für Entgeltbelege**
Wertet die Entgeltbelege aus und führt damit die angegebene Regel aus. Dabei wird die Tabelle T599Y berücksichtigt, die eine mögliche Steuerfreiheit der eingegebenen Zuschläge ermittelt.

▶ **DAB – Verarbeitung der Abwesenheiten nach deutschen Bestimmungen (Teil 2)**
Verarbeitet die länderspezifischen Eigenschaften von Abwesenheiten.

▶ **DATES – Bereitstellung von Datumsangaben in der Abrechnung**
Diese Funktion muss genau einmal im Abrechnungsschema vorkommen und stellt Datumsangaben für die Fristenberechnung bereit. Die Fristenberechnung wird mit der Operation NUM=F... aufgerufen.

▶ **DATZ – Verarbeitungen der Altersteilzeit**

▶ **DAVMG – Verarbeitung des Infotyps 0699 (Altersvermögensgesetz)**

▶ **DAYPR – Tagesverarbeitung der Zeitdaten**
Ruft ein Zeitwirtschaftsschema auf, das fiktive Zeitzuschläge generiert. Im Standard wird das Schema TC00 verwendet, um vom Abrechnungszeitpunkt bis zum Ende der Abrechnungsperiode fiktive Zeitzuschläge zu berechnen.

▶ **DBG – Berufsgenossenschaft: Zuordnung zur BG festlegen**
Liest die Informationen des Infotyps 0029 (Berufsgenossenschaft) ein und berechnet den Berufsgenossenschafts-Bruttobetrag.

▶ **DELZL – Entfernen von Lohnarten aus der ZL**
Löscht Einträge in der Zeitlohnartentabelle ZL.

▶ **DKUG – Kurzarbeitergeldberechnung**

▸ **DNAB – Verarbeitung der Abwesenheiten nach deutschen Bestimmungen (Teil 1)**
In der deutschen Personalabrechnung enthalten Abwesenheiten Informationen zur Steuerung von Steuer, Sozialversicherung und DEÜV. Diese werden der Tabelle T5D0A entnommen und mit der Funktion verarbeitet.

▸ **DOZMG – Zuschuss zum Mutterschaftsgeld (Öffentlicher Dienst Deutschland)**
Die Zuschussberechnung des öffentlichen Dienstes kann auch in der Privatwirtschaft eingesetzt werden (siehe Kapitel 14, »Zuschuss zum Mutterschaftsgeld«).

▸ **DPKW – PKW-Regelung (D)**

▸ **DST – Steuerberechnung (D)**

▸ **DSV – Sozialversicherung (D)**

▸ **DSVU – SV-Umlage berechnen**

▸ **DVB – Bearbeitungsanforderung für Vermögensbildung**
Liest die Vermögensbildung ein und führt die Berechnungen mit der angegebenen Regel aus.

▸ **ELSE – bedingte Ausführung von Funktionen**
IF, ELSE und ENDIF können verwendet werden, um bestimmte Bereiche eines Schemas nur bei zutreffender Bedingung auszuführen.

▸ **ENDIF – Endefunktion einer Bedingung**
IF, ELSE und ENDIF können verwendet werden, um bestimmte Bereiche eines Schemas nur bei zutreffender Bedingung auszuführen.

▸ **GEN/8 – technische Lohnarten /801 – /8nn bilden**
Generiert die Lohnarten /801 ff. in der Tabelle IT.

▸ **GENPS – Generierung des persönlichen Arbeitszeitplans**
Stellt den Arbeitszeitplan in der internen Tabelle PSP bereit.

▸ **GON – Vollständigkeit der Daten**
Überprüft die Vollständigkeit der Daten am Ende der Bereitstellung der Grunddaten im Teilschema *DGD0*.

▸ **GRSUP – Hochrechnung (Gross Up) von Nettozusagen**
Führt die Nettohochrechnungen aus.

▸ **IF – bedingte Ausführung von Funktionen**
IF, ELSE und ENDIF können verwendet werden, um bestimmte Bereiche eines Schemas nur bei zutreffender Bedingung auszuführen. Für Bedingungen können vorhandene Funktionen ausgewählt oder Regeln programmiert werden. Die Regel muss mit der Operation SCOND=T IF einen positiven Wert oder mit SCOND=F IF einen negativen Wert zurückgeben.

▸ **MCOMP – Durchführung Nachteilsausgleich zwischen ZL und AZL**
Vergleicht die Zeitlohnartentabellen ZL und DZL und bildet daraus Lohnarten für den Nachteilsausgleich.

▸ **MOD – Bestimmung von Mitarbeitergruppierungen**
Ruft eine Regel auf, mit der Modifikatoren zum Lesen verschiedener Tabellen festgelegt werden.

▸ **P0002 – Bereitstellung des Namens**

▸ **P0004 – Einlesen Behinderungssatz**

▸ **P0006 – Bereitstellung der Adresse**

▸ **P0009 – Bearbeitungsanforderung für Bankverbindung**

▸ **P0011 – Bearbeitungsanforderung für externe Überweisungen**

▸ **P0012 – Bereitstellen der Steuerdaten**

▸ **P0013 – Bereitstellung der Sozialversicherungsdaten**

▸ **P0014 – Bearbeitungsanforderung für wiederkehrende Be-/Abzüge**

▸ **P0015 – Bearbeitungsanforderung für ergänzende Zahlungen**

▸ **P0020 – Bereitstellen der DÜVO-Daten**

▸ **P0021 – Bereitstellen der Familienmitglieder**

▸ **P0026 – Einlesen Direktversicherung (D)**

▸ **P0045 – Bereitstellen der Darlehensdaten**

▸ **P0049 – Bereitstellen der Kurzarbeiterdaten**

▸ **P0051 – Einlesen der Daten für die Zusatzversorgung**

▸ **P0052 – Bereitstellen der Daten zur Verdienstsicherung**

▸ **P0057 – Bearbeitungsanforderung für Mitgliedschaften**

▸ **P0079 – Bereitstellung der SV-Zusatzdaten**

▸ **P0083 – bearbeite Urlaubsabgeltungen**

- P0093 – Bereitstellen Vorarbeitgeberdaten

- P0201 – Einlesen Rentenbasisbezüge

- P0202 – Beitrag-/Einkommensberechnung BAV

- P0263 – Einlesen Gehaltsumwandlung

- P0322 – Einlesen der Daten zur Bestimmung ruhegehaltsfähiger Bezüge

- P0326 – Anrechnung auf Versorgungsbezug

- P0416 – bearbeite Kontingentabgeltungen

- P0521 – Bereitstellen von Daten zur Altersteilzeit

- P2002 – Bearbeitungsanforderung für Anwesenheiten

- P2003 – Bearbeitungsanforderung für Vertretung

- P2010 – Bearbeitungsanforderung für Entgeltbelege

- **PAB – Abwesenheitsbewertung (internationaler Teil)**
  Verarbeitet die Bewertungsregel der Abwesenheit.

- **PARTT – Grundlagen für die Teilmonatsfaktoren bereitstellen**
  Stellt die Teilmonatsfaktoren für die Aliquotierung bereit (Abschnitt 3.12, »Verarbeitung weiterer Be-/Abzüge«).

- **PDT – bearbeite Differenztabelle**
  Die Tabelle DT enthält die Lohnarten, die bei Rückrechnungen aus den Vorperioden übergeben werden.

- **PIT – bearbeite Eingabetabelle**
  Verarbeitet die IT-Input-Tabelle mit der angegebenen Regel. Diese Funktion ist die am häufigsten verwendete Funktion – auch in eigenen Anpassungen.

- **PLRT – bearbeite letzte Ergebnistabelle**
  Verarbeitet die Tabelle LRT, die das Ergebnis der Vorperiode bereitstellt (siehe Abschnitt 3.3, »Einlesen der Grunddaten«) mit der angegebenen Regel.

- **PORT – Übernahme von Daten aus letzter Abrechnung**
  Die Tabelle ORT enthält das letzte Ergebnis, das durch die Rückrechnung neu aufgerollt wird. So können Lohnarten verarbeitet werden, die durch eine Rückrechnung nicht verändert werden sollen.

- **PPSP – bearbeite persönlichen Arbeitszeitplan**

- ▸ **PRINT – gib Tabelle oder Struktur aus**
  Die Funktion gibt Tabellen im Protokoll der Personalabrechnung aus.

- ▸ **PRT – bearbeite die Ergebnistabelle**
  Verarbeitet die Tabelle RT mit der angegebenen Regel.

- ▸ **PW1 – Bearbeitung der Einzelleistungslohndaten**
  Liest die Einzellohnscheine eines Mitarbeiters ein.

- ▸ **PW2 – Bearbeitung der Gruppenleistungslohndaten**
  Liest die Gruppenlohnscheine ein, welche die Arbeitszeit eines Mitarbeiters in einer Gruppe enthalten.

- ▸ **PZL – bearbeite die Tabelle ZL**

- ▸ **RAB – Lesen der Abwesenheiten**

- ▸ **RFRSH – Refresh interner Tabellen**

- ▸ **SETCU – Verarbeitung vorhergehender Kumulationen**

- ▸ **SETSW – Schalter setzen aufgrund von Informationen aus PSP und CABC**

- ▸ **SORT – Sortieren interner Tabellen**
  Sortiert die Einträge von Lohnartentabellen.

- ▸ **TRANS – Übernahme der Lohnarten aus der Tabelle 558A bzw. 558C in IT**
  Die Tabellen T558A und T558C werden zur Bereitstellung von Lohnkonten aus Altsystemen verwendet. Die Funktion wird zum Aufbau von Lohnkonten eingesetzt.

- ▸ **WPBP – Bereitstellen der Arbeitsplatz- und Basisbezugsdaten**
  Liest die Infotypen 0000 (Maßnahmen), 0001 (Organisatorische Zuordnung), 0007 (Sollarbeitszeit), 0008 (Basisbezüge) und 0027 (Kostenverteilung) ein. Mit den Informationen wird die Tabelle WBPB aufgebaut und die Lohnarten der Basisbezüge in die Tabelle IT übernommen.

- ▸ **XIT – Verändern der Tabelle XIT**
  Die Tabelle XIT enthält potentiell steuerfreie Zuschläge zur Bestimmung der Steuerfreiheit.

- ▸ **ZLIT – Einspeisen der Lohnarten von ZL nach IT**
  Verarbeitet die von der Zeitwirtschaft im Ergebnis der Zeitauswertung bereitgestellten Zeitlohnarten.

B   Wichtige Operationen

In diesem Anhang sind wichtige Operationen zusammengestellt, die für eigene Regeln interessant sind oder beim Verständnis von Standardregeln helfen.

Regeln können für verschiedene Zwecke verwendet werden, z. B. für die Verarbeitung von Lohnarten und zur Definition von Entscheidungsregeln. Nicht jede Operation ist in jedem Zusammenhang einsetzbar.

▶ **ABEVL – führe die Abwesenheitsbewertung durch**

▶ **ADDCU – sammle in Kumulativ-Lohnarten**
Kumuliert eine Lohnart in den markierten Kumulationen und Durchschnittsgrundlagen. Die Operation wird vor der Abstellung einer Lohnart durchgeführt.

▶ **ADDNA – sammle Anzahl und Betrag in Folgelohnart**
Funktioniert wie die Operation ADDWT, nur wird das Feld Betrag pro Einheit lediglich einmal abgestellt, was eine Vervielfachung des Stundensatzes verhindert.

▶ **ADDWT – addiere Lohnart in Folgelohnart**
Addiert die Lohnart in die angegebene Lohnartentabelle.

▶ **ADXIT – stelle Eintrag in Tabelle XIT**
Addiert die aktuelle Lohnart in die Tabelle XIT, welche für die Berechnung der Steuerfreiheit von Zuschlägen verwendet wird.

▶ **AMT – Berechnungen in das aktuelle Betragsfeld (amount)**
Bearbeitet das Feld BETRAG der aktuellen Lohnart.

▶ **BREAK – Break-Point setzen**

▶ **CMPER – vergleiche die Abrechnungsperiode (compare periods)**
Vergleicht den Wert der Abrechnungsperiode mit einem vorgegebenen Wert. Die Operation wird verwendet, um Verarbeitungen nur in/ab/bis zu bestimmten Perioden auszuführen.

▶ **CPAGE – vergleiche das Alter des MA mit vorgegebener Zahl**

▶ **CUMWT – setze Wert der aktuellen Lohnart ein bzgl. Kummulationsleiste**
Prüft, ob bei einer Lohnart bestimmte Kumulationen gefüllt sind.

▶ **DATZ – Verarbeitung für die deutsche Altersteilzeit**

▶ **DAV – Zuordnung von Bruttoergebnissen zu SV- und ST-Zeiträumen**

▶ **DAVM – Operation zu Infotyp 0699 (Altersvermögensgesetz)**

▶ **DBG – Bearbeiten der Berufsgenossenschaft**

▶ **DIVID – dividiere**
Führt eine Division mit den Feldern der aktuellen Lohnart durch.

▶ **DKUG – Bearbeiten oder Abfragen bei Kurzarbeit**

▶ **DKUSW – Abfrage auf KUG**

▶ **DRSMW – Schreiben in die interne Nachrichtentabelle**

▶ **DST – Operation zur Berechnung der Steuer (D)**

▶ **DSTAV – Zuordnung von Bruttoergebnissen zu Steuerzeiträumen**

▶ **DSTZR – Steuer-Zuordnungsnummer (ST-Split) auswerten**

▶ **DSVAV – pauschale Lohnanteile auf SV-Zeiträume aufteilen**

▶ **DSVDF – Bestimmung des Differenzbetrags einer Lohnart**

▶ **DSVF – Bildung der Lohnarten für die Behandlung von Störfällen**

▶ **DSVGL – Übernahme SV-Lohnarten aus Vormonat**

▶ **DSVIT – Abstellen des Differenzbetrags einer Lohnart in IT**

▶ **DSVS – Abfragen/Setzen von Feldern der Sozialversicherung**

▶ **DSVTG – stelle die SV-Tage bereit**

▶ **DSVWE – Abfrage auf Wechsel im Sozialvers.-Verhältnis (D)**

▶ **ELIMI – eliminiere Zeitraum-Kennzeichen**
Eliminiert angegebene Split-Kennzeichen einer Lohnart.

▶ **ERROR – Warnung bei fehlerhaften Einträgen**
Führt zu einem Abbruch der Personalabrechnung.

▶ **FILLF – fülle die folgenden Felder**
Füllt die angegebenen Felder einer Lohnart, indem die Eingabetabelle erneut gelesen wird.

▶ **FILLW – schreibe in den Folgelohnschein**
Füllt die Tabelle LS, in der Lohnscheininhalte im Abrechnungsergebnis gespeichert werden.

▶ **GCY – setze die Bearbeitung mit Personalrechenregel fort**

▶ **GETAL – setze den Leistungsgrad**

▶ **LEAVE – stelle die Urlaubsart in das variable Argument**

▶ **LEAYR – stelle das Urlaubsjahr in das variable Argument**

▶ **MCOMP – Angabe des Verarbeitungsstatus im Nachteilsausgleich**
Die Operation wird zur Berechnung des Nachteilsausgleichs verwendet.

▶ **MEANV – Durchschnittsberechnung**
Ruft die Durchschnittsberechnung mit der »alten« Durchschnittsberechnung auf (siehe Abschnitt 3.11, »Leistungslohn«).

▶ **MODIF – setze Mitarbeitergruppierung**
Setzt Modifikatoren, die für das Lesen verschiedener Tabellen verwendet werden.

▶ **MULTI – multipliziere**
Multipliziert die angegebenen Felder einer Lohnart.

▶ **NEXTR – bearbeite eine Fortsetzungsregel**
Ruft eine Folgezeile auf.

▶ **NUM – Berechnungen für das aktuelle Anzahl-Feld (Number Field)**
Verarbeitet den Inhalt des Feldes ANZAHL analog zur Funktion AMT.

▶ **OPIND – werte das Operationskennzeichen**
Prüft das Kennzeichen Abzug »A« für Abzugslohnarten aus dem Infotyp.

▶ **OUTWP – stelle Arbeitsplatz- und Basisbezugsdaten bereit**
Wird zur Abfrage z. B. von Personalbereich, Mitarbeiterkreis usw. verwendet für Verarbeitungen, die nicht für jeden Mitarbeiter durchgeführt werden sollen. Das Ergebnis wird ins variable Argument gestellt.

▶ **OUTZL – Bereitstellung von Informationen aus den Zeitlohnarten**
Stellt Informationen der ZL in das variable Argument. Ist nur bei der Verarbeitung der Tabelle ZL sinnvoll.

▶ **PAYTP – setze die Mitarbeiterkreisgruppierung-Personalrechenregel**

▶ **PCY – führe die Personalrechenregel aus (perform cycle)**
Springt in eine Regel ab, nach deren Verarbeitung mit der nächsten Operation in der Zeile fortgefahren wird.

▶ **PPPAR – Teilmonatsparameter beistellen**
Die Operation ist eine Entscheidungsoperation, mit der bestimmte Kennungen für die Aliquotierung abgefragt werden können.

▶ **PRINT – Ausdrucken der aktuellen Tabellen-Arbeitseinträge**
Gibt den aktuellen Inhalt der Lohnartenverarbeitung im Protokoll der Verarbeitung aus.

▶ **RE510 – lies in der Tariftabelle**
Stellt den Inhalt der Tariftabelle zur Verarbeitung bereit.

▶ **RESET – setze ursprüngliches Zeitraum-Kennzeichen**
Setzt Split-Kennzeichen auf den ursprünglichen Wert der Input-Tabelle zurück.

▶ **RETRO – Rückrechnung bzw. Aufrollung**
Prüft, ob die abzurechnende Periode eine Rückrechnung oder Originalabrechnung ist.

▶ **ROUND – Rundung innerhalb der aktuellen Lohnart**
Rundet den Inhalt einer Lohnart.

▶ **RTE – Berechnungen in das aktuelle Betrag-pro-Einheiten-Feld (RATE)**
Bearbeitet das Feld BETRAG PRO EINHEIT analog zur Operation AMT.

▶ **SCOND – Gültigkeit der Bedingung setzen**
Setzt Bedingungen für Funktionen in der Abrechnung.

▶ **SETIN – Setze Split-Kennzeichen**
Setzt Split-Kennzeichen mit angegebenem Wert.

▶ **SPLIT – Abfrage der Split-Kennzeichen**
Fragt die Split-Kennzeichen ab, die gerade verarbeitet werden.

▶ **SUBWT – Subtrahieren der Lohnart in Folgelohnart**
Funktioniert analog zur Operation ADDWT, nur mit umgekehrten Vorzeichen.

▶ **TABLE – Zugriff auf Tabellenfelder vorbereiten**
Stellt eine Tabelle bereit, deren Felder im Folgenden verarbeitet werden.

▶ **TWPEQ – teste Gleichheit der Arbeitsplatzdaten**
Vergleicht den Inhalt der Tabelle WPBP mit den Werten des Vormonats.

▶ **VAKEY – stelle ins variable Argument**
Füllt das variable Argument mit verschiedenen Inhalten.

▶ **VALBS – Bewertungsgrundlagen**
Prüft Bewertungsgrundlagen oder verarbeitet die Bewertungsgrundlagen.

▶ **VALEN – setzt Länge des variablen Arguments**
Soll nicht der komplette Inhalt, sondern nur ein Teil ins variable Argument gestellt werden, kann dieser mit VAOFF und VALEN begrenzt werden.

▶ **VAOFF – setzt den Offset des variablen Arguments**

▶ **VARGB – setzt Feld aus Tabelle in das variable Argument**
Füllt das variable Argument mit dem Feld einer Tabelle.

▶ **VWTCL – setze Wert der Verarbeitungsklasse**
Setzt die Ausprägung einer Verarbeitungsklasse ins variable Argument.

▶ **WGTYP – setze Lohnart ein**
Die Operation stellt die aktuelle Lohnart ins variable Argument oder verändert die Lohnart.

▶ **WPALL – prüfe/setze den Arbeitsplatz/Basisbezugs-Split**
Die Operation prüft und setzt den WPBP-Split einer Lohnart.

▶ **WPBPC – pauschale Lohnanteile auf WPBP-Zeiträume aufteilen**
Teilt eine Lohnart auf mehrere Teilzeiträume der WPBP auf.

▶ **XMES – Ausgabe von Nachrichten ins Abrechnungsprotokoll**
Mit der Operation können Nachrichten im Abrechnungsprotokoll ausgegeben werden.

▶ **XV0 – Erzeugung von Einträgen in der Tabelle V0**
Mit der Operation können Einträge in der Tabelle V0 *Variable Zuordnung* erzeugt werden. Die Tabelle enthält Zusatzinformationen, die über die variable Zuordnung *Lohnarten* zugeordnet werden.

▶ **ZERO= – Initialisieren der aktuellen Tabelle oder Variablen**
Initialisiert Felder des aktuellen Kopfeintrags einer Tabelle oder Variablen.

C   Wichtige Merkmale

Dieser Anhang enthält eine Aufstellung der wichtigsten Merkmale der Personalabrechnung.

- ▶ **ABKRS ABKRS – Vorschlagswert für Abrechnungskreis**
  Ermittelt den Vorschlagswert für den Abrechnungskreis im Infotyp 0001 (Organisatorische Zuordnung).

- ▶ **ALOAN – Vorschlagswerte für Arbeitgeberdarlehen**
  Das Merkmal ermittelt Vorschlagswerte für den Infotyp 0045 (Darlehen).

- ▶ **ANSAL ANSAL – Lohnart für Jahresgehalt**
  Das Merkmal dient der Errechnung des Jahresgehalts oder der Verprobung des Jahresgehalts im Infotyp 0008 (Basisbezüge).

- ▶ **DAT01 – Vorschlagswerte für Infotyp 0521 (Altersteilzeit)**
  Ermittelt Vorschlagswerte für den Infotyp 0521 (Altersteilzeit).

- ▶ **DAT02 ATZ – Setzen der Grenzwerte für Aufstockungsprozentsatz**
  Legt die Eingabemöglichkeiten für die Aufstockungsprozentsätze fest, welche die Vorgaben aus dem ATZ-Modell übersteuern.

- ▶ **DAVMV AVmG – Vorschlag Vertragsmodell**
  Ermittelt die Vorschlagswerte für den Infotyp 0699 (Altersvermögensgesetz).

- ▶ **DBGVW – Vorschlag für Berufsgenossenschaft und Gefahrtarif**
  Ermittelt Vorschlagswerte für den Infotyp 0029 (Berufsgenossenschaft).

- ▶ **DDU01 – Plausibilitätsprüfung im Infotyp 0020 (DEÜV)**
  Überprüft den Inhalt der Infotypen 0013 (Sozialversicherung) und 0020 (DEÜV) auf Plausibilität.

- ▶ **DDU02 – Plausibilitätsprüfung im Infotyp 0020 (DEÜV)**
  Überprüft den Inhalt der Infotypen 0013 (Sozialversicherung) und 0020 (DEÜV) auf Plausibilität.

- ▶ **DDU03 – Ermittlung des DEÜV-Personengruppenschlüssels**
  Ermittelt den Vorschlagswert für den Personengruppenschlüssel.

▶ **DDU04 – Plausibilitätsprüfung im Infotyp 0020 (DEÜV)**
Überprüft den Inhalt der Infotypen 0013 (Sozialversicherung) und 0020 (DEÜV) auf Plausibilität.

▶ **DSBAG – Zuordnung von Betrieben zu Arbeitgebern**
Zusammenfassung von Betrieben zu Arbeitgebern für die Schwerbehindertenstatistik.

▶ **DSBZU – Zusammenfassung von Betriebsstätten zu einem Betrieb**
Zusammenfassung von Personalteilbereichen zu Betrieben für die Schwerbehindertenstatistik.

▶ **DST12 – Vorschlagswerte für Steuer (D)**

▶ **DSTLB – Ausgabemonat Lohnsteuerbescheinigung**
Legt den Ausgabemonat der Lohnsteuerbescheinigung fest, der im Infotyp 0012 (Steuer) übersteuert werden kann.

▶ **DSV01 – Fehlerbehandlung DSV Meldung 533**
Prüfung der eingegebenen Werte im Infotyp 0013 (Sozialversicherung).

▶ **DSV02 – Fehlerbehandlung DSV Meldung 534**
Prüfung der eingegebenen Werte im Infotyp 0013 (Sozialversicherung).

▶ **DSV03 – Fehlerbehandlung DSV Meldung 535**
Prüfung der eingegebenen Werte im Infotyp 0013 (Sozialversicherung).

▶ **DSV04 – Fehlerbehandlung DSV Meldung 536**
Prüfung der eingegebenen Werte im Infotyp 0013 (Sozialversicherung).

▶ **DSV05 – Fehlerbehandlung DSV Meldung 537**
Prüfung der eingegebenen Werte im Infotyp 0013 (Sozialversicherung).

▶ **DSV06 – Fehlerbehandlung DSV Meldung 538**
Prüfung der eingegebenen Werte im Infotyp 0013 (Sozialversicherung).

▶ **DSV07 – Fehlerbehandlung DSV Meldung 542**
Prüfung der eingegebenen Werte im Infotyp 0013 (Sozialversicherung).

▶ **DSV08 – Fehlerbehandlung DSV Meldung 543**
Prüfung der eingegebenen Werte im Infotyp 0013 (Sozialversicherung).

- **DSV09 – Fehlerbehandlung DSV Meldung 544, 545**
  Prüfung der eingegebenen Werte im Infotyp 0013 (Sozialversicherung).

- **DSV10 – Fehlerbehandlung DSV Meldung 546**
  Prüfung der eingegebenen Werte im Infotyp 0013 (Sozialversicherung).

- **DSV11 – Fehlerbehandlung DSV Meldung 542**
  Prüfung der eingegebenen Werte im Infotyp 0013 (Sozialversicherung).

- **DSV12 – Fehlerbehandlung DSV Meldung 575, 572**
  Prüfung der eingegebenen Werte im Infotyp 0013 (Sozialversicherung).

- **DSV13 – Fehlerbehandlung DSV Meldung 603**
  Prüfung der eingegebenen Werte im Infotyp 0013 (Sozialversicherung).

- **DSV14 – Fehlermeldung DSV Meldung 452, 454**
  Prüfung der eingegebenen Werte im Infotyp 0013 (Sozialversicherung).

- **DSV3A – Untermerkmal zu DSV03**
  Prüfung der eingegebenen Werte im Infotyp 0013 (Sozialversicherung).

- **DSV3B – Untermerkmal zu DSV03 und DSV3A**
  Prüfung der eingegebenen Werte im Infotyp 0013 (Sozialversicherung).

- **DSV4A – Untermerkmal zu DSV04**
  Prüfung der eingegebenen Werte im Infotyp 0013 (Sozialversicherung).

- **DSV8A – Untermerkmal zu DSV08**
  Prüfung der eingegebenen Werte im Infotyp 0013 (Sozialversicherung).

- **DSV8B – Untermerkmal zu DSV08 und DSV8A**
  Prüfung der eingegebenen Werte im Infotyp 0013 (Sozialversicherung).

- **DSV8C – Untermerkmal zu DSV08 und DSV8A**
  Prüfung der eingegebenen Werte im Infotyp 0013 (Sozialversicherung).

- **DTAKT DTAKT – Kontoverbindung des Absenders bei Datenträger**
  Ermittelt den zahlenden Buchungskreis, die Hausbank und das Konto für die Zahlung von Gehältern, Sozialversicherung und weiteren Zahlungsträgern.

- **DTAZL – Bestimmung des Zahlwegs für Bankeinzug bei Gehalt**
  Ermittlung des Zahlwegs für den Bankeinzug für negative Auszahlungsbeträge, wenn der Bankeinzug verwendet wird.

- **DTXAM – Lohnsteuerbescheinigung nach Austrittsmonat**
  Hält die Lohnsteuerbescheinigung nach dem Austritt für eine festgelegte Anzahl von Monaten zurück.

- **DTXAP – Anmeldungszeitraum Lohnsteueranmeldung**
  Normalerweise entspricht der Anmeldezeitraum der Abrechnungsperiode. Bei vorgezogener Abrechnung, z. B. bei Beamten, kann dies abweichen.

- **DTXED – Zuordnung externe Daten zum Abrechnungskreis**
  Zuordnung von externen Daten der Lohnsteueranmeldung zu einem Abrechnungskreis.

- **DTXVB – Steuer D Versorgungsgrundlagen**
  Zuordnung von Lohnarten, die Versorgungsbezüge enthalten, zu Versorgungsgrundlagen (IT0012 Steuer).

- **DVB10 – Vorschlagswerte für Vermögensbildung (D)**
  Ermittlung von Vorschlagswerten für den Infotyp 0010 (Vermögensbildung).

- **DVETR – MaKrGrpg-Tarifregelung für Entgeltstatistiken zusammenfassen**
  Fasst die Tarifinformationen für Entgeltstatistiken zusammen (Report RPLEHBD0).

- **DVEZU – Zusammenfassung von Betriebsstätten für Statistik**
  Definition von Betrieben für die Verdiensterhebung (Report RPLEHBD0).

- **DZSVN – Zusatzversorgung**
  Fasst Personalteilbereiche für die Zusatzversorgung zusammen.

- **DZUBT – Zusammenfassung von Personalbereichen**
  Zusammenfassung von Personalteilbereichen für die Lohnsteuer oder andere Auswertungen.

▸ **DZUD3 – Absender für DEÜV-Meldungen**
Festlegen der Absender von DEÜV-Meldung und Kennzeichnen für E-Mail-Versand.

▸ **DZULA – Zusammenfassung von Lohnbüros zu E-Mail-Absendern**
Definiert den Absender der E-Mails. Hier reicht ein Absender für verschiedene Firmen aus.

▸ **DZULB – Zusammenfassung zum Lohnbüro und Kennzeichnung E-Mail**
Fasst Personalteilbereiche zur Erstellung des Beitragsnachweises zusammen und kennzeichnet diese für das E-Mail-Verfahren.

▸ **LGMST LGMST – Sollbezahlungsvorgabe**
Ermittelt Lohnartenmuster (T539A), das die vorbelegten Lohnarten beim Anlegen des Infotyps 0008 (Basisbezüge) bestimmt.

▸ **ZLSCH ZLSCH – Vorschlagswert für Zahlweg**
Vorbelegung des Zahlwegs für Überweisungen.

D   Literaturempfehlungen

Im Folgenden sind einige Bücher zur Vertiefung spezieller Themen aufgelistet:

- Brochhausen, Ewald; Kielisch, Jürgen; Schnerring, Jürgen; Staeck, Jens: *mySAP HR – Technische Grundlagen der Programmierung*. 2., aktualisierte und erweiterte Aufl. Bonn: SAP PRESS 2005.

- Edinger, Jörg; Krämer, Christian; Lübke, Christian; Ringling, Sven: *Personalwirtschaft mit SAP ERP HCM*. 3., aktualisierte und erweiterte Aufl. Bonn: SAP PRESS 2008.

- Esch, Martin; Junold, Anja: *Berechtigungen in SAP ERP HCM*. Bonn: SAP PRESS 2008.

- Figaj, Hans-Jürgen; Haßmann, Richard; Junold, Anja: *HR-Reporting mit SAP*. Bonn: SAP PRESS 2007.

- Kauf, Stefan; Papadopoulou, Viktoria: *Formulargestaltung in SAP ERP HCM*. Bonn: SAP PRESS 2009.

E   Die Autoren

Jörg Edinger arbeitet seit 2002 bei der iPro-Con GmbH (*www.iprocon.de*) und ist seit 2009 Geschäftsführer. Er betreut Kunden im Bereich SAP ERP HCM mit Schwerpunkten in Entgeltabrechnung, Altersversorgung, Personalcontrolling (einschließlich Business Intelligence), Personalkostenplanung und SAP NetWeaver Portal. Darüber hinaus betreut er Unternehmen in der Gestaltung des Personalcontrollings auch außerhalb des SAP-Systems. Zuvor war er als Controller bei der Barmer Ersatzkasse tätig. Er verfügt über langjährige Praxiserfahrung in nahezu allen Modulen des HCM-Systems.

Richard Haßmann ist Geschäftsführer der Hassmann-Consulting GmbH (*www.hcons.de*), einem auf SAP ERP HCM spezialisierten Beratungsunternehmen des AdManus-Netzwerks. Richard Haßmann verfügt über 18 Jahre Erfahrung im Bereich Personalabrechnung mit SAP ERP HCM. Neben der deutschen Personalabrechnung kennt er auch die Länderversionen für Österreich, Portugal und Zypern. Er hat Projekterfahrung in allen Modulen von SAP ERP HCM und hat in nationalen und internationalen Projekten verschiedenste Anforderungen realisiert.

Gerold Heitz ist selbstständiger Trainer und Berater für SAP ERP HCM und seit 1986 im Bereich Personalwirtschaft tätig. Er verfügt seit seiner Tätigkeit in verantwortlicher Position für die Lohn- und Gehaltsabrechnung eines Industrieunternehmens und als Referent für Fachseminare über tiefgreifende Kenntnisse im Lohnsteuer-, Sozialversicherungs- und Arbeitsrecht. Seit 1995 ist Gerold Heitz im Bereich SAP R/3 HR/SAP ERP HCM tätig. Bis zu seiner Selbstständigkeit war er als Abteilungsleiter für Aus- und Weiterbildung/Training in einer auf SAP ERP HCM spezialisierten namhaften Unternehmensberatung für Personalwirtschaft beschäftigt.

Index

S

U

V

Ihr Einstieg in das
Kundenbeziehungsmanagement
mit SAP

Marketing, Vertrieb und Service
verständlich erklärt

Mit vielen anschaulichen Praxis-
beispielen zum Einsatz im
Unternehmen

Srini Katta

Discover SAP CRM

Entdecken Sie die Funktionen und Möglichkeiten von SAP CRM (Release 2007).
Ob Sie neu in der Welt des Kundenbeziehungsmanagements mit SAP sind, über-
legen, eine SAP-Komponente in Ihrem Unternehmen einzuführen, oder einen
schnellen Überblick über den neuesten Wissensstand brauchen: in diesem Buch
finden Sie, was Sie suchen. Übersichtlich und trotzdem umfassend lernen Sie die
Kernbereiche Marketing, Sales und Service kennen, entdecken verschiedene
Kommunikationswege, die zugrundeliegenden Technologien, CRM Analytics und
vieles mehr. Viele Fallbeispiele und Abbildungen begleiten Sie auf diesem Weg.

ca. 450 S., 39,90 Euro, 67,90 CHF
ISBN 978-3-8362-1350-9

>> www.sap-press.de/2011

Stammdaten, Funktionen und Szenarios praxisorientiert erklärt

Customizing, Implementierung und Kundenbeispiele

Von der Segmentierung über die Vertriebskanalauswahl bis zu Produktvorschlägen

Basiert auf Release SAP CRM 2007

Klaus-Peter Wolf

Marketing mit SAP CRM

Mit diesem Buch lernen Sie die Marketing-Komponente von SAP CRM 2007 detailliert kennen: Sie erhalten zunächst einen Überblick über die Stammdaten und ihre Anreicherung mit Marketinginformationen. Anschließend werden Ihnen anhand der typischen Marketingabläufe – von der Segmentierung über das Projektmanagement bis hin zu Lead Management – praxisbezogen und verständlich die Funktionen, die Szenarios und das Customizing von SAP CRM 2007 vermittelt. Abschließend erhalten Sie Tipps für die prozessorientierte Ersteinführung.

ca. 400 S., 69,90 Euro, 115,– CHF
ISBN 978-3-8362-1285-4, März 2009

>> www.sap-press.de/1921

Betriebswirtschaftliche Grundlagen, Funktionen und Prozesse

Customizing und Implementierung

Praxisbeispiele und kritische Erfolgsfaktoren

Markus Kirchler, Dirk Manhart, Jörg Unger

Service mit SAP CRM

Dieses Buch zeigt Ihnen, wie Sie mit SAP CRM 2007 Ihre Serviceprozesse optimal gestalten und realisieren. Sie werden zunächst mit den betriebswirtschaftlichen Grundlagen vertraut gemacht, bevor Sie die neue Benutzeroberfläche und die wesentlichen Stammdaten kennen lernen. Darauf aufbauend erhalten Sie einen detaillierten Einblick in die Funktionen, die Ihnen SAP CRM im Servicebereich bietet – vom Auftragsmanagement über die Einsatzplanung bis zum Beschwerdemanagement –, und erfahren, wie Sie die Serviceprozesse gestalten können. Sie lernen außerdem kritische Erfolgsfaktoren für die Implementierung und ein Praxisbeispiel kennen.

376 S., 2009, 69,90 Euro, 115,– CHF
ISBN 978-3-8362-1060-7

>> www.sap-press.de/1508